Lothar Müller-Hagedorn

Handelsmarketing

3., vollständig überarbeitete

und erweiterte Auflage

Verlag W. Kohlhammer

Die Deutsche Bibliothek – CIP-Einheitsaufnahme

Müller-Hagedorn, Lothar:
Handelsmarketing / Lothar Müller-Hagedorn. - 3., vollst. überarb. und erw.
Aufl.. - Stuttgart ; Berlin ; Köln : Kohlhammer, 2002
(Kohlhammer-Edition Marketing)
ISBN 3-17-017065-1

3., vollständig überarbeitete und erweiterte Auflage 2002

Vorwort der Herausgeber

Die »Kohlhammer Edition Marketing« behandelt in 24 Einzelbänden die wichtigsten Teilgebiete des Marketing. Jeder Band soll in kompakter Form (und in sich abgeschlossen) eine Übersicht zu den Problemstellungen seines Themenbereiches geben und wissenschaftliche sowie praktische Lösungsbeiträge aufzeigen.

Als Ganzes bietet die Edition eine Gesamtdarstellung der zentralen Führungsaufgaben des Marketing-Management. Ebenso wird auf die Bedeutung und Verantwortung des Marketing im sozialen Bezugsrahmen eingegangen.

Als Autoren dieser Reihe konnten namhafte Fachvertreter an den Hochschulen und, zu einigen ausgewählten Themen, Marketing-Praktiker in verantwortlicher Position gewonnen werden. Sie gewährleisten eine problemorientierte und anwendungsbezogene Veranschaulichung des Stoffes.

Angesprochen sind mit der »Kohlhammer Edition Marketing« zum einen die Studierenden an den Hochschulen. Ihnen werden die wesentlichen Stoffinhalte des Faches möglichst vollständig - aber pro Teilgebiet in übersichtlich komprimierter Weise - dargeboten.

Zum anderen wendet sich die Reihe auch an Institutionen, die sich der Aus- bzw. Weiterbildung von Praktikern auf dem Spezialgebiet des Marketing widmen, und nicht zuletzt unmittelbar an Führungskräfte des Marketing. Der Aufbau und die inhaltliche Gestaltung der Edition ermöglicht es ihnen, einen raschen Überblick über die Anwendbarkeit neuerer Ergebnisse aus der Forschung sowie über Praxisbeispiele aus anderen Branchen zu gewinnen.

Was das äußere Format und die inhaltliche Ausführlichkeit betrifft, so ist mit der »Kohlhammer Edition Marketing« bewusst ein Mittelweg zwischen Taschenbuchausgaben und sehr ins einzelne gehenden Monografien beschritten worden. Bei aller vom Zweck her gebotenen Begrenzung des Umfanges erlaubt das gewählte Format ein übersichtliches und durch manche didaktische Hilfen ergänztes Darstellungsbild.

Über die Titel und Autoren der Gesamtreihe informiert ein Programmüberblick am Ende dieses Bandes. Hier sollen nur die fünf Schwerpunktgebiete genannt werden: **Grundlagen des Marketing** (Einführungsband, Strategisches Marketing, Marketing-Planung, Marketing-Organisation, Marketing-Kontrolle) - **Informationen für Marketing-Entscheidungen** (Marktforschung, Markt- und Absatzprognosen, Konsumentenverhalten, Marktsegmentierung, Marketing-Informationssysteme, Entscheidungsunterstützung für Marketing-Manager) - **Instrumente des Marketing-Mix** (Produktpolitik, Distributionsmanagement, Preispolitik, Kommunikationspolitik, Strategie und Technik der Werbung, Verkaufsmanagement) - **Institutionelle Bereiche des Marketing**

(Handelsmarketing, Investitionsgüter-Marketing, Dienstleistungs-Marketing, Marketing für öffentliche Betriebe, Internationales Marketing) - **Umwelt und Marketing** (Rechtliche Grundlagen des Marketing, Social Marketing).

Der vorliegende Band »Handelsmarketing« von **Müller-Hagedorn** liegt jetzt in dritter, überarbeiteter Auflage vor. Er stellt die Gestaltungsmöglichkeiten des absatzpolitischen Instrumentariums von Handelsbetrieben, insbesondere auf der Einzelhandelsstufe, in den Mittelpunkt der Betrachtung. Es wird also ein betont aktions- und entscheidungsanalytischer Ansatz gewählt, der sich - wie es dem konzeptionellen Gesamtrahmen der »Kohlhammer Edition Marketing« entspricht - auf Fragen der absatzmarktbezogenen Planung konzentriert. Nach einer entscheidungstheoretischen Einführung behandelt der Autor sowohl strategische als auch operative Aspekte in den zentralen Entscheidungsfeldern des Marketing: Standort, Sortiment, Preise, Werbung, Einsatz des Verkaufspersonals und Ladengestaltung.

Müller-Hagedorns Darstellung des Handelsmarketing lässt eine konsequent durchgeführte Verknüpfung von Entscheidungskalkülen und verhaltenswissenschaftlichen Forschungsergebnissen erkennen. Durch die Verbindung dieser beiden Ansätze und durch Hervorhebung der ausgesprochen handelsspezifischen Marketing-Merkmale vermittelt das Buch nicht nur einen systematischen Überblick für Studierende, sondern auch konkrete Hinweise für die Planungsüberlegungen des Handelspraktikers.

Köln und Münster   **Richard Köhler**
im November 2001   **Heribert Meffert**

Aus dem Vorwort zur 1. Auflage

Das vorliegende Buch will einen Überblick über die Planung des absatzpolitischen Instrumentariums (Marketing-Mix) im Handelsbetrieb geben. Es ist nach folgenden Gesichtspunkten konzipiert worden:

1. Entsprechend der Zielsetzung der »Kohlhammer Edition Marketing« ist das Buch für die theoriebezogene Ausbildung von Studenten und Praktikern gedacht. Ziel ist nicht, möglichst viele einzelne Wissenselemente anzuhäufen, sondern mit dem entscheidungstheoretischen Konzept der Betriebswirtschaftslehre einen Denkrahmen für die eigenständige Behandlung handelsbetrieblicher Probleme zu vermitteln. Im Einzelnen wird auf dieses Konzept im 2. Kapitel eingegangen.

2. Das Buch befasst sich mit der Planung der einzelnen absatzpolitischen Instrumente im Handelsbetrieb, es handelt sich mithin nicht um ein Lehrbuch zur Handelsbetriebslehre. Probleme des Einkaufs, der Warenwirtschaft, der Finanzierung, der vertikalen Kooperation, des Rechnungswesens und der Organisation werden nicht behandelt. ...

3. Viele Gedanken, die zum Standardprogramm des Marketing gehören (z. B. die Möglichkeiten zur Bildung von Marktsegmenten), sind auch für die Planung im Handelsbetrieb zu verwenden. Da anzunehmen ist, dass der Leser weitere Bücher über Marketing einsehen oder kennen wird, wurde im vorliegenden Buch besonderer Wert darauf gelegt, die für den Handel gegenüber anderen Wirtschaftszweigen charakteristischen Umstände zu erfassen, besonders jene im Einzelhandel.

4. In mehreren Kapiteln wird besonderer Wert darauf gelegt zu zeigen, wie bedeutsam es ist, den Entscheidungskalkül mit verhaltenswissenschaftlichen Theorien zu fundieren.

...

Bei der Anfertigung des Manuskripts haben mich Frau stud. rer. pol. T. Varga, Herr stud. rer. pol. B. Heidel und Herr stud. rer. pol. W. Seewaldt unterstützt. Frau A. Denis hat die oft recht mühevollen Schreibarbeiten übernommen. Ihnen allen gilt mein herzlicher Dank.

L. Müller-Hagedorn

Vorwort zur 2. Auflage

Die Konzeption der ersten Auflage wurde beibehalten. Alle Kapitel wurden grundlegend überarbeitet; ein kurzes Kapitel über „Ladengestaltung" wurde hinzugefügt.

So gut es ging, habe ich der Versuchung widerstanden, das Buch durch Anhäufung von zitierten Beiträgen zur Enzyklopädie ausarten zu lassen. Vielmehr habe ich mich bemüht, immer wieder einen einheitlichen Denkrahmen zur Strukturierung heranzuziehen, der als Verknüpfung von Entscheidungstheorie und verhaltenswissenschaftlichen Erkenntnissen gekennzeichnet werden kann.

Unter der Anleitung von Herrn Dipl.-Kfm. Malte Greune MBA haben zahlreiche Hilfskräfte den Text in die EDV eingegeben und mit großer Akribie die zahlreichen Abbildungen gestaltet. Mein Dank gilt insbesondere Bettina Borbein, Gregor Erkel, Lars Fend, Dirk Filippczyk, Claudia Köser, Claudia Prinz, Wolfgang Thoeren, Iris Wingen und Christina Ziebolz.

L. Müller-Hagedorn

Vorwort zur 3. Auflage

Auch in der dritten Auflage wurde die bisherige Konzeption des Buches im Wesentlichen beibehalten, jedoch wurden alle Kapitel grundlegend überarbeitet; ein Kapitel zu Handelsmarketing aus strategischer Perspektive wurde hinzugefügt. Es wurde Wert darauf gelegt, das zentrale Prinzip der Vorgehensweise, den entscheidungstheoretischen und den verhaltenswissenschaftlichen Ansatz miteinander zu verklammern, noch deutlicher hervortreten zu lassen.

Danken möchte ich den zahlreichen Studentischen Hilfskräften, die an der Neuauflage mitgearbeitet haben: Herr C. Bald, Frau P. Drescher, Frau S. Neumaier, Herr D. Mennicke, Frau A. Mund, Frau I. Pallasch, Herr G. Palmersheim, Frau M. Schaarschmidt, Herr S. Sieben und Frau S. Welter. Mein Mitarbeiter, Herr Dipl.-Kfm. S. Zielke, hat Regie geführt und zahlreiche Hinweise zu den Inhalten eingebracht, insbesondere zu dem Kapitel über Verkaufsraumgestaltung. Auch Herr Dipl-Kfm. R. Wierich hat mir wertvolle Unterstützung zukommen lassen. Allen sei herzlich gedankt.

Köln, im November 2001

L. Müller-Hagedorn

Der Verfasser freut sich über Anregungen:
E-Mail: lmh@wiso.uni-koeln.de
Postanschrift:
Universität zu Köln
Seminar für ABWL, Handel und Distribution
Albertus-Magnus-Platz 1
50923 Köln

VIII

Inhaltsverzeichnis

X

XII

1 Marketingprobleme im Handel

Der Handel stellt in jeder Volkswirtschaft einen bedeutenden Wirtschaftssektor dar. In der Amtlichen Statistik rangiert er neben der Land- und Forstwirtschaft, dem Verarbeitenden Gewerbe, dem Baugewerbe, Verkehr und Nachrichtenübermittlung sowie dem Kredit- und Versicherungsgewerbe, um einige Wirtschaftsbereiche zu nennen (insgesamt werden in der Amtlichen Statistik die wirtschaftlichen Institutionen in 14 Abschnitte eingeordnet – vgl. hierzu Statistisches Bundesamt, Hrsg., 1994, S. 125). Dieses einführende Kapitel soll die **Vielfalt von Handelsbetrieben** vor Augen führen, denn die Vielfalt ist eines der Hauptkennzeichen des Handels. Der Handel besteht nicht nur aus dem jedermann vertrauten Einzelhandel, sondern er ist in verzweigter Weise und in unterschiedlichsten Formen als Bindeglied in die gesamte Volkswirtschaft eingebunden. Dies deuten auch die Begriffe aus dem Electronic Commerce, Business-to-Consumer (B2C) und Business-to-Business (B2B), an. Das Kapitel soll vor allem aber erläutern, welche Merkmale eine marketingorientierte Unternehmenspolitik aufweist.

Das **Marketing** kann zu den zentralen Erfolgsfaktoren jeder Handelsunternehmung gezählt werden, denn durchweg wird es immer schwieriger, die Bedürfnisse der Nachfrager zu erkennen; der Wettbewerb nimmt auch auf Grund der Globalisierung des Handels weiter zu, und immer differenzierter werden die Möglichkeiten, Handel zu betreiben. Das Kapitel will den zunächst unscharf erscheinenden Begriff Marketing näher konkretisieren.

1.1 Varianten des Begriffes „Handel"

Der Begriff „Handel" wird in vielfältigem Sinn verwendet. Zunächst wird von Handel im funktionellen Sinne gesprochen. Nach dem Katalog E (Ausschuss für Begriffsdefinitionen, Hrsg., 1995, S. 28), in dem wichtige Begriffe aus der Handels- und Absatzwirtschaft definiert wurden, heißt es:

> *„Handel im funktionellen Sinn liegt vor, wenn Marktteilnehmer Güter, die sie in der Regel nicht selbst be- oder verarbeiten (Handelswaren), von anderen Marktteilnehmern beschaffen und an Dritte absetzen."*

Handel in dem so definierten funktionellen Sinne betreiben nicht nur die Handelsunternehmungen, sondern beispielsweise auch jene Herstellerunternehmen, die ihr Vertriebsprogramm um Produkte ergänzen, die sie von Dritten bezogen haben. Im vorliegenden Zusammenhang geht es aber um jene Unternehmungen, die nicht nur Handel neben anderen wirtschaftlichen Aufgaben betreiben, sondern die den Handel als

1

alleinige oder zumindest als zentrale Aufgabe ansehen. Dies führt zur Definition von Handel im institutionellen Sinne, wozu Katalog E folgende Definition liefert:

> *„**Handel im institutionellen Sinne** – auch als Handelsunternehmung, Handelsbetrieb oder Handlung bezeichnet – umfasst jene Institutionen, deren wirtschaftliche Tätigkeit ausschließlich oder überwiegend dem Handel im funktionellen Sinne zuzurechnen ist. In der amtlichen Statistik wird eine Unternehmung oder ein Betrieb dann dem Handel zugeordnet, wenn aus der Handelstätigkeit eine größere Wertschöpfung resultiert als aus einer zweiten oder mehreren sonstigen Tätigkeiten. "*

Diese Definition dient dazu, Handelsunternehmungen von anderen Unternehmungen in einer Volkswirtschaft abzugrenzen. Im vorliegenden Zusammenhang dient die Abgrenzung vor allem dazu, die Besonderheiten von Handelsbetrieben deutlich werden zu lassen, für die Hinweise für die Ausgestaltung der Marketingpolitik abgeleitet werden sollen. Folgende Eigenschaften von Handelsbetrieben sollen hervorgehoben werden:

- Handelsbetriebe wirken nicht an der Veränderung physischer Produkteigenschaften mit, vielmehr verändern sie die **Eigenschaften der Güter in räumlicher, zeitlicher und quantitativer Hinsicht.** So machen sie Produkte an bestimmten Orten verfügbar (der Importgroßhändler bietet australischen Wein ab Bremen an), sie bieten Waren zu Zeiten an, die sich mehr oder weniger deutlich vom Zeitpunkt der Produktion dieser Güter unterscheiden, und sie stellen entweder kleine Lose zu größeren zusammen (wie z. B. im kollektierenden Obstgroßhandel) oder lösen große Produktionsmengen in kleine Lose auf (wie z. B. im Lebensmittelhandel); des Weiteren nehmen sie Einfluss auf die Vorstellungen, die die Verbraucher von den betreffenden Gütern haben; sie vermarkten Güter, wozu auch gehört, Nachfrager ausfindig zu machen, ihren Bedarf zu erkennen und Marktpreise zu ermitteln. Allerdings ist dies eine idealtypische Sicht. Schon immer haben sich Handelsunternehmungen auch in der Produktion betätigt, z. B. wenn Lebensmittelfilialbetriebe eigene Kaffeeröstereien oder Schokoladenfabriken betrieben oder sich in der Fleischverarbeitung engagierten. Im Stahlgroßhandel wird von der Anarbeitung gesprochen, wenn Eisen und Bleche zugeschnitten oder geformt werden. Andererseits werden Betriebe des Lebensmittelhandwerkes, wie z. B. Bäcker oder Metzger, häufig nicht zum Handel gezählt, weil bei ihnen die physische Veränderung von Gütern traditionell im Vordergrund steht, auch wenn sie in immer größerem Ausmaß die verkauften Waren fertig beziehen oder nur noch geringfügig bearbeiten, z. B. aufbacken. Das zeigt, dass sich in der Praxis eine produzierende und eine händlerische Tätigkeit oft mischen und die Abgrenzung der Wirtschaftsbereiche nicht so einfach ist, wie es auf den ersten Blick scheint. Aus einer Marketingperspektive kann es sinnvoll sein, die Grenzen der ansonsten getrennt betrachteten Wirtschaftsbereiche zu überspringen. Auch die in letzter Zeit immer bedeutsamer werdenden Handelsmarken sind ein Anzeichen dafür, dass die idealistische Vorstellung, dass der Handel nicht produziert, nicht zutreffend sein muss, auch wenn Handelsbetriebe die Fertigung ihrer Handelsmarken oft spezialisierten Herstellerbetrieben übertragen.

- Handel kann **mit unterschiedlichen Gütern** getrieben werden. Die Vielfalt der Güter gibt einen Hinweis auf die Vielgestaltigkeit des Handels. So spricht man ja beispielsweise vom Lebensmittelhandel, vom Textilhandel, dem Pharmagroßhändler oder dem Stahlhandel. Die Ausrichtung auf einen bestimmten Kreis von Gütern, die sog. Handelswaren, stellte lange Zeit ein besonderes Charakteristikum vieler Handelsbetriebe dar. Auch in der handelsbetrieblichen Literatur wird der Blickwinkel häufig auf bestimmte wirtschaftliche Güter eingeengt, und zwar auf Gebrauchsgüter (wie Gebäude, Maschinen, Einrichtungen) und Umsatzgüter (wie Rohstoffe, Hilfsstoffe, Materialien, Waren, Fertigfabrikate). Der Handel mit anderen Gütern, wie z. B. mit Nominalgütern (Geld, Wertpapiere), mit Nutzungsgütern (Grundstücke), mit Rechten (wie Patente, Lizenzen) und mit Dienstleistungen (wie Versicherungen, Speditionsleistungen) wird heute in der Wissenschaft überwiegend in eigenen Fächern behandelt (z. B. der Bank- oder Versicherungsbetriebslehre). Insofern bleiben auch hier der Geldhandel, der Wertpapierhandel sowie der Grundstückshandel ausgeklammert. Die Art der Güter ist immer noch bestimmend für die Einteilung der einzelnen wissenschaftlichen Disziplinen, was auch als Commodity Approach bezeichnet wird. Besonderer Erwähnung bedürfen die Dienstleistungen. Zu den Dienstleistungen (Diensten) zählen u. a. diejenigen des Transports, der Lagerung, der Versicherung und der Vermittlung. Häufig erbringen Handelsunternehmungen solche Dienstleistungen; so wird z. B. vom lagerführenden Großhändler gesprochen, aber es ist auch denkbar, dass spezialisierte Unternehmungen solche Dienstleistungen erbringen, was die Frage aufwirft, wie Handelsbetriebe von Dienstleistungsunternehmen abgegrenzt werden können. In der wirtschaftlichen Realität wird keine scharfe Trennlinie zwischen Händlern und Dienstleistern gezogen. So haben viele Einzelhandelsorganisationen Reisebüros angegliedert, Baumärkte verleihen Geräte, Großhändler übernehmen die Finanzierungsfunktion gegenüber ihren Abnehmern, Reifenhändler montieren nicht nur Reifen, sondern bieten Achsvermessung und Stoßdämpferaustausch an usw. Insofern wird auch hier sichtbar, dass es sich um eine idealtypische Sicht handelt, wenn gesagt wird, dass Handelsbetriebe bewegliche Sachgüter absetzen, denn in der Realität kombinieren sie diese Leistung mit einem mehr oder weniger großen Kranz an Dienstleistungen. Für eine zielgerichtete Marketingpolitik kann es angemessen sein, die traditionellen Grenzen zwischen dem herkömmlichen Verständnis von einem Handelsbetrieb, einem Dienstleister, einer Bank, einem Logistiker usw. aufzugeben und einen neuartigen Aufgabenkern zu definieren.

- Ein Handelsbetrieb kann den Absatz der Güter in unterschiedlicher Form bewirken. **Entsprechend der Vertragsgestaltung**, mit der die Verfügungsrechte zwischen Anbieter und Nachfrager festgelegt werden, lassen sich
    - der Eigenhandel, bei dem die Ware in eigenem Namen und auf eigene Rechnung veräußert wird,
    - der Kommissionshandel, bei dem die Ware in eigenem Namen und auf fremde Rechnung veräußert wird und
    - der Agenturhandel, bei dem die Ware in fremdem Namen und auf fremde Rechnung abgesetzt wird (Absatz durch Handelsvertreter),
unterscheiden.
Gutenberg rechnet nur den Eigenhandel zum Handel, weil er der Meinung war, dass dem Kriterium des sog. Preisrisikos besondere Bedeutung zukommen müsse (E. Gutenberg 1984, S. 142f.). Weder Handelsvertreter noch Kommissionäre trügen,

wenn man vom Selbsteintritt absehe, das Preisrisiko, denn sie kauften und verkauften nicht auf eigene Rechnung. Mithin sollten sie nicht zum Handel gezählt werden. Unter marketingpolitischer Perspektive wird deutlich, dass es im Umgang mit dem Preisrisiko verschiedene Formen gibt, eine Handelsunternehmung zu betreiben. Insofern sollen hier alle drei genannten Formen dem Handel zugerechnet werden.

- Eine Handelsunternehmung kann rechtlich und wirtschaftlich von einem Produktionsbetrieb abhängig sein. Dies gilt beispielsweise für eine werksgebundene Vertriebsgesellschaft, bei der eine produzierende Unternehmung den Vertrieb ausgliedert und einer rechtlich selbstständigen Unternehmung überträgt. So gibt es beispielsweise Automobilhersteller, die für den Vertrieb ihrer Produkte eigene Niederlassungen gegründet haben, während andere Automobilhersteller ihre Produkte über selbstständige Händler vertreiben. Auch bei einem Verkaufssyndikat handelt es sich um eine rechtlich selbstständige Vertriebsorganisation; in ihr bündeln mehrere Unternehmungen ihre vertrieblichen Aktivitäten. Solche Unternehmungen haben zwar eine bestimmte unternehmerische Autonomie, aber einen eventuell eintretenden Verlust übertragen sie an die Muttergesellschaft. Zwischen den herstellenden und den vertreibenden Unternehmen liegen enge Verbindungen vor. Insofern könnte die Zuordnung einer Unternehmung zum Handelssektor auch an die Bedingung gebunden werden, dass keine gesellschaftsrechtliche Abhängigkeit von einem herstellenden Unternehmen vorliegt. Eine solche Differenzierung mag durchaus angezeigt sein, um zu untersuchen, ob Handel und Industrie miteinander verflochten sind, im Hinblick auf die Ausgestaltung der Marketingpolitik muss diese Unterscheidung jedoch nicht relevant sein. Auf jeden Fall kann festgehalten werden, dass nach dem **Merkmal „Art des wirtschaftlichen Betriebsträgers"** drei mögliche Betriebstypen unterschieden werden können:
(1) vom Händler getragener Handelsbetrieb,
(2) vom Produzenten getragener Handelsbetrieb: Verkaufsfilialen der Fabriken,
(3) vom Konsumenten getragener Handelsbetrieb: Konsumgenossenschaften, Werks-
        konsumanstalt.

Die Ausführungen zeigen, dass es, herkommend von einer idealtypischen Einteilung der Unternehmungen, Vorstellungen über **zentrale Eigenschaften einer Handelsunternehmung** gibt, die insbesondere darin bestehen, dass
- ein Handelsbetrieb nicht produziert (im Sinne einer Umwandlung physischer Gütereigenschaften),
- ein Handelsbetrieb mit beweglichen Sachgütern (Waren) handelt,
- ein Handelsbetrieb das „Preisrisiko" trägt,
- ein Handelsbetrieb nicht die ausgelagerte Vertriebsabteilung eines herstellenden Unternehmens darstellt, also autonom ist.
In allen vier Dimensionen können Handelsunternehmungen aber von der idealtypischen Definition abweichen. Insofern kann Handel im institutionellem Sinne entsprechend der idealtypischen Sicht eng definiert werden, es sind aber auch Lockerungen der Bedingungen denkbar, die den Kreis der Handelsbetriebe ausweiten.

Nach welchen Regeln soll entschieden werden, ob Handelsbetriebe weit oder eng definiert werden sollen? Die Antwort lautet: Definitionen sind so vorzunehmen, dass sie sich zur Behandlung der ins Auge gefassten Problemstellungen eignen. Hier ergibt sich nun die Schwierigkeit, dass in einem Lehrbuch die anzusprechenden Problemstellungen noch breit streuen, mithin die Definition von Handelsbetrieb nicht auf bestimmte Problemstellungen ausgerichtet werden kann. Würde das Problem z. B. darin bestehen zu überprüfen, ob der selbstständige Handel durch den Direktvertrieb der Industriebetriebe verdrängt wird, so wäre es naheliegend, die Gutenbergsche Definition von Handelsbetrieb zu wählen und etwa die werksgebundene Vertriebsgesellschaft, die Verkaufsniederlassung oder das Verkaufssyndikat nicht zu den Handelsbetrieben zu zählen, da hierin schon eine Form der Verdrängung des selbstständigen Handels gesehen werden kann. Besteht andererseits das Problem darin, Werbemaßnahmen für einen Handelsbetrieb zu planen, so kann (!) es gleichgültig sein, ob es sich bei dem Betrieb um eine werksgebundene Gesellschaft oder um einen unabhängigen Handelsbetrieb handelt.

Das Problem der Definition von Handelsbetrieben kann mithin, wenn die Problemstellungen, für die die Definition herangezogen werden soll, noch offen sind, nur in der Weise abgeschlossen werden, dass keine endgültige Festlegung erfolgt, sondern dass ein Definitionskern und **Möglichkeiten aufgezeigt werden, wie Handelsbetriebe differenziert werden können.** Dies ähnelt der Vorgehensweise von Gümbel, wenn er schreibt: „..., was vorher Abgrenzungsproblem war, wird bei unserem Vorgehen zum Problem der Differenzierung von Betriebstypen" (R. Gümbel 1963, S. 11).

Die Ausführungen machen deutlich, dass der Handel nicht generell von anderen Bereichen einer Volkswirtschaft abgegrenzt, sondern dass vielmehr eine problemgerechte Differenzierung vorgenommen werden sollte. Daneben zeigen die Ausführungen aber auch, in welch vielfältiger Form Handelsbetriebe auftreten können. Es kommt hinzu, dass **zahlreiche weitere Merkmale** (deren Relevanz sich jeweils erweisen muss) hinzutreten können, so etwa
- der Standort des Warenangebotes (räumliche Verbindung von Ware und Käufer versus Versandhandel),
- das Handelssystem (selbstständig agierende Händler, Verbundgruppen, Franchisesysteme, vertikal agierende Unternehmungen),
- die Wirtschaftsstufe, auf der Handelsbetriebe tätig sind (Großhandel, Einzelhandel).

Anliegen des vorliegenden Kapitels ist es nicht, die Vielfalt der Handelsbetriebe detailliert zu typologisieren (vgl. dazu z. B. L. Müller-Hagedorn 1998a, S. 13–63), sondern eine Vorstellung zu vermitteln, welche Unternehmungen dem Handel zugerechnet werden. In Kapitel 3 wird aber ausführlich auf die Unterteilung der Handelsbetriebe nach Betriebsformen eingegangen. Danach werden
- Betriebsformen des Einzelhandels (z. B. Discounter, Warenhaus, Fachgeschäft, Fachmarkt, Versandhandel),
- Betriebsformen des Großhandels (z. B. Cash-and-Carry, Sortimentsgroßhandel, Streckengroßhandel, Produktionsverbindungshandel, Spezialgroßhandel),
- Betriebsformen der Handelsvermittlung (Handelsvertreter, Handelsmakler, Kommissionäre)
unterschieden. Für sie soll gezeigt werden, wie eine Marketingpolitik entwickelt werden kann.

1.2 Sichtweisen von Marketing

Handelsmarketing wird einmal verstanden als das Marketing der Industrie gegenüber den Handelsunternehmungen (auch als vertikales Marketing oder Trade Marketing bezeichnet), zum anderen – und das ist die hier verwendete Sichtweise – als das Marketing der Handelsbetriebe. Was ist Marketing? Hierauf will der folgende Abschnitt eine Antwort geben, wobei sich allerdings zeigen wird, dass unterschiedliche Sichtweisen verwendet werden können.

1.2.1 Marketing im Sinne von Absatzvorbereitung und Absatzpolitik

Die erste Sichtweise orientiert sich an den Funktionsbereichen einer Unternehmung. Im Handel wird oft von Einkauf und Verkauf als den zentralen Funktionsbereichen gesprochen. Sie können um weitere Bereiche ergänzt werden, insbesondere um Logistik, Finanzierung und Rechnungswesen (einschließlich dem Controlling). Marketing kommt bei einer solchen Betrachtung zunächst nicht vor. Dies ist damit zu erklären, dass der Begriff Marketing in Deutschland erst ab etwa 1970 in der deutschsprachigen Praxis und Wissenschaft verwendet wurde. Bis dahin wurde in der Industrie vorwiegend von Absatz oder Vertrieb gesprochen, im Handel von Verkauf. Das bis dahin verwendete Denken in Funktionsbereichen wurde auf den neuen Begriff „Marketing" in zwei Varianten übertragen:
- Einige verstanden darunter Tätigkeiten in einer Unternehmung, mit denen der Verkauf unterstützt werden sollte. Dazu zählten vor allem die Bereitstellung von Informationen über aktuelle und potenzielle Kunden (Absatzmarktforschung), aber auch die Werbeplanung und die Öffentlichkeitsarbeit. In diesem Sinne wurde Marketing als Absatzvorbereitung bzw. Verkaufsunterstützung gesehen.
- Andere setzten Marketing mit Absatzpolitik gleich. Marketing umfasse die Planung und Kontrolle der dem Handelsbetrieb zur Verfügung stehenden absatzpolitischen Instrumente. Unter den absatzpolitischen Instrumenten werden jene Größen verstanden, die durch die Unternehmung festgelegt werden können (Aktionsparameter) und die Einfluss auf das Einkaufsverhalten der Nachfrager ausüben. Es schlossen sich Überlegungen an, wie die absatzpolitischen Instrumente des Handelsbetriebes systematisiert werden können und inwieweit sie sich von den absatzpolitischen Instrumenten von Unternehmungen aus anderen Sektoren, insbesondere der Industrie, unterscheiden. Das Denken in absatzpolitischen Instrumenten stellt ein Kernelement jeder Marketingpolitik dar.

Abb. 1.1 präsentiert einen Katalog von sechs absatzpolitischen Instrumenten. In der Abbildung werden für diese sechs Instrumentalbereiche zunächst Oberbegriffe verwendet, nämlich Ware (Sortiment), Personal, Standort, Preise und Konditionen, Werbung sowie Verkaufsraum, die dann durch ausgewählte einzelne Maßnahmen veranschaulicht werden. So geht es im Bereich Werbung um die Wahl der Werbemittel (z. B. Schaufenster, Prospekte, Anzeigen). Darüber hinaus ist aber auch festzulegen, welche Geldbeträge für Werbemaßnahmen bereitgestellt (Werbebudget) und welche Aussagen in den Mittelpunkt der werblichen Maßnahmen gerückt werden sollten

(Werbebotschaft). So stehen hinter jeder Sammelbezeichnung weitere Entscheidungs-parameter.

Abb. 1.1: Absatzpolitische Instrumente des Handelsbetriebs *4P's aus (Marketing)*

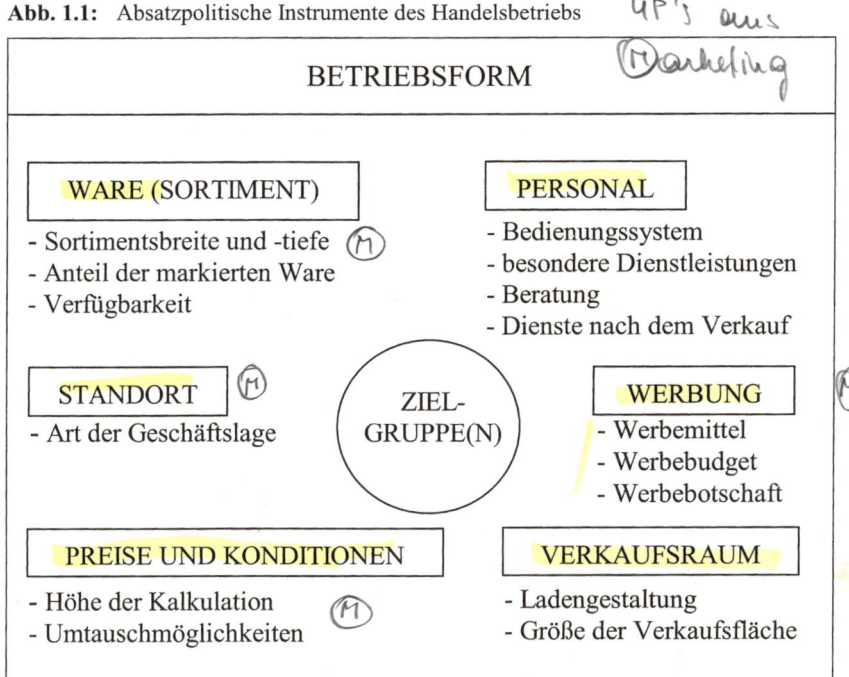

BETRIEBSFORM

WARE (SORTIMENT)
- Sortimentsbreite und -tiefe Ⓜ
- Anteil der markierten Ware
- Verfügbarkeit

PERSONAL
- Bedienungssystem
- besondere Dienstleistungen
- Beratung
- Dienste nach dem Verkauf

STANDORT Ⓜ
- Art der Geschäftslage

ZIEL-GRUPPE(N)

WERBUNG Ⓜ
- Werbemittel
- Werbebudget
- Werbebotschaft

PREISE UND KONDITIONEN
- Höhe der Kalkulation Ⓜ
- Umtauschmöglichkeiten

VERKAUFSRAUM
- Ladengestaltung
- Größe der Verkaufsfläche

Die Zusammenstellung der absatzpolitischen Instrumente orientiert sich an dem Begriff des „Aktionsparameters", mit dem in der Entscheidungstheorie jene Größen gemeint sind, die ein Entscheidungssubjekt im Rahmen einer Entscheidung festlegen kann. Im Regelfall werden mehrere Aktionsparameter zu einer Aktion kombiniert. Auf solche Bündelungsmöglichkeiten, wie z. B. Sonderangebote oder Handelsmarkenpolitik, wird erst später eingegangen.

In der Literatur finden sich unterschiedliche Einteilungen für die absatzpolitischen Instrumente (vgl. die Übersicht in Abb. 1.2). Während Barth drei absatzpolitische Instrumentalbereiche unterscheidet, gliedert Berekoven in zehn.

Die Kataloge der absatzpolitischen Instrumente unterscheiden sich bei den einzelnen Autoren aber nicht fundamental. Es sei darauf verzichtet, sie explizit miteinander zu vergleichen, wobei ein Vergleich sich vor allem auf die Vollständigkeit, die Überschneidungsfreiheit, die Verständlichkeit und die Übersichtlichkeit zu beziehen hätte. Stellenweise kommen in den Systematisierungen auch die Vorlieben der einzelnen Autoren zum Ausdruck. So hat sich Hansen intensiv mit den Beschwerden von Kunden und ihrer Behandlung durch die Unternehmen beschäftigt, und es erscheint nicht verwunderlich, dass sie diese Form der Beziehung zwischen Unternehmung und

7

Kunden in der Gliederung besonders hervorhebt. Berekoven hat sich ausführlich mit dem Markenartikel beschäftigt und nennt wahrscheinlich deshalb die Handelsmarkenpolitik als eigenständiges Instrument neben der Sortimentspolitik.

Abb. 1.2: Systematisierung der absatzpolitischen Instrumente durch verschiedene Autoren

Autor	Absatzpolitische Instrumente	
U. Hansen (1990)	- Standortpolitik - Sortimentspolitik - Produktpolitik, insbesondere Eigenmarkenpolitik - Verkaufsgestaltung	- Preispolitik - Absatzfinanzierung - Absatzwerbung - Kundenservice - Beschwerdepolitik
B. Tietz (1993)	- Waren- und dienstleistungsbezogene Instrumente (Produktgestaltung, Sortimentsprogramm, Mengenpolitik) - Entgeltbezogene Instrumente (Preise, leistungsbezogene Konditionen, finanzielle Konditionen) - Nebenleistungsbezogene Instrumente (Kundendienst) - Informations- und kommunikationsbezogene Instrumente (Sachwerbung, persönliche Werbung, Public Relations, Kontaktintensität und Präsentation, zeitliche Kontaktbereitschaft)	- Institutionenorientierte Instrumente (Handelswege) - Warenprozessinstrumente (Waren- und dienstleistungsgebundene Instrumente der Zeitverfügbarkeit (Lagerhaltung) und der Raumverfügbarkeit (Transport), und zwar Liefertermin, Lieferhäufigkeit, Bestell- und Liefermenge, Leistungsbereitschaft und Leistungsservice)
K. Barth (1999)	- Leistungspolitik (Sortimentspolitik, Quantitätspolitik, Überbrückungspolitik, Sicherungspolitik, Umsatzdurchführungspolitik, Sachgüteraufbereitungs- bzw. Komplettierungspolitik)	- Entgeltpolitik (Preispolitik, Rabattpolitik, Konditionenpolitik) - Beeinflussungspolitik (Präsentationspolitik, Werbepolitik, Öffentlichkeitsarbeit)
L. Berekoven (1995)	- Sortimentspolitik - Handelsmarkenpolitik - Qualitäts- und Qualitätssicherungspolitik - Servicepolitik - Preispolitik	- Werbepolitik - Verkaufsförderungspolitik - Verkaufsraumgestaltung und Warenpräsentation - Verkaufspersonalpolitik - Standortpolitik

Eine weitere Zusammenstellung von absatzpolitischen Instrumenten enthält Abb. 1.3, die sich auch zum Ziel setzt, handelsspezifische Besonderheiten zum Ausdruck zu bringen, denn die absatzpolitischen Instrumente des Industriebetriebes ähneln zwar denen des Handelsbetriebes, aber an einigen Stellen sind Unterschiede zu beobachten. So zählt beispielsweise die Öffnungszeit im Handel zu den absatzpolitischen Instrumenten, im Industriebetrieb ist sie jedoch im Regelfall von zu vernachlässigender Bedeutung. Die Zusammenstellung in Abbildung 1.3 orientiert sich an der Situation von Großhandelsunternehmungen.

Abb. 1.3: Absatzpolitische Instrumente im Großhandel

Bezugsgröße	Qualitative Aspekte	Quantitative Aspekte	Zeitliche Aspekte	Räumliche Aspekte
Warenstrom	Sortiment, Handelsmarken, spez. Verpackungsformen, Entsorgungen, Eigentumsübergang	Liefermengen, Vorrätigkeit, Sortimentstiefe	Liefergeschwindigkeit, Zustellzeitpunkt	Standorte von Lägern, Größe des Auslieferungsgebietes
Selbstständige Dienstleistungen	Verleih von Werkzeug, Montage, Planung		Schnelligkeit der Ausführung	Größe des Vertriebsgebietes
Zahlungsstrom	Akzeptierte Zahlungsmittel	Preisniveau, Rabattsysteme	Zahlungsziele	
Informationsstrom	Werbemittel, Beratungssystem, Umgang mit Reklamationen, Internet-Auftritt	Kommunikationsbudget, Besuchshäufigkeit durch Außendienst	Timing von Kommunikationsmaßnahmen, Öffnungszeiten	Streugebiet

Die Übersicht gliedert die Ansatzpunkte zur Gestaltung der Absatzpolitik, indem an den Strömen, die zwischen der anbietenden Großhandelsunternehmung und den Nachfragern „fließen", angeknüpft wird. Es werden drei elementare Fragen gestellt:
- Welche Leistungen können zwischen der Unternehmung und ihren Kunden „fließen"? Dabei kann zwischen dem Warenstrom und dem Strom der selbstständigen Dienstleistungen unterschieden werden. Mit den selbstständigen Dienstleistungen sind jene Dienstleistungen gemeint, mit denen die Handelsunternehmung nicht „nur" den Absatz der Waren fördern will, sondern die explizit in Rechnung gestellt werden.
- Welche Gegenleistung erwartet die Unternehmung von ihren Abnehmern? Im Regelfall wird das auf die Bezahlung der vereinbarten Preise (Zahlungsstrom) hinauslaufen.
- Welche Informationen tauscht die Unternehmung mit ihren Nachfragern aus?
Bei jedem der genannten vier Ströme kann zwischen qualitativen, quantitativen, zeitlichen und räumlichen Aspekten unterschieden werden. Wendet sich eine Unternehmung im Rahmen einer Direct Mailing-Aktion an ihre Kunden, dann hat sie sich für ein bestimmtes Werbemittel entschieden (qualitativer Aspekt), sie hat darüber zu befinden, wie umfangreich das Mailing-Paket sein sollte bzw. wie häufig sie ihre Kunden anschreiben will (quantitativer Aspekt), sie hat zu entscheiden, wann die Aktion durchgeführt werden soll (zeitlicher Aspekt) und in welchem Gebiet die Kunden angeschrieben werden sollen (räumlicher Aspekt). Die in die Abbildung 1.3 eingetragenen Beispiele sollen für die Großhandelsunternehmung wichtige Ansatzpunkte erkennen lassen. Auf den Einzelhandel kann dieses Konzept leicht übertragen werden.

Von einer betriebswirtschaftlichen Theorie darf nun nicht erwartet werden, dass sie alle Aktionsparameter sozusagen auf Vorrat aufzählt. So sah sich z. B. vor achtzig Jahren noch kein Händler vor das Problem gestellt, einen Selbstbedienungsmarkt statt eines Geschäftes mit Bedienung zu eröffnen, weil eine solche Geschäftsform in der damaligen Zeit noch unbekannt war (u. a. weil die Waren noch nicht in einer selbstbedienungs-gerechten Art und Weise angeboten werden konnten). Mit großem Einfallsreichtum werden also zu jeder Zeit neue Handlungsmöglichkeiten entdeckt. Um bislang verborgene Handlungsmöglichkeiten aufzuspüren, wurden Kreativitätstechniken entwickelt.

Die erste Sichtweise von Marketing kann zusammenfassend wie folgt definiert werden:

> *„Marketing im Sinne von Absatzpolitik wird definiert als Planung, Durchführung und Kontrolle aller absatzpolitischen Instrumente. "*

Das Denken in absatzpolitischen Instrumenten beherrscht die Wissenschaft. Vereinzelt werden aber auch Maßnahmen diskutiert, die sich als Bündel einzelner Instrumente darstellen lassen; dazu gehören insbesondere die folgenden Maßnahmen: die Sonder-angebotspolitik (als Kombination von Sortiments-, Preis-, Kommunikations- und Platzierungspolitik), die Kundenkarten (als Kombination von Preis- und Kommuni-kationspolitik), Verkaufsförderungsaktionen und die Eigenmarkenpolitik. In Kapitel 2 wird ausgeführt werden, dass auch auf einer strategischen Ebene Handlungsmöglich-keiten formuliert werden können, so insbesondere zur Betriebsformenpolitik oder zur Kostenführerschaft bzw. zur Leistungsdifferenzierung.

Die Definition von Marketing im Sinne von Absatzpolitik ist auf die verschiedenen Handlungsfelder ausgerichtet, die der Handelsunternehmung zur Verfügung stehen. Von gänzlich anderer Natur ist die jetzt zu erläuternde zweite Sichtweise von Marketing.

1.2.2 Marketing als marktorientierter Führungsstil

Eine zweite Sichtweise von Marketing nimmt auf den Umstand Bezug, dass eine Austauschbeziehung zwischen der anbietenden Unternehmung und ihren Abnehmern angestrebt wird. Es wird auch von transaktionsorientiertem Marketing gesprochen. Im Gegensatz zur ersten Sichtweise wird nicht mehr nur analysiert, welche Maßnahmen der Handelsunternehmung zur Verfügung stehen, sondern der Nachfrager wird explizit in die Analyse mit einbezogen. Mithin gilt es zu erfassen, mit welchen Nachfragern es die anbietende Unternehmung zu tun hat, wie sich diese verhalten und von welchen Bestimmungsfaktoren ihr Verhalten beeinflusst wird. Solche Informationen liefern die Grundlage für Prognosen zur Wirksamkeit der eigenen absatzpolitischen Maßnahmen.

Es wird auch von Marketing als marktorientiertem Führungsstil gesprochen, weil analysiert wird, ob es zwischen Anbieter und Nachfrager zu einem Austausch kommt, wobei dies auch davon abhängig sein wird, inwieweit der Nachfrager auf Angebote konkurrierender Anbieter eingeht. Die Frage, wie der Nachfrager das eigene Angebot und das der Konkurrenten wahrnimmt und beurteilt, wird zum Ausgangspunkt für die Gestaltung der eigenen absatzpolitischen und sonstigen betrieblichen Maßnahmen.

Die Orientierung an den Gegebenheiten des Absatzmarktes äußert sich im Einzelnen in folgenden Fragen:
- Ist die Gesamtmenge der potenziellen Nachfrager in Segmente zu unterteilen, und wie kann dies geschehen?
- Welches Bild haben die Nachfrager von den Angeboten einzelner Anbieter?
- Welche Anbieter sind entsprechend der Sichtweise der Nachfrager als Konkurrenten anzusehen?
- Wie reagieren Nachfrager voraussichtlich auf den Einsatz einzelner absatzpolitischer Instrumente?

Marktsegmentierung, Zielgruppendefinition, Bedürfnisanalyse, Marktforschung, Maßnahmen der Konkurrenz, Zufriedenheit der Kunden, Marktpotenzial und Marktvolumen sowie Elastizitäten stellen zentrale Begriffe einer Marketingpolitik im Sinne eines marktorientierten Führungsstils dar, weil die Verhaltensweisen der Marktpartner zum zentralen Bestimmungsfaktor der eigenen Maßnahmen werden.

Die Auseinandersetzung mit dem Verhalten der Nachfrager hat auf wissenschaftlichem Gebiet dazu geführt, dass Theorien zum Verhalten der Nachfrager, insbesondere zum Verhalten der Konsumenten, in bedeutendem Maße weiterentwickelt worden sind. Theorien zum Konsumentenverhalten erweisen sich als unverzichtbares Element einer Marketingpolitik. Die verhaltenstheoretische und die politikorientierte Ausrichtung von Marketing kommt auch in der folgenden Definition von Marketing zum Ausdruck:

„Marketing will erklären, wie Austauschprozesse zwischen Unternehmungen bzw. zwischen Unternehmungen und Konsumenten zu Stande kommen, und es will hierauf aufbauend Hinweise zur Ausgestaltung dieser Austauschbeziehungen ableiten."

In einem so verstandenen Marketing werden zwei Forschungsrichtungen aufgerufen. Erstens geht es darum, nach Gesetzmäßigkeiten im Verhalten von Menschen zu suchen. Dem dient vor allem die Auseinandersetzung mit Theorien des Käuferverhaltens. Zweitens geht es darum, Kalkülformen zu entwickeln, die zur Steuerung des Marketings eingesetzt werden können. Die Kombination beider Forschungsrichtungen ist auch bestimmend für die Ausführungen in diesem Buch.

1.2.3 Beziehungsorientiertes Marketing

Mit dem beziehungsorientierten Marketing soll betont werden, dass Unternehmungen im Regelfall nicht das Ziel haben, einmalig in eine Austauschbeziehung einzutreten, sondern dass es zu einer dauerhaften Kundenbeziehung kommen soll. In den meisten Fällen sind Unternehmungen darauf angewiesen, dass Nachfrager wiederholt bei ihnen kaufen. Im Handel wird immer schon von dem Stammkunden gesprochen. Insofern wird durch diese Sichtweise die zeitliche Dimension in das Blickfeld gerückt: Wie wirken sich die Maßnahmen der Unternehmung auf das langfristige Verhältnis zu ihren Kunden aus?

Das Phänomen Kundenbindung kann über sechs Fragen erschlossen werden (L. Müller-Hagedorn 2001a):

(1) In welcher Situation sind Kundenbindungsprogramme für einen Handelsbetrieb besonders wichtig? Welcher Stellenwert sollte diesem Phänomen zukommen?
(2) Was ist unter Kundenbindung zu verstehen, und wie kann Kundenbindung gemessen werden?
(3) In welchem Ausmaß ist es einer Unternehmung gelungen, Kunden zu binden?
(4) Welche Instrumente stehen zur Kundenbindung zur Verfügung?
(5) Welches sind die Bestimmungsfaktoren für Kundenbindung? In welchem Verhältnis stehen Kundenbindung und Kundenzufriedenheit?
(6) Wie sind die einzelnen Maßnahmen im Hinblick auf ihre Kundenbindung zu beurteilen?

Grundsätzlich kann ein Unternehmen seinen Erfolg mit Kunden, die schon in früheren Perioden bei ihm gekauft haben, oder mit Neu-Kunden erzielen. An dieser Zweiteilung knüpfen Aussagen zum Stellenwert von Kundenbindungsprogrammen häufig an, denn Kundenbindungsprogramme sind ceteris paribus (c. p.) umso wichtiger, je aufwendiger und zeitraubender es ist, neue Kunden zu gewinnen. Dieser Gesichtspunkt spiegelt sich auch in dem folgenden Zitat:

„Es ist fünfmal teurer, einen neuen Kunden zu gewinnen, als bisherige zu halten"
(vgl. W. Müller und H.-J. Riesenbeck 1991, S. 69).

Kundenbindungsprogramme sind c. p. umso mehr angezeigt, je bedeutender einzelne Kunden sind und je größer die Gefahr ist, dass diese bedeutenden Kunden abwandern können. Darauf beziehen sich die folgenden Aussagen:

„20 Prozent der Kunden machen 80% des Gewinns" *(vgl. R. Gegenmantel 1996, S. 9 und F. F. Reichheld 1997, S. 64).*

„Ein Abbau der Kundenabwanderungsrate um 5% bringt eine Gewinnsteigerung zwischen 25 und 85%" *(vgl. F. F. Reichheld und E. W. Sasser 1991, S. 113).*

„Eine Steigerung der Kundenzufriedenheit um jeweils einen Indexpunkt bringt eine Steigerung der Rendite um mehr als 11 Prozent" *(E. W. Anderson et al., zitiert nach D. Bosch und W. Zimmer, ohne Jahrgang, S. 7).*

Es soll dahingestellt bleiben, ob die von den Autoren genannten Zahlen tatsächlich verallgemeinert werden dürfen - wahrscheinlich ist dies bei der Heterogenität der Bedingungen nicht der Fall - aber sie veranschaulichen die zwei zentralen Motive für das Interesse an Kundenbindungsmaßnahmen, die Möglichkeiten und Schwierigkeiten der Neukundengewinnung und die Gefahr des Verlustes bedeutender Kunden. Es kommt noch ein dritter Anlass hinzu, der das Interesse an Kundenbindungsmaßnahmen stärkt: Kundenbindungsmaßnahmen sind c. p. umso mehr angezeigt, je wichtiger die

Kommunikationspolitik mit den Kunden ist und je mehr Streuverluste gegenüber einer Werbepolitik ohne Kundenbindungsprogramm vermieden werden können.

Versteht man unter Kundenbindung eine im Rahmen der Unternehmenspolitik wichtige Ziel- und Kontrollgröße, dann muss genauer festgelegt werden, was unter Kundenbindung zu verstehen ist. In der Literatur finden sich inzwischen mehrere Definitionen (vgl. Abb. 1.4).

Abb. 1.4: Definitionen des Begriffes Kundenbindung

P. Weinberg (2000, S. 42)	Aus verhaltenswissenschaftlicher Sicht wird Kundenbindung als ein psychisches Konstrukt der Verpflichtung und Verbundenheit einer Person gegenüber einer anderen Person oder einer Geschäftsbeziehung verstanden.
H. Diller (1996, S. 84)	...System von Aktivitäten des Anbieters zur Verbesserung des Transaktionsgeschehens ... auf der Grundlage positiver Einstellungen der Kunden und daraus resultierender Bereitschaft zu Folgekäufen.
C. Homburg und M. Bruhn (2000, S. 8)	Kundenbindung umfasst sämtliche Maßnahmen eines Unternehmens, die darauf abzielen, sowohl die bisherigen Verhaltensweisen als auch die zukünftigen Verhaltensabsichten eines Kunden gegenüber einem Anbieter oder dessen Leistungen positiv zu gestalten, um die Beziehung zu diesem Kunden für die Zukunft zu stabilisieren bzw. auszuweiten.

Die Definition von Weinberg versteht Kundenbindung als eine Prädisposition des Kunden. Diller betont, dass bei Kundenbindung an Maßnahmen eines Anbieters zu denken ist, und Homburg/Bruhn verbinden schließlich beide Aspekte.

Das gewünschte Verhalten des Kunden lässt sich in mehreren Dimensionen konkretisieren und umfasst dabei sowohl beobachtbares Verhalten als auch Prädispositionen (vgl. auch Abb. 1.5).

Abb. 1.5: Ebenen einer nachfrageorientierten Kundenbindung

Kundenbindung	
Tatsächliches Verhalten	**Verhaltensabsicht**
- Kaufverhalten	- Wiederkaufabsicht
- Weiterempfehlung	- Cross-Buying-Absicht

Sowohl bei einer Betrachtung, die auf das vergangene Verhalten abstellt, wie auch bei derjenigen, die auf zukünftiges Verhalten bzw. Verhaltensabsichten zielt, können unterschiedliche Messindikatoren Verwendung finden. Die Vielzahl der einzelnen Maßgrößen, die für einen Handelsbetrieb in Frage kommen, ergibt sich daraus, dass unterschiedliche Aspekte Gegenstand der Messung sein können, und zwar
- die Häufigkeit, mit der eine Einkaufsstätte aufgesucht worden ist,
- die Abfolge, mit der einzelne Einkaufsstätten im Zeitablauf aufgesucht worden sind,
- die Anzahl der insgesamt gekauften Artikel,

13

- die Anzahl der unterschiedlichen Artikel, die gekauft werden,
- der von einem Kunden getätigte Umsatz,
- der zeitliche Abstand zum letzten Einkauf.

Wenn Kundenbindung als Vollendung eines beziehungsorientierten Marketing gesehen wird, dann kann es hilfreich sein darzustellen, wie weit sich ein Unternehmen diesem Ziel bereits angenähert hat bzw. wie weit es davon noch entfernt ist. Kundenbindung in dem Sinne, dass ein Geschäft als alleinige oder bevorzugte Einkaufsstätte angesehen wird, setzt natürlich voraus, dass die Einkaufsstätte bekannt ist. Weitere Schritte zur Kundenbindung hat eine Unternehmung dann einzuleiten, wenn die Kunden die Einkaufsstätte aufsuchen, dort einkaufen oder sogar häufiger dort eingekauft haben. Abbildung 1.6 veranschaulicht diesen Gedanken an einem Beispiel. Es zeigt, dass Karstadt eine größere Bekanntheit aufweist als H&M, dass auch sehr viele Personen Verkaufsstellen von Karstadt aufgesucht haben, aber nur relativ wenige ihre Einkäufe auf Karstadt konzentriert haben. Bei H&M ist die Situation anders.

Abb. 1.6: Erfolg bei der Kundenbindung und bei ihren Vorstufen (Quelle: M. Kliger und S. Dembeck 2001, S. 6)

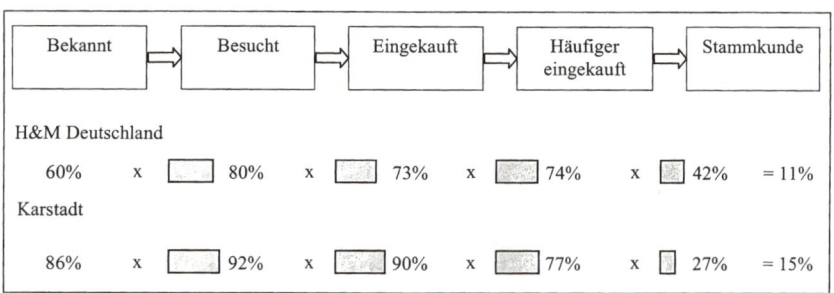

Eine solche Abfolge kann Hinweise geben, auf welche Phase die Maßnahmen der Unternehmung ausgerichtet werden sollten (z. B. Steigerung der Bekanntheit oder Auslösen von Erstkäufen). Dabei wird es sich auch als notwendig erweisen, die Faktoren zu erkennen, von denen es abhängt, ob ein Nachfrager in die nächste Phase übertritt.

Eine Definition, die den Umstand anspricht, dass durch Marketing anhaltende Geschäftsbeziehungen erreicht werden sollen, lautet:

> *„Marketing kann definiert werden als Erklärung einmaliger oder andauernder Transaktionen zwischen Unternehmen bzw. zwischen Unternehmen und Konsumenten und die darauf aufbauende Gestaltung dieser Geschäftsbeziehungen."*

1.2.4 Marktorientierte Gestaltung der Wertschöpfungskette

In den bisher vorgestellten Sichtweisen von Marketing wurde jeweils auf die Beziehung zwischen einer anbietenden Unternehmung und ihren Kunden Bezug genommen, also auf die Beziehung der Einzelhandelsunternehmung zu den Konsumenten, auf die Beziehung des Großhandelsbetriebes oder der Handelsvermittlung zum Einzelhandel oder zu gewerblichen Nachfragern. Die ausführliche Beschäftigung mit dem Nachfrager empfiehlt sich umso mehr, je stärker der Wettbewerb ist, denn dann steigt die Wahrscheinlichkeit, dass der Absatz zum Engpass wird. Damit ist gemeint, dass bei der Abstimmung der betrieblichen Teilpläne, also insbesondere des Einkaufs, der Finanzierung, der Personalpolitik und des Absatzes, im Regelfall die schärfsten Restriktionen vom Absatzbereich ausgehen. Zwar ist es denkbar, dass auch andere Funktionsbereiche zum Engpass werden, aber dem Absatzbereich wird im Regelfall eine herausragende Bedeutung zukommen. Dies gilt im Prinzip für Unternehmungen in allen Wirtschaftssektoren. Im Handel kommt hinzu, dass die Lieferanten der Waren permanent zu entscheiden haben, ob sie den Handel in den Vertrieb einschalten oder ob sie Wege zur Direktvermarktung suchen sollen. Die Gefahr der Ausschaltung ist wahrscheinlich für den Großhandel größer als für den Einzelhandel, aber spätestens seit dem Aufkommen von Electronic Commerce ist zu beobachten, dass auch versucht wird, den Einzelhandel auszuschalten. Dem kann der Handel nur entgegenwirken, indem er sowohl dem Abnehmer als auch dem Lieferanten als nützliches Distributionsorgan erscheint. Neben der Abnehmerbeziehung gewinnt also die Lieferantenbeziehung im Handel einen besonderen Stellenwert. Der Handelsbetrieb hat zu belegen, dass seine Einschaltung mit Vorteilen verbunden ist.

- So hat jedes Handelsunternehmen gegenüber den Lieferanten den Nachweis zu erbringen, dass es die Vertriebsleistung effizienter durchführen kann als diese selbst (vgl. L. Müller-Hagedorn 1997a, S. 257). Gleichzeitig ist dem Wunsch der Abnehmer entgegenzuwirken, die Ware direkt vom Lieferanten des (Groß-) Händlers beziehen zu wollen. Es geht um die Frage, unter welchen Bedingungen der (Groß-) Handel ein- bzw. ausgeschaltet wird (Exklusionsthese, These von der Disintermediation). Notwendige Voraussetzung für die Einschaltung des Handels ist bei einem als vorgegeben angenommenen Transaktionsvolumen, dass die Kosten bei Einschaltung des Handels niedriger sind als bei Ausschaltung.
- Es lässt sich zeigen, dass sich unter bestimmten Bedingungen die Transportkosten senken lassen, wenn die Sendungen eines Herstellers den Abnehmern nicht direkt zugestellt, sondern beim (Groß-) Händler gebündelt und als solche Bündel versandt werden.
- Die Wettbewerbsfähigkeit des (Groß-) Handels kann sich auch daraus ergeben, dass es nicht vorteilhaft ist, die Warenbestände zentral bei den Herstellern zu lagern, sondern dass sich ein System regionaler Läger (bei den Großhändlern) empfiehlt. Zwar sinken die bei Unsicherheit vorzusehenden Sicherheitsbestände mit steigender Zentralisierung, jedoch zu erwarten, dass ein System mit Zentrallägern die Kosten der Zustellung erhöhen wird. Auch hier ist zu berücksichtigen, dass die Kosten von der Größe der Läger abhängig sein können.
- Wie ausgeführt worden ist, können (Groß-) Handelsunternehmen auch Produktionsaufgaben übernehmen. Zunächst könnte es scheinen, dass die Höhe der Produktionskosten unabhängig davon ist, ob die Produktion im Verfügungsbereich einer Industrie-

oder einer Handelsunternehmung vorgenommen wird, weil man denken könnte, dass jeweils in gleicher Höhe Material, Maschinen und Personal eingesetzt werden müssen. Dennoch sind Fälle denkbar, in denen Kostenunterschiede auftreten können, etwa weil der Handelsunternehmung kostengünstigere Standorte zur Verfügung stehen oder weil sie eine zersplitterte Angebotsstruktur bündeln kann (economies of scale).

- Unterscheidet man bei den Kontakten zwischen akquisitorischen und logistischen Phasen, dann sind dem Handel Kostenersparnisse möglich durch die Bündelungsmöglichkeiten, die sich für ihn daraus ergeben, dass er den Abnehmern mehrere Produkte gleichzeitig vorstellen kann.

Insgesamt kann der Handel aber nur eine wirtschaftlich attraktive Position einnehmen, wenn es ihm gelingt, sowohl dem Hersteller als auch dem Abnehmer die durch seine Einschaltung bewirkten Vorteile deutlich vor Augen treten zu lassen. Eine besondere Schwierigkeit liegt darin, dass sowohl für den Hersteller als auch für den Abnehmer ein Anreiz besteht, systemwidrig zu handeln. So kann es in kurzfristiger Perspektive auch für einen Hersteller interessant sein, dem Belieferungsansinnen eines Abnehmers zu entsprechen, denn erstens ist er sicher, dass er diesen Abnehmer nicht an einen Konkurrenten verliert und zweitens kann hinzukommen, dass dieser Abnehmer einen besseren Preis zahlt als ihn der Hersteller beim Absatz an den (Groß-) Händler erzielen könnte. Als kurzfristig wird diese Perspektive bezeichnet, weil die Vorteilhaftigkeit solcher Abschlüsse daran gebunden ist, dass die Marktbearbeitung ansonsten von dem Großhändler übernommen wird, und die Vorteilhaftigkeit nicht mehr gegeben wäre, wenn es zum Ausscheiden des Großhandels käme.

Zusammenfassend kann diese Marketingperspektive so definiert werden:

> *„Marketing in dem vorgestellten Sinne analysiert die für die Existenz einer Handelsunternehmung zentralen Beziehungen zu den Abnehmern und zu den Lieferanten, um durch eine geeignete Geschäftspolitik sicherzustellen, dass die Vetriebsleistungen effizienter erbracht werden können als in alternativen Distributionsformen.“*

Zu den die Effizienz möglicherweise steigernden Maßnahmen gegenüber den Lieferanten zählen auch jene Maßnahmen, die unter dem Begriff Efficient Consumer Response subsumiert werden. Im Einzelnen werden dazu die folgenden Instrumente gezählt,
- Efficient Assortment,
- Efficient Promotion,
- Efficient Product Introduction,
- Efficient Replenishment,
- Efficient Pricing.

In der vorliegenden Schrift werden diese Aspekte jedoch weitgehend ausgeklammert (weitere Ausführungen finden sich bei L. Müller-Hagedorn et al. 1999 sowie D. Ahlert und S. Borchert 2000).

1.2.5 Zusammenfassung

Der Begriff „Marketing" ist anhand mehrerer Sichtweisen erläutert worden. Es kann wie folgt zusammengefasst werden:

(1) Marketing soll nicht mit Unternehmenspolitik gleichgesetzt werden. Es soll nicht darum gehen, die Gestaltung der Gesamtheit der Aktionsparameter einer Handelsunternehmung zu behandeln, sondern nur der sog. **absatzpolitischen Instrumente.** Marketing wird somit auch nicht auf die Aktivitäten, die unter Absatzvorbereitung zusammengefasst werden (Werbung, Preispolitik), eingeengt. Diese Sichtweise betont die Handlungsorientierung.

(2) Marketing soll hier so verstanden werden, dass **zwei Forschungsrichtungen** aufgerufen sind. Erstens geht es darum, nach Gesetzmäßigkeiten im Verhalten von Anbietern und Nachfragern zu suchen. Dem dient die **Auseinandersetzung mit Theorien des Käuferverhaltens.** Zweitens geht es darum, **Kalkülformen zu entwickeln,** die zur Steuerung des Marketings eingesetzt werden können. Dem dienen Entscheidungsmodelle. Diese Sichtweise betont den empirischen Nachfragerbezug als Basis für die Steuerung der Marketingpolitik.

(3) Marketing wird als **marktorientierte Analyse, Planung, Realisation und Kontrolle** verstanden. Damit wird die Systematik der Vorgehensweise angesprochen, wozu Phasenschemata dienen, die die Phasen Analyse, Planung, Realisation und Kontrolle in unterschiedlich detaillierter Weise aufeinander folgen lassen. Dieser Gesichtspunkt wird im zweiten Kapitel vertieft.

(4) Handelsmarketing ist aber nicht nur durch die Ausgestaltung der Beziehungen zu den Kunden in kurz- und langfristiger Sicht gekennzeichnet, sondern hat sich auch der Aufgabe anzunehmen, durch die Einschaltung des Handels **Effizienzvorteile** gegenüber anderen Vertriebsformen zu erzielen und die Lieferanten davon zu überzeugen.

1.3 Wichtige Problemstellungen im Handelsmarketing

Mit den Methoden des Handelsmarketings soll den Entscheidungsträgern in der Praxis geholfen werden, anstehende Probleme zu bewältigen. Wo liegen diese? Bevor mit den folgenden Kapiteln im Detail auf solche Probleme eingegangen wird, seien zur Einführung an dieser Stelle einige Herausforderungen genannt.

Im Einzelhandel ist in fast allen Branchen zu beobachten, dass sich **unterschiedliche Betriebsformen** etablieren. Oft haben sich Discounter stürmisch entwickelt, z. B. ALDI und Lidl im Lebensmittelhandel, Adler im Textilhandel. Daneben gibt es aber eine Vielzahl von anderen Betriebsformen, wie z. B. die Fachmärkte, die Warenhäuser, die Fachgeschäfte usw. Hennes und Mauritz sowie IKEA sind gute Beispiele für Unternehmen, denen es gelungen ist, mit einem neuen Konzept große Erfolge zu erzielen. Die einzelnen Konzepte ringen um Marktanteile. Wie ist ihre Markteignung zu beurteilen? Wie hoch sind die Erfolgschancen für einzelne Konzepte in verschiedenen regionalen Märkten oder in einzelnen Branchen? Eine große unternehmerische Aufgabe ist in dem Auftrag zu sehen, neue Betriebsformen zu entwickeln. In der Wissenschaft wird von der Dynamik der Betriebsformen gesprochen, weil immer wieder neue Betriebsformen auftreten, was die schon am Markt befindlichen Betriebsformen zwingt, ihre Politik den neuen Bedingungen anzupassen. Manchmal kommt der Eindruck auf, der schon existierenden Vielfalt ließen sich keine neuen Konzepte mehr hinzufügen, aber dann zeigt die Erfahrung, dass doch wieder neue Betriebsformen auftauchen. In jüngster Zeit hat die Frage, wo sich E-Commerce etablieren kann, große Aufmerksamkeit auf sich gezogen. Welche Marktanteile kann E-Commerce im Business-to-Consumer-Bereich erringen, welche im Business-to-Business-Bereich? Entsprechende Prognosen erfordern, den Einkaufsstättenwahlprozess des Kunden zu erklären; insbesondere geht es darum, die Bedingungen zu erkennen, unter denen Innovationen akzeptiert werden (zu E-Commerce vgl. auch L. Müller-Hagedorn, Hrsg., 2000). Der Betriebsformenproblematik ist Kapitel 3 gewidmet.

Das Erscheinungsbild eines Landes wird in bedeutendem Maße vom Handel geprägt. Oft zählen einzelne Einzelhandelsgeschäfte zu den Höhepunkten einer Reise, wie z. B. das KaDeWe in Berlin oder Harrods in London. Traditionell waren Einzelhandelsgeschäfte in den Innenstädten angesiedelt. Daneben haben sich aber weitere **Standortlagen** herausgebildet, so insbesondere in den Vororten und in den Wohngebieten, aber auch in peripheren Lagen, so auf der sog. Grünen Wiese. Welche Standorte sollten gewählt werden? Wie kann die Eignung eines Standortes beurteilt werden? Welche Bedeutung haben einzelne Faktoren, wie z. B. die Erreichbarkeit eines Standortes mit dem privaten PKW oder mit dem öffentlichen Personennahverkehr (N. Ziehe 1998)? Das ist eine für Einzelhandelsbetriebe besonders wichtige Frage, aber auch Großhandelsbetriebe haben abzuwägen, wie nah sie sich bei ihren Kunden ansiedeln wollen. Die Standortpolitik ist Gegenstand von Kapitel 4.

Im Mittelpunkt des Handelmarketing stehen aber auch Fragen zur **Sortimentspolitik** und zur **Preispolitik.** Generell ist zu beobachten, dass sich Branchengrenzen auflösen. Während sich früher insbesondere die Fachgeschäfte auf den Warenkreis einer Branche spezialisiert hatten (z. B. Geschäfte für Textilien, Haushaltswaren, Bücher, Lebensmittel, Schuhe), ist heute zu beobachten, dass Sortimente oft nach neuen Gesichtspunkten zusammengestellt werden. Am deutlichsten ist das bei den Tankstellen zu beobachten, die einen Großteil ihres Umsatzes und Bruttoertrages mit Lebensmitteln, Zeitschriften und Freizeitartikeln erwirtschaften; Schuhgeschäfte haben Lederwaren und Sportartikel angegliedert, einige Buchhandlungen haben nicht nur Tonträger in das Sortiment aufgenommen, sondern sogar elektronische Geräte, wie Videorecorder, CD-Player usw. Das führt zu der Frage, wie Sortimente marktgerecht gestaltet werden können. Aber auch die Preispolitik hat in den letzten Jahren große Aufmerksamkeit auf sich gezogen. Dabei geht es nicht nur um die Schärfe des Wettbewerbs, soweit er sich im Preisniveau spiegelt, sondern auch um die Art der Preisstellung. Was ist sinnvoller, Sonderangebote oder Dauerniedrigpreise? Geht von gebrochenen Preisen eine Wirkung aus? Sollte ein kalkulatorischer Ausgleich praktiziert werden, dass also einige Produkte bewusst niedriger kalkuliert werden, um den Absatz anderer Produkte anzuregen? Die Sortimentspolitik wird in Kapitel 5, die Preispolitik in Kapitel 6 behandelt.

Handelsbetriebe vermitteln aber nicht nur das Eigentum an Waren an ihre Kunden. Dieser Vermittlungsprozess geht mit informatorischen und Emotionen auslösenden Prozessen einher. Einige Textilgeschäfte veranstalten für ihre Kunden Modeschauen, Warenhäuser bestechen oft durch ihre aufwendige Architektur und Ladengestaltung. Einige Geschäfte sind werbeintensiv, sie nutzen City-Light-Poster oder Plakatanschlagwände, legen den Zeitungen aufwendige Prospekte bei oder nutzen sogar die TV-Werbung. Andere Betriebe legen wiederum vorwiegend Wert darauf, die Qualität ihrer Beratung zu sichern. Es ist jeweils zu entscheiden, in welchem Ausmaß finanzielle Mittel in die einzelnen Bereiche investiert und welche Varianten im Einzelnen realisiert werden sollten. Wie geeignet sind die einzelnen Maßnahmen, um kurzfristig Erfolge zu erzielen oder um langfristige Kundenbindung zu erreichen? Auf Fragen dieser Art wird in den Kapiteln über **Werbung** (Kapitel 7), **Personaleinsatz im Verkaufsbereich** (Kapitel 8) und Gestaltung des **Verkaufsraums** (Kapitel 9) eingegangen.

Die genannten Fragestellungen finden sich in der Gliederung des vorliegenden Buches wieder. Sie entsprechen einer Sichtweise nach absatzpolitischen Instrumenten. Bevor auf sie eingegangen wird, wird ein Kapitel vorangestellt, mit dem ein allgemeiner entscheidungsorientierter Denkrahmen vorgestellt werden soll, mit dem sich ökonomische Entscheidungsprobleme jedweder Art angehen lassen und der in den folgenden Kapiteln immer wieder angewendet wird. Außerdem wird in diesem Kapitel der Zusammenhang zwischen einer strategischen und einer operativen Marketingplanung aufgegriffen.

Ausgewählte Literaturempfehlungen

Neben dem hier vorliegenden Buch existieren weitere **Monografien zum Handelsmarketing**, beispielsweise von U. Hansen (1990), L. Berekoven (1995), W. Pepels (1995), H.-J. Theis (1999), S. Haller (2001) und W. Oehme (2001). Aus dem englischen Sprachraum sei auf P. J. McGoldrick (1990), O. Omar (1999) und D. Gilbert (2002) verwiesen. Weiterhin sei das Buch von B. E. Kahn und L. McAlister (1997) empfohlen. Marketingprobleme im Handel werden aber auch in **Monografien zur Handelsbetriebslehre** angesprochen, wie z. B. bei B. Tietz (1993), L. Müller-Hagedorn (1998a), K. Barth (1999) oder H.-P. Liebmann und J. Zentes (2001).

Wichtige **Definitionen aus der Handels und Absatzwirtschaft** finden sich im Katalog E (Ausschuss für Begriffsdefinitionen 1995). Die **Entwicklung des Handels** in der Bundesrepublik Deutschland wird bezüglich einzelner absatzpolitischer Instrumente in dem von E. Dichtl und M. Lingenfelder (1999) herausgegebene Buch „Meilensteine im deutschen Handel" dargestellt. Auf die Dynamik der Betriebsformen gehen R. Nieschlag und G. Kuhn (1980) sowie I. Glöckner-Holme (1988) ein. Ein Abschnitt hierüber findet sich aber auch bei L. Müller-Hagedorn (1998a, S. 13-63).

Einen Überblick über die **Entwicklung des Marketings** gibt H. Sabel (1998). Über die unterschiedlichen Sichtweisen von Marketing informiert auch das erste Kapitel meines Buches „Einführung in das Marketing" (L. Müller-Hagedorn 2002). Aspekte des beziehungsorientierten Marketings werden in dem von M. Bruhn und C. Homburg

(2001) herausgegeben „Handbuch Kundenbindungsmanagement" vertieft. Weiterhin sei auf das von mir (L. Müller-Hagedorn 2001b) herausgegebene Buch „Kundenbindung im Handel" hingewiesen.

2 Die Strukturierung von Entscheidungsproblemen im Handelsbetrieb

Oft liegen in der betrieblichen Praxis die Probleme nicht auf der Hand; sie müssen erst strukturiert werden. Der entscheidungstheoretische Ansatz, der im Folgenden dargestellt wird, kann hierbei sehr helfen. Er gibt Hinweise, in welchen Schritten vorgegangen werden kann und welche Elemente zu bedenken sind. Der hier vorgestellte Denkrahmen wird dann auch in allen folgenden Kapiteln genutzt.

Die wirtschaftliche Lenkung einer Unternehmung kann gedanklich in einzelne Phasen zerlegt werden,

- die **Analyse des Ist-Zustandes,**
- die **Planung** von betrieblichen Maßnahmen,
- die **Realisation** der geplanten Maßnahmen und
- die **Kontrolle** (vgl. auch Abb. 2.1).

Abbildung 2.1 verdeutlicht die sich ständig wiederholende Abfolge dieser vier Phasen. Andere Phasenkonzepte, wie beispielsweise der sog. Managementzyklus (J. Wild 1974; W. Delfmann 1993), verwenden teilweise andere Bausteine (so wird z. B. die „Informationsspeicherung" noch hinzugefügt), variieren die Abfolge der Phasen (der „Managementzyklus" beginnt mit der „Zielbildung") und vernetzen die Phasen noch stärker. Demgegenüber lässt das Schema nach Abbildung 2.1 die für dieses Buch zentralen Elemente deutlich hervortreten.

Im vorliegenden Kapitel wird bevorzugt auf den Bereich der Planung eingegangen, auf Probleme der Analyse des Ist-Zustandes, der Realisierung und der Kontrolle wird nur kurz hingewiesen.

2.1 Die Analyse des Ist-Zustandes und die Prognose zentraler Trends

Eine Analyse der Gegebenheiten kann sich auf unterschiedliche Sachverhalte richten. Welche Sachverhalte im konkreten Fall als relevant anzusehen sind, wird auch von dem Problemverständnis abhängen, das die Analyse auslöst. Hierbei kann es sich um unbefriedigende Ergebnisse oder um erste Einschätzungen handeln, wie die Unternehmenspolitik verbessert werden kann; dies verdeutlichen die folgenden Beispiele:

Abb. 2.1: Phasen der Unternehmensführung

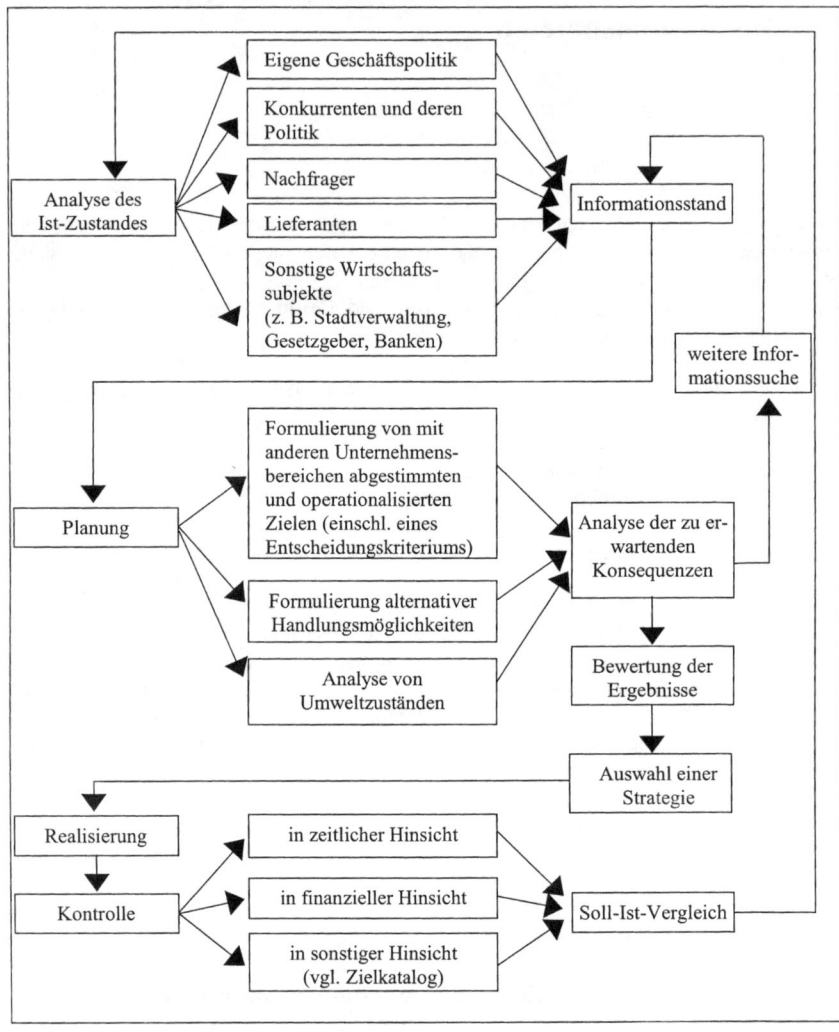

- Sinkt das Betriebsergebnis oder hat es sogar schon negative Werte erreicht?
- Sollen Handelsmarken eingeführt werden?
- Bestehen Zweifel, dass die eingesetzten Mittel für Werbung sinnvoll verwendet sind?
- Treten neue Konkurrenten in den Markt ein?
- Sollen gebrochene Preise durch runde Preise ersetzt werden?
- Soll ein angebotener Standort angemietet werden?

Das erste und das vierte Beispiel verdeutlichen Probleme, die die Wettbewerbsposition der Unternehmung in sehr grundsätzlicher Weise berühren; sie erfordern eine entsprechend umfassende Analyse. Die übrigen Beispiele beziehen sich auf den Einsatz einzelner absatzpolitischer Instrumente; bei ihnen wird der Analyserahmen enger ausgelegt werden können. Im Folgenden werden Ansatzpunkte für Analysen aufgezeigt, aus denen im konkreten Fall auszuwählen ist.

Die **Analyse des Ist-Zustandes** kann sich auf interne und externe Gegebenheiten erstrecken. Bei den internen Gegebenheiten handelt es sich um die in der Vergangenheit betriebene Geschäftspolitik (Ziele und Maßnahmen) und den dadurch erreichten Zustand (Ergebnisse). Das **Zielsystem** der Unternehmung kann durch folgende Fragen erschlossen werden:
- Inwieweit liegt ein System von Zielen vor, das sachlich (z. B. finanzwirtschaftliche, leistungswirtschaftliche Ziele) und nach einzelnen Entscheidungsträgern differenziert ist (z. B. für die oberste Geschäftsleitung, Bezirksleiter, Verkaufsstellenleiter, Abteilungsleiter, Verkäufer)?
- In welchem Verhältnis stehen die Ziele zueinander (konkurrierend, unabhängig voneinander, gleichlautend)?
- Wie kommt die Zielbildung zu Stande? Wer gibt den Anstoß hierzu, welchen Einfluss haben einzelne Personen auf den Zielbildungsprozess?

Auf mögliche Zielinhalte wird im Kapitel „Planung" und in allen folgenden Abschnitten über die Planung der absatzpolitischen Instrumente eingegangen.

Des Weiteren ist zu fragen, welche Maßnahmen in der Vergangenheit durchgeführt worden sind, welcher Ressourceneinsatz mit ihnen verbunden war, welche **Ressourcen** dem Unternehmen zur Verfügung stehen und welche Ergebnisse erzielt worden sind. Im Bestand an Produktionsfaktoren können besondere Stärken, aber auch Schwächen der Unternehmung verborgen sein. Die Analyse wird sich auf alle Produktionsfaktoren erstrecken müssen. Als Beispiele seien die folgenden Fragen angeführt:
- In welchem Ausmaß verfügt die Unternehmung über Raumkapazitäten, die für Verkaufs-, Lager-, Manipulations-, Verwaltungs- und Parkflächen geeignet sind?
- Wie ist die Ausstattung mit finanziellen Mitteln?
- Wie ist die Struktur des Personalbestandes?
- Kann sich die Unternehmung auf Lizenzen, Alleinverkaufsrechte, Kooperationsverträge, einen Gebietsschutz usw. stützen?

Mit dem Einsatz von Produktionsfaktoren hat die Unternehmung bestimmte **Maßnahmen** durchgeführt und bestimmte Ergebnisse erzielt. Bei der Analyse der absatzpolitischen Maßnahmen kann der Systematik der absatzpolitischen Instrumente gefolgt werden. Entsprechend kann gefragt werden:
- Welche Güter und Dienstleistungen bietet die Unternehmung an?
- Welche Lieferzeiten hatte die Unternehmung in der Vergangenheit geplant?
- Zu welchen Konditionen hat die Unternehmung ihre Leistungen angeboten?
- Welche Werbemaßnahmen hat die Unternehmung in der Vergangenheit durchgeführt?

Die Analyse des Ist-Zustandes hat sich aber auch auf **externe Gegebenheiten** zu erstrecken. Dazu zählt vor allem die Analyse der Gegebenheiten bei den Nachfragern, den Konkurrenten und den Lieferanten. Nach dem industrieökonomischen Ansatz der auch als „market structure-conduct-performance"-Paradigma (vgl. z. B. R. Caves 1967; F. M. Schwer 1980) bezeichnet wird, gilt das Augenmerk jeweils drei Bereichen,

- der Struktur (structure) der jeweiligen Gruppe (ihre Anzahl, ihre jeweilige Größe, ihre Ausstattung mit Produktionsfaktoren),
- ihrem Verhalten (conduct) und
- dem von ihr erzielten Ergebnis (performance).*

Es geht dabei aber auch um Beziehungen der Unternehmung zu weiteren relevanten Wirtschaftssubjekten, wie z. B. den Banken, den Verbänden, den Zentralen einer Organisation, den Kooperationspartnern und öffentlichen Instanzen.

Von besonderer Bedeutung ist dabei, welche **Position die Unternehmung auf dem Absatzmarkt** einnimmt. Es ist zu untersuchen, inwieweit sich die Erwartungen und Verhaltensweisen der aktuellen und potenziellen Nachfrager unterscheiden und zu welchem Segment die Käuferschaft der Unternehmung gehört (vgl. hierzu auch die Ausführungen bei G. Drexel 1981, S. 65-106). Nachfrager können mit soziodemografischen und psychografischen Merkmalen sowie mit Hilfe verschiedener Aspekte ihres Kaufverhaltens gekennzeichnet werden. Die **Konkurrenzanalyse** erstreckt sich auf die Zahl der Konkurrenten, ihre Ausstattung mit Produktionsfaktoren, ihre Zielvorstellungen und ihre Absatzpolitik (ausführlich wird der Konkurrenzaspekt bei K. Hoffmann 1979 behandelt).

Von großem Vorteil ist es, das **Verhalten der relevanten Gruppen in der Zukunft** vorhersagen zu können, beispielsweise Antworten auf folgende Fragen geben zu können:
- Werden die Ausgabenanteile der Nachfrager stagnieren, zurückgehen oder ansteigen?
- Gibt es einen Trend zu hochpreisigen und qualitativ hochstehenden Artikeln einerseits, zu niedrigpreisigen Waren andererseits, so dass von einem „Verlust der Mitte" gesprochen werden kann?
- Wird der Konzentrationsprozess im Handel anhalten, und wird sich im Handel immer deutlicher die Marktform des Oligopols herausbilden?
- In welchem Ausmaß werden neue Anbieter in den Markt eintreten?
- Ist mit weiteren regulierenden staatlichen Maßnahmen zu rechnen, z. B. zur Ansiedlung großflächiger Einzelhandelsbetriebe?
Zur Prognose solcher Sachverhalte können einerseits Theorien herangezogen werden, wie z. B. Theorien des Konsumentenverhaltens (vgl. W. Kroeber-Riel und P. Weinberg 1999; L. Müller-Hagedorn 1986; V. Trommsdorff 1998; A. Kuß 2000) oder Theorien aus dem Bereich der Industrieökonomik (vgl. P. Oberender 1989 und vor allem M. E. Porter 1999), andererseits kommen bestimmte Prognosetechniken zum Einsatz, wie z. B. die Delphi-Methode (vgl. R. Mattmüller 1990) und Szenario-Techniken (vgl. M. Hüttner 1986). Als Basis für Prognosen eignen sich auch **Trends**, also die Darstellung der Entwicklung einer Größe in der Vergangenheit, wobei es jedoch nicht um kurzfristige Schwankungen geht, sondern um längerfristige und nachhaltige Veränderungen. In der Betriebswirtschaftslehre wurden Trendanalysen lange stiefmütterlich behandelt; seit kurzem ist jedoch zu beobachten, dass die Dynamik des wirtschaftlichen

---

* Der Begriff Industrieökonomik („industrial organization") ergab sich aus der Übersetzung aus dem Englischen, wo mit „industry" ein bestimmter Wirtschaftsbereich (Branche) bzw. ein bestimmter Markt und nicht die Industrie gemeint ist. Bekannte Monografien zur Industrieökonomik stammen von P. Oberender 1984 und 1989 sowie von E. Käufer 1980.

Lebens über entsprechende Trenduntersuchungen erschlossen wird (vgl. H. Sabel und C. Weiser 2000; speziell auf den Handel bezogen L. Müller-Hagedorn, Hrsg., 1997b; H.-P. Liebmann und J. Zentes, Hrsg., 1996; BBE-Unternehmensberatung, Hrsg., 1995 und 1996).

Besonders in der Praxis ist es sehr beliebt geworden, Ergebnisse der Ist-Analyse auch in Portfolio-Matrizen festzuhalten. Diese wurden zunächst im Hinblick auf die Industrie entwickelt, dann aber auch auf den Handel übertragen (G. Drexel 1981). In der Folge sind zahlreiche Varianten entwickelt worden (vgl. zum Überblick B. Lange 1981; P. Schulz 1988).

Diese kurzen Ausführungen zur Ist-Analyse mögen genügen, da sie im Rahmen von Lehrbüchern zum Marketing häufig dargestellt werden und nicht handelsspezifisch sind. Wichtiger ist es im vorliegenden Zusammenhang, die Bestandteile einer **„Planung"** zu beschreiben, weil diese Elemente den Denkrahmen für die in den folgenden Abschnitten behandelte Planung der einzelnen absatzpolitischen Instrumente abgeben. Im Abschnitt 2.2 wird gezeigt werden, welche sieben Bestandteile bei jedem Entscheidungsproblem unterschieden werden können.

2.2 Sieben Bestandteile von Planungsproblemen

Bei der Planung handelt es sich um eine systematische Festlegung der Aktivitäten der Unternehmung. Unabhängig von einem konkreten Entscheidungsproblem können sieben Elemente unterschieden werden. Es handelt sich um die folgenden Bestandteile:

(1) die dem Subjekt zur Verfügung stehenden Handlungsmöglichkeiten (= Aktionen),
(2) jene Einflussgrößen, die von dem Entscheidungssubjekt nicht beeinflusst werden können (= Umweltzustände),
(3) die Ergebnisse aus dem Zusammentreffen der Handlungen des Subjektes mit den Einflüssen aus der Umwelt,
(4) die Wahrscheinlichkeiten, mit denen der Entscheidende an das Eintreten einzelner Umweltzustände glaubt,
(5) die Präferenzen des Entscheidungssubjektes in Bezug auf die Ergebnisse (= Bewertung der Ergebnisse),
(6) ein Kriterium für die Wahl unter den Aktionen,
(7) das Verfahren, mit dem die Handlungen darauf geprüft werden, zu welchem Ergebnis bzw. zu welcher Zielerreichung sie führen.

Diese sieben Bestandteile sind auch in Abb. 2.1 eingegangen. Die damit verwendete Denkweise wird auch als **entscheidungsorientierter Ansatz** bezeichnet.

2.2.1 Die Handlungsmöglichkeiten

Eine Entscheidung zu treffen heißt, unter mehreren Handlungsmöglichkeiten bewusst eine auszuwählen, wobei auch das Unterlassen einer bestimmten Handlung als eigene

Handlungsmöglichkeit angesehen wird. In vielen Fällen wird sich ein Entscheidungssubjekt erst Klarheit verschaffen müssen, welche Handlungen ergriffen werden können.
Die Handlungsmöglichkeiten werden in der Entscheidungstheorie als Aktion
bezeichnet, aber auch als Strategie, Alternative oder Handlungsweise. Die Menge der
zur Verfügung stehenden Aktionen heißt Aktionenraum bzw. Aktionsraum,
Aktionsfeld, Alternativenmenge oder Entscheidungsraum. Eine Aktion kann aus einer
Reihe von einzelnen Größen, die Aktionsparameter genannt werden, zusammengesetzt
werden. Als Aktionsparameter bezeichnet man dabei die einzelnen Variablen, deren
Höhe der Entscheidende festlegen kann.

Die Begriffe Aktionsparameter und Aktion seien an einem Beispiel verdeutlicht:
Eine Unternehmung erstellt den Prospektplan für das nächste halbe Jahr. Welche
Aktionsparameter können festgelegt werden? Wie lauten mögliche Aktionen?
Aktionsparameter können sein:
- die Artikelgruppen (bzw. Artikel), die für die Aufnahme in den Prospekt ausgewählt
  werden (z. B. Konzentration auf 4 Artikelgruppen oder Berücksichtigung von
  mindestens 8 Artikelgruppen),
- die Häufigkeit, mit der Prospekte verteilt werden sollen (z. B. 6 oder 12 Prospekte),
- der Umfang der Prospekte (z. B. 8 oder 16 Seiten).
Mögliche Aktionen lauten dann:
(1)   6 Prospekte, nur 4 Artikelgruppen, 16 Seiten,
(2)   6 Prospekte, nur 4 Artikelgruppen, 8 Seiten,
(3)   12 Prospekte, mind. 8 Artikelgruppen, 8 Seiten.

Bei der **Ermittlung der Aktionen** im Rahmen der Entscheidungstheorie sind
bestimmte Regeln einzuhalten:
(1)   Die einzelnen Handlungsmöglichkeiten müssen sich gegenseitig ausschließen
      (Exklusionsbedingung). Von allen Aktionen ist also mindestens eine, aber auch
      höchstens eine auszuwählen.
(2)   Wenn mit Hilfe des Grundmodells der Entscheidungstheorie das Verhalten einer
      Person vorausgesagt werden soll, muss gefordert werden, dass in den
      Aktionsraum alle tatsächlich möglichen Handlungen eingehen; oft begnügt man
      sich allerdings damit, alle nach Meinung des Entscheidungssubjektes relevanten
      Alternativen zu erfassen **(Vollständigkeitsbedingung).**

Nach diesen definitorischen Vorbemerkungen soll nun auf die Handlungsmöglichkeiten
im Handelsmarketing eingegangen werden. Dabei empfiehlt es sich, nach
Entscheidungstypen zu unterscheiden. Entsprechend der hierarchischen Einordnung
kann von
- strategischen Unternehmensentscheidungen (z. B. Diversifikation, Internationalisierung),
- strategischen Bereichsentscheidungen, wie insbesondere den strategischen
  Marketing- und Beschaffungsentscheidungen, sowie
- den laufenden Entscheidungen über den Einsatz des geschäftspolitischen
  Instrumentariums
gesprochen werden.

Die strategischen Unternehmensentscheidungen werden im vorliegenden Kontext als vorgegeben angesehen, sie zählen also als Determinanten der strategischen und operativen Marketingentscheidungen.

- **Alternativen im strategischen Marketing**
  Strategische Marketingentscheidungen lassen sich wie folgt kennzeichnen:
  - Sie legen einen Planungszeitraum von mehreren Jahren zu Grunde, d. h. es wird abgeschätzt, welche Konsequenzen sich aus der Entscheidung für die Unternehmung in der absehbaren Zukunft ergeben.
  - Sie beziehen sich auf die Erfolgspotenziale, auf die die Unternehmung in der Zukunft ihre Wettbewerbsfähigkeit stützen will (vgl. C. Pümpin 1992).
  - Sie geben Bandbreiten für den Einsatz des betriebspolitischen Instrumentariums an, ohne dieses im Einzelnen zu fixieren.
  - Sie werden von der obersten Geschäftsleitung getroffen.

Mit den strategischen Marketingentscheidungen werden die Hauptkennzeichen des Verhaltens der Unternehmung gegenüber den Nachfragern und den Konkurrenten fixiert. Porter hat für alle Bereiche der Wirtschaft drei grundsätzliche Ansatzpunkte aufgezeigt (M. E. Porter 2000):

(1) Die **Kostenführerschaft** erlaubt es, bei gleichen oder niedrigeren Preisen als denen der Konkurrenz höhere Erträge zu erzielen.

(2) Mit der **Strategie der Differenzierung** bemüht sich eine Unternehmung, in einigen bei den Abnehmern allgemein hoch bewerteten Dimensionen einmalig zu sein.

(3) Bei der **Segmentierungsstrategie** wählt die Unternehmung ein Segment aus einer Branche aus und bedient es maßgeschneidert, wobei sie ebenfalls einen Kosten- oder Differenzierungsschwerpunkt setzen kann.

Porters Strategien sind fundamental, da sie sowohl an den beiden Komponenten des von Unternehmungen im Regelfall angestrebten Gewinns (Kosten und Umsatz), als auch an den beiden Basiselementen jeder Transaktion zwischen Unternehmung und Kunden (Preis und Leistung) anknüpfen. Sie lassen sich deswegen auch auf den Handel übertragen. Dort sind allerdings Klassifikationen der folgenden Art populär geworden:
- Erlebnishandel versus Versorgungshandel,
- Erlebnisorientierung versus Preisorientierung,
- Handel für den Luxusbedarf versus Handel für den Standardbedarf,
- oberer, mittlerer und unterer Markt.

Das sind anregende Positionierungsvorschläge, aber im Regelfall sind sie für eine Planung im Handel zu grob. Hier ist eher zu empfehlen, die einzelnen **Betriebsformen**, wie sie in Kapitel 3 vorgestellt werden, als strategische Alternativen zu sehen.

- **Alternativen im operativen Marketing**
  Bei den laufenden operativen Marketingentscheidungen ist vor allem an die Planung der einzelnen absatzpolitischen Instrumente zu denken. In Kapitel 1 waren die folgenden Basisinstrumente unterschieden worden:
  (1) Standort,
  (2) äußere und innere Gestaltung des Verkaufsraumes,
  (3) Ware und selbstständig absetzbare Dienstleistungen (Sortiment),
  (4) Preise und Konditionen,
  (5) Werbung,

(6) Personaleinsatz.

Hinter jedem dieser sechs Begriffe steht eine Vielzahl von konkreten Aktions-parametern, die laufend mit großem Einfallsreichtum um neue Varianten ergänzt werden.

Die Aktionsparameter der Handelsbetriebe sind nicht grundverschieden von jenen der Industrieunternehmungen oder der Banken. Die Unterschiede liegen häufig in der Quantität, was folgende Beispiele veranschaulichen:
- Eine Industrieunternehmung sucht im Regelfall einen Standort, ein Lebensmittel-filialbetrieb hat oft Hunderte von Standorten auszuwählen und die Abhängigkeiten zwischen diesen Projekten zu berücksichtigen,
- eine Industrieunternehmung wird zwar meist mehr als ein Produkt herstellen, jedoch wird die Zahl i. d. R. geringer sein als die Anzahl der von einer Handelsunterneh-mung geführten Artikel, wobei jeweils wieder Beziehungen zwischen den einzelnen Entscheidungen bewältigt werden müssen (Absatz- und Beschaffungsverbund).

Die Aktionen, unter denen zu wählen ist, werden sich häufig nicht über den gesamten Wertebereich einer Variablen erstrecken, sondern werden in vielen Fällen durch Neben-bedingungen auf ein bestimmtes Feld beschränkt. Beispiele für solche Beschränkungen können sein:
- Obergrenzen, bis zu denen Fremdkapital aufgenommen werden kann,
- ein begrenzter Lagerraum,
kurz, alle Faktoren, die dem Betrieb nur begrenzt zur Verfügung stehen. In vielen Fällen schränken auch juristische Vorschriften das Handlungsfeld ein (D. Ahlert und H. Schröder 1996)

2.2.2 Die Ziele eines Entscheidungssubjektes bzw. die Konsequenzen von Handlungsmöglichkeiten

Zur Beurteilung der einzelnen Handlungsmöglichkeiten müssen Kriterien herangezogen werden, die sich aus dem Zielsystem der Unternehmung ergeben sollten. Bei den Zielgrößen handelt es sich um zukünftige, erwünschte Zustände. Es ist zu ermitteln, wie sich die Handlungsmöglichkeiten auf diese Zielgrößen auswirken werden; insofern kann von den Konsequenzen der Handlungsmöglichkeiten gesprochen werden.

Neben dem „Gewinn", dem in einer Marktwirtschaft eine zentrale Bedeutung zu-kommt, müssen für eine konkrete Planung weitere Zielgrößen benannt werden. Erstens ist der Gewinn eine nach handels- oder steuerrechtlichen Vorschriften ermittelte Größe und somit auf andere Zwecke als die der Betriebssteuerung hin konzipiert, zweitens ist der Gewinn nicht in der Lage, alle wichtigen Ergebnisse widerzuspiegeln, und drittens ist es häufig unmöglich, die Auswirkungen einzelner Maßnahmen auf den Gewinn zu messen. So kommen je nach Problemstellung folgende Ziele (Ergebnisse) in Frage (vgl. auch E. Gerth 1969):
- **Umsatz- oder Absatzsteigerungen** bei einzelnen Artikeln, Warengruppen oder dem gesamten Sortiment,
- Veränderung des **Marktanteils**,

- **Bekanntheitsgrad** oder **Image** bei den Konsumenten,
- **Einkaufskonditionen,**
- **Zahl der Stammkunden,**
- Verringerung des **in Lagerbeständen gebundenen Kapitals,**
- Verbesserung der **Liquiditätslage.**

Solche Ziele lassen sich nach verschiedenen Kriterien systematisieren:
- **nach der Art der Rechengröße** in
  - erlöswirtschaftliche Ziele,
  - kostenwirtschaftliche Ziele;
- **nach der Personengruppe,** auf die hin die Ziele formuliert sind, in
  - betriebsinterne Ziele (z. B. Erhöhung des Lagerumschlags durch bessere Bestellpolitik),
  - konsumentenorientierte Ziele,
  - lieferantenorientierte Ziele,
  - handelsorientierte Ziele (nachgeschaltete Einzelhändler),
  - personalorientierte Ziele;
- **nach dem Zeitraum,** auf den sich die Zielformulierungen erstrecken, in
  - kurzfristige Ziele,
  - langfristige Ziele.

Wie bereits in dem Abschnitt „Analyse des Ist-Zustandes" ausgeführt worden ist, sind Zielhierarchien zu erstellen, die zeigen, wie die Zielvorstellungen einzelner Entscheidungssubjekte (z. B. Vorstand, Bereichsleiter, Geschäftsstellenleiter, Abteilungsleiter, Verkäufer) untereinander verknüpft sind. Ein instruktives Beispiel für das Zielsystem einer Handelsorganisation gibt Drexel (1981, S. 143) an, indem er einerseits in Ziele der obersten Unternehmungsebene, Ziele der strategischen Geschäftseinheiten (z. B. Geschäftseinheit „Verbrauchermärkte"), Ziele einzelner Betriebe und Ziele einzelner Betriebsbereiche unterteilt, andererseits finanzwirtschaftliche, leistungswirtschaftliche und soziale Ziele unterscheidet.

Als Hilfsmittel zur Formulierung von Zielsystemen hat sich die **Balanced Scorecard** bewährt (vgl. R. S. Kaplan und D. P. Norton 1996; L. Müller-Hagedorn 1999). Sie will gewährleisten, dass einzelne Zielvorstellungen untereinander und mit der Gesamtstrategie des Unternehmens verknüpft sind. Abbildung 2.2 verdeutlicht an einem Beispiel, dass erstens verschiedene Perspektiven eingebracht werden (neben der finanzwirtschaftlichen Perspektive vor allem eine kundenbezogene) und dass zwischen einzelnen Zielformulierungen Abhängigkeiten bestehen können.

- **Die finanzwirtschaftliche Perspektive**
Finanzielle Ziele und die damit verbundenen Leistungskennzahlen wie Profitabilität, Cashflow, Shareholder Value, RoI (Return on Investment), RoCE (Return on Capital Employed) etc. sind auch im Rahmen der Balanced Scorecard unabdingbare Größen zur Beurteilung des Unternehmenserfolges. Als strategisches Ziel im Bereich Finanzwirtschaft lässt sich beispielsweise die Profitabilität definieren, die über die Umsatzrentabilität gemessen werden könnte.

• Die Kundenperspektive

Die Kundenperspektive widmet sich der Frage „Wie sehen uns die Kunden?". Zunächst wird das Management durch diesen Teil der Scorecard angehalten, die Kunden- und Marktsegmente, auf die das Unternehmen abzielt bzw. künftig abzielen wird, zu analysieren. Die strategischen Ziele und Maßgrößen sind festzulegen, und die Maßgrößen sind auf die entsprechenden Zielgruppen auszurichten. Im Hinblick auf die Positionierung der Unternehmung im Wettbewerb stellt sich die Frage, inwieweit die Kunden das zentrale Leistungsversprechen eines Unternehmens erkannt haben und es akzeptieren. Durch die Scorecard wird die Unternehmung veranlasst, nach geeigneten Maßgrößen Ausschau zu halten. Diese Maßgrößen können sich auf die Basisdimensionen eines Leistungsversprechens beziehen, wie

- die Zeit: „Wie schnell hat sich die Unternehmung auf die Bedürfnisse der Kunden eingestellt?",
- Qualitätsmängel: „In welchem Ausmaß sind Fehler im Umgang mit Kunden vorgekommen?",
- die Leistung: „In welchem Ausmaß schafft die Unternehmung mit ihren Produkten und ihren Dienstleistungen Nutzen für ihre Kunden?",
- Kosten, die dem Kunden entstehen, wenn er mit dem Anbieter zusammenarbeitet.

Ausgehend von relativ abstrakten Leistungsbereichen können konkrete Maßgrößen festgelegt werden.

Häufig werden dabei die Steigerung der Kundenzufriedenheit und der Kundenrentabilität, die Forcierung der Neukundengewinnung, die Erhöhung des Marktanteils im anvisierten Zielsegment und die Steigerung der Kundenbindung als strategische Ziele definiert. Die E. Breuninger GmbH & Co. hat als Maßgröße hierfür den Happy Customer Index (HCI) entwickelt. Viermal im Jahr beurteilen Testkaufkunden mittels eines standardisierten Fragebogens die hierfür ausgewählten Abteilungen in den Bereichen Fachkompetenz, Freundlichkeit, Aufmerksamkeit/Engagement und Wunsch nach Wiederberatung.

Auch wenn sich der Zusammenhang von Kundenzufriedenheit bzw. Dienstleistungsqualität und Kundenbindung in verschiedenen empirischen Studien bewährt hat (vgl. V. A. Zeithaml, L. L. Berry und A. Parasuraman 1996; J. Bloemer und K. de Ruyter 1998; G. Macintosh und L. S. Lockshin 1997; N. Sirohi, E. W. McLaughlin und D. R. Wittnik 1998; E. Sivadas und J. L. Baker-Prewitt 2000) darf die Maßgröße Kundenzufriedenheit aber auch nicht überbewertet werden, denn sie führt wahrscheinlich nicht automatisch zu Kundenbindung. Lediglich besonders hohe Werte bei der Kundenzufriedenheit lassen den Schluss zu, dass solche Kunden wahrscheinlich auch loyale Kunden sind (vgl. R. Horstmann 1998; C. Homburg 1999; auf weitere Bestimmungsfaktoren der Kundenbindung geht T. Goerdt 1999 bzw. der Beitrag von H. Diller und T. Goerdt 2000 ein).

Dem Ziel der Neukundengewinnung kommt ebenfalls in vielen Unternehmen ein bedeutender Rang zu. Als Maßgrößen können beispielsweise der Umsatz, der mit neuen Kunden gemacht wurde, oder die Anzahl an neuen Kunden genannt werden.

		Zielsetzungen	Bewertungen	
			(Spätindikatoren)	(Frühindikatoren)
Finanzwirtschaft	F1 -	Erhöhung der Rentabilität	• Kapitalrendite	
	F2 -	Vervielfältigung der Ertragsquellen	• Ertragszuwachs	• Vielfältige Ertragsquellen
	F3 -	Reduzierung der Kostenstrukturen	• Änderung der Kostenstruktur von Bankleistungen	
Kunde	C1 -	Erhöhung der Kundenzufriedenheit mit Produkten und Mitarbeitern	• Marktanteil	• Guter Kundenkontakt – Zufriedenheitsindizes
	C2 -	Erhöhung der Zufriedenheit beim Kundendienst	• Kundentreue	• Zufriedenheitsindizes
Interne Geschäftsprozesse	I1 -	Verständnis der Kundenanforderungen		
	I2 -	Entwickeln innovativer Categories	• Erträge aus neuen Produkten	• Abgleich von Politik und Erwartungen
	I3 -	Cross-Sell-Produkte	• Cross-Sell-Index	
	I4 -	Zuführung der Kunden in kosteneffiziente Kanäle	• Änderung der Verkaufskanäle	• Verbrachte Zeit mit dem Kunden
	I5 -	Vermeidung von Betriebsproblemen	• Fehlerrate	• Reklamationsquote
	I6 -	Entgegenkommendes Verhalten	• Dauer der Anforderungserfüllung	
Innovationen und Lernen	L1 -	Förderung strategischer Fähigkeiten		• Kenntnis theoretischer Instrumente
	L2 -	Bereitstellung strategischer Informationen	• Ertrag pro Mitarbeiter	• Info-Verfügbarkeitsindex
	L3 -	Anpassung der persönlichen Ziele	• Mitarbeiterzufriedenheit	• Anpassen persönlicher Ziele (%)

• **Die Perspektive der internen Geschäftsprozesse**

Im Rahmen der internen Geschäftsprozesse geht es darum, die Kernkompetenzen eines Unternehmens so auszubilden, dass die vom Kunden gewünschten Leistungen marktgerecht erfüllt werden können. Marktgerecht heißt hier auch, dass ein Vergleich mit den Wettbewerbern nicht gescheut werden muss. Dabei macht es Sinn, sich auf die Leistungen zu konzentrieren, die einen großen Einfluss auf die Kundenzufriedenheit bzw. Kundenbindung haben und gleichzeitig zur Erreichung der finanziellen Ziele des Unternehmens, d. h. zum Shareholder Value, beitragen. Die Balanced Scorecard dient insbesondere dazu, neue und innovative Prozesse zu forcieren und zu implementieren.

Einige Beispiele sollen verdeutlichen, was mit der Fokussierung auf die internen Geschäftsprozesse gemeint ist:

- Bei einem Handelsbetrieb, bei dem modische Textilien einen zentralen Bestandteil des Sortimentes ausmachen, kann dies die Fähigkeit sein, frühzeitig zu erkennen, welche Trends sich durchsetzen; auch die Fähigkeit, die Zusammenarbeit mit den Herstellern so zu gestalten, dass kurzfristig reagiert werden kann, kann von besonderer Bedeutung sein.

- Bei einem Großhandelsbetrieb kann es die Fähigkeit sein, den Kunden auch in technischen Angelegenheiten zu beraten oder ihm Komplettlösungen anzubieten.
- Bei einem Einzelhandelsunternehmen, das sich dem Erlebniskonzept verschrieben hat, könnte beispielsweise die Fähigkeit, Frequenz zu schaffen, zu diesen Größen gehören, was auch zeigt, dass eine Messgröße sich nicht nur auf das Unternehmen insgesamt, sondern auch auf einzelne Bereiche, wie z. B. einzelne Filialen, beziehen kann. Durch die Vorgabe der Frequenz als Messgröße wird der jeweils Verantwortliche angehalten, jene Maßnahmen zu planen und durchzuführen, die die Frequenz stützen - what you measure is what you get. Sollten die Werte den „grünen Bereich" verlassen, geben sie Anlass, den Gründen hierfür nachzugehen.

• **Die Innovations- und Lernperspektive**
Für Unternehmungen, die sich in dynamischen Feldern bewegen, ist es besonders wichtig, über Fähigkeiten zu verfügen, sich mit Produkten, Leistungen und Prozessen an geänderte Anforderungen anpassen zu können. Dies geht mit der Fähigkeit einher, den Kunden neue Leistungen, die von diesen als Bereicherung empfunden werden, anzubieten. Bei einem Handelsbetrieb kann sich dies auf die Entwicklung von neuen Betriebsformen beziehen, im Großhandel auf neue Dienstleistungen, auf neue Lieferanten oder auch nur auf neue Sortimente. Aber auch die bestehenden Prozesse können daraufhin überprüft werden, ob sie effizienter durchgeführt werden können, z. B. die Unterrichtung der Kunden über neue Produkte oder einzelne Eigenschaften dieser Produkte.
Viele Unternehmen definieren als strategisches Ziel in diesem Bereich eine hohe Mitarbeiterzufriedenheit. Dahinter steht die Hypothese, dass zufriedene Mitarbeiter sich kundengerecht verhalten und Anstöße für eine Verbesserung der Geschäftsabläufe geben.

Neu an der Balanced Scorecard ist nicht nur, dass traditionelle finanzwirtschaftliche Größen um weitere Größen ergänzt werden, sondern dass sog. Leistungstreiber mit einbezogen werden, also solche Größen, die im Wettbewerb als Schlüsselgrößen angesehen werden, um zukünftigen Erfolg zu sichern. Insofern ist es berechtigt davon zu sprechen, dass die Scorecard den Schwerpunkt eher auf Impulse für die künftige Rentabilität als auf vergangene Erfolge legt (Gentia Software, Hrsg., 1998, S. 6).
Die einzelnen Perspektiven einer Balanced Scorecard existieren nicht unabhängig voneinander, sondern es bestehen logische und organisatorische Verknüpfungen zwischen ihnen. Definiert man beispielsweise im Bereich **„Innovationen und Lernen"** als strategisches Ziel die Mitabeiterzufriedenheit, so wirkt sich dies wiederum auf die **Kundenperspektive** aus, wenn unterstellt wird, dass ein zufriedener Mitarbeiter die Kunden freundlicher bedient und somit die Kundenbindung positiv beeinflusst. Die erhöhte Kundenbindung wirkt sich durch einen steigenden Umsatz auf die Finanzperspektive aus. Bevor ein strategisches Ziel in die Scorecard aufgenommen wird, gilt es diese Verknüpfungen sorgfältig zu untersuchen und unter Wirtschaftlich-keitsgesichtspunkten zu hinterfragen. Die Zusammenhänge werden auch durch Abb. 2.2 veranschaulicht.

Insgesamt sollte deutlich werden, dass die Formulierung abgestimmter Ziele einen wichtigen Bestandteil betrieblicher Planung ausmacht.

2.2.3 Die von dem Entscheidungssubjekt nicht kontrollierten Einflussgrößen (die Umweltzustände)

Ob das von dem Entscheidenden angestrebte Ziel erreicht wird oder nicht, hängt nicht nur davon ab, welche Handlung von dem Entscheidenden ergriffen wird, sondern auch von **Einflussgrößen, deren Werte er selbst durch eine Entscheidung nicht festlegen kann** (z. B. hängt der Absatz an Rodelschlitten vom Schneefall ab). Größen, die also für die Zielerreichung relevant sind, im Rahmen einer Entscheidungssituation jedoch nicht als Aktionsvariable angesehen werden oder nicht angesehen werden können, werden als Umweltvariablen bezeichnet. Jede Kombination der Werte der Umweltvariablen bildet einen **Umweltzustand**. Die Menge aller relevanten Umweltzustände wird Zustandsraum genannt. In vielen Fällen wird die Zukunft nicht mit Sicherheit vorhersehbar sein, so dass sich der Entscheidende mehreren möglichen Werten für solche von ihm nicht kontrollierten Variablen (Umweltvariablen) gegenübersieht.

2.2.3.1 Arten von Umweltvariablen

Die Ermittlung der Zustände der Umwelt, die von Einfluss auf die Ergebnisse einer Handlungsmöglichkeit sind, ist eine wichtige und schwierige Aufgabe. Sie setzt voraus, dass der Entscheidende erkennt, welche **Bestandteile der Umwelt** von Einfluss auf die Ergebnisse seiner Entscheidung sind. Eine qualitative Diskussion der Umweltzustände wird
- auf **das Verhalten von Kunden** eingehen, z. B. deren Preisempfindlichkeit, deren Aufgeschlossenheit bzw. Abneigung gegenüber Werbung, deren Bereitschaft, Wartezeiten beim Kauf in Anspruch zu nehmen,
- auf **das Verhalten von Konkurrenten**, z. B. deren Neigung auf Preisänderungen oder Sortimentsveränderungen zu reagieren (vgl. die detaillierte Untersuchung der Konkurrenzlage bei K. Hoffmann 1979),
- auf **das Verhalten nachfolgender Handelsbetriebe**,
- auf **das Eintreten sachlicher Faktoren**, wie z. B. der Wetterlage, die das Verhalten der beteiligten Wirtschaftssubjekte bestimmen können.

Die Begriffe Umweltvariable und Umweltzustand seien mit Hilfe des klassischen Instruments der Preis-Absatz-Funktion erläutert.

Beispiel: Der Entscheidende hält zwei verschiedene Reaktionsweisen der Konsumenten für möglich, die mit Hilfe der Nachfragefunktion nach einem Produkt

$$x = \alpha - \beta p + \gamma w$$

	x =	Absatzmenge
	p =	Höhe des Absatzpreises
	w =	Höhe der Werbeaufwendungen

abgebildet werden können. Dabei wird ein Zustand der Welt durch Werte für die Parameter α, β und γ spezifiziert, z. B.:

1. Umweltzustand: $\alpha_1 = 6000, \beta_1 = 500, \gamma_1 = 0,4$,
2. Umweltzustand: $\alpha_2 = 6000, \beta_2 = 400, \gamma_2 = 0,5$.

Die Planung wird nicht nur dadurch erschwert, dass unsicher ist, wie sich die Umwelt auf die Ziele der Unternehmung auswirkt, sondern auch dadurch, dass die Reaktionen der Wirtschaftssubjekte heterogen sein können. Auf eine bestimmte betriebliche Maßnahme reagiert die Konsumentengruppe 1 anders als Gruppe 2, der Konkurrent 1 anders als der Konkurrent 2. In der Theorie wurde daraus die Konsequenz gezogen, die Wirtschaftssubjekte anhand ihrer Reaktionen homogenen Gruppen zuzuweisen. Als besonders wichtig hat sich herausgestellt, die Nachfrager zu segmentieren. Das Augenmerk der Unternehmung ist dann besonders darauf gerichtet, wie die von ihr ausgewählte(n) Nachfragergruppe(n) (Zielgruppe) reagieren wird. Auf das Problem der Zielgruppenwahl wird in Kapitel 3 eingegangen. Zusammenfassend ist hervorzuheben, dass Unsicherheit und Heterogenität wichtige Sachverhalte in der Umwelt eines Handelsbetriebes darstellen können. Häufig werden diese Umstände in der betrieblichen Planung vernachlässigt, indem statt der Unsicherheit nur der als am wahrscheinlichsten angesehene Umweltzustand zu Grunde gelegt wird und indem von der Reaktion des „Marktes" gesprochen wird, ohne dass Reaktionen einzelner Gruppen unterschieden werden.

Für die Formulierung von Umweltzuständen gilt sinngemäß das für die Aktionen Gesagte: es ist auf die Exklusions- und Vollständigkeitsbedingungen zu achten.

2.2.3.2 Die Art der Beziehung zwischen Umweltzustand, Aktion und Ergebnis – eine Gesetzmäßigkeit?

Die Beziehung $e_{ij} = f(A_i, Z_j)$, mit der die Zusammenhänge zwischen Zielerreichung, Aktion und Umweltkonstellation abgebildet werden, kann technischer, psychologischer, vertraglicher, biologischer oder soziologischer Natur sein. So wurde z. B. in der Literatur der folgende Zusammenhang behauptet (vgl. C. E. Stonier 1960 und R. H. Myers 1960):

> *„Wenn ein Käufer die Wahl zwischen zwei Einkaufsstätten hat, dann wird er wahrscheinlich als wichtigste Auswahlkriterien die Entfernung und die Parkmöglichkeiten heranziehen."*

Wie leicht zu sehen ist, handelt es sich um eine für die Wahl einer Geschäftspolitik (Standortpolitik) wichtige Aussage, die als „psychologisch" gekennzeichnet werden kann, weil in ihr eine Aussage über das Beurteilungssystem von Personen gemacht wird. Forschungsstrategisch wichtig ist nun die Frage, ob solche Aussagen allgemein, d. h. ohne raumzeitliche Bedingungen, formuliert werden können, kurz, ob es sich um **All-Aussagen mit empirischem Gehalt** handelt (Hypothesen).

In den Naturwissenschaften konnten bereits zahlreiche Beziehungen entdeckt werden, die man auch als Gesetze bezeichnet, weil sie unabhängig davon gelten, zu welcher Zeit oder an welchem Ort die Beziehung beobachtet wird. Beispiele sind das Fallgesetz aus der Physik oder die Mendelschen Vererbungsregeln aus der Biologie. In den Wirtschaftswissenschaften ist nicht so eindeutig, ob sich ebenfalls solche Beziehungen formulieren lassen, die ähnlich allgemein sind wie die in den Naturwissenschaften.

Die Kenntnis solcher Beziehungen ist für eine Prognose, die im Rahmen einer Entscheidung geleistet werden muss, sehr nützlich. Als Ziel einer wissenschaftlichen Tätigkeit wird neben der Prognose häufig auch die „Erklärung" genannt. Im Rahmen einer Erklärung wäre einsichtig zu machen, warum beispielsweise ein Unternehmer die Preise erhöht hat oder warum für eine Unternehmung die Form einer Aktiengesellschaft gewählt wurde. Diese Fälle zeichnen sich dadurch aus, dass das zu erklärende Ereignis (z. B. die Preiserhöhung) bereits vorgekommen ist, während sich die Prognose auf künftige Ereignisse bezieht. „Erklären" soll heißen, eine Antwort auf eine Warum-Frage zu finden. In einer Erklärung wird auf eine Regel zurückgegriffen, die angibt, dass immer dann, wenn ein Ereignis der Sorte A unter bestimmten Bedingungen eintritt, ein Ereignis der Sorte B folgt. Eine solche Regel wird auch als *allgemeine Aussage* bezeichnet.

Sowohl bei der Prognose als auch beim Erklären stützen sich Ökonomen auf **Annahmen über das Verhalten von Personen**. Wie werden die Endverbraucher auf Preisänderungen reagieren, wann wird der Handel ein neues Produkt eines Herstellers in sein Sortiment aufnehmen, hat ein Lohn, dessen Höhe von der erbrachten Leistung abhängig ist, Einfluss auf Menge und Qualität der geleisteten Arbeit usw.? Verhaltensannahmen sind mithin wesentliches Element einer entscheidungsorientierten Betriebswirtschaftslehre, weil ohne Rückgriff auf Annahmen über das Verhalten von Personen (Nachfragern, Gläubigern, Arbeitern etc.) nicht ermittelt werden kann, welche Konsequenzen sich einstellen.

Offen ist jedoch, inwieweit es gelingt, zu Aussagen über das Verhalten zu kommen, die unabhängig von Zeit und Raum gelten. Die Frage lautet: Kann es überhaupt erfolgversprechend sein, im Rahmen einer empirischen Handelsforschung nach solchen Gesetzmäßigkeiten zu suchen, oder gibt es Gründe, die dem Erfolg einer solchen Suche entgegenstehen? Offen ist, ob die für die Lösung bestimmter Probleme benötigten verhaltenswissenschaftlichen Beziehungen ad hoc ermittelt oder generell als allgemeine Gesetzmäßigkeiten erforscht werden sollten. Die Suche nach allgemeinen Gesetzmäßigkeiten ist **Gegenstand der verhaltenswissenschaftlich ausgerichteten Betriebswirtschaftslehre**. Ihre Schwierigkeiten sind vor allem darin zu sehen, die für die Deduktion eines Tatbestandes **notwendigen Hypothesen vollständig anzugeben** und den wandelbaren **Wertschätzungen der beteiligten Wirtschaftssubjekte** Rechnung zu tragen (vgl. A. Blind 1966, S. 1-24, hier S. 7; K. Chmielewiecz 1994). Trotz dieser Schwierigkeiten nehmen verhaltenswissenschaftliche Aussagen heute auch im Handelsmarketing einen wichtigen Platz ein.

2.2.3.3 Die Darstellung der Ergebnisse in einer Ergebnismatrix

Das betriebliche Ergebnis hängt einerseits von der ergriffenen Aktion, andererseits von dem eingetretenen Umweltzustand ab. Die Beziehungen zwischen dem Ergebnis e_{ij} und seinem Bestimmungsfaktoren A_i und Z_j, also $e_{ij} = f(A_i, Z_j)$ sollen an einigen Beispielen verdeutlicht werden (vgl. Abb. 2.3).

Abb. 2.3: Verknüpfung von Handlungen, Umweltzuständen und Zielen

Aktion	Umweltzustand, gekennzeichnet durch:	Ergebnis
1. ein Tourenplan, nach dem 3 Filialen in der Reihenfolge B, A, C angefahren werden sollen	- Verkehrsdichte auf dem Weg von der Zentrale zu B von dort nach C über A	- gefahrene Zahl von km - Fahrzeit - Belieferungszeitpunkte der Filialen A, B, C
2. die Kassen werden mit automatischen Rückgeldgebern ausgestattet	- Stärke des Kundenzustromes - Fertigkeit des Kassenpersonals	- Zahl der abgerechneten Positionen / Zeiteinheit
3. in einer Produktklasse werden statt bisher 5 nun 10 Wahlmöglichkeiten angeboten	- Wertschätzung von Wahlmöglichkeiten durch Konsumenten	- Umsatz in der Produktklasse - Kosten für gebundenes Kapital - benötigte Regalfläche
4. Zahl der Besuche des Verkaufspersonals bei Kunden	- Wertschätzung von Kundenbesuchen durch die Kunden - Verhalten des Verkaufspersonals	- Zahl der Aufträge - Umsatzhöhe der erzielten Aufträge - Zahl der zu den Konkurrenten übergewechselten Kunden

Die Ausführungen über Ziele bzw. Ergebnisse in betriebswirtschaftlichen Planungsproblemen und ihre Verknüpfung mit den Aktionsparametern und Umweltvariablen sollen abgeschlossen werden, indem die Ergebnisse zusammenfassend in der so genannten Ergebnismatrix dargestellt werden. Als **Ergebnismatrix** (auch als „Konsequenzenmatrix" bezeichnet) wird jene Matrix angesehen, die für jede Aktion das erwartete Ergebnis bzw. die erwarteten Ergebnisse ausweist, wobei diese Ergebnisse regelmäßig auch von den eintreffenden Umweltzuständen abhängig sein werden. Ist beispielsweise unter zwei Aktionen zu wählen und sind zwei Umweltzustände in Rechnung zu stellen, so könnte die Ergebnismatrix von der in Abbildung 2.4 verwendeten Gestalt sein:

Abb. 2.4: Beispiel für eine Ergebnismatrix

Aktionen	Umweltzustände	
	Z_1	Z_2
A_1	6 000	75 000
A_2	15 000	45 000

2.2.4 Die subjektiven Wahrscheinlichkeiten

Der Entscheidende wird in vielen Fällen nicht sicher sein können, welche numerischen Werte die einen Umweltzustand kennzeichnenden Parameter annehmen werden. Auf Grund der Definition der Umweltzustände, nach der diese sich gegenseitig ausschließen und vollständig sein müssen, gilt auch, dass ihre Eintrittswahrscheinlichkeiten sich zu 1 aufaddieren. Die subjektive Wahrscheinlichkeit p_j, die einem Ereignis, z. B. dem Eintreten eines Umweltzustandes Z_j, zugeordnet werden kann, kann Werte zwischen 0 und 1 annehmen. Sie gibt den Grad an, in dem ein Subjekt an den Eintritt von Z_j glaubt. Die subjektive Wahrscheinlichkeit nimmt den Wert 0 für ein für unmöglich gehaltenes Ereignis an. Sie ist 1, wenn das Ereignis als mit Sicherheit eintretend angenommen wird. Die Wahrscheinlichkeiten leitet der Entscheidende aus seinem Wissen über die Situation und über das Verhalten der am Wirtschaftsprozess beteiligten Gruppen ab.

Abb. 2.5: Beispiel für ein Entscheidungsproblem

Aktionen	Umweltzustände	
	Z_1	Z_2
A_1	7	15
A_2	15	7

In dem Beispiel in Abbildung 2.5 hängt die Vorteilhaftigkeit der beiden Aktionen augenscheinlich davon ab, mit welcher Wahrscheinlichkeit die beiden Umweltzustände eintreten werden.

Für die hier verwendeten subjektiven Wahrscheinlichkeiten soll gelten,
(1) dass die Wahrscheinlichkeit oder Glaubwürdigkeit des Eintritts eines für möglich erachteten Zustandes $p_j \geq 0$ ist,
(2) dass die Summe der subjektiven Wahrscheinlichkeiten oder Glaubwürdigkeiten aller möglichen Zustände $\sum_{j=1}^{n} p_j = 1$ ist,
(3) dass die Wahrscheinlichkeit dafür, dass von mehreren sich gegenseitig ausschließenden Ereignissen wenigstens eines eintritt, gleich der Summe der Wahrscheinlichkeiten dieser Ereignisse ist.

Subjektive Wahrscheinlichkeiten sind deshalb Maßzahlen, die angeben, in welchem Umfang es der Entscheidende, gestützt auf sein Wissen W_t für vernünftig hält, mit dem Eintritt von Z_j zu rechnen.

Obwohl häufig hervorgehoben wird, dass auch Handelsunternehmungen sich in einer unsicheren Umwelt zu bewähren haben, wird in den meisten Planungsansätzen auf die Berücksichtigung der Unsicherheit verzichtet, es wird Sicherheit unterstellt. Behelfsweise werden Analysen unter alternativen Rahmenbedingungen durchgeführt (z. B. worst case - best case). Ansätze, in denen explizit Wahrscheinlichkeiten für das Eintreten einzelner Umweltzustände eingeführt werden oder in denen Annahmen über bestimmte Verhaltensweisen der Konkurrenz bzw. einzelner Kunden zu Grunde gelegt werden, sind selten.

2.2.5 Die Bewertung möglicher Ergebnisse

Selbst wenn die Konsequenzen aller Aktionen bekannt sind, ist es nicht immer unmittelbar möglich, die vorteilhafteste Aktion zu erkennen. Vorher muss der Entscheidende noch die möglichen Ergebnisse e_{ij} bewerten. Dies lässt sich mit zwei Gründen erläutern:

(1) Es kommt häufig vor, dass das Ergebnis einer Handlungsalternative in Abhängigkeit von einem Zustand nicht nur durch eine Maßzahl, z. B. eine Gewinnziffer, eine Umsatzzahl oder eine bestimmte Anzahl von Arbeitsplätzen gekennzeichnet ist, sondern durch **mehrere Maßzahlen**. Eine bestimmte Handlungsalternative beeinflusst z. B. den Gewinn und die Zahl der zusätzlichen Arbeitsplätze oder den Gewinn und den Umsatz.

(2) In dem Fall, dass die Konsequenzenmatrix **nicht alle Konsequenzen einer Aktion** aufführt, die aber dennoch von Einfluss auf die zu treffende Entscheidung sind, müssen ebenfalls die Werte der Ergebnismatrix gewichtet werden. Das soll das folgende **Beispiel** verdeutlichen.

Ein Reisender hat zu entscheiden, ob er Kunden in der Landregion oder in der Stadt besuchen soll. Die Entscheidung ist vor der Abfahrt zu treffen und dann nicht mehr zu ändern. Der Erfolg seiner Kundenbesuche ist vom Wetter abhängig: bei gutem Wetter (kein Regen) wird er seine Kunden auf dem Land (Bauern) nicht zu Hause antreffen, bei schlechtem Wetter wird er gute Umsätze erzielen. Nicht ganz so schroff werden die Ergebnisse bei seinen Kunden in der Stadt auseinanderfallen. Die Ergebnismatrix stelle sich wie folgt dar (Abbildung 2.6).

Abb. 2.6: Beispiel für eine Ergebnismatrix

Aktionen	Umweltzustände	
	Z_1 $p_1 = 1/4$	Z_2 $p_2 = 3/4$
A_1	100	1 000
A_2	400	800

Trifft er die Wahl auf Grund des erwarteten Umsatzes, so wird er sich für A_1 entscheiden, denn

$E(A_1) = 100 \cdot 1/4 + 1000 \cdot 3/4 = 775$
$E(A_2) = 400 \cdot 1/4 + 800 \cdot 3/4 = 700$.

Wenn der Reisende aus bestimmten Gründen ein Einkommen von 400 sehr hoch bewertet, niedrigere Einkommen deutlich schlechter, höhere Einkommen proportional zu ihrer Höhe, dann liegt eine Nutzenfunktion vor, wie sie in Abb. 2.7 dargestellt ist.

Abb. 2.7: Möglicher Verlauf einer Nutzenfunktion

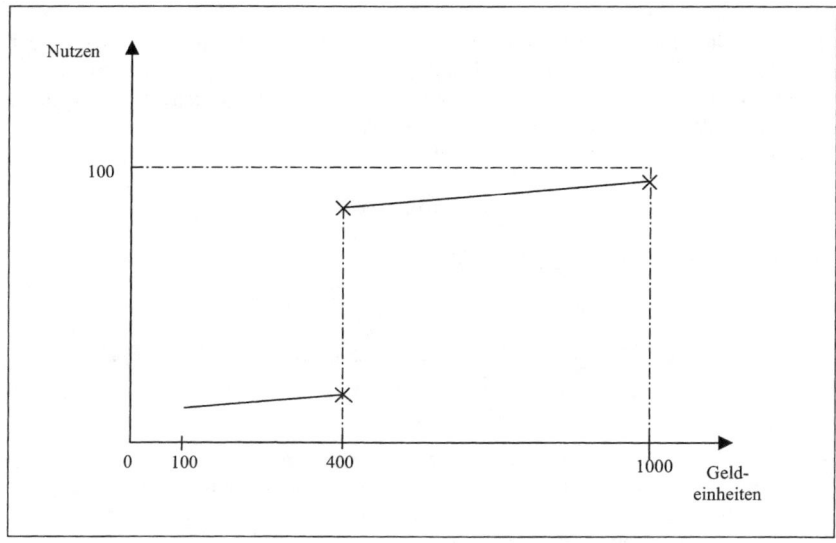

Die Nutzenfunktion dient dazu, den Werten aus der Ergebnismatrix die Wertschätzung der planenden Person zuzurechnen. Das ist in Abbildung 2.8 für das Beispiel dargestellt.

Abb. 2.8: Entscheidungsmatrix

Aktionen	Umweltzustände	
	Z_1 $p_1 = 1/4$	Z_2 $p_2 = \frac{3}{4}$
A_1	10	96
A_2	90	94

Die Entscheidungsfindung im Beispiel ging davon aus, dass der Entscheidende Nutzenunterschiede zwischen je zwei Konsequenzen in eine Reihenfolge bringen kann, es wurde mithin eine **kardinale Nutzenfunktion** unterstellt. Damit wird eine weitere Annahme des Grundmodells der Entscheidungstheorie deutlich: „Er [der Entscheidende] kann diese Ergebnisse bezüglich seiner Präferenzvorstellungen einfach (schwach) anordnen und ihnen gegebenenfalls kardinale Nutzen zuordnen" (H. Schneeweiß 1966). Dies erfordert vom Entscheidenden, dass er über eine unendlich feine Empfindlichkeit für Nutzenunterschiede verfügt. Es darf also nicht gelten: $e_1 \approx e_2 \vee e_2 \approx e_3 \vee e_3 \approx e_4$, aber $e_1 > e_4$, denn dann wäre die Forderung der Transitivität verletzt.

39

2.2.6 Die Notwendigkeit eines Kriteriums für die Entscheidungsfindung

Mit der Nutzenmatrix ist der Prozess der Entscheidungsfindung noch nicht abgeschlossen. Zwar hat der Entscheidende die Informationen gesammelt, aufbereitet und in der Ergebnismatrix bzw. der Entscheidungsmatrix zusammengestellt, aber jetzt muss ein Kriterium gefunden werden, nach dem die als optimal angesehene Alternative ausgewählt wird.

Angenommen, es sei folgende Ergebnismatrix gegeben:

Abb. 2.9: Beispiel für eine Ergebnismatrix

Aktionen	Umweltzustände	
	Z_1 $p_1 = 0,3$	Z_2 $p_2 = 0,7$
A_1	50	50
A_2	24	86

A_1 liefert, gleichgültig welcher Zustand der Umwelt eintritt, einen Erfolg von 50. Der Erfolg von A_1 ist sicher. A_2 liefert, wenn Z_1 eintritt, einen um 26 niedrigeren Erfolg als A_1, wobei die Person erwartet, dass Z_2 mit größerer Wahrscheinlichkeit als Z_1 eintritt. Wie soll sich die Person entscheiden?

Nach einem in der Ökonomie weithin akzeptierten Kriterium ist die Aktion zu wählen, deren erwarteter Erfolg der größte ist. Der erwartete Erfolg errechnet sich aus der Summe der Ergebnisse e_{ij} einer Aktion, gewichtet mit den Wahrscheinlichkeiten p_j, die den Zuständen Z_j zugeordnet sind. Man erhält den **Erwartungswert $E(A_i)$ der Erfolge**.

$$E(A_i) = \sum_{j=1}^{n} e_{ij} \cdot p_j \quad \text{für } i = 1,...,i^*$$

Richtet man sich nach dieser Regel, hätte man im obigen Beispiel A_2 zu wählen, denn

$E(A_1) = 50 \cdot 0,3 + 50 \cdot 0,7 = 50$
$E(A_2) = 24 \cdot 0,3 + 86 \cdot 0,7 = 67,4.$

Man muss diese Entscheidungsregel jedoch nicht generell akzeptieren (vgl. die Literatur zur Entscheidungstheorie, z. B. H. Laux 1998; F. Eisenführ und M. Weber 1999; G. Bamberg und A. G. Coenenberg 2000; R. Meyer 2000).

2.2.7 Die Verwendung mathematischer Methoden für die Suche nach vorteilhaften Aktionen

Die Beispiele, die bisher vorgestellt wurden, könnten den Eindruck aufkommen lassen, als seien betriebswirtschaftliche Planungsprobleme in wenigen Zeilen und Spalten einer Ergebnismatrix bzw. Entscheidungsmatrix abbildbar und als sei die vorteilhafteste

Aktion mittels eines geeigneten Entscheidungskriteriums und einiger kleiner Nebenrechnungen leicht zu ermitteln. In vielen realen Problemen geht **die Zahl der möglichen Aktionen in die Tausende**. Damit nehmen die an den Entscheidenden gestellten Anforderungen, insbesondere jene, die in den Abschnitten 2.2.1 und 2.2.2 dargestellt wurden, einen Umfang an, der von Hand kaum zu bewältigen ist. Dies soll das folgende Beispiel verdeutlichen:

Beispiel:
Eine Unternehmung habe sich entschlossen, in einem Zeitraum von zwölf Wochen acht ganzseitige Anzeigen zu veröffentlichen; es kommen hierfür 15 Zeitschriften in Frage; in einer Woche können mehrere Anzeigen erscheinen, in einer Zeitschrift soll pro Ausgabe jedoch nur eine Anzeige enthalten sein. Schon nach kurzer Zeit wird dem Planenden klar, dass er sich einer sehr großen Zahl von möglichen Aktionen gegenübersieht.

Da Aktionen als Kombinationen von zulässigen Werten der Aktionsparameter definiert worden sind, ist es naheliegend, diesen **Kombinationsprozess** nicht ohne Hilfsmittel durch den Planenden ausführen zu lassen, sondern nach **geeigneten mathematischen Methoden** Ausschau zu halten, die diese Aufgabe erleichtern.
Daneben können die Methoden geeignet sein, unter vorliegenden Aktionen eine **vorteilhafte Aktion** aufzuspüren, ohne dass alle Aktionen durchgerechnet werden müssten.

Mathematische Methoden wurden in den Wirtschaftswissenschaften eigentlich schon immer angewendet. Insbesondere in der Zeit nach dem Zweiten Weltkrieg wurde eine Vielzahl weiterer Verfahren in die Ökonomie eingeführt, die meist unter der Bezeichnung **Operations Research** systematisch dargestellt werden. Zu ihnen gehört insbesondere die mathematische Optimierung mit ihren Spielarten, der linearen Programmierung, der ganzzahligen Optimierung, der parametrischen Programmierung, der nichtlinearen Optimierung, weiterhin die Warteschlangentheorie, die Grafentheorie und die Simulation (einen Überblick über die Methoden des Operations Research geben die Lehrbücher von H. Müller-Merbach 1973; W. Domschke und A. Drexl 1998; T. Ellinger, G. Beuermann und R. Leisten 2001). In jüngerer Zeit werden Optimierungsprobleme auch mit sog. „naturadaptiven Verfahren" angegangen, bei denen die Problemlösung nicht auf analytischem Wege, sondern mit Hilfe heuristischer Algorithmen gefunden werden soll (einen knappen Überblick geben hier T. Greb, E. Erkens und H. Kopfer 1998). Inwieweit solche Verfahren zur Abbildung und Behandlung betriebswirtschaftlicher Probleme geeignet sind, ist mithin ebenfalls Gegenstand einer betriebswirtschaftlichen Problemanalyse.

Ausgewählte Literaturempfehlungen

Planungsprobleme im Handel wurden von K. Barth in den siebziger Jahren in mehreren Beiträgen (1972a, 1972b und 1976) aufgegriffen. Sehr praxisorientiert ist ein von der BAG herausgegebenes Handbuch zur Unternehmensplanung im Einzelhandel (wahrscheinlich 1977).

Allgemeine **Phasenkonzepte** der Unternehmensführung werden z. B. bei J. Wild (1974) und W. Delfmann (1993) vorgestellt. In Veröffentlichungen von ECR Europe (Hrsg., 1997) und Nielsen Marketing Research (Hrsg., 1992) werden Phasenkonzepte der Geschäftsplanung auf den Bereich des Category Managements übertragen.

Auf die Verwendung der **Portfolio-Methodik** für die langfristige Planung im Handelsbetrieb ist G. Drexel (1981) umfassend eingegangen.

Zum **entscheidungstheoretischen Ansatz** in der Betriebswirtschaftslehre gibt es mehrere gute Lehrbücher, insbesondere H. Laux (1998), F. Eisenführ und M. Weber (1999), G. Bamberg und A. G. Coenenberg (2000) sowie R. Meyer (2000).

Aus der **wissenschaftstheoretischen Literatur**, die sich mit dem Problem beschäftigt, inwieweit wissenschaftlichen Aussagen (Theorien) nicht nur eine logische Wahrheit, sondern auch ein faktischer Wahrheitsgehalt zukommen soll, will ich hier nur zwei Beiträge von Albert erwähnen (H. Albert 1963 und 1957). E. Heinen (1971) thematisiert die Beziehung der Betriebswirtschaftslehre zu anderen Disziplinen. In diesen Themenkomplex fallen auch die Beiträge von D. Schneider (1983) und L. Müller-Hagedorn (1983a).

Mit der **Lösung von Optimierungsproblemen** befassen sich die bereits im Text erwähnten Lehrbücher von H. Müller-Merbach (1973), W. Domschke und A. Drexl (1998), T. Ellinger, G. Beuermann und R. Leisten (2001). Einen Überblick über naturadaptive Verfahren gibt der Beitrag von T. Greb, E. Erkens und H. Kopfer (1998).

3   Strategische Marketingplanung

Planen bedeutet, einen Grundriss zu entwerfen, wie etwas zu tun oder auszuführen ist. Den Gegensatz zu Planen bildet das Improvisieren (ad hoc entscheiden, etwas dem Zufall überlassen, ohne Verarbeitung von Informationen entscheiden). **Planen** umfasst somit drei Merkmale:

(1) eine Beschäftigung mit der Zukunft (insbesondere das Vorausdenken von künftigen Nachfrager- und Konkurrenzsituationen),
(2) das konkrete Prüfen von Handlungsalternativen im Hinblick auf ihre Wirkungen auf die Zielgrößen der Unternehmung bei künftigen Umweltsituationen,
(3) das zielgerichtete Auswählen einer Handlungsalternative im Sinne einer Entscheidungsfestlegung.

Unschwer sind in diesen Merkmalen die allgemein gültigen Grundelemente der Entscheidungstheorie zu erkennen: die Handlungsmöglichkeiten, die Ziele und die Umweltzustände.

Die strategische Marketingplanung ist Teil der **strategischen Unternehmensplanung**. Letztere wird im Regelfall charakterisiert, indem ihre zentralen Aufgaben und Eigenschaften aufgezählt werden (zur ausführlicheren Darstellung vgl. L. Müller-Hagedorn 1998a, S.149–152; F. X. Bea und J. Haas 2001). Strategische Entscheidungen lassen sich wie folgt charakterisieren:

- Es wird abgeschätzt, welche Konsequenzen sich aus Entscheidungen für die Unternehmung in der absehbaren Zukunft ergeben.
- Sie beziehen sich auf die sog. Erfolgspotenziale, auf die die Unternehmung in der Zukunft ihre Wettbewerbsfähigkeit stützen will (vgl. C. Pümpin 1992).
- Sie geben Bandbreiten für den Einsatz des betriebspolitischen Instrumentariums an, ohne dieses im Einzelnen zu fixieren. Dabei ist eine gesamtunternehmensbezogene Sicht anzulegen, in der kundengerichtete Maßnahmen mit internen Prozessen und lieferantengerichteten Maßnahmen abgestimmt sind.
- Sie werden von der obersten Geschäftsleitung getroffen.

Etwa ab 1980 ist versucht worden, die Besonderheiten einer strategischen Planung im Handel herauszuarbeiten (G. Drexel 1981 u. 1983; J. S. Krulis-Randa und R. Ergenzinger, Hrsg., 1990; D. P. Russi 1993; L. Müller-Hagedorn 1998a). Obwohl strategische Entscheidungen zu einzelnen Funktionsbereichen auf das Engste miteinander verknüpft sind, wird im Folgenden nur auf die strategische Marketingplanung eingegangen.

Strategische Marketingentscheidungen betreffen das Verhältnis einer Unternehmung zu den Nachfragern oder Konkurrenten. Die Abgrenzung von strategischen Unternehmensentscheidungen und strategischen Marketingentscheidungen fällt nicht leicht, weil fast alle strategischen Entscheidungen in einer Handelsunternehmung im Erscheinungsbild der Unternehmung gegenüber den Abnehmern sichtbar werden. Das gilt z. B. auch für die Entscheidung über die Zugehörigkeit zu einer Wirtschaftsstufe (Großhandel, Einzelhandel, die Aufnahme einer industriellen Tätigkeit) und für Entscheidungen über die Internationalisierung oder die Diversifizierung. In geringerem

Maße gilt das für Entscheidungen über das logistische System, über Beschaffungswege, über die Art der Finanzierung (zum Verhältnis von strategischer Marketing- und Unternehmensplanung vgl. R. Köhler 1981, S. 264; R. Hartmann 1992, S. 26; H. Raffée 1989, S. 10).

Grundsätzlich soll eine Marketingstrategie dem Unternehmen einen Wettbewerbsvorteil liefern, d. h. das Unternehmen soll in den Augen der Nachfrager die gegenüber der Konkurrenz überlegene Leistung anbieten. Dies wird häufig auch mit dem Strategischen Dreieck veranschaulicht (Abb. 3.1). Der Wettbewerbsvorteil soll angeben, warum ein Kunde das jeweilige Unternehmen gegenüber konkurrierenden Betrieben bevorzugen sollte.

Abb. 3.1: Das Strategische Dreieck

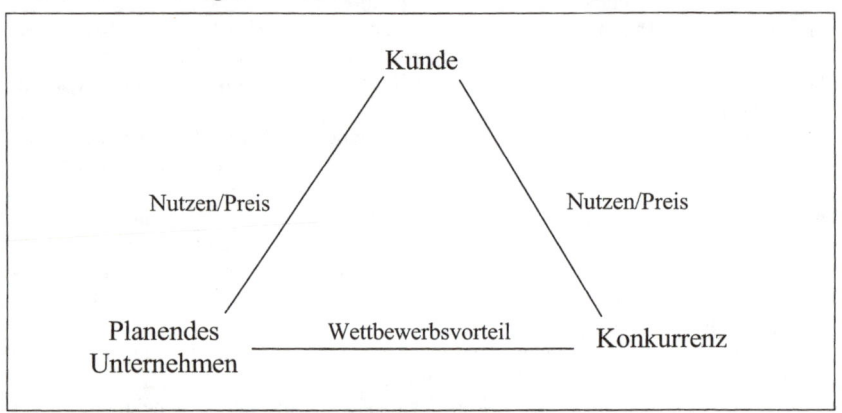

Da der Wettbewerbsvorteil eines Unternehmens den Kunden sichtbar werden muss und da das Erscheinungsbild der Unternehmung durch den Einsatz der absatzpolitischen Instrumente geprägt wird, ist es Aufgabe der Marketingstrategie, die Bandbreite jener absatzpolitischen Instrumente vorzugeben, denen besondere Bedeutung für die Wettbewerbsposition und damit den Erfolg der Unternehmung zukommt. Dies kann in unterschiedlicher Form geschehen:

(1) In der Ökonomie sind von **Porter** verschiedene Basisstrategien entwickelt worden, die sich auch auf den Handel übertragen lassen. Weiterhin existieren verschiedene Instrumente, die unabhängig von einer Branche oder einem Wirtschaftszweig Hinweise auf strategische Optionen der Unternehmung gegenüber ihren Kunden ermöglichen sollen. Zu den wichtigen Instrumenten gehören die Produkt- (bzw. Leistungen-) Markt-Matrix, das Schema von Abell zu Zielgruppen-Bedürfnis-Technologie-Kombinationen und die Wertkettenanalyse. Hierauf wird in Abschnitt 3.1 eingegangen.

(2) **Die Marketingstrategie** kann aber auch anhand bestimmter **absatzpolitischer Instrumente** festgelegt werden. In vielen Fällen kommt unter strategischen Gesichtspunkten den folgenden Instrumenten eine besonders wichtige Rolle zu:
- Die Sortimentspolitik: Der Handel bietet vielfältige Beispiele dafür, wie mit einer Neubündelung von Artikeln eine beachtliche Resonanz im Markt gefunden wurde.

44

So zeichnen sich z. B. Baumärkte dadurch aus, dass sie das zuvor auf viele Fachgeschäfte verteilte Angebot (z. B. Malerbedarf, Werkzeuge, Elektrogeräte usw.) zusammengefasst haben. Auch im Möbelhandel war zu beobachten, dass das Angebot von Möbeln mit dem Angebot von Haustextilien und Haushaltswaren kombiniert wurde. Im Reifenhandel wurden zuvor geltende Branchengrenzen übersprungen, da viele Handlungen ihr Leistungsprogramm ausgeweitet haben, indem sie Reparaturdienstleistungen angeboten haben oder indem sie ihr Warenangebot auch in autoferne Sortimente ausgedehnt haben. Ein besonders markantes Beispiel ist auch die Sortimentspolitik der Tankstellen. Auf der anderen Seite haben sich Geschäfte herausgebildet, die ihre Sortimente in bemerkenswerter Weise beschränkt haben. So bietet z. B. The Body Shop nur Artikel an, die bestimmten ökologischen Gesichtspunkten entsprechen. Es zeigt sich, dass die Bündelung von Artikeln zu Sortimenten zu den zentralen Entscheidungen des Handels zählt.

- Die Preispolitik: Handelsunternehmungen unterscheiden sich nicht nur in den Preislagen, die sie anbieten, sondern auch in ihrer Preisgünstigkeit. Die Preislagen charakterisieren das Angebot eines Handelsbetriebes durch die Häufigkeitsverteilung der absoluten Preise, die Preisgünstigkeit setzt die Preise ins Verhältnis zu den gleichen oder zu ähnlichen Preisen anderer Betriebe. Bekanntlich ist die Realität des Handels in den meisten Bereichen durch ein breites Spektrum in diesen preispolitischen Dimensionen gekennzeichnet.

- Das Andienungssystem: Mit dem Andienungssystem ist die Art und Weise gemeint, mit der den Kunden die Waren angeboten werden. Als Varianten werden die persönliche Bedienung, die mediale Andienung und die Selbstbedienung unterschieden (R. Mattmüller 1997, S. 38f.).

Auf einige strategische Aspekte, die sich auf einzelne absatzpolitische Instrumente beziehen, wird in den jeweiligen Kapiteln zu den Instrumenten eingegangen.

(3)   Die Ausführungen machen deutlich, dass einzelne absatzpolitische Instrumente Ansatzpunkte für eine marketingstrategische Positionierung liefern können. Darüber hinaus lassen sich Marketingstrategien im Handel auch auf einer aggregierten Betrachtungsebene ableiten, der Ebene der Betriebsformen. Bekanntlich ergibt sich im Großhandel, vor allem aber im Einzelhandel, das vielfältige Angebotsbild aus der Vielzahl der Betriebsformen. Bei Betriebsformen handelt es sich um absatzpolitische Konzepte, die im Regelfall Bandbreiten für den Einsatz mehrerer einzelner absatzpolitischer Instrumente angeben und auf den Stellenwert der einzelnen Instrumente hinweisen. Insofern könnte Marketingplanung auch Betriebsformenplanung bedeuten. Andererseits hat sich die Planung der Betriebsform nicht nur auf kundenbezogene und damit erlösbezogene Aspekte zu erstrecken, sondern auch kosten- und finanzwirtschaftliche Gesichtspunkte mit einzubeziehen. Aus diesem Grunde wird der Betriebsformenpolitik ein eigener Abschnitt (3.2) gewidmet.

3.1 Instrumente zum Erkennen und Bewerten von Marketingstrategien

Für die Entwicklung von Marketingstrategien kommen mehrere Instrumente in Frage, so
- die generischen Strategien von Porter,
- die Ansoff-Matrix,
- das Abell-Schema,
- die Wertkettenanalyse.

3.1.1 Porters Basisstrategien

M. E. Porter (2000) weist darauf hin, dass grundsätzlich die folgenden Strategien zur Verfügung stehen, um sich auf Dauer im Wettbewerb behaupten zu können (vgl. auch Abschnitt 2.2.1):
(1) die Kostenführerschaft, im Handel auch als Discountstrategie bezeichnet,
(2) die Differenzierungsstrategie (Anbieten einer überlegenen Leistung),
(3) die Segmentierungsstrategie (Ausrichtung des Unternehmens auf Marktsegmente).
Im Folgenden soll zunächst ein Überblick über diese Strategien gegeben werden, anschließend wird näher auf die Segmentierungsstrategie und mit ihr verbundene Zielgruppenkonzepte eingegangen.

3.1.1.1 Überblick über Porters Basisstrategien

Die erste Strategie ist die der niedrigen Kosten (Strategie I). Meistens bedeutet das eine Strategie der Kostensenkung. Diese wirkt sich einmal unmittelbar aus, da niedrigeren Kosten ein höherer Gewinn entspricht, zum anderen wird sie, wenn sie zum Kostenvorsprung innerhalb der Branche führt, zum Wettbewerbsvorteil, weil jetzt eine Preispolitik möglich wird, die mehr und mehr Kunden von der Konkurrenz abzieht. Kostenführerschaft und Preisführerschaft stehen in einem engen Verhältnis, weil der Preis für die Höhe des Absatzes umso bedeutsamer wird, je vollkommener die Märkte sind. Porter schreibt, dass bei der Strategie I niedrigere Kosten im Verhältnis zu den Konkurrenten zum roten Faden der gesamten Strategie werden (M. E. Porter 1999).
Als Ansatzpunkte für niedrige Kosten bieten sich im Handel zunächst alle Kostenbereiche an. Oft sind es
- niedrige Personalkosten, indem auf einzelne Personalleistungen verzichtet wird oder diese auf sonstige Leistungsträger (z. B. Kunden) übertragen werden, ohne dass der Kunde hierin einen nicht mehr tragbaren Qualitätsverlust sieht,
- niedrige Raumkosten,
- niedrige Warenkosten usw.
Ein Unternehmer wird so alle Kostenarten durchdenken und prüfen, ob er die Möglichkeit sieht, Kostenersparnisse realisieren zu können.

Bei vielen Gütern zeigt sich, dass der Verbraucher die Preisgünstigkeit als besonders wichtiges Einkaufskriterium ansieht (Abb. 3.2). Dementsprechend haben sich Betriebstypen gebildet, die den preisorientierten Verbraucher ansprechen. Wem es gelingt, auf Grund bestimmter Faktoren einen Wettbewerbsvorteil in der Preispolitik zu erringen, der wird es im Regelfall (d. h. wenn sich die Präferenzen der Konsumenten nicht grundlegend ändern und wenn nicht in größerem Maß hemmende Faktoren vorliegen) leicht haben, Marktanteile zu gewinnen.

Abb. 3.2: Das Interesse der Verbraucher an Einkäufen in Geschäften mit diskontierender Preispolitik

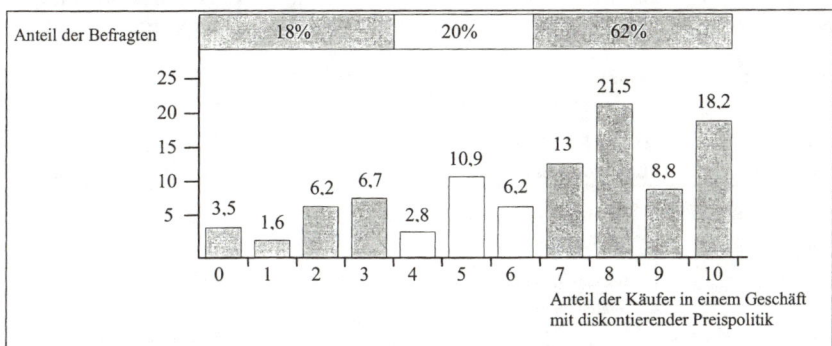

* Anmerkung: Die Befragten hatten anzugeben, wie viele von insgesamt zehn Käufen sie in einem Geschäft vornehmen würden, das die Preise so niedrig wie möglich hält, dabei an der Innenausstattung und am Bedienungspersonal spart und nur die gängigen Artikel führt.

Aus der Gewinngleichung „Gewinn = Umsatz ./. Kosten" ergibt sich der Ansatzpunkt für eine zweite Strategie, die Porter die **Differenzierungsstrategie** nennt und die darin besteht, das Produkt oder die Dienstleistung des Unternehmens zu differenzieren und damit „etwas zu schaffen, was in der ganzen Branche als einzigartig angesehen wird" (Strategie II). Die Einzigartigkeit der Leistung gewährt Schutz vor den Konkurrenten. Wie die Einzigartigkeit gefunden wird, ist teils ein Akt der Kreativität, teils durch systematisches Suchen zu erkennen. Die Einzigartigkeit muss sich auf etwas beziehen, was den Nachfragern oder anderen Subjekten, mit denen die Unternehmung in einer Geschäftsbeziehung steht, als wertvoll und nützlich erscheint. Grundsätzlich kann jeder Faktor, den der Verbraucher bei der Wahl seiner Einkaufsstätte berücksichtigt, zum Wettbewerbsvorteil ausgebaut werden, neben

- dem preisgünstigeren Einkauf,
- der nähere Einkauf,
- der Mehr-Alternativen-Bietende-Einkauf,
- das höhere Qualitätsniveau der angebotenen Leistung,
- die bessere Beratung.

In vielen Fällen wird auch die **Erlebnisorientierung** als besonderes Leistungsmerkmal eines Handelsbetriebes hervorgehoben. Häufig wird versucht, die Erlebnisorientierung mit allgemeinen gesellschaftlichen Wandlungen oder Verweisen auf andere Wirtschaftsbereiche (Erlebnistourismus, Erlebnisgastronomie, Erlebnisbäder) plausibel erscheinen

47

zu lassen. Die Diskussion leidet darunter, dass die Wissenschaft augenblicklich noch auf der Suche nach einer schärferen begrifflichen Fassung ist. Silberer definiert Erlebnishandel als jene Form der Distribution von Gütern, „die bei den Besuchern, Interessenten oder potenziellen Abnehmern relativ intensive, und zwar angenehme Wahrnehmungen und Empfindungen erzeugt" (vgl. G. Silberer 1989). Ähnlich weit ist auch Weinbergs Definition: „Unter einem Erlebniswert versteht man den subjektiv erlebten, durch das Produkt, die Dienstleistung, das Verkaufsgespräch oder die Einkaufsstätte vermittelten Beitrag zur Lebensqualität der Konsumenten. Es handelt sich dabei um sinnliche Erlebnisse, die in der Gefühls- und Erfahrungswelt der Konsumenten verankert sind und einen realen Beitrag zur Lebensqualität der Konsumenten leisten" (vgl. P. Weinberg 1992). Abb. 3.3 soll verdeutlichen, wo Ansatzpunkte für eine Konkretisierung und Differenzierung der Einkaufserlebnisse gesucht werden können.

Abb. 3.3: Ansatzpunkte für die Konkretisierung von Erlebnissen

Auf Gegenstände bezogen	auf die Phasen des Kaufprozesses bezogen	auf die menschlichen Sinne bezogen: angenehme Eindrücke	auf psychische Konstrukte bezogen
- Erlebnisse, die aus dem Besitz der gekauften Güter rühren	- Bewusstmachen von Bedürfnissituationen	- für das Auge	- Empfindungen
	- leichter Zugang zu dem Warenangebot	- für das Gehör	- Emotionen
- Erlebnisse, die aus den Umständen des Einkaufs resultieren	- Information über das Angebot (Auswahl) und Beratung	- für den Tastsinn	- Zufriedenheit
	- Entscheidungshilfen	- für den Geruchssinn	
	- günstige Einkaufskonditionen		
	- Hilfe bei Transport und Nutzung		

Inzwischen liegen mehrere empirische Studien vor, die den Wert einer erlebnisorientierten Gestaltung von Handelsbetrieben überprüfen. Sie sind nach dem in Abb. 3.4 dargestellten Muster aufgebaut:

Abb. 3.4: Beispiel für einen Stimulus-Organismus-Response (SOR)-Ansatz

Elemente einer erlebnis- orientierten Verkaufsstellengestaltung, insbes.:		Beeinflussung des Insystems von Konsumenten, insbes.:		Beeinflussung des Käuferverhaltens, insbes.:
- Standort	➜	- Aktivierung	➜	- Verweildauer der Kunden im Geschäft
- Ladengestaltung		- Emotionen		- Besuchshäufigkeit
- Personal		- Stimmungen		- Kaufbetrag
- Sortiment		- Einstellungen		- Anzahl gekaufter Artikel
- Verkaufsförderung		- Wiederkommabsicht		

Es ist ersichtlich, dass diesem Untersuchungsaufbau der in der Konsumenten-
verhaltensforschung häufig herangezogene Stimulus-Organismus-Response (SOR)-
Ansatz zu Grunde liegt. Im Rahmen der Ausführungen zur Gestaltung der
Einkaufsatmosphäre wird in Kapitel 9 auf die verschiedenen empirischen Untersuchungen näher eingegangen.

Die deutliche Positionierung eines Handelsbetriebes in der Preis- oder einer der
Leistungsdimensionen ist eine zentrale Basisentscheidung, um im Wettbewerb bestehen
zu können. Ihre Bedeutung leitet sich daraus ab, dass Konsumenten einzelne Betriebe
danach beurteilen werden, inwieweit sie einen Beitrag zu ihrer persönlichen
Bedürfnisbefriedigung leisten. Es ist nicht unbedingt zwangsläufig, aber im Regelfall
gilt doch, dass die Differenzierung über die „einmalige Leistung" die Kostenposition
beeinträchtigt, weil Kundenbetreuung, eine aufwendige Ausstattung der
Geschäftsräume und weitere Leistungen teuer sind. Die Einmaligkeit der Leistung kann
auch über eine Dienstleistung erzielt werden. Strategie I ist ausgerichtet auf die
Nachfrager, die das Interesse haben, ein bestimmtes Gut möglichst preisgünstig zu
kaufen, Strategie II bietet die einmalige Leistung. Die Wahl einer erfolgreichen
Betriebsform setzt voraus, festzustellen, ob es eine hinreichend große Zahl von
Nachfragern mit entsprechenden Bedürfnissen gibt. Insofern kommt Überlegungen zur
Zahl und der Mächtigkeit einzelner Marktsegmente eine erhebliche Bedeutung zu.

A. Gröppel-Klein (1996) hat die Erfolgswirksamkeit der von Porter empfohlenen
Strategien im Handel überprüft, indem sie zwei Hypothesen zur Ausgangsbasis gewählt
hat:
(1) Aus Sicht der Einzelhändler: „Wenn Einzelhändler sich entweder konsequent zu
     der Preis- oder zu der Differenzierungsstrategie bekennen, dann sind sie
     erfolgreicher als Einzelhändler, die zwischen den Stühlen sitzen."
(2) Aus Sicht der Konsumenten: „Konsumenten beurteilen diejenigen Einzelhändler,
     die entweder die Preis- oder die Differenzierungsstrategie konsequent umsetzen,
     signifikant positiver als diejenigen Einzelhändler, die aus Sicht der Kunden
     zwischen den Stühlen sitzen" (A. Gröppel-Klein, 1996, S. 73f.).
Von beiden Hypothesen konnte nur die erste bestätigt werden. Insgesamt kommt
Gröppel-Klein zu dem Ergebnis, dass die Unterscheidung der Strategien von Porter -
auch wenn verfeinerte Typologien vorgeschlagen werden können - im Handel sinnvoll
ist und dass diejenigen Unternehmen, die sich zwischen die Stühle setzen („stuck in the
middle") eine schlechtere Wettbewerbsposition einnehmen.

Porter selbst weist noch auf die Möglichkeit hin, sowohl die Kosten- als auch die
Differenzierungsstrategie auf dem Gesamtmarkt oder einem Teilmarkt (Nische)
anwenden zu können. Dies erfordert zunächst, den Gesamtmarkt gedanklich in
Segmente zu zerlegen und dann zu entscheiden, welche **Segmente** als Zielgruppen
angesehen werden sollen. Auf diesen wichtigen Sachverhalt wird im Folgenden
eingegangen.

3.1.1.2 Die Formulierung von Zielgruppen-Konzepten

Marktsegmentierung und Zielgruppenplanung gehören im Konsumgütermarketing zu den selbstverständlichen Planungsinstrumenten. Im Handel wurde der Begriff Zielgruppenkonzept dagegen lange Zeit kaum verwendet, es galt: „Verkauf an jedermann", d. h. keiner der potenziellen Bedarfsträger sollte aus der Kundschaft ausgeschlossen werden. Man bot bestimmte Waren oder Leistungen an und hoffte, dass sich durch die Selbstselektion der Nachfrager hinreichend viele Kunden finden würden. Erst später wurde die Frage, ob auch im Handel Marktsegmente unterschieden werden sollten und wie Zielgruppen definiert werden können, aktuell (vgl. H. Büttner 1986). Um die Nützlichkeit dieses Instrumentes diskutieren zu können, soll zunächst auf die Möglichkeit, Segmente zu bilden, eingegangen werden. Dabei sei ein Segment als jene Gruppe von Nachfragern definiert, die sich in mindestens einem Merkmal ähneln, während sie sich von den Mitgliedern anderer Segmente unterscheiden. Segmente können grundsätzlich bei den Nachfragern des Großhandels wie des Einzelhandels unterschieden werden.

- **Das Erkennen von Marktsegmenten**
Die für eine Marktsegmentierung grundlegende Frage bezieht sich darauf, inwieweit sich die Nachfrager in einem Markt unterscheiden. Segmente können dabei mit Hilfe einer Vielzahl von Merkmalen gebildet werden. Im Marketing hat sich eingebürgert, die Merkmale drei Gruppen zuzuweisen:

(1) Angaben zum sozioökonomischen Status
Mit Merkmalen des sozioökonomischen Status wird die Einordnung eines Nachfragers in das gesellschaftliche und ökonomische System abgebildet. So lassen sich mit Hilfe des Alters Gruppen bilden, wie z. B. Kinder, Jugendliche, Erwachsene unterschiedlicher Altersklassen, Senioren. Bezüglich des Wohnorts kann z. B. sehr grob zwischen einer Stadt- und einer Landbevölkerung unterschieden werden. Gerade für den großflächigen Einzelhandel sind Überlegungen anzustellen, aus welchen Regionen er seine Nachfrage gewinnen will; aber auch der Großhandel muss sich fragen, ob er regional oder überregional tätig sein soll. Ausbildung, Berufstätigkeit, Rolle in der Familie, Höhe des verfügbaren Einkommens, Familienstand, Zahl der Kinder, Wohnverhältnisse, Besitzverhältnisse sind weitere Beispiele. Bei den Kunden des Großhandels ist an die Zahl der Beschäftigten, den Umsatz oder an die Branche zu denken.

(2) Psychografische Merkmale
Hier handelt es sich um die zahlreichen Merkmale, mit denen das Insystem von Nachfragern gekennzeichnet werden kann. Dazu gehören Bedürfnisse, Motive, Einstellungen, Interessen, Absichten, das Involvement, Kenntnisse, Zufriedenheitsgrade usw. So wird z. B. davon gesprochen, es gäbe preisorientierte Nachfrager auf der einen und erlebnisorientierte Nachfrager auf der anderen Seite.

(3) Aspekte des Verhaltens
Das Verhalten der Nachfrager äußert sich in zahlreichen Aspekten, z. B. in der von ihnen bevorzugten Betriebsform, in der Häufigkeit, mit der Einkaufsgänge erledigt werden, in ihrer Markentreue, in der Menge, die von einzelnen Gütern konsumiert wird usw. Jedes dieser Merkmale kann auch herangezogen werden, um die Nachfrager zu

segmentieren. So können Stammkäufer, Selten-Käufer und Noch-Nie-Käufer unterschieden werden, oder es können Nachfrager danach differenziert werden, ob sie ihre Einkäufe auf ein Geschäft konzentrieren oder sich in zahlreichen Geschäften informieren bzw. dort einkaufen.

- **Kriterien für die Eignung einzelner Merkmale zur Marktsegmentierung**
  Die Eignung einzelner Merkmale ist zunächst nach formalen Kriterien zu beurteilen:
  - So ist z. B. daran zu denken, welcher Aufwand notwendig ist, um ein bestimmtes Merkmal zu erheben.
  - Auch ist zu berücksichtigen, wie stabil sich die Merkmale im Zeitablauf verhalten.
  - Schließlich ist daran zu denken, dass einige Merkmale in unterschiedlichem Grad genau, valide und reliabel gemessen werden können.

  Neben diesen formalen Kriterien sind zwei weitere von besonderer Bedeutung,
  - die Diskriminierungsfähigkeit eines Merkmals in Bezug auf bestimmte Verhaltensweisen und
  - der Nutzen für die Marketingplanung.

Die Diskriminierungsfähigkeit zeigt an, in welchem Ausmaß Verhaltensunterschiede mit einer Variation des betreffenden Merkmals einhergehen. Daneben sind die Merkmale daraufhin zu prüfen, welche Hinweise sie auf die Ausgestaltung der Marketingpolitik erlauben. Nutzt es einem Unternehmen zu wissen, dass einzelne Merkmale, wie z. B. das Alter, mit bestimmten Aspekten des Verhaltens in einem Zusammenhang stehen? Ursprünglich steuerte das Zielgruppenkonzept nur die Werbeträgerauswahl. Die Belegung jener Medien, die von Gruppen genutzt werden, zu denen die Käufer der beworbenen Marke gehören, sichert, dass diese Käufer werblich erreicht werden und die erhoffte Bindungswirkung eintritt. Dieses Beispiel macht deutlich, dass die Segmentierungsvariablen nur eine Mediatorenrolle spielen, indem sie es ermöglichen, den Einsatz der absatzpolitischen Instrumente so zu steuern, dass die erwünschten Reaktionen der Nachfrager eintreten. Segmentierungskonzepte sind aus betriebswirtschaftlicher Sicht auch daran zu messen, inwieweit sie Hinweise auf den erfolgreichen Einsatz der absatzpolitischen Instrumente erlauben. Sie haben ihre Berechtigung dann, wenn die Reaktionen einzelner Nachfragergruppen auf den Einsatz unterschiedlich ausfallen, der Markt also in Bezug auf die einzelnen absatzpolitischen Instrumente uneinheitlich reagiert. Heterogenität der Reaktion stellt also die Basisvoraussetzung für Marktsegmentierungsstudien dar.

Die mangelnde oder falsch praktizierte Anwendung des Zielgruppenkonzeptes ist auf Lücken im Verständnis des Konzeptes zurückzuführen. So ist beispielsweise der Einwand, dass in einer bestimmten Unternehmung ein Zielgruppenkonzept nach dem Alter nicht in Frage kommt, weil man beobachtet habe, dass schon in der Vergangenheit Kunden aus den unterschiedlichsten Altersschichten dort gekauft hätten, zurückzuweisen. Als Erstes vernachlässigt der Einwand die Anteile der einzelnen Altersklassen, denn es kann durchaus der Fall sein, dass einzelne Altersklassen deutlich überproportional repräsentiert sind. Zum Zweiten vernachlässigt er, dass die einzelnen Altersklassen in unterschiedlicher Weise auf einzelne absatzpolitische Maßnahmen reagieren können. Richtig ist, dass ein Zielgruppenkonzept nicht mechanisch auf einzelne leicht beobachtbare Merkmale zurückgreifen darf, sondern dass hierfür nur Merkmale in Frage kommen, die sich in der Theorie des Konsumentenverhaltens als diskriminierungsfähige Variablen erwiesen haben und aus denen betriebspolitische Schlüsse gezogen werden können.

- **Einzelne Konzepte**

Im Handel gibt es einige Beispiele für Unternehmungen, die explizit Zielgruppen formuliert haben und damit von dem Anspruch, alle potenziellen Nachfrager beliefern zu wollen, abgerückt sind. Im Möbelmarkt hat sich IKEA bei seinem Eintritt in den deutschen Markt auf die Bearbeitung des Segmentes der jüngeren Nachfrager beschränkt, während ansonsten bis zu diesem Zeitpunkt fast alle Möbelhäuser den Gesamtmarkt abzudecken versuchten. Die Ausrichtung von IKEA auf seine Zielgruppe äußerte sich dann nicht nur in der besonderen werblichen Ansprache, sondern auch in der Sortimentsgestaltung und dem Verkaufssystem.

Möbel Franz (Hrsg., 1992, S. 6-11) hat sich bemüht, schon bei der Kataloggestaltung Zielgruppen anzusprechen und dabei folgende Gruppen explizit genannt,
- die weltoffenen Ästheten,
- die innovativen Kunstfreunde,
- die kultivierten Stilsicheren,
- die jugendlichen Zeitgeistigen,
- die gemütlich Harmonischen,
- die verwöhnten Repräsentativen,
- die designorientierten Avantgardisten,
- die modern Klassischen.

Hier werden zwei Sachverhalte deutlich: Es ist nicht mehr unmittelbar ersichtlich, wie die einzelnen Segmente voneinander abgegrenzt werden. Nicht nur für den Externen ist unklar, wie der weltoffene Ästhet von dem kultivierten Stilsicheren abgegrenzt ist, sondern auch dem Kunden wird die Zuordnung schwer fallen. Zum Zweiten ist ersichtlich, dass die Firma mit acht Segmenten den Markt relativ fein unterteilt hat und sich zudem an ein breites Spektrum von Nachfragern wendet. Zwar ist im vorliegenden Fall unbekannt, wie viele Segmente der Markt insgesamt aufweist, jedoch handelt es sich bei der Ansprache von acht Zielgruppen ohne Zweifel nicht mehr um die Ausrichtung auf präzise definierte Segmente.

In der Theorie sind einzelne Konzepte zur Segmentierung von Nachfragern untersucht worden, ohne dass es jedoch zu intensiveren vergleichenden Analysen gekommen wäre. Vielmehr sind einzelne Merkmale eher beispielhaft herangezogen worden, um Möglichkeiten zur Zielgruppenbildung aufzuzeigen. Im Folgenden werden exemplarisch ausgewählte Studien vorgestellt, die sich deutlich voneinander unterscheiden. Die Unterschiede liegen in den einbezogenen Merkmalen, der Anzahl der erhaltenen Gruppen und der betriebspolitischen Verwertbarkeit:
- Müller-Hagedorn (1978a) mit soziodemografischen Angaben (Lebenszyklusmodell),
- Diller (1990) mit Angaben zum Kaufverhalten und den Erwartungen der Kunden,
- Gröppel (1990; 1991) mit Persönlichkeitsmerkmalen.

- **Das Lebenszykluskonzept nach Müller-Hagedorn**

Mit Hilfe des Lebenszykluskonzeptes (Lebensabschnitte, in denen sich die Nachfrager befinden) hat Müller-Hagedorn bei einer Vielzahl von Warengruppen gezeigt, dass einzelne Betriebsformen die Segmente in unterschiedlichem Maße erreichen. Zwar finden die einzelnen Betriebsformen im Regelfall Kunden in allen definierten Segmenten, jedoch sind bestimmte Segmente in geringerem Maße, andere in stärkerem

Maße unter den Kunden vertreten. Das Modell wird in Abschnitt 3.2 noch näher dargestellt.

- **Vier Verbrauchergruppen bei Diller**
  Diller hat für den Textilhandel vier Verbrauchergruppen benannt,
  - die Hedonisten (30,1%),
  - die Preisorientierten „Modemuffel" (25,1%),
  - die Alles-Forderer (26,5%),
  - die angepassten Gleichgültigen (18,3%).

Diese vier Gruppen sind aus einer Cluster-Analyse hervorgegangen, die auf insgesamt zehn Merkmalen aufbaut. Eine Analyse der verwendeten Merkmale zeigt, dass es sich um eine Mischung von Angaben zum Kaufverhalten und zur Bedeutung einzelner Sachverhalte bei der Auswahl der Geschäfte handelt:
- Angaben zum Kaufverhalten: Anlass zum Einkauf, Anzahl der aufgesuchten Geschäfte, Kauf in preiswerten Geschäften, Aufsuchen exklusiver Geschäfte,
- Erwartungen/Ansprüche: Beratung, Übereinstimmung mit dem eigenen Stil, Markenorientierung, Aktualität der Mode, Beurteilung durch Dritte, Spaß.

Mit Hilfe dieser zehn Merkmale werden nicht nur die vier genannten Käufertypen clusteranalytisch ermittelt, sondern auch beschrieben. Aus den ermittelten Profilen ist beispielsweise zu ersehen, dass der Hedonist dem Item, dass Kleidung zu bestimmten Gelegenheiten gekauft wird, nur unterdurchschnittlich zustimmt, während der Spaß am Einkauf eine überdurchschnittliche Bedeutung hat. Anders ist das bei dem preisorientierten Modemuffel: Der Spaß am Einkauf liegt nur unterdurchschnittlich vor, bezüglich des Kaufanlasses denkt er wie der Durchschnitt aller Befragten.

Die Untersuchung von Diller macht deutlich, dass Nachfrager sich sowohl in ihrem Kaufverhalten (z. B. Zahl der aufgesuchten Geschäfte) als auch in ihren Erwartungen an ein Geschäft unterscheiden. Es bleibt zwar unklar, nach welchem Kriterium die genannten Merkmale ausgewählt worden sind, aber augenscheinlich ist die Nachfragerschaft heterogen, wobei sich in der Vielfalt der Verhaltensweisen und Erwartungen Typen ausmachen lassen. Da die gebildeten Typen nicht zu einer abhängigen Variablen in Beziehung gesetzt werden, lässt sich ihr Erklärungswert kaum beurteilen. Sie dienen nur der Beschreibung der Verbraucher und liefern insofern Angaben über die Heterogenität der Nachfragerschaft (entsprechende Untersuchungen wurden wegen ihrer Vertraulichkeit nicht veröffentlicht). Zwar gibt Diller nicht an, wie gut sich die insgesamt vier Typen voneinander abgrenzen lassen (er spricht von guten bis sehr guten Werten bezüglich der Inner- und Zwischengruppenheterogenität), aber die erste Voraussetzung an eine Segmentbildung, dass sich nämlich die ausgewiesenen Segmente hinreichend voneinander unterscheiden, scheint erfüllt zu sein.

Betriebspolitisch können die Erkenntnisse für Marktpotenzialanalysen genutzt werden, indem aus der Stärke der Cluster Hinweise auf die Nachfrage abgeleitet werden. Die Brücke zur Gestaltung einzelner absatzpolitischer Instrumente lässt sich nur in einem sehr allgemeinen Sinn schlagen. So wird beispielsweise das Ausmaß der Markenorientierung angesprochen; wenn aber im Rahmen der Sortimentspolitik zu entscheiden ist, welche Marken für das Sortiment gewonnen werden sollten und welchen Stellenwert einzelne Marken im Sortiment einnehmen sollten, werden weitergehende Informationen benötigt.

- **Die Typologie von Gröppel**

Auch Gröppel hat die Textilbranche gewählt, um zu erkunden, ob sich Kundentypen unterscheiden lassen. Sie kommt zu drei Gruppen,
- den Indolenten (sie meint damit Desinteressierte, die Reizen aus zahlreichen Bereichen gleichgültig bis ablehnend gegenüberstehen),[*]
- den Sensualisten, die gegenüber vielfältigen Aktivitäten aufgeschlossen sind und neue und ungewohnte Dinge erleben möchten,
- die jungen Extremen, die sich in einer Zwitterstellung befinden und einzelnen Aussagen entweder euphorisch zustimmen oder sie gänzlich ablehnen.

Während in der Studie von Diller die der Gruppenbildung zu Grunde gelegten Merkmale noch relativ nahe an das beobachtbare Kaufverhalten bzw. die Erwartungen der Kunden an ein Textilgeschäft angelehnt waren, holt Gröppel weiter aus, indem sie auch Merkmale heranzieht, die nicht unmittelbar auf das Einkaufen bezogen sind, z. B. das Kulturinteresse, die Geselligkeit, das Entspannen (z. B. durch Lesen). Es werden nicht mehr nur Kauf- oder Erwartungstypen gebildet, sondern Persönlichkeitstypen. Es wird nachgewiesen, dass sich die Gruppen unterscheiden (wenn auch die Signifikanz der Differenzen nicht explizit erwähnt wird).

Der verhaltenswissenschaftliche Wert dieser Typologie ergibt sich aus ihrer Erklärungskraft. Hier konnte Gröppel zeigen, dass sensualistische Kundinnen ein erlebnisorientiert gestaltetes Textilhaus bezüglich des emotionellen Eindrucks, bezüglich der Sortimentsbeurteilung und des Preis-Leistungsverhältnisses signifikant besser beurteilen als alle anderen Kundengruppen. Die Ergebnisse im Einzelnen enthält Abb. 3.5.

Abb. 3.5: Ergebnisse der Untersuchung von Gröppel (Quelle: A. Gröppel 1990, S. 129)

Abhängige \ Unabhängige	Mittelwert Cl.1 Indolent	Mittelwert Cl.2 Sensual.	Mittelwert Cl.3 Extreme	Anzahl Cl.1	Anzahl Cl.2	Anzahl Cl.3	Signifikanz Vergleich Cl.1 - Cl.2	Signifikanz Vergleich Cl.2 - Cl.3
Emotionaler Eindruck	-0,1492	0,2944	-0,2578	101	91	57	0,002	0,001
Sortimentsbeurteilung	-0,2437	0,2947	-0,1416	106	95	59	0,000	0,007
Preis-Leistungs-Verhältnis	-0,1614	0,3490	-0,2783	106	95	59	0,000	0,000
Stimmungsbilder:								
Vertrauen	1,8981	2,7789	2,1167	108	95	60	0,000	0,003
Freude/Spaß	1,9444	3,1053	2,5000	108	95	60	0,000	0,005
Aktivität	2,4766	3,0737	2,6000	107	95	60	0,002	0,034

---

[*] Der Begriff ist unglücklich gewählt, denn dolenter bedeutet im Lateinischen »mit Schmerz, Betrübnis, Trauer«, indolent also »gleichgültig gegenüber Schmerzen«. Die Wortbedeutung scheint sich dann zu »geistig träge und gleichgültig, keine Gemütsbewegung erkennen lassen« erweitert zu haben.

Wie auch an die anderen Konzepte sind drei Fragen zu stellen:
- Wie eindeutig sind die Gruppen voneinander abgegrenzt und wie groß sind die Unterschiede zwischen ihnen?
- Welche Verhaltensweisen der Verbraucher können mit der Gruppeneinteilung erklärt werden?
- Lassen sich aus der Kenntnis der Struktur der einzelnen Marktsegmente Hinweise auf den Einsatz der absatzpolitischen Instrumente ableiten?

Die Schwächen der Segmentierungsmethode liegen insbesondere in dem dritten Bereich, denn aus den Merkmalen kann nur in sehr allgemeiner Form auf den erfolgreichen Einsatz der absatzpolitischen Instrumente geschlossen werden. Einige Merkmale erlauben zwar konkrete Hinweise (z. B. Einstellung zum Verkaufspersonal), andere dagegen kaum (z. B. die Angaben zur Entspannung).

• **Verlagstypologien**
In der Praxis finden die Großerhebungen einiger Verlage, auch Verlagstypologien genannt, besondere Beachtung. Als Beispiel sei hier auf die Spiegel-Dokumentation „Outfit" hingewiesen. (Spiegel-Verlag, Hrsg., 1997). Anliegen dieser Studie ist es, für die Planung der Industrie und des Handels strategisch bedeutsame Verbraucher-segmente zu beschreiben. Für den Bekleidungsbereich werden sieben Gruppen ermittelt (vgl. 3.6).

Abb. 3.6: Verbrauchersegmente für Frauen in OUTFIT 4 (Quelle: Spiegel-Verlag, Hrsg., 1997, Codeplan, S. 76)

Verbrauchersegmente	Anteil	Charakterisierung
Die Altmodische	17%	„Kleidung soll unauffällig und schlicht sein"
Die Konventionelle	11%	„Vorsichtiger Umgang mit Mode"
Die Anspruchsvolle	16%	„Dem Anlass entsprechend gut gekleidet sein"
Die Modebegeisterte	9%	„Hohe Identifikation mit Mode"
Die Lockere	19%	„Aufgeschlossenheit für Neues"
Die Geltungsbedürftige	8%	„Demonstration von Gruppenzugehörigkeit"
Die Nonkonformistin	20%	„Demonstrative Unabhängigkeit von modischen Trends"

In entsprechender Weise werden sieben Typen von Männern gebildet. Jeder Typ wird mit einer Vielzahl von Merkmalen gekennzeichnet, so mit Angaben zur Einstellung zu Kleidung und Mode, wie
- Stellenwert des Outfits,
- Einstellung zur Kleidung,
- Einstellung zur Mode,
- bevorzugter Kleidungsstil,
Angaben zur Orientierung beim Kauf, wie
- Einstellung zum Kauf,
- Markenorientierung,
- Kaufverhalten,
Angaben zur Zugehörigkeit zu einem sozialen Milieu und zur Demografie,
Angaben zur Lebenswelt,
Angaben zum Lebensstil, wie
- Freizeitinteressen,
- Sportaktivitäten,

- Musikinteressen.

Die einzelnen Merkmale werden teilweise durch mehrere Fragen ermittelt (vgl. die Übersicht zum Fragebogen auf S. 7-10 im Codeplan der Outfit-Studie, zu den einzelnen Merkmalen mit einer Grundauszählung S. 11-174 und zur Methodik S. 175-176). Die Angaben zur Methode sind kurz gehalten. Es wird ausgeführt, dass die Antworten der Befragten zu den Einstellungsfragen einer Faktorenanalyse unterzogen worden sind, um Basismotive identifizieren zu können, ohne dass dies näher dargelegt würde. Um die Gesamtmenge aller Befragten in eine überschaubare Zahl in sich möglichst homogener Gruppen zerlegen zu können, die sich zugleich aber möglichst deutlich voneinander unterscheiden, wurden Clusteranalysen durchgeführt. Die der Typbildung zu Grunde liegenden Merkmale sind z. B. die Wichtigkeit der äußeren Erscheinung, der Stellenwert von Kleidung, die Einstellung zur Kleidung, der bevorzugte Kleidungsstil und Einstellungen zur Marke.

Darüber hinaus wird jedes Cluster durch eine Reihe weiterer Merkmale charakterisiert, darunter die Zugehörigkeit zu sozialen Milieus, die selbst wieder auf der Grundlage einer umfangreichen Item-Batterie (71 Fragen) ermittelt werden (vgl. Spiegel-Verlag, Hrsg., 1994, S. 523-531).

Durch die Fülle an Informationen (z. B. zur Markenbekanntheit) liefert die Studie auch Hinweise zur Ausgestaltung der Absatzpolitik, insbesondere zur Sortimentspolitik. Es wird deutlich, dass sich die Verbraucher in zahlreichen Aspekten unterscheiden. Eine Beurteilung, ob eine sinnvolle Anzahl von Clustern gewählt worden ist und inwieweit die Ergebnisse von der Aufnahme einzelner Variablen abhängen, kann bei den vorliegenden Informationen nicht erfolgen.

• **Weitere Typologien**
Über die genannten Segmentierungsalternativen hinaus haben folgende Ansätze besondere Beachtung gefunden:
- Wissenstypen (Anfänger, Laien, Amateure, Profis - vgl. C. A. Schmitz und B. Kölzer 1996; U. Koppelmann 2001),
- Milieu-Typen (Sinus-Lebenswelten - vgl. die Darstellung in Burda-Verlag, Hrsg., 1991; Milieu-Typen werden von C. A. Schmitz und B. Kölzer 1996 ausführlich beschrieben; eine wissenschaftliche Diskussion dieses Konzepts findet sich bei B. B. Flaig, T. Meyer und J. Ueltzhöffer 1994 sowie P. H. Hartmann 1999),
- die zwölf Lifestyles nach Conrad und Burnett (drei traditionelle, drei gehobene und sechs moderne Lebensstile – vgl. auch T. E. Banning 1987; C. A. Schmitz und B. Kölzer 1996).
- Die Typologie der Wünsche (TdW) enthält für die deutsch sprechende Bevölkerung in Deutschland zahlreiche Angaben zu verschiedenen Einstellungen, zur persönlichen Lebenssituation, zu den Sinus-Milieus, zu Motivationen, zu Familien-Lebenswelten, zu individuellen Lebenswelten und natürlich zum Kauf einzelner Produkte bzw. Marken und zur Nutzung einzelner Betriebsformen (TdW Intermedia GmbH & Co. KG, Hrsg., 2000). In Abbildung 3.7 ist dargestellt, welche individuellen Lebenswelten und welche Familien-Lebenswelten unterschieden werden, wobei auch die Größe der einzelnen Segmente angegeben ist (das Konzept geht zurück auf G. Kleining und H.-G. Prester 1998 und 1999). „Lebenswelt" wird als „Weltverständnis" gefasst, das durch soziales Handeln erzeugt und verändert wird.

Abb. 3.7: Lebenswelten aus der Typologie der Wünsche 2000/01 (Quelle: TdW Intermedia GmbH & Co. KG, Hrsg., 2000, S. 34)

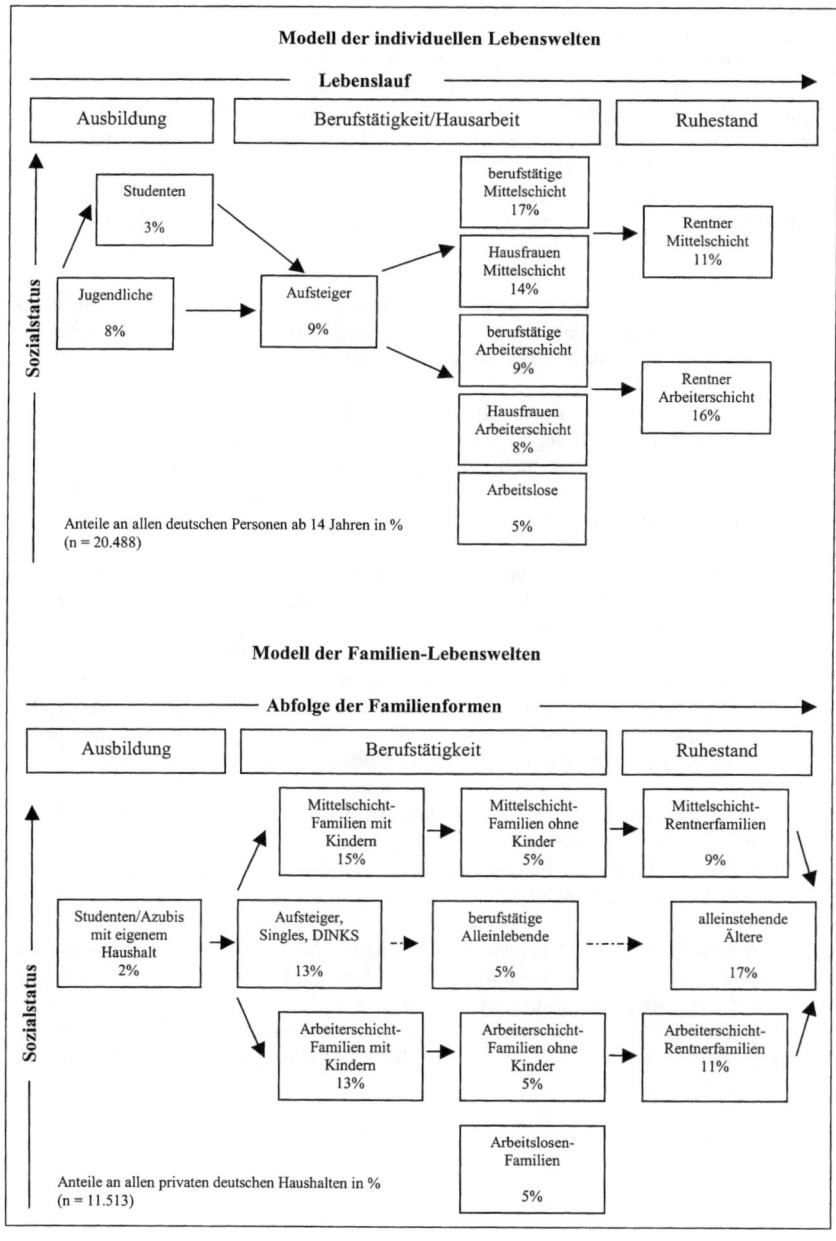

Die durchgezogenen Linien in Abbildung 3.7 geben die gesellschaftlich akzeptierte Reihung der Lebenswelten an.

- **Die Zielgruppenauswahl**

Wenn Informationen vorliegen, in welchem Ausmaß sich die Erwartungen der Nachfrager an eine Handelsunternehmung unterscheiden, also bekannt ist, in welche Segmente der Markt zerfällt, ist zu entscheiden, welche Marktsegmente die Unternehmung als Zielgruppe ansehen will. Die Alternativen lassen sich analog zum Konsumgütermarketing angeben, wo darauf abgestellt wird, welche Kundensegmente angesprochen werden und wie groß die Zahl der angebotenen Leistungsbereiche (Warengruppen) ist; die Leistungsbereiche können dabei weiter in Warensegmente unterteilt werden:

(1) Markt- und Leistungsspezialisierung: Ein ausgewähltes Segment wird in einem relativ eng begrenzten Leistungsbereich angesprochen (es werden z. B. nur Polstermöbel der oberen Qualitätsstufe angeboten).

(2) Marktspezialisierung: Einem ausgewählten Segment von Nachfragern werden unterschiedliche Leistungen angeboten. So ist im Handel mit Einrichtungsgegenständen zu beobachten, dass sich Geschäfte etabliert haben, die einer designorientierten Nachfragerschaft Angebote aus unterschiedlichen Warenbereichen offerieren, z. B. Kleinmöbel, Elektroartikel, Haushaltswaren.

(3) Die vollständige Marktabdeckung: Sie ist sowohl durch die Ansprache unterschiedlicher Nachfragersegmente als auch durch das Angebot zahlreicher Leistungsbereiche gekennzeichnet. Am ausgeprägtesten galt diese Politik für die Warenhäuser, als sie noch von dem Verständnis „Alles unter einem Dach" getragen waren. Inzwischen wird dieser Anspruch nicht mehr aufrecht erhalten. Auch bei den SB-Warenhäusern ist trotz ihrer oft außerordentlich großen Verkaufsfläche zu beobachten, dass sie nicht mehr alle Segmente ansprechen wollen und sich auch in der Auswahl der Leistungsbereiche beschränken.

(4) Die Spezialisierung auf einen Leistungsbereich: Eine solche Konzeption findet man z. B. im Sortimentsbuchhandel, der sich auf Bücher beschränkt, dort aber sowohl den Käufer für Fachliteratur wie auch für Schulbücher, Belletristik oder andere Buchbereiche anspricht.

(5) Die Pick-Strategie: Seit einiger Zeit ist zu beobachten, dass einige Handelsunternehmen sich von dem traditionellen Denken in Spezialisierungsmöglichkeiten lösen und sich Leistungsbereiche herauspicken. Dies findet sich in ausgeprägter Form bei Tchibo, die in ihren Geschäften Waren aus unterschiedlichsten Warenbereichen in einem ständigen Wechsel für unterschiedliche Bevölkerungsgruppen anbieten.

Die einzelnen Alternativen sind auch in Abb. 3.8 grafisch veranschaulicht.

Abb. 3.8: Fünf Muster der Marktabdeckung (Quelle: In Anlehnung an P. Kotler und F. Bliemel 2001, S. 454)

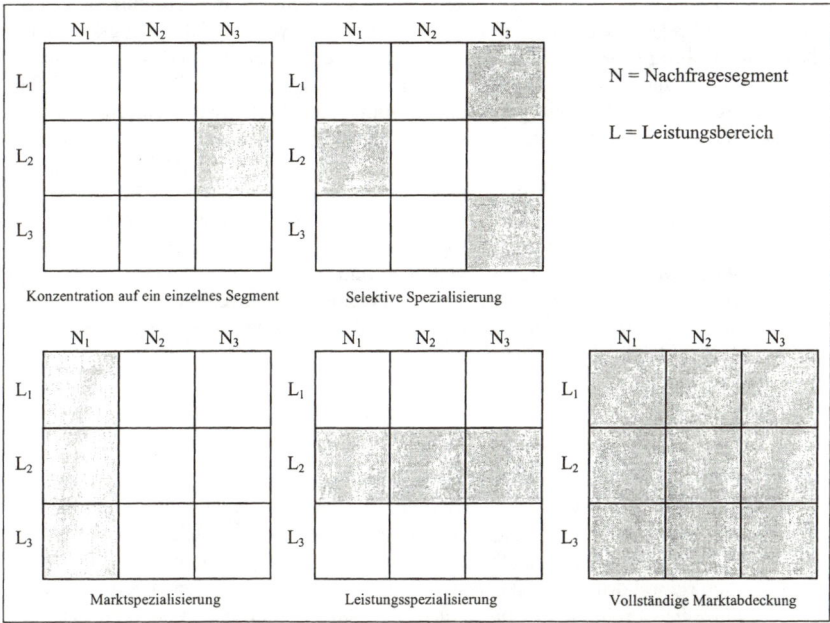

Die Auswahl einer Strategie der Marktabdeckung hat alle wesentlichen Gesichtspunkte zu berücksichtigen. Von besonderer Bedeutung sind hierbei die Präferenzen der Nachfrager. Einige Warenbereiche werden zweckmäßigerweise im Verbund angeboten, weil der Verbraucher ein Interesse an einem gemeinsamen Angebot hat. Für andere Warenbereiche gilt das weniger, z. B. für das gemeinsame Angebot von Möbeln und Bekleidung. Allerdings ist zu beobachten, dass traditionelle Sortimentseinteilungen, die vor allem warenorientiert sind (z. B. Bekleidung, Spielwaren, Bücher, Lebensmittel), an Bedeutung verlieren. So werden Spielwaren natürlich im Spielwarenfachgeschäft angeboten, daneben aber auch in Warenhäusern, Supermärkten, Verbrauchermärkten, an Tankstellen usw. Dies gilt für viele weitere Warenbereiche. Die Zahl der sinnvollen Kombinationen scheint zu steigen. Insofern ist es angezeigt, Überlegungen zur Kombinierbarkeit einzelner Warenbereiche anzustellen. Dabei ist darauf zu achten, dass durch die Kombination unterschiedlicher Warenbereiche die Auswahl nicht so beschränkt wird, dass der Nachfrager die Sortimentstiefe als unzureichend ansieht. Bei beschränkten Raumkapazitäten ist diese Gefahr groß. Generell ist festzustellen, dass bei dem stetig wachsenden Angebot der Industrie an Produktvarianten und Produktneuerungen sowie starkem Wettbewerb der Handelsunternehmungen die Anforderungen an eine nachfragergerechte Auswahl steigen. Insofern ist die Bedeutung der Sortimentstiefe als absatzpolitisches Instrument gestiegen.

Die Spezialisierung auf einen Leistungsbereich oder sogar ein Leistungs- und Kundensegment kann Vorteile eröffnen. Die Unternehmung kann bei den Nachfragern aus dem jeweiligen Segment Präferenzen schaffen, indem sie ein Angebot offeriert, das bedürfnisgerechter als das anderer Anbieter angesehen wird, und sie kann die notwendigen Prozesse kostengünstiger gestalten. Die Zahl der Lieferanten, zu denen Geschäftsbeziehungen unterhalten werden, ist überschaubarer, die Konkurrenzanalyse kann sich auf relativ wenige Anbieter beschränken usw. Spezialisierungsstrategien eröffnen also häufig sowohl Präferenzvorteile beim Nachfrager als auch Kostenvorteile. Allerdings kann auch die Bearbeitung mehrerer Marktfelder Vorteile eröffnen. Dabei wird von Economies of Scope gesprochen, womit jene Wettbewerbsvorteile gemeint sind, die sich durch die Abgrenzung des Geschäftsfeldes ergeben. Kenntnisse aus der Marktforschung, seien sie nun kunden- oder lieferantengerichtet, Erfahrungen in der Ladengestaltung, Verbundkäufe der Kunden usw. können es geraten erscheinen lassen, von der Bearbeitung einzelner Segmente zur Bearbeitung mehrerer Segmente überzugehen. So stellt sich die Positionierung zwischen den Polen der reinen Spezialisierung und der totalen Marktabdeckung als wichtiges und gleichzeitig schwieriges Problem dar, bei dem kundengerichtete, lieferantengerichtete und konkurrenzgerichtete Gesichtspunkte beachtet werden müssen und die Auswirkungen auf die Kosten- und Erlössituation oft nicht leicht abzuschätzen sind.

3.1.2 Die Ansoff-Matrix

Im Produktmarketing ist eine Systematisierung von strategischen Handlungsalternativen sehr bekannt geworden, die ursprünglich von Ansoff zusammengestellt worden ist (vgl. H. I. Ansoff 1957 und 1966). Ansoff unterscheidet vier Handlungsbereiche:

(1) Die Marktdurchdringung: Die Unternehmung bemüht sich, den Absatz des oder der einzelnen Produkte des bisherigen Vertriebsprogrammes zu steigern. Hierfür kommen Maßnahmen in Frage, die für das Produkt neue Verwendungsmöglichkeiten erschließen, die auf einen erhöhten Verbrauch durch die Nachfrager zielen oder die zu Lasten der Konkurrenz gehen. Kennzeichen einer solchen Politik ist, dass die Maßnahmen auf die bisherigen Nachfrager („alte Märkte") ausgerichtet sind.

(2) Die Produktentwicklung: Auch hier zielen die Maßnahmen auf die bisherigen Abnehmer. Ihnen werden jetzt jedoch nicht nur die bisherigen Produkte angeboten, sondern auch neu entwickelte.

(3) Die Marktentwicklung: Hier richten sich die Bemühungen darauf, das traditionelle Produktions- bzw. Vertriebsprogramm an neue Abnehmer (neue Zielgruppen, neue Verkaufsgebiete) abzusetzen.

(4) Die Diversifikation: Bei einer Strategie der Diversifikation engagiert sich die Unternehmung auf neuen Feldern, die in horizontaler Sicht die traditionelle Produktpalette erweitern und an neue Kundenkreise gerichtet sind, die sich aber in vertikaler Sicht auch auf vorgelagerte oder nachgelagerte Wirtschaftsstufen beziehen können.

Zwar wirft das Schema von Ansoff einige Abgrenzungsschwierigkeiten auf (den Neuigkeitsgrad von Produkt und Markt betreffend), insgesamt können aus den vier Feldern dieses Schemas jedoch zahlreiche strategische Optionen abgeleitet werden. Seine Verwendung im Handel erfordert jedoch, dass die Produktdimension angepasst wird; für den Handel empfiehlt es sich, statt von Produkten von Leistungen zu sprechen (vgl. D. Knee und D. Walters 1985, S. 11). Abbildung 3.9 zeigt, wie die Ansoff-Matrix auf Gegebenheiten im Handel übertragen werden kann.

Abb. 3.9: Anpassung der Produkt-Markt-Matrix an die Gegebenheiten im Handel

	Bisherige Kunden/ Kundensegmente	Neue Kunden (-segmente) in bisherigen Regionen	Neue Kunden (-segmente) in neuen Regionen
Altes Sortiment	Marktdurchdringung	Markterweiterung (bez. auf Segmente)	Markterweiterung (regional)
Sortimentserweiterung	Leistungserweiterung	Diversifikation	Diversifikation
Nicht selbstständige Dienstleistungen	Neuer Service	Diversifikation	Diversifikation
Selbstständige Dienstleistungen	Neue Dienstleistungen	Diversifikation	Diversifikation

Zu den Marktdurchdringungsstrategien zählen alle Maßnahmen, die zu einem erhöhten Absatz der im Sortiment geführten Artikel oder Dienstleistungen im bisherigen Verkaufsgebiet führen (vgl. B. Dobler und S. Jacobs 1989, S. 6). Dazu zählt neben Ladenerneuerungsmaßnahmen der Einsatz aller absatzpolitischen Instrumente, also z. B. auch preispolitischer Maßnahmen oder die Aufnahme eines Zustelldienstes (wobei allerdings auch deutlich wird, dass hier die Grenze zur Entwicklung neuer Leistungen schnell überschritten sein kann). Oft geht mit einer solchen Politik die Definition differenzierter Markt- bzw. Zielgruppensegmente einher.

Neue Leistungen erfassen im Handel sowohl neue Sortimente als auch die Gestaltung der Angebotsmodalitäten, wobei noch einmal danach unterschieden werden kann, ob es sich um selbstständige Dienstleistungen handelt, für die ein Entgelt angesetzt wird, oder um nicht selbstständige Dienstleistungen, mit denen der Warenabsatz erleichtert werden soll. Die Änderungen können so weitreichend sein, dass ein Wandel der Betriebsform vorliegt.
Der Fall, dass mit dem bisherigen Leistungsprogramm in neue Märkte eingetreten wird, äußert sich im Handel in der Ausdehnung des Marktgebietes. So kann aus einem regionalen Anbieter ein überregionaler oder nationaler Anbieter werden, aus einem nationalen ein internationaler oder sogar ein globaler. Die Ansprache neuer Zielgruppen erfordert dagegen meistens eine Modifikation des Leistungsangebotes, so dass hier eher der Fall der Diversifikation vorliegt (z. B. Verkauf von Schreib- und Bürowaren nicht nur an private Haushalte, sondern über ein Zustellgeschäft auch an gewerbliche Organisationen).
Treten die neuen Leistungen zu den alten Leistungen hinzu (also z. B. Fachmärkte zu den Warenhäusern, Discountgeschäfte zu den Fachgeschäften, die dauerhafte Erweiterung von Sortimenten), kann von Diversifikation gesprochen werden, wenn hierdurch neue Segmente angesprochen werden. Dabei ist denkbar, dass sogar die bisherige Wirtschaftsstufe verlassen wird, indem in den Großhandel oder in den Bereich der Industrie eingetreten wird.

3.1.3 Marktanalyse mit Hilfe des Abell-Schemas

Abell hat zur Bestimmung des Tätigkeitsbereiches („business") ein dreidimensionales Beschreibungsschema entwickelt. Er geht von der Annahme aus, dass es unzureichend sei, Betätigungsfelder nur durch die Angabe von Produkten (Objekten) auf der einen Seite und Märkten auf der anderen Seite abzugrenzen und unterteilt daher in Abnehmerdimensionen (Zielgruppen), Bedürfnisarten und verwendete Technologien (Abell unterscheidet zwischen Abnehmergruppen, Abnehmerfunktionen und Technologien; vgl. D. F Abell 1980, S. 17. Erläuterungen zum Abell-Schema finden sich auch bei U. Hansen 1990, S. 555 und R. Köhler 1993, S. 25f.).

(1) Abnehmerdimension (Zielgruppen)
Eine Unterteilung der Abnehmer ist gleichbedeutend mit der Marktsegmentierung und umfasst somit die Bestimmung bzw. Abgrenzung von Marktsegmenten anhand nachfrage-(kauf)-relevanter Kriterien.
Bekanntlich gibt es zahlreiche Merkmale, anhand derer Nachfragergruppen unterschieden werden können, z. B.
- nach dem institutionellen Status: private Haushalte, Unternehmungen, nicht erwerbswirtschaftliche Organisationen,
- nach dem sozioökonomischen Status: z. B. des Alters der Verbraucher, die Branchenzugehörigkeit bei institutionellen Abnehmern,
- nach psychografischen Merkmalen: z. B. nach dem vorrangigen Bedürfnis (eher eine Hinwendung zur Preisorientierung oder zum Marken- oder Qualitätsbewusstsein),
- nach beobachtbaren Verhaltensweisen: z. B. Nichtverwender, seltene, häufige Verwender.
Das Abell-Schema liefert keine unmittelbaren Hinweise, wie die Märkte in einer bestimmten Situation segmentiert werden sollen oder welche Segmente eine Unternehmung zu Zielgruppen erklären sollte, es will jedoch zur differenzierten Sicht auf heterogene Nachfragestrukturen anregen.

(2) Art der anstehenden Bedürfnisse bzw. Funktionen
Nachfragergruppen können unterschiedliche Bedürfnisse aufweisen, denen eine anbietende Unternehmung mit einzelnen Funktionen entsprechen kann. Informieren über vorhandene Angebote, Verfügbarmachen der entsprechenden Waren, Zustellung, Wartung und Reparatur sind Beispiele. Zwar beschränken sich viele Verkaufsstellen des Einzelhandels darauf, den Nachfragern die Möglichkeit zu eröffnen, einzelne Waren direkt erwerben zu können, dies darf aber nicht den Blick darauf verstellen, dass die Funktionsübernahme des Handels in bestimmten Fällen ausgedehnt werden kann.

(3) Technologien
Für die gegenüber den einzelnen Zielgruppen zu erbringenden Funktionen können in vielen Fällen unterschiedliche Technologien in Frage kommen, wie die folgenden Beispiele verdeutlichen:
- Technologie der Information über das Angebot: Ausstellung, traditionelle Kataloge, elektronische Medien,
- Technologie der Beratung: persönlich, durch entsprechende Ladengestaltung, Medien,
- Technologie der Zustellung: Selbstabholung, Anlieferung.

Das dreidimensionale Raster unterstützt die strategische Betriebstypenplanung, da die Suche nach neuen Betriebstypen-Konzepten strukturiert wird. Hierzu liefern neue Ausprägungen auf den Achsen oder neue Kombinationen bereits belegter Achsenausprägungen vielfältige Ansatzpunkte (vgl. G. Müller-Stewens 1990, S. 77). Durch das zunächst bewusst grob gehaltene Raster bleibt auch Raum für unkonventionelle Zukunftsüberlegungen. Das Abell-Schema stellt somit eine stufenweise zu vertiefende Denkhilfe dar, die kreative Ausgestaltungsüberlegungen zu einer Betriebstypenplanung anregt.

Entscheidend für den Erfolg eines Betriebstypen-Konzepts dürfte die vom Nachfrager als wichtig wahrgenommene Variation eines beliebigen Parameters der drei Dimensionen angesehen werden. Bei Um- oder Neupositionierungen von Betriebstypen bedarf es daher einer Berücksichtigung der Wirkung des Betriebstyps auf den Nachfrager (= „Outside-in-Perspektive" - Heinemann 1989). Das Abell-Schema hilft, Handlungsmöglichkeiten zu erkennen, die dann allerdings in einer Folgeanalyse noch zu bewerten sind.

3.1.4 Die Wertkette als Instrument der Strategischen Analyse

Die Wertkette ist ein Denkansatz zur Suche und Sicherung nachhaltiger Wettbewerbsvorteile für das Unternehmen. Das Konzept der Wertkette ist auf M. E. Porter zurückzuführen (vgl. M. E. Porter 1999; 2000) und wurde u. a. von W. Esser (1989) auf den Handel angewendet. Kennzeichen erfolgreicher Unternehmen ist die Erzielung nachhaltiger Wettbewerbsvorteile aus Sicht ihrer Kunden. Wettbewerbsvorteile entstehen im Wesentlichen aus dem Wert, den ein Unternehmen für seine Abnehmer schaffen kann, soweit dieser die Kosten der Wertschöpfung für das Unternehmen übersteigt.

Wettbewerbsvorteile können aus vielen einzelnen Teilaktivitäten (Wertaktivitäten) erwachsen, wie z. B. der Beschaffung, der Logistik oder der Informationstechnologie. Folgende Fragen hilft das Instrument der Wertkette zu beantworten:

(1) In welchen Aktivitäten der Leistungserstellung sind Wettbewerbsvorteile zu erlangen?

(2) Kann das eigene Leistungssystem besser auf die Systeme der Leistungserstellung vor- und nachgelagerter Marktstufen (Lieferanten, Großhändler und Kunden) abgestimmt werden?

Die Wertkette des einzelnen Unternehmens ist in ein System vor- und nachgelagerter Wertketten der Lieferanten, Großhändler und Abnehmer eingebettet. Gemeinsam bilden diese Wertketten das Wertschöpfungssystem innerhalb einer Branche bzw. eines Marktes.

Bei der Wertkette handelt es sich um ein Instrument der strategischen Analyse zur Suche von Wettbewerbsvorteilen (Kostenvorteile/Differenzierung) in einzelnen Aktivitäten (Prozessen) der Unternehmenstätigkeit. Eine Wertkette gliedert die Aktivitäten und Prozesse der unternehmerischen Leistungserstellung in jene strategisch relevanten Tätigkeiten (Wertaktivitäten), die Kosten- oder Differenzierungsvorteile gegenüber den Wettbewerbern bieten oder die an Dritte übertragen werden können (Outsourcing). Neben den primären Aktivitäten, die sich auf Prozesse beziehen, die die

Ware betreffen (Einkauf, Logistik, Verkauf), können auch die unterstützenden Aktivitäten (z. B. Personalwirtschaft, Unternehmensinfrastruktur, Technologien, Führungs- und Informationssysteme) Gegenstand strategischer Überlegungen sein. Abbildung 3.10 zeigt eine Auflistung von einzelnen Prozessen, denen in der Handelsunternehmung oft besondere Bedeutung zukommt. Jeder Prozess ist durch Input und Output gekennzeichnet. Für jeden Prozess lassen sich Überlegungen anstellen, ob er selbst durchgeführt werden soll oder ob er in die Hände von Dritten gelegt werden soll; so ist häufig zu beobachten, dass logistische Aufgaben entsprechenden Dienstleistern übertragen werden. Einzelne Prozesse können auch Gegenstand von Benchmark-Analysen sein, vor allen Dingen sollen sie aber im Hinblick auf die Frage, inwieweit über sie Kosten- oder Differenzierungsvorteile erlangt werden können, betrachtet werden.

Abb. 3.10: Prozesskette für ein Handelsunternehmen

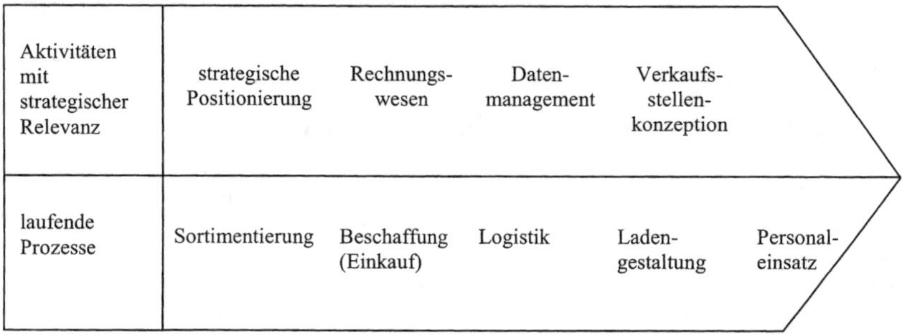

Aktivitäten mit strategischer Relevanz	strategische Positionierung	Rechnungs-wesen	Daten-management	Verkaufs-stellen-konzeption	
laufende Prozesse	Sortimentierung	Beschaffung (Einkauf)	Logistik	Laden-gestaltung	Personal-einsatz

Das in Abb. 3.11 dargestellte Beispiel weist zwar mehrere Mängel auf (die Herstellung von Möbeln und die Beschaffung des hierfür benötigten Rohmaterials gehören meistens nicht zu den Aktivitäten eines herkömmlichen Möbelhändlers, die Lieferzeit stellt keine Aktivität dar), aber dennoch wird z. B. deutlich, dass sich IKEA durch eine neuartige Gestaltung der Montage und des Transports von anderen Anbietern unterscheidet.

Auch Abbildung 3.12 soll diesen Gedanken, dass die Suche nach Kostenvorteilen und Differenzierungsmöglichkeiten in verschiedenen Unternehmensbereichen ansetzen kann, verdeutlichen.

Je nach Branche können die Wertaktivitäten für die Erlangung und Sicherung nachhaltiger Wettbewerbsvorteile von unterschiedlicher Bedeutung sein. Demzufolge ist eine branchentypische Wertkette adäquat zu definieren, zu analysieren und zu vergleichen.

Abb. 3.11: Beispiel für Wertketten bei unterschiedlichen Grundstrategien (Quelle: W. Esser 1989, S. 199)

Primäre Aktivitäten	Beschaffung von Rohmaterial	Herstellung	Montage	Transport	Showroom	Lieferzeit	Anlieferung
Herkömmliche Möbelanbieter	Je nach Material: Geringe bis hohe Kosten	Kleine Mengen: Hohe Kosten	Arbeitsintensiv: Hohe Kosten	Hohe Kosten	Zentrale Lage: Hohe Kosten	Kleines Lager: Lang	Hohe Kosten
IKEA	Geringe Kosten	Große Mengen: Geringe Kosten	Durch Kunden: Keine Kosten	Kompakt zerlegt: Geringe Kosten	Außerhalb: Geringe Kosten	Großes Lager: Kurz	Abholung durch Kunden: Keine Kosten

Abb. 3.12: Potenzielle Ansatzpunkte zur Strategiebestimmung im Handelsunternehmen (Quelle: In Anlehnung an J. McGee 1987, S. 98)

Bei der Definition einer Wertkette können die primären und unterstützenden Aktivitäten in weitere Unteraktivitäten unterteilt werden. Das Ausmaß der Aufgliederung ist abhängig vom
- wirtschaftlichen Zusammenhang der Aktivitäten,
- dem Differenzierungspotenzial der Aktivitäten,
- und dem ansteigenden Kostenanteil bei Abgrenzung einzelner Aktivitäten.

Die Ableitung einer unternehmensspezifischen Wertkette gestaltet sich in mehreren Schritten. Im ersten Schritt erweist es sich häufig als zweckmäßig, sich an der aufbau- und ablauforganisatorischen Gestaltung des Unternehmens zu orientieren. Geschäftsbereiche, Hauptabteilungen und Abteilungen eines Unternehmens spiegeln dabei die einzelnen Leistungsbereiche und ihre Bedeutung für die damit zusammenhängenden Wertaktivitäten im Unternehmen wider. Zur Definition der Wertkette empfiehlt es sich zunächst, die primären Aktivitäten zu unterteilen und schematisch darzustellen, wobei der Grundsatz „Vollständigkeit vor Detailliertheit" gilt.

Im zweiten Schritt ist die gegenwärtige Schwerpunktbildung herauszuarbeiten. Je nach Informationsbasis und Rechenaufwand kann ein Unternehmen hierzu einen qualitativen oder quantitativen Ansatz wählen. Bei einem mehr qualitativen Ansatz wird die

65

Bedeutung einzelner Glieder der Wertkette beispielsweise durch den Grad an Aufmerksamkeit im Unternehmen (wie Bindung von Managementkapazität) gemessen. Bei einem mehr quantitativen Ansatz wird der relative Anteil der einzelnen Wertaktivitäten am gesamten Ressourcenbedarf bzw. an der Wertschöpfung des Unternehmens ermittelt. Voraussetzung hierfür sind Informationen über Ressourcenverzehr und Leistungen der einzelnen Glieder der Wertkette sowie ihre Aufbereitung zu Kennzahlen. Die Definition und Beurteilung der einzelnen Kategorien der Wertkette entspricht dabei einer Rekonstruktion der bisherigen strategischen Ausrichtung des jeweiligen Unternehmens.

Im dritten Schritt ist die Struktur der Wertketten der Wettbewerber zu rekonstruieren. Hierdurch erhält man strategische Hinweise darauf, durch welche eigenen Wertaktivitäten man sich vom Wettbewerb abheben kann. Auch wenn sich die Datenbeschaffung als problematisch erweist, ist dieser Schritt zur Suche und Sicherung von eigenen dauerhaften Wettbewerbsvorteilen notwendig. Die Art und Weise, wie konkurrierende Unternehmen die Aktivitäten der Leistungserstellung innerhalb ihrer Wertketten verknüpfen, entscheidet über mögliche Wettbewerbsvorteile bzw. -nachteile. Bei einer Strategie des Kostenvorsprungs steht das Kostenverhalten der einzelnen Wertaktivitäten im Vordergrund und bei einer Differenzierungsstrategie sind es die Leistungsmerkmale zur Unterscheidung vom Wettbewerb. Hieraus resultieren je nach Grundstrategie unterschiedliche Gewichte und Gestaltungsformen der einzelnen Aktivitäten innerhalb der Wertketten.

Entscheidend für den Erfolg bei der Suche nach Wettbewerbsvorteilen ist die Abstimmung der eigenen Wertkette mit den Anforderungen der Abnehmer. Hierzu sind die einzelnen Kaufkriterien der Kunden und ihre Rangfolge im definierten Marktgebiet zu ermitteln. Um die einzelnen Kaufkriterien mit der eigenen Wertkette abzugleichen, sind diese einander gegenüberzustellen, d. h. man stimmt die eigene Wertkette mit den Anforderungen der Abnehmer ab. Hieraus lässt sich unmittelbar der strategische Handlungsbedarf ableiten.

Ob ein Unternehmen in der eigenen Wertkette die strategisch erfolgreichen Schwerpunkte setzt, hängt eng mit der Beziehung des eigenen Unternehmens zu den vor- und nachgelagerter Wertketten zusammen, so dass eine optimale Abstimmung der eigenen Wertkette eine Einbeziehung der Markt- und Wertschöpfungsstufen der Branche erfordert. In diesem Sinne kann die eigene Marktposition durch strategische Kooperationen und Allianzen gestärkt werden, indem die eigene Leistungserstellung besser auf die vor- oder nachgelagerten Wertschöpfungsstufen abgestimmt wird (vertikaler Leistungsverbund).

3.1.5 Die Bewertung und Auswahl strategischer Alternativen

Die Bewertung und Auswahl strategischer Alternativen ist mit besonderen Schwierigkeiten verbunden, da nicht wie bei vielen operativen Planungsproblemen auf einfache Wirkungsfunktionen zurückgegriffen werden kann. So sind bei der Bewertung einer strategischen Handlungsalternative häufig eine Vielzahl qualitativer und quantitativer Kriterien zu berücksichtigen. Da mit der strategischen Positionierung auch das relevante

Wettbewerbsumfeld festgelegt wird, können solche Kriterien beispielsweise unter Rückgriff auf Porters Branchenstrukturanalyse die folgenden Bereiche betreffen (vgl. auch M. E. Porter 1999):

(1) Existieren Eintrittsbarrieren? Diese können bei einer Kostenführerschaftsstrategie beispielsweise in der Notwendigkeit bestimmter Einkaufsvolumina, bei einer Differenzierungsstrategie in Imagefaktoren liegen.

(2) Wie stark ist die Rivalität unter den bestehenden Wettbewerben? Geht es darum, Marktsegmente auszuwählen, kann die Rivalität in Marktnischen geringer sein als auf dem Massenmarkt.

(3) Droht das Auftauchen von Ersatzsortimenten, -diensten oder neuen Betriebsformen? Besteht im Markt die Tendenz, dass zentrale Differenzierungskriterien durch andere substituiert werden (z. B. Beratungs-qualität durch multimediale Informationssysteme)?

(4) Wie stark ist die Verhandlungsposition der Lieferanten? Diese ist beispielsweise bei einer Kostenführerschaftsstrategie im Hinblick auf Konditionenverhandlungen von Bedeutung, bei Differenzierungsstrategien kann die Frage im Vordergrund stehen, inwieweit die Möglichkeit besteht, mit bestimmten imagebildenden Marken beliefert zu werden.

(5) Wie stark ist die Verhandlungsstärke der Abnehmer? Von dieser hängt es ab, welche Margen erzielt werden können. Häufig ist die Verhandlungsposition besonders auf Massenmärkten stark, da hier standardisierte Handelsleistungen angeboten werden (z. B. im Lebensmittelhandel). In Marktnischen sind dagegen eher hohe Margen zu erzielen, da hier weniger Ausweichmöglichkeiten auf andere Anbieter bestehen.

Insgesamt sind bei der Bewertung einer Strategie möglichst alle relevanten kosten- und erlösbestimmenden Einflussfaktoren zu berücksichtigen. Besondere Bedeutung kommt dabei auch der Frage zu, inwieweit das strategische Konzept auf sog. Erfolgsfaktoren zugeschnitten ist, die mit Hilfe der Erfolgsfaktorenforschung gewonnen werden (vgl. hierzu z. B. L. Hildebrandt 1986; L. Hildebrandt und V. Trommsdorff 1989; P.-J. Patt 1987; H. Schröder 1994; R. Kalka 1996). In der Erfolgsfaktorenforschung wird versucht, jene Elemente zu isolieren, die besonders erfolgreiche Unternehmen von weniger erfolgreichen unterscheiden. Das deuten die Titel folgender Studien an:

- Erfolgsforschung im Bekleidungseinzelhandel (M. Eickhoff 1997),
- Erfolgsdeterminanten im Einzelhandel (P. Wahle 1991),
- Erfolgsfaktoren in Filialsystemen (C. Kube 1991).

Die Erfolgsfaktoren werden im Einsatz der absatzpolitischen Instrumente gesucht, zum Teil aber auch in allgemeineren Faktoren, wie z. B. der Managementqualität oder der Kreativität. Als wichtig hat sich erwiesen, die jeweiligen Hypothesen hinreichend zu begründen, die benötigten Daten valide und reliabel zu erheben und geeignete Auswertungsverfahren zu verwenden.

Die Bewertung der in Frage kommenden Strategien kann auf der Basis eines **Scoring-Modells** erfolgen. Hierzu werden die Ausprägungen der einzelnen Kriterien ermittelt und mit Hilfe einer Ratingskala bewertet. Die sich hierbei ergebenden Punktwerte werden mit Gewichtungsfaktoren versehen und können anschließend zu einem Gesamtscore zusammengefasst werden. Scoring-Modelle haben den Vorteil, dass sie eine Vielzahl unterschiedlicher qualitativer und quantitativer Informationen zur Entscheidungsfindung heranziehen, das Entscheidungsergebnis aber dennoch transparent und nachvollziehbar bleibt. Probleme von Scoring Modellen liegen insbesondere in subjektiven Elementen bei der Bewertung und Gewichtung der Kriterien sowie in der kompensatorischen Verknüpfungsregel, die k. o.-Kriterien ausschließt.

3.2 Die Wahl der Betriebsform

Durch die Betriebsform (den Betriebstyp) wird das Erscheinungsbild eines Handelsbetriebes gegenüber den Nachfragern in wesentlichen Dimensionen geprägt. Im Groß- und Einzelhandel sowie bei den Handelsvermittlungen sind vielfältige Betriebsformen entstanden. Mit der Entscheidung für eine bestimmte Betriebsform wird die Akzeptanz einer Handelsunternehmung am Absatzmarkt und in der Folge ihr Erfolg wesentlich beeinflusst. Insofern kann von einer strategischen Entscheidung gesprochen werden. Oft konnte beobachtet werden, dass jene Unternehmer, denen es gelungen war, Betriebsformen zu entwickeln, die besonders gut den Anforderungen des Marktes entsprachen, den Grundstein für große Handelsunternehmungen gelegt haben. Das gilt beispielsweise
- für die Gründung der Warenhäuser durch Leonhard Tietz (Kaufhof), Rudolph Karstadt und Theodor Althoff in den Jahren um 1880,
- für die Einführung von Lebensmitteldiscountgeschäften durch die Brüder Albrecht (ALDI) um 1960,
- für die Etablierung von Abholmärkten (Cash-and-Carry) durch Otto Beisheim (Metro),
- für Electronic Commerce, in das insbesondere durch Jeff Bezos große Kapitalbeträge investiert worden sind (Amazon).
Die Beispiele zeigen, dass das Phänomen „Betriebsformen im Handel" auch eine wirtschaftshistorische Dimension hat (zur Geschichte des Handels vgl. z. B. P. Deutsch 1968; R. Nieschlag und G. Kuhn 1980; E. Dichtl und M. Lingenfelder, Hrsg., 1999). Insbesondere in den letzten 150 Jahren hat sich das System der Betriebsformen im Handel sehr ausdifferenziert. Neue Betriebsformen entstehen fortlaufend, erkämpfen sich eine bestimmte Marktposition, einige verlieren an Bedeutung. Diese Entwicklungen werden manchmal als „Wheel of Retailing" bezeichnet, Nieschlag hat von dem Gesetz von der Dynamik der Betriebsformen gesprochen. Die Beispiele machen aber auch deutlich, welche Durchschlagskraft innovativen Konzepten zukommen kann.

Im Folgenden wird ein kurzer Überblick über bedeutende Betriebsformen gegeben. Vor allen Dingen wird aber ein Denkrahmen vorgestellt, mit dessen Hilfe es möglich ist, die Attraktivität einzelner Betriebsformen zu beurteilen. Dabei kommt auch der (verhaltenswissenschaftlichen) Frage, wie Nachfrager ihre Einkaufsstätte auswählen, große Bedeutung zu.

3.2.1 Ein Denkrahmen zur Beurteilung der Vorteilhaftigkeit einzelner Betriebsformen

Nach dem Grundmodell der Entscheidungstheorie gilt es jeweils,
- verschiedene Handlungsmöglichkeiten zu erkennen,
- die Ziele festzulegen, an denen die Maßnahmen beurteilt werden sollen und

- zu prognostizieren, wie sich jene Bestimmungsfaktoren entwickeln und auswirken, die neben den betrachteten Aktionsparametern die Zielerreichung beeinflussen (Umweltvariablen).

Die Frage nach den Handlungsmöglichkeiten beantwortet sich im vorliegenden Zusammenhang zunächst leicht, indem auf die verschiedenen Betriebsformen im Handel verwiesen wird. Unter einer Betriebsform sei das Erscheinungsbild der Handelsbetriebe in ihrem Absatzmarkt verstanden, so wie es sich im Einsatz der absatzpolitischen Instrumente äußert. Zu einer Betriebsform werden mithin alle Handelsbetriebe gezählt, die sich im Einsatz ihrer absatzpolitischen Instrumente relativ stark ähneln und sich so relativ deutlich von anderen Handelsbetrieben abheben. In Abbildung 3.13 sind jene Betriebsformen aufgelistet, die auch von dem Ausschuss für Begriffsdefinitionen aus der Handels- und Absatzwirtschaft (1995) im sog. Katalog E definiert worden sind.

Abb. 3.13: Betriebsformen im Handel

im Großhandel und in der Handelsvertretung:	im Einzelhandel:
- die Sortimentsgroßhandlung,	- das Fachgeschäft,
- die Spezialgroßhandlung,	- das Gemischtwarengeschäft,
- die Zustellgroßhandlung,	- das Warenhaus,
- die Versandgroßhandlung,	- das Gemeinschaftswarenhaus,
- der Cash-and-Carry-Betrieb,	- das Kaufhaus,
- der Rack Jobber,	- das Spezialgeschäft,
- die Großhandlung im Rahmen einer	- die Boutique,
freiwilligen Kette,	- der Versandhandel,
- der Aufkaufgroßhandel,	- das Diskontgeschäft,
- der Handelsvertreter,	- der Supermarkt,
- das Handelsvertreterzentrum,	- der Verbrauchermarkt,
- das Werkshandelsunternehmen,	- das Selbstbedienungswarenhaus,
- der Streckengroßhandel,	- der Katalogschauraum,
- die Exportgroßhandlung,	- der Automatenverkauf,
- die Importgroßhandlung,	- der Duty-Free-Shop,
- die Transitgroßhandlung,	- der Nachbarschaftsladen,
- die Einkaufsverbundgroßhandlung,	- der Convenience Store,
- der Konsumgütergroßhandel,	- der Drugstore,
- der Produktionsgütergroßhandel	- der Fachmarkt,
(Produktionsverbindungshandel),	- das Teleshopping,
- die Werkhandelsunternehmung,	- der Off-Price-Store,
- Zentralen von Verbundgruppen,	- die Factory-Outlets
- die elektronischen Marktplätze.	(Fabrikverkaufsläden),
	- der Handwerkshandel,
	- der Sammelbesteller,
	- der Drive-in-Store,
	- E-Commerce,
	- der ambulante Handel.

Betriebsformen werden unter **Bezug auf wechselnde Merkmale** definiert. Teilweise wird das durch die Bezeichnung schon angedeutet. So unterscheidet sich der Sortimentsgroßhandel vom Spezialgroßhandel in Sortimentsbreite und -tiefe; der Sortimentsgroßhandel deckt weitgehend den gesamten Bedarf seiner Kunden (z. B. im Malergroßhandel), der Spezialgroßhandel hat sich auf bestimmte Warenbereiche spezialisiert (z. B. Getränkegroßhandel). Bei den Betriebsformen des Einzelhandels wird besonders häufig auf folgende Merkmale zurückgegriffen:

- die Art des Standortes (City, Wohngebiet, Stadtrand, außerhalb),
- die Größe der Verkaufsfläche,
- die Größe und Zusammensetzung des Sortiments,
- die Art des Kundenkontaktes (unpersönlich, persönlich),
- die Art der Preisstellung (z. B. mittleres Preisniveau, diskontierend).

Wie deutlich wird, handelt es sich jeweils um Kennzeichen der Geschäftspolitik. Die Wahl einer Betriebsform ist also gleichbedeutend mit der Fixierung eines Bündels von Aktionsparametern, wobei vor allem auf jene Merkmale zurückgegriffen wird, die die für den Kunden erkennbare Art der Marktbearbeitung aufgreifen.

Die in Theorie und Praxis verwendeten Definitionen können voneinander abweichen, weil auf unterschiedliche Merkmale Bezug genommen wird oder weil die Grenzen in einem einzelnen Merkmal bei unterschiedlichen Werten fixiert werden (z. B. 400, 500 oder 600 qm Verkaufsfläche als Untergrenze für einen Supermarkt). Der unterschiedlichen Begriffsverwendung will die sog. Katalogkommission mit den von ihr formulierten Definitionen entgegenwirken; sie hat in dem **Katalog E** Definitionen von Betriebsformen und anderen Begriffen aus der Handels- und Absatzwirtschaft niedergelegt (vgl. Ausschuss für Begriffsdefinitionen, Hrsg., 1995).

Alternative Definitionen setzen nicht an den objektiven Gegebenheiten, sondern an den Wahrnehmungen der Kunden an und orientieren sich an der Sichtweise und den Klassifikationen der Nachfrager. So könnte es beispielsweise sein, dass Konsumenten von Billigläden oder Exklusivgeschäften reden. Dabei könnten auch die Nutzenkategorien, die der Kunde durch die betreffenden Geschäfte vorwiegend befriedigt sieht, als konstituierende Merkmale verwendet werden. Dieser Ansatz soll hier jedoch nicht aufgegriffen werden. Auch soll nicht dem Sprachgebrauch gefolgt werden, mit dem Begriff „Betriebsform" die Stellung eines Handelsbetriebes in der Distributionskette zwischen Urerzeugung und Konsument (also Großhandelsbetriebe kollektivierender und distribuierender Art, Außenhandels- und Einzelhandelsbetriebe) anzugeben (so K. Barth 1999, S. 44). Mit „Betriebsform" soll auch nicht die organisatorische Einbindung in ein größeres System oder einen Verbund gemeint sein. So unterteilte das Ifo-Institut in die genossenschaftlichen Einkaufsverbände bzw. Verbundgruppen, die freiwilligen Ketten, den nichtorganisierten Einzelhandel usw. und bezeichnete diese Formen als „Betriebsformen". Jede dieser Organisationen kann unterschiedliche Betriebsformen im hier gemeinten Sinn betreiben (z. B. Fachgeschäfte, Verbrauchermärkte usw.), so dass es notwendig ist, das Marktbearbeitungskonzept von der organisatorischen Einbindung (dem sog. Handelssystem) deutlich zu trennen.

Da mit allen Definitionen von Betriebsformen doch immer nur ein mehr oder weniger präziser Rahmen der Geschäftspolitik abgesteckt wird, besteht das Bedürfnis, auch für detaillierte Ladenkonzepte einen Begriff verfügbar zu haben. Es soll deswegen von „**Betriebstyp**" gesprochen werden, wenn innerhalb einer Betriebsform eine bestimmte Spielart entwickelt wird. Solche Konzepte, in denen vor allem Ladenbau, Sortimente und Erscheinungsbild sehr detailliert ausgearbeitet und aufeinander abgestimmt werden, wurden von zahlreichen Organisationen entwickelt, insbesondere bemühen sich die Verbundgruppen hierum.

Wer prognostizieren will, ob eine Betriebsform erfolgreich sein wird, muss eine Fülle von Einflussfaktoren analysieren. Hierfür soll zunächst ein Rahmen entwickelt werden.

Zunächst einmal ist davon auszugehen, dass es sich bei der Entscheidung, ob eine Verkaufsstelle in einer bestimmten Betriebsform errichtet oder fortgeführt werden soll, wegen der zeitlich weitreichenden Auswirkungen um ein **Investitionsproblem** handelt. Investitionsrechnungen gehen im Regelfall von der Analyse der durch die Entscheidung ausgelösten Ein- und Auszahlungen aus. Auch bei der Wahl eines Betriebstyps für eine Verkaufsstelle sind zunächst die Auswirkungen auf die Zahlungsströme festzustellen und diese dann mit den Methoden der Investitionsrechnung auszuwerten. Zieht man hierzu die Kapitalwertmethode heran, so gilt folgender Zusammenhang:

$$(1) \qquad K^b = -A_0^b + \sum_{t=1}^{T} (E_t^b - A_t^b) \frac{1}{(1+i)^t}$$

K^b = Kapitalwert für eine Verkaufsstelle vom Betriebstyp b

A_0^b = Auszahlung zur Errichtung der Verkaufsstelle vom Betriebstyp b in der Periode 0

A_t^b = Auszahlungen für die Verkaufsstelle von Betriebstyp b in der Periode t (t = 1, ..., T)

E_t^b = Einzahlungen (Umsätze) der Verkaufsstelle vom Betriebstyp b in Periode t (t =1 , ..., T)

i = Kalkulationszinsfuß

T = Ende des Planungshorizontes

Mit dem Kapitalwert liegt ein Kriterium vor, mit dessen Hilfe die Attraktivität einer Betriebsform bestimmt werden kann. Gleichung (1) gibt die Antwort, warum einzelnen Betriebsformen eine unterschiedlich hohe Marktbedeutung zukommt: Neue Betriebsformen entstehen dann, wenn sie eine entsprechend hohe Verzinsung des eingesetzten Kapitals bieten. Die Gleichung weist auf **vier Einflussfaktoren** hin, die die Höhe des Kapitalwertes bestimmen:

(1) die heutigen und zukünftigen **Auszahlungen,**
(2) die heutigen und die künftig erwarteten **Umsätze (i. S. v. Einzahlungen),**
(3) der **Kalkulationszinsfuß i**, der die Rendite alternativer Anlagemöglichkeiten und die Kosten der Kapitalbeschaffung widerspiegelt,
(4) die **Länge des Planungszeitraumes.**

Abb. 3.14 verdeutlicht den Denkrahmen, mit dessen Hilfe im Folgenden analysiert werden soll, welche Chancen einzelne Betriebsformen haben. Dies wird davon abhängen, wie sich die Kosten dieser Betriebsformen entwickeln, vor allem jedoch, welche Werte ihre Umsätze annehmen werden. Für eine Umsatzprognose muss abgeschätzt werden, welche Güter die Verbraucher nachfragen (Entwicklung des Marktpotenzials in einzelnen Waren- und Dienstleistungsbereichen) und in welchen Einkaufsstätten sie ihren Bedarf decken werden. Dabei erweist es sich im Regelfall als notwendig, auf interpersonelle Unterschiede im Verhalten der Verbraucher einzugehen. Für einen Betrieb ist mithin zu fragen, inwieweit er mit seinem **Zielgruppenkonzept** den Erwartungen eines bestimmten Verbraucherkreises gerecht wird.

Abb. 3.14: Ein Denkrahmen zur Analyse der Vorteilhaftigkeit einzelner Betriebsformen

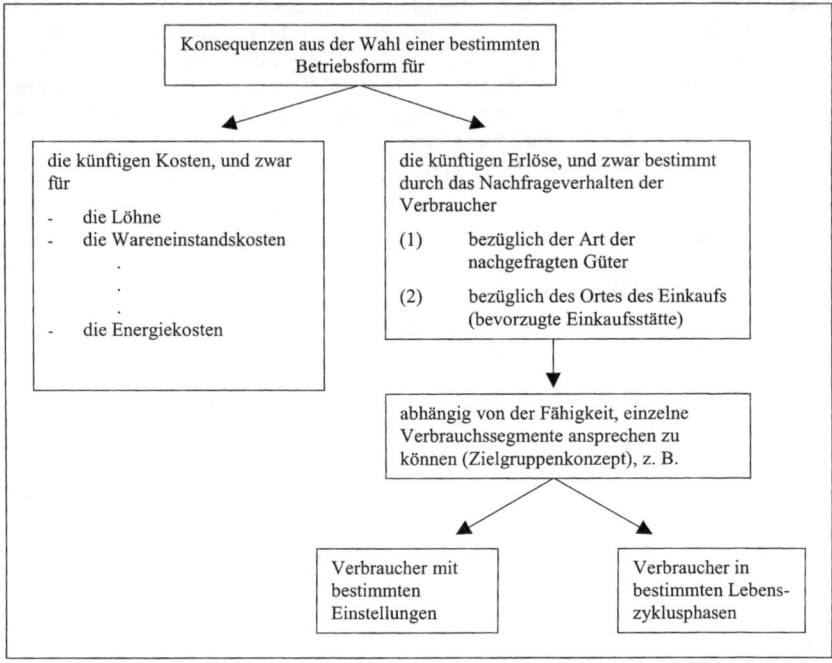

Wie werden sich die in einer Betriebsform erzielbaren Umsätze und die dort anfallenden Kosten entwickeln? Um dies erkennen zu können, empfiehlt es sich, die Umwelt einer Handelsunternehmung nach den **Personen, mit denen sie in Beziehung steht**, zu unterscheiden:

(1)   den Bereich der **Lieferanten** (entweder Industrie oder Großhandel),
(2)   den **Staat**, der in die Entwicklung des Handels durch Gesetze, Verordnungen und Erlasse eingreifen kann,
(3)   den Bereich der **Nachfrager**, insbesondere der Konsumenten,
(4)   den **Handelssektor selbst** (einschl. der Mitbewerber).

Die Analyse ähnelt der so genannten Strukturanalyse von Branchen, wie sie in der Industrieökonomik (industrial organization theory) entwickelt worden ist (vgl. insbesondere Porters Darstellung zu den die Branchenrentabilität bestimmenden Wettbewerbskräften, M. E. Porter 1999; die Situation im Handel untersucht D. Moser 1974, S. 170-176 u. S. 226). Bei jeder dieser vier Gruppen können sich Veränderungen ergeben, die für einen einzelnen Betrieb kosten- und erlöswirksam werden (vgl. zur Illustration möglicher Einflussgrößen Abb. 3.15).

Abb. 3.15: Veränderungen in der Umwelt eines Handelsbetriebes als Bestimmungsfaktoren für den Erfolg einer einzelnen Betriebsform

	Veränderungen in der Umwelt eines Handelsbetriebes			
Institutionen mit Einfluss auf die Distribution	bei den Lieferanten	im Handel (im eigenen Betrieb oder bei den Konkurrenten)	bei den Nachfragern (insbesondere den Konsumenten)	beim Staat
Mögliche Veränderungen	- Konzentration - Machtverhältnisse - Wandel in der Absatzpolitik (z. B. andere Besuchshäufigkeiten, Art der Werbung) - Ausschaltung des Großhandels	- Entwicklung des Lohnniveaus - technische Neuerungen (z. B. Kassiersysteme, Fördergeräte) - Aktivitäten der etablierten Konkurrenten - neu auftretende Konkurrenz	- Zahl der Konsumenten - Entwicklung des verfügbaren Einkommens - Verbrauchergewohnheiten (z. B. Außer-Haus-Verzehr, Nutzung der Freizeit) - Einkaufsgewohnheiten	- Gesetzgebung, z. B. bezüglich Ladenschlusszeiten, Preisbindung, Kartellbildung zwischen Industrie und Handel
Mögliche Wirkungen	auf Auszahlungen des Handelsbetriebes		auf Einzahlungen des Handelsbetriebes	

Wenn als Zielgrößen die Kosten (bzw. Auszahlungen) und die Erlöse (bzw. Einzahlungen) unterstellt werden, lautet die Frage: Mit welchen Veränderungen, die kosten- bzw. erlösrelevant sind, ist bei den Lieferanten, den Nachfragern, dem Staat und schließlich im Handel selbst zu rechnen? Dazu sollen zunächst mögliche **Auswirkungen auf die Kosten** (Auszahlungen), dann mögliche **Auswirkungen auf die Erlöse** untersucht werden. Die Verhältnisse im Einzelhandel geben den Hintergrund für die Ausführungen ab, das Denksystem ist aber auch auf die Analyse von Betriebsformen des Großhandels übertragbar.

3.2.2 Analyse zentraler Einflussgrößen

In Abschnitt 3.2.1 war ausgeführt worden, dass zur Beurteilung einzelner Betriebsformen analysiert werden muss, wie sich deren Kosten und Umsätze voraussichtlich entwickeln werden. Hierauf wird im Folgenden eingegangen.

3.2.2.1 Kostenstrukturen in einzelnen Betriebsformen und Bestimmungsfaktoren ihrer Entwicklung

Zwar werden Investitionsrechnungen meist auf Zahlungsstrombasis durchgeführt, doch beziehen sich in der Literatur vorzufindende Zahlenangaben meist auf die Kostenstruktur. Nur deswegen wird im Folgenden von Kosten anstatt von Auszahlungen gesprochen.

Die **Höhe und die Struktur der Kosten in einzelnen Betriebsformen** unterscheiden sich deutlich. Obwohl viele Unternehmungen die Höhe ihrer Kosten als Betriebsgeheimnis ansehen, liegen einige Informationen vor. Insbesondere die folgenden Quellen geben Hinweise:
(1) die Amtliche Statistik (vgl. z. B. die „Angaben zur Kostenstruktur des Handels" im Statistischen Jahrbuch für die Bundesrepublik Deutschland),
(2) die Ergebnisse von Betriebsvergleichen, z. B. vom Institut für Handelsforschung an der Universität zu Köln (IfH; vgl. Abbildung 3.16), oder die Zusammenstellungen anderer Institute mit handelsbezogenen Aktivitäten, insbes. vom EuroHandelsinstitut (EHI; das Institut gibt jährlich die Datensammlung „Handel aktuell" heraus).

In den Durchschnittsergebnissen des Betriebsvergleichs des IfH aus Köln wird nach mehr als 50 Branchen differenziert. Abbildung 3.16 zeigt einen Ausschnitt aus den Daten, die eine Vorstellung von der Größenordnung einzelner Kostenarten im Facheinzelhandel vermitteln. Dabei wird die Höhe der Kosten jeweils auf die Höhe des Umsatzes bezogen (Personalkosten in Prozent vom Umsatz, Werbungskosten in Prozent vom Umsatz).

Abb. 3.16: Kostenstrukturen im Facheinzelhandel nach dem Material des Instituts für Handelsforschung an der Universität zu Köln (Quelle: A. Kaapke 2000, S. 243)

Durchschnittsergebnisse des Betriebsvergleichs der Einzelhandelsfachgeschäfte im Jahre 1999			
	Branche		
	Möbeleinzelhandel	Sortimentsbuchhandel	...
Anzahl der berichtenden Betriebe	280	293	
Handlungskosten in % des Umsatzes			
Personalkosten	17,0	18,4	
(einschl. Unternehmerlohn)			
Miete oder Mietwert	5,0	3,6	
Sachkosten für Geschäftsräume	1,2	0,8	
Kosten für Werbung	4,1	1,2	
Gewerbesteuer	0,2	0,2	
Kraftfahrzeugkosten	0,8	0,2	
Zinsen für Fremdkapital	1,1	0,9	
Zinsen für Eigenkapital	0,2	0,3	
Abschreibungen	1,3	1,4	
Alle übrigen Kosten	3,1	3,2	
Gesamte Handlungskosten	34,0	30,3	

Zwar können sich auch die Kosten zwischen einzelnen Branchen deutlich unterscheiden, so werden für den Lebensmitteleinzelhandel nur 23,9% des Umsatzes als Kosten gemeldet, während dies in Blumenfachgeschäften 51,3% sind, im vorliegenden Zusammenhang sind aber die Kostenunterschiede zwischen einzelnen Betriebsformen wichtig.

Interessante Hinweise, wie verschiedenartig die **Kostenstrukturen in einzelnen Betriebsformen** sind, können Angaben von M. Burger (1977) entnommen werden (vgl.

auch Abbildung 3.17). Burger berichtet über die Geschäftspolitik der ASKO-Gruppe. In diesem Konzern werden nebeneinander verschiedene Betriebsformen betrieben, so Supermärkte, Diskontgeschäfte, Kaufhäuser, Lebensmittel-Filialgeschäfte und schließlich Verbrauchermärkte (SB-Warenhäuser). Unter einem Verbrauchermarkt (bei Burger gleichbedeutend mit SB-Warenhaus) versteht er Verkaufsstellen mit folgenden Merkmalen:
- diskontierende Preispolitik,
- weitgehende Anwendung des Selbstbedienungsprinzips,
- der Kassiervorgang ist zentral zusammengefasst (über einen Checkout),
- die Standorte finden sich überwiegend in Randlagen und sind verkehrsorientiert,
- Sortimentsschwerpunkte bilden die Lebensmittel, die mindestens 50% der Fläche beanspruchen, zusätzlich sonstige Verbrauchs- bzw. Gebrauchsgüter,
- Mindestverkaufsfläche von 2500 qm.

Abb. 3.17: Kostenstrukturen verschiedener Betriebsformen bei der ASKO-Gruppe (Quelle: M. Burger 1977)

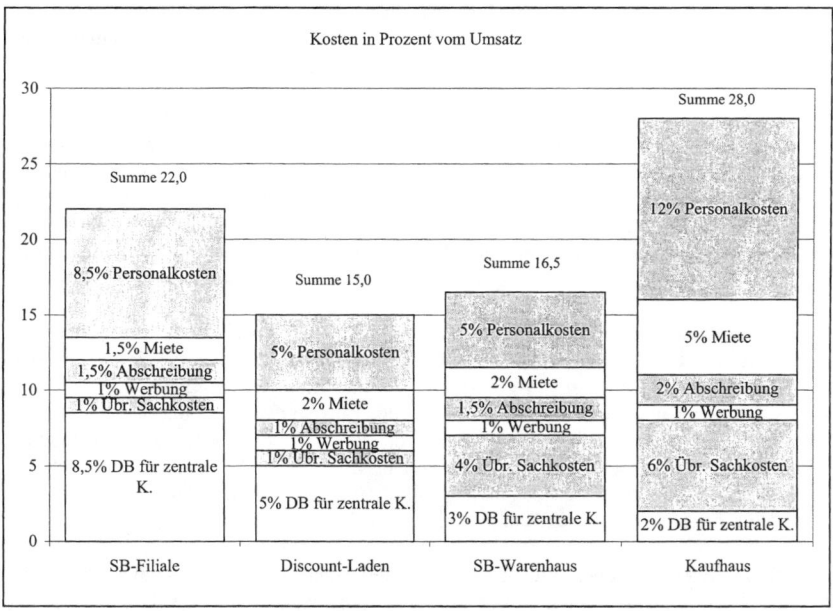

Die Kosten (ohne Wareneinstand) liegen nach den Angaben in Abbildung 3.17 in einem Bereich von 15% (Discount-Laden) bis 28% (Kaufhaus). Selbst wenn die Zahlen nicht mehr ganz aktuell sind, verdeutlichen sie doch den für die Wahl einer Betriebsform wichtigen Umstand, dass sich die Höhe und die Struktur der Kosten bei einzelnen Betriebsformen unterscheiden. Den Kostenvorteil erreicht der Discount-Laden, aber auch das SB-Warenhaus, vor allem auf Grund der relativ niedrigen **Bau- und Personalkosten**. In die Kostenbeträge sind jeweils auch anteilige Kosten der Zentrale eingerechnet, die sich an der geschätzten Inanspruchnahme der Zentrale durch die betreffende Verkaufsstelle orientieren (inwieweit diese Schlüsselung sinnvoll ist, soll hier nicht diskutiert werden).

Nachdem nun deutlich gemacht wurde, in welchen Bandbreiten Kostenarten in einzelnen Betriebsformen streuen können, soll nun zu der Aufgabe zurückgekehrt werden **zu prognostizieren, wie sich die Kosten (Auszahlungen) bei einzelnen Betriebsformen in der Zukunft entwickeln werden.** Hierbei ist es zweckmäßig, nach Kostenarten zu differenzieren.

Zunächst sei auf die Personalkosten eingegangen, die in allen Betriebsformen im Regelfall den größten Kostenblock darstellen. In Anbetracht der bislang stetig erfolgten Lohnerhöhungen stellt sich für jeden Handelsbetrieb die Frage,
- in welchem Verhältnis die zu erwartenden **Lohnerhöhungen** zu den Umsatzsteigerungen stehen werden,
- inwieweit es gelingen kann, die gleiche Leistung mit einem **geringeren Personaleinsatz** zu erzielen. Möglichkeiten hierzu bieten sich etwa durch einen Übergang zu verstärkter Selbstbedienung, durch Abbau von Leerkosten im Personalbereich über Teilzeitbeschäftigte oder durch den Abbau von personalintensiven Abteilungen.

Für den Facheinzelhandel hat M. R. Wenztlitschke die Entwicklung der Personalkosten dokumentiert (vgl. Abbildung 3.18). Da es sich um eine personalintensive Betriebsform handelt, macht sich hier ein Anstieg der Personalkostensätze besonders bemerkbar. Der Umstand, dass Verbrauchermärkte ihre Kassen an den Ausgängen postieren (sog. Checkout), Warenhäuser dagegen ein abteilungsbezogenes Kassensystem aufweisen, verdeutlicht exemplarisch, dass einzelne Betriebsformen wegen ihrer verschiedenartigen Konzeption von steigenden Personalkosten in unterschiedlicher Weise berührt werden.

Von besonderer Bedeutung für die Wahl einer Betriebsform scheint auch die Entwicklung der Wareneinstandskosten zu sein. Die Frage lautet hier: Wie werden sich die Konditionen beim Bezug von Waren zwischen konkurrierenden Betriebsformen ändern? Dies ist nicht nur eine Frage nach dem Einstandspreis, sondern auch, ob der betreffende Handelsbetrieb in der Zukunft von der Industrie überhaupt noch beliefert und unterstützt werden wird (etwa durch verkaufsfördernde Maßnahmen). Schon heute ist deutlich, dass Industriebetriebe häufig kalkulieren, bei welchen Händlern ein Besuch lohnt, und ihre Distributionsaktivitäten selektiv gestalten.

Die Konditionen zwischen Industrie- und Handelsbetrieben werden auch durch die Macht bestimmt, die beiden zukommt. Hier wird seit den 80er Jahren von der **Nachfragemacht des Handels** gesprochen, die die frühere **Angebotsmacht der Industrie** abgelöst haben soll, ein Tatbestand, der jedoch vom Handel selbst bestritten wird (P. Giessler 1977; zur theoretischen Behandlung der zwischen Industrie und Handel auftretenden Konflikte vgl. W. Kroeber-Riel und P. Weinberg 1972 sowie das Sondergutachten der Monopolkommission zu Missbräuchen der Nachfragemacht und den Möglichkeiten ihrer Kontrolle im Rahmen des Gesetzes gegen Wettbewerbsbeschränkungen von 1977). Losgelöst von der wettbewerbsrechtlichen Problematik (vgl. dazu auch das Sondergutachten Nr. 14 der Monopolkommission zur Konzentration im Lebensmittelhandel von 1985) sind die Machtverhältnisse zwischen Industrie und Handel von erheblicher Bedeutung für die Aushandlung der Konditionen. Es ist hierin eine starke Triebfeder für Akquisitionen, Fusionen und Kooperationen (z. B. Einkaufsgemeinschaften) im Handel zu sehen. Zwar ist theoretisch denkbar, dass der Handel auch unabhängig von der eingesetzten Betriebsform gute Verhandlungspositionen aufbauen kann, aber häufig wird dies doch daran gebunden sein, dass solche Betriebsformen betrieben werden, die auf den Massenmarkt ausgerichtet sind, wie dies insbesondere für Discounter gilt. Ein besonderes Problem bei der Einführung einer neuen Betriebsform besteht darin, die **Belieferung** und ihre Konditionen mit bedeutenden Lieferanten sicherzustellen.

Abb. 3.18: Entwicklung von Personalkosten und Umsatz im Facheinzelhandel (Quelle: M. R. Wenzlitschke 1996, S. 240)

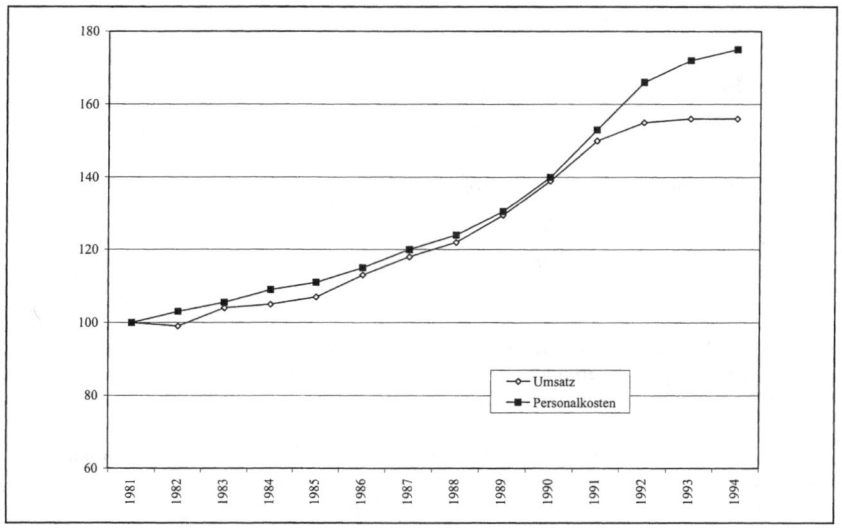

3.2.2.2 Die Entwicklung erlöswirtschaftlicher Bestimmungsfaktoren

Schwieriger als die Prognose der Kostenentwicklung ist die **Vorhersage der künftigen Verbrauchs- und Einkaufsgewohnheiten der Nachfrager.** Zur Beurteilung der Marktgängigkeit einzelner Betriebsformen sind zwei Fragen zu stellen:
- Wie entwickelt sich die Nachfrage in einzelnen Güterbereichen?
- In welchen Betriebsformen werden die Nachfrager ihren Bedarf decken?

• **Zur Prognose der zukünftigen Gesamtnachfrage**
Die Prognose des Umsatzes in der jeweiligen Branche kann auf die Elemente gestützt werden, die ihn definieren. Gleichung (2) zeigt, dass sich die gesamte Nachfrage in einem Zeitabschnitt aus der Nachfrage nach einzelnen Warengruppen zusammensetzt. Gleichung (3) zerlegt die Nachfrage nach den einzelnen Güterarten in drei Bestandteile:

a) die **Zahl der Haushalte** in einzelnen Größenklassen (nach der Zahl der ihnen angehörenden Personen),

b) den **durchschnittlichen Einkommensbetrag** eines Haushaltes in der jeweiligen Größenklasse,

c) den **Anteil des Einkommens,** der von den Haushalten zum Einkauf einzelner Güter verwendet wird.

$$(2) \quad U = \sum_r B_r$$

$$(3) \quad B_r = \sum_i a_{ir} \cdot e_i \cdot N_i \text{ für } r = 1, 2, ..., r^*$$

$$ c) \ b) \ a)$$

B_r = Nachfrage in der Warengruppe r

U = gesamte Nachfrage der Konsumenten in einem Zeitabschnitt und einem bestimmten regionalen Gebiet

N_i = Zahl der Haushalte mit i Personen

e_i = durchschnittliches Einkommen eines Haushaltes mit i Personen

a_{ir} = Anteil des Einkommens, der durchschnittlich von einem Haushalt mit i Personen für den Kauf von Gütern der Art r (r = 1, ..., r*) verwendet wird

Alle drei Bestandteile können anhand vorliegender Statistiken prognostiziert werden. Zu den mit der Prognose verbundenen Problemen gehört es insbesondere zu erkennen, welche Bestimmungsfaktoren auf die betreffende Größe einwirken.

Zu a): Als bedeutende **Determinanten der Zahl der Bedarfsträger** sind anzusehen: die Wanderungen der Gastarbeiter, der Aussiedler und Asylanten, die derzeitige Altersstruktur der Bevölkerung und ihre Veränderung, wie insbesondere die Entwicklung der Geburtenrate. Auch Veränderungen in der Haushaltsgröße sind von unmittelbarer Prognoserelevanz, weil insbesondere die Nachfrage nach Einrichtungsgegenständen (z. B. Kühlschränke, Küchenmöbel usw.) von der Zahl der Haushalte abhängt. In manchen Fällen stellt also die einzelne Person den Bedarfsträger dar, in anderen Fällen der Haushalt.

Zu b) und c): Auch über die **Entwicklung der Einkommen und des Konsums** liegen Zeitreihen vor, die als Basis für die Prognose dienen können. Die besonderen Prognoseschwierigkeiten resultieren hier aus den Strukturverschiebungen im Konsum (Koeffizient a_{ir} in Gleichung (3)).

In welch bedeutendem Maße sich die Konsumausgaben innerhalb von wenigen Jahren verschieben können, veranschaulicht Abbildung 3.19. Zur Ursachenforschung kann mit Nutzen auf die **makroökonomische Konsumtheorie** zurückgegriffen werden: Bereits 1857 stellte der preußische Statistiker E. Engel in Bezug auf Nahrungsmittel das **Engelsche Gesetz** auf (E. Engel 1895):

Die Nahrungsmittelausgaben nehmen bei steigendem Einkommen des Haushalts prozentual weniger stark zu als die Gesamtausgaben, womit ihr Ausgabenanteil sinkt (die Einkommens-Nachfrageelastizität nach Nahrungsmitteln insgesamt ist kleiner als 1).

Dieses Gesetz gehört zu den empirisch bestfundierten ökonomischen „Gesetzen". Auch für andere Warengruppen wurde der Zusammenhang zwischen Einkommen und Ausgabenanteil untersucht. So werden heute ganz allgemein funktionelle Beziehungen dieser Art als **Engel-Kurven** bezeichnet.

Die Lücke, die durch das Sinken des Anteils der Ausgaben für Lebensmittel entsteht, wird durch Ausgaben für andere Güter geschlossen. So formulierte C. G. Clark als Ergänzung zum Engelschen Gesetz zum ersten Mal den **relativen Anstieg der Ausgaben für Dienstleistungen**, und zwar schwergewichtig für höhere Dienstleistungen (Bildung, Freizeit, Fremdenverkehr - C. G. Clark 1940 bzw. 1957). Eng verwandt mit diesen Gütern sind dauerhafte Konsumgüter, die häufig Einkommenselastizitäten von über zwei aufweisen.

Später wurden entsprechende Untersuchungen im Rahmen der makroökonomischen Konsumtheorie durchgeführt (E. und M. Streissler 1966; M. Streissler 1974; H. Luckenbach 1975; H. A. J. Green 1976; vgl. auch den Überblick über empirische Untersuchungen bei D. Moser 1974, S. 278-283). Dabei wird nicht nur der Einfluss des (absoluten oder relativen) Einkommens auf die Ausgabenstruktur der privaten Haushalte untersucht, sondern es wird auch geprüft, welcher Einfluss von den Einkommenserwartungen oder der Zeit, die einer Person nach Abzug der (kleiner werdenden) Erwerbszeit verbleibt (vgl. dazu R. Döhrn 1986/87), ausgeht.

Abb. 3.19: Entwicklung der durchschnittlichen Konsumausgaben je Haushalt und Monat 1976-1998 für Haushaltstyp II (4 Personen-Arbeitnehmerhaushalt mit mittlerem Einkommen; Quelle: Statistisches Bundesamt, Hrsg., jährlich)

	in Prozent - %									
	1976	1978	1980	1982	1984	1986	1988	1990	1994	1998
Lebensmittel, Tabakwaren, Getränke	29,7	29,2	28,1	26,9	26,0	24,7	23,2	24,1	22,0	20,4
Textilien und Schuhe	9,0	9,2	9,3	8,5	8,1	8,8	8,2	8,1	7,0	6,2
Mieten	15,7	15,8	16,4	16,5	18,5	19,0	20,1	21,6	23,3	25,4
Energie	5,2	5,0	6,5	7,0	6,6	6,9	5,7	5,3	5,5	4,6
Haushaltsgüter	9,4	9,2	9,4	9,5	8,5	8,7	8,3	7,2	7,6	6,9
Verkehr, Nachrichtenübermittlung	14,3	15,4	14,0	15,2	16,3	15,8	17,4	15,9	15,9	17,2
Körper- und Gesundheitspflege	3,0	3,0	3,0	3,3	3,2	2,9	3,1	3,7	3,5	4,2
Bildung, Unterhaltung, Freizeit	9,5	8,5	8,4	8,8	8,6	9,9	10,4	10,6	11,4	11,5
Persönliche Ausstattung	4,3	4,7	4,8	4,2	4,3	3,4	3,6	3,5	3,7	3,6
Insgesamt	100	100	100	100	100	100	100	100	100	100

An zahlreichen Beispielen lässt sich zeigen, wie einzelne Handelsbetriebe aus dem Verlauf von Engel-Kurven **Konsequenzen für ihre Betriebspolitik** gezogen haben. So gliederten zahlreiche Handelsunternehmungen Reisebüros an oder sahen entsprechende Abteilungen vor, stellten in Rechnung, dass ein Trend zum Außer-Haus-Verzehr im Gange ist und gestalteten ihr Sortiment entsprechend bzw. wurden in der Gastronomie tätig. So gesehen sind die Erkenntnisse aus der makroökonomischen Konsumtheorie hilfreich. Für die Führung eines Handelsbetriebes genügen Hinweise auf die Höhe des Konsums insgesamt oder die Entwicklung der Ausgaben in einzelnen Warenbereichen nicht, es werden detailliertere Erkenntnisse über das Kauf- und Konsumentenverhalten benötigt. Die Abbildung 3.20 gibt weitere Hinweise auf qualitative, quantitative, räumliche, personelle und zeitliche Aspekte des Kauf- und Konsumentenverhaltens.

Abb. 3.20: Aspekte des Kauf- und Konsumentenverhaltens

Aspekte des Kauf- und Konsumentenverhaltens - einzelne Fragestellungen
Qualitativer Aspekt: Trend zu hohen Qualitäten? Bevorzugung von Markenartikeln? Inanspruchnahme neuer Dienstleistungen? Verstärkte Eigenproduktion oder Kauf von „Fertig"-Produkten (z. B. komplette Möbeleinrichtungen, Lebensmittel, Pauschalangebote der Touristik)?
Quantitativer Aspekt: Rückgang der Ausgaben für Lebensmittel. Wachsende Ausgabenanteile für Freizeit? Übergang zu kleineren Packungsgrößen?
Räumlicher Aspekt: Ausmaß, in dem die Verkaufsstellen in Wohnortnähe, in den Innenstädten oder auf der „grünen Wiese" bevorzugt werden. Wachsende Chancen für Heimdienste und den Versandhandel?
Personeller Aspekt: Wer führt die Einkäufe durch? Welchen Einfluss werden einzelne Mitglieder einer Lebensgemeinschaft auf die Kaufentscheidungen nehmen? Welche Arbeitsteilung wird realisiert werden?
Zeitlicher Aspekt: Verringern sich die Ausschläge saisonal bedingter Nachfrageschwankungen? Wird in der Zukunft häufiger oder seltener eingekauft werden? Steigt die Bedeutung der ersten Tage in einer Woche als Einkaufstag?

- **Bestimmungsfaktoren für die bevorzugte Einkaufsstätte**

Im Hinblick auf die Attraktivität einzelner Betriebsformen ist zu untersuchen, nach welchen Gesichtspunkten Nachfrager entscheiden, in welchen Betriebsformen sie ihre Einkäufe tätigen, also wie sich die prognostizierte Gesamtnachfrage auf die einzelnen Betriebsformen aufteilt (quantitativer Aspekt) und welche Nachfrager die einzelnen Betriebsformen bevorzugen (qualitativer Aspekt). Aus Zeitreihen zur Umsatzentwicklung oder zum Marktanteil einzelner Betriebsformen lässt sich ablesen, wie sich die Marktposition dieser Betriebsformen entwickelt hat. So konnte beispielsweise beobachtet werden, dass die Marktanteile der Warenhäuser und des Versandhandels seit Jahren weitgehend stagnieren, dass die Discounter Marktanteile hinzugewonnen haben, dass Electronic Commerce auf einem bislang noch niedrigen Niveau Marktanteile gewinnt usw. Solche Zeitreihen legen es nahe, die beobachtete Entwicklung in die Zukunft fortzuschreiben. Eine solche Methode hat jedoch den Nachteil, dass sie keine Hinweise gibt, welche Marktchancen neue Betriebsformen haben und sie erklärt nicht,

warum einzelne Betriebsformen stagnieren, andere an Bedeutung gewinnen; letzteres verhindert auch, dass nähere Hinweise für die Ausgestaltung der Betriebspolitik abgeleitet werden können. Es gibt mehrere Ansätze, die die Wahl einer Betriebsform durch die Nachfrager erklären wollen, so
- mit Hilfe von soziodemografischer Marktsegmentierung,
- mit Hilfe von Einstellungen.
Grundsätzlich gehen alle Ansätze von der Vorstellung aus, dass aus der Heterogenität der Nachfrager die Vielfalt der Betriebsformen folge. Will also eine Betriebsform marktadäquat sein, so muss sie erkennen, welches Marktsegment ihrem Leistungs-angebot entspricht und dieses Segment zur Zielgruppe erklären. Eine Handelsunter-nehmung kann danach nicht mehr „den Markt" ansprechen, sondern muss die Marktsegmente auswählen, in denen sie vor dem Hintergrund der Präferenzen der Nachfrager mit ihrem Angebot unter Berücksichtung anderer Anbieter Wettbewerbs-vorteile erreichen kann. Steigender Wettbewerb führt in vielen Fällen zu einer Fragmentierung der Märkte. Dies signalisiert auch das folgende Zitat von Moser, aus dem auch abgelesen werden kann, dass das Denken mehr auf den Markt als Gesamtheit aller Nachfrager ausgerichtet war und dass das Denken in Marktsegmenten und Zielgruppen sich erst Anerkennung verschaffen musste. Moser sah den Zeitpunkt für die Notwendigkeit einer detaillierten Beschreibung von Zielgruppen zu Beginn der siebziger Jahre gekommen, als er schrieb (1974, S. 206):

„Genügte für den Erfolg des Warenhauses und des Versandhauses noch die Bildung von Ziel-Marktsegmenten wie „Stadtbevölkerung" bzw. „Landbevölkerung", so ist bei der Entstehung des Diskonthauses und des Einkaufszentrums festzustellen, dass die Zielgruppen wesentlich spezifizierter und damit auch kleiner geworden sind. Dies trifft in verstärktem Maße auf eine Reihe anderer neuer Betriebsformen zu (Boutiquen, Drugstores u. ä.), deren zu Grunde liegenden Marktsegmente noch kleiner und noch schärfer voneinander abgegrenzt sind."

Auch heute ist noch nicht unumstritten, inwieweit sich der Handel eines Zielgruppenkonzepts bedienen sollte. Häufig wird darauf hingewiesen, dass die Kunden eines Handelsbetriebes nicht nur einem Segment angehörten, d. h. also weder nur einer Altersgruppe, einer Berufsgruppe, einer Einkommensgruppe usw. Es wird behauptet, der Handel müsse im Gegenteil gerade seine Attraktivität für unterschiedliche Segmente unter Beweis stellen. Andererseits gibt es Unternehmungen, insbesondere im Versand-handel, die versuchen, ihre Zielgruppe exakt zu definieren. Im Prinzip kommen für die Definition von Zielgruppen die gleichen Merkmale in Frage, wie sie aus der Konsum-güterunternehmung bekannt sind, also (vgl. auch H. W. Freter 1979)
- soziodemografische und geografische Merkmale, wie insbesondere Alter, Familien-stand, Einkommen, Wohnort,
- psychografische Merkmale, wie Kenntnisstand, vorherrschende Motive oder Lebensstile (z. B. Sparsamkeit, Hedonismus), Interessen, Einstellungen,
- Verhaltensweisen, wie insbesondere Kaufhäufigkeit und Einkaufsstättentreue.
Einzelne kommerzielle Studien, die dem Handel zur Segmentierung angeboten werden, wie z. B. die Sinus-Wohnwelten-Studie (Burda-Verlag, Hrsg., 1991) stellen zwar interessante Anhaltspunkte dar, können aber auf Grund der dürftigen Dokumentation nur eingeschränkt beurteilt werden. Im Folgenden wird deshalb nur auf zwei mögliche Segmentierungsvariablen eingegangen, die im Familienlebenszyklus kombinierten soziodemografischen Merkmale und die Einstellung.

(1) Marktsegmentierung nach dem Lebenszykluskonzept

Nachfrager lassen sich anhand soziodemografischer und psychografischer Merkmale sowie nach ihrem Verhalten kennzeichnen. Relativ einfacher sind die soziodemografischen Variablen zu verwenden, auf denen das jetzt zu diskutierende Lebenszykluskonzept aufbaut (vgl. zum Folgenden L. Müller-Hagedorn 1978a und 1984a).

• **Das Lebenszykluskonzept**

Das Konzept der Lebenszyklusphasen ist seit 1955 bekannt (vgl. den Überblicksartikel von W. D. Wells und G. Gabor 1966 bzw. 1976; im deutschsprachigen Raum G. Wiswede 1972, S. 143). Nach dem Lebenszykluskonzept werden die Konsumenten danach unterschieden, in welcher Lebensphase sie sich befinden. Die **Lebensphasen** werden mit Hilfe von mehreren soziodemografischen Variablen definiert, insbesondere dem Familienstand, dem Alter und der Zahl der Kinder. So wird etwa von dem „Junggesellenstadium", der Phase des „vollen Nestes", von dem „alleinstehenden Überlebenden" gesprochen. Die einzelnen Lebenszyklusphasen können als „soziodemografische Konstrukte" bezeichnet werden. Neben dem Lebenszykluskonzept gibt es weitere Möglichkeiten, soziodemografische Variablen zu Konstrukten zu verbinden; hier ist vor allem das **Konzept der sozialen Schicht** zu erwähnen (vgl. dazu W. Leven 1979).

Die Erfahrungen mit dem Lebenszykluskonzept, über die im Folgenden berichtet wird, basieren auf einer Zuordnung der Nachfrager zu zehn Lebenszyklusphasen (vgl. Abb. 3.21).

Abb. 3.21: Definition von Lebenszyklusphasen

Altersgruppe	Kurzbeschreibung*	Nr. in der Abb. 3.23
18-34 Jahre	1. ledig, kein eigener Haushalt, mit oder ohne Kinder	2
	2. ledig/gesch., eigener Haushalt, keine Kinder	1
	3. verheiratet, eigener Haushalt, keine Kinder	3
	4. verheiratet, eigener Haushalt, 1-2 Kinder	4
35-54 Jahre	5. verheiratet, eigener Haushalt, keine Kinder	6
	6. verheiratet, eigener Haushalt, 1-2 Kinder	7
	7. verheiratet, eigener Haushalt, > 2 Kinder	8
55-64 Jahre	8. verheiratet, eigener Haushalt, mit oder ohne Kinder	10
> 65 Jahre	9. verheiratet, eigener Haushalt, keine Kinder	11
	10. ledig/verw., eigener Haushalt, keine Kinder	12

* Anmerkung: Die ursprünglichen Phasen 5 und 9 haben sich als bedeutungslos erwiesen

Die Verschiedenartigkeit der Konzepte in der Literatur gibt Anstoß zu der Frage, mit welchen Aktionsparametern ein Lebenszykluskonzept gestaltet werden kann. Es sind drei Probleme, die in diesem Zusammenhang erwähnt werden sollen:

(1) Welche Variablen sollen zur Definition der Lebenszyklusphasen herangezogen werden (etwa: Einkommen, Familienstand, Anzahl und Alter der Kinder, Art des Hausstandes, Berufstätigkeit, Alter des Haushaltsvorstandes), und welche Ausprägungen lassen sich bei den einzelnen Variablen unterschieden (Klassenbreite, etwa bei „Alter" oder „Zahl der Kinder")?

(2) Welche der sich bei bestimmten Variablen und Ausprägungen ergebenden Kombinationen sollen von einer weiteren Analyse ausgeschlossen werden bzw. wie vollständig will die Analyse alle Lebenskombinationen erfassen?

(3) Wie sollen die verbleibenden Kombinationen zu Lebenszyklusphasen zusammengefasst werden?

Lebenszykluskonzepte können nach folgenden Kriterien beurteilt werden (vgl. zu einer ausführlicheren Darstellung L. Müller-Hagedorn 1978a):

(1) Wie groß ist die Reichweite des Konzeptes? Mit Reichweite ist die Zahl der Personen gemeint, die durch das Konzept erfasst werden.

(2) Wie rein sind die einzelnen Phasen? Damit ist gemeint, inwieweit in den einzelnen Phasen Personen unterschiedlicher Struktur zusammengefasst sind.

(3) Wie viele Phasen werden gebildet?

- **Erfahrungen mit dem Lebenszykluskonzept bei der Ermittlung der Käuferschaft einzelner Betriebsformen**

Inwieweit mit dem Lebenszykluskonzept erklärt werden kann, ob sich die Kunden verschiedener Betriebsformen unterscheiden, wurde von Müller-Hagedorn (1978a; 1984a) untersucht.

Als Maß für den Zusammenhang zwischen den Variablen „bevorzugte Betriebsform" und „Lebenszyklusphase" wurde der Kontingenzkoeffizient herangezogen, der anhand von Mehrfeldertafeln berechnet wird. Die Mehrfeldertafeln enthalten für jede Warengruppe als ersten Eingang die 10 Lebenszyklusphasen, als zweiten Eingang die bevorzugten Betriebsformen.

Die Abbildung 3.22 zeigt, dass die sich als signifikant erweisenden korrigierten Kontingenzkoeffizienten zwischen 0,25 und 0,38 liegen. Diese Werte liegen deutlich über jenen Werten, die sich ergeben, wenn die Bevorzugung bestimmter Betriebsformen in einen Zusammenhang mit dem Alter und dem Haushaltseinkommen gebracht wird, wenn also einzelne soziodemografische Variablen verwendet werden (vgl. dazu auch die detaillierten Angaben bei L. Müller-Hagedorn und W. Leven 1977).

Abb. 3.22: Höhe des Kontingenzkoeffizienten bei verschiedenen Warengruppen

Warengruppe	Bevorzugte Betriebsform									Kontingenz- koeffizient C	$C_{korr.}$
1. Fleisch und Wurst	VM	WH			FG					0,33	0,36***
2. Frischartikel ohne Fleisch	VM	WH					NG			0,31	0,33***
3. Haltbare Lebensmittel	VM			DIS			NG	M		0,27	0,30***
4. Kosmetik- und Drogeriewaren	VM	WH		DIS	FG					0,35	0,38***
5. DOB		WH	KH		FG					0,23	0,25*
6. HOB		WH	KH		FG						n.s.
8. Stoffe		WH	KH		FG						n.s.
10. Möbel		WH	KH		FG					0,32	0,36***
11. Teppiche und Gardinen		WH	KH		FG						n.s.
12. Elektrogeräte		WH	KH		FG	VS			GH	0,27	0,30**
13. Uhren und Schmuck		WH			FG						n.s.
14. Spielwaren		WH	KH		FG						n.s.
15. Sportartikel		WH	KH								n.s.

* = signifikant auf 10% Niveau
** = signifikant auf 5% Niveau
*** = signifikant auf 1% Niveau
n.s. = nicht signifikant

VM = Verbrauchermarkt
WH = Warenhaus
KH = Kaufhaus
DIS = Discounter
FG = Fachgeschäft
VS = Versandhandel
NG = Nachbarschaftsgeschäft
M = Markt
GH = Großhandel

Die Abbildung 3.23 verdeutlicht am Beispiel der **Warengruppe »Lebensmittel«**, dass sich die Käuferschaft der einzelnen Betriebsformen nicht gleichmäßig auf die Lebenszyklusphasen aufteilt, sondern dass die Betriebsformen bei unterschiedlichen Zyklusphasen die Durchschnittswerte überspringen. Überdurchschnittliche Werte erreicht:
- der Discounter in den Phasen 1, 2 und 3,
- der Supermarkt in den Phasen 1, 10 und 12,
- der Verbrauchermarkt in den Phasen 4, 6, 7, 8, 10,
- das Warenhaus in den Phasen 1, 2, 3, 6, 11.

(die jeweils größte Abweichung ist hervorgehoben). Die Breite der Balken in Abb. 3.23 zeigt an, wie viele Personen der jeweiligen Lebenszyklusphase angehören.

Abb. 3.23: Käufergruppen der vier bedeutendsten Betriebsformen bei der Warengruppe »Lebensmittel« nach Lebenszyklusphasen

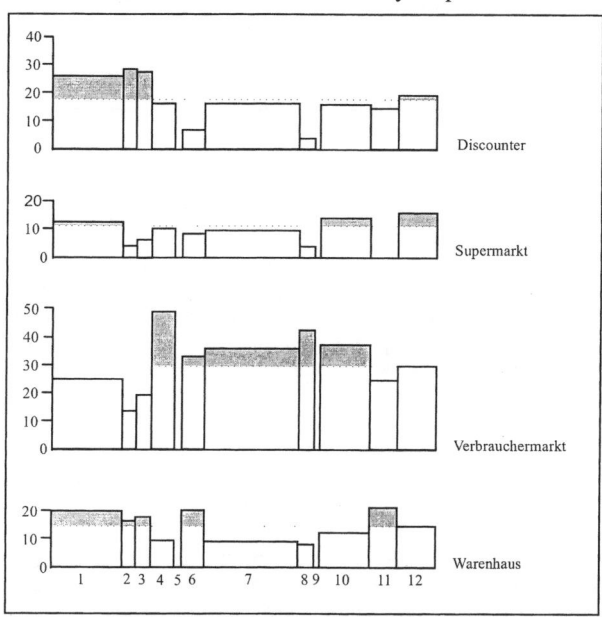

Anmerkung: Auf die Darstellung des Kaufverhaltens der Verbraucher in den Phasen 5 und 9 wurde wegen der geringen Anzahl verzichtet (Basis: 524 Befragte).

- **Beziehungen zwischen dem Einkaufsverhalten und der Wertschätzung des absatzpolitischen Instrumentariums**
  Im Unterschied zu der in der Literatur angedeuteten Meinung, dass die Unterteilung von Lebenszyklen deshalb sinnvoll sei, weil sich der finanzielle Spielraum der Menschen im Lebenslauf verändere, ist das hier zu Grunde gelegte Konzept umfassender, weil die Wertschätzung mehrerer absatzpolitischer Instrumente in einzelnen Phasen des Lebens beachtet wird. Es zeigte sich z. B., dass das Ausmaß, in dem bei einzelnen Warengruppen Fremd- oder Selbstbedienung bevorzugt wird, davon abhängt, zu welcher Lebenszyklusphase die Verbraucher gehören. Wie verdeutlicht worden ist, haben die Betriebsformen unterschiedliche Kundenanteile in den einzelnen Lebenszyklusphasen. Fragt man jetzt, wie groß der Wunsch der Kunden einer Betriebsform nach Selbstbedienung ist, und berücksichtigt man dabei die jeweiligen Kundenanteile, so erhält man für die **Warengruppe »Fleisch und Wurst«** die in Abbildung 3.24 angegebenen Werte.

Abb. 3.24: Ausmaß, in dem die für eine Betriebsform bedeutenden Kundengruppen Selbstbedienung wünschen (Warengruppe »Fleisch und Wurst«)

Betriebsform	Bedeutende Kundenanteile in Phase . . .	Ausmaß, in dem von den bedeutenden Kundenanteilen der Betriebsform bei der Warengruppe „Fleisch und Wurst" Selbstbedienung gewünscht wird
Warenhaus	1, 2, 6, 10	20%
Nachbarschaftsgeschäft	2, 4, 7, 10, 11, 12	15%
Fachgeschäft	7, 10, 11, 12	12%
Verbrauchermarkt	4, 7	11%

Am stärksten äußerten Angehörige der Phase 3 den Wunsch nach Selbstbedienung (31%), am wenigsten taten dies Personen aus Phase 7 (11,2%). Die Extremwerte zeigen, dass selbst bei der Warengruppe »Fleisch und Wurst« eine nicht unbeträchtliche Variationsbreite vorliegt. Bei anderen Warengruppen liegen die Extremwerte teilweise bedeutend weiter auseinander (Beispiel: Herrenoberbekleidung: Minimum 8% in Phase 9, Maximum 50% in Phase 3).

In entsprechender Weise lassen sich die Nachfragergruppen, die die einzelnen Betriebsformen in erster Linie ansprechen, durch weitere Angaben zur Wertschätzung des absatzpolitischen Instrumentariums kennzeichnen.

Die Zusammenhänge für die Bevorzugung einzelner Betriebsformen durch bestimmte Nachfrager bestätigten sich auch auf der Ebene der einzelnen Unternehmung. So wurden die beiden Warenhäuser Horten und Kaufhof jeweils von Personen aus den frühen Lebenszyklusphasen bevorzugt. Es lassen sich deutlich Schwerpunkte der Käuferschaft ausmachen. Eine Analyse der Ergebnisse kann zu Anregungen für betriebspolitische Maßnahmen führen, etwa:
- Soll der Kaufhof versuchen, seinen Marktanteil in dem stark besetzten Segment Nr. 7 zu erhöhen, oder soll er sich vielmehr noch stärker auf die Nachfrager aus den früheren Lebenszyklusphasen spezialisieren?
- Wie soll Horten, das nicht so ausgeprägte Schwerpunkte aufweist, sich verhalten? Soll es weiterhin eine Politik verfolgen, mit der unterschiedliche Käufersegmente angesprochen werden (Breitenpolitik) oder soll es sich auf bestimmte Käufergruppen spezialisieren (Schwerpunktbildung)?

Kleining und Prester (1999) erweitern die traditionellen Lebenszykluskonzepte über die Art der Erwerbstätigkeit des Haupteinkommensbeziehers. Die Autoren sprechen nicht mehr von Lebenszyklen, sondern von Lebenswelten, die sich zum einen durch die Abfolge der Familienformen, zum anderen durch den mit der Berufstätigkeit verbundenen Sozialstatus charakterisieren lassen.

Die Bedeutung des Zielgruppenkonzeptes für den Handel in der Zukunft wird davon abhängen, inwieweit die Bedürfnisse einzelner Kundensegmente differieren und inwieweit der Wettbewerb die Handelsbetriebe zwingt, diesen mit unterschiedlichen Betriebskonzepten zu entsprechen.

(2)   Die Erklärung der Betriebsformenpräferenz mit Hilfe von Einstellungen
Eine häufig verfolgte Vorstellung geht davon aus, dass Nachfrager jene Betriebsformen bevorzugen, denen gegenüber sie die positivste Einstellung haben. Einstellungen können als organisierte und erlernte Bereitschaften relativ dauerhafter Natur verstanden werden, in einer spezifischen Weise auf ein Einstellungsobjekt zu reagieren und damit das Verhalten zu steuern. Oft werden Einstellungen auch als Index der wahrgenommenen Instrumentalität definiert, also inwieweit ein Subjekt ein Objekt oder eine Verhaltensweise als geeignet ansieht, die persönlichen Ziele zu erreichen. In diesen Einstellungswert fließen danach mehrere Einzelurteile ein. Das Konzept ist auch in Abbildung 3.25 dargestellt.

Abb. 3.25: Zum Zusammenhang von Einstellung und Wahl einer Betriebsform

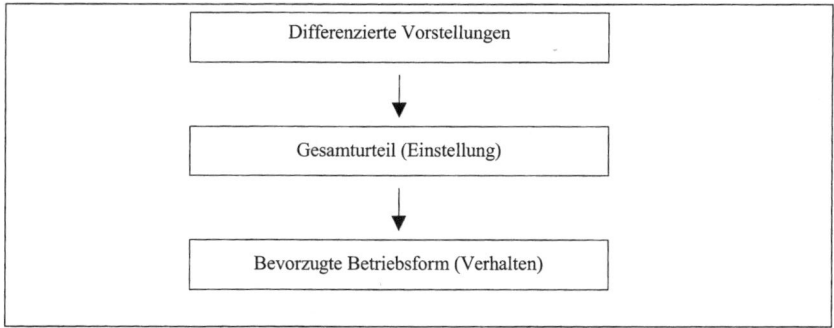

Insbesondere in der Praxis werden die hier angesprochenen Sachverhalte als Image bezeichnet. Auch hier geht es um die Frage, welches Image einzelne Einkaufsstätten haben, wie es gemessen und beeinflusst werden kann und inwieweit theoretisch zu erwarten ist, dass das Image verhaltenssteuernd ist. **Imagemessungen** sind auch in der Praxis weit verbreitet (vgl. M. Heinemann 1976, S. 153-197), wiewohl ihnen dort oft die theoretische Fundierung fehlt.

Einstellungs- bzw. Imageanalysen sollen der Steuerung der Absatzpolitik dienen. Sie sollen Aufschluss darüber geben, wie bestimmend einzelne Sachverhalte für die Einkaufsstättenwahl des Nachfragers sind. Diese Sichtweise ähnelt derjenigen im Marketing, bei der mit Hilfe von Absatzfunktionen die Wirksamkeit einzelner absatzpolitischer Instrumente ermittelt werden soll. Allerdings wird bei den jetzt vorzustellenden verhaltenswissenschaftlichen Ansätzen nicht mehr unmittelbar eine Beziehung zwischen absatzpolitischer Maßnahme und Reaktion hergestellt, sondern die interne Reaktion des Nachfragers wird als vermittelnde Größe hinzugenommen. Dies soll anhand der folgenden, einfachen **Gedankenkette** verdeutlicht werden: Eine Unternehmung gestaltet ihre Absatzpolitik => Nachfrager entwickeln differenzierte Vorstellungen und bilden sich über die Absatzpolitik einzelner Geschäfte ein Urteil => das Urteil bestimmt das Einkaufsverhalten der Nachfrager. Diese Wirkungskette wird im Folgenden näher untersucht, wobei zunächst das Urteil über die Absatzpolitik eines Geschäftes als „Einstellung gegenüber dem Geschäft" bezeichnet wird. Erst nachdem in zwei Vorschritten die Grundstruktur des Modells klargelegt ist (zunächst nur die Wirkung eines absatzpolitischen Instrumentes, dann die Wirkungen mehrerer absatz-

87

politischer Instrumente), wird auf spezielle Probleme der Definition und der Operationalisierung des aus der Sozialpsychologie übernommenen Konstruktes „Einstellungen" eingegangen.

- **Die Variation eines einzigen absatzpolitischen Instrumentes**
Um die Darstellung zu vereinfachen, wird das Prognoseproblem zunächst unter einer Reihe von vereinfachenden Annahmen angegangen. Zu ihnen zählen:

(1) Einziger Aktionsparameter der Absatzpolitik sei der Preis.
(2) Der Erfolg der Maßnahme soll am Absatz (eines Gutes) festgestellt werden.
(3) Änderungen in der Absatzpolitik der Konkurrenz seien auf Grund der Maßnahmen der betrachteten Unternehmung nicht zu erwarten.
(4) Das Gesamteinkaufsvolumen der Nachfrager in Bezug auf das betrachtete Gut sei vorgegeben; die Nachfrager können nur insoweit beeinflusst werden, dass sie die Einkaufsstätte wechseln.

Die Absatzfunktion, hier die Preis-Absatz-Funktion, ist unbekannt, aber der bei einem Preis p_2 erzielte Umsatz wird sich zergliedern lassen, indem Klassen von Nachfragern mit gleichen Einkaufsmengen gebildet werden:

(4) $U^{p2} = (e_1 \cdot p_2) n_1 + (e_2 \cdot p_2) n_2 + ... + (e_m \cdot p_2) n_m$
　　　durchschnittlicher　　　　　　durchschnittlicher
　　　Einkaufsbetrag in　　　　　　Einkaufsbetrag in
　　　Gruppe 1　　　　　　　　　　Gruppe m

U^{p2} = der von der Unternehmung A beim derzeitigen Preis p_2 erzielte Umsatz

e_i = durchschnittliche Einkaufsmenge der zur Gruppe i gehörenden Nachfrager im Unternehmen A, wobei eine Gruppe i dadurch gekennzeichnet ist, dass die von den Nachfragern dieser Gruppe bei der betrachteten Unternehmung gekaufte Menge innerhalb einer bestimmten Bandbreite liegt (i = 1, ..., m)

n_i = Zahl der Nachfrager in Gruppe i (i = 1, ..., m)

Sieht man einmal von den Fällen des Impulskaufes, in denen der Preis eine nachgeordnete Rolle spielt, ab, so kann in vielen Fällen davon ausgegangen werden, dass der Nachfrager sein Verhalten an der Höhe des Preises ausrichtet, d. h., er bewertet die von ihm wahrgenommenen Preise. Das soll zunächst als sein „Eindruck von der Preispolitik des Unternehmens" bezeichnet werden. Die Funktion, die einzelnen Preisen den jeweiligen Eindruck zuordnet, soll als **Eindrucksbewertungsfunktion** bezeichnet werden (vgl. Abbildung 3.26 - rechter Bildteil). Um anzudeuten, dass sich die Eindrucksbewertungsfunktionen einzelner Verbraucher auch auf Grund unterschiedlicher Bedürfnis- und Einkommenssituationen unterscheiden können, sind in dem rechten Bildteil zwei Funktionen eingetragen. Die Eindrucksbewertungsfunktion gibt an, wie ein wahrgenommener Preis, beispielsweise p_2, von einzelnen Nachfragern oder Gruppen von Nachfragern wahrgenommen wird. Entsprechend der Abbildung 3.26 werden niedrige Preise als günstig bewertet, hohe dagegen nicht.

Im linken Bildteil ist angegeben, wie der bewertete Eindruck in Verhalten, hier Kauf, umgesetzt wird **(Eindrucksreaktionsfunktion).** Bei einem Preis von p_2 ist der Eindruck bei Gruppe 1 so günstig, dass er einen Kauf auslöst. Eine Preiserhöhung auf p_3 würde allerdings die Eindrucksbewertung so absenken, dass es auch in dieser Gruppe zu keinem Kauf mehr käme. Umgekehrt lässt sich für eine Preissenkung auf p_1 ablesen, um wieviel die Absatzmenge steigen würde. Aus Vereinfachungsgründen ist nur eine für alle Nachfrager geltende Eindrucksreaktionsfunktion eingezeichnet.

Abb. 3.26: Die Bewertung unterschiedlicher Absatzpreise durch Nachfragergruppen (rechter Bildteil) und die Bedeutung dieser Eindrucksbewertung für das Verhalten (linker Bildteil)

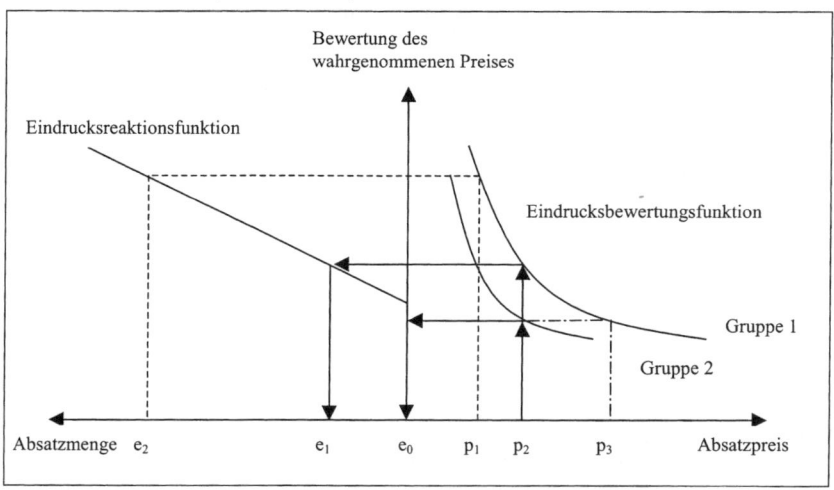

Während in Preis-Absatz-Funktionen unmittelbar Preis und gekaufte Menge gegenübergestellt werden, machen die zwischen e und p eingeschobene Eindrucksbewertungsfunktion und die Eindrucksreaktionsfunktion das zu Stande kommen des Zusammenhanges einsichtig. Einerseits steigt durch diese Erweiterung der Informationsbedarf, andererseits wird aber sichtbar, warum ein Kauf vorgenommen wird oder warum er unterbleibt. So wird z. B. deutlich, dass Gruppe 2 auf den Kauf verzichtet, weil das Urteil über die Preisgünstigkeit zu schlecht ausfällt; der Verzicht auf den Kauf ist nicht darauf zurückzuführen, dass der Eindruck nicht in Verhalten umgesetzt wird.

- **Die Abhängigkeit des Erfolges von der Planung des gesamten absatzpolitischen Instrumentariums**
Bisher wurde aus Gründen der Vereinfachung angenommen, die Unternehmung setze nur ein einziges absatzpolitisches Instrument ein bzw. der Nachfrager bilde sich sein Urteil über die Geschäftspolitik nur auf Grund dieses einen Instrumentes. Jetzt soll berücksichtigt werden, dass die Absatzpolitik durch das gleichzeitige **Nebeneinander mehrerer absatzpolitischer Instrumente** gekennzeichnet ist.

Der Nachfrager wird sein Einkaufsverhalten von dem Gesamteindruck abhängig machen, den er von einer Unternehmung hat.

89

(5) $K_{ij} = f_1 (E_{ij})$

K_{ij} = der Geldbetrag, den ein Nachfrager aus Einkaufsklasse i in Geschäften der Betriebsform j
      verausgabt
E_{ij} = der Gesamteindruck eines Nachfragers in der Einkaufsklasse i von einer Betriebsform j

In den Gesamteindruck werden - evtl. gewichtet - verschiedene Teilaspekte der wahrgenommenen Absatzpolitik einfließen. Eine solche Sicht findet ihre theoretische Rechtfertigung in auf Rosenberg und Fishbein zurückgehende Überlegungen zum Zusammenhang von Einstellung und einzelnen Vorstellungen über das zu beurteilende Objekt (vgl. den Übersichtsartikel von Wilkie und Pessemier, die die zahlreichen Beiträge zu den angesprochenen Modelltypen eingeordnet haben: W. L. Wilkie und E. A. Pessemier 1973; außerdem H. W. Freter 1979).

Das Modell muss also abbilden, wie der Gesamteindruck eines Nachfragers von einer Verkaufsstelle von den von ihm in Betracht gezogenen Eindrücken (Vorstellungen) abhängt. Solche Einzelvorstellungen können die Preisgünstigkeit, die Freundlichkeit des Personals, die Breite des Angebotes, die Einkaufsatmosphäre sein, also:

(6) $E_{ij} = f_2(V_{ijs})$

E_{ij} = Gesamteindruck der Nachfrager in Einkaufsklasse i von einer Betriebsform j
V_{ijs} = Vorstellungen der Nachfrager in Einkaufsklasse i von dem Einzelaspekt s (s=1, ..., s*) bei einem
      Betrieb der Betriebsform j.

Der Ausdruck (6) stellt eine Hypothese (keine Gleichung!) dar, die besagt, dass eindimensional ausgeprägte Einstellungen (Gesamteindruck) mit einzelnen Vorstellungen konsistent verknüpft sind. Die Vorstellungen, die die Nachfrager von einer Verkaufsstelle haben, müssen allerdings nicht mit der Größe übereinstimmen, die die Geschäftsleitung als ihren Aktionsparameter ansieht. So kann zum Beispiel das Urteil eines Nachfragers über die Preisgünstigkeit mit verschiedenen absatzpolitischen Instrumenten beeinflusst werden, natürlich mit der absoluten Preishöhe, aber auch durch entsprechende Werbemaßnahmen, Sonderplazierungen usw.

Es kann also geschrieben werden:

(7) $V_{ijs} = f_3(M_k)$

V_{ijs} = Vorstellung, die die Nachfrager in Einkaufsklasse i von dem Einzelaspekt s (s=1, ..., s*) bei
      einem Betrieb der Betriebsform j haben
M_k = Ausmaß, in dem die absatzpolitische Maßnahme k (k=1, ..., k*) eingesetzt wird

Die Grobstruktur des Modells lässt sich zusammenfassend durch folgende drei Denkstufen kennzeichnen:
(1) Es wird behauptet, dass sich die Nachfrager bei der Geschäftswahl von ihrer Einstellung gegenüber der Verkaufsstelle leiten lassen (Hypothese (5)).
(2) Die globale Einstellung gegenüber einer Verkaufsstelle geht mit differenzierten Vorstellungen über die Verkaufsstelle einher (Hypothese (6)).

(3) Die differenzierten Vorstellungen ergeben sich aus der Absatzpolitik und können dieser als Zielgrößen dienen (Hypothese (7)).

• **Varianten des Einstellungsmodells**
Hypothese (6) wird in der Literatur und in der praktischen Marktforschung häufig durch sog. multiattributive Einstellungsmodelle konkretisiert. Den verschiedenen multiattributiven Einstellungsmodellen ist gemeinsam, dass sie die Einstellung als subjektives Gesamturteil über die Eignung eines Objektes, Geschäftes, einer Betriebsform oder einer Verhaltensweise zu differenzierten Vorstellungen über den beurteilten Gegenstand in Beziehung setzen (vgl. V. Trommsdorff 1975; L. Müller-Hagedorn, 1998a, S. 344–355). Bei den differenzierten Vorstellungen kann es sich um
- die sog. Eindruckskomponente handeln, also wie der Gegenstand subjektiv wahrgenommen wird, und um
- die sog. Gewichtungskomponente, mit der zum Ausdruck gebracht wird, wie wichtig der einzelne Aspekt im Hinblick auf das Gesamturteil angesehen wird.

Diese beiden Gesichtspunkte werden häufig multiplikativ verknüpft und die Produkte werden aufaddiert. Die zentrale Hypothese lautet, dass der Summenwert aus den differenzierten Vorstellungen mit der getrennt erhobenen affektiven Gesamtreaktion (Einstellung) kovariiert, d. h. dass die gefühlsmäßige Reaktion einer Person mit ihren kognitiven und motivationalen Einzelvorstellungen einhergeht. In Abbildung 3.27 ist beispielhaft das Modell von M. J. Rosenberg (1956) dargestellt.

Abb. 3.27: Das Einstellungsmodell von Rosenberg

Das Rosenberg-Modell:

$$A_{ij} = \sum_k y_{ijk} \cdot x_{ik}$$

mit

A_{ij} = Einstellung von Person i zu einem Objekt j, bspw. zu einer Einkaufsstätte

y_{ik} = durch Person i wahrgenommene Instrumentalität von Objekt j bezüglich Ziel k

x_{ik} = Zielwichtigkeit von k für Person i

Beispiel zur Messung:

Bei einem Besuch des Geschäfts xy wird ...

das Ziel Einkaufsbequemlichkeit vollständig verfehlt	das Ziel Einkaufsbequemlichkeit vollständig erreicht

Der Wert/das Ziel »Einkaufsbequemlichkeit« ist ...

Gut	Schlecht

Andere Einstellungsmodelle setzten die affektive Gesamtreaktion (Einstellung) mit Differenzen von idealen und wahrgenommenen Merkmalen des Einstellungsobjektes in Beziehung. Bei Einkaufsstätten können dies Differenzen von erwünschten und wahrgenommenen Ausprägungen absatzpolitischer Instrumente sein. Solche Einstellungsmodelle werden als Idealpunktmodelle bezeichnet. Beispielhaft ist das Modell von Trommsdorff (1975) in Abbildung 3.28 dargestellt. Eine Besonderheit dieses Modells stellt die Tatsache dar, dass keine Gewichtungsfaktoren verwendet werden.

Abb. 3.28: Das Idealpunktmodell von Trommsdorff

Das Idealpunktmodell von Trommsdorff:

$$E_{ij} = \sum_k \left| B_{ijk} - I_{ik} \right|$$

mit

E_{ij} = Einstellung von Person i zu einem Objekt j, bspw. zu einer Einkaufsstätte

B_{ijk} = die von Person i wahrgenommene Ausprägung des Merkmals k (von Objekt j)

I_{ik} = die von Person i als ideal empfundene Ausprägung des Merkmals k

Beispiel zur Messung:

Wie schätzen Sie die Modeorientierung von Geschäft xy ein?

klassisch   trendy

Welche Ausprägung des Merkmals Modeorientierung empfinden Sie als ideal?

klassisch   trendy

Im Folgenden sei an den Ergebnissen einer Pilotstudie verdeutlicht, welche Ergebnisse erzielt werden können, wenn die vorgestellten Einstellungsmodelle (hier das Idealpunktmodell) einer Befragung zu Grunde gelegt werden. Das Beispiel bezieht sich auf den Textileinzelhandel (vgl. auch L. Müller-Hagedorn 1998b).

• **Zur Wahrnehmung einzelner Anbieter**

Wenn gefragt wird, wie Verbraucher Geschäfte in den Beurteilungsdimensionen Preislage, modische Ausrichtung, Erreichbarkeit, Auswahl, Sortimentsbreite usw. beurteilen, fällt eine Fülle von Informationen an, die nicht leicht zu überblicken ist. Es empfiehlt sich, die Informationen in jeweils zweidimensionalen Darstellungen widerzugeben, die, wie auch Abbildung 3.29 zeigt, sehr anschaulich sind. In Abbildung 3.29 sind Preislage und Modeorientierung als Beurteilungsdimensionen ausgewählt. Sie veranschaulicht, dass von den befragten Verbrauchern deutliche Unterschiede zwischen den einzelnen Geschäften gesehen werden. Hennes und Mauritz wird als deutlich trendiger ausgerichtet gesehen als etwa Kaufhof und der Otto-Versand. Die Abbildung informiert auch darüber, wo die Befragten (im Durchschnitt) ihr bezüglich der modischen Ausrichtung und der Preislage ideales Geschäft angesiedelt sehen. Der befragten Gruppe ist das Angebot von H&M im Durchschnitt zu trendig. Dem von ihr angegebenen Idealpunkt liegen Sinn Leffers, Kaufhof und Otto am nächsten. Hennes und Mauritz nimmt in diesem Diagramm praktisch eine Alleinstellung ein. Der Umstand, dass es relativ fern von dem Idealpunkt der Befragten positioniert ist, muss vor dem Hintergrund gesehen werden, dass nicht alle Käuferschichten in die vorliegende Befragung mit einbezogen worden sind.

Entsprechend lassen sich auch die Positionen der einzelnen Geschäfte in den anderen Beurteilungsdimensionen darstellen. Für breit angelegte Untersuchungen wird es sich empfehlen, nicht nur Durchschnittswerte für alle Befragten auszuweisen, sondern nach Gruppen zu differenzieren.

Abb. 3.29: Modeorientierung und Preislage als Segmentierungsmerkmale

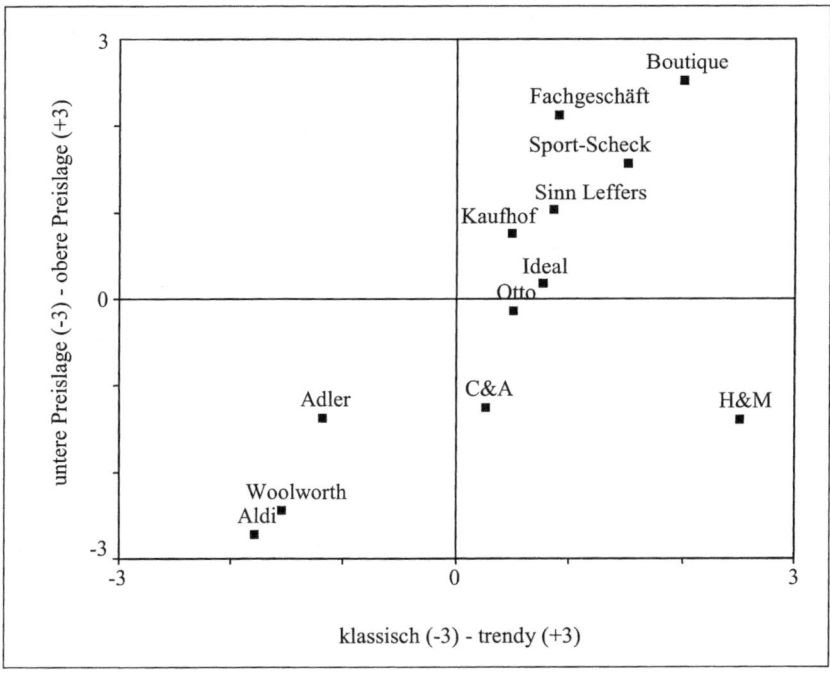

- **Zu den Idealvorstellungen der Verbraucher**

Gerade bei heterogenen Präferenzen der Verbraucher oder unterschiedlichen Wahrnehmungen ist es wichtig, nicht nur durchschnittliche Werte zu analysieren, sondern der Frage nachzugehen, in welchem Ausmaß die Vorstellungen streuen. Selbst in der vorliegenden Befragung mit einer in Bezug auf Alter und Ausbildung relativ homogenen Gruppe (Studenten der Universität zu Köln) ist zu beobachten, dass sich die Vorstellungen der einzelnen Befragten nicht decken. Dies veranschaulicht Abbildung 3.30 am Beispiel der gewünschten Preislage. Die Abbildung zeigt, dass zwar die mittleren Preislagen bevorzugt werden, dass jedoch in fast gleichem Ausmaß Skalenwerte zwischen -1 und + 2 genannt wurden.

Homogener sind dagegen die Vorstellungen der Befragten in Bezug auf die gewünschte Moderichtung. Hier ballen sich die Antworten weitgehend bei den Skalenwerten 1 und 2 zusammen (vgl. Abbildung 3.31).

93

Abb. 3.30: Häufigkeiten idealer Preislagen

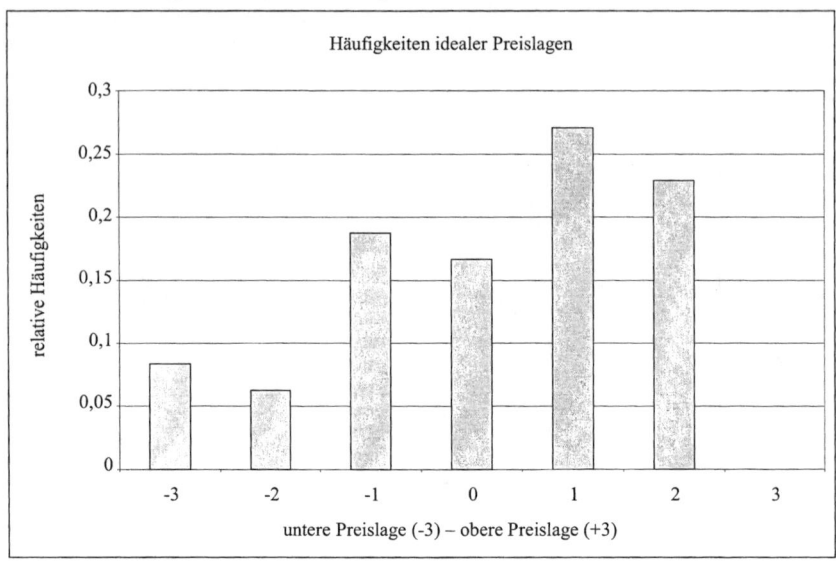

Abb. 3.31: Häufigkeiten idealer Modeorientierungen

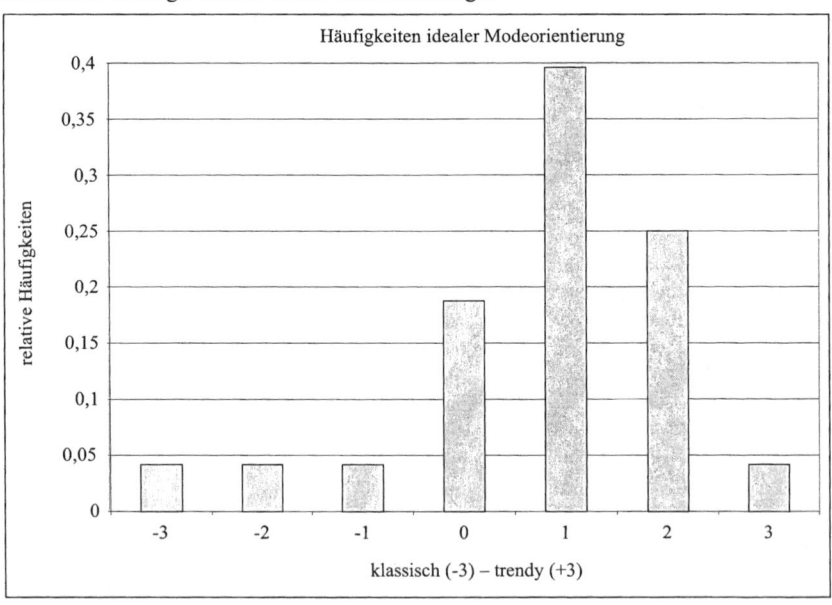

Die Messung von Idealvorstellungen birgt ihre Probleme, denn es bedarf der näheren Untersuchung, ob die Verbraucher sich hinreichend präzise Vorstellungen gebildet haben, um solche bei einer Befragung angeben zu können. Vor allen Dingen ist aber das Problem der Anspruchsinflation zu bewältigen; damit ist gemeint, dass Verbraucher dazu neigen könnten, jeweils die extreme Ausprägung zu benennen, weil sie die Zusammenhänge zwischen den einzelnen Merkmalen, z. B. zwischen Beratung und Preisniveau, nicht berücksichtigen.

- **Die Wichtigkeit einzelner Anforderungen**
Schließlich interessiert, für wie wichtig die einzelnen Vorstellungen von den verschiedenen Geschäften im Hinblick auf den Besuch bzw. die Auswahl eines Geschäftes gehalten werden. Im vorliegenden Beispiel ragen vier Anforderungen heraus: 1. die gute Erreichbarkeit (Nähe), 2. die Auswahl, 3. die gewünschte Moderichtung und 4. die Preislage. Als weniger wichtig wurden die Ladenatmosphäre, die Beratung und die Sortimentsbreite genannt. Die Wichtigkeiten wurden in der vorliegenden Untersuchung mit Hilfe von einfachen Rating-Skalen erhoben, obwohl Zweifel angebracht sein können, ob Verbraucher in der Lage sind, die Bedeutung einzelner Sachverhalte im Hinblick auf die Wahl ihrer Einkaufsstätte zu beziffern. Auf die Diskussion alternativer Messverfahren, wobei insbesondere an die Conjoint-Analyse zu denken ist, sei hier jedoch verzichtet.

- **Zum Zusammenhang von Einstellung und Verhalten**
Die bisherigen Ausführungen mögen den Eindruck aufkommen lassen, dass die Anlage der Untersuchung den Marktforschungsuntersuchungen ähnelt, die man gemeinhin in der Praxis vorfindet. Es sei deswegen noch einmal hervorgehoben, dass nicht nur bestimmte Vorstellungen erfragt werden, sondern dass als Ausgangspunkt die Hypothese gewählt worden war, dass Einstellungen das Verhalten steuern. Nach dieser Theorie stehen die einzelnen Vorstellungen in einem konsistenten Verhältnis zur Einstellung gegenüber einem Geschäft, die ihrerseits wiederum mit dem beobachtbaren Verhalten korreliert. Auf die Prüfung dieses Zusammenhanges wird (leider) in den Marktforschungsuntersuchungen der Praxis oft verzichtet. Erst ein solcher Test zeigt, ob die erhobenen Sachverhalte wirklich für das Kaufverhalten relevant sind. Die Gefahr ist groß, dass in Erhebungen Sachverhalte mit einbezogen werden, die für das tatsächliche Kaufverhalten nicht von Bedeutung sind und die Analyse fehlleiten. Abb. 3.32 geht in verkürzter Weise auf den Zusammenhang zwischen Einstellung und Verhalten ein, indem die Anzahl der Personen, die entweder in dem betreffenden Geschäft in letzter Zeit gekauft haben oder die Absicht verfolgen, dort Einkäufe zu tätigen, dem Einstellungsmittelwert des Geschäfts gegenübergestellt werden. Deutlich ist zu erkennen, dass hohe Kaufbereitschaften nur mit positiven Einstellungen einhergehen.

Abb. 3.32: Zum Zusammenhang von Einstellung und Verhalten

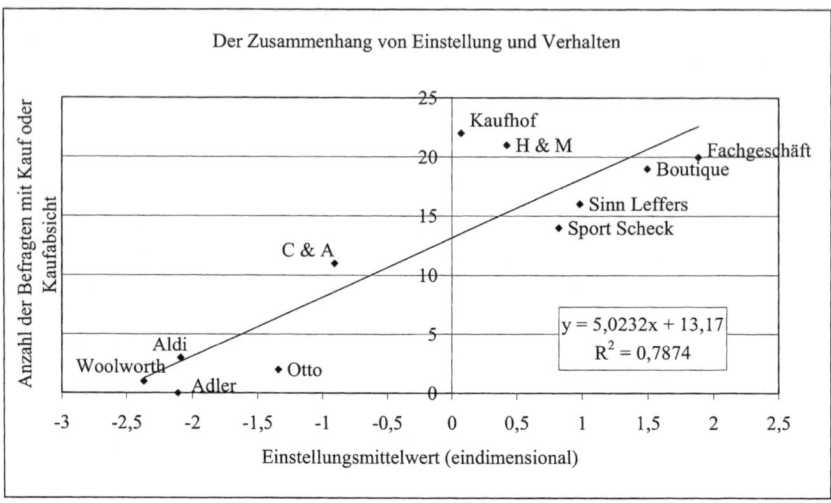

Der Zusammenhang von Einstellung und Verhalten

• **Spezielle Probleme der Verwendung von Einstellungen bei der Erklärung der Einkaufsstättenwahl**

Kein Konstrukt ist wohl im Marketing häufiger als das der Einstellung zur Erklärung von Konsumverhalten herangezogen worden, in den meisten Fällen zur Erklärung der Markenwahl, in einigen Fällen aber auch zur Erklärung der Wahl der Einkaufsstätte. **Einstellungen** werden häufig als hypothetische Konstrukte (intervenierende Variablen) bezeichnet, nämlich als vom Individuum gelernte und relativ dauerhafte Bereitschaften, auf eine bestimmte Reizkonstellation der Umwelt konsistent positiv oder negativ zu reagieren (vgl. z. B. V. Trommsdorff 1975, S. 8). Die mit der Verwendung dieses Konstruktes verbundenen Probleme gehören zum Standardprogramm der verhaltens- orientierten Marketinglehre (vgl. z. B. W. Kroeber-Riel und P. Weinberg 1999). Mit den spezifischen Problemen bei der Verwendung dieses Konstruktes bei **Imageanalysen im Handel** hat sich ausführlich H. Heemeyer (1981) beschäftigt. Im Folgenden sei explizit nur auf ausgewählte Probleme der Imagemessung hingewiesen.

(1)   Ein erstes Problem ist in dem Bezugspunkt zu sehen, auf den sich die zu messende Einstellung beziehen soll. **Bezugspunkt der Einstellung** kann ein Objekt sein, also z. B. eine Betriebsform, ein einzelnes Geschäft oder eine einzelne Abteilung in einem Geschäft, kann aber auch ein bestimmtes Verhalten sein, z. B. der gelegentliche oder regelmäßige Kauf in einem bestimmten Geschäft. Dabei taucht die Frage auf, in welcher Weise einzelne (Teil-) Einstellungen voneinander abhängen (vgl. dazu H. Heemeyer 1981, S. 120-126).

(2)   Ein weiteres Hauptproblem besteht darin, **die Beurteilungskriterien** herauszu- finden, nach denen Konsumenten Einkaufsstätten (oder Teile von ihnen) beurteilen. Dabei sind vor allem zwei Schwierigkeiten zu bewältigen:
- Wie kann sichergestellt werden, dass alle für den Konsumenten wesentlichen Beurteilungskriterien aufgedeckt werden?

- Wie können Überlappungen bzw. Wechselwirkungen zwischen einzelnen Kriterien berücksichtigt werden?

Die Zahl der Kriterien hängt - so hat man den Eindruck - in vielen Untersuchungen in bedeutenden Maße von der in den Studien verwendeten Kreativität des Autors ab. Zuletzt hat C. G. Deppisch (1997) in einer Meta-Analyse dargestellt, nach welchen Kriterien Kunden Einkaufsstätten beurteilen. Um die Kriterien zu ermitteln, werden teilweise nicht-strukturierte (J. H. Kunkel und L. L. Berry 1968), teilweise strukturierte Methoden herangezogen (R. J. Dornoff und R. C. Tatham 1972; R. F. Kelly und R. Stephenson 1967). Die nicht-strukturierten Methoden haben den Nachteil, dass sie nicht mit statistischen Kennzahlen beurteilt werden können und die Interpretation weitgehend von der Kreativität des Untersuchenden abhängt. R. B. Marks (1976) ging das Problem so an, dass er - gestützt auf bereits vorliegende Untersuchungen (vor allem die von May 1971) - einen umfangreichen Katalog (30 Fragen) von Beurteilungskriterien zusammenstellte, den er nach der Erhebung einer Faktorenanalyse unterwarf. Er erhielt die in Abbildung 3.33 ausgewiesenen Ergebnisse (Untersuchungsobjekt war ein Textilfachgeschäft für Damen). Es ist jedoch fraglich, inwieweit die Hauptkomponentenanalyse in der Lage ist, jene voneinander unabhängigen Kriterien herauszurechnen, nach denen Konsumenten Einkaufsstätten beurteilen. Die Wichtigkeit der Kriterien versuchte Marks zu ermitteln, indem er eine schrittweise lineare Regression zwischen der eindimensional erhobenen Insgesamt-Einstellung gegenüber der Einkaufsstätte und den Faktorwerten rechnete. Eine Alternative zu diesem regressionsanalytischen Verfahren besteht darin, die Konsumenten direkt nach der Wichtigkeit der einzelnen Faktoren für ihre Einkaufsentscheidung zu fragen.

(3)   Ein drittes Hauptproblem stellt die Frage dar, von welcher Art die oben erwähnten Funktionen f_1, f_2, f_3 sind. Insbesondere: In welchem Zusammenhang stehen die Vorstellungen und die globale Einstellung (liegt ein linearer Zusammenhang vor)? Müssen die einzelnen Vorstellungen gewichtet werden?

(4)   Schließlich ist viertens zu fragen, wie die einzelnen Aspekte gemessen werden können. Bei Imageanalysen, die sich auf die Theorie der kognitiven Einstellungsmodelle stützen, wird nicht mehr das semantische Differential verwendet, sondern es wird auf Rating-Skalen (= Einschätzskalen, auf denen der Befragte sein Urteil in einem vorgegebenen Bereich abstufen kann) mit objektspezifischen Kriterien zurückgegriffen (vgl. den Überblick bei G. Silberer 1983). Es wurde diskutiert, welche Skalen bei der Imagemessung verwendet werden sollten (vgl. G. Albaum, L. L. Golden und M. R. Zimmer 1987; C. Naranaya 1977). Probleme der Marktforschung behandelt ansonsten J. Wolf (1981).

Abb. 3.33: Kriterien zur Beurteilung eines Textilfachgeschäftes für Damen (Quelle: in Anlehnung an R. B. Marks 1976)

	Merkmal (Kriterium)	
1.	Zeigt die neueste Mode früher als andere Geschäfte	
2.	Verkauft Ware der unteren Qualitätsklasse	
3.	Ware ist ihr Geld wert	
4.	Begrenzte Auswahl	
5.	Führt Markenware	
6.	Führt ausgefallene Waren	Items, die auf Faktor 1 laden
7.	Unordentlich, durcheinander	
8.	Wenig anziehende Innenausstattung	
9.	Konservativ	
10.	Glanzlos	
11.	Altmodisch	
12.	Macht Werbung für Sonderangebote	
13.	Macht glaubwürdige Werbung	
14.	Werbung reizt mich nicht zum Kauf	
15.	Liegt nicht in der Nähe von anderen Geschäften, in denen ich zu kaufen wünsche	Items, die auf Faktor 2 laden
16.	Bequeme Öffnungszeiten	
17.	Bequem zu erreichender Standort	
18.	Gute Parkgelegenheit	Items, die auf Faktor 3 laden
19.	Anziehende Fensterdekoration	
20.	Das Verkaufspersonal ist unfreundlich und unhöflich	
21.	Das Verkaufspersonal ist hilfsbereit	Items, die auf Faktor 4 laden
22.	Das Verkaufspersonal kennt sich mit der Ware aus	
23.	Großzügig beim Umtausch	Items, die auf Faktor 5 laden
24.	Schwierig, auf Rechnung zu kaufen	
25.	Hohe Preise	Items, die auf Faktor 6 laden
26.	Man kann alles auf einmal in dem Geschäft kaufen	
27.	Immer überfüllt	
28.	Geschäft, in dem alle Leute kaufen	
29.	Geschäft, in dem die Leute wie ich nicht kaufen	Items, die auf Faktor 7 laden
30.	Die Ware ist nicht klar ausgezeichnet (Größe, Preis, Pflege)	

Ergänzend zur klassischen Imagemessung werden drei neuere Konzepte diskutiert:

(1) Bei der Conjoint-Analyse werden den Befragten ganzheitliche Betriebskonzepte zum Vergleich vorgelegt. Aus ihren Präferenzangaben sind rechnerisch die Wertschätzungen für einzelne Elemente des Betriebssystems herausgerechnet.

(2) Instrumente der Messung der wahrgenommenen Dienstleistungsqualität werden auf den Handel übertragen. Dabei wird aber nicht auf Merkmale des absatzpolitischen Instrumentariums abgestellt, sondern auf davon abgehobene Beurteilungskriterien wie (vgl. B. Hentschel 1990, S. 230-240):
- die Annehmlichkeiten des tangiblen Umfeldes,
- die Fähigkeit, die versprochene Leistung zuverlässig und akkurat auszuführen,
- die Gewilltheit, dem Kunden bei der Lösung seines Problems zu helfen,
- die Leistungskompetenz,
- das Erfüllungsvermögen.

Abb. 3.34: Kausalmodell zum Zusammenhang von Betriebsformenimage, wahrgenommener Attraktivität und Absatz (Quelle: O. Hupp und H. Schuster 2000, S. 362)

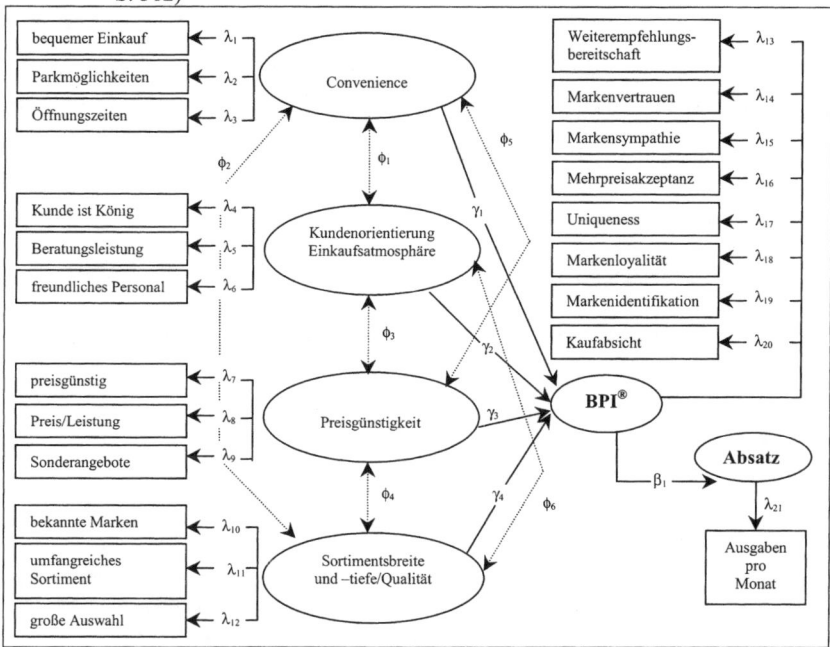

Abb. 3.35: Schätzergebnisse zur Präferenzanalyse für Einkaufsstättenkenner (Quelle: O. Hupp und H. Schuster 2000, S. 364)

Parameter	Discounter	Supermärkte	SB-Verbrauchermärkte
γ_1 (Convenience auf BPI®)	0,02 (n.sign.)	0,07 (n.sign.)	0,16
γ_2 (Kundenorientierung auf BPI®)	0,42	0,49	0,53
γ_3 (Preisgünstigkeit auf BPI®)	0,41	0,37	0,59
γ_4 (Sortiment auf BPI®)	0,17	0,01 (n.sign.)	-0,02 (n.sign.)
β_1 (BPI® auf Absatz)	0,54	0,53	0,52

Am bekanntesten ist das sog. SERVQUAL-Modell (vgl. A. Parasuraman, V. A. Zeithaml und L. L. Berry 1988 und 1991).

(3)   Einstellungsähnliche Ansätze: Während in den vorangegangenen Ansätzen die Einstellung gegenüber einer Betriebsform bzw. einem Geschäft als der zentrale Bestimmungsfaktor für die Einkaufsstättenwahl gesehen wurde, gibt es aus der Praxis der Marktforschung heraus den Vorschlag, als Ziel- und Kontrollgröße die „Markenattraktivität" (Brand Potential, abgekürzt BPI) zu verwenden, die als Konglomerat von mehreren Aspekten gesehen wird, so der Markenbindung, der Kaufabsicht, der Markenbekanntheit, der Uniqueness, der Mehrpreisakzeptanz, der Markensympathie, des Markenvertrauens, der Markenidentifikation und der

Bereitschaft zur Weiterempfehlung. Es ist erkennbar, dass hier Größen der Kundenbindung, der Einstellung und Kaufabsicht gebündelt worden sind (O. Hupp und H. Schuster 2000). Es wird vorgeschlagen, diese Größen zu den üblichen Einstellungsdimensionen (Kriterien) in Beziehung zu setzen. Dabei wird auf die Kausalanalyse zurückgegriffen. Die Koeffizienten geben Hinweise auf die Bedeutung der einzelnen Größen. Abbildung 3.34 zeigt die Struktur des Denkmodells. Abbildung 3.35 vermittelt Hinweise auf die Größenordnung einzelner Koeffizienten. So ist abzulesen, dass Convenience von geringer (und nicht signifikanter) Bedeutung bei Discountern und Supermärkten ist, dagegen von beachtenswerter Bedeutung bei SB-Warenhäusern.

3.2.3 Betriebsformen als Marke

So wie einzelne Marken der Industrie im Wettbewerb stehen, so konkurrieren auch einzelne Handelsorganisationen mit ihren Vertriebsschienen, repräsentiert durch ihre Betriebsformen, miteinander. Von daher ist es nicht erstaunlich, dass vorgeschlagen wurde, die Techniken der Markenführung auch auf Betriebe insgesamt anzuwenden. Aus der „Handelskette soll eine Markenpersönlichkeit geformt werden" (M. Kliger und S. Tweraser 2000).

Das wesentliche Element einer Marke ist nicht so sehr in den Rechten an einem Warenzeichen zu sehen, mit denen Waren im Sinne eines Exklusivrechtes von denen der Wettbewerber abgehoben werden können (dies ist sozusagen nur die notwendige Bedingung für eine Markenpolitik), sondern in den Vorstellungen, die die angesprochenen Kreise mit dem betreffenden Warenzeichen verbinden. So werden ALDI beispielsweise folgende Attribute zugeordnet:
- „Wenn ich da einkaufe, bekomme ich Qualität für mein Geld."
- „Die würden sich nicht trauen, schlechte Ware zu verkaufen."
- „Ich habe das Gefühl, Zeit zu sparen."
Um die internen Reaktionen von Nachfragern auf die Namen von Handels-organisationen zu erfassen, stehen die verschiedenen Konstrukte der Konsumenten-verhaltenstheorie zur Verfügung, wobei im vorliegenden Zusammenhang den Ein-stellungen besondere Bedeutung zukommt. Hiernach gilt es zu erkennen,
- welche kognitiven Reaktionen ausgelöst werden (was weiß der Nachfrager beispielsweise über die Sortimente oder die Preispolitik der Handelsorganisation),
- welche affektiven Reaktionen sich einstellen (mag der Nachfrager die Organisation oder einzelne Sachverhalte) und
- inwieweit Handlungsabsichten vorliegen (in welchem Ausmaß will der Verbraucher seine Einkäufe in einer bestimmten Handelsorganisation tätigen).
In der Praxis wird gelegentlich gefordert, mit rationalen und mit emotionalen Attributen solle ein rationaler und ein emotionaler Nutzen geschaffen werden. Die Begriffe sind jedoch nicht hinreichend. Wenn nämlich das Preis-Leistungsverhältnis bei ALDI als Beispiel für rationalen Nutzen und das Vertrauen der Kunden in ALDI als Beispiel für emotionalen Nutzen genannt wird, dann wird die Unterscheidung ebenso wenig deutlich wie in dem Fall, in dem die emotionalen Attribute dadurch gekennzeichnet werden, dass sie sich direkt auf die Marke beziehen sollen, also deren Persönlichkeit beschreiben (M. Kliger und S. Tweraser 2000, S. 12f.). Mit den Begriffen der traditionellen Konsu-

mentenverhaltenstheorie wird man deswegen sagen, dass eine Handelsorganisation als stark erscheint, wenn eine hinreichend große Zahl von Nachfragern positive Einstellungen gegenüber der Organisation haben, die Vorstellungen den Erwartungen der Nachfrager nahe kommen, wenig streuen (das Bild von der Organisation also scharf ist) und sich gleichzeitig deutlich von denen anderer Handelsorganisationen abheben (was auch mit dem Begriff Unique Selling Proposition zum Ausdruck gebracht wird.)

Handelsorganisationen streben für ihre Verkaufsstellen ein einheitliches Image an, weil sie damit die einzelnen Geschäftsstellen einheitlich positionieren wollen. Dies hätte Vorteile für die interne Steuerung der Sortimente, der Preispolitik, der Ladengestaltung usw. Eine einheitliche Positionierung ist gleichzeitig auch die Voraussetzung für eine einheitliche Imagewerbung. Einer solchen Vereinheitlichung stehen aber gelegentlich die unterschiedlichen Voraussetzungen in einzelnen Marktgebieten entgegen. Hier können sich die Nachfrage oder die Konkurrenzverhältnisse deutlich unterscheiden. Aber auch die internen Voraussetzungen können von sehr unterschiedlicher Natur sein; so können die Geschäftsräume unterschiedlich groß sein, und es kann unterschiedlich qualifiziertes Personal zur Verfügung stehen. Eine Betriebsform als Marke zu etablieren erfordert also, die Geschäftspolitik zu vereinheitlichen. Dies wird nicht immer angebracht sein.

Abb. 3.36: Ergebnisse einer Korrespondenzanalyse für den deutschen Lebensmittelhandel (Quelle: O. Hupp und H. Schuster 2000, S. 358)

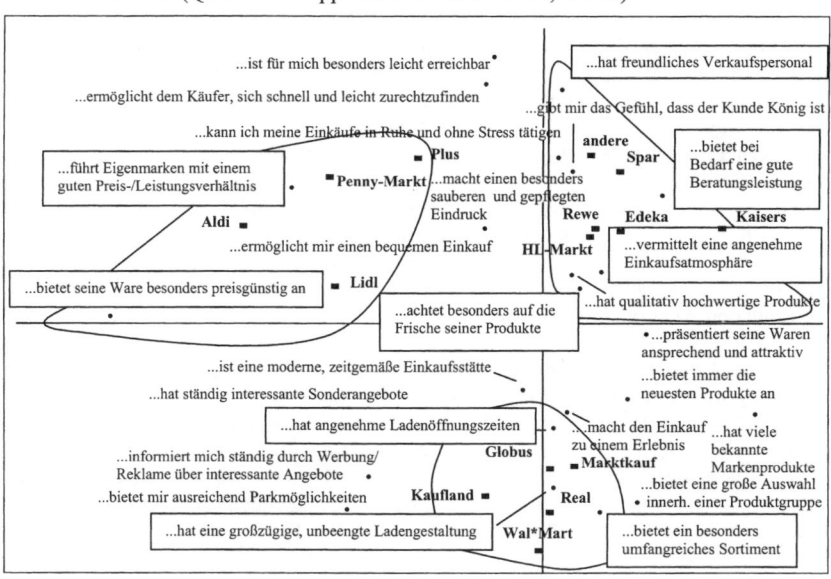

Ein Verfahren, mit dem ermittelt werden kann, inwieweit einzelne Geschäfte als gleich bzw. unterschiedlich beurteilt werden, ist die Korrespondenzanalyse. Sie stellt die zu beurteilenden Geschäfte zusammen mit einer möglicherweise großen Anzahl von Eigenschaften in einem gemeinsamen Raum dar. Abbildung 3.36 enthält ein Beispiel aus dem deutschen Lebensmittelhandel. In der Abbildung ist zu erkennen, dass die in die Untersuchung eingegangenen Geschäfte verschiedene Cluster bilden.

3.2.4 Zu den Versuchen, den Wandel im Handel durch ein „Gesetz von der Dynamik der Betriebsformen" erklären zu wollen (Zwang zum Trading-up)

Ausführungen zum „Wheel of Retailing" oder zum „Gesetz von der Dynamik der Betriebsformen" faszinieren seit Jahrzehnten die Wissenschaftler in vielen Ländern (vgl. den Überblick über die englischsprachigen Beiträge bei S. Brown 1990). In der deutschen Literatur hat insbesondere Nieschlag darauf aufmerksam gemacht, welche Wandlungen die Betriebsformen in den letzten 100 Jahren erfahren haben (R. Nieschlag 1954; R. Nieschlag und G. Kuhn 1980, S. 74-104). Seine Thesen werden zunächst dargestellt, dann wird auf die Kritik an ihnen eingegangen.

3.2.4.1 Darstellung des sog. „Gesetzes von der Dynamik der Betriebsformen"

Nieschlag sieht die **Veränderungen in den Betriebsformen** als **Anpassung an die jeweiligen Wandlungen in der Volkswirtschaft** (z. B. Zusammenballung der Bevölkerung in den Städten im vergangenen Jahrhundert, Motorisierung breiter Bevölkerungsschichten in jüngerer Zeit). Nieschlag fragt, ob es sich dabei um einen **typischen Entwicklungsgang** handele, demzufolge Betriebsformen bestimmte Phasen durchlaufen (R. Nieschlag und G. Kuhn 1980, S. 91). Während A. C. R. Dreesmann (1968) in Anlehnung an M. P. McNair (1931) vorschlug, die Entwicklung der Betriebsformen in drei Phasen einzuteilen, bevorzugt Nieschlag eine Zweiteilung:

(1) Entstehung und Aufstieg,
(2) Reife und Assimilation.

Zur ersten Phase: Entstehung und Aufstieg
Nieschlag meint, die Feststellung, dass die Betriebsformen des Handels, die um die Mitte des vorigen Jahrhunderts aufgekommen seien, ihren Markteintritt einer aktiven Preispolitik zu verdanken hätten, sei auch heute noch gültig. Innovatoren, die neuartige Formen von Handelsbetrieben ersinnen und durchsetzen würden, sähen in einer aggressiven Preispolitik immer noch einen entscheidenden Ansatzpunkt für die Erschließung des Marktes. Auch heute noch würden Pionierunternehmer als „Preisbrecher" angesehen.

Nieschlag nennt **drei Gründe**, warum es Neuerern möglich sei, sich mit einer aggressiven Preispolitik den Zugang zu einem Markt zu verschaffen:

(1) Die Neuerer verstünden es, **günstige Bezugsmöglichkeiten** zu erschließen.

(2) Die sonst im Handel üblichen **Kundendienstleistungen würden reduziert**, oder es würde ganz auf sie verzichtet. Die Geschäftsräume würden bewusst einfach gestaltet, Arbeitskräfte, Räume und sonstige Mittel würden rationell eingesetzt.

(3) Die Politik niedriger Preise erfordere des Weiteren eine **Beschränkung der Sortimente** auf Waren, die rasch umgeschlagen werden könnten. Die branchenüblichen Aufschläge des Handels stellten eine Art „Mischkalkulation" dar, die zwischen Waren mit schnellem und langsamem Umschlag keinen großen Unterschied zu machen pflegten. Ein Verzicht auf die Waren mit langsamem Umschlag würde dazu führen, vergleichsweise hohe Kosten einzusparen und eine kalkulatorische Entlastung der Waren mit hohem Lagerumschlag zu ermöglichen.

Zur zweiten Phase: Reife und Assimilation

Nieschlag weist darauf hin, dass trotz des Erfolgs, den Pionierunternehmer mit dem Preis-Wettbewerb gehabt hätten, nach kürzerer Zeit ein Wandel eintrete, der teils sehr bewusst angestrebt werde, zu dem man sich häufig aber nur sehr widerstrebend entschließe. Die aggressive Preispolitik würde durch den Nicht-Preis-Wettbewerb verdrängt. Dieser Wandel in der Betriebspolitik sei auf **drei Gründe** zurückzuführen:

(1) Unternehmer, die mit einer bestimmten Politik in einen Markt eingedrungen seien, äußerten manchmal schon nach kurzer Zeit, auf jeden Fall aber nach längerem Bestehen ihrer Betriebe, dass sie „nun den Kunden mehr bieten" und ihnen „Neues gezeigt" werden müsse. Dieser Wechsel der Politik sei offenbar in der **Furcht** begründet, **dass die Anziehungskraft ihrer Betriebe nachlassen könne**, dass der Erfolg ihrer Politik auf eine relativ schmale Schicht von Verbrauchern, die preisbewussten Verbraucher, gegründet sei und die Unternehmung diese verlieren könne, wenn nicht „mehr geboten" würde. Als Folge dieses Wandels ergäbe sich eine schrittweise Vergrößerung der Warenauswahl, eine bessere Ausstattung der Geschäftsräume, eine Aufnahme weiterer Dienstleistungen in das Programm (z. B. Warenzustellung, Kreditgewährung) und eine Ausdehnung der Werbung.

(2) Der Erfolg von Pionierunternehmen wird neue Bewerber anziehen, so dass Pionierunternehmer früher oder später **Konkurrenz** durch ihresgleichen erhalten würden. Der Versuch, unter diesem Konkurrenzdruck an der Preispolitik als wichtigstem absatzpolitischen Instrument festzuhalten, erweise sich dann oft als fragwürdig und gefahrvoll, weil Preiskämpfe unter Gleichen leicht ruinös werden könnten oder es zu werden drohten. Die Folge für die ursprünglichen Innovatoren würde dann darin bestehen, dass es zu einer Annäherung zwischen den Innovatoren und den schon vorher bestehenden Handelsbetrieben käme. Mit der Betonung weiterer absatzpolitischer Instrumente näherten sich die Neuerer dann schrittweise den konventionellen Methoden, Handel zu treiben, an. Umgekehrt übernähmen aber auch bestehende Betriebe Elemente der neuen Betriebsformen.

(3) Mitunter würden neue Betriebsformen **nur dann mit bestimmten Waren**, die ihnen zum Ausbau ihrer Sortimente lohnend erschienen, **beliefert, wenn sie Fachabteilungen einrichteten**. Dies gehe dann mit Beratung, Kundendienst- und Garantieleistungen einher.

Nieschlag bezeichnet die Erscheinung, dass in den letzten 100-120 Jahren eine Vielzahl von Betriebsformen aufeinander gefolgt sind, als **„Dynamik der Betriebsformen"**. Die

Dynamik der Betriebsformen äußert sich darin, dass neue Betriebsformen einen Teil ihrer Prinzipien, nach denen sie ihren Weg begonnen haben und mit denen sie erfolgreich waren, nach einiger Zeit wieder aufgeben. Das gelte insbesondere für ihre preispolitische Aktivität. Durch die Aufgabe dieser Politik geben sie neuen Betriebsformen die Möglichkeit, die freigegebene Lücke auszufüllen.

Der Wechsel in dem betriebspolitischen Verhalten neuer Betriebsformen, der Wandel ihrer Konzeption und ihres Images, wird in der angelsächsischen Welt als „Trading-up" bezeichnet. Nieschlag will deutlich machen, „dass es sich dabei um eine Veränderung grundsätzlicher, man möchte fast sagen: schicksalhafter Art handelt, ein Wandel, der kaum noch ein Zurück zur ursprünglichen Konzeption zulässt" (R. Nieschlag und G. Kuhn 1980, S. 99). Die Politik des Trading-up führt zu einem Wachstum der Vorrats- und Anlageinvestitionen, zu einem Rückgang des Kapital- und Lagerumschlages sowie einer erhöhten Kostenbelastung des Umsatzes.

Ein Zurück vom Trading-up zu einer Politik des „Trading-down" sei ungleich schwieriger als die umgekehrte Strategie und nur in sehr begrenzter Form und in ausgesprochenen Ausnahmefällen möglich. Wenn eine bereits länger bestehende Unternehmung eine Strategie der aktiven Preispolitik verfolgen wolle, so empfehle sich für sie, eine Tochtergesellschaft zu gründen. So seien deutsche Warenhausunternehmungen verfahren, als sie in den 20er Jahren begonnen hätten, Einheitspreisgeschäfte zu errichten, um sich wieder in das Geschäft mit Waren in einfacher Ausführung und niedrigeren Preislagen einzuschalten. Eine Politik des Trading-down sei wegen der Gefahr eines ruinösen Preiswettbewerbs so gut wie ausgeschlossen.

Bei dem Gesetz von der Dynamik der Betriebsformen handelt es sich ohne Zweifel um eine höchst bemerkenswerte Beobachtung, so dass es nicht verwunderlich ist, dass dieses Phänomen bis in die Gegenwart theoretisch diskutiert wird (vgl. z. B. W. R. Davidson, A. D. Bates und J. S. Bass 1976; L. Müller-Hagedorn 1985; W. Marzen 1986a; V. Potucek 1987; I. Glöckner-Holme 1988; F. W. Köhler 1990).

3.2.4.2 Beurteilung des „Gesetzes von der Dynamik der Betriebsformen"

Die folgende Stellungnahme zu dem Gesetz von der Dynamik der Betriebsformen geht von der Feststellung aus, dass sich in den Ausführungen von Nieschlag eine Fülle von **Aussagen über das Verhalten von Wirtschaftssubjekten** findet. Das zeigt folgende beispielhaft ausgewählte Aussage:

> „Die Innovatoren, die neuartige Formen von Handelsbetrieben ersinnen und durchsetzen, sehen in einer aggressiven Preispolitik einen entscheidenden Ansatzpunkt für die Erschließung des Marktes" (R. Nieschlag und G. Kuhn 1980, S. 91).

Diese Aussage lässt sich auch in die bei der Formulierung von nomologischen Aussagen häufig verwendete Wenn-dann-Formulierung umsetzen:

> „Wenn Innovatoren neuartige Formen von Handelsbetrieben ersinnen und durchsetzen, dann sehen sie in einer aggressiven Preispolitik einen entscheidenden Ansatzpunkt für die Erschließung des Marktes."

Da es sich um den Versuch handelt, eine Gesetzesaussage zu formulieren, kann die Beurteilung anhand der hierfür üblichen wissenschaftstheoretischen Kriterien vorgenommen werden. So lässt sich die Aussage

(1)   nach ihrer Allgemeinheit und Bestimmtheit und
(2)   nach ihrer Wahrheit und ihrem Informationsgehalt

beurteilen (K. Chmielewicz 1994).

Zu (1) Allgemeinheit und Bestimmtheit
Die Allgemeinheit der Aussage bestimmt sich auf Grund der Wenn-Komponente und wird auch als ihre Universalität bezeichnet. In die obige Aussage sind alle Innovatoren, die neuartige Handelsbetriebe ersinnen, eingeschlossen. Die Allgemeinheit der Aussage ist also erkennbar, wenn auch wünschenswert gewesen wäre, dass Nieschlag dem Leser eine Hilfe gegeben hätte, wie er feststellen kann, ob eine neuartige Form von Handelsbetrieben vorliegt. Fraglich könnte sein, ob eine solche bereits vorliegt, wenn die Verkaufsfläche vergrößert wird (also z. B. die Eröffnung von Verkaufsstellen mit 400 qm Verkaufsfläche, als die durchschnittliche Verkaufsfläche noch bei 100-150 qm lag), wenn zu den bisherigen Sortimenten eine neue Artikelgruppe hinzugenommen wird usw. Die Wenn-Komponente lässt also noch sehr viele, sehr verschiedene Operationalisierungen zu.

Problematischer ist jedoch die Formulierung der Dann-Komponente, durch die die Bestimmtheit (Präzision) der Aussage festgelegt wird. Dieser Teil der Aussage lautet:

> „..., dann sehen sie (die Innovatoren) in einer aggressiven Preispolitik einen entscheidenden Ansatzpunkt für die Erschließung des Marktes."

Die Problematik rührt auch hier aus der Verwendung weitgehend unbestimmter Begriffe wie:
- aggressiv: Wie ist die Aggressivität zu messen, an welches Ausmaß der Aggressivität denkt Nieschlag?
- entscheidender (Ansatzpunkt): Wie wird die Entscheidungsrelevanz gemessen, um wieviel liegt sie über der für andere Faktoren, wie z. B. derjenigen der Standortpolitik, der Sortimentspolitik usw.?

Versuchte man diese Unbestimmtheit in der Formulierung zu beseitigen, so könnte die Aussage etwa den Wortlaut annehmen:

> „Wenn Handelsbetriebe gegründet werden, die von den meisten Käufern in diesen Betrieben als in ihrer Geschäftspolitik neuartig bezeichnet werden, dann realisieren diese Geschäfte mindestens im ersten Jahr eine Preispolitik, bei der das durchschnittliche Preisniveau des Betriebes niedriger ist als das jener Betriebe, die sie als Konkurrenzbetriebe ansehen."

Diese Formulierung unterscheidet sich von der ursprünglichen in einigen Punkten: die Niedrigpreispolitik soll im ersten Geschäftsjahr zu beobachten sein, es wird ein Hinweis gegeben, wann neuartige Geschäfte vorliegen, und es wird angedeutet, mit welchen Betrieben das Preisniveau zu vergleichen ist. Dennoch ist nicht zu übersehen, dass die Aussage auch jetzt noch nicht falsifiziert werden kann und es dazu einer noch schärferen Formulierung bedarf.

Zu (2) Wahrheit und Informationsgehalt

Eine Aussage kann weiterhin auf ihren Wahrheitswert und ihren Informationsgehalt hin untersucht werden. Da die Aussagen Nieschlags nicht aus allgemeineren Aussagen abgeleitet werden - ein Anliegen, dem in vielen Fällen das besondere Interesse des Theoretikers gilt -, ist hier nicht die logische, sondern die faktische Wahrheit der Aussagen zu überprüfen. Kontrollinstanz für die faktische Wahrheit ist die Realität. Es wäre also an empirischen Daten zu überprüfen, inwieweit Aussagen der oben dargestellten Art als empirische Phänomene beobachtet werden können bzw. ob bestimmte Aussagen als falsifiziert zurückgewiesen werden müssen. Nieschlag begründet die Gültigkeit seiner Aussage mit einigen Beispielen (z. B. Erfolg der Versandgeschäfte). Es lassen sich aber auch Gegenbeispiele benennen (Boutiquen, Einkaufszentren, Franchisesysteme). Die Gegenbeispiele legen es nahe, die Wahrheit der Aussage über eine Einschränkung der Allgemeinheit wiederherzustellen.

Ein wachsender Informationsgehalt einer Aussage ergibt sich mit steigender Allgemeinheit der Wenn-Komponente und steigender Bestimmtheit der Dann-Komponente (vgl. K. R. Popper 1994). Die Dann-Komponente darf nicht aus der Wenn-Komponente folgen, wenn der Informationsgehalt nicht auf Null sinken soll. Die Aussage Nieschlags weist insofern einen Informationsgehalt auf, als sie andere geschäftspolitische Maßnahmen als weniger bedeutend als die Preispolitik bezeichnet.

Wenn man die von Nieschlag angeregten Aussagen als korrekte Wiedergabe empirischer Phänomene ansieht, bleibt die Frage, ob solche Phänomene erklärt, d. h. aus Aussagen allgemeinerer Art abgeleitet werden können. Hierzu lassen sich bei Nieschlag einige Ausführungen finden, die als **Hinweise** auf mögliche Erklärungen angesehen werden können, insbesondere wohl,
- dass bei Personen, die Handelsbetriebe leiten, die einige Zeit auf dem Markt sind, die Aktivität verlorengeht,
- dass bestehende Unternehmungen weniger in der Lage sind, günstige Bezugsmöglichkeiten zu erschließen,
- dass eine Furcht besteht, mit einer Niedrigpreispolitik Verbraucher nicht auf Dauer binden zu können,
- dass der Konkurrenzdruck auf dem Niedrigpreismarkt wegen Neu-Hinzutretender, die ebenfalls die Niedrigpreispolitik anwenden, immer stärker werde, so dass in andere Bereiche mit geringerem Konkurrenzdruck ausgewichen werden müsse,
- dass die neue Politik von den bestehenden Anbietern übernommen und so die Seltenheit der Position zerstört werde.

Wir haben uns bisher ausschließlich auf die Aussage, Innovatoren würden stets eine Niedrigpreispolitik betreiben, bezogen. Nieschlag macht in diesem Zusammenhang eine Reihe weiterer All-Aussagen, die als erklärungsbedürftig angesehen werden müssen. Zu ihnen zählt insbesondere, dass es sich bei dem Trading-up um eine Veränderung grundsätzlicher, fast möchte Nieschlag sagen schicksalhafter Art handelt, einen Wandel, der kaum noch ein Zurück zur ursprünglichen Konzeption zulässt. Auch diese und die weiteren bei Nieschlag anzutreffenden Aussagen lassen sich auf die oben dargestellte Art diskutieren. Darauf sei hier jedoch verzichtet.

Wir können als **Ergebnis** festhalten: Die Ausführungen von Nieschlag zeigen einige bemerkenswerte empirische Phänomene auf (häufig starke Preisaktivitäten in der

Gründungsphase und ein Trading-up im späteren Verlauf), sie führen auch einige Gründe für diese Phänomene an, jedoch zeigen sich folgende Mängel:
- Allgemeinheit und Bestimmtheit der implizit zu Grunde gelegten Hypothesen sind verschwommen; eine exaktere Formulierung wäre wünschenswert gewesen.
- Der Wahrheitswert der Aussagen wird in der vorliegenden Fassung durch einige Gegenbeispiele in Frage gestellt (Einkaufszentren, Boutiquen, Nachbarschaftsgeschäfte).
- Die beschriebenen empirischen Phänomene werden zwar durch einige Argumente gestützt, jedoch fehlt eine Erklärung dieser Tatbestände durch Rückgriff auf allgemeinere Aussagen.

Will man diese Mängel beseitigen, so wird man zunächst das zu erklärende Phänomen benennen müssen. In der Literatur (A. Woll 1964; D. Moser 1974; S. C. Hollander 1960) wird meist das „Entstehen neuer Betriebsformen", das „Trading-up neuer Betriebsformen nach einer bestimmten Zeit" und „der Niedergang einiger Betriebsformen" als Ausgangspunkt genommen. Dabei werden, wie Abbildung 3.37 zeigt, in der Literatur eine Reihe von Gründen benannt, die auf den Prozess der Entstehung und Veränderung der Betriebsformen einwirken.

Allen Theorien ist eigen, dass neue Betriebsformen mit Hilfe niedriger Preise in den Markt eindringen und später ihr Preisniveau an das der traditionellen Betriebsformen anpassen. Dieses Angleichen der Preise wird von der Ausdehnung des Sortiments und der Kundendienstleistungen, einer kostenintensiveren Ausstattung der Geschäftsräume und vermehrter Werbung begleitet.

Alle Erklärungsversuche können nicht befriedigen. Sie versuchen, den Erfolg neuer Betriebsformen auf den Einsatz eines einzigen absatzpolitischen Instrumentes zu reduzieren. Dass dies unzulässig ist, zeigen Beispiele wie Einkaufszentren, Nachbarschaftsgeschäfte, Boutiquen. Die Theorien vernachlässigen mithin die Variationen, die neue Betriebsformen bei den übrigen absatzpolitischen Instrumenten bieten (insbesondere im Sortiment, bei der Wahl des Standortes, bei den Park- und Transportmöglichkeiten). Außerdem widmen die Theorien dem Tatbestand, dass unterschiedliche Betriebsformen nebeneinander bestehen, wenig Aufmerksamkeit. Es ist eben nicht so, dass ein Assimilierungsprozess neu gegründeter Betriebe so abläuft, dass alle Betriebe den gleichen Entwicklungspfad einschlagen, nur verschieden weit fortgeschritten sind. Die Struktur der einzelnen Betriebe, wie sie sich im Einsatz der absatzpolitischen Instrumente spiegelt, ist deutlich unterschiedlich. Wegen dieser Vielseitigkeit des Marktzutritts und der Entwicklungsmöglichkeiten ist es verständlich, dass F. W. Köhler (1990) die von Nieschlag in den Mittelpunkt gestellten Trading-up Strategien um drei weitere ergänzt:
- die High-level-trading-Strategie: Betriebsformen, bei denen andere absatzpolitische Instrumente die Preispolitik dominieren (beispielsweise bei Geschäfts-City-Passagen, Spezialgeschäften, Heimdiensten).
- die Trading-down-Strategie: Insbesondere bei Mehrfachstrategien treten neben hochpreisige Betriebsformen auch solche mit einer Niedrigpreispolitik (z. B. bei den Discountern der Lebensmittelfilialisten oder den „Schnäppchenmärkten").
- die Low-level-trading-Strategie: Beibehaltung einer Niedrigpreispolitik.

Köhler benennt für jede dieser vier Strategien eine Vielzahl von Beispielen. Er lässt sich damit auf die an Nieschlags Thesen geäußerte Kritik ein, indem er unterschiedliche Entwicklungsmöglichkeiten aufzeigt; gleichzeitig verlieren die Aussagen aber auch ihre theoretische Fundierung, da zwar Handlungsmöglichkeiten aufgezeigt werden, aber kaum analysiert wird, unter welchen Umständen die genannten Strategien realisiert werden sollten. Hier hat die weitere Forschung anzusetzen.

Abb. 3.37: In der Literatur genannte Bestimmungsfaktoren für das Entstehen, das Trading-up und den Niedergang von Betriebsformen

Empirisch zu beobachtendes Phänomen	Mögliche Gründe	Autor
Entstehen neuer Betriebsformen	- die Verstädterung	Nieschlag
	- die starre Haltung der im Markt tätigen Händler	Nieschlag
	- der Kostenvorsprung neuer Betriebsformen (bessere Kalkulationsbasis, höhere Umschlagsgeschwindigkeit, rationellere Betriebsführung)	Woll
	- staatliche Wirtschaftspolitik	Woll
	- Struktur und Verhalten der Industrie	Woll
	- Aktivitäten der Verbraucher	Woll
Trading-up von Newcomern	- die Marktenge, die durch das Auftreten weiterer Newcomer entsteht	Nieschlag
	- der Glaube, dass niedrige Preise und beschränktes Angebot die Nachfrager nicht auf Dauer an den Betrieb binden	Nieschlag
	- sinkendes Kostenbewusstsein bei einem Wechsel des Managements und auf Grund der intensiven Werbung für Betriebseinrichtungen in den Fachzeitschriften	Hollander
	- langfristig ansteigender Lebensstandard	McNair
Niedergang bestehender Betriebsformen	- überschüssige Handelskapazitäten	McNair

Ausgewählte Literaturempfehlungen

Die **strategische Planung im Handel** ist Gegenstand verschiedener Monografien. Stellvertretend sollen für den Einzelhandel G. Drexel (1981) und R. Hartmann (1992) genannt werden, für den Großhandel D. P. Russi (1993).

Mit Aspekten der strategischen Unternehmensführung aus Sicht der Industrieökonomik beschäftigt sich M. E. Porter (1999, 2000). Die Habilitationsschrift von A. Gröppel-Klein (1998) widmet sich **Wettbewerbsstrategien** für den Einzelhandel. Mit der Discountstrategie beschäftigt sich die Dissertation von A. Haas (2000). Erlebnisstrategien werden z. B. bei P. Weinberg (1992) diskutiert. Zielgruppenkonzepte für den

Handel werden in Beiträgen von L. Müller-Hagedorn (1978a), W. Leven (1979), H. Diller (1990) und A. Gröppel (1990) behandelt. Auf verschiedene Segmentierungsansätze gehen auch C. A. Schmitz und B. Kölzer (1996) ein.

Die strategischen **Planungsinstrumente** von Ansoff und Abell sowie die Wertkettenanalyse werden in allen gängigen Lehrbüchern zum strategischen Marketing behandelt. Zur Übertragung der Wertkettenanalyse auf den Handel sei der Beitrag von W. Esser (1989) empfohlen. Beiträge zur Erfolgsfaktorenforschung, auf die hier nicht ausführlicher eingegangen wurde, finden sich bei L. Hildebrandt (1986), L. Hildebrandt und V. Trommsdorff (1989), P.-J. Patt (1987), C. Kube (1991), P. Wahle (1991), H. Schröder (1994), R. Kalka (1996) und M. Eickhoff (1997).

Einen Überblick über **verhaltenswissenschaftliche Theorien zur Wahl von Einkaufsstätten** vermittelt die Arbeit von M. Heinemann (1976). Mit den dabei auftretenden speziellen Problemen der Bewertung von einzelnen Geschäften oder Abteilungen und den Konsequenzen für die Messung der jeweiligen Images beschäftigt sich H. Heemeyer (1981). Aufschlussreich ist der Beitrag von G. Silberer zu Einstellungen und Werthaltungen (1983). Zum Familienlebenszykluskonzept seien die empirischen Untersuchungen von L. Müller-Hagedorn (1978a; 1984a) empfohlen.

Neuere empirische Arbeiten zur Einkaufsstättenwahl und –treue stammen von K. Bruchmann (1990), C. Ahrend-Fuchs (1995), G. Koch (1995), T. Goerdt (1999) und P. Kreller (2000).

Zur Bestimung der Attraktivität einzelner Betriebsformen bzw. Einkaufsstätten soll neben den in diesem Buch dargestellten Ansätzen auf Arbeiten von H.-J. Theis (1992) und H. Woratschek (1992) hingewiesen werden. Ein Beispiel zur **Einkaufsstättenpositionierung** mit Hilfe der Korrespondenzanalyse findet sich bei O. Hupp und H. Schuster (2000).

Schließlich soll auf I. Glöckner-Holme (1988) verwiesen werden, die sich in ihrem Buch mit dem **Betriebsformen-Marketing** befasst hat.

D. Ahlert, P. Kenning und D. Schneider (2000) übertragen **Erkenntnisse aus dem Markenmanagement** auf Betriebsformen bzw. Vertriebslinien.

Das **Gesetz von der Dynamik der Betriebsformen** wurde in der Bundesrepublik Deutschland besonders durch Nieschlag bekannt (R. Nieschlag und G. Kuhn 1980, S. 74-104). Die ältere Diskussion über dieses Gesetz wird ausführlich von D. Moser (1974) dargestellt. Später griffen u. a. L. Müller-Hagedorn (1985), W. Marzen (1986a) und F. W. Köhler (1990) die Diskussion wieder auf.

4   Entscheidungen über den Standort

Insbesondere im Einzelhandel zählen Entscheidungen über den Standort zu den zentralen Erfolgsfaktoren. Dies hat seine Ursache in dem Umstand, dass in den meisten Fällen mit dem Standort die Entfernung zum Kunden festgelegt wird (abgesehen vom Versandhandel) und diese Entfernung beim Kunden zu den wichtigen Auswahlkriterien bei der Wahl seiner Einkaufsstätte zählt. Außerdem werden durch die Wahl eines Standortes meist große Geldbeträge über einen längeren Zeitraum gebunden, sei es weil Gebäude errichtet und eingerichtet werden oder weil langfristige Mietverträge geschlossen werden müssen. Jede Fehlentscheidung kann gravierende Folgen auslösen.

• **Typen von Standorten**
In Handelsunternehmungen sind Entscheidungen über den Standort in unterschiedlichen Zusammenhängen zu treffen. Allgemein gesehen handelt es sich bei einem Standort um jenen geografischen Ort, an dem die Unternehmung zum Zweck der Erreichung ihrer Ziele Produktionsfaktoren kombiniert. Die Standortplanung befasst sich mithin mit der Auswahl jener geografischen Orte, an denen der Kombinationsprozess vorgenommen werden soll. Diese Definition erfasst sowohl **die Standorte des Ladenhandels** als auch **des Versandhandels** oder **der Heimdienste**. Im Ladenhandel sind nicht nur die Flächen zu planen, die unmittelbar dem Verkauf dienen (**Verkaufsfläche**), sondern die gesamte **Nutzfläche**, die auch die Nebenraumflächen umfasst, wie insbesondere Parkeinstellplätze, Freiflächen, Lagerräume, Büroräume, Nebenräume (eine detaillierte Liste solcher Flächenarten und praktische Hinweise zu ihrer Planung enthält eine Schrift der BAG 1979, insbesondere S. 41-68). Die folgenden Ausführungen beziehen sich vor allem auf die Verkaufsfläche des Ladeneinzelhandels, weil vorrangig untersucht werden soll, in welchem Zusammenhang Umsatz und Standortplanung stehen. Das Problem der Aufteilung der Verkaufsfläche, das auch als **innerbetriebliche Standortplanung** bezeichnet wird, wird in Kapitel 9 behandelt.

Auf Probleme der **Standortplanung für Lagerhäuser** (Verteilzentren) wird hier nicht eingegangen (vgl. dazu H. Tempelmeier 1980).

• **Besonderheiten von Standortentscheidungen im Handel**
Standortentscheidungen im Handel und in der Industrie haben gemeinsam, dass durch sie relativ langfristige Wirkungen ausgelöst werden, es sich also in jedem Fall um ein Investitionsproblem handelt. Standortentscheidungen im Handel weisen aber auch Besonderheiten auf.

(1)   Auswirkungen von Standortentscheidungen auf den Umsatz müssen besondere Beachtung finden. Im Handel wird die Standortentscheidung in vielen Fällen als **absatzpolitisches Instrument** anzusehen sein, während in der Industrie der Umsatz in geringerem Maße von dem geografischen Standort abhängig ist. Die größte Schwierigkeit bei der Beurteilung von Standorten liegt in der Umsatzprognose für

neue Standorte. Deshalb hat die Frage, wie Umsätze für bestimmte Standorte prognostiziert werden können, in diesem Kapitel den herausragenden Stellenwert.

(2) Häufig muss die **Planung mehrerer Standorte aufeinander abgestimmt werden** (Planung eines Verkaufsstellennetzes). Dies führt zu zwei Auswirkungen, wenn als Zielgröße die Differenz zwischen Ein- und Auszahlungen unterstellt wird:

a) Es sind die Beziehungen zwischen den einzelnen Standortentscheidungen im Hinblick auf die entstehenden bzw. vergangenen Auszahlungen zu erfassen (z. B. ausgelöst durch eine gemeinsame Zentrale für mehrere Verkaufsstellen, durch einen gemeinsamen Einkauf, durch eine gemeinsame Logistik) – damit ist die **auszahlungswirksame Interdependenz von Standortentscheidungen** angesprochen.

b) Es sind die Beziehungen zwischen den einzelnen Standortentscheidungen im Hinblick auf die entstehenden Einzahlungen zu erfassen. Konkret heißt das: Gibt es zwischen einzelnen Filialen eine innerbetriebliche Konkurrenz, so dass eine Filiale Umsatz auf Kosten einer anderen Filiale derselben Unternehmung gewinnt, oder profitiert eine einzelne Filiale davon, dass die Unternehmung in einem Absatzgebiet durch die Eröffnung weiterer Filialen den Marktanteil erhöht? Es geht um die **erlöswirksame Interdependenz von Standortentscheidungen** und damit um die Frage, wie viele Outlets in einem Gebiet angesiedelt werden sollten (Vgl. G. L. Lilien und A. G. Rao 1974; V. Mahajan et al. 1988).

(3) Die Standortplanung führt in vielen Fällen zu einer **standortspezifischen Anpassung** der Geschäftspolitik. In Filialorganisationen mag es zwar das Bestreben geben, Betriebstypen mit einheitlichem Erscheinungsbild zu multiplizieren, aber individuelle Gegebenheiten können zu einer Anpassung zwingen. Angebotene Standortlagen verfügen häufig über unterschiedlich große Flächen, sie unterscheiden sich in ihrer Architektur, die Nachfrager weisen unterschiedliche Präferenzen auf usw. Das führt dazu, dass Layout und Sortimentsplanung oft standortspezifisch angepasst werden müssen. Trotz des Strebens nach Vereinheitlichung kann so nach einiger Zeit ein heterogenes Filialnetz vorliegen. So haben J. D. Lord und J. Lundregan (1999) an konkreten Fällen dargestellt, dass sich nicht nur die Fläche der Verkaufsstellen einer Filialorganisation stark unterscheidet, sondern dass die Streubreite auch noch groß bleibt, wenn man sie auf die Größe des jeweiligen regionalen Marktes bezieht, d. h. in relativ kleinen Märkten gab es auch große Verkaufsstellen, in großen Märkten auch kleine. Dies macht deutlich, dass es angebracht sein kann, Standortwahl und die Planung anderer Parameter, wie insbesondere die Größe und die Aufteilung der Verkaufsfläche, simultan zu behandeln.

- **Phasen einer Standortplanung**

Im Fall der Planung neuer Standorte lässt sich die Standortplanung in vier Phasen unterteilen (die Vorgehensweise in der REWE-Gruppe erläutert H. Greiner 1997):

(1) die **Suche** nach Standorten,

(2) die **Bewertung** von Standorten, zunächst in Form einer Vorselektion, dann mit einer detaillierten Analyse, die sich auf eine Ermittlung relevanter Merkmale be-

111

zieht, eine Nachfrager- und Konkurrentenanalyse umfasst und in eine Rentabilitätsrechnung einmündet,

(3)   die **Auswahl** von Standorten,
(4)   die **Inbetriebnahme** eines Standortes.

4.1   Elemente einer Standortentscheidung

Auch bei der Standortplanung kann zwischen Handlungsmöglichkeiten, Zielgrößen und Umweltgrößen (Bestimmungsfaktoren) unterschieden werden.

• **Mögliche Standorte**
Oft werden einer Handelsunternehmung für die Errichtung von Verkaufsstellen zahlreiche Standorte angeboten. Obwohl sie sich alle in ihren geografischen Koordinaten unterscheiden, werden sie nicht alle einer Prüfung unterzogen, sondern häufig kommen nur Standorte einer bestimmten **Standortlage** in Frage. Abbildung 4.1 gibt einen Überblick über solche Standortlagen und gibt erste Hinweise, von welchen Betrieben solche Lagen häufig in Anspruch genommen werden.

Abb. 4.1:   Standortlagen

	Standortlage	häufig bevorzugt von	bevorzugte Güterarten
Typ 1	- in großer räumlicher Nähe zu den Wohnorten der Haushaltungen, die als Kunden gewonnen werden sollen	- Nachbarschaftsgeschäften - Lebensmittelfilialbetrieben	- regelmäßig anfallender Bedarf - geplante, routinierte Einkäufe - Einkäufe, die zu Fuß erledigt werden
Typ 2	- in großer räumlicher Nähe zu Konkurrenzbetrieben	- Fachgeschäften (z. B. Möbelhandlungen)	- Güter, deren Beschaffung eingehende Informationssuche erfordert
Typ 3	- in großer räumlicher Nähe zu Betrieben mit ergänzendem Sortiment	- Fachgeschäften	
Typ 4	- in großer räumlicher Nähe zu Passantenströmen	- relativ kleinen Geschäften	- Güter mit hohem Impulskaufanteil
Typ 5	- verkehrsgünstig gelegen	- Geschäften mit großem Flächenbedarf, wie z. B. Verbrauchermärkte oder Convenience Shops	- Güter mit hohem Flächenbedarf - Ergänzungsbedarf

Bei den Angaben in Abbildung 4.1 handelt es sich um eine grobe Klassifikation für unterschiedliche Standortlagen und um vereinfachende Faustregeln für die Wahl eines Standortes; sie reichen im konkreten Fall natürlich nicht aus, um eine Standortentscheidung begründen zu können. Standortlagen lassen sich in unterschiedlicher Weise typologisieren, wobei häufig zunächst auf Innenstadtlagen und die peripheren

112

Lagen (die sog. Grüne Wiese) hingewiesen wird. Abbildung 4.2 enthält eine weiter differenzierende Typologie.

Abb. 4.2: Typologien von Standortlagen

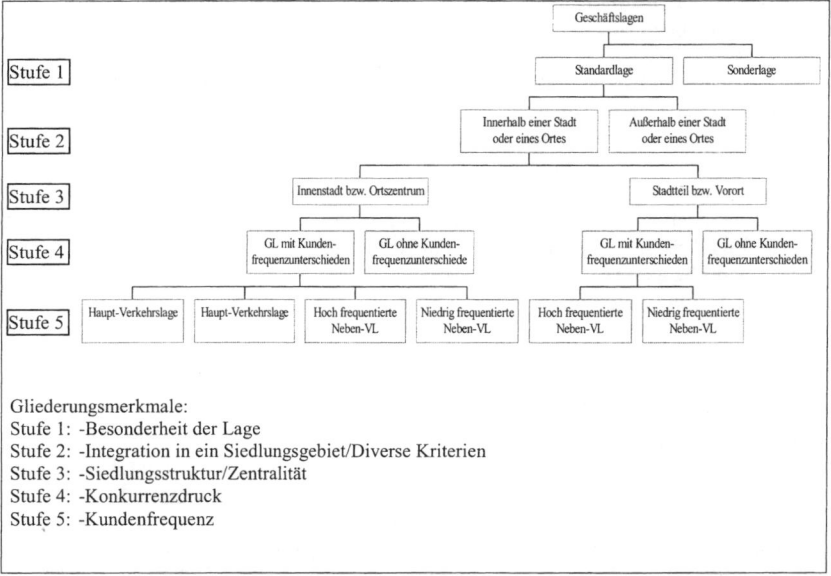

Gliederungsmerkmale:
Stufe 1: -Besonderheit der Lage
Stufe 2: -Integration in ein Siedlungsgebiet/Diverse Kriterien
Stufe 3: -Siedlungsstruktur/Zentralität
Stufe 4: -Konkurrenzdruck
Stufe 5: -Kundenfrequenz

B. Tietz (1989, S. 77-85) spricht vom Wettbewerb der **Einzelhandels-Netze**, wobei er unter
- dem primären Netz das klassische Ladeneinzelhandelsnetz in Innenstädten (City, Vorstädte) und Wohnsiedlungen, ergänzt um innenstadtorientierte Shopping-Center, und unter
- dem sekundären Netz die autokundenorientierten Standorte am Rande oder außerhalb von Siedlungsgebieten versteht.

In der Tat hat jede Handelsunternehmung aufmerksam zu verfolgen, wie sich die Attraktivität des primären und sekundären Netzes sowie des Versandhandels (einschl. Electronic Commerce) entwickeln. Wichtige Hinweise zur Stellung der Innenstadt sind der Kundenverkehrsanalyse der BAG zu entnehmen (M. Schuckel und N. Sondermann 1998).

• **Bestimmungsfaktoren der Standortwahl**
Die Standortwahl ist von mehreren Faktoren abhängig. Zunächst ist zu berücksichtigen, inwieweit angebotene Standorte in das strategische Konzept passen, denn die Unternehmensstrategie kann auch für die Standortpolitik relevante Elemente enthalten, so insbesondere zu der Frage, ob neue Marktregionen erschlossen werden sollen (regional, national, international) oder ob die Marktpräsenz in bestimmten Regionen ausgebaut werden soll (zur Wahl von Marktgebieten vgl. auch C. A. Ingene 1984).

113

Zu den unternehmensinternen Bestimmungsfaktoren zählt der durch die Geschäftspolitik vorgegebene Rahmen. So ist die Standortplanung mit der übrigen Absatzpolitik zu verklammern, denn der Einzugsbereich oder das akquisitorische Potenzial einer Verkaufsstelle werden auch von der Sortiments- und der Preispolitik sowie den übrigen absatzpolitischen Instrumenten abhängen. Umsatzprognosen für einen Standort sind mithin nur unter den Bedingungen einer ins Auge gefassten Absatzpolitik zu erstellen.

Unter den externen Bestimmungsfaktoren ist zunächst zu erwähnen, dass sich die Standortplanung einer Unternehmung in die **Raumplanung** einzufügen hat und dass rechtliche Bestimmungen zu beachten sind. Zu den für die Stadt- und Regionalplanung relevanten Gesetzen und Verordnungen gehören (vgl. H.-J. Geßner 1988; B. Tietz 1993):
- das Raumordnungsgesetz des Bundes mit seinen Raumordnungsgrundsätzen,
- die jeweiligen Landesplanungsgesetze mit ihren Landesentwicklungsprogrammen bzw. die Flächennutzungspläne in den Stadtstaaten,
- das Bundesbaugesetz,
- die Baunutzungsverordnung,
- die Bauleitplanung.

Ziel der sich in diesen Normen konkretisierenden Raumordnungen ist es, die Gleichwertigkeit der Lebensbedingungen und die Verbesserung der Daseinsvorsorge in allen Teilräumen des Landes zu gewährleisten. Die Umsetzung dieser Leitvorstellungen erfolgt auf der Grundlage des Konzeptes der Zentrenhierarchie, das auf der **Theorie der zentralen Orte** von W. Christaller (1933) beruht. Dieser Theorie entsprechend soll die räumliche Verteilung der Versorgungseinrichtungen, hier der Einzelhandelsbetriebe, als Arbeitsteilung hierarchisch gegliederter Gebietskategorien begriffen werden. Der Einzelhandel soll bei der Dimensionierung seiner Angebotskapazitäten, die sich in der Verkaufsfläche und im Sortiment konkretisieren, den Versorgungsrang (Zentralität) berücksichtigen, den das Zentrensystem für diesen Standort vorsieht. In der Bundesrepublik gilt dabei folgende (überörtliche) **Zentrenhierarchie**:
- Oberzentren: Deckung des spezialisierten höheren Bedarfs,
- Mittelzentren: Deckung des gehobenen Bedarfs,
- Unter- und Kleinzentren: Deckung der Grundversorgung.
Dieses Konzept ist zwischenzeitlich allerdings an vielen Stellen durchbrochen.

Die Auswirkungen der Gesetzgebung auf die Standortentscheidung des Handels werden besonders deutlich bei der Betrachtung des § 11 Abs. 3 **Baunutzungsverordnung** von 1990. Danach sind bestimmte Erscheinungsformen des Handels außer in Kerngebieten nur in für sie festgesetzten Sondergebieten zulässig. Betroffen sind Einkaufszentren und Handelsbetriebe mit einer Geschossfläche über 1200 qm, da von diesen Handelsformen schädliche Umweltwirkungen, Auswirkungen auf die infrastrukturelle Ausstattung, auf die Entwicklung zentraler Versorgungsbereiche in der Gemeinde oder in anderen Gemeinden, auf das Orts- und Landschaftsbild und auf den Naturhaushalt vermutet werden.
Die wettbewerbsrechtliche Problematik der Planungsvorschriften, insbesondere der Baunutzungsverordnung, soll hier nicht diskutiert werden (vgl. dazu E. Dichtl 1988; G. Finck 1990; M. Heppenberg und M. H. Köttgen 1987, S. 1534-1535). Einen Überblick über die relevanten rechtlichen Bestimmungen vermittelt eine Broschüre der BAG (BAG, Hrsg., 1995).

Von besonderer Bedeutung sind nachfragerbezogene Gesichtspunkte in jenem Gebiet, das zum Einzugsgebiet des zu beurteilenden Standortes zu rechnen ist. Zusammen mit der Konkurrenzsituation bestimmen sie maßgeblich den an dem Standort zu erwartenden Umsatz. Die Berücksichtigung dieser Faktoren stellt den schwierigsten Schritt bei einer Standortanalyse dar. In einem ersten Schritt empfiehlt es sich, zunächst eine **logische Struktur unter den Bestimmungsfaktoren** zu erstellen, wofür es unterschiedliche Möglichkeiten gibt (vgl. zur Erfassung von Einkaufspendlerströmen auch B. Tietz 1969, S. 153-158 und für Beispiele der Kaufkraftberechnung bei Wanderungsbewegungen S. 223-235). Eine solche Möglichkeit ist in Abbildung 4.3 dargestellt.

Abb. 4.3: Schema zur Berechnung des zu erwartenden Umsatzes

Zu erwartender Umsatz in Warengruppe i am Standort A		
= x	[Zahl der Bedarfsträger - Personen oder Haushalte - mit Wohnsitz in der engeren Zone um A] durchschnittlicher Bedarf/Zeiteinheit	regionale Bedarfs- und Kaufkraftanalyse
./. +	Bedarf, der außerhalb der Zone gedeckt wird (vor allem durch Auspendler) = Abflussquote Nachfrage von Bedarfsträgern mit Wohnsitz außerhalb der engeren Zone (vor allem durch Einpendler) = Zuflussquote	Kaufkraftwanderungsanalyse
x	(1 - auf Konkurrenzbetriebe innerhalb der Zone entfallender Anteil)	Konkurrenzanalyse

Durch solche Schemata gelingt es, den Informationsbedarf zu konkretisieren. Die Formel lässt sich verfeinern, indem die Bedarfsträger entsprechend ihrer Struktur oder ihrem Verhalten in Gruppen unterteilt werden, indem von mehreren Einzugsgebietszonen ausgegangen wird und indem für die einzelnen Elemente weitere Bestimmungsgleichungen aufgestellt werden.

Nach dem in Abbildung 4.3 angegebenen Schema besteht eine Standortanalyse aus mehreren Schritten:
(1) Zunächst muss das **Einzugsgebiet** abgegrenzt werden, für das Daten bereitgestellt werden sollen. Nach einfachen Methoden werden um den betreffenden Standort Zonen gleicher Entfernung (in räumlicher oder in zeitlicher Hinsicht) konstruiert. An späterer Stelle wird behandelt werden, mit welchen Methoden das Einzugsgebiet ermittelt werden kann, an dieser Stelle sei vereinfachend angenommen, dass von mehreren Einzugsgebietszonen ausgegangen wird.
(2) Für die einzelnen Zonen wird ermittelt, wie viele Nachfrager sich hier aufhalten (Wohnort bzw. Arbeitsstelle) und wie groß ihr Bedarf ist. **Bedarfsanalysen** setzen Kaufkraftanalysen voraus.
Für die **Kaufkraftanalyse** können Zahlenwerte aus der amtlichen Statistik (Pro-Kopf-Ausgaben, Bevölkerung) herangezogen werden. Die GfK Nürnberg, eines der großen Marktforschungsinstitute in Deutschland, liefert für die Bundesländer, die Regierungsbezirke, die Stadt- und Landkreise sowie für alle drei- und vierstelligen Postleitzahl-

gebiete Kaufkraftkennziffern. Sie geben an, wieviel Promille der Gesamtausgaben in Deutschland auf die betrachtete geografische Einheit entfallen; sie ergeben sich aus der Multiplikation des Bevölkerungsanteils des Gebietes an der Gesamtbevölkerung mit einem Kaufkraftfaktor. Der Kaufkraftfaktor wird aus dem Netto-Einkommen der Wohnbevölkerung in dem jeweiligen Gebiet berechnet und gibt die Höhe des durchschnittlichen Netto-Einkommens im Vergleich zum Bundesdurchschnitt an. Von besonderer Bedeutung ist wegen der Langfristigkeit der Entscheidung der Umstand, wie sich die Ausgaben im Planungszeitraum entwickeln werden; bekanntlich gibt es Ausgabenbereiche, die wachsen und andere, die zurückgehen. Insofern kann es eine unzulässige Vereinfachung sein, wenn die derzeitigen Ausgaben in unveränderter Größe in die Zukunft projiziert werden. Daneben sind Daten aus der sog. Mikrogeografischen Marktsegmentierung erhältlich, die Angaben über die Struktur der Nachfrager (z. B. Wohnverhältnisse) nach kleinräumigen Zellen enthalten (vgl. den Überblick bei B. Lindstädt 2001).

(3)   Natürlich muss auch ermittelt werden, wer die wichtigsten **Konkurrenten** sind, bei denen die Nachfrager ihren Bedarf decken könnten. Auch hierbei spielt der Zukunftsaspekt eine wichtige Rolle. Viele Standortprojekte führten in der Praxis deswegen zu Verlusten, weil die Standortentscheidungen von Konkurrenten nicht richtig antizipiert wurden. Es ist also gleichermaßen an existierende wie an potenzielle Konkurrenzstandorte zu denken.

(4)   Schwieriger ist zu beurteilen, wie die Nachfrager die **Attraktivität** einzelner in Frage kommender Anbieter einschätzen; hierzu werden meistens Einstellungen ermittelt.

(5)   Die zentrale Schwierigkeit liegt in der Frage, bei welchem Anbieter die Nachfrager ihre Einkäufe tätigen werden. Das ist der Bereich, der in der obigen Abbildung mit dem Stichwort „**Kaufkraftwanderungsanalyse**" angesprochen ist. Hierbei lässt sich die Makro-Analyse, womit die Entscheidung des Nachfragers für ein bestimmtes Einkaufszentrum gemeint ist, und die Mikro-Analyse, also die Wahl eines einzelnen Geschäftes, unterscheiden. Wie später im Rahmen der gravitationstheoretischen Modelle noch näher ausgeführt werden wird, stellt die Kaufkraftwanderungsanalyse ein schwieriges Problem dar, weil der Entscheidungsprozess der Nachfrager rekonstruiert werden muss und damit Antworten auf folgende Fragen gefunden werden müssen: Welche Faktoren berücksichtigen Nachfrager bei der Wahl der Einkaufsstätte, welche Rolle spielt die Entfernung, welche Rolle spielt das Image einzelner Geschäfte, wie fügen sich einzelne Gesichtspunkte zu einem Gesamturteil zusammen? Wenn in einem Gebiet die realisierten Einzelhandelsumsätze über denen liegen, die auf der Grundlage der Kaufkraft zu erwarten sind, wird vermutet, dass die Zuflussquote über der Abflussquote liegt; der Zentralitätsfaktor dieses Gebietes liegt dann über 1.

(6)   Eine **Umsatzprognose** setzt ein bestimmtes Modell voraus, nach dem der Umsatz ermittelt wird. Bei der Checklistenmethode wird auf die Berechnung eines konkreten Umsatzwertes noch verzichtet, die später zu behandelnde Analogmethode und die gravitationstheoretischen Modelle erlauben dagegen die Ermittlung eines Umsatzwertes. Liegt ein Modell zur Ermittlung des Umsatzes vor, können die Parameter variiert werden, um so deutlich zu machen, wie der Umsatz auf alternative Werte seiner Bestimmungsfaktoren reagiert. Das wird auch als **Sensitivitätsanalyse** bezeichnet.

116

- **Ziele der Standortplanung**

Umsatzprognosen sind durch Kostenschätzungen zu ergänzen, um eine Rentabilitäts-rechnung zu ermöglichen. Entsprechende Verfahren gehen über eine Checklisten-methode, bei der auf den Ausweis von Umsatz- und Kostenprognosen verzichtet wird, hinaus. Bei ihnen begnügt man sich damit, den Standort zu charakterisieren, indem er in als wichtig angesehenen Eigenschaften vorgestellt wird.

Für die Standortplanung können auch strategische Ziele maßgeblich sein, z. B. „Präsenz in einem bestimmten Marktgebiet" oder „Erschließen eines neuen Marktgebietes". Für die Beurteilung einzelner Standorte werden allerdings im Regelfall rentabilitäts-bezogene Erfolgskriterien anzulegen sein. In der Literatur ist es seit etwa 1970 üblich, Standortentscheidungen mit den Methoden der Investitionsrechnung anzugehen (vgl. vor allem H. Jacob 1967, S. 233-293; R. Gümbel 1969, S. 195-223; B. Tietz 1969; H.-P. Liebmann 1971; R. Wurth 1970). Dies macht es notwendig, die für eine Investitions-rechnung benötigten Zahlungsreihen zu ermitteln, d. h. für bestimmte Standorte die zu erwartenden Umsätze (Einzahlungen) und die zu erwartenden Auszahlungen bzw. die Belastungen zentraler Kapazitäten zu prognostizieren. Verwendet man die **Kapital-wertmethode**, ergibt sich als zentrales Kriterium für die Beurteilung eines Standortes:

$$K = \sum_{t=0}^{T} (E_t - A_t)\,(1 + i)^{-t}$$

E_t = Einzahlungen in Periode t

A_t = Auszahlungen in Periode t

K = Nettokapitalwert

i = Kalkulationszinsfuß

Für die Güte eines Standortes sind also vier Faktoren maßgeblich,
- die Höhe der an einem Standort zu erzielenden **Einzahlungen** (insbesondere Umsätze),
- die Höhe der durch einen Standort induzierten **Auszahlungen**,
- die Länge des **Zeitraumes**, der der Standortplanung zweckmäßigerweise zu Grunde gelegt wird,
- die Höhe des anzusetzenden **Kalkulationszinsfußes**.

4.2 Die Prognose der erzielbaren Umsätze

In der Umsatzprognose liegt die eigentliche Schwierigkeit einer Standortanalyse. Die Schwierigkeiten resultieren aus dem Umstand, dass für eine Umsatzprognose das Verhalten der Kunden vorhergesagt werden muss; dieses ist bekanntlich von einer Vielzahl von Einflussgrößen abhängig, z. B. davon, wie die Leistungsfähigkeit einzelner Geschäfte eingeschätzt wird, ob ein Auto oder andere Verkehrsmittel für die Einkäufe zur Verfügung stehen, ob die Einkäufe unter Zeitdruck vorgenommen werden müssen usw. Prognosen des an einem bestimmten Standort erzielbaren Umsatzes erfordern, den Bedingungsrahmen explizit anzugeben, auf dessen Grundlage die Prognose abgegeben wird. Hier lassen sich inner- und außerbetriebliche Gegebenheiten anführen. Zu den innerbetrieblichen Rahmenbedingungen gehören insbesondere der Sortimentsrahmen, die Art der Preispolitik, Art und Ausmaß der Werbung, die Bedienungsform, also alle absatzpolitischen Instrumente des Handelsbetriebes. Außerbetriebliche Rahmenbedingungen werden insbesondere durch die Aktivitäten der Konkurrenzbetriebe und durch das Konsum- und Einkaufsverhalten der Nachfrager geschaffen. Zur Beurteilung eines Standortes bezüglich seiner Fähigkeit, Basis für die Umsatzerzielung zu sein, gibt es eine Reihe von Verfahren. So wird im Folgenden eingegangen auf:

(1) Die Checklist-Techniken und Scoring-Modelle (Punktbewertungsverfahren).
(2) Customer Spotting, Zeitzonen-Methoden und die Analog-Methode.
     Diese Methoden stellen Techniken dar, die keine bzw. höchstens implizit
     Theorien zum räumlichen Verhalten von Kunden zu Grunde legen.
(3) Verhaltenswissenschaftlich basierte Prognosemethoden, wozu insbesondere die
     Gravitations- und die probabilistischen Potenzialmodelle zählen.
Zunächst soll auf die Verbindung von Verhaltenstheorie und Umsatzprognose
hingewiesen werden.

4.2.1 Das Einkaufsverhalten der Konsumenten in verhaltenswissenschaftlicher Sicht

Einzelhandelsbetriebe veräußern ihre Waren im Regelfall an Konsumenten. Insofern gilt es zu erkennen, wo (in einem geografischen Sinne) Konsumenten ihre Einkäufe tätigen und wie es zu diesem Verhalten kommt. Das Wahlverhalten der Konsumenten kann sich dabei auf einen Makrostandort beziehen (z. B. Innenstadt, Vorortzentren, Grüne Wiese) oder auf die Wahl einzelner Standorte innerhalb einer Standortlage (z. B. Standort in einer bestimmten Straße oder sogar auf einer bestimmten Straßenseite), was auch als Mikrostandort bezeichnet wird. Erklärungsversuche beziehen sich meist auf die Wahl eines Makrostandortes.

Wovon hängt es ab, an welchem Standort Konsumenten ihre Einkäufe tätigen? Nach der sog. **Nearest-Center-Hypothese** decken die Verbraucher ihren Bedarf in dem zu ihrem Wohnort jeweils nächst gelegenen Center, wobei entsprechend der Theorie der zentralen Orte für Einkäufe des aperiodischen Bedarfs, wie z. B. Möbel, größere Entfernungen zum nächstgelegenen Center zurückzulegen sind als beispielsweise bei Lebensmitteln. Empirische Überprüfungen haben allerdings ergeben, dass diese Hypothese die Realität nicht abbildet (M. Popp 1998). Dieses Ergebnis ist auch nicht erstaunlich, weil mehrere Argumente gegen die Nearest-Center-Hypothese sprechen:
-   Es kann nicht davon ausgegangen werden, dass die einzelnen Verkaufsstellen sich
    nur in ihrer Entfernung unterscheiden; bekanntlich können sie in ihren Sortimenten,
    in ihrer Preisgünstigkeit und in vielen anderen Merkmalen differieren. Kagermeier
    hat deshalb für Lebensmittel die Nearest-Center-Hypothese modifiziert: „Lebensmittel werden am nächsten Angebotsstandort nachgefragt, sofern dieser über eine
    gewisse Mindestausstattung verfügt" (A. Kagermeier 1991, S. 32). Verallgemeinernd
    kann man sagen, dass in die Standortwahlentscheidung der Konsumenten auch Vorstellungen über den Einsatz des gesamten absatzpolitischen Instrumentariums
    eingehen können. In dem später noch zu behandelnden Modell von Huff wird
    deshalb zwischen zwei Gruppen von Einflussgrößen unterschieden, der zu

überbrückenden Distanz und den Attraktivitätsfaktoren, die über Einstellungen gegenüber den Geschäften in den jeweiligen Standortlagen erfasst werden können.
- Die Bedeutung, die einzelnen Attraktivitätsfaktoren zukommt, kann sich bei einzelnen Personengruppen unterscheiden. So werden Personen aus unteren Einkommensschichten oder mit einer größeren Anzahl an Kindern das niedrige Preisniveau von Discountern hoch einschätzen, während Senioren die Nähe als Vorteil zu schätzen wissen werden.
- Wenn gefragt wird, auf Grund welcher Umstände ein Verbraucher bereit ist, eine entfernter gelegene Einkaufsstätte zu bevorzugen, dann wird deutlich, dass die Wahl einer Einkaufsstätte Aspekte der Betriebsformenwahl und der Standortwahl einschließt. So hat sich bei Befragungen z. B. gezeigt, dass beim Einkauf von Lebensmitteln neben der Nähe das Sortiment, die Preise, die Frische der Ware, die Qualität und die Freundlichkeit des Personals eine wichtige Rolle spielen (P. Schnedlitz, H. Kotzab u. C. Cerha 2000)
- Hinter den Erwartungen an ein Geschäft können unterschiedliche Motive stehen. Es geht nicht nur um die Sicherstellung der Versorgung, sondern um vielfältige andersartige Motive. Abbildung 4.4 gibt einen Überblick über von Westbrook und Black (nach A. Gröppel-Klein u. a. 1998) erarbeitete Motive.

Abb. 4.4: Motive für den Einkauf nach Westbrook und Black (nach A. Gröppel-Klein u. a. 1998)

Anticipated Utility	Innovative Produkte werden gewünscht, Suche nach dem „letzten Schrei" oder nach einem Designerstück
Role Enactment	Rollenverständnis, als „gute" Hausfrau stets sorgfältig einzukaufen in Bezug auf Qualität und Preis
Negotiation	Bedürfnis, mit dem Verkaufspersonal über den Preis zu verhandeln
Choice Optimization	Wunsch, das Optimale, „genau das Richtige" zu finden, jedes Detail muss stimmen
Affiliation	Wunsch, mit dem Verkaufspersonal, Freunden oder anderen Kunden zu interagieren, Einkaufen wird als sozialer Prozess verstanden
Power and Authority	Wunsch, sich beim Einkaufen dem Verkaufspersonal überlegen zu zeigen
Stimulation	Einkaufen nur zum Spaß, zur Anregung

Insbesondere wurde auch der Frage nachgegangen, inwieweit Einkaufen als Freizeitbeschäftigung oder als „Arbeit" aufgefasst wird. B. J. Babin, W. R. Darden und M. Griffin (1994) unterscheiden zwischen hedonistischen und versorgungsorientierten Einkaufsmotiven. Diese Hinweise lassen verständlich erscheinen, dass wegen verschiedener Motivlagen Geschäfte von Konsumenten unterschiedlich beurteilt werden.
- Bei der Nearest-Center-Hypothese wird im Allgemeinen von der Entfernung zwischen Wohnort und Einkaufsort ausgegangen. Einkäufe können aber auch mit anderen Aktivitäten kombiniert werden, insbesondere mit der Fahrt zum oder vom Arbeitsplatz. Entsprechend wurde die Hypothese formuliert: „Güter des täglichen Bedarfs werden in relativ kurzen Zeitabständen in der Nähe der Wohnung oder der Arbeitsstätte gekauft" (G. Weitzel 1989, S. 182).
- Die Nearest-Center-Hypothese geht von den objektiven Distanzen aus, während der Einkaufsstättenwahl subjektiv geprägte Vorstellungen zu Grunde liegen.

- Einkäufe aus unterschiedlichen Bedarfsbereichen werden gekoppelt oder mit anderen Aktivitäten verbunden, z. B. Besuch von Arzt, Café oder Friseur (Kopplungs-aktivitäten).

Diese Hinweise machen deutlich, dass die Wahl einer Einkaufsstätte und damit eines Standortes durch Konsumenten ein Phänomen darstellt, auf das zahlreiche Faktoren einwirken. Wichtige Größen sind auch in Abbildung 4.5 zusammengestellt.

Abb. 4.5: Bestimmungsfaktoren für die Einkaufsstättenwahl

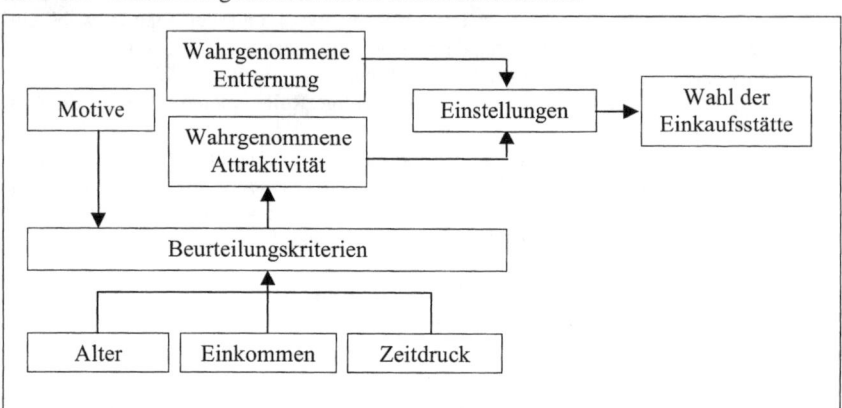

Die im Folgenden dargestellten Verfahren zur Beurteilung der Umsatzkraft eines Standortes berücksichtigen diese Einflussfaktoren in unterschiedlichem Ausmaß und auf unterschiedliche Weise.

4.2.2 Die erlöswirtschaftliche Beurteilung eines Standortes mit Hilfe von Checklist-Verfahren und Scoring-Modellen

Bereits seit Jahrzehnten wurden Listen von so genannten **Standortfaktoren** zusammen-getragen (vgl. den Überblick bei H.-P. Liebmann 1971, S. 18-19 und P. Wotzka 1970, S. 85-99). Als Standortfaktoren werden jene Eigenschaften eines Standortes bezeichnet, die Einfluss auf die Zielerreichung der Unternehmung haben. Da Unternehmungen im Regelfall kosten-, erlös- und finanzwirtschaftliche Ziele haben, enthalten Kataloge von Standortfaktoren auch jene Merkmale eines Standortes, die die Höhe der Kosten, der Erlöse und der finanziellen Situation einer Unternehmung beeinflussen. Die Kataloge sind im Zeitablauf immer weiter differenziert worden. Besonders umfangreich ist der in der Abbildung 4.6 angegebene, von E. Nauer (1970; vgl. aber auch z. B. R. Nelson 1958; V. Gruen und L. Smith 1960) entlehnte Katalog. Nauer nennt Merkmale der potenziellen Nachfrager (z. B. Einkommensverhältnisse), die Konkurrenzverhältnisse am vorgesehenen Standort, die Objektbewertung, standortabhängige Kosten, Störfak-toren und die Infrastruktur.

120

Abb. 4.6: Bestimmungsfaktoren für die Güte eines Standortes (Quelle: weitgehend angelehnt an E. Nauer 1970, S. 44-46.)

Faktorengruppe	Einzelne Faktoren	
Demografische Faktoren	Bevölkerungsbestand und Verteilung:	- Gesamteinwohnerzahl - Zahl der Einwohner und Haushaltungen nach Entfernungszonen - Bevölkerungsdichte - Bevölkerungsentwicklung
	Bevölkerungsstruktur:	- Altersklassen - Zivilstand - Nationalität - Haushaltsstruktur
	Erwerbs- und Sozialstruktur:	- Erwerbsquote - selbstständig Erwerbende - unselbstständig Erwerbende - berufstätige Frauen - soziale Einstufung
Wirtschaftliche Faktoren	Einkommens-verhältnisse:	- Einkommen je Kopf der Bevölkerung - Aufteilung nach Einkommensklassen - Sparquote pro Kopf der Bevölkerung - Einkommenskennziffern
	Einkommens-verwendung:	- Konsumtive Kaufkraft pro Einwohner - durchschnittlicher Mietwert der Wohnungen - Haushaltsausgaben (Statistik u. Panels) - Kaufneigung (Anzahl an Autos, Eigenheimen, Telefonanschlüssen pro 100 Einwohner)
	Marktpotenzial:	- regionale Verbrauchskennziffern - regionale konsumtive Kaufkraft - Berufspendlerströme - Einkaufspendlerströme - Fremdenverkehr - Passantenströme
Psychologische und sozialpsychologische Faktoren	Lebensgewohnheiten:	- Lebensstandard - Freizeit - Arbeitszeit - Motorisierung
	Konsumgewohn-heiten:	- Einkaufsintervall - durchschnittlicher Einkaufsbetrag - in Kauf genommene Wegstrecke - benutzte Verkehrsmittel - Einkaufszeiten
	Mentalität:	- Anziehungskraft des Geschäftes - Image des Geschäftes - Ansprüche der Konsumenten in Bezug auf Verkaufsatmosphäre, Warendarbietung etc.

Infrastruktur	Städtebau:	- Projekte der Regional- und Ortsplanung
		- Funktionen der Stadt
		- Entwicklung von City und
		  Agglomerationen
		- öffentliche und private Bauprojekte
		- Zentralitätswirkung der Stadt
		  (Schulen, Verwaltung, kulturelle
		  Einrichtungen, sonst. öffentliche Dienst-
		  leistungen)

	Verkehr:	- Verkehrslage (Haupt- oder
		  Nebenverkehrslage)
		- Bedeutung der öffentlichen
		  Verkehrseinrichtungen
		- Bedeutung des privaten Verkehrs
		- Ausmaß des Verkehrsstromes
		- zeitlicher Anfall des Verkehrsstromes
		- Anzahl vorhandener Parkplätze nach
		  Entfernungszonen
		- natürliche und künstliche Hindernisse
		  (z. B. bei Eisenbahnlinien: Berge)

Konkurrenzverhältnisse	Konkurrenzbestand und Formen:	- Anzahl der Betriebe - Größe der Betriebe - Distributionsform - Rechtsform - Umsatz - Filialbetriebe - Einkaufsgenossenschaften - Freiwillige Ketten
	Konkurrenzwirkung in Bezug auf Sortimentsstruktur:	- Fachkonkurrenz (gleiche Güter) - Funktionskonkurrenz (ergänzendes Sortiment) - Kaufkraftkonkurrenz (Substitutionsgüter)
	Räumliche Präferenzen:	- Kundennähe - Lage in Bezug auf Passantenmagnete
	Sachliche Präferenzen:	- Preisvorteile - Qualitätsvorteile - größere Auswahl - besseres Image - besserer Kundendienst
Objektbewertung	Bewertung des Lokals:	- Größe des Objektes (Verkaufsfläche) - Gestaltung der Ladenfront - Ausbaumöglichkeiten - Zufahrtsmöglichkeiten (Wirtschafts- verkehr) - Lagerräume
	Bewertung des Platzes:	- Wert und Zusammensetzung der Nachbargeschäfte - Passantenmagnete - Lage innerhalb des Verkehrsnetzes - Parkplatzangebot

Standortabhängige Kosten	Beschaffung und Vertrieb:	- Zulieferungskosten - Transportkosten Außenlager – Stammhaus - Hauszustellungskosten - Kosten für Fuhr- und Wagenpark
	Gebäude und Unterhalt:	- Grundstücks- und Gebäudekosten - Miete und Pacht - Einrichtungskosten - Reparaturen und Unterhalt - Energiekosten
	Verkauf und Diverse:	- Personalkosten - Steuern und Abgaben - Beteiligungen an Gemeinschaftsaktionen (z. B. Parkhäuser)
Störfaktoren	Gesetzliche Bestimmungen:	- Ladenöffnungszeiten - baupolizeiliche Vorschriften - sonstige Einschränkungen
	Immissionen:	- klimatische und topografische Nachteile - Lärm-, Rauch- und Geruchsentwicklung benachbarter Objekte

Der Wert solcher Kataloge von Standortbewertungsfaktoren hängt davon ab, inwieweit sie vollständig und wie relevant die einzelnen Faktoren sind. Letzteres hängt davon ab, wie eng die Beziehungen zwischen den Faktoren und den Komponenten der Zielfunktion der Unternehmung sind. Unterstellt man als Zielfunktion die Maximierung des Kapitalwertes, also die Differenz von Ein- und Auszahlungen im Planungszeitraum, so ist erkennbar, dass die im Nauerschen Katalog genannten Größen als Bestimmungsfaktoren für Ein- und Auszahlungen gelesen werden können. So wird z. B. schnell deutlich, dass die Einzahlungen (E_t) abhängig sind von (z. B.):
- dem Bevölkerungsbestand in dem Einzugsgebiet,
- der Bevölkerungsstruktur,
- den Einkommensverhältnissen,
- der Konkurrenzsituation,
- der Lage innerhalb des Verkehrsnetzes.

Die Auszahlungen werden dagegen bestimmt durch
- die Größe des Objektes,
- Logistikkosten,
- die Miete,
- Steuern und Abgaben.

Auf die weitere Analyse von Faktoren, die die Auszahlungen bestimmen, sei im Folgenden verzichtet; betrachtet seien nur jene Faktoren, die für die Umsatzerzielung an dem betreffenden Standort relevant sind.

Werden Standorte nach Standortfaktoren-Katalogen bewertet, wird in der Regel darauf verzichtet, das Verhältnis der einzelnen Faktoren zueinander theoretisch zu durchleuchten und ihre Höhe zu erklären. Es werden also keine verhaltenswissenschaftlichen Überlegungen angestellt. Oft werden nur als wichtig erachtete Faktoren enumeriert, und es wird vorgeschlagen, potenzielle Standorte in diesen Faktoren mit Hilfe von Skalen zu bewerten (Profildarstellung) und zu vergleichen oder die Ausprägungen mit idealen Vorstellungen von einem Standort zu vergleichen.

Profildarstellungen stellen ein Standardinstrument der Standortplanung dar. Das Beispiel in Abbildung 4.7 berichtet über den Einsatz dieser Methoden bei der Douglas Holding AG (U. Haut 1991, S. 96-99; ähnlich auch P. Wotzka 1970, S. 132f.).

Abb. 4.7: Bewertungskriterien für einen Standort bei der Douglas Holding (Quelle: U. Haut 1991, S. 97)

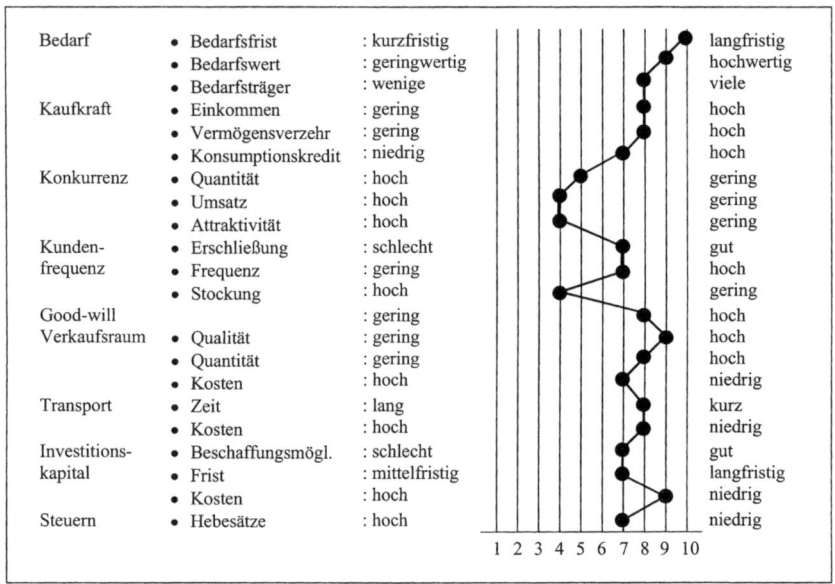

Scoring-Modelle gehen über Profildarstellungen hinaus, indem sie nicht nur berücksichtigen, wie gut sich Standorte in einzelnen Kriterien darstellen, sondern indem sie zusätzlich den Kriterien ein Gewicht zuordnen, den Merkmalswert mit dem Gewicht multiplizieren und die Produkte je Standort in einer Summe zusammenführen. Abbildung 4.8 verdeutlicht die Vorgehensweise an einem Beispiel. Standort C erreicht den höchsten Punktwert. Man unterstellt damit, dass auch der Umsatz an diesem Standort am höchsten sein wird.

Abb. 4.8: Vergleich von drei Standorten mit Hilfe eines Scoring-Modells (Beispiel)

Merkmale	Gewichtungsfaktor	Standort								
		A			B			C		
		Zahlenwert	Bewertung 0-10	Gewichtete Bewertung	Zahlenwert	Bewertung 0-10	Gewichtete Bewertung	Zahlenwert	Bewertung 0-10	Gewichtete Bewertung
Anzahl der Konsumenten	60	1000	2	120	3000	4	240	6000	8	480
Anzahl der Konkurrenten	15	1	8	120	2	5	75	3	2	30
Durchschn. Kaufkraft	25	1000	8	200	4000	4	100	6000	2	50
Insgesamt	100			440			415			560

Scoring-Modelle in der Standortplanung haben den Vorteil, dass sie den Entscheidenden davor bewahren, eine Entscheidung nur auf Grund einiger ausgewählter Kennziffern zu treffen und ihn anhalten, einen vollständigen Merkmalskatalog zu erstellen. Bei Anwendung eines solchen Modells ist jedoch Folgendes zu beachten:

(1) Es besteht keine Garantie, dass **alle für die Umsatzprognose wichtigen Faktoren** in den Katalog der Bewertungsfaktoren Eingang gefunden haben. So kann die Höhe des Umsatzes nicht nur von der Verkaufsfläche der Konkurrenzbetriebe beeinflusst sein, sondern auch von deren Preispolitik, Image usw.

(2) Die Kriterien können sich **inhaltlich überschneiden,** wodurch es zu verfälschten Ergebnissen kommt.

(3) Es wird vorausgesetzt, dass die Merkmale auf **Intervallskalenniveau** gemessen werden können. Das kann einerseits ein zu niedriges, andererseits ein zu hohes Skalenniveau sein. Warum sollte die Anzahl der Konsumenten nicht entsprechend der tatsächlichen Zahl angegeben werden, also ratioskaliert, inwiefern kann bei einer Größe wie „Beurteilung der Lauflage" gewährleistet werden, dass die Abstände auf der verwendeten Skala tatsächlich gleich groß sind?

(4) Den **Gewichtungsfaktoren** für die Kriterien fehlt zwar häufig eine theoretische Begründung, aber sie machen die subjektiven Einschätzungen der beurteilenden Personen sichtbar. Auf Verfahren der Ermittlung und Möglichkeiten ihrer theoretischen Begründung wird zurückzukommen sein.

(5) Die Angaben in Scoring-Modellen beziehen sich häufig nur auf einen bestimmten Zeitpunkt und vernachlässigen damit Veränderungen von Standortfaktoren im **Zeitablauf.** Aber selbst wenn ein Objekt für mehrere Zeitpunkte (Zeiträume) beurteilt wird, bleibt offen, wie die einzelnen Beurteilungen über die Zeit zusammengefasst werden sollen.

(6)   Es werden dem Untersuchenden keine Hinweise gegeben, wie groß die Einzugs-
        gebiete sind, d. h. bis zu welcher räumlichen Grenze die Zahl der Bedarfsträger zu
        bestimmen ist. Auf dieses bedeutsame **Problem der Bestimmung des Marktge-
        bietes** wird in Abschnitt 4.2.3 eingegangen. Nur Kreise um die Standorte zu
        schlagen, scheint wenig sinnvoll, weil hierdurch Hindernisse (z. B. kurvenreiche
        Strecken, Steigungen, Verkehrsengpässe) vollständig vernachlässigt werden. Aber
        auch die Verwendung von Zeitzonen (vom Konsumenten benötigte tatsächliche
        Zeit – zu Fuß oder mit bestimmten Verkehrsmitteln) befriedigt noch nicht, weil
        nicht explizit sichtbar wird, wie Konkurrenzbetriebe auf das Einzugsgebiet
        wirken.

• **Zur Bedeutung einzelner Faktoren**
Ein beim Scoring-Modell besonders schwieriges Problem stellt die Frage dar, welche
Bedeutung einzelnen Faktoren zugemessen werden soll. Dabei ist klar, dass die Bedeutung einzelner Faktoren objektspezifisch sein muss. Während bei einem Standort für
eine Drogerie beispielsweise die Entfernung zum Zentrallager berücksichtigt werden
muss, ist dieser Gesichtspunkt bei einer Parfümerie z. B. wegen der Direktbelieferung
durch den Hersteller bedeutungslos. Was für die Kostenwirksamkeit einzelner Bestimmungsfaktoren leicht einzusehen ist, gilt auch für die erlösbestimmenden Faktoren. Der
Bezug auf die spezifische Situation einer Branche wird auch an einer Untersuchung von
B. Weber (1979) deutlich. Am Beispiel von Apotheken untersucht er mit Hilfe der Regressionsanalyse, welchen Einfluss die folgenden Merkmale auf die Anzahl der Kunden
haben, die eine Apotheke aufsuchen:
- die Passantenfrequenz am Standort,
- die Entfernung zur nächsten Konkurrenzapotheke,
- die Wohnbevölkerung in einem bestimmten Einzugsgebiet,
- die Anzahl der Apotheken in verschiedenen Entfernungszonen,
- die Zahl der Ärzte in verschiedenen Entfernungszonen.
Die Liste der Merkmale macht deutlich, dass hier wegen der großen Homogenität der
meisten Apotheken (gleiche Preise, weitgehend gleiche Sortimente usw.) nicht auf die
Attraktivität der Verkaufsstellen abgestellt wird, sondern dass neben der Lage der Konkurrenzbetriebe noch weitere externe Merkmale (Passantenfrequenz, Zahl der Ärzte)
herangezogen werden. Die Regressionsanalyse liefert mit den standardisierten Regres-
sionskoeffizienten Hinweise auf die Bedeutung dieser Faktoren.

Die Objektspezifität einzelner Bestimmungsfaktoren veranlasst, in theoretischen Vorüberlegungen **die Rolle des Standortes bei der Einkaufsstättenwahl** des Verbrauchers
zu klären. So kann z. B. der Vorteil eines bestimmten Standortes darin liegen,
- dass er bei den periodisch anstehenden Einkäufen jeweils leicht zu erreichen ist.
- In anderen Fällen kommt es eher darauf an, dass die Existenz eines Geschäftes
  bekannt wird.
- In einem dritten Fall muss der Standort geeignet sein, Impulskäufe auszulösen.
- In einem vierten Fall kann es besonders darauf ankommen, Präferenzen für die zu
  verkaufenden Produkte zu schaffen.

Je nach Produkt und Käufertyp sind also Standorte unterschiedlich zu bewerten. In
Abbildung 4.9 werden zwei Fälle unterschieden, für die dann dargestellt wird, welche
Funktion der Standort im Hinblick auf den Käufer zu übernehmen hat. Es wird

gefragt, ob die Funktion „Zeitersparnis" oder die „Kommunikationsfunktion" überwiegt.

Abb. 4.9: Der Beitrag des Standortes zur Befriedigung von Kundenbedürfnissen in unterschiedlichen Situationen

Häufigkeit, mit der Produkte gekauft werden	
Produkte werden regelmäßig gekauft, z. B. Lebensmittel	Produkte werden extrem selten, im Extrem nur einmal gekauft, z. B. Kaminöfen

Situation des Käufers	
Gute Kenntnisse der auf dem Markt angebotenen Produkte	in vielen Fällen geringes Wissen um die Existenz der betreffenden Produkte
Kenntnis von Einkaufsstätten	geringe Kenntnis von in Frage kommenden Einkaufsstätten

Funktion des Standortes	
Durch Kundennähe den Einkauf erleichtern	über die Existenz der Produkte und der Verkaufsstellen aufklären
Funktion der Zeitersparnis	Kommunikationsfunktion

So wurde beispielsweise bei der Standortplanung für Kaminofenfachgeschäfte davon ausgegangen, dass solche Produkte nur selten gekauft werden und Konsumenten nur über geringe Produkt- und Geschäftskenntnisse verfügen, so dass dem Standort in nicht unbedeutsamem Maße auch eine Kommunikationsfunktion zukommt. Es wurde deshalb die Hypothese formuliert, dass die Kfz-Frequenz an einem Standort einen positiven Einfluss auf die Höhe des Umsatzes am jeweiligen Standort haben wird (vgl. auch Abbildung 4.10, in der für 10 Verkaufstellen Umsatz und Kfz-Frequenz gegenübergestellt sind).

Durch theoriegeleitete Regressionsanalysen, wie sie sich an Darstellungen wie die in der Abbildung 4.10 anschließen können, lassen sich Hinweise auf die Bedeutung einzelner Standortfaktoren gewinnen. Damit wird eine der großen Schwächen der Scoring-Modelle überwunden, nämlich die intersubjektiv oft kaum nachprüfbare Angabe von Gewichtungsfaktoren.

Für Unternehmungen, die an mehreren Standorten tätig sind, besteht die Möglichkeit, das Standortnetz, eventuell erweitert um potenzielle Standorte, in einer Portfolio-Matrix darzustellen (vgl. zur Methode und Anwendung auf die Standorte von Zweigstellen einer Bank: V. Mahajan, S. Sharma und D. Srinivas 1985, S. 19-34).

Abb. 4.10: Zusammenhang zwischen Kfz-Frequenz und Umsatz

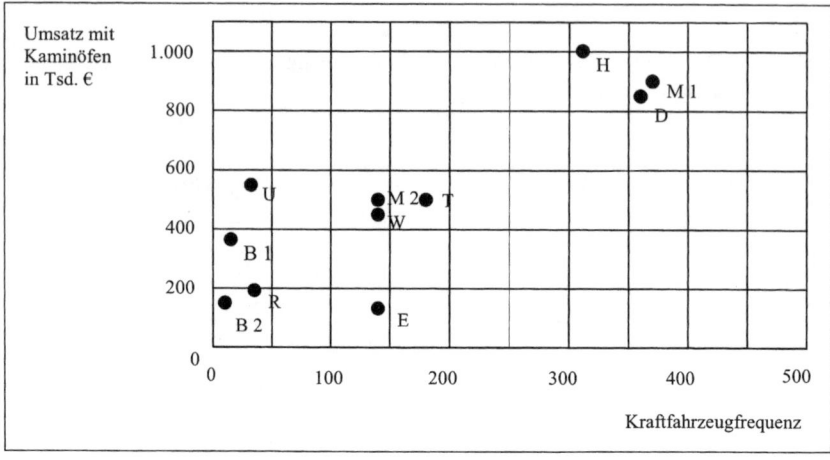

4.2.3 Die erlöswirtschaftliche Beurteilung eines Standortes mit Hilfe der Analog-Methode

Der Vorschlag, den Umsatz an einem neuen Standort mit Hilfe der **Analog-Methode** zu prognostizieren, geht auf W. Applebaum zurück (1966, S. 127-141, mit weiteren Literaturangaben). Das Analog-Verfahren unterscheidet sich von dem Punktbewertungsverfahren dadurch,

- dass das Problem entfällt, für einzelne Merkmale Gewichtungsfaktoren, die die Bedeutung dieses Merkmals für die Umsatzerzielung anzeigen, angeben zu müssen und
- dass explizit auf Erfahrungen des Unternehmens mit anderen Standorten zurückgegriffen wird.

Das Verfahren setzt voraus, dass die Unternehmung Werte von Verkaufsstellen heranziehen kann, die in ihrer Standortsituation dem neuen, zu beurteilenden Standort vergleichbar sind. Die **Vergleichbarkeit** soll bezüglich der Einkaufsgewohnheiten der Konsumenten, der Konkurrenz und der Absatzpolitik gegeben sein.

Für die Verkaufsstelle, die als Basis der Prognose dient, wird festgestellt, welcher Umsatz pro Person erzielt wird, wobei dieser Wert nach Entfernungszonen (es geht um die Entfernung zwischen Verkaufsstelle und Wohnung) differenziert wird. Am neuen Standort wird festgestellt, wie viele Personen in den einzelnen Entfernungszonen wohnen, und mit Hilfe des erwähnten Pro-Kopf-Umsatzes wird der zu prognostizierende Umsatz errechnet.

Abb. 4.11: Umsatzprognose mit Hilfe der Analog-Methode (Quelle: W. Applebaum 1966, S. 140)

Einzugsbereich (in Meilen)	Bevölkerung in dieser Zone	Geschätzter Umsatz in $ pro Kopf (Werte von analogen Verkaufsstellen)	Geschätzter Umsatz in $ pro Woche	
			absolut	in %
(1)	(2)	(3)	(4) = (2) x (3)	(5)
0 - 0,25	4.700	2	9.400	28%
0,25 - 0,50	12.900	0.76	9.804	29%
0,50 - 0,75	23.000	0,22	5.060	15%
0,75 - 1,00	36.300	0,12	4.356	13%
über 1 Meile			5.051	15%
			33.671	100%

Das Verfahren sei an einem **Beispiel** eingehender dargestellt. Abbildung 4.11 zeigt in Spalte (4) das Ergebnis der Prognose, das sich als Summe aus den Umsätzen ergibt, die mit Personen aus den einzelnen Einzugsbereichen voraussichtlich getätigt werden können. Diese Werte ergeben sich aus der Multiplikation der Werte in den Spalten (2) und (3). Die Bevölkerungswerte sind für jeden zu beurteilenden Standort zu ermitteln.

Eine zentrale Bedeutung kommt bei diesem Verfahren dem geschätzten **Umsatz pro Kopf (Pro-Kopf-Umsatz)** zu, der bei analogen Verkaufsstellen ermittelt werden muss und entsprechend den Besonderheiten der zu beurteilenden Verkaufsstelle modifiziert werden kann. Applebaum schlägt dazu das im Folgenden beschriebene **Verfahren** vor:

(1)   Das **gesamte Verkaufsgebiet** einer bestehenden Verkaufsstelle, die als Vergleichsbasis geeignet erscheint, ist in **Quadrate zu unterteilen**, d. h. über eine Karte des Einzugsgebietes der Verkaufsstelle ist ein Gitter zu legen. Für jedes Quadrat ist die Bevölkerungsdichte zu ermitteln.

Abb. 4.12: Ermittlung des Pro-Kopf-Umsatzes für einzelne Entfernungszonen (Quelle: W. Applebaum 1966, S. 128)

Einzugsbereich (in Meilen)	Anzahl der befragten Kunden	Errechnete Umsätze in $		Bevölkerung	Pro-Kopf-Umsatz in $
		(2) x 100	in %		
(1)	(2)	(3)	(4)	(5)	(6)
0 - 0,25	17	1.700	5,3%	1.525	1,1
0,25 - 0,50	56	5.600	17,5%	5.900	0,95
0,50 - 0,75	38	3.800	11,9%	6.575	0,58
0,75 - 1,00	53	5.300	16,6%	9.925	0,53
1,00 - 1,50	70	7.000	21,9%	23.375	0,30
1,50 - 2,00	41	4.100	12,8%	36.725	0,11
über 2 Meilen	28	2.800	8,7%		
von außerhalb der Stadt	17	1.700	5,3%		
	320	32.000	100,0%		

(2)   In der betreffenden Verkaufsstelle ist eine **Stichprobe von Kunden** nach ihrem Wohnort zu befragen. Applebaum schlägt vor, für je 100 $ Umsatz der Verkaufsstelle einen Kunden zu befragen. Auf Grund der Befragung ergeben sich Werte, wie sie beispielhaft in Spalte (2) von Abbildung 4.12 angegeben sind. Der Umsatz der Verkaufsstelle ergibt sich dann wieder, indem die Anzahl der befragten Kunden mit 100 multipliziert wird (Spalten 3 und 4). Das Verfahren, wie es in Abbildung 4.12 für Entfernungszonen (Einzugsbereiche) verdeutlicht wird, ist für jedes nach (1) ermittelte Quadrat anzuwenden.

(3)   Für jedes Quadrat (bzw. für kreisförmige Einzugsbereiche) ist der **Pro-Kopf-Umsatz zu ermitteln**, indem die errechneten Umsätze des Quadrates (bzw. des Einzugsbereichs) durch die Bevölkerungszahl des Quadrates (bzw. des Einzugsbereichs) dividiert werden.

Bei der **Beurteilung** von Applebaums Analog-Verfahren sind folgende Punkte zu beachten:

(1)   Wenn Applebaum vorschlägt, in der Vergleichsfiliale pro 100 $ Wochenumsatz einen Kunden zu befragen, so handelt es sich lediglich um eine Faustregel. Der Stichprobenumfang ist nach den hierfür geeigneten statistischen Verfahren zu ermitteln!

(2)   Applebaum unterstellt, dass die Kunden aus einzelnen Entfernungszonen in etwa für den gleichen Betrag in der Vergleichsfiliale kaufen. In seinem Beispiel rühren die niedrigen Umsatzanteile in den Zonen 3, 4 und 5 daher, dass der relative Kundenanteil (Zahl der Kunden zur Bevölkerungszahl in der betreffenden Zone) immer kleiner wird. Es kann aber durchaus auch sein, dass Kunden in entfernter liegenden Geschäften für geringere oder höhere Beträge als in naheliegenden Geschäften kaufen.

(3)   Es kann bezweifelt werden, ob die zum Vergleich herangezogene Filiale tatsächlich vergleichbar ist.

(4)   Positiv anzumerken ist, dass ausschließlich mit aus der Realität entnommenen Daten gerechnet wird (Akkumulation von Erfahrungen).

4.2.4 Erklärungsmodelle

Die bisher dargestellten Punktbewertungsverfahren und die Analog-Methode stellen lediglich Rechenverfahren zur Ermittlung von Umsatzprognosen dar. Sie setzen abgegrenzte Gebiete voraus, auf die sich die Umsatzprognose beziehen soll. Es bleibt die Frage offen, wie viele Personen aus einer der festgelegten Einzugsgebietszonen tatsächlich ihre Einkäufe an einem bestimmten Standort tätigen werden. Die Größe des Marktgebietes ist deshalb eine wichtige Frage. In der Praxis stützt man sich gern auf Erfahrungen über das **Einkaufsverhalten in räumlicher Sicht.** Dabei geht es insbesondere um die folgenden Aspekte:

-   In welchen Warengruppen werden die Einkäufe vorwiegend am Wohnort, in welchen außerhalb des Wohnortes getätigt?
-   Welche Entfernungen legen Verbraucher bei ihren Einkäufen zurück?
-   Wie wird die Distanz zwischen Wohnort und Einkaufsstätte überwunden?
-   Wie häufig werden einzelne Verkaufsstellen besucht?

Über Ergebnisse berichtet zusammenfassend M. Kotschedoff (1976, S. 50-85). Oft begnügen sich solche Untersuchungen damit, das Einkaufsverhalten zu beschreiben. Ergebnisse solcher Untersuchungen entsprechen von ihrer Struktur denen, wie sie beispielhaft in Abbildung 4.13 angegeben sind. Es wird, wie hier für einen Supermarkt, aufgezeichnet, wie viele Kunden in einzelnen Entfernungszonen gewonnen wurden. Heute werden von vielen Betrieben Kunden an den Kassen nach ihrem Wohnort gefragt, um über die Kenntnis des Einzugsgebietes die Streuung der Werbung verbessern zu können (vgl. auch Kapitel 7). Inzwischen steht Software zur Verfügung, mit der die erfragten oder beobachteten (Kundenkarten) Daten statistisch und geografisch aufbereitet werden können. Das Verfahren wird auch als **Customer Spotting** bezeichnet.

Abb. 4.13: Anteil der Kunden aus einzelnen Entfernungszonen in Prozent (für einen Supermarkt)

Einzugsgebiet (Entfernungszonen)	Großstadt City	Vorortzentren	Verkehrsgünstige Kleinstädte	Wohngegend
0 – 500 m	74	43	27	69
501-1000 m	16	24	27	17
über 1000 m	10	33	46	14

Die in Abbildung 4.13 gesammelten Werte stellen Durchschnittswerte aus Daten dar, die mit Hilfe von Customer Spotting ermittelt worden sind. Es ist fraglich, inwieweit sie auf ein zu planendes Objekt übertragen werden können, da die Verhältnisse beim Planungsobjekt von jenen abweichen können, die den Objekten zu Grunde liegen, bei denen die Messungen durchgeführt worden sind (Verkehrsverhältnisse, Lage von Konkurrenzstandorten, Verteilung der Wohnorte usw.).

Auch das Beispiel in Abbildung 4.14 enthält Customer-Spotting-Werte. Für existierende Verkaufsstellen wird ermittelt, wie viele Haushaltungen in einzelnen Zeitdistanzzonen wohnen und wie viele als Kunden in der Verkaufsstelle beobachtet werden können; dies ermöglicht, Marktanteile zu ermitteln. Zusammen mit den als bekannt unterstellten durchschnittlichen Ausgaben pro Monat lässt sich entweder der Umsatz für eine untersuchte Verkaufsstelle rekonstruieren oder es lässt sich bei Annahme einer hinlänglichen Vergleichbarkeit ein Prognosewert für eine geplante Verkaufsstelle ermitteln. In dem Beispiel ist außerdem angegeben, bei welchen Konkurrenten ansonsten die Nachfrager aus einzelnen Entfernungszonen ihren Bedarf decken, wobei allerdings offen bleibt, wie diese Angaben gewonnen worden sind.

Abb. 4.14: Umsatzprognose für einen Supermarkt, aufgegliedert nach Zeitdistanzen (Quelle: Institut für Selbstbedienung, Hrsg., 1963 und 1967)

Zeitdistanz-zonen	Anzahl Haus-haltungen	Marktanteil	Ø Ausgaben pro Monat in €	Monats-umsatz in €	Kaufkraftabfluss			
					Konkurrenten City A		B	C
Bis 2 Min.	200	90%	290	52.200	10	-	-	-
2 - 3 Min.	240	70%	290	48.720	10	20	-	-
3 - 4 Min.	300	50%	290	43.500	15	25	10	-
4 - 5 Min.	180	40%	290	20.880	10	30	20	-
5 - 6 Min.	230	20%	290	13.340	10	20	30	20
6 - 8 Min.	420	15%	290	18.270	10	-	40	35
8 - 12 Min.	1.200	5%	290	17.400	20	-	40	35
-	2.270	Ø 27%	290	214.310	-	-	-	-

Ermittlungen der Kundeneinzugsgebiete bei bestehenden Verkaufsstellen stellen nur fest, dass eine Verkaufsstelle ein mehr oder minder großes Einzugsgebiet hat, sie erklären nicht dessen Größe. Die Theorie sucht dagegen nach generell gültigen **Regelmäßigkeiten,** wie z. B.:

- dass der Anteil der Käufer in einem Gebiet, die ein bestimmtes Geschäft bevorzugen, mit wachsender Entfernung zu diesem Geschäft in einer bestimmten Rate abnimmt,
- dass das Marktgebiet einer einzelnen Verkaufsstelle auch entscheidend von der Breite und Tiefe des Sortiments abhängt,
- dass die Entfernungen, die die Käufer beim Einkauf zurücklegen, auch von der Art des Gutes, das eingekauft wird, abhängen,
- dass der Einzugsbereich einer Verkaufsstelle von dem Vorhandensein von konkurrierenden Verkaufsstellen abhängt.

Die unterschiedliche Politik der einzelnen Verkaufsstellen, die sich vor allem in unterschiedlichen Sortimenten und in unterschiedlichen Preisen äußert, und die ungleichmäßige Siedlungsstruktur verbieten es, einfach davon auszugehen, dass sich die Einzugsbereiche als Kreise (evtl. ersetzt durch Sechsecke) um die Verkaufsstellen ergeben.

Wie aber laufen die **Grenzen der Marktgebiete** bei heterogener Geschäftspolitik der Verkaufsstellen und unregelmäßiger Besiedlung? Zur Erklärung dieses Phänomens wurden in der Ökonomie und auch in der Geografie verschiedene Modelle entwickelt (vgl. den Überblick bei R. Klein 1993). Klein unterscheidet **mikroanalytische Modelle,** die das Verhalten eines einzelnen Subjektes im Raum darstellen, und **makroanalytische Modelle,** die sich auf das Verhalten ganzer Gruppen beziehen. Aus der letzten Klasse werden im Folgenden die sog. gravitationstheoretischen Interaktionsmodelle behandelt, deren Ergebnisse **deterministisch** oder **probabilistisch** interpretiert werden können. Kennzeichen der deterministischen Modelle (der so genannten Gravitationsmodelle im engeren Sinn) ist, dass als zu erklärende (abhängige) Variable die Grenze zwischen den Absatzreichweiten zweier Geschäftszentren bestimmt wird. Danach ist also ein Konsument Kunde eines Zentrums, oder er ist es nicht. In den probabilistischen Ansätzen stoßen die Einzugsgebiete der einzelnen Zentren nicht aneinander, sondern sie überlappen sich. Es wird gefragt, mit welcher Wahrscheinlichkeit ein Konsument die einzelnen Zentren aufsucht. Auf beide Varianten wird im Folgenden eingegangen (vgl. dazu auch die ausgezeichnete, sehr klare Arbeit von K. Schöler 1981, insbes. S. 135-195).

4.2.4.1 Das „Gesetz von der Einzelhandelsgravitation" nach Reilly

Das zu besprechende Modell hat seine Wurzel in der Physik. Dort beschreibt Isaac Newton 1687 das **Gravitationsgesetz**, nach dem die Gravitationskraft (K) von der Masse zweier Körper (m_1 und m_2) und dem Quadrat ihrer Entfernungen (r^2) voneinander abhängt:

$$K = a \cdot \frac{m_1 \cdot m_2}{r^2}$$

wobei a eine empirisch zu schätzende Proportionalitätskonstante darstellt. Dieser Gedanke wurde im Analogieverfahren auf die **räumlich-sozialen Interaktionen** übertragen (z. B. die Häufigkeit, mit der in einer Stadt A Telefongespräche aus der Stadt B eingehen). Die „Körper" werden häufig als Städte oder Regionen interpretiert, die „Massen" als Bewohner dieser Städte und Regionen und die Gravitationskraft als Stärke der Kontaktaufnahme zwischen den Bewohnern der Städte und Regionen. So übertragen lautet **das soziale Gesetz** nun:

„Die Anzahl der Interaktionen der Bewohner des Ortes i mit den Nachbargebieten j ist umso größer, je größer die Bevölkerung der Nachbargebiete j und je geringer die Entfernung d_{ij} zu diesen Gebieten ist."

(vgl. dazu G. K. Zipf 1946, S. 677-686). Das Einkaufsverhalten der Konsumenten lässt sich als eine spezielle Form der Interaktion ansehen. Mithin besagt das Gesetz, dass Konsumenten umso eher in einer benachbarten Region kaufen werden, je größer diese ist und je kleiner die Entfernung zu ihr ist. Diese Grundaussage ist in verschiedener Form präzisiert und begründet worden. Beachtenswert ist, dass die Modelle nicht die Anziehungskraft einzelner Standorte innerhalb einer Region erklären wollen, sondern sich auf die Anziehungskraft ganzer Regionen beziehen (Makromarktgebiete).

Das **Gravitationsmodell** in seiner Anwendung auf den sozialen Bereich behauptet, dass sich die Interaktionen von Personen aus den Gebieten i und j (I_{ij}) proportional zum Produkt der Bevölkerung von i und j und umgekehrt proportional zur Entfernung der beiden Gebiete zueinander verhalten:

$$(1) \quad I_{ij} = k \cdot \frac{B_i \cdot B_j}{d_{ij}}$$

I_{ij} = Interaktionen zwischen Personen aus den Gebieten i und j
B_i (B_j) = Bevölkerung in i (j)
k = Konstante
d_{ij} = Entfernung zwischen i und j

133

Die gesamte Anzahl von Interaktionen in einem Gebiet j mit Personen aus anderen Gebieten beträgt bei n + 1 Gebieten:

$$(2) \quad I_j = k \sum_{i=1}^{n} \frac{B_i \cdot B_j}{d_{ij}} \qquad \text{für } i \neq j; \; i = 1, 2, ..., n$$

Beispiel: Es gebe vier Orte:

Ort 1 mit 100 000 Einwohnern,   Ort 3 mit 200 000 Einwohnern,
Ort 2 mit 150 000 Einwohnern,   Ort 4 mit 100 000 Einwohnern.

Die Entfernungen zwischen diesen Orten sind aus Abbildung 4.15 zu entnehmen. In welchem Ausmaß wird es zu Interaktionen zwischen den Orten kommen? Werden Bewohner, die an der markierten Stelle K zwischen Ort 1 und Ort 2 wohnen, Ort 1 oder Ort 2 aufsuchen? Wo liegt die Marktgrenze zwischen den Orten 1 und 2?

Abb. 4.15: Einwohner, Bevölkerung und Entfernungen von 4 Orten

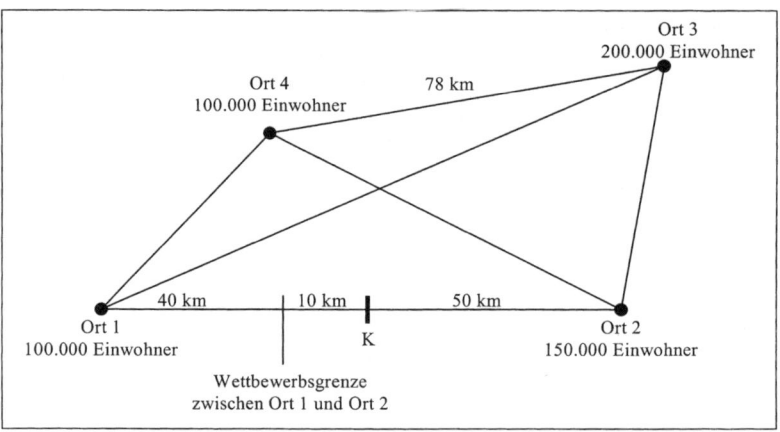

Abb. 4.16: Interaktionen zwischen vier Orten bei jeweils paarweiser Betrachtung

Interaktion zwischen den Orten	$A_{\cdot 1}$	$A_{\cdot 2}$	$A_{\cdot 3}$	$A_{\cdot 4}$
$A_{1\cdot}$	-	$A_{12} = \frac{100 \cdot 150}{100} = 150$	$A_{13} = \frac{100 \cdot 200}{124} = 161$	$A_{14} = \frac{100 \cdot 100}{60} = 167$
$A_{2\cdot}$	$A_{21} = 150$	-	$A_{23} = 428$	$A_{24} = 174$
$A_{3\cdot}$	$A_{31} = 161$	$A_{32} = 428$	-	$A_{34} = 256$
$A_{4\cdot}$	$A_{41} = 167$	$A_{42} = 174$	$A_{43} = 256$	-
Gesamtanziehungskraft	$\Sigma = 478$	$\Sigma = 752$	$\Sigma = 845$	$\Sigma = 597$

Nach Formel (1) ergeben sich bei k = 10 und jeweils paarweiser Betrachtung der Interaktionen die Anziehungskräfte der Orte untereinander entsprechend den Werten in Abbildung 4.16. Danach interagieren die Orte 2 und 3 vergleichsweise stark, die Orte 1 und 2 schwach. Insgesamt ist die Zahl der Interaktionen von Ort 3 mit anderen Orten hoch, die von Ort 1 schwach.

Im Folgenden sollen die allgemeinen gravitationstheoretischen Überlegungen zur Erklärung der Interaktionen zwischen verschiedenen Orten auf den Einzelhandel übertragen werden. Es interessiert, von welchem Ort jene Kunden angezogen werden, die zwischen den einzelnen Verkaufsorten wohnen. Dazu sei beispielhaft auf die Konsumenten in K eingegangen, die nach Abbildung 4.15 genau zwischen den Städten 1 und 2 wohnen. Auf sie wirken zwei Kräfte, die die Anziehungskraft der Städte 1 und 2 auf die Nachfrager in K repräsentieren sollen:

- aus Ort 1: $I_{1K} = \dfrac{100 \cdot 10}{50} = 20$

- aus Ort 2: $I_{2K} = \dfrac{150 \cdot 10}{50} = 30$

Die Bereitschaft der Nachfrager aus K, mit Ort 2 zu interagieren, ist folglich größer. Sie werden deshalb dem Marktgebiet des Ortes 2 zugerechnet werden. Unter **Marktgebiet eines Verkaufsortes** werden dabei jene Orte verstanden, auf die kein anderer Verkaufsort eine größere Anziehung ausübt. So kann für jeden Ort festgestellt werden, welche von zwei Städten ihn stärker anzieht. Darin zeigt sich der deterministische Charakter der Gravitationsmodelle; obwohl denkbar ist, dass die Konsumenten aus Ort K in beiden Orten, aus denen sie angezogen werden, kaufen, werden sie hier nur zum Marktgebiet des Ortes 2 gerechnet. Dort, wo die Anziehungskräfte von zwei Verkaufsorten auf einen Konsumenten gleich stark sind, liegt die so genannte relative Grenze des Einzugsgebietes der beiden Zentren (zu den Problemen der Abgrenzung der Marktgebiete von mehr als zwei Orten vgl. K. Schöler 1981, S. 152-158). Von P. D. Converse (1943) ist dieser so genannte „breaking point", der die Grenzen zwischen den Einzugsbereichen zweier Zentren angibt, erstmals formal aus der Gleichung (1) hergeleitet worden, indem auf einer Geraden zwischen zwei konkurrierenden Städten jener Punkt bestimmt wird, in dem die Anziehungskräfte gerade gleich sind. Im Beispiel ist dieser Ort 40 km von Ort 1 und 60 km von Ort 2 entfernt.

Reilly hat als erster diese allgemeinen gravitationstheoretischen Überlegungen auf das Einkaufsverhalten von Konsumenten übertragen, indem er die Interaktionen zwischen Orten als den Teil des Einzelhandelsumsatzes eines Ortes i operationalisierte, der auf die Kaufakte der Konsumenten aus diesem Verbrauchsort i in einem Handelsort zurückzuführen ist. Aus noch darzustellenden Gründen führte er einen Exponenten ein, mit dem die Entfernungen zu den Verkaufsorten gewichtet werden sollen. Seine Formel für das **„Gesetz der Einzelhandelsgravitation"** lässt sich aus der obigen Formel für die Interaktion ableiten (wobei bereits für die Gewichtung der Entfernung der Parameter λ hinzugefügt worden ist):

$$(3a) \quad I_{1i} = k \cdot \frac{B_1 \cdot B_i}{d_{1i}^{\lambda}}$$

$$(3b) \quad I_{2i} = k \cdot \frac{B_2 \cdot B_i}{d_{2i}^{\lambda}}$$

Die relative Anziehungskraft und mithin der relative Umsatzanteil der beiden Orte 1 und 2 mit Konsumenten aus dem Ort i ergibt sich dann als:

$$(4) \quad \frac{I_{1i}}{I_{2i}} = \frac{B_1}{B_2} \cdot \left(\frac{d_{2i}}{d_{1i}} \right)^{\lambda} = \frac{U_1}{U_2}$$

»Gesetz der Einzelhandelsgravitation«

U_i =Umsatzanteil eines Verbrauchsortes, der in dem Handelsort i (i = 1,2) verausgabt wird

Reillys Gesetz der Einzelhandelsgravitation besagt, dass das Verhältnis der Einzelhandelsumsätze zweier Orte mit Kunden aus einem dritten Ort (Verbrauchsort) proportional zum Verhältnis ihrer Anziehungskräfte (repräsentiert durch B_1 und B_2) und umgekehrt proportional zum Verhältnis der gewichteten Distanzen ist (vgl. W. J. Reilly 1931 und ders. 1959 (Nachdruck) bzw. 1929; vgl. auch die ausführliche Darstellung bei M. Kotschedoff 1976, S. 86-97). Nach Reilly sollte in den meisten Fällen für λ der Wert 2 verrechnet werden. Diese Formel kann dazu verwendet werden, die Konkurrenzgrenzen städtischer Einflussbereiche ohne aufwendige Befragungsaktionen zu bestimmen, da nur die Bevölkerungszahl der miteinander konkurrierenden Städte und die Entfernungen bekannt sein müssen. Zwar werden zur Ermittlung des Marktgebietes zweier miteinander konkurrierender Orte und für die Ableitung von Reillys Gesetz der Einzelhandelsgravitation die gleichen Beziehungen verwendet, dennoch gibt es Interpretationsunterschiede: Bei der Ermittlung des Marktgebietes wird ein einzelner Verbrauchsort entweder dem Marktgebiet des ersten oder des zweiten Ortes zugewiesen; Reillys Formel unterstellt dagegen, dass alle Verbrauchsorte - wenn auch zu unterschiedlichen Anteilen - sowohl zum Einzugsgebiet des Ortes 1 als auch zum Einzugsgebiet des Ortes 2 zählen. Gemeinsam ist beiden Betrachtungsweisen, dass jeweils nur das Verhältnis zweier Angebotsorte zueinander betrachtet wird.

Wie ist der Wert dieser Gleichung einzuschätzen? Wichtige **Kriterien zur Beurteilung** sind:
(1) die Beurteilung des **Prämissenrahmens** des Modells,
(2) die **theoretische Begründung** der behaupteten Zusammenhänge und
(3) ihre **empirische Bewährung**.
Auf diese Gesichtspunkte wird im Folgenden eingegangen.

• **Der Prämissenrahmen**
Die Annahme, die den Aussagegehalt des Modells am meisten einschränkt, ist bereits erwähnt worden: Es wird jeweils ausgewiesen, in welchem Verhältnis der Umsatz zweier Handelsorte mit den Nachfragern aus einem dritten Ort (dem Verbrauchsort) steht. Nun werden im Regelfall die Bewohner eines Verbrauchsortes nicht nur die Möglichkeit haben, in zwei Orten einzukaufen, sondern es werden weitere Einkaufsorte zur

Verfügung stehen. Für sie lässt sich jeweils paarweise auch ein Umsatzanteil ermitteln, insgesamt ergibt sich daraus aber noch nicht, wie hoch der Umsatz eines Handelsortes mit einem bestimmten Verbrauchsort ist. Gerade an diesem gravierenden Nachteil setzen Erweiterungen an.

• **Zur theoretischen Begründung**

K. Schöler (1981, S. 141-148) hat gezeigt, dass es sich bei Reillys Gesetz oder den ihm zu Grunde liegenden gravitationstheoretischen Aussagen keineswegs um eine beliebige Übertragung einer Erkenntnis aus der Physik in die Ökonomie handelt, sondern dass sich dieser Ansatz auch **mikroökonomisch fundieren** lässt. Er bezieht sich dabei auf J. H. Niedercorn und B. V. Bechdolt jr. (1972, S. 127-136 und die dort angegebene Literatur). Von diesen Autoren wird angenommen, dass

(1)   eine gegebene Region aus $n + 1$ Teilgebieten besteht, wobei ein Individuum k in Teilgebiet i angesiedelt ist und Fahrten in j ($j = 1, ..., n; j \neq i$) weitere Teilgebiete unternehmen kann, und dass

(2)   die Anzahl der Fahrten von i nach j ($_{k}W_{ij}$) dem Individuum k einen Nettonutzen $_{k}U_{ij}$ stiftet.

Das Ziel des Individuums sei es, seinen Nettonutzen aus allen Fahrten von i in die Teilregionen j in einer Periode zu maximieren, also:

$$(5) \quad _{k}\hat{U}_{i} = a\sum_{j=1}^{n}\Phi(_{k}W_{ij}),$$

wobei $_{k}\hat{U}_{i}$ den Nutzen angibt, den ein Subjekt k, das in Gebiet i wohnt, aus Fahrten in andere Gebiete zieht. Es wird unterstellt, dass der Nutzen von Fahrten in die einzelnen Teilregionen nicht gleich ist, sondern mit der Anzahl der dort angesiedelten Personen variiert (in bevölkerungsreichen Regionen werden sich mehr Interaktionsmöglichkeiten eröffnen, es werden dort auch mehr Versorgungseinrichtungen angesiedelt sein). Wird der Nutzen aus den einzelnen Fahrten mit dem Bevölkerungsumfang B_{j} gewichtet, lautet die Zielfunktion:

$$(6) \quad _{k}\hat{U}_{i} = a\sum_{j=1}^{n}B_{j}\cdot\Phi(_{k}W_{ij}),$$

wobei a eine Proportionalitätskonstante darstellt.

Bei der Entscheidung über die Fahrten in die einzelnen Regionen wird das Individuum beachten müssen, dass die Fahrten sein beschränkt vorhandenes Geldbudget in unterschiedlichem Maße in Anspruch nehmen. Eine entsprechende monetäre Restriktion lautet:

$$(7) \quad _{k}F_{i} \geq f\sum_{j=1}^{n}d_{ij}\cdot_{k}W_{ij}$$

$_{k}F_{i} =$ Höchstbetrag, den das Subjekt k für Fahrten aus der Region i verausgaben kann

$d_{ij} =$ Entfernungseinheiten von i nach j

$f \ =$ Kosten zur Überbrückung einer Entfernungseinheit.

Maximiert man die Nutzenfunktion unter der angegebenen Nebenbedingung, ergibt sich als Gesamtnettonutzen:

$$(8) \quad {}_k L_i = a \sum_{j=1}^{n} B_j \cdot \Phi({}_k W_{ij}) - \mu(f \sum_{j=1}^{n} d_{ij} \cdot {}_k W_{ij} - {}_k F_j) \overset{!}{=} \max!$$

Nach einigen Umformungen ergibt sich (die Zwischenschritte (9) bis (19) werden nicht dargestellt):

$$(20) \quad W_{ij} = c \cdot B_i \cdot B_j \cdot \frac{1}{d_{ij}}$$

Diese Gleichung besagt, dass die Fahrten, die Subjekte von der Region i in die Region j unternehmen, von der Höhe der Bevölkerung in i und j und von der Entfernung zwischen i und j abhängen. Die Struktur der Gleichung stimmt mit der gravitations-theoretischen Gleichung für die Anziehungskraft einer Region überein. Durch die Ableitung sollte deutlich werden, dass sich Gleichung (20) aus einem nutzenmaximierenden Kalkül ableiten lässt.

Die **Annahmen der Ableitung** sollen noch einmal zusammengestellt werden:
(1)   Das Subjekt ist in der Lage, den Nutzen von Fahrten in die einzelnen Teilregionen zu bestimmen; der Nettonutzen jeder Fahrt ist positiv.
(2)   Das Subjekt plant seine Fahrten so, dass der Gesamtnutzen aus allen Fahrten maximiert wird.
(3)   Fahrten verursachen Kosten, die zur Entfernung proportional sind.
(4)   Die Subjekte können bei ihren Fahrten nur über ein vorgegebenes Budget verfügen. Dieses Budget ist für alle Personen gleich.

Diese Annahmen scheinen nicht in allen Fällen realistisch zu sein; für die theoretische Diskussion ist der Nachweis bedeutsam, dass es sich bei Reillys Formel bzw. den ihr zu Grunde liegenden Gleichungen über die Anziehungskraft von Gebieten nicht um die willkürliche Übertragung einer physikalischen Beziehung handelt, sondern dass dieser Zusammenhang durchaus auch ökonomisch fundiert werden kann.

• **Zur empirischen Bewährung**
Reillys Gesetz über die Einzelhandelsgravitation macht eine Aussage über das Verhalten von Konsumenten über die Wahl des Einkaufsortes. Eine empirische Überprüfung dieser Aussage setzt voraus, dass die in der Hypothese enthaltenen Begriffe operationalisiert werden. Die dem Gravitationsgesetz bzw. Reillys Formel zu Grunde liegende Vorstellung lautet in vereinfachter Darstellung, dass das Ausmaß der Interaktion eines Konsumenten aus Ort i mit einem Ort j von der Bedeutung des Ortes j und der Entfernung zwischen i und j bestimmt wird. Die in dieser Aussage enthaltenen Begriffe lassen sich unterschiedlich **operationalisieren**. Einige Möglichkeiten enthält Abbildung 4.17.
Bemerkenswert ist, dass die Entfernung von i nach j in unterschiedlichen Einheiten gemessen werden kann; zunächst wurde untersucht, ob der Konsument bei seiner Urteilsbildung anstelle der in Metern gemessenen Entfernung die benötigte Zeit oder die Kosten der Raumüberbrückung in Rechnung stellt. In einem solchen Ansatz lassen sich zusätzliche Einflussfaktoren berücksichtigen, nicht mehr nur die Entfernung, sondern auch die Verkehrs- und Parkplatzsituation als wichtige Bestimmungsfaktoren der be-

nötigten Zeit, um eine Verkaufsstelle zu erreichen, weiterhin aber auch die Kosten der Raumüberbrückung. Dies erscheint plausibel, weil der Konsument nicht nur die Entfernung vom Wohnort zur Verkaufsstelle, sondern auch die Mühen, die ihm ein Einkauf in einer Verkaufsstelle bereitet, bewerten wird. P. Wotzka (1970, S. 59) bezeichnet dies als die Kaufbelastung. Als Elemente der Kaufbelastung lassen sich nennen: die Anreise zur Verkaufsstelle, das Auswählen der Waren (Suchzeit) und der Heimtransport der gekauften Waren.

Abb. 4.17: Operationalisierungsmöglichkeiten für den gravitationstheoretischen Ansatz

Operationalisierungsmöglichkeiten...		
für das Ausmaß der Interaktion	für die Bedeutung des Ortes j	für die Entfernung von i und j
- Einzelhandelsumsatz in j mit Konsumenten aus i	- Größe der Bevölkerung	- geografische Entfernung
	- innerurbane Gesamtausgaben	- benötigte Zeit, um die Entfernung zu überbrücken
	- Höhe des Umsatzes in bestimmten Warenbereichen	- Kosten der Raumüberbrückung
	- Beschäftigte im Einzelhandel	
	- Beschäftigte im Banksektor	
	- vorhandene Verkaufsfläche	

Der **Grad der empirischen Bewährung** (vgl. zu dem Problem der empirischen Überprüfung des Reilly-Modells vor allem M. Kotschedoff 1976) kann nur schwer beurteilt werden, da leider von vielen Untersuchungen nicht die zur Beurteilung wichtigen statistischen Kennziffern mitgeteilt werden. Da Reilly und Converse (P. D. Converse 1943) einige Daten ihrer Untersuchungen veröffentlicht haben, kann die empirische Bewährung zumindest in einzelnen Fällen nachvollzogen werden. Die empirische Überprüfung des Modells kann auf unterschiedliche Weise erfolgen. So kann getestet werden,

(1) ob die nach der Formel errechneten Grenzen eines Marktgebietes mit den empirisch erhobenen Grenzen übereinstimmen,
(2) mit welchen Operationalisierungen von Attraktivität und Entfernung die besten Ergebnisse erzielt werden,
(3) ob eine Hinzunahme von weiteren Variablen in die Formel zu besseren Ergebnissen führt,
(4) wie stabil der Exponent λ ist und von welchen Faktoren er selbst abhängt,
(5) ob das in der Formel zu Grunde liegende Funktionsgesetz mit Vorteil gegen ein anderes ausgetauscht werden sollte.

Es ist nicht möglich, die Testergebnisse hier im Einzelnen zu referieren (vgl. dazu M. Kotschedoff 1976). Vor allen Dingen muss auf ein Problem hingewiesen werden, und zwar die Ermittlung des von Reilly eingeführten Exponenten λ, mit dem die Entfernung zwischen Verbrauchsort i und Handelsort j gewichtet werden soll ($AZ_{ij}=k \cdot B_i \cdot B_j/d_{ij}^{\lambda}$). Reilly empfiehlt einen Wert von 2, begründet dies aber nicht theoretisch. Empirische Untersuchungen haben gezeigt, dass sich zeitweilig mit anderen Werten für λ bessere Ergebnisse erzielen lassen. Der Entfernungsexponent variiert je nach der Art der Gütergruppen und Dienstleistungen, nach der Größe des Zielortes und nach der Entfernung selbst.

Wie das Gesetz von Reilly letztendlich auf Grund der empirischen Ergebnisse zu beurteilen ist, ist auch heute noch umstritten.

4.2.4.2 Das Modell von Fickel

Reillys Gesetz ist Ausgangspunkt für einige **Erweiterungen** gewesen (z. B. P. D. Converse 1949). Auch die Gesellschaft für Konsumforschung in Nürnberg hat seit 1960 ihren **Umsatzprognosen für alleinstehende Einzelhandelsgroßbetriebe** oder Einzelhandelsagglomerationen den im Folgenden beschriebenen Ansatz zu Grunde gelegt (vgl. F. W. Fickel 1979, S. 204-225). Nach diesem Ansatz ist die Anziehungskraft eines Einzelhandelszentrums auf ein Wohngebiet umso größer, je größer die Attraktivität des Zentrums und je kleiner die Entfernung vom Wohngebiet zum Zentrum ist. Formelmäßig wird folgender Zusammenhang behauptet:

(21) $\quad G_{ij} \quad = \quad A_i^{D_{ij}}$

G_{ij} = Anziehungskraft des Zentrums i (auch als zeitdistanzreduzierte (-korrigierte) Attraktivität oder Gravitation bezeichnet) auf das Wohngebiet j
A_i = Attraktivität des Zentrums i
D_{ij} = Distanzwert für die Entfernung vom Wohngebiet j zum Zentrum i

Gleichung (21) lässt erkennen, dass auch in diesem Ansatz zwei Größen die Wahl des Einkaufsortes bestimmen, die Attraktivität des Geschäftszentrums und die Entfernung. Es wird davon ausgegangen, dass die Attraktivität des Zentrums i sich bei zunehmender Entfernung immer weniger realisieren kann; sie verändert sich nicht linear, sondern s-förmig. Der s-förmige Verlauf wird durch folgende Funktion für D_{ij} sichergestellt:

(22) $\quad D_{ij} \quad = 1 - \dfrac{\ln\left(1 + e^{aW_{ij}-b}\right)}{\ln A_i} \qquad D_{ij} \leq 1$

W_{ij} = Widerstandswert für Zentrum i und Wohngebiet j
A_i = Attraktivität des Zentrums i
a, b = Funktionsparameter

Der Widerstandswert ergibt sich aus einer Widerstandsfunktion, in die als Variable M_{ij}, die in Minuten gemessene Zeitdistanz zwischen Wohngebiet j und Zentrum i, eingesetzt wird:

(23) $\quad W_{ij} \quad = \dfrac{M_{ij}}{e^{\log A_i - c}} \qquad W_{ij} \geq 0$

M_{ij} = Distanz zwischen Zentrum i und Wohngebiet j in Zeiteinheiten

c = Funktionsparameter

Beispiel: (verkürzt entnommen aus F. W. Fickel 1979, S. 204-225).

Abb. 4.18: Zur Anziehungskraft eines Zentrums (Z_1) auf zwei Wohngebiete WG_1 und WG_2 (Quelle: F. W. Fickel 1979)

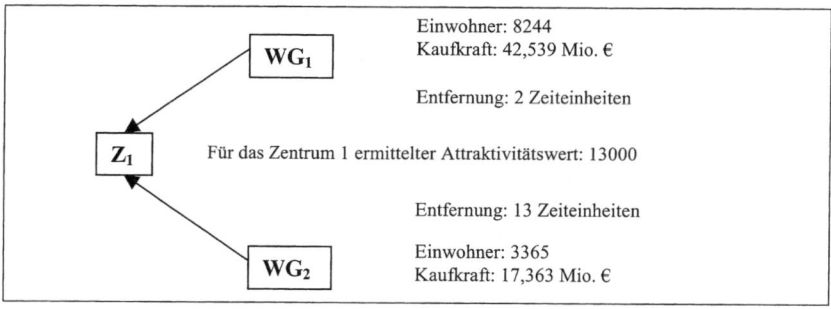

Werte für die Parameter:

a = 18
b = 9
c = 1,1636982

Abb. 4.19: Berechnung der Anziehungskraft eines Zentrums nach Fickel (Quelle: F. W. Fickel 1979)

Berechnung von	nach Formel		$M_{11}=2;\ M_{12}=13;\ A_1=13000$ Errechnete Werte	
W_{ij}	(23)	$W_{ij}=\dfrac{M_{ij}}{e^{\log A_i - c}}$	$W_{11} = 0,105$	$W_{12} = 0,680$
D_{ij}	(22)	$D_{ij} = 1 - \dfrac{\ln(1 + e^{aW_{ij} - b})}{\ln A_i}$	$D_{11} = 0,999$	$D_{12} = 0,653$
G_{ij}	(21)	$G_{ij} = A_i{}^{D_{ij}}$	$G_{11} = 12989$	$G_{12} = 488$

Die um die Entfernung korrigierte Attraktivitätswirkung des Zentrums i auf das Wohngebiet j lässt sich als Relativzahl ausdrücken, wenn als Nenner des Quotienten die Summe aller im Wohngebiet j wirkenden Attraktivitätswerte verwendet wird, also:

$$(24)\quad I_{ij} = \frac{G_{ij}}{\sum_j G_{ij}}$$

I_{ij} = relativer Anteil der Wirkungen des Zentrums in das Wohngebiet j

141

So könnte sich für I_{11} ein Wert von 42,6% ergeben. Wird die Kaufkraft des Wohngebietes 1 von 42,539 Mio. € mit diesem Faktor multipliziert, ergibt sich für das Zentrum 1 ein Umsatz von 18,102 Mio. € mit Kunden aus dem Wohngebiet 1. Formelmäßig:

(25) $U_{ij} = I_{ij} \cdot K_j$

K_j = Kaufkraft im Wohngebiet j
U_{ij} = Umsatz im Zentrum i mit Kunden aus Wohngebiet j

In entsprechender Weise können die Umsätze des Zentrums mit den anderen Wohngebieten errechnet werden.

Bei der **Beurteilung dieses Ansatzes** sind die folgenden Punkte zu berücksichtigen:

(1) Wie ist die für den Ansatz bedeutsame Größe **„Attraktivität des Zentrums i"** definiert, und wie wird sie gemessen? Als Kriterien zur Attraktivitätsbewertung eines Zentrums werden herangezogen:
- der Gesamteindruck des Zentrums (von „unübersichtlich, weitläufig, verwinkelt" bis „übersichtlich, konzentriert"),
- die Topografie innerhalb des Zentrums (von „starkes Gefälle" bis „eben"),
- die Besetzung mit Geschäften (von „dünn" bis „dicht"),
- die Gebäudewirkung (von „alt, sanierungsbedürftig" bis „neu, modern, attraktiv"),
- die Schaufensterwerbung (von „alte, kleine unterteilte Schaufenster" bis „durchgehende, moderne Schaufensterfront"),
- die Lauflage (von „schwach, kaum Passanten unterwegs" bis „stark, unablässig dichter Passantenstrom"),
- der Raum für den Fußgänger (von „kein bis enger Bürgersteig" bis „reine Fußgängerzone, attraktiv gestalteter Fußgängerbereich mit Kurzerholungsmöglichkeiten"),
- die Parkmöglichkeiten in Zentrumsnähe (von „nicht vorhanden" bis „günstig"),
- die Dimensionierung der Kaufhäuser oder sonstiger Magneten (von „kleine, verwinkelte Verkaufsfläche bis 1000 qm" bis „aufwendig gestaltete Verkaufsfläche über 5000 qm, Vollsortiment"),
- die Verkaufsfläche der Magneten (Einzelhandelsgroßbetriebe) in qm,
- die Verkaufsfläche der Fachgeschäfte im „Spannungsfeld" der Magneten.
Die Zentren oder Einzelhandelsagglomerationen werden auf einer 13-stufigen Skala von einem so genannten Experten eingestuft. An diesem Verfahren bleibt offen, inwieweit der erhobene Attraktivitätsindex auch käuferverhaltenstheoretisch relevant ist: Inwieweit legen die Konsumenten ihrer Beurteilung die genannten Kriterien zu Grunde? Werden alle Kriterien als gleich bedeutsam angesehen, stimmen die Urteile von Konsumenten und Experten überein?

(2) Sprechen bestimmte inhaltliche Gründe für die verwendete **funktionale Verknüpfung der Variablen**? In der vorliegenden Veröffentlichung bleibt offen, aus welchen inhaltlichen Gründen der Verfasser sich dafür entschied, eine Exponentialfunktion zu verwenden.

(3) Wie gut gelingt es, mit der modifizierten Formel das tatsächliche Einkaufsverhalten der Konsumenten abzubilden? Dazu wäre es notwendig, die mit Hilfe der

Formel errechnete Anziehungskraft mit so genannten **Außenkriterien** (z. B. getätigte Umsatzanteile) zu vergleichen.

(4) Entsprechen die verwendeten **13-stufigen Skalen** der Unterscheidungsfähigkeit der zu befragenden Personen?

Da für die in dem vorgestellten Ansatz verwendeten Funktionen keine näheren Gründe angeführt werden und da über die mit diesem Modell erzielten Prognoseerfolge keine Angaben vorliegen, fällt es schwer, diesen Ansatz zu beurteilen. Bemerkenswert ist, dass die Attraktivität eines Zentrums über Indikatoren erschlossen wird. Die Arbeiten von Fickel regen dazu an, nach einer theoretischen Fundierung des Ansatzes Ausschau zu halten und den Ansatz mit Hilfe von Gütekriterien zu testen.

4.2.4.3 Der probabilistische Potenzialansatz von Huff

Mit Hilfe des probabilistischen Potenzialansatzes soll ermittelt werden, welches Nachfragepotenzial einem Handelszentrum voraussichtlich zukommt. Die Umsätze der in unterschiedlichen Verbrauchsgebieten wohnenden Konsumenten werden dabei mit Kaufwahrscheinlichkeiten multipliziert, so dass sich ein Erwartungswert für den Umsatz eines Handelszentrums ergibt. Zunächst soll auf die Ermittlung dieser **Wahrscheinlichkeiten** eingegangen werden. Sie seien definiert als der Nutzen, den der Konsument aus dem i-ten Verbrauchsgebiet zieht, wenn er das j-te Handelszentrum aufsucht, wobei dieser Nutzen auf jenen Nutzen bezogen wird, den ihm der Besuch aller für ihn erreichbaren Handelszentren vermitteln würde **(relativer Nutzen)**, also:

$$(28) \quad W_{ij} = \frac{U_{ij}}{\sum\limits_{j=1}^{m} U_{ij}}$$

wobei: W_{ij} = Wahrscheinlichkeit, dass ein Konsument aus dem Verbrauchsgebiet i das Handelszentrum aufsucht,

U_{ij} = Nutzen, den der Konsument aus dem Verbrauchsgebiet i empfindet, wenn er ein Handelszentrum am Ort j aufsucht.

Gegenüber dem Modell von Reilly besteht ein wesentlicher Vorteil dieses Ansatzes darin, dass alle für einen Konsumenten relevanten Einkaufsorte in die Analyse einbezogen werden. Wovon wird nun der Nutzen des Konsumenten, den er durch den Besuch eines Handelszentrums erfährt, abhängen? Positiv wird der Konsument die **Attraktivität des Handelszentrums** werten (A_j), negativ die **Entfernung** von Verbrauchs- und Handelsstandort. Es lässt sich also postulieren:

$$(29) \quad U_{ij} = \Phi(A_j, d_{ij})$$

Eine spezielle Funktion für (29) wäre:

$$(30) \quad U_{ij} = A_j \cdot d_{ij}^{-\lambda}$$

wobei: A_j = die Attraktivität des Handelszentrums j
d_{ij} = die Entfernung zwischen dem Verbrauchsort i und dem Handelsstandort j
λ = ein empirisch zu schätzender Parameter.

Die Ähnlichkeit dieses Modells mit dem Gravitationsmodell wird vollends deutlich, wenn man Gleichung (1), die die Anziehungskraft des Gebietes j auf das Gebiet i nach dem Gravitationsmodell abbildet, durch B_i dividiert und den Exponenten -1 durch den allgemeineren, $-\lambda$, ersetzt:

(1) $\quad I_{ij} = k \cdot B_i \cdot B_j \cdot d_{ij}^{-1}$ $\qquad |: B_i$

(31) $\quad \dfrac{I_{ij}}{B_i} = k \cdot B_j \cdot d_{ij}^{-\lambda}$

(30) und (31) unterscheiden sich dann nicht mehr, wenn die Attraktivität eines Ortes j durch die Bevölkerung am Ort j, gewichtet mit der Konstanten k, operationalisiert wird. Das Besondere des probabilistischen Potenzialmodells besteht darin, dass es sich der Form eines Quotienten bedient, der als Wahrscheinlichkeit interpretiert wird. Die Formel lautet:

(32) $\quad W_{ij} = \dfrac{U_{ij}}{\sum\limits_{j=1}^{m} U_{ij}} = \dfrac{A_j \cdot d_{ij}^{-\lambda}}{\sum\limits_{j=1}^{m} A_j \cdot d_{ij}^{-\lambda}}$

Ein Konsument in der Region i muss also nicht mehr einem Handelsstandort j eindeutig zugeordnet werden, sondern es kann jetzt auch zum Ausdruck gebracht werden, dass ein Konsument mehrere Standorte aufsucht, unter Umständen aber mit verschiedenen Wahrscheinlichkeiten.

Der probabilistische Ansatz ist besonders von D. L. Huff vertreten worden (1964, S. 34-38). Der Ansatz und seine Aussagen sollen mit Hilfe eines **Beispiels** verdeutlicht werden. In diesem Beispiel wird, wie von Huff vorgeschlagen, die Entfernung in Zeiteinheiten und die Attraktivität mit Hilfe der Verkaufsfläche angegeben.

Beispiel:

$\lambda = 2$
2 Verkaufsstellen stehen zur Verfügung:
j = 1: Entfernung 10 min., Verkaufsfläche 10000 m²
j = 2: Entfernung 20 min., Verkaufsfläche 5000 m²

$W_{i1} = \dfrac{\dfrac{10.000}{10^2}}{\dfrac{10.000}{10^2} + \dfrac{5000}{20^2}} = \dfrac{100}{100 + 12,5} = 0,89$

$W_{i2} = 0,11$

Diese Wahrscheinlichkeiten können zweifach interpretiert werden (vgl. auch P. Kotler 1971, S. 317):

144

(1) Jeder Konsument aus dem Gebiet i wird 89% seiner Einkäufe in der Verkaufsstelle 1 tätigen, 11% in der Verkaufsstelle 2.

(2) 89% der Konsumenten im Gebiet i werden in der Verkaufsstelle 1 kaufen, 11% in der Verkaufsstelle 2.

Der **Parameter** λ nimmt auch hier eine Schlüsselstellung ein. Er soll berücksichtigen, dass die Entfernung je nach Produktart eine unterschiedliche Rolle spielt. So ermittelte Huff beim Einkauf von Möbeln für λ den Wert von 2,723, bei Kleidern jedoch von 3,191.

Die erwartete Zahl der Käufer aus einer Region i ermittelt Huff dann als:

(33) $E_{ij} = W_{ij} \cdot C_i,$

wobei: E_{ij} = erwartete Zahl der Konsumenten in der Region i, die die Verkaufsstelle j aufsuchen werden,

C_i = die Anzahl der Konsumenten in der Region i.

Es wird meistens sinnvoll sein, die Anzahl der Konsumenten von der Anzahl der Bevölkerung abzuheben, denn in den wenigsten Fällen wird sich die Zielgruppe mit der gesamten Bevölkerung decken. Bemerkenswert an dem Modell ist, dass es das **Einzugsgebiet** für eine Verkaufsstelle nicht als eine starre Linie ermittelt, sondern dass um eine Verkaufsstelle **Linien unterschiedlicher Wahrscheinlichkeit** gelegt werden (vgl. Abbildung 4.20).

Abb. 4.20: Die Abgrenzung von Einzugsgebieten mit Hilfe von Zugehörigkeitswahrscheinlichkeiten

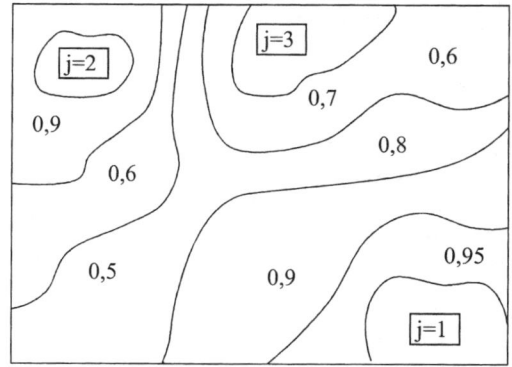

Das Modell wurde vom Verfasser mehrfach empirisch getestet und hat sich dabei, soweit dies zu überprüfen war, bewährt (L. Müller-Hagedorn und M. Schuckel 1995a und 1995b; L. Müller-Hagedorn 1998a). Abbildung 4.21 zeigt anhand von Berechnungen, die bei der Eröffnung des Centro in Oberhausen angestellt wurden, dass das Modell erlaubt anzugeben, wie hoch die erwarteten Umsätze am betrachteten Standort sein werden (hier für Textilien), zum anderen, aus welchen benachbarten Orten diese Umsätze generiert werden.

Abb. 4.21: Einzugsgebietsanalyse mit Hilfe des Huff-Modells

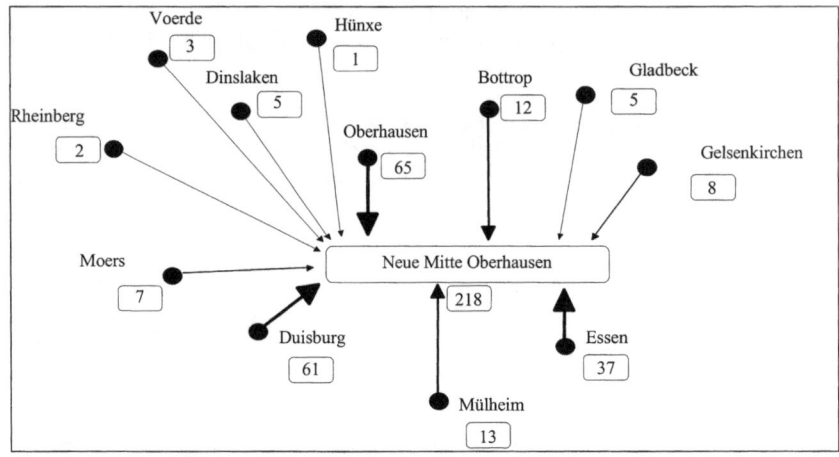

Huffs Methode hat folgende **Schwächen**:

(1) Der Ansatz bezieht nur zwei Bestimmungsfaktoren für die Wahl der Einkaufsstätte explizit mit ein.

(2) Der Ansatz orientiert sich an objektiven Größen (tatsächliche Fahrzeit, Größe der Verkaufsstelle). Demgegenüber können die Konsumenten diese beiden Faktoren anders wahrnehmen. So wurde festgestellt, dass die Konsumenten sowohl die Entfernung als auch die Fahrzeit zu einzelnen Einkaufsstätten überschätzen. Diese Fehleinschätzungen werden durch die Parkplatzmöglichkeiten, die Qualität der geführten Waren und die Warenpräsentation beeinflusst.

So ist es Anliegen der **Forschungsbemühungen**, die realen Landkarten durch solche zu ersetzen, die zeigen, wie die Konsumenten die Entfernungen zu einzelnen Verkaufsstellen subjektiv wahrnehmen (vgl. D. B. MacKay und R. W. Olshavsky 1975; E. M. Mazze 1974, S. 43-48). Des Weiteren werden in neueren Untersuchungen mehrere Bestimmungsfaktoren für das Einkaufsverhalten der Konsumenten explizit berücksichtigt, z. B. das Preisniveau, die Entfernung, der Service, die Sortimentsbreite, die Öffnungszeiten usw. (M. Cadwallader 1975, S. 339-349; D. Jennings 1978).

4.2.5 Zusammenfassung

Die vorgestellten Techniken (die Punktbewertungsverfahren und die Analogmethode) und die Gravitationsmodelle ergänzen sich. Die beiden Techniken streben an, **alle Einflussfaktoren** auf die Vorteilhaftigkeit eines Standortes zu berücksichtigen, die Punktbewertungsverfahren mehr analytisch, die Analogmethode mehr summarisch durch die Auswahl eines vergleichbaren Standortes. Die theoretischen Ansätze rücken dagegen mehr den genauen Einfluss weniger Größen in den Brennpunkt der Analyse, vor allem die Entfernung zwischen dem Wohnort des Konsumenten und dem Standort des Handelsbetriebes. Kennzeichen vieler Beiträge ist, dass nicht nur eine funktionale Beziehung zwischen dem Einkaufsverhalten der Konsumenten und der zurückzulegenden Entfernung aufgestellt wird, sondern dass auch versucht wird, diese Beziehung verhaltenswissenschaftlich zu begründen.

Die Modelle können nach dem augenblicklichen Erkenntnisstand jedoch nur herangezogen werden, um das Einzugsgebiet ganzer Zentren (Orte, Innenstadtbereiche, Vorortzentren, Shopping Center) zu bestimmen. Sie sind weniger in der Lage, Unterschiede in der Vorteilhaftigkeit einzelner Standorte innerhalb eines Zentrums sichtbar zu machen. Dazu müssen die Faktoren, die die Streckenwahl (Passantenanalyse) von Konsumenten bestimmen, in detaillierterer Form berücksichtigt werden. Das gilt für die Faktoren, die die Anziehungskraft positiv bestimmen, wie z. B. die Sortimentspolitik eines Betriebes und die seiner Konkurrenten, die Preispolitik, die Parkplatzmöglichkeiten usw., aber auch für die Faktoren, die die Anziehungskraft negativ bestimmen. So kann es zu Unterschieden im Umsatzpotenzial von innerstädtischen Standorten kommen, weniger weil sie sich in den Entfernungen zu den Wohnorten der Konsumenten, sondern weil sie sich in einer Reihe von anderen wichtigen Gegebenheiten unterscheiden, z. B. in der Nähe zu Haltestellen, zu Parkhäusern, in der Passantenfrequenz (zur Durchführung von Passantenanalysen vgl. E. Nauer 1970, S. 150-156) oder in der Attraktivität der unmittelbaren Nachbarschaft. Modelle, die in diesem Sinn **Mikromarktgebiete** erklären wollen, sind bislang kaum entwickelt worden. Erste Versuche dazu werden von K. Schöler (1981, S. 208-248) zusammengestellt. Er zeigt insbesondere, wie das Marktgebiet durch die Absatzpreispolitik bestimmt werden kann. Das Problem, wie ein Betrieb innerhalb eines Zentrums seine knappen Faktoren (Regalfläche bzw. Raum, Lagerbestände, Personal) disponieren sollte, um so über eine Veränderung seiner Attraktivität seine Nachfrage zu beeinflussen, wird von R. Flavell, E. Penn und G. Salkin (1979, S. 25-32) angegangen.

Fortentwicklungen in dieser Richtung müssten das Einkaufsverhalten umfassender und differenzierter abbilden. Umfassender in der Beziehung, dass explizit dargestellt wird, wie Konsumenten im Mehrproduktfall Entfernungsnachteile gegen sonstige Vorteile aufwiegen (z. B. in preislicher Hinsicht), dass Einkaufsfahrten häufig mit anderen Tätigkeiten gekoppelt werden und dass an Einkäufen oft mehrere Personen beteiligt sind. Außerdem müsste gemessen werden, wie stark Bindungen von Nachfragern an Konkurrenzbetriebe sind, es wird auch von multipurpose-multistore-Ansätzen gesprochen. Differenzierter in der Beziehung, dass nach Einkaufsanlässen, Kaufabsichten und Güterarten differenziert wird (zur Klassifizierung von Gütern vgl. L. P. Bucklin 1963, S. 50-55; S. Kaish 1967, S. 28-31; H. Knoblich 1969, S. 130-139).

4.3   Die Kostenprognose

Standortprobleme sind als Investitionsprobleme gekennzeichnet worden. Neben den Einzahlungsreihen müssen mithin die Auszahlungen bzw. die Kosten prognostiziert werden. Nach dem Ausmaß der Quantifizierung dieser Wirkungen lassen sich zwei Stufen unterscheiden, einmal die Quantifizierung mit Hilfe der Checklist-Methode, zum anderen die Ermittlung von Auszahlungen und Kapazitätsbeanspruchungen.

4.3.1   Die Checklist-Methode

Die bereits erwähnten Kataloge („checklists") von Standortfaktoren sind häufig schon so systematisiert, dass sie nach ihrer Relevanz für die Einzahlungen oder die Auszahlungen angeordnet sind. Wir wollen hier diese Zweiteilung der Einflussgrößen in solche, die die Auszahlungen und solche, die die Einzahlungen beeinflussen, übernehmen, obwohl sie nicht problemlos ist, denn einige Größen haben eine Doppelwirkung. So bestimmen beispielsweise die Größe und die Ausstattung der Verkaufsstelle nicht nur die Kosten, sondern auch den Umsatz. Die von Behrens eingeführte Zweiteilung der Bestimmungsfaktoren in solche der Beschaffung und des Einsatzes auf der einen und solche des Absatzes auf der anderen Seite wurde auch von Wurth übernommen, der die standortabhängigen Bewertungsmerkmale in solche unterteilt, die die standortabhängigen Ausgaben betreffen und solche, die die standortabhängigen Einnahmen betreffen (K. C. Behrens 1961 und 1965; R. Wurth 1970). Als solche Merkmale werden dann beispielsweise die Personen, der Raum (mit seinen Grundstückskosten, den Einrichtungskosten, aber auch mit seiner Lage, den geltenden Bauvorschriften, störenden Einflüssen, Warenanführmöglichkeiten usw.) genannt. Man könnte daran denken, einen Standort anhand solcher Merkmale auch mit Hilfe eines Polaritätenprofils zu bewerten, im Regelfall wird es aber möglich sein, die durch den betreffenden Standort induzierten Kosten mit hinreichender Genauigkeit zu schätzen. In diesen Fällen erscheint es nicht sinnvoll, Entscheidungstatbestände, die durchaus in Geldeinheiten quantifiziert werden können, auf einem Ordinalskalenniveau abzubilden.

In der Liste der durch einen Standort ausgelösten Auszahlungen nach Abbildung 4.22 wurde Wert darauf gelegt, die Zusammensetzung der Auszahlungen deutlich werden zu lassen. Sie sind für mehrere Perioden zu schätzen. Da nicht alle Beträge mit Sicherheit vorhergesagt werden können, ist in jeder Periodenspalte die Möglichkeit eingeräumt, neben dem wahrscheinlichsten Wert einen Mindest- und einen Höchstwert einsetzen zu können. Jeder Standortanalytiker sollte sich jedoch bei der Ermittlung der Auszahlungen bewusst bleiben, dass Prognosen nur unter Annahmen abgegeben werden können. So hängen die Kosten für in Warenbeständen gebundenes Kapital von der Bestellpolitik ab, die Personalkosten von der Servicepolitik usw.

Abb. 4.22: Mit einem Standortprojekt verbundene Auszahlungsarten

Jahre	1. Jahr			...	n. Jahr		
	mind.	wahr- schein- lich	höchst		mind.	wahr- schein- lich	höchst
A. Auszahlungen							
1. Grundstück							
2. (Um-)Baukosten							
3. Miete							
4. Ladeneinrichtung							
5. Personal (einschl. Reisekosten u. Spesen)							
(6. FK-Zinsen)							
7. Gewerbesteuern							
8. Mehrwertsteuer							
9. Wareneinsatz, der a) als Grundausstattung be- nötigt wird b) auf Grund von Verkäufen an die Filiale geliefert werden muss c) durch Diebstahl, Schwund oder Verderb verloren geht							
10. Rabatt							
11. sonst. Raumkosten							
12. Reparaturkosten							
13. Verpackungskosten a) in der Filiale b) in der Zentrale							
14. Werbung a) in der Filiale b) in der Zentrale							
15. Energie a) in der Filiale b) in der Zentrale							
16. Gebühren (Makler, Notar, Rechtsanwalt, sonstige)							
17. Sonstiges							
B. Einzahlungen							

4.3.2 Die Quantifizierung der mit einem Standortprojekt verbundenen Auszahlungen und der Beanspruchung von Kapazitäten

Mit der Quantifizierung der Auszahlungen sind einige **Probleme** verbunden, so
- das Problem, die auszahlungswirksamen Konsequenzen von jenen zu trennen, die zwar auch entscheidungsrelevant, aber nicht auszahlungsrelevant sind,
- das Problem der Länge des Planungszeitraums,
- das Problem, ob mit Zahlungsströmen oder mit Kosten und Erlösen gerechnet werden sollte.

(1)   Zur Trennung von auszahlungswirksamen Folgen und der Kapazitätsbelastung der Zentrale durch eine neue Filiale

Oft ist der Fall gegeben, dass eine neue Verkaufsstelle Leistungen einer Zentrale (z. B. Belieferung aus einem zentralen Lager, zentrale Abrechnung, zentrale Managementkapazität) in Anspruch nimmt, ohne dass dadurch die Auszahlungen in der Zentrale verändert werden. Die Frage ist dann, in welcher Form die Inanspruchnahme von zentralen Kapazitäten, die bei einzelnen Projekten durchaus unterschiedlich sein kann, in die Entscheidung über die Vorteilhaftigkeit einer Verkaufsstelle einbezogen werden kann. Die künstliche Umwandlung von fixen Gemeinkosten in Beträge, die dem einzelnen Projekt zugeschlüsselt werden, kann zu Fehlentscheidungen führen.

(2)   Zur Länge des Planungszeitraums

Die Auszahlungen sind nicht nur für ein Jahr zu ermitteln, ihre Veränderungen sollten auch im **Zeitablauf** erfasst werden (zum Problem des Planungszeitraums vgl. M. Bitz 1978, S. 175-193). Die Länge des zu betrachtenden Planungszeitraumes bestimmt sich einmal durch die Möglichkeit, zukünftige Zahlungen abschätzen zu können, zum anderen durch die Bindungen, die durch Mietverträge eingegangen werden.

(3)   Zur Rechnungsebene

Grundsätzlich ist es möglich, Investitionskalküle auf der Basis von Zahlungsströmen und auf der Basis von Kosten und Erlösen durchzuführen. In der Praxis gibt es eine häufig vorzufindende Vorliebe für das Rechnen mit Kosten und Erlösen. Hier wird dagegen die **Rechnung mit Zahlungen** bevorzugt, weil:
- der direkte Anschluss an den langfristigen Finanzplan gewahrt ist (das Problem der Mittelbeschaffung wird zum integrierten Bestandteil des Investitionsplans),
- Fehlermöglichkeiten bei der Berechnung von Kosten entfallen. Dies gilt insbesondere für die Berechnung von kalkulatorischen Zinsen.

Wird mit Kosten und Erlösen gerechnet, so genügt es keineswegs, die Anschaffungszahlung auf die Jahre der Nutzung zu verteilen, sondern es müssen kalkulatorische Zinsen in entsprechender Höhe eingesetzt werden. Das hat Lücke die Ausgleichsfunktion der kalkulatorischen Zinsen genannt. W. Lücke (1965, S. 3-28) hat wie folgt nachgewiesen, dass sich jede Auszahlung in eine äquivalente Kostenreihe umwandeln lässt, wobei die anzusetzenden kalkulatorischen Zinsen die Ausgleichsfunktion übernehmen. Diese Ausgleichsfunktion zeigt sich für eine zweiperiodige Betrachtung in folgender Gleichung:

A = Auszahlung

r_j = Verteilungssatz zur Errechnung der Kosten aus der Auszahlung der Periode j, wobei $\sum_j r_j = 1$

k_j = Kosten in der Periode j, wobei $\sum_j k_j = A$

$1/q$ = Abzinsungsfaktor, $q = 1 + i$

z_j = kalkulatorische Zinsen in Periode j

K = Summe der Kosten im Nutzungszeitraum $(K = \sum_j k_j)$ für j = 2

$$K = \frac{k_1 + z_1}{q^1} + \frac{k_2 + z_2}{q^2} = \frac{Ar_1 + Ai}{q^1} + \frac{Ar_2 + (A - Ar_1)i}{q^2}$$

$$\frac{A}{q^2}(qr_1 + qi + r_2 + i + r_1 i) = \frac{A}{q^2}(r_1 - ir_1 + ir_1 + i + i^2 + r_2 + i)$$

$$= \frac{A}{q^2}(i^2 + 2i + 1 - 1 + r_2 + r_1)$$

$$= \frac{A}{q^2}((1+i)^2 - 1 + r_2 + r_1)$$

$$= A$$

Berechnungsgrundlage für die Zinsen ist hier der Auszahlungsbetrag abzüglich der verrechneten Kosten (in der ersten Periode also A, in der zweiten Periode $A - Ar_1$).

Es lässt sich jedoch zeigen, dass weitere Berechnungsgrundlagen konstruiert werden können, die alle zu einer gegebenen Auszahlung eine äquivalente Kostenreihe erzeugen. Das der Berechnung zu Grunde liegende gebundene Kapital ist nur einer von mehreren möglichen Schlüsseln zur Verteilung von Kapitalkosten auf einzelne Perioden (vgl. weitergehend L. Müller-Hagedorn 1976, S. 777-800).

4.4 Kalkülarten zur Auswahl einer zieloptimalen Standortpolitik

Wenn es gelungen ist, einzelne Standortprojekte durch ihre Ein- und Auszahlungen zu kennzeichnen, dann stellt die **Kapitalwertmethode** eine der Methoden dar, mit der die Zahlungsreihen verglichen werden können. Wenn z. B. die Zahlungsreihen von zwei Projekten wie folgt lauten:

Abb. 4.23: Vergleich der Zahlungsreihen von 2 Projekten (Beträge in €)

		t = 1	t = 2	...	t = 10
Projekt 1:	Supermarkt:	- 791 000	391 000	...	391 000
Projekt 2:	Verbrauchermarkt in Stadtrandlage:	- 1 108 000	488 000	...	488 000

dann ist der Kapitalwert, wie die Abbildung 4.24 zeigt, in fast allen Fällen für Projekt 1 größer; nur bei einer Planzeit von 10 Jahren wird das Projekt 2 als günstiger ausgewiesen.

Formal gibt der zunächst recht unanschauliche Kapitalwert den Betrag an, der zusätzlich zu den Anfangsauszahlungen aus späteren Einzahlungsüberschüssen sowohl getilgt als auch verzinst werden könnte (zum Kalkulationszinsfuß i, also unabhängig davon, ob es sich um Fremd- oder Eigenkapital handelt).

Ein Kernproblem der Anwendung des Verfahrens der Kapitalwertmethode liegt in der **Wahl eines geeigneten Zinsfußes.** Ein Zinsfuß wird hier nur benötigt, weil man die Handlungsmöglichkeiten nicht vollständig abbilden kann. So gesehen stellt der Kalkulationszinsfuß eine vereinfachende Annahme über die Finanzierungskosten und die Erträge aus möglichen Anlagen dar.

Abb. 4.24: Vergleich der Kapitalwerte von 2 Projekten

Nach ... Jahren	Kapitalwerte (in T€)		
	Projekt 1	Projekt 2	Mehrbetrag von Projekt I
			i = 8%
1	- 791	- 1108	317
3	- 96	- 238	142
5	501	508	7
10	1647	1937	- 290
			i = 10%
1	- 791	- 1108	317
3	- 113	- 261	148
5	449	441	8
10	1453	1695	- 242
			i = 12%
1	- 791	- 1108	317
3	- 180	- 283	153
5	341	304	37
10	1141	1302	- 161

Das Beispiel verdeutlicht, dass die Vorteilhaftigkeit auch von der Länge des zu Grunde gelegten Planungszeitraumes abhängt. Die Vorgehensweise, bei Unsicherheit einzelner Bestimmungsfaktoren die Berechnung mit alternativen Werten durchzuführen, lässt sich auf alle Größen übertragen. So ist es möglich, für jede Größe sog. Kritische Werte zu berechnen, also den Wert, bei dem das Projekt seine Attraktivität verliert. In noch umfassenderer Weise kann die Unsicherheit berücksichtigt werden, indem für die Inputvariablen Dichtefunktionen angegeben werden und dann über Simulationen Dichtefunktionen für die Ergebnisgrößen ermittelt werden. Es ergeben sich so für einzelne Standorte Risikoprofile; aus ihnen lässt sich beispielsweise ablesen, dass der Umsatz oder der interne Zinsfuß mit einer Wahrscheinlichkeit von x% unter dem Wert y liegen wird.

Ausgewählte Literaturempfehlungen

Wie sich die Standortplanung großflächiger Betriebe in die durch zahlreiche Bestimmungen gekennzeichnete **Raumplanung** einfügen muss, zeigt eine informative Broschüre der BAG (1995).

Über **Faktoren zur Beurteilung von Standorten** unterrichten mehrere Arbeiten: B. Tietz (1969), E. Nauer (1970), R. Wurth (1970).

Theoretisch orientierte Arbeiten zur **Abgrenzung von Marktgebieten** haben M. Kotschedoff (1976) und K. Schöler (1981) vorgelegt.

Die Anwendung des Huffschen Modells auf einen konkreten Fall (Centro Oberhausen) erläutern L. Müller-Hagedorn und M. Schuckel (1995a; 1995b).

Die Publikationsreihe „Geografische Handelsforschung" **greift verschiedene standortbezogene Fragestellungen** auf. Es sei exemplarisch verwiesen auf G. Heinritz (1999).

Eine Vielzahl von Beiträgen zum **Standortmarketing** – insbesondere von Innenstadtlagen – findet sich bei M. Schuckel (Hrsg., 2001).

M. L. Bienert (1995) geht nicht nur auf die Neuplanung von Standorten, sondern auch auf die laufende Überprüfung existierender Standorte – Stichwort **Standortcontrolling** – ein. Da er auch Instrumente zur operativen Umsetzung seiner Vorschläge aufzeigt, ist das Werk auch für den Praktiker interessant.

5 Sortimentspolitik

Die Planung des Sortimentes ist für den Handelsbetrieb von besonderer Bedeutung, denn Sortimentsentscheidungen sind von wesentlichem **Einfluss auf die Erlöserzielung.** Des Weiteren sind in den Warenbeständen häufig **große Kapitalbeträge gebunden**; die Ergebnisse der vom Institut für Handelsforschung an der Universität zu Köln durchgeführten Betriebsvergleiche zeigen, dass im Durchschnitt des deutschen Einzelhandels ungefähr 40% des im Betrieb eingesetzten Vermögens auf den Warenbestand entfallen. Im Folgenden wird zunächst dargestellt, wie die Vielfalt sortimentspolitischer Handlungsmöglichkeiten, Zielgrößen und Bestimmungsfaktoren geordnet werden kann. Anschließend wird auf Analyse- und Planungsprobleme der Sortimentspolitik eingegangen.

5.1 Elemente und Schritte einer Sortimentspolitik

Entsprechend dem entscheidungstheoretischen Ansatz empfiehlt es sich auch bei der Sortimentspolitik zu fragen, welche Handlungsmöglichkeiten zur Verfügung stehen, auf welche Ziele die Sortimentspolitik ausgerichtet werden soll und von welchen Bestimmungsfaktoren die Zielerreichung abhängig ist (Abschnitt 5.1.1). Neben dieser statischen Analyse wird auch zur Sprache gebracht, in welchen Schritten man bei der Sortimentsgestaltung vorgehen sollte (Abschnitt 5.1.2).

5.1.1 Handlungsmöglichkeiten, Ziele und Umweltvariablen der Sortimentspolitik

Zunächst ist es notwendig, den Gegenstand zu präzisieren, auf den sich die Sortimentsplanung beziehen kann. Dazu werden Begriffe wie „Sortiment" und „Sortimentsteile" definiert. Anschließend werden sortimentspolitische Alternativen aufgezeigt, um so deutlich werden zu lassen, welche Maßnahmen im Rahmen einer Sortimentspolitik in Betracht gezogen werden können.

5.1.1.1 Zur Definition von „Sortiment" und „Sortimentsteilen" (Warengattung, Warengruppe, Warenart, Artikel, Sorte)

Die kleinste Einheit, über die im Rahmen der Sortimentsplanung disponiert wird, sei im Folgenden mit **Artikel** (und nicht mit Sorte) bezeichnet. Überlegungen zur Strukturierung von Sortimenten beziehen sich aber nicht nur auf die Auswahl einzelner Artikel, sondern betreffen oft auch Entscheidungen, ob **Sortimentsteile** gefördert, reduziert oder eliminiert werden sollen. Für die Unterteilung eines Sortimentes werden unterschiedliche Begriffe verwendet, wobei der Sprachgebrauch nicht einheitlich ist. Abb. 5.1 verdeutlicht in Spalte 1, wie die Begriffe hier verwendet werden und zeigt in Spalte 2 die von Seyffert eingeführte Sprachregelung (R. Seyffert 1972, S. 65). In jedem Falle gilt, dass die Waren umso konkreter definiert sind, je niedriger die Sortimentsebene ist. Man spricht auch von **Sortimentspyramiden** (vgl. U. Hansen und J. Algermissen 1979, S. 342 und S. 28). Es ist zweckmäßig, die Sortimentspyramide von unten nach oben zu lesen, um zu erkennen, dass zunehmend Merkmale, mit denen einzelne Artikel (Sorten) unterschieden werden, unterdrückt werden (vgl. auch das Stichwort „Ware" im Katalog E - Ausschuss für Begriffsdefinitionen, Hrsg., 1995, S. 24).

Abb. 5.1: Sortimentspyramide

Sortimentsebenen			
	Gliederung nach Seyffert	Merkmal	Beispiel
1. Warenart	1. Warenbereich	Entspricht weitgehend der Branchengliederung	Hausrat
2. Warenbereich	2. Warengattung	Bedarfsbereiche	Haus- und Küchengeräte, Glas, Porzellan, Keramik, Bestecke und Schneidwaren
3. Warengruppe	3. Warenart (Artikelgruppe)	Bedarfsart	Emaillierte Geschirre, Aluminiumgeschirre, nicht elektrische Haushaltsmaschinen
4. Artikelgruppe	4. Artikel (Sortengruppe)	Unterschiede in der Menge, in der Größe und in der Farbe werden berücksichtigt, andere Unterschiede bleiben unbeachtet	Bratpfanne, Gaskochtopf, Bräter
5. Artikel	5. Sorte	kleinste Dispositionseinheit, dient zur Erfassung ökonomisch wichtiger Unterschiede, z. B. des Lieferanten, des Materials, der Größe	Bratpfannen nach Größe, Farbe, Qualitätsstufen

Eine generelle Festlegung, mit Hilfe welcher Merkmale die Gruppierung vorgenommen werden soll und wie die Merkmale den einzelnen Ebenen zugeordnet werden, wird wegen der branchenbedingten Besonderheiten nicht möglich sein. Auf jeden Fall ist die Differenzierung auf der untersten Ebene so fein vorzunehmen, dass ein Bestellvorgang eindeutig abgewickelt werden kann.

Unter dem **Sortiment** von Handelsbetrieben verstehen wir zunächst mit R. Gümbel (1963, S. 59)

- „die gedankliche Zusammenfassung
- der zu einem bestimmten Zeitpunkt
- getroffenen Auswahl verschiedenartiger selbstständiger Sachleistungen
- zum Zweck der Verwertung im Absatzmarkt
- unter Einschluss der durch handelsübliche Manipulationen im Betrieb neu entstandenen Sachleistungen."

Diese Definition macht deutlich, dass der Begriff „Sortiment" in mehreren Dimensionen zu verankern ist.

Zunächst sei auf den in der Definition verwendeten Begriff der **„selbstständigen Sachleistung"** eingegangen. Er gibt einen Hinweis darauf, welche Absatzobjekte Gegenstand eines Sortimentes sein können. Traditionell wird von Warenhandelsbetrieben gesprochen, weil Handelsbetriebe in vielen Fällen Waren anbieten; es kann aber hilfreich sein, sich zu vergegenwärtigen, dass die in der Definition erwähnten „Sachleistungen" nur einen Teil der möglichen Absatzobjekte (Abbildung 5.2) ausmachen, wobei Absatzobjekte Objekte sind, die im Absatzmarkt der Unternehmung gegen Entgelt verwertet werden (vgl. R. Gümbel 1963, S. 57):

Abb. 5.2: Systematik von Absatzobjekten

1. Dienstleistungen (selbst erstellt oder vermittelt)
2. Sachleistungen:
   a) selbst erstellte oder selbst gewonnene Sachleistungen = Produktions-(Fertigungs-) Programm
   b) beschaffte Sachleistungen (Immobilien; bewegliche Sachgüter)
3. selbstständige, verkehrsfähige Rechte, soweit diese nicht unmittelbar Ansprüche auf Sachgüter oder Dienstleistungen zum Inhalt haben (z. B. Patent- und Lizenzrechte, Aufführungs- bzw. Wiedergaberechte usw.)

Gümbel engt den Sortimentsbegriff noch auf 2b) ein, zeigt darüber hinaus aber, dass die reinen Fälle der Auswahl von Absatzobjekten auch kombiniert werden können (vgl. R. Gümbel 1963, S. 55f.), z. B.:

(1) Sortiment und Fertigungsprogramm (z. B. Zukauf von Handelswaren in einem Industriebetrieb oder Eigenproduktion eines Teils der durch ein Handelsunternehmen abgesetzten Waren)

(2) Sortiment und Dienstleistungen (z. B. Edelmetallhandel der Banken, Reisebüro einer Handelsunternehmung)

Das unter (2) aufgeführte Beispiel eines Handelsunternehmens, das auch ein Reisebüro betreibt, ist heute häufig anzutreffen. Das zeigt, wie Definitionen an Entwicklungen angepasst werden müssen, wenn der Bezug zur Realität nicht verloren gehen soll. Während in der Definition von Gümbel noch ausschließlich auf Sachleistungen abgestellt wird, kann heute beobachtet werden, dass Handelsunternehmen neben Waren auch Dienstleistungen anbieten.

Neben der sachlichen Dimension ist der Sortimentsbegriff in **weiteren Dimensionen** verankert. So lassen sich Sortimente charakterisieren

(1) nach dem Zeitraum, für den der Anbieter das Sortiment benennt: Danach lassen sich Tagessortimente, Wochensortimente, Saisonsortimente und permanente Sortimente unterscheiden. Es geht dabei einmal um die Zugehörigkeit eines Objektes zu dem Sortiment zu einem bestimmten Zeitpunkt und um die Dauer der Zugehörigkeit (vorübergehender versus permanenter Bestandteil des Sortimentes).

(2) nach der körperlichen Anwesenheit des Objektes in verfügbare (und lieferbare) Sortimente und in lieferbare (wenn auch nicht verfügbare) Sortimente; diese Unterscheidung wird in der Praxis als Lager- und als Bestellsortiment bezeichnet.

(3) nach der Planerfüllung in geplante und realisierte Sortimente.

(4) nach der Art der Beschaffung in Güter, die selbst hergestellt oder die von Dritten beschafft worden sind.

(5) nach dem Konkretisierungsgrad der Absatzobjekte in schon vorliegende und in herstellbare bzw. beschaffbare Absatzobjekte (z. B. Pokale besonderer Machart). In diesen Fällen kann oft nur ein Sortimentsrahmen bestimmt werden.

Aus den erwähnten Dimensionen lässt sich beispielhaft der folgende Sortimentsbegriff ableiten:

„Bei einem **Sortiment** *handelt es sich um die Summe* **aller Absatzobjekte** *(Sachgüter, Dienstleistungen und Rechte), die ein Anbieter* **im Laufe einer Saison** *seinen Abnehmern* **physisch oder auf andere Weise anbieten will, wobei es gleichgültig ist, ob er die Güter selbst herstellt oder beschafft.“**

Es ist zu erkennen, dass dieser Sortimentsbegriff in fünf Dimensionen verankert worden ist. Entsprechend kann **Sortimentspolitik** als die Planung, Realisation und Kontrolle aller Maßnahmen, die der Gestaltung von Sortimenten dienen, definiert werden. Hierfür wird heute auch der Begriff des **Category Management** verwendet. Category Management im Sinne von Sortimentspolitik meint damit ebenfalls einen Prozess zur Planung von Warengruppen. Es gilt aber zu beachten, dass der Begriff Category Management daneben noch in drei anderen Bedeutungen verwendet wird (vgl. C. Feld 1996, S. 5-10; L. Müller-Hagedorn et al. 1999; L. Müller-Hagedorn u. S. Zielke 2000):

(1) Category Management als ein endverbraucherorientiertes Prinzip der Sortimentsgliederung,

(2) Category Management als eine Organisationsform, die dem Category Manager die gesamte Verantwortung für eine Warengruppe zuweist (interne Perspektive) und

(3) Category Management als Prinzip einer wirtschaftsstufenübergreifenden Kooperation zwischen Handel und Industrie (externe Perspektive).

Während die endverbraucherorientierte Sortimentsgliederung und der Planungsprozess die kundenorientierte Komponente des Category Managements umfassen, stellen die spezifische interne Organisationsstruktur und die wirtschaftsstufenübergreifende Kooperation den organisatorischen Rahmen für das Category Management dar. Auf die mit Category Management verbundene prozessuale Vorgehensweise wird in Abschnitt 5.1.2 näher eingegangen.

Zur Kennzeichnung der in einem Sortiment enthaltenen Artikel sind einheitliche **Nummernsysteme** entwickelt worden. Artikelnummerierungssysteme können von Unternehmen individuell oder überbetrieblich entwickelt werden. Das EAN-System (Europäische Artikelnummerierung) als überbetriebliches System wurde 1977 als gesamteuropäisches Identifikationssystem entwickelt und löste die klassifizierende bundeseinheitliche Artikelnummerierung (ban-Nummer) ab. EAN klassifiziert die einzelnen Artikel nicht mehr (wie noch ban), sondern hier dient die Nummerierung nur der **Identifikation**. Die **EAN** besteht aus vier Bestandteilen:

- einem Länderkennzeichen (40-43 für die Bundesrepublik Deutschland),
- der bundeseinheitlichen Betriebsnummer (bbn),
- der individuellen Artikelnummer des Herstellers,
- einer Prüfziffer.

In der Normalversion hat die EAN 13 Stellen, zwei für das Länderkennzeichen, fünf für die bundeseinheitliche Betriebsnummer, fünf für die interne Artikelnummer des Herstellers und eine für die Prüfziffer. EAN wurde 1977 als gesamteuropäisches System vereinheitlicht und ist das Gegenstück zu dem amerikanischen Universal Product Code (UPC). Das Nummernsystem wird von der CCG (Centrale für Coorganisation GmbH in Köln) verwaltet.

Die EAN-Nummer kann verschieden codiert, d. h. so dargestellt werden, dass sie maschinell gelesen werden kann. Solche Verfahren sind insbesondere:

- Schwarz - weiß - Strichcodes (Balkencode - vgl. Abb. 5.3),
- Schriften, wie OCR - A und OCR - B.

Abb. 5.3: Darstellung der Europäischen Artikelnummer mit Hilfe des Strichcodes

Der Vorgang, bei dem die Artikelnummer maschinell gelesen wird, wird als **Scannen** bezeichnet (engl. to scan = abtasten). Der Artikel wird durch den Scanner identifiziert und die dem Artikel zugeordneten Daten werden von einem Computer abgerufen (der

Abruf des in der EDV gespeicherten Verkaufspreises wird als Price-Look-up-Verfahren bezeichnet).

Da EAN nur noch ein System zur Identifikation von Artikeln darstellt, müssen sich Betriebe für ihre innerbetrieblichen Statistiken ein eigenes klassifikatorisches System erarbeiten.

5.1.1.2 Sortimentspolitische Alternativen

Nach den terminologischen Vorbemerkungen können jetzt die sortimentspolitischen Alternativen vorgestellt werden. Sie sind für eine bereits bestehende Handelsunternehmung in Abb. 5.4 zusammengestellt, die zweckmäßigerweise von links nach rechts gelesen wird (vgl. W. H. Engelhardt und W. Plinke, S. 125). Zunächst werden **drei sortimentspolitische Alternativen** genannt:

(1) **Ausweiten des vorhandenen Sortiments (Sortimentsexpansion).** Diese Maßnahme kann entweder auf der Artikelebene (das ist die Frage, ob in einer Artikelgruppe verschiedene Artikel hinzugefügt werden sollen), auf der Artikelgruppenebene (das ist die Frage, ob ganze Artikelgruppen neu aufgenommen werden sollen) oder auf der Warengruppenebene usw. durchdacht werden.

(2) **Einengen des vorhandenen Sortiments.** Auch diese Maßnahme muss auf den verschiedenen Ebenen der Sortimentspyramide geprüft werden (vgl. F. Jaspert 1987).

(3) **Strukturveränderung des Sortiments (Sortimentsvariation).** Hierbei wird die Zahl der Artikel weder erweitert noch reduziert, es verschieben sich aber die Anteile in einzelnen Sortimentseinheiten.

Zu (1): Beginnen wir mit den Möglichkeiten, ein Sortiment auszuweiten. Hier können die Operationen einmal auf eine Erweiterung der Sortimentstiefe oder der Sortimentsbreite zielen. **Die Sortimentstiefe** wird erhöht – so die übliche Ausdrucksweise –, wenn zu einem Artikel A dessen Varianten A_2, A_3, ..., A_n hinzutreten. **Die Sortimentsbreite** wird erhöht, wenn zu einer Produktart A die Produktarten B, C, D, ... hinzutreten. Eine solche Politik wird auch als Diversifizierung bezeichnet. Unter Sortimentsbreite wird mithin die Vielfalt eines Angebotes in horizontaler Sicht verstanden. Sie zeigt, wie viele unterschiedliche Warenbereiche (Warengruppen) durch das Sortiment abgedeckt werden. Die Sortimentstiefe richtet sich dagegen nach der Anzahl der Artikel (Sorten) in einer Artikelgruppe.

In der Theorie wird mit „**Sortimentstiefe**" auf die Zahl der alternativen Möglichkeiten abgestellt, mit denen der Käufer einen einzelnen Kaufwunsch befriedigen kann. Die „**Sortimentsbreite**" nimmt dagegen zu, wenn dem Käufer additive Kaufmöglichkeiten geboten werden, wenn er also bei einem Einkaufsakt zahlreiche unterschiedliche Sachgüter beschaffen kann (vgl. R. Gümbel 1963, S. 62).

Abb. 5.4: Sortimentspolitische Alternativen

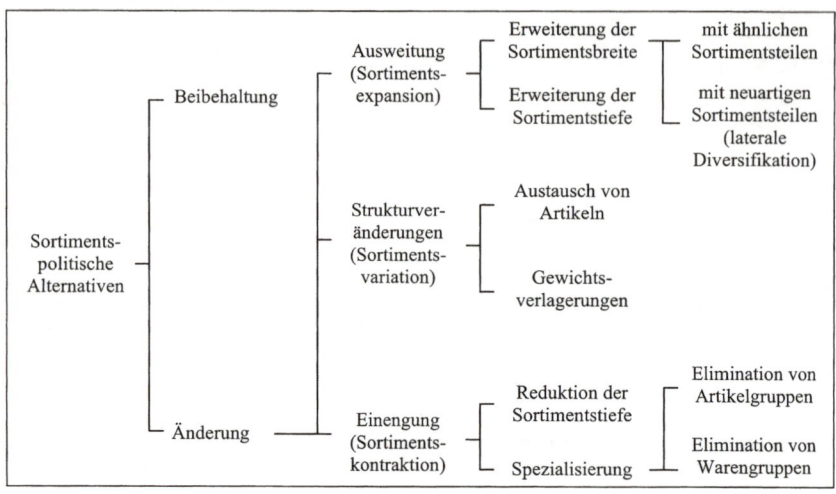

Es fällt allerdings nicht leicht, die Sortimentstiefe von der Sortimentsbreite zu trennen, da sie beide auf Substitutionsmöglichkeiten Bezug nehmen. So wird bei der Sortimentstiefe gefragt, ob dem Kunden neben dem Artikel x als Alternative auch der Artikel y angeboten wird, es wird von einer Substitutionsmöglichkeit ausgegangen. Aber auch bei der Sortimentsbreite wird implizit auf Substitutionsmöglichkeiten Bezug genommen, indem eben nicht davon ausgegangen wird, dass zwei Artikel als Substitute angesehen werden, sondern dass sie additiv erworben werden können. Ob Güter als Substitute angesehen werden, kann aber je nach Person verschieden sein und hängt u. a. von der Konkretisierungsstufe des Kaufwunsches ab. Will ein Käufer etwa ein Geschenk kaufen, so können Wein und ein Reisewecker durchaus Substitute sein. Ein Geschäft mit einem entsprechenden Angebot würde sich mithin durch eine (im Hinblick auf Geschenke) große Sortimentstiefe auszeichnen. Im Regelfall wird der Kaufwunsch jedoch genauer festgelegt sein, so dass diese Substitutionsmöglichkeiten entfallen. Statt der Substitutionsmöglichkeit wird deshalb meist auf die Artverwandtschaft abgestellt (beide Kriterien müssen nicht übereinstimmen: für den Kaufinteressenten einer Quarz-Uhr kann jede anders angetriebene Uhr uninteressant sein). Danach zeigt die Sortimentstiefe an, wie viele artverwandte Artikel im Sortiment sind. Die Artverwandtschaft kann anhand zahlreicher Merkmale dargestellt werden (z. B. Größe, Farbe, Verwendungszweck, Aufmachung), so dass es nicht möglich ist zu sagen, ein Betrieb verfüge über die größere Sortimentstiefe, wenn er nicht in Bezug auf alle Merkmale die größere Artikelzahl bietet.

Bei allen Formen der Erweiterung der Sortimentsbreite (also auf der Artikelgruppen-, der Warengruppen- oder der Warenbereichsebene) lassen sich die hinzuzunehmenden Sortimentsteile entsprechend ihrer Ähnlichkeit zu den schon vorhandenen Sortimentsteilen kennzeichnen (z. B. bezüglich der Materialverwandtschaft, der Lieferantenähnlichkeit, der Qualitätsstufe, der Zielgruppenähnlichkeit). Viele Handelsunternehmungen haben ihre Sortimentsbreite erweitert; so ist an vielen Stellen an die frühere

Einteilung der Handelunternehmungen nach Branchen eine Branchenvermischung getreten.

Schließlich sollte nicht vergessen werden, dass Sortimente auch um Dienstleistungen erweitert werden können.

Zu (2): Abbildung 5.4 enthält auch den Hinweis, darüber nachzudenken, ob das Sortiment nicht eingeengt werden sollte. Auch hier lassen sich mit Hilfe der Sortimentsbreite und -tiefe zwei Fälle unterscheiden; einmal, dass das Sortiment spezialisiert wird (**Spezialisierung**), zum anderen, dass innerhalb einer Artikelgruppe die Zahl der geführten Artikel reduziert wird (**Ausdünnung**).

Zu (3): **Bei der Strukturveränderung (Sortimentsvariation)** wird der Gesamtumfang eines Sortimentes nicht verändert (zu den Begriffen vgl. D. Möhlenbruch 1994, S. 177 f.). Innerhalb einer vorgegebenen Sortimentspyramide werden entweder einzelne Artikel ausgetauscht, oder es wird mit dem Einsatz absatzpolitischer Instrumente versucht, die Bedeutung einzelner Sortimentsteile (z. B. in Bezug auf ihren Umsatz, Bruttoertrag oder Deckungsbeitrag) zu ändern. Beim Austausch einzelner Artikel ist auch zu überlegen, welchen Anteil Herstellermarkenartikel, Handelsmarken oder sog. anonyme Artikel jeweils an einem Sortimentsteil haben sollen. Überhaupt erfordern alle sortimentspolitischen Maßnahmen die Festlegung zahlreicher qualitativer Komponenten, so insbesondere die Markenwahl, das Qualitäts- bzw. Preisniveau, bestimmte Designrichtungen oder andere Qualitätsmerkmale.

Die bisherigen sortimentspolitischen Alternativen bezogen sich auf das Angebot von bestimmten Waren. Es sollte allerdings bewusst bleiben, dass ein Sortiment sich darüber hinaus auch auf selbstständig vermarktbare **Dienstleistungen** beziehen kann (z. B. Wartung, Montage etc.).

Besonders aufschlussreich ist es, **ein Sortiment gedanklich** zu zergliedern. Dabei wird festgestellt, wie groß die Anteile einzelner Absatzobjekte am Sortiment sind, wobei die Absatzobjekte nach bestimmten Eigenschaften geordnet werden. Beispiele hierfür sind:
- Anteil der Artikel, die impulsiv gekauft werden,
- die Nutzungshäufigkeit einer Ware (Verbrauchswaren und Gebrauchswaren),
- die Periodizität des Bedarfs (Waren des täglichen, des periodischen und des aperiodischen Bedarfs),
- die Erklärungsbedürftigkeit der Waren (erklärungsbedürftige und problemlose Waren).

5.1.1.3 Ziele und Umweltgrößen als Bestimmungsfaktoren der Sortimentspolitik

Für die zur Frage stehenden sortimentspolitischen Handlungsmöglichkeiten sind die **Auswirkungen dieser Handlungsmöglichkeiten auf die Ziele** der Unternehmung abzuschätzen. Im Fall der Gewinnmaximierung können dazu folgende Fragen hilfreich sein:

(1) Wird durch die sortimentspolitischen Maßnahmen **die Kostensituation** verändert?
- Können besondere Rabatte erzielt werden (niedrige Einstandspreise)?
- Können die vorhandenen Potenziale besser ausgelastet werden, oder müssen neue Potenziale beschafft werden?
- Verringern oder vermehren sich durch die Maßnahmen andere Kostenarten (z. B. Personalkosten)?

(2) Wird durch die sortimentpolitischen Maßnahmen **die Erlössituation** verändert?
- Um wie viel steigt oder fällt der Umsatz des betreffenden Artikels?
- Um wie viel steigt oder fällt der Umsatz anderer Artikel (Verbundphänomen)?
- Werden die Umsätze stetiger, sicherer, ...?
- Werden durch die Maßnahmen bestimmte Reaktionen der Konkurrenz initiiert?

(3) Wird durch die sortimentspolitischen Maßnahmen die Liquidität des Unternehmens wesentlich verändert?

Mit der Höhe der Kosten und der Erlöse sind wohl die wichtigsten Zielgrößen auch der Sortimentsplanung angesprochen. Aus ihnen lässt sich eine Vielzahl von weiteren Zielgrößen ableiten, wie z. B. der absolute Umsatz (mengenmäßig), der wertmäßige Marktanteil, der Deckungsbeitrag usw. (vgl. die geordnete Übersicht bei B. Heidel 1990). Da auf Kennzahlen zur Beurteilung der Vorteilhaftigkeit von Sortimentsteilen später ausführlicher eingegangen wird, mögen diese kurzen Hinweise hier genügen.

Das schwierige **Problem der Erlösprognose** kann u. U. erleichtert werden, wenn auch nach den Bestimmungsfaktoren des Erlöses gefragt wird, so z. B.:
- Wird sich das Einzugsgebiet des betreffenden Einzelhandelsbetriebes nach der Sortimentsausweitung ausdehnen?
- Werden aus dem bisherigen Einzugsgebiet neue Kunden gewonnen werden?
- Werden von der Konkurrenz Kunden abgezogen werden?
- Werden bisherige Kunden ihre Einkäufe verstärken?

Bei der Auswahl von sortimentspolitischen Maßnahmen sind Einflüsse unterschiedlicher Art zu berücksichtigen. Hier ist insbesondere zu denken an:
(1) Absatzmarkt- bzw. kundenbezogene Einflussfaktoren:
- Gibt es einen Trend zu höherwertigen Waren?
- Steuert ökologisches Bewusstsein die Einkäufe?
- In welchen Bereichen liegt Markentreue vor?
- Wie groß ist das akquisitorische Potenzial von Hersteller-Markenartikeln?

(2) Konkurrenzbezogene Einflussfaktoren:
- Welche sortimentspolitischen Strategien wenden einzelne Konkurrenten an?

(3) Beschaffungspolitische Einflussfaktoren:
- Bietet die Großhandels- oder Herstellerstufe Anreize, bestimmte Artikel in das Sortiment aufzunehmen bzw. im Absatz zu forcieren?
- Gibt es Bestrebungen der Hersteller, bestimmte Absatzkanäle zu meiden oder zu favorisieren?

162

(4) Innerbetriebliche Faktoren:
- Verbietet die finanzielle Situation einer Unternehmung bestimmte sortiments-
politische Maßnahmen?
- Schränken innerbetriebliche Kapazitäten den Handlungsspielraum ein?

Die Planung des Sortimentes wirft auch **eine Reihe organisatorischer Fragen** auf.
Dazu zählen insbesondere:

- Sollen Sortimentsentscheidungen in der Zentrale oder in den einzelnen
Filialen getroffen werden?
- In welchem Ausmaß sollen einzelne organisatorische Ebenen in der
Unternehmung an der Sortimentsentscheidung beteiligt sein?

Die Zentralisierung des Einkaufs hat den Vorteil, dass Rabatte im Einkauf eher wahrgenommen werden können und dass absatzseitig die Planung erleichtert wird.
Andererseits kann die Information über den Absatzmarkt in den Filialen besser sein.
Häufig wird das Problem so gelöst, dass in der Zentrale entschieden wird, welche
Artikel gelistet werden (= im Sortiment geführt werden), in der Filiale werden dann die
einzelnen Mengen geordert. Ein Teil der Artikel wird oft ausschließlich in den Filialen
geplant (z. B. Frischeartikel). Es kann aber auch so geregelt sein, dass die einzelnen
Stufen der Organisationshierarchie die Entscheidung zunehmend konkretisieren (z. B.
die oberste Geschäftsführung trifft die Entscheidung, dauerhafte Konsumgüter in das
Sortiment aufzunehmen, die zentrale Einkaufsabteilung entscheidet sich für Haushalts-
geräte, die Einkäufer wählen die einzelnen Artikel aus). Teilweise werden der Filiale
aber von der Zentrale auch bestimmte Artikel zugewiesen.

5.1.2 Sortimentspolitik als Prozess

Etwa ab 1990 gab es in der Praxis unter der Überschrift „Efficient Consumer Response
(ECR)" vielfältige Initiativen, die Aktivitäten von Herstellern und Händlern besser
aufeinander abzustimmen, indem die Maßnahmen der beiden Wirtschaftsstufen im
Hinblick auf die Reaktionen der Konsumenten besser integriert werden sollten. Eine
wichtige Rolle spielte dabei auch die Abstimmung von Maßnahmen im Rahmen der
Sortimentspolitik. Im Laufe der Beratungen wurde auch ein Planungsschema
entwickelt, das im Folgenden vorgestellt wird. Danach wird für die Sortimentspolitik
der in Abbildung 5.5 dargestellte Prozess empfohlen (vgl. ECR Europe, 1997, S. 36ff.).

Abb. 5.5: Der Category-Managementprozess nach ECR-Europe

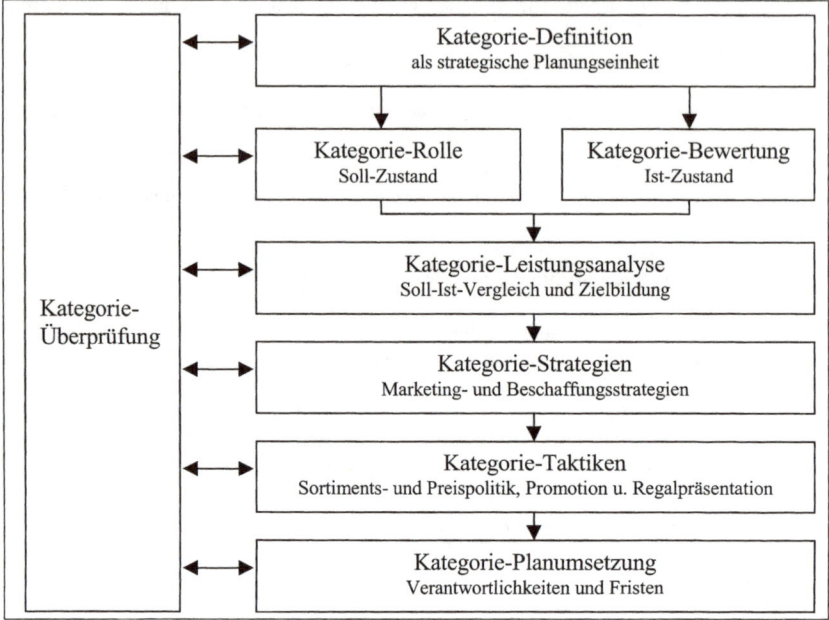

(1) Den Einstieg in den Category-Managementprozess bildet die Definition von Kategorien. Mit ihnen wird das Sortiment in für die Planung und Kontrolle geeignete Sortimentseinheiten zerlegt. Hierzu werden Artikel, die aus Sicht der Konsumenten als zusammengehörig betrachtet werden, zu einer Kategorie zusammengefasst, und die Kategorie wird in Untergruppen unterteilt. Um im konkreten Fall den Anspruch, Artikel aus Konsumentensicht zu Sortimentseinheiten (Kategorien) zusammenzufassen, einlösen zu können, sind verschiedene Techniken eingesetzt worden, so die nichtmetrische multidimensionale Skalierung oder Prozessverfolgungstechniken (vgl. L. Müller-Hagedorn und S. Zielke 2000 sowie Kapitel 9). Zur Veranschaulichung sei auf die Kategorie „Tierpflegeprodukte" hingewiesen, der neben Tierfutter auch beispielsweise Tiermedizin und weiteres Zubehör angehören kann, also Artikel, die nach einer traditionellen herkunftsorientierten Unterteilung nicht in einer Sortimentseinheit zusammengefasst waren.

(2) In der zweiten Phase wird den Kategorien eine Rolle zugewiesen. Die Rolle legt fest, welche Funktionen einer Kategorie für das Erreichen der Unternehmensziele des Händlers zugeschrieben werden (vgl. Abbildung 5.6). Da die Kategorie-Rolle den gesamten weiteren Category-Managementprozess beeinflusst, indem sie die Verteilung der Ressourcen auf die Kategorien bestimmt, ist der Rollenzuweisung große Aufmerksamkeit zu schenken. So werden Profilierungs- und Impulskategorien durch Ressourcenzuteilung (z. B. Regalfläche) begünstigt, während Kategorien oder Segmente mit Pflicht- oder Ergänzungscharakter nur in

geringerem Ausmaß Ressourcen beanspruchen und über hohe Margen für Ertrag sorgen sollen (vgl. S. Zielke, 1999, S. 78ff.). Kriterien für die Rollenzuweisung sind die Bedeutung der Kategorie für die Zielgruppe des Händlers, die Bedeutung der Kategorie für die Umsetzung des strategischen Konzepts sowie die Aussichten der Kategorie im Markt des Händlers.

(3) Im dritten Schritt werden die Leistungen der Kategorie bewertet. Die Kategorie-Bewertung erfolgt auf Basis von Händler-, Hersteller-, Konsumenten- und Marktdaten. Eine wichtige Voraussetzung für die Kategorie-Bewertung sind Marktforschungsstudien, die Aufschluss über das Such- und Entscheidungsverhalten von Kunden innerhalb der Kategorie geben (vgl. die Beispiele aus der Marktforschungspraxis bei M. Johnson und D. Pinnington 1998; M. Johnson und P. Felice 1998).

(4) In der Kategorie-Leistungsanalyse werden aus der Kategorie-Rolle (Soll) und der Kategorie-Bewertung (Ist) Leistungskriterien und -vorgaben entwickelt. Ziel der Bewertung ist es, Verbesserungspotenziale hinsichtlich Umsatz, Gewinn und Gesamtkapitalrentabilität aufzuzeigen. Die Leistungsvorgaben beziehen sich auf Umsatz- und Marktanteilssteigerungen (bei Profilierungskategorien und Impulskategorien) oder auf Ertragssteigerungen (bei Pflicht- und Ergänzungskategorien).

(5) Mit Hilfe der Kategorie-Strategien sollen die formulierten Leistungsvorgaben realisiert werden. Die Strategien werden differenziert für Warenuntergruppen, Segmente, Marken und Artikel entwickelt und beziehen sich sowohl auf das Absatzmarketing als auch auf den Beschaffungsbereich (daher der Begriff Geschäftsplanungsprozess). Beispiele für Marketingstrategien sind die Förderung der Kundenfrequenz, die Erhöhung des Transaktionswertes für Käufe innerhalb der Kategorie oder das Erzielen von Gewinn und Cashflow. Die Beschaffungsstrategien beziehen sich auf die effizientere Gestaltung von Prozessen zwischen Händler und Hersteller und beinhalten für die Profilierungskategorien in der Regel ein umfassendes Efficient Replenishment, wenn das Handelsunternehmen sich zur Kooperation mit dem Hersteller entschlossen hat. „Efficient/Continuous Replenishment" ist eine Basisstrategie des ECR-Konzeptes, die darauf abzielt, Effizienzen entlang der Versorgungskette zu optimieren, indem das herkömmliche Belieferungssystem (vom Handel gemachte Bestellungen) durch einen sich an der tatsächlichen bzw. prognostizierten Nachfrage des Konsumenten orientierenden, abgestimmten Prozess ersetzt wird, wobei sich der Hersteller im Idealfall selbst für die Bestellungen des Händlers verantwortlich zeichnet" (A. von der Heydt 1997, S. 58).

(6) Mit Hilfe der Kategorie-Taktiken sollen die entwickelten Strategien durch konkrete Maßnahmen in den Bereichen Sortimentspolitik, Preispolitik, Verkaufsförderung und Regalpräsentation umgesetzt werden.

(7) Die Kategorie-Planumsetzung regelt Verantwortlichkeiten und Fristen für die Realisation des Category Management-Plans.

(8) Der Category Management-Plan bedarf einer periodischen Prüfung und gegebenenfalls einer Anpassung (Kategorie-Überprüfung).

Abb. 5.6: Kategorie-Rollen (ECR Europe 1997, S. 43)

Profilierungs- kategorie i. d. R. 5-7% aller Kategorien	- Händler ist beim Zielkunden Primäranbieter für die Kategorie. - Kategorie bietet dem Zielkonsumenten dauerhaft überdurchschnittlichen Nutzen. - Führende Warengruppe des Händlers hinsichtlich Umsatz, Marktanteil, Kundenzufriedenheit, Service und Effizienz. - Kategorie trägt zur Weiterentwicklung von Personal, Systemen und technologischen Aspekten bei.
Pflichtkategorie i. d. R. 55-60% aller Kategorien	- Händler ist beim Zielkunden bevorzugter Anbieter für die Kategorie. - Kategorie baut das Image des Händlers auf. - Kategorie bietet dem Zielkonsumenten dauerhaft einen hohen Nutzen. - Kategorie kommt eine wesentliche Rolle für die Generierung von Ertrag, Cashflow und Gesamtkapitalrendite zu.
Impuls-/ Saisonkategorie i. d. R. 15-20% aller Kategorien	- Händler ist beim Zielkunden Hauptanbieter für die Kategorie. - Kategorie verstärkt Image des Händlers. - Kategorie bietet dem Zielkunden einen hohen Verbrauchernutzen. - Kategorie kommt eine sekundäre Rolle bei der Verbesserung von Ertrag, Cashflow und Gesamtkapitalrendite zu.
Ergänzungskategorie i. d. R. 15-20% aller Kategorien	- Kategorie positioniert den Händler beim Zielkunden als umfassenden Anbieter. - Kategorie bietet dem Zielkunden einen guten Verbrauchernutzen. - Kategorie kommt eine wichtige Rolle bei der Generierung von Erträgen und Margenverbesserung zu.

Bei dem sog. Category-Managementprozess werden Bausteine, die generell zur Gestaltung von Planungs- und Kontrollprozessen herangezogen werden, in den Bereich der Sortimentsplanung übertragen (vgl. zum Managementzyklus J. Wild 1974; L. Müller-Hagedorn 1998a, S. 126-134).* Mit dem Begriff der Kategorie-Rolle, der zunächst fremdartig anmutet, wird sichergestellt, dass das strategische Konzept, mit dem ein Handelsbetrieb den Wettbewerb bestehen will, in die Sortimentspolitik übersetzt wird. Die Kategorie-Rolle stellt also die Konkretisierung des strategischen Konzeptes auf der Sortimentsebene dar. Im Einzelnen lässt sich der Zusammenhang zwischen den generell üblichen Planungsschemata und dem Category-Managementprozess wie folgt verdeutlichen:

(1) Zur Analyse gehören die Phasen 1 (Definition von Kategorien) und 3 (Bewertung),

(2) Zielformulierungen werden in Schritt 4 vorgenommen,

(3) Elemente einer strategischen Sortimentsplanung finden sich in den Schritten 2 (Rollen) und 5 (Strategien),

(4) es schließen sich die Festlegung von taktischen Maßnahmen und Hinweise zur Planumsetzung an,

(5) alle Phasen werden von einem Kontrollprozess begleitet.

---

* Vgl. auch das Prozessschema von A. C. Nielsen, welches gegenüber dem Schema von ECR Europe noch stärker am Managementzyklus orientiert ist (Nielsen Marketing Research 1992; Milde 1994, S. 345f.; Pretzel 1996, S. 23ff.).

Bei dem Category-Managementprozess handelt es sich um einen sinnvollen Rahmen für Planung und Kontrolle, der allerdings noch sehr abstrakt ist und durch sinnvolle Methoden ausgefüllt werden muss. So ergibt sich beispielsweise die Frage, anhand welcher Kennzahlen eine Kategorie zu bewerten ist, wie die Preislagen zu besetzen sind, wie die Sortimentstiefe dimensioniert sein sollte und wie die Regale gestaltet werden können, damit gleichermaßen die Plankäufe bequem abgewickelt werden können und zu Impulskäufen angeregt wird.

5.2 Analysen im Rahmen einer Sortimentsplanung

In Abschnitt 5.1 ist gezeigt worden, wie das Sortiment als Gesamtheit aller von einem Anbieter innerhalb eines Zeitraumes angebotenen Güter in Teilmengen, sog. Sortimentseinheiten, zerlegt werden kann. Die Sortimentsplanung erfordert, den bisherigen und den zu erwartenden Erfolgsbeitrag von solchen Teilmengen festzustellen. Analyseobjekt können einzelne Artikel (Güter) oder nach bestimmten Kriterien zusammengefasste Güter sein. Im Folgenden wird auf einzelne Methoden hierzu eingegangen, die zum Arsenal des Sortimentscontrolling gehören.

5.2.1 Klassische Kennzahlen zur Beurteilung von Sortimentsteilen

Traditionell wird im Handel die Vorteilhaftigkeit einzelner Sortimentsteile unter Mithilfe von absoluten und relativen Kennzahlen beurteilt. B. Heidel (1990, S. 64–68) hat an empirischen Daten überprüft, inwieweit einzelne Kennzahlen zu übereinstimmenden Beurteilungen führen und hat drei Gruppen festgestellt:

(1) Absatz- und umsatzbezogene Kennzahlen: Hierzu zählen neben der Entwicklung des Absatzes (mengenmäßig) und des Umsatzes (wertmäßig) eine Reihe von Relativierungen, wie beispielsweise der Marktanteil, der Absatz (bzw. Umsatz) pro 1000 Kunden, der Absatz (bzw.) Umsatz pro Frontstück, der Umsatz pro 100.000 € Gesamtumsatz,

(2) Deckungsbeitragsbezogene Kennzahlen, wie insbesondere der absolute Deckungsbeitrag einer Sortimentseinheit, der Deckungsbeitrag pro Frontstück, pro 100.000 € Gesamtumsatz, pro 1000 Kunden, Kalkulationswerte (Eingangskalkulation, erzielte Kalkulation, jeweils als Aufschlags- oder als Abschlagskalkulation),

(3) Rentabilitätskennzahlen, wie der Lagerumschlag, der Bruttonutzen oder die Nettorentabilität sowie die direkte Produktprofitabilität.

Die wichtigsten Größen sind in Abb. 5.7 definiert (vgl. dazu insbesondere K. Barth 1980; des Weiteren K. Heyde 1969, S. 11-116; A. Bürkler 1977, S. 320; R. Villiger 1981, S. 31-83; L. Müller-Hagedorn 1998a; ein Kennzahlensystem für Warenhausabteilungen entwickeln S. Sherma und D. D. Achabal 1982).

Ausgangspunkt einer Sortimentsanalyse wird im Regelfall die **Analyse der Umsatzentwicklung** sein. Sie offenbart, welche Sortimentsteile starke bzw. schwache

Umsatzträger sind. Ohne eine Absatzmengenstatistik ist jedoch nicht zu erkennen, inwieweit Umsatzveränderungen auf die Mengen- oder Preiskomponente zurückzuführen sind. Eine Umsatzanalyse berücksichtigt noch nicht, dass einzelne Sortimentsteile unterschiedliche Handelsspannen bzw. Deckungsbeiträge haben und dass die Sortimentsteile die Kapazitäten der Unternehmung (z. B. den Verkaufsraum) in unterschiedlichem Maße in Anspruch nehmen.

Aufschlussreich kann es sein zu prüfen, inwieweit sich der Umsatz einer Unternehmung auf einige wenige Artikel konzentriert. Dazu dient die **Lorenzkurve**, mit der dargestellt wird, welchen Anteil die einzelnen Sortimentsteile (z. B. die Warengruppen) an der Zahl der Artikel und am Umsatz haben. In Abbildung 5.8 ist **ein Beispiel** angegeben, in dem das Sortiment in fünf Warengruppen mit unterschiedlicher Artikelzahl und unterschiedlichem Umsatzanteil eingeteilt ist. Es ist zu erkennen, dass die Warengruppe 5 absolut, aber auch gewichtet an der Zahl der Artikel dieser Warengruppe, viel zum Umsatz beiträgt. Die Warengruppe 3 hat zwar einen geringen absoluten Umsatz, benötigt hierzu aber auch relativ wenige Artikel.

Die Vielzahl der einzelnen Kennzahlen in Abbildung 5.7 wirkt auf den ersten Blick verwirrend, aber dennoch liegt der Auflistung ein einfaches Schema zu Grunde. Ausgehend von dem Umsatz wird in Rechnung gestellt, welche Inputfaktoren bereitgestellt werden müssen, um den jeweiligen Umsatz zu erzielen. So wird als erstes berücksichtigt, dass die Umsatzerzielung bei einzelnen Sortimentseinheiten unterschiedlich hohe Wareneinstandskosten auslösen kann. Bekanntlich wird die Differenz zwischen Umsatz und Wareneinsatz als Handelsspanne bezeichnet. Darauf wird im Folgenden zunächst eingegangen, später wird dann berücksichtigt, dass ein Umsatz nicht nur erfordert, die abzusetzenden Waren bereitzustellen, sondern auch weitere Faktoren einzusetzen.

Wie Abb. 5.7 zeigt, kann **die Spanne** in verschiedenen Versionen (absolut und relativ) zur Beurteilung einzelner Sortimentsteile herangezogen werden. Der Vorteil einer solchen Analyse ist darin zu sehen, dass nun auch die Einstandskosten der Ware berücksichtigt werden, ein Nachteil liegt darin, dass die variablen Kosten der Warenbewegung und die Inanspruchnahme von Kapazitäten außer Acht bleiben. Vernachlässigt werden auch die Mengenkomponenten und die Ausstrahlungseffekte von einem Sortimentsteil auf einen anderen.

Bei der **Umschlagshäufigkeit** handelt es sich um einen Quotienten: ein Outputfaktor (der Umsatz) wird einem Inputfaktor (dem durchschnittlichen Warenbestand) gegenübergestellt. Die Umschlagshäufigkeit kann einen Hinweis auf die Akzeptanz des Sortimentsteils beim Nachfrager und auf die Kaufhäufigkeit geben, jedoch ist zu beachten, dass der durchschnittliche Warenbestand nicht nur vom Kaufverhalten der Nachfrager, sondern auch von der Vorrats- (Lager-) Politik der Unternehmung abhängt, die ihrerseits durch die Bestellpolitik beeinflusst wird.

Abb. 5.7: Klassische Kennzahlen zur Beurteilung der Vorteilhaftigkeit einzelner Sortimentsteile

	Definition	andere Bezeichnungen
1. Umsatz	Absatzmenge x Verkaufspreis	Umsatzkraft
2. Spanne	a) Betragsspanne = absolute Differenz von Umsatz (bereinigt um MwSt) und Wareneinkauf (EK) der abgesetzten Artikel b) prozentual als Abschlagsspanne c) prozentual als Aufschlagsspanne	Warenrohertrag Bruttoertrag Ertragskraft Varianten: Stück-, WG-, Betriebsspanne
3. a) Umschlagshäufigkeit	$$\frac{\text{Umsatz (zu Einkaufspreisen)}}{\varnothing \text{ Warenbestand}}$$ (bew. zu Einkaufspreisen)	Umschlagsgeschwindigkeit Lagerumschlag
b) Kapitalumschlag	$$\frac{\text{Umsatz (zu Verkaufspreisen)}}{\varnothing \text{ Warenbestand}}$$ (bew. zu Einkaufspreisen)	
4. Bruttorentabilität	$$\frac{\text{Bruttoertrag}}{\varnothing \text{ Warenbestand}}$$ (bew. zu Einkaufspreisen) $$= \frac{\text{Aufschlagsspanne x Umsatz (EK)}}{\varnothing \text{ Warenbestand (zu EK)}}$$ $$= \text{Aufschlagsspanne} \times \text{Lagerumschlag}$$ $$= \frac{\text{Bruttoertrag}}{\text{Umsatz (zu EK)}} \times \frac{\text{Umsatz (zu EK)}}{\varnothing \text{ Warenbestand (zu EK)}}$$	Bruttorentabilitätskraft Bruttonutzen
5. Nettorentabilität	$$\frac{\text{Deckungsbeitrag}}{\varnothing \text{ Warenbestand}} \times 100 \quad \text{oder}$$ $$\frac{\text{Deckungsbeitrag}}{\text{Beanspruchte Verkaufsfläche}} \times 100$$	
6. DPP/DPR	Deckungsbeitrag eines Produktes ./. durch Umlage zugeordnete Elemente $$\frac{\text{Direkter Produkt - Profit}}{\varnothing \text{ Warenbestand (zu EK)}} \times 100$$	Direkter Produkt-Profit (DPP) Direkte Produkt-Rentabilität (DPR)

Abb. 5.8: Ein Beispiel zur Verdeutlichung der Umsatzverteilung mit Hilfe der Lorenz-kurve

	Warengruppe					Σ
	1	2	3	4	5	
Anzahl der Artikel	100	240	30	430	200	1000
Umsatz	500	2500	500	2500	4000	10000
relativer Anteil der Artikel	10%	24%	3%	43%	20%	100%
relativer Umsatzanteil	5%	25%	5%	25%	40%	100%
Umsatzanteil / Artikelanteil	0,5	1,04	1,7	0,6	2	
Rangfolge	1	3	4	2	5	

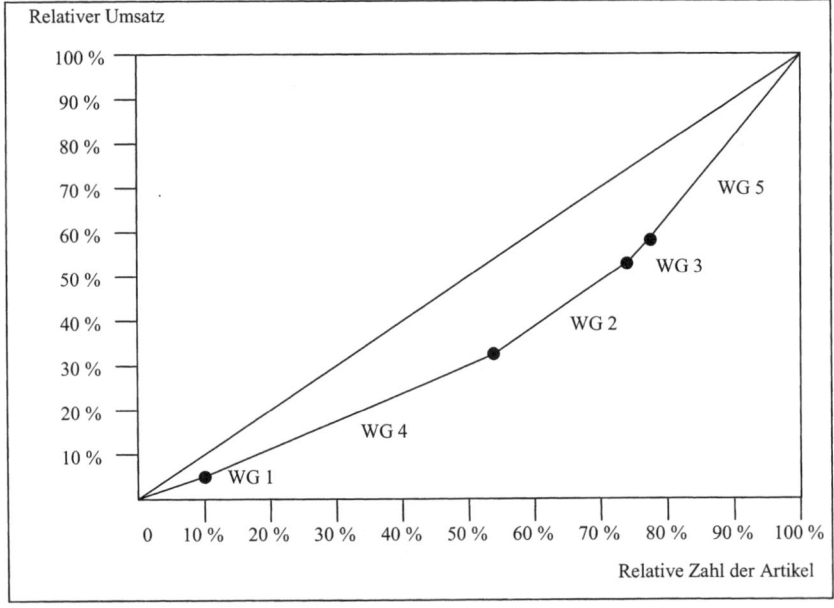

Bei der **Brutto-Rentabilität** werden neben dem Umsatz zwei Einsatzfaktoren berücksichtigt. Zunächst wird in Rechnung gestellt, dass sich die Wareneinstandskosten unterscheiden können, was im Zähler des Quotienten über den Bruttoertrag (Umsatz – Wareneinsatz) erfasst wird, des Weiteren wird berücksichtigt, dass in unterschiedlichem Maße Warenbestände vorrätig gehalten werden (die insbesondere Kosten der Kapital-bindung auslösen). Gegenüber der Umschlagshäufigkeit wird damit berücksichtigt, dass neben den Kosten für gebundenes Kapital auch die Einstandskosten von wesentlicher Bedeutung für die Beurteilung eines Sortimentsteils sein können. Es ist jedoch offensichtlich, dass die mit der Umsatzerzielung verbundenen Kosten auch nur zum Teil erfasst sind.

Die **Netto-Rentabilität** weitet die Betrachtung auf weitere Inputfaktoren aus. Im Zähler des Quotienten wird vom Deckungsbeitrag der betrachteten Sortimentseinheit ausgegangen. Der Deckungsbeitrag unterscheidet sich vom Bruttoertrag dadurch, dass neben dem Wareneinsatz weitere der Sortimentseinheit sinnvollerweise zugerechnete Kostenpositionen abgezogen werden; bei welchen Kostenpositionen ein solcher Abzug sinnvoll ist, wird in Abschnitt 5.2.2 näher dargelegt. Im Nenner des Quotienten können weitere Inputfaktoren berücksichtigt werden. In Abb. 5.7 ist z. B. neben dem durchschnittlichen Warenbestand die für die Erzielung eines bestimmten Deckungsbeitrages benötigte Verkaufsfläche als Inputfaktor erwähnt. Es handelt sich damit um einen kapazitätsbezogenen Deckungsbeitrag, wie er mit Hilfe einer Kostenrechnung ermittelt werden kann. In Abschnitt 5.2.2 wird gezeigt werden, dass es sich bei den vorgestellten Kennzahlen um Ausschnitte aus der für eine Sortimentsanalyse benötigten Kostenrechnung handelt.

Alle Kennzahlen wollen den Erfolgsbeitrag einzelner Sortimentsteile ausweisen. Dem erzielten Umsatz werden mehr oder minder große Teile des für die Umsatzerzielung notwendigen Faktoreinsatzes gegenübergestellt. Aus der Erkenntnis, dass einzelne Sortimentseinheiten in unterschiedlichem Maße Prozesse auslösen können, um die Ware dem Verkauf zuführen zu können, und dass sie in unterschiedlichem Maße Kapazitäten in Anspruch nehmen (insbesondere Lager- und Verkaufsraum sowie Kapital) entsprang der Wunsch, eine Kennzahl zu entwickeln, die den notwendigen Faktoreinsatz möglichst weitgehend erfasst. Dabei sollte gleichzeitig berücksichtigt werden, dass durch eine Schlüsselung von Fix- oder Gemeinkosten auf einzelne Sortimentseinheiten irreführende Informationen erstellt werden können. Als eine solche Kennzahl wurde die **direkte Produktprofitabilität** (DPP) empfohlen, bei der dem Verkaufspreis eines Artikels neben dem Wareneinstandspreis auch Prozesskosten gegenübergestellt werden. Es erwies sich jedoch, dass die für die Schlüsselung notwendigen Parameter aufwendige Erhebungen erforderten, so dass das Verfahren wieder an praktischer Relevanz verloren hat (vgl. zu dieser Kennzahl auch H. Schröder 1990, L. Müller-Hagedorn und W. Toporowski 1997).

Viele der genannten Kennzahlen stehen in einem logischen Verhältnis zueinander. Dies wird zum Ausdruck gebracht, wenn sie in Kennzahlenpyramiden verknüpft werden. Abbildung 5.9 zeigt eine solche Pyramide mit der Systemkennzahl Bruttonutzen (vgl. hierzu und zu weiteren Verknüpfungen B. Heidel 1990, S. 69-74).

Im Beispiel der Abbildung 5.9 gibt der Wert von 73,5% für den durchschnittlichen Bruttonutzen an, dass mit je € 100,- für einen bestimmten Artikel (bzw. eine Artikelgruppe) im Warenbestand eingesetztem Kapital pro Jahr € 73,50 Rohertrag erzielt werden. Die Artikelgesamtheit weist im Beispiel einen durchschnittlichen Bruttonutzen von 93,04% aus.

Abb. 5.9: Kennzahlenpyramide mit der Systemkennzahl Bruttonutzen für einzelne Artikel, dargestellt am Beispiel des Absatzes einer Spirituosenmarke in einer Warenhausfiliale

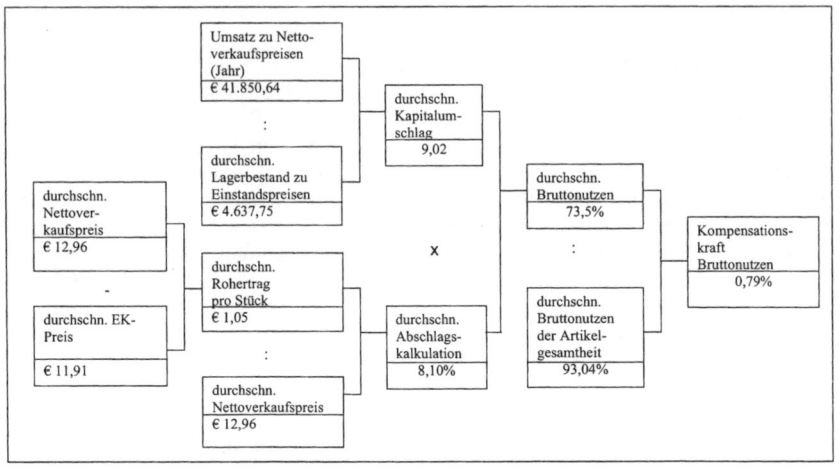

Abb. 5.10: Spanne und Kapitalumschlag als Maßgrößen für die Vorteilhaftigkeit von Artikeln – in grafischer Darstellung (Quelle: B. Heidel 1990, S. 74)

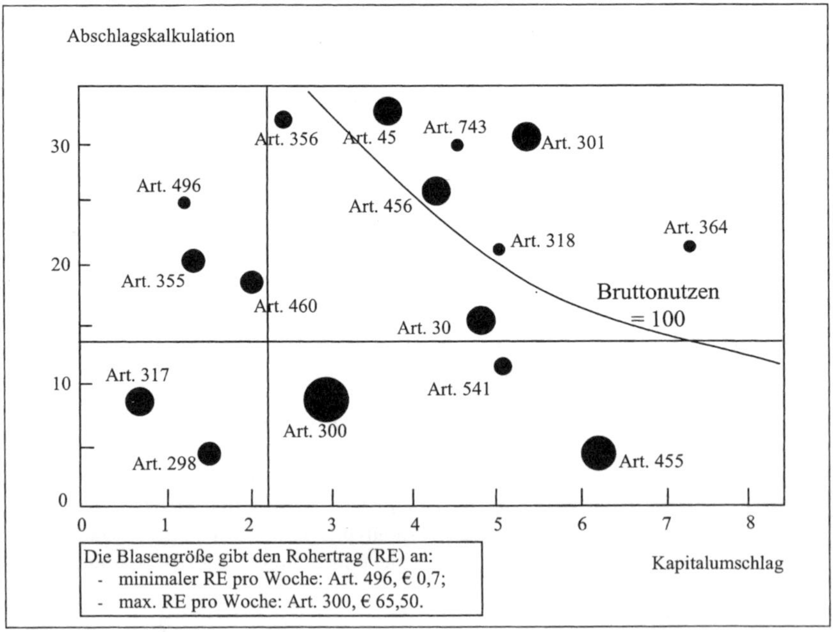

Die in der strategischen Planung so beliebte Portfolio-Technik lässt sich auch auf die Analyse von Artikeln oder Artikelgesamtheiten im Rahmen einer Sortimentsanalyse verwenden, indem ausgewählte Kennziffern als Achsenbezeichnungen gewählt werden. Abbildung 5.10 verdeutlicht beispielhaft an Artikeln der Artikelgruppe „Deutscher Weinbrand", wie sich einzelne Artikel in der Spanne (hier als Abschlagskalkulation) und dem Kapitalumschlag unterscheiden.

Die eingezeichnete Isoquante für 100% macht deutlich, mit welchen Kombinationen von Spanne und Kapitalumschlag jeweils dieser Wert erreicht werden kann. Bei dem Bruttonutzen handelt es sich um eine relative Rentabilitätskennzahl, die zum Rohertrag als absoluter Kennzahl nicht proportional ist, wie auch aus Abb. 5.10 zu ersehen ist. Artikel 300 weist den höchsten Rohertrag, aber einen relativ geringen Bruttonutzen auf, so dass die Frage aufkommt, welche Bedeutung den einzelnen Kennzahlen zukommt.

Im Hinblick auf die Gewinnerzielung sind sowohl die erzielten Deckungsbeiträge, als auch der Einsatz weiterer Faktoren relevant. Beschränkt man deren Analyse auf das in den Warenbeständen gebundene Kapital und sieht man den hierfür vorgegebenen Betrag als fix an, geht es um die Maximierung der Deckungsbeiträge unter Berücksichtigung des für die Warenbestände verfügbaren Kapitals. Entsprechend Abb. 5.11 sind jene Artikel (Artikelgruppen, Warengruppen) zu bevorzugen, die pro im Warenbestand gebundene Euro den höchsten Deckungsbeitrag erzielen.

Abb. 5.11: Deckungsbeitrag und Kapitalbindung als zentrale Beurteilungskriterien bei der Sortimentsplanung

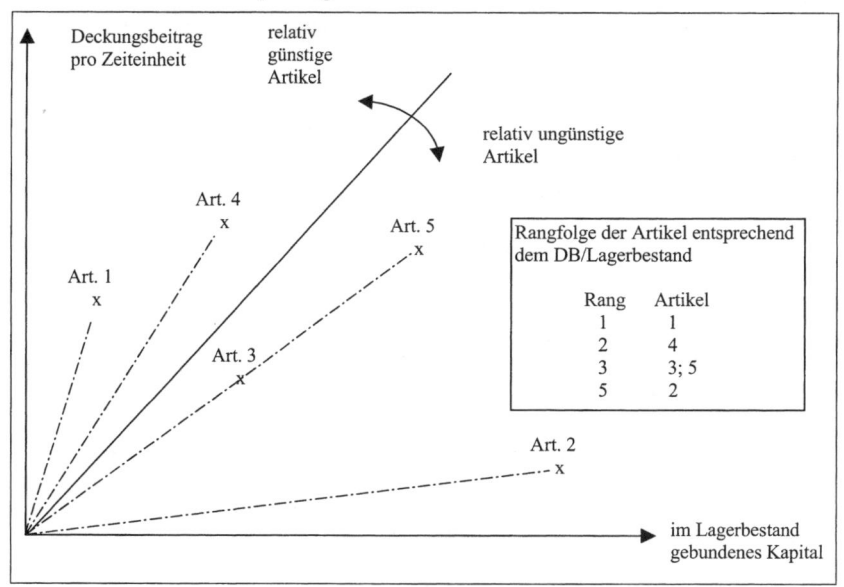

173

Entscheidend für die Rangfolge ist der durch den Fahrstrahl gebildete Winkel, der den Deckungsbeitrag/im Lagerbestand gebundene Geldeinheiten angibt (Netto-Rentabilität).

Während sich die bisherigen „Portfolios" an den klassischen Kennzahlen orientieren, sind in den letzten Jahren auch Portfolios mit einem erweiterten Merkmalskatalog erstellt worden, so:

(1) Ein Marktanteils-Marktwachstums-Portfolio (vgl. hierzu E. Kreilkamp 1987, S. 450ff.; F. X. Bea und J. Haas 2001; mit Anwendung auf die Situation im Warenhaus F. Wehrle 1984, S. 144ff.),

(2) Das Marktattraktivitäts-Wettbewerbsvorteile-Portfolio (vgl. E. Kreilkamp 1987, S. 487ff.; H. H. Hinterhuber 1996, S. 146ff.),

(3) Das Image-Ertragskraft-Portfolio (vgl. K. Barth und H.-J. Theis 1988, S. 243-260),

(4) Das Raumleistungs-Marktanteils-Portfolio (vgl. W. Marzen 1986b, S. 89-92),

(5) Das Lebenszyklus-Wettbewerbspositions-Portfolio.

Es wird deutlich, dass die einzelnen Portfolios jeweils einzelne Merkmale aus der Vielfalt der grundsätzlich wichtigen Charakteristika herausgreifen. Insofern leisten Portfolio-Darstellungen einen wertvollen Dienst, zumal sie wegen ihrer Anschaulichkeit einen hohen Kommunikationswert haben. Die Probleme liegen in folgenden Bereichen (vgl. zur Beurteilung auch D. Möhlenbruch 1994, S. 149-157):

- Die ausgewählten Merkmale bedürfen teilweise der Operationalisierung (z. B. Image) und werfen unterschiedliche Schwierigkeiten der Datenbeschaffung auf.
- Verbundwirkungen zwischen den Sortimentsteilen werden vernachlässigt.
- Risiko-Aspekte bleiben in der Regel unberücksichtigt.
- Neben den im Portfolio explizit berücksichtigten Faktoren sind im Regelfall weitere Gesichtspunkte zu beachten, wie z. B. die Marktsicherheit vor Störungen, die absolute Größe des Marktes, die Marktzugänglichkeit, die Stabilität von Entwicklungen.
- Es können keine Hinweise auf neue Geschäftsfelder abgebildet werden.
- Es misslingt, den einzelnen Portfolio-Feldern sog. Norm-Strategien zuzuordnen.
- Das Gewicht, das den einzelnen Beurteilungskriterien zugeordnet ist, ist nicht erkennbar.
- Da Portfolios statisch angelegt sind, greifen sie keine Veränderungen im Zeitablauf auf.

5.2.2 Die Ermittlung der Vorteilhaftigkeit einzelner Warengruppen mit Hilfe der Kostenrechnung

Wenn dem Umsatz einzelner Sortimentsteile der für seine Erzielung notwendige Faktoreinsatz gegenübergestellt wird, bedient man sich im Regelfall wertmäßiger und nicht mengenmäßiger Größen. Hierfür wird auf die Kostenrechnung zurückgegriffen. Die Kostenrechnung erweist sich insbesondere dann als ein nützliches Instrument der Sortimentsplanung, wenn zu ermitteln ist, welche Warengruppen im Sortiment besonders erfolgreich sind bzw. wenn überprüft werden soll, ob nicht einzelne Warengruppen aus dem Sortiment entfernt werden sollten. Es sind mehrere Verfahren der Kostenrechnung entwickelt worden.

Im **Grundtyp I** werden die nicht direkt zurechenbaren Kostenarten (Kostenträgergemeinkosten) den Erlösarten durch Umlageschlüssel mit oder ohne Einschaltung einer besonderen Kostenstellenrechnung zugerechnet. In diesem Fall wird das in Abb. 5.12 dargestellte Schema verwendet.

Der **Grundtyp I** wird als **sog. Vollkostenrechnung** bezeichnet. Das Hauptproblem dieses Grundtyps besteht in der Wahl geeigneter Umlageschlüssel für die Gemeinkosten. Dieses Problem ist jedoch nicht auf sinnvolle Weise lösbar.

Abb. 5.12: Grundtyp I einer Kostenrechnung

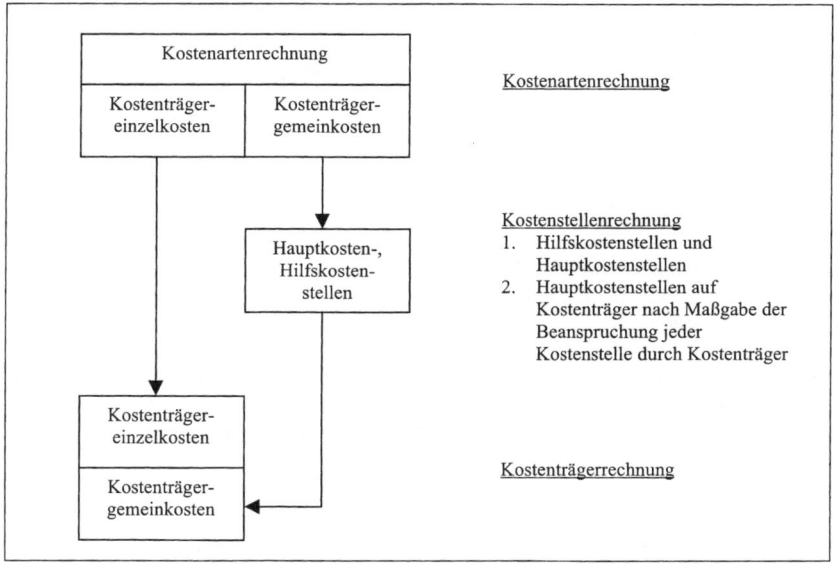

Im **Grundtyp II** werden den Erlösarten (z. B. Warengruppen) nur die direkt zurechenbaren Kosten unmittelbar gegenübergestellt. Es handelt sich um die sog. **Deckungsbeitragsrechnung**. Sie befolgt das **Prinzip der entscheidungsgerechten Zurechnung von Kosten auf Kostenträger**.

Dieses Prinzip erfordert, dass Kostenbeträge nur dann dem Entscheidungsobjekt zugerechnet werden, wenn durch die ins Auge gefasste Entscheidung (z. B. das Streichen einer Warengruppe) auch die entsprechenden Kosten in ihrer Höhe beeinflusst werden. Will man mit der Kostenrechnung z. B. die Vorteilhaftigkeit einzelner Artikel, Artikelgruppen oder Filialen beurteilen, so werden im System der Deckungsbeitragsrechnung den Artikelumsätzen zunächst nur die ihnen direkt zurechenbaren Kosten angelastet, weitere Kosten werden der nächsthöheren Bezugsgröße dann und nur dann zugerechnet, wenn die Zuordnung ohne Verwendung von Schlüsseln möglich ist. Man erhält so **ein System aufeinander folgender Deckungsbeiträge**. Dieses System soll auch durch das folgende Beispiel verdeutlicht werden (für eine ausführliche Beschreibung dieses Systems für Handelsbetriebe siehe R. Gümbel und K. M. Brauer 1969).

Abb. 5.13: Warengruppen - Erfolgsrechnung in Form der Deckungsbeitragsrechnung (in 1000 €)

Stufe	Warenbereich	1		2	3	Summe
	Warengruppen	11	12	21	31	
0	Deckungsbeiträge 0	206,0	23,0	94,0	40,0	363,0
	./. var. Kosten der Artikelmengen	149,0	13,0	57,0	31,0	250,0
I	Deckungsbeiträge I	57,0	10,0	37,0	9,0	113,0
	./. Fixkosten der Warengruppen	4,6	3,5	18,5	4,4	31,0
II	Deckungsbeiträge II	52,4	6,5	18,5	4,6	82,0
	./. Fixkosten der Warenbereiche	13		2,8	1,2	17,0
III	Deckungsbeiträge III	45,9		15,7	3,4	65,0
	./. Fixkosten des Sortiments	52,0				52,0
IV	Nettoerfolge	13,0				13,0

Das Beispiel zeigt, dass die den Warengruppen zugerechneten Kosten in variable und fixe Kosten unterteilt sind. Als variable Kosten sind solche anzusehen, die sich mit der Höhe des Umsatzes in der betreffenden Warengruppe verändern. Wichtig ist, dass im Gegensatz zur Vollkostenrechnung darauf verzichtet wird, die in II angeführten Fixkosten der Warenbereiche in Höhe von 13,0 auf die Warengruppen 11 und 12 aufzuteilen. Entsprechend wurde darauf verzichtet, die Fixkosten des Sortiments in Höhe von 52 auf die Warengruppen 11, 12, 21 und 31 zu verteilen. So ist erkennbar, dass die Kosten jeweils nur auf der Ebene verrechnet werden, auf der sie durch entsprechende sortimentspolitische Maßnahmen beeinflusst werden können. Die Fixkosten in Höhe von 52 wären nur dann zu vermeiden, wenn alle 4 Warengruppen gestrichen würden, die Fixkosten in Höhe von 13 wären nur dann abzubauen, wenn sowohl Warengruppe 11 als auch 12 aus dem Sortiment entfernt würden.

5.2.2.1 Die Behandlung von Gemeinkosten in Bezug auf einzelne Sortimentsteile

An einem **Beispiel** soll im Folgenden der Unterschied zwischen Vollkosten- und Deckungsbeitragsrechnung verdeutlicht werden (vgl. L. Müller-Hagedorn und W. Divé 1970).
Abb. 5.14 zeigt die für viele Handelsbetriebe typische Behandlung der Kosten bei der Ermittlung der Vorteilhaftigkeit einzelner Warengruppen, dargestellt an einer Frischfleisch-Abteilung mit Bedienung. Die Berechnung zeigt, dass diese Abteilung mit einem Verlust von 1153 € für den Monat Oktober abschließt und daher von der reinen Rentabilität her negativ beurteilt werden müsste. Diese Berechnung entspricht dem System der Vollkostenrechnung. Gegen sie wird eingewandt werden müssen, dass die Frischfleisch-Abteilung mit geschlüsselten Kosten der Verwaltung (hier € 742) und verteilten Kfz-Kosten (hier € 250) belastet wird.

Abb. 5.14: Rentabilitätsuntersuchung einer Frischfleisch-Abteilung mit Bedienung (494 qm Verkaufsfläche; davon 53 qm für Frischfleisch)

Position	€	in % vom Nettoumsatz	€	in % vom Nettoumsatz
Brutto-Umsatz			53 000,00	
./. MwSt.			2 763,00	
Netto-Umsatz			50 237,00	100,0
./. Netto-Einkaufswert			42 400,00	84,4
Rohgewinn			7 837,00	15,6
./. Kosten				
Miete	530,00	1,1		
Raumkosten	1 000,00	2,0		
Personalkosten	3 562,00	7,0		
Abschreibung	694,00	1,4		
Verzinsung d. Anl.-Kap.	146,00	0,3		
Rabatte	1 452,00	2,9		
Gewerbesteuer	42,00	0,1		
Verpackungskosten	530,00	1,1		
Werbung	42,00	0,1		
Kfz.	250,00	0,5		
Verwaltung	742,00	1,5		
Kosten insgesamt			8 990,00	17,9
Reingewinn			./. 1 153,00	-2,3

Abb. 5.15: Korrekte Deckungsbeitragsrechnung einer Frischfleisch-Abteilung mit Bedienung (494 qm Verkaufsfläche; davon 53 qm für Frischfleisch)

Position	€	in % vom Nettoumsatz	€	in % vom Nettoumsatz
Brutto-Umsatz			53 000,00	
./. MwSt.			2 763,00	
Netto-Umsatz			50 237,00	100,0
./. Netto-Einkaufswert			42 400,00	84,4
Deckungsbeitrag A			7 837,00	15,6
./. Kosten				
Personalkosten	3 562,00	7,0		
Abschreibung	694,00	1,4		
Verzinsung d. Anl.-Kap.	146,00	0,3		
Rabatte	1 452,00	2,9		
Gewerbesteuer	42,00	0,1		
Verpackungskosten	530,00	1,1		
Werbung	42,00	0,1		
Kosten gesamt			6 468,00	12,9
Deckungsbeitrag B d. FF-Abteilung			1 369,00	2,7

Geht man davon aus, dass durch sortimentspolitische Maßnahmen die Kosten der Verwaltung und die Kfz-Kosten nicht vermindert werden können, und verzichtet man deswegen darauf, diese Kostenbeträge der Abteilung anzulasten, so ergibt sich für die Frischfleisch-Abteilung nur noch ein geringer rechnerischer Verlust von € 161. Weiterhin ist aber auch die Zurechnung der Mietkosten nicht angebracht, wenn der Mietvertrag sich auf das gesamte Ladenlokal erstreckt. Nimmt man so die Miete und die Raumkosten, von denen angenommen wird, dass sie durch Entscheidungen bezüglich der Frischfleisch-Abteilung nicht beeinflusst werden können, aus der Rechnung heraus, so ergibt sich ein positiver Deckungsbeitrag von 1369 € (vgl. Abb. 5.15).

Die letzte Art der Rechnung ist dadurch gekennzeichnet, dass dem Planenden, der bestimmte sortimentspolitische Veränderungen im Auge hat, Hinweise gegeben werden, welche Kostenveränderungen bei Durchführung dieser Maßnahmen eintreten werden.

Gegen diese Art von Deckungsbeitragsrechnung wird manchmal eingewendet, dass sie wichtige Informationen nicht berücksichtige. Damit ist gemeint, dass die einzelnen Kostenträger, also hier die Warengruppen, bestimmte Ressourcen der Unternehmung, die Kosten verursachen, in unterschiedlichem Maße in Anspruch nehmen. So können Abteilungen (Warengruppen) einen unterschiedlichen Raumbedarf haben, der Fuhrpark kann in unterschiedlichem Ausmaß in Anspruch genommen werden usw. Im Folgenden soll gezeigt werden, dass dieses Problem außerhalb der Kostenrechnung angegangen werden muss.

Geht man exemplarisch davon aus, dass **nur der Faktor Raum in begrenztem Maße** vorhanden ist und bei allen übrigen Faktoren (z. B. Ware, Personal, Ladeneinrichtung) keine Beschränkungen bestehen - der Raum sei der einzige Engpass -, lässt sich das Raumaufteilungsproblem lösen, wenn Werte über die Umsatzentwicklung der Abteilungen bei alternativen Verkaufsflächen vorliegen. Setzt man die Deckungsbeiträge in Beziehung zu dem betreffenden Raumbedarf, so erhält man einen Deckungsbeitrag pro qm. Mit dieser Kennzahl kann der Raum auf die einzelnen Abteilungen aufgeteilt werden, indem die Abteilungen bevorzugt werden, die eine größere Kennzahl als andere Abteilungen ausweisen. Es wird dabei allerdings vorausgesetzt, dass der in einer Abteilung erzielbare Umsatz nicht davon abhängt, welche Verkaufsfläche anderen Abteilungen zur Verfügung steht. Wenn außer dem Raum **zusätzlich andere Faktoren** (z. B. Personal) in begrenzter und nicht erweiterungsfähiger Menge vorhanden sind und als Engpässe wirken, müssen zur Steuerung die Verfahren der mathematischen Programmierung herangezogen werden (in jüngerer Zeit kommen hierbei alternativ auch naturadaptive Ansätze zum Einsatz; vgl. hierzu auch die Ausführungen in Kapitel 9).

Es kann dann der in Abb. 5.16 dargestellte Fall vorliegen, dass sich eine Warengruppe 1 bei einer Kapazität A (z. B. dem Raum) als überlegen gegenüber Warengruppe 2 erweist, dass es jedoch bei einer anderen Kapazitätsart umgekehrt sein kann.

Abb. 5.16: Vergleich von 3 Warengruppen auf der Grundlage von relativen Deckungsbeiträgen

Kapazität		Warengruppen (WG)		
		1	2	3
	Deckungsbeitrag absolut (in 1000 €)	10	16	40
Raum	Deckungsbeitrag/m^2	100	140	400
Personal	Deckungsbeitrag/ Personalstunde	200	100	50
Kapital	Deckungsbeitrag/ 1000 € geb. Kapital	150	200	40

Im Beispiel erweist sich keine Warengruppe in allen Belangen als die beste. So erbringt Warengruppe 3 nur den höchsten absoluten Deckungsbeitrag, beansprucht dafür aber auch in erheblichem Maße das Kapital und das Personal. Ein Planungsverfahren, das sowohl die Höhe der Deckungsbeiträge als auch die Beanspruchung der fixen Faktoren (Kapazitäten) berücksichtigt, wird im nächsten Abschnitt vorgestellt.

5.2.2.2 Die Ergänzung der Deckungsbeitragsrechnung durch eine Kapazitätsverteilungsrechnung

Häufig werden sich nur wenige Kostenarten einer Warengruppe direkt zurechnen lassen. Ein Großteil der Kostenarten fällt an, weil Produktionsfaktoren eingesetzt werden, die für den Vertrieb verschiedenartiger Warengruppen verwendet werden können. Beispiele sind: Die vorhandene Verkaufsfläche, die vorhandene Regalfläche, das vorhandene Personal, das vorhandene Kapital. Einmal kann es sich dabei um Faktoren handeln, deren Menge für die anstehende Planung als gegeben angesehen werden muss, zum anderen aber auch um Faktoren, denen eine nichtlineare Kostenfunktion entspricht (z. B. Kapitalkosten in Abhängigkeit von der Kreditsumme, wenn der Zinssatz von der Höhe der bereits aufgenommenen Kredite abhängt).

Im Folgenden wird ein Modelltyp behandelt, der es auch gestattet, die Inanspruchnahme von zentralen Kapazitäten abzubilden. Das Beispiel stammt von K. M. Brauer (1969). In einer Filiale eines Lebensmittelfilialbetriebes sei zu ermitteln, wie vorteilhaft (Beitrag zum Gewinn) vier Warengruppen sind, und zwar:
- Lebensmittel,
- Fleisch,
- Obst und Gemüse,
- Tiefkühlkost.

Diese vier Warengruppen lassen sich zunächst durch in Bezug auf den Umsatz **variable Kosten** kennzeichnen (Abbildung 5.17):
- Wareneinstandskosten bzw. Bruttoertrag je 1000 € Umsatz,
- Rabatte,
- umsatzabhängige Manipulationskosten in der Zentrale (sie fallen nur bei der Warengruppe „Fleisch" an),
- umsatzabhängige Personalkosten in der Filiale.

Als Differenz von Umsatz und zurechenbaren Kosten ergibt sich der Deckungsbeitrag der jeweiligen Warengruppe.

Abb. 5.17: Variable Kosten der einzelnen Warengruppen

	Datenart	Dimension	Lebens-Mittel	Fleisch	Obst u. Gemüse	Tiefkühl-kost
	1	2	3	4	5	6
1	Umsatz	Umsatz in €	1000	1000	1000	1000
2	Wareneinstands-kosten	Kosten in € / 1000 € Umsatz	737,5	717,4	715,2	701,8
3	Rabatt und Umsatzsteuer	Dto.	61,1	68	68	68
4	Umsatzabh. Manipulationskosten in der Zentrale	Dto.	-	15,4	-	-
5	Umsatzabhängige Personalkosten in der Filiale	Dto.	34,9	34,9	34,9	34,9
6	Umsatzabhängige Kosten	Dto.	833,5	835,7	818,1	804,7
7	Deckungsbeitrag	Deckungsbeitrag in € / 1000 € Umsatz	166,5	164,3	181,9	195,3

Des Weiteren werden die Warengruppen durch die **Inanspruchnahme von zentralen Kapazitäten** gekennzeichnet, und zwar:
- die Inanspruchnahme einzelner Raumarten (Gondeln, Regalplätze, Tiefkühltheke – vgl. dazu die Nebenbedingungen 9 bis 11 in Abbildung 5.18),
- die Inanspruchnahme des noch disponiblen Personalbestandes (im folgenden Beispiel wird davon ausgegangen, dass in der Filiale neun Personen vorhanden sind, dass jedoch 5,14 Personen als Mindestbesetzung angesehen werden müssen, so dass nur darüber zu entscheiden ist, wie der Rest von 3,86 Personen eingesetzt werden soll – vgl. dazu die Nebenbedingung 12 in Abbildung 5.18).

Anhand dieser Werte wird ein **lineares Planungsmodell** entwickelt, das aus folgenden Bestandteilen besteht:

(1) **Zielfunktion:**
Es soll für die Filiale eine solche Sortimentsstruktur gefunden werden, durch die die Differenz von Umsatz mit Lebensmitteln (U_L), Umsatz mit Fleisch (U_F), Umsatz mit Obst und Gemüse (U_G) und Umsatz mit TK-Kost (U_T) auf der einen Seite und den Wareneinstandskosten (V_E), den gewährten Rabatten (V_R), den Manipulationskosten (V_M) und den Personalkosten (V_P) auf der anderen Seite maximiert wird.

(2) **Nebenbedingungen:**
(a) Durch die ersten acht Nebenbedingungen wird gewährleistet, dass die Sortimentsstruktur auf bestimmte (subjektiv vorgegebene) Bereiche beschränkt bleibt.
(b) Die folgenden drei Nebenbedingungen erfassen, dass die Warengruppen einen unterschiedlich hohen Raumbedarf haben und gewährleisten, dass die Kapazitäten dreier verschiedener Raumarten nicht überschritten werden.
(c) Nebenbedingung 12 stellt sicher, dass nicht eine Sortimentsstruktur gewählt wird, die mit dem vorhandenen Personalbestand nicht realisiert werden kann.
(d) Bei den vier Gleichungen in den Zeilen 13 bis 16 handelt es sich um Definitionsgleichungen (vgl. die Zeilen 2 bis 5 in Abbildung 5.17).
(e) Nicht-Negativitätsbedingungen gelten für alle acht Variablen.

Das vollständig formulierte Modell ist in Abb. 5.18 dargestellt. Angegeben sind auch die mit diesen Daten errechneten optimalen Werte für die Warengruppen. Die bei der vorhandenen Ausstattung der Filiale **wünschenswerte Struktur im Umsatz** setzt sich wie folgt zusammen:

- Lebensmittel 67%
- Fleischwaren 20%
- Obst und Gemüse 9%
- Tiefkühlkost 4%.

Abb. 5.18: Matrix und Berechnungsergebnis eines Modells zur Optimierung der Warengruppenstruktur

Zielfunktion	$D\rightarrow$ max!	$=$	U_L	$+ U_F$	$+ U_G$	$+U_T$	$-V_E$	$-V_R$	$-V_M$	$-V_P$	
Nebenbedingungen											
Minimale	66,7	$\leq$	U_L								1
Warengruppen-	19,5	$\leq$		U_F							2
umsätze	11,8	$\leq$			U_G						3
	1,8	$\leq$				U_T					4
Maximale	90,3	$\geq$	U_L								5
Warengruppen-	26,5	$\geq$		U_F							6
umsätze	19,6	$\geq$			U_G						7
	5,4	$\geq$				U_T					8
Raum	3,85	$\geq$		$0{,}02\,U_F$							9
	0,97	$\geq$				$0{,}167\,U_T$					10
	53,09	$\geq$	$0{,}324\ U_L$		$+\,0{,}2\,U_G$						11
Personalstunden	3,86	$\geq$	$0{,}0262\,U_L$	$+\,0{,}0244\,U_F$	$+\,0{,}0451\,U_G$	$+\,0{,}0143\,U_T$					12
Wareneinstandsk.	0	$=$	$0{,}7375\,U_L$	$+\,0{,}7174\,U_F$	$+\,0{,}7152\,U_G$	$+\,0{,}7018\,U_T$	$-V_E$				13
Rabatt-/ Umsatzst.	0	$=$	$0{,}0611\,U_L$	$+\,0{,}068\ U_F$	$+\,0{,}068\ U_G$	$+\,0{,}068\ U_T$		$-V_R$			14
Manipulationsk.	0	$=$		$+\,0{,}0154\,U_F$					$-V_M$		15
Personalkosten	-2,0934	$=$	$0{,}0349\,U_L$	$+\,0{,}0349\,U_F$	$+\,0{,}0349\,U_G$	$+\,0{,}0349\,U_T$				$-V_P$	16
Nichtnegativitätsb.	0	$\leq$	U_L	U_F	U_G	U_T	V_E	V_R	V_M	V_P	17

181

Optimale Lösung des Primalproblems			in %
Lebensmittelumsatz	U_L	89,5	67%
Fleischwarenumsatz	U_F	26,5	20%
Obst- u. Gemüseumsatz	U_G	11,8	9%
Tiefkühlkostumsatz	U_T	5,4	4%
Gesamtumsatz	U	133,2	
Umsatz- u. Personalabhängige Kosten	V	112,8	
Deckungsbeitrag	D	20,4	
Werte der Dualvariablen im Optimum			
Lebensmittelumsatz	-		
Fleischwarenumsatz	0,009 €/ € Umsatz = Engpass		
Obst- u. Gemüseumsatz	-		
Tiefkühlkostumsatz	0,104 € / € Umsatz = Engpass		
Raum für Fleisch	-		
Raum für Tiefkühlkost	-		
Raum für Lebensmittel u. für Obst u. Gemüse	-		
Eingesetztes Personal	612 € / 0,1 Person (= 18,28 Arbeitsstunden) = Engpass		

Bemerkenswert ist, dass vor allem das vorhandene Personal einen Engpass darstellt; bei einer Erhöhung der Personalkapazität um eine Einheit (Stunde) könnte der Deckungsbeitrag um € 33,50 erhöht werden. Es ist ersichtlich, dass der Grenzerlös weit über den Grenzkosten liegt. Des Weiteren sind noch zwei weitere Kapazitäten ausgelastet (Obergrenze Fleischwarenumsatz und Obergrenze Tiefkühlkostumsatz), jedoch ist hier der Nutzen einer weiteren Kapazitätseinheit sehr gering.

Wichtig bei dem vorliegenden Modell ist weniger, dass mit Hilfe eines Algorithmus ein pfenniggenaues Ergebnis ausgerechnet werden kann (das vorliegende Problem hätte, da sich nur eine Kapazität - das Personal - als Engpass erweist, auch einfacher berechnet werden können), sondern dass hier die einzelnen Sortimentsteile durch Vektoren gekennzeichnet werden. Der Vektor enthält als Kapazitäten die wesentlichen Angaben zur Planung, so:

- die Wareneinstandskosten,
- die Inanspruchnahme von Raum,
- die ausgelösten Manipulationskosten,
- die Inanspruchnahme des Personals.

So kann auch von einem **Steckbrief der betreffenden Warengruppen** gesprochen werden.
Das vorgestellte Modell verdeutlicht die **sinnvolle Verarbeitung von kostenbezogenen Informationen** bei der Sortimentsplanung. Sein Nachteil besteht darin, dass es nicht zeigt, wie die gewünschten Umsatzanteile erreicht werden können. Die Variablen des Modells stellen keine Entscheidungsvariablen der Sortimentspolitik dar.

Auf alternative Verfahren, mit denen z. B. Raumkapazitäten auf Sortimentseinheiten verteilt werden können, geht das Kapitel zur Verkaufsraumgestaltung (Kapitel 9) ein.

5.2.3 Die Analyse von Reaktionen der Nachfrager auf sortimentspolitische Maßnahmen

Zwar äußerte sich schon in den in Abschnitt 5.2.1 genannten Kennzahlen das Verhalten der Nachfrager, indem nämlich auf den erzielten Umsatz Bezug genommen wurde, aber es kann nicht von einer expliziten Analyse des Verhaltens der Nachfrager gesprochen werden.

Natürlich sind auch für eine Sortimentspolitik Kenntnisse über
- vorherrschende Bedürfnisse,
- Entwicklungen im Bedarf und
- Trends in der Nachfrage

wichtig. Unter einem **Bedürfnis** wird dabei die Empfindung eines Mangels, verbunden mit dem Wunsch, diesen zu beseitigen, verstanden. Bedürfnisse sind im Regelfall noch nicht auf ein konkretes Objekt der Bedürfnisbefriedigung fokussiert. Von **Bedarf** spricht man dagegen, wenn das Bedürfnis auf ein bestimmtes Gut ausgerichtet ist. **Nachfrage** entsteht, wenn ein bestimmter Bedarf angesichts verfügbarer Kaufkraft, eines als attraktiv empfundenen Angebots und/oder gebotener Dringlichkeit zu konkreten Beschaffungsdispositionen (z. B. Geschäftsbesuche, Kaufgebote) führt; Nachfrage kann auch als marktwirksamer Bedarf nach Gütern am Markt definiert werden (zu den Begriffen vgl. Ausschuss für Begriffsdefinitionen, Hrsg., 1995, S. 13). Bedürfnis-, Bedarfs- und Nachfrageanalysen sind für die strategische Marketingplanung und für die strategische Sortimentspolitik von Bedeutung.

Neben diesen generellen Aussagen über das Verhalten von Nachfragern gibt es spezielle Analysen im Hinblick auf die Wirksamkeit einzelner sortimentspolitischer Maßnahmen. Hierzu zählt,
- inwieweit einzelne Kundengruppen auf Sonderangebote reagieren,
- inwieweit es bei Nachfragern zu einem Nachfrageverbund kommt,
- wie unterschiedliche Sortimentstiefen auf das Kaufverhalten wirken.

Es gibt verschiedene Möglichkeiten, die Reaktionsstärke der Nachfrager im Hinblick auf sortimentspolitische Maßnahmen zu messen. Nach dem Typ der einbezogenen Variablen lassen sie sich in

- Black-Box-Modelle und in
- Modelle mit hypothetischen Konstrukten

unterteilen. **Black-Box-Modelle** begnügen sich mit empirisch direkt beobachtbaren Variablen. In diese Klasse gehört das unten dargestellte Modell von K. Eckhardt (1977), in dem untersucht wird, wie die erzielten Bruttoerträge entstanden sind und welche Kundengruppe einen Umsatz tätigt. Zu den Modellen mit hypothetischen Konstrukten gehören jene Modelle, in denen Gründe für ein bestimmtes Kaufverhalten (z. B.

gemeinsamer Kauf von zwei Produkten) benannt werden, die im Insystem des Nachfragers liegen.

5.2.3.1 Reaktionen von Nachfragersegmenten auf Sonderangebote

Im Regelfall wird jede Unternehmung an verschiedene Gruppen von Nachfragern verkaufen. In einem solchen Fall gilt es zu erkennen, inwieweit sich das Verhalten dieser Gruppen unterscheidet. In welchem Ausmaß wird die Absatzpolitik von der jeweiligen Gruppe angenommen? Im folgenden Beispiel wird gezeigt, wie in einem Cash-and-Carry-Betrieb ermittelt wurde, **welche Kundengruppen besonders von den „Sonderangeboten" angesprochen wurden.** Das Datenmaterial wurde mit Hilfe der **Regressionsrechnung** ausgewertet (vgl. zum Folgenden K. Eckhardt 1977).

Jeder Kunde kann einer bestimmten Gruppe zugeordnet werden, da alle Kunden über Einkaufsausweise verfügen, die bei jedem Einkauf vorzulegen sind. Die Gruppen werden nach drei Merkmalen gebildet:

(1) nach dem Gewerbe, das der Kunde ausübt, in:
 (a) Personal (neben den tatsächlich ein Gewerbe betreibenden Kunden ist auch das Personal des Cash-and-Carry-Marktes einkaufsberechtigt),
 (b) Lebensmittelhändler,
 (c) Kioske,
 (d) Metzger und Bäcker,
 (e) Gaststätten,
 (f) Hotels,
 (g) Krankenanstalten,
 (h) Kantinen,
 (i) Freiberufliche (Food und Non-Food),

(2) nach dem Standort des Gewerbebetriebes des Kunden in:
 (a) Kunden aus nahen städtischen Bezirken,
 (b) Kunden aus entfernten (städtischen oder ländlichen) Bezirken,

(3) nach der Tageszeit, zu der der Kunde seinen Einkauf vornimmt, in:
 (a) die Zeit von 6.00h bis 9.00h,
 (b) die Zeit von 9.00h bis 19.00h,
 (c) die Zeit von 19.00h bis 21.00h.

Die Auswahl dieser Merkmale ist durch die Gegebenheiten im ausgewählten Betrieb bestimmt.

Verzichtet man zunächst einmal auf die mögliche Unterscheidung der Käufer nach den einzelnen Merkmalen, so lässt sich fragen, um wie viel die **Kaufaktspannen** (das sei die Differenz zwischen Verkaufs- und Einkaufspreis aller durch einen Kunden bei einem Einkauf gekauften Artikel) mit wachsendem Umsatz steigen. Im Vorhinein kann man annehmen, dass die Kaufaktspanne umso höher ist, je höher der Endbetrag der

Rechnung (Gesamtumsatz) ist; der Zusammenhang wird wahrscheinlich nichtlinearer Art sein, da zu vermuten ist, dass die Käufer mit hohen Umsätzen andere Waren kaufen werden als die Käufer mit relativ niedrigen Rechnungsbeträgen. Der Zusammenhang lautet dann:

(1) $KSP = c \cdot U^{UK_1}$ bzw. $\log KSP = \log c + UK_1 \cdot U$

KSP = Kaufaktspanne (Bruttoertrag pro Einkaufsakt eines Kunden),
c   = eine strukturelle Konstante,
U   = Gesamtumsatz (ohne Mehrwertsteuer),
UK_1 = Kaufaktspannenelastizität des Umsatzes.

Gesucht ist der Koeffizient UK_1. Er kann als Elastizität interpretiert werden. Der Exponent gibt also annähernd an, um wie viel Prozent die Kaufaktspanne steigt, wenn sich der Umsatz um ein Prozent erhöht. So könnte ein Ergebnis etwa lauten:

$$KSP = 0,15 \cdot U^{0,97}$$

In diesem Beispiel vermehrt sich bei einer einprozentigen Umsatzsteigerung die Kaufaktspanne um 0,97%. Umsatz und Kaufaktspanne (Rohertrag) stehen nicht in einem linearen Verhältnis zueinander; die Kunden mit den umsatzstarken Warenkörben kaufen niedriger kalkulierte Waren als die Kunden mit den umsatzschwächeren Warenkörben. Insofern wird hier schon erkennbar, dass mit dieser Methode Nachfrager-verhalten abgebildet werden soll. Aufschlussreich wird die Analyse aber erst, wenn die Höhe des Rohertrags nicht nur nach der Umsatzstärke des Warenkorbes differenziert ausgewiesen wird, sondern wenn nach weiteren Käufergruppen differenziert wird. Der Elastizitätskoeffizient von 0,97 gilt als Durchschnittswert über den gesamten Werte-bereich. Es könnte nun sein, dass sich die Elastizität in den einzelnen Käufergruppen stark unterscheidet. Um dies zu überprüfen, wird die Analyse nach Käufergruppen differenziert. Die Absatzfunktion könnte dann lauten (es wird als Beispiel die Unter-scheidung nach dem Standort des Gewerbebetriebes des Kunden herangezogen):

$$KSP = c \cdot BK_1^{y_1} \cdot U^{UK_1}$$

BK   = Einfluss, der die Bedeutung des Standortes des Gewerbebetriebes des Käufers angibt (der Index 1 gibt an, dass es sich um den »nahen städtischen Bereich« handelt),
y_1 = binäre (0,1)-Variable, die den Wert 1 annimmt, wenn der Kunde aus einem „nahen städtischen Bereich" kommt und sonst den Wert 0.

Für alle Kunden, die aus entfernten Bereichen kommen, nimmt $BK_1^{y_1}$ den Wert 1 an. Für Kunden aus nahen städtischen Bereichen gilt dagegen ein Korrekturfaktor in Höhe von BK_1. So kann jeder Kundengruppe ein Korrekturfaktor zugerechnet werden (vgl. zur Methodik auch P. Hecheltjen 1974).
Eckhardt hat diesen Ansatz für alle 14 Käufergruppen verwendet. Die Regressions-rechnung führt er getrennt für Artikel mit positiven und solche mit negativen Artikel-

spannen durch. Die Regressionsgleichung für Artikel mit positiven Artikelspannen hat das folgende Aussehen:

$$KSP^+ = c^+ \cdot GK_1{}^{x_1} \cdot GK_2{}^{x_2} \cdot \ldots \ldots \cdot GK_8{}^{x_8} \tag{1}$$

Kaufaktspanne = Summe der Artikelspannen je Kaufakt bei Artikeln mit positiven (+) Artikelspannen

Einfluss, der der Gewerbeart des Kunden zugeschrieben wird

$$x_j \ (j = 1,\ldots, 8) = \begin{cases} 1 \text{ falls Kunde ein Gewerbe der Art j betreibt} \\ 0 \text{ sonst} \end{cases}$$

GK_j (j = 1,..., 8) zu x_j gehörender Regressionskoeffizient

$$BK_1{}^{y_1} \tag{2}$$

Einfluss, der die Bedeutung des Bezirks, aus dem der Käufer kommt, angibt

$$y_k \ (k = 1) = \begin{cases} 1 \text{ falls Kunde aus dem Bezirk k kommt} \\ 0 \text{ sonst} \end{cases}$$

BK_k (k = 1) zu y_k gehörender Regressionskoeffizient

$$ZK_1{}^{z_1} \cdot ZK_2{}^{z_2} \tag{3}$$

Einfluss, der dem Zeitraum, in dem der Käufer kauft, zugeschrieben wird

$$z_1 \ (1 = 1, 2) = \begin{cases} 1 \text{ falls Kunde im Zeitraum 1 kauft} \\ 0 \text{ sonst} \end{cases}$$

ZK_1 (1 = 1, 2) zu z_1 gehörender Regressionskoeffizient

$$U_N{}^{UK_1} \cdot e^{UK_2 \ U_N} \tag{4}$$

Einfluss der Umsatzhöhe

U_N = Umsatz (mit normal kalkulierten Artikeln)
UK_1 = Kaufspannenelastizität des Umsatzes
UK_2 = Umsatzabhängige Korrekturkomponente zur konstanten Kaufspannenelastizität des Umsatzes

186

In der Funktion ist außer den bereits erläuterten Ausdrücken auch ein Term $e^{UK_2} \cdot U_N$ enthalten, der eine weitere Korrekturgröße darstellt, von der hier jedoch nur gesagt werden soll, dass sie aufnehmen soll, inwieweit die Elastizität von der Höhe des Umsatzes (U_N) abhängig ist. Die Ergebnisse lauten dann wie in Abb. 5.19 angegeben.

Die **Ergebnisse** zeigen, dass sich einige Käufergruppen in ihrem Verhalten deutlich von anderen Gruppen unterscheiden. So kaufen etwa insbesondere die Kiosk-Besitzer und die Lebensmittelhändler niedrig kalkulierte Waren ein. Natürlich steigt die Kaufaktspanne, wenn sie ihren Umsatz ausdehnen, aber sie steigt sehr viel weniger als etwa bei den Gaststätten, Hotels oder gar den Krankenanstalten.

Abb. 5.19: Ergebnisse der multiplen Regressionsanalyse (für Artikel mit positiven Spannen; Quelle: K. Eckhardt, 1977, S. 339)

Abhängige Variable		KSP^+	$\ln KSP^+$	t-Werte
	Konstante	0,15315	-1,87636	
	Personal	$0,90099 \, x_1$	$-0,10427 x_1$	- 9,9628
	Lebensmittel	$0,77913 \, x_2$	$-0,24958 x_2$	- 32,1050
Unabhängige	Kioske	$0,74095 \, x_3$	$-0,29983 x_3$	- 34,0974
Variablen	Metzger u. Bäcker	$0,88444 \, x_4$	$-0,12285 x_4$	- 11,4873
	Gaststätten	$0,95384 \, x_5$	$-0,04726 x_5$	- 6,1377
	Hotels	$0,96099 \, x_6$	$-0,03979 x_6$	- 3,0176
	Krankenanstalten	$0,96777 \, x_7$	$-0,03226 x_7$	- 2,2599
	Kantinen	$0,91087 \, x_8$	$-0,09336 x_8$	- 10,9772
	Freib. Food + Non Food	$1,0 \, x_9$	$+0,0 x_9$	-
	Naher städtischer Bezirk	$0,98236 \, y_1$	$-0,01780 y_1$	- 3,0783
	Entfernte Bezirke	$1,0 \, y_2$	$+0,0 y_2$	-
	von 6:00h - 9:00h	$0,95409 \, z_1$	$-0,04700 z_1$	- 3,9087
	nach 9:00h -19:00h	$0,98364 \, z_2$	$-0,01650 z_2$	- 3,0022
	nach 19:00h - 21:00h	$1,0 \, z_3$	$+0,0 z_3$	-
	konstante Elastizität	$U_N^{\,0,97415}$	$+0,97415 \ln U_N$	383,9693
	Umsatzabhängige Korrekturkomponente	$e^{-0,00004 \, U_N}$	$-0,00004 U_N$	- 10,7381

Durch die Ausführungen sollte deutlich werden, wie heterogen die Käuferschaft eines Handelsbetriebes sein kann und dass mithin mögliche Aktionen auf diese abzustimmen sind. Notwendige Bestandteile der Planung sind also Antworten auf folgende Fragen:

- Welche Käufergruppen sind zu unterscheiden?
- Wie häufig kaufen diese Gruppen ein?
- Welche Artikel kaufen diese Gruppen?
- Wie reagieren diese Gruppen auf den Einsatz des absatzpolitischen Instrumentariums?

5.2.3.2 Das Problem der Verbundenheit von Handlungen der Nachfrager

Einzelne Nachfrager (bzw. Nachfragergruppen) reagieren nicht nur unterschiedlich (i. S. v. Kauf unterschiedlicher Mengen) auf die Absatzpolitik eines Händlers, sondern ein für die Sortimentsplanung wichtiger Umstand ist darüber hinaus, dass die Nachfrager einzelne ihrer Handlungen miteinander verbinden. Dieses Phänomen ist unter dem Begriff **Nachfrageverbundenheit** bekannt. Dabei lassen sich zwei Verbundenheiten unterscheiden:

(1) Tätigkeiten, die innerhalb eines Zeitraumes zusammen ausgeführt werden,
(2) Tätigkeiten, die zeitlich aufeinander folgen; eine Verhaltensweise, die unter dem Stichwort Kundentreue diskutiert wird.

Verbundphänomene erschweren die Erfolgsermittlung von Sortimentsteilen, denn der Erfolg bei einem bestimmten Sortimentsteil kann von Maßnahmen abhängen, die sich auf andere Sortimentsteile beziehen. Besonders deutlich äußert sich dies im **Sortimentsverbund** (der Verbraucher kauft im Rahmen eines Einkaufsgangs mehrere Güter in einem Geschäft - vgl. zu dieser Definition und weiteren Verbundphänomenen E. Merkle 1981, S. 1-14). Dies mag darin begründet sein, dass der Nachfrager seine Einkäufe aus Zeit- und Kostengründen bündeln möchte. Der Sortimentsverbund äußert sich aber auch darin, dass die Preispolitik bei einem Gut den Absatz eines anderen Gutes beeinflussen kann oder dass bestimmte Waren beworben werden, die Wirkungen sich aber auch bei anderen Waren zeigen. Es ist deshalb für die Sortimentsplanung sinnvoll, in Rechnung zu stellen, wie Nachfrager einzelne Verhaltensweisen miteinander verknüpfen. Um das darzustellen, wird im Folgenden das Modell von Engel, Kollat und Blackwell herangezogen (J. F. Engel, R. D. Blackwell und P. W. Miniard 1995), indem die folgenden Fragen gestellt werden (L. Müller-Hagedorn 1978b):

(1) Ist der Kauf verschiedener Produkte auf das gleiche Problembewusstsein zurückzuführen? (Beispiel: Der Kauf eines Fahrrades und einer Tennisausrüstung auf die Erkenntnis, dass mehr körperliche Bewegung notwendig sei).
(2) Wird die Suche nach Alternativen zur Lösung verschiedener Probleme miteinander verknüpft? (Beispiel: Nachfrager informiert sich über ganz verschiedene Produkte in den einzelnen Abteilungen eines Warenhauses). Wie vielfältig sind die Problemlagen eines Nachfragers und wie stark wird die Alternativensuche ausgedehnt?

(3) Werden Produkte nach gleichen Kriterien beurteilt? Wird ein Konsument, der etwa an Möbel hohe Qualitätsansprüche stellt, auch solche an seine Kleidung stellen, wird er also einheitlich an mehrere Produktgruppen gleich hohe Qualitätsansprüche stellen und die Gewährleistung solcher Ansprüche von einem Anbieter erwarten?

(4) Im Mittelpunkt der theoretischen Diskussion steht meist die Phase der gemeinsamen Realisierung von Käufen verschiedener Güter.

(5) Wird die nachträgliche negative oder positive Bewertung eines Produktes auf ähnliche Produkte oder auf die Einkaufsstätte übertragen?

Allgemein: In der Vielzahl der Handlungen, die ein Konsument ergreift, sind Gemeinsamkeiten erkennbar, die nicht nur darin bestehen, dass zwei Produkte zusammen gekauft oder verwendet werden.

Die Forschung der letzten Jahre hat sich besonders auf den Sortimentsverbund im Sinne von gleichzeitigem Kauf mehrerer Güter in einem Geschäft bezogen. Es kann auch vom Kaufverbund gesprochen werden. Im Vordergrund stand die Frage, welche Artikel zusammen gekauft werden. Wichtige Arbeiten hierzu stammen von K. Eckhardt (1976), F. Böcker (1974; 1975; 1978) und E. Merkle (1981), der Teilergebnisse bereits früher gemeinsam mit F. Böcker vorgelegt hat (1975a; 1975b). Hinzu kommen Arbeiten von P. Stahl (1977), H. G. Bordemann (1986) und in neuerer Zeit von H. Hruschka (1991a), M. Lukanowicz und C. Buchta (1992) sowie M. Natter und C. Buchta (1993). Zu den Problemen dieser Arbeiten gehört die Frage, mit welchen Kennzahlen die Stärke der **Kaufverbundenheit** gemessen, weniger wie sie begründet werden kann. Die Feststellungen sollen vor allem der Sortimentspolitik (um ein cross selling anzuregen), der Preispolitik und der Platzierungspolitik dienen, wiewohl auf die Konsequenzen für die Absatzpolitik oft nur andeutend verwiesen wird. Im Gegensatz zur mikroökonomischen Preistheorie wird nicht gefragt, ob mit einer Preisveränderung bei einem Gut eine Veränderung der Absatzmenge eines anderen Gutes verbunden ist, sondern meist wird gefragt, welche Güter bei bestehenden Preisen im Verbund gekauft werden.

Da sich die Möglichkeiten zur Datengewinnung und zur Datenauswertung verbessert haben, haben Methoden zur Messung des Verbundes an Bedeutung gewonnen. Allerdings schränkte sich die Verbundforschung auf tatsächlich erfolgte Kaufakte ein. Eine solche Vorgehensweise hat Vor- und Nachteile (vgl. D. Möhlenbruch 1994, S. 337-340). Für die Analyse von Kaufakten spricht vor allem, dass der Kaufverbund im Rahmen eines Kaufaktes objektiv erfasst werden kann und moderne Kassensysteme die Erfassung und Speicherung der Daten erleichtern, während die Ermittlung von Ursachen mit zusätzlichen Problemen verbunden ist. Dennoch ist angesichts von Sortimenten, deren Warenumfang sich inzwischen im sechsstelligen Bereich bewegt, ein erheblicher Rechenaufwand zu erwarten. Deshalb wurden in der Wirtschaftsinformatik Algorithmen entwickelt, mit denen erkannt werden kann, zwischen welchen Sortimentseinheiten Verbundbeziehungen bestehen (R. Agrawal et al. 1993 und 1996).

Die Analyse kann in zwei Schritte zerlegt werden, zum einen in die Ermittlung des Verbunds, zum anderen in die Berücksichtigung der ermittelten Verbundbeziehungen in Planungs- und Kontrollmodellen.

- **Zur Messung der Verbundbeziehungen**

Die Bemühungen um eine Messung der Verbundwirkung konzentrierten sich vor allem auf die Suche nach geeigneten Maßen, um den Kaufverbund darzustellen. Die Maße richten sich auch an dem Skalenniveau der Daten aus.

Abb. 5.20: Methoden zur Messung von Verbundwirkungen

Skalenniveau der Daten	Verfahren/Koeffizient	Ergebnis
Intervallskaliert	Regressionsanalyse	Kreuz- (Preis-) Elastizität
Intervallskaliert	Korrelationsanalyse	Kaufverbund
Nominalskaliert	Assoziationskoeffizient	Kaufverbund
Nominalskaliert	Bedingte Wahrscheinlichkeiten	Kaufverbund
Nominalskaliert	Multivariate Logitmodelle	Kaufverbund
Nominalskaliert	Neuronale Netze	Kaufverbund
Nominalskaliert	Assoziationsregeln	Kaufverbund

Häufig wird nur darauf abgestellt, ob ein bestimmter Artikel oder ein Artikel aus einer Artikelgruppe gekauft worden ist oder nicht; man begnügt sich also mit nominal-skalierten Variablen und verzichtet darauf, Mengen oder verausgabte Geldbeträge zu Grunde zu legen. Das Ausmaß, in dem es zum gleichzeitigen Kauf zweier Sortiments-einheiten gekommen ist, lässt sich grundsätzlich in einer Vierfeldertafel darstellen (vgl. Abb. 5.21).

Abb. 5.21: Die Vierfeldertafel als Datenbasis für Verbundkoeffizienten

	Kauf von i	Nichtkauf	Σ
Kauf von j	a	b	a+b
Nichtkauf	c	d	c+d
Σ	a+c	b+d	a+b+c+d

Aus Vierfeldertafeln lassen sich unterschiedliche Verbundkoeffizienten ableiten. Im Grundsatz wird man von einem starken Verbund sprechen, wenn das Feld a vergleichsweise stark besetzt ist. E. Merkle (1981, S. 84) wählt nach einem ausführ-lichen Vergleich unter den bekannten Assoziationsmaßen einen Verbundkoeffizienten von folgender Struktur aus:

$$V_{ij} = \frac{a}{\min\left\{\begin{array}{l} a+b \\ a+c \end{array}\right\}}.$$

Die Werte für V liegen zwischen Null und Eins. Die Wahl eines geeigneten Assoziationskoeffizienten hat in der Literatur große Aufmerksamkeit auf sich gezogen (vgl. z. B. auch den Überblick über Ähnlichkeits- und Distanzmaße für binäre Daten bei H.-G. Bordemann 1986, S. 154). Häufig wird auch der sog. Tanimoto-Koeffizient herangezogen, der wie folgt definiert ist:

$$V_{ij}^T = \frac{a}{a+b+c}$$

Der Tanimoto-Koeffizient gibt die relative Häufigkeit der Transaktionen an, die sowohl Sortimentseinheit i als auch Sortimentseinheit j enthalten, an all jenen Transaktionen, die zumindest eine der beiden Sortimentseinheiten enthalten. In Konkurrenz zu den Assoziationsmaßen stehen korrelationsanalytische Ansätze; diese setzen in der Regel intervallskalierte Variablen voraus. Im Regelfall werden mit Hilfe der Korrelationsanalyse zwei Artikel, Artikelgruppen oder Sortimentsgruppen i und j anhand ihres Umsatzvolumens in erhobenen Einkaufsakten untersucht. Kritische Anmerkungen zur Analyse des Sortimentsverbunds mit Hilfe der Korrelationsanalyse finden sich bei P. Stahl (1977, S. 157-159) und bei D. Möhlenbruch (1994, S. 348-350). Selbst wenn Verbundanalysen nicht auf der Artikelebene, sondern auf einer höher aggregierten Ebene, wie beispielsweise der Warengruppenebene, durchgeführt werden, wächst die Zahl der zu untersuchenden und darzustellenden Zusammenhänge schnell an. Die ermittelten Verbundbeziehungen werden unübersichtlich. Hier können die multidimensionale Skalierung (MDS) und die Cluster-Analyse einen besseren Überblick verschaffen (E. Merkle 1981, S. 112-117; H.-G. Bordemann 1986). Durch einen Vergleich der Distanzen zwischen den einzelnen Profilen der Sortimentsteile werden jene zusammengefasst, die dicht beieinander liegen, dennoch ergibt sich noch eine schwer zu überblickende Datenfülle. Das sei an einem Beispiel veranschaulicht. Abbildung 5.22 zeigt an einem fiktiven Beispiel, wie die Warenkörbe von insgesamt 15 Kunden zunächst auf Nominalskalenniveau dargestellt werden können (das Beispiel stammt von R. Decker und H. Schimmelpfennig 2001).

Abb. 5.22: Ausgangsdaten für eine Verbundanalyse (Beispiel)

	i_1	i_2	i_3	i_4	i_5	i_6	i_7	i_8	Anzahl
WK_1	0	1	1	0	1	0	1	1	5
WK_2	0	0	1	0	1	1	1	1	5
WK_3	0	0	0	0	1	0	1	0	2
WK_4	1	0	0	0	0	1	0	1	3
WK_5	0	0	0	0	1	0	0	1	2
WK_6	0	0	0	0	1	0	1	0	2
WK_7	0	1	1	0	1	0	0	1	4
WK_8	1	0	0	0	0	1	0	1	3
WK_9	1	0	0	1	1	0	0	0	3
WK_{10}	1	0	0	0	1	1	0	1	4
WK_{11}	1	1	0	0	1	1	1	0	5
WK_{12}	0	0	0	1	1	1	0	1	4
WK_{13}	1	1	1	0	0	0	0	1	4
WK_{14}	1	0	0	0	0	1	0	1	3
WK_{15}	0	0	0	1	0	0	1	0	2
Stück	7	4	4	3	10	7	6	10	51

Traditionelle Auswertungen richten sich darauf,
- die Umsatzstärke der Warenkörbe zu ermitteln („der durchschnittliche Bon"), wozu die Werte in der letzten Spalte herangezogen werden,
- artikelbezogen zu ermitteln, wie häufig ein bestimmter Artikel abgesetzt worden ist bzw. welcher Umsatz mit ihm erzielt wurde; Angaben, die der untersten Zeile zu entnehmen sind.

Verbundanalysen werten die inneren Zellen der Datenmatrix aus. Abbildung 5.23 zeigt für die Beispieldaten, welche Verbundbeziehungen vorliegen, wobei die Verbundstärke einmal mit dem Tanimoto-Koeffizienten, zum anderen als bedingte Wahrscheinlichkeit ausgewiesen ist.

Abb. 5.23: Verbundmatrizen auf Basis des Tanimoto-Koeffizienten (links) und auf Basis bedingter Wahrscheinlichkeiten (rechts)

	i_1	i_2	i_3	i_4	i_5	i_6	i_7	i_8
i_1	1	$\frac{2}{9}$	$\frac{1}{10}$	$\frac{1}{9}$	$\frac{3}{14}$	$\frac{5}{9}$	$\frac{1}{12}$	$\frac{5}{12}$
i_2	$\frac{2}{9}$	1	$\frac{3}{5}$	$\frac{0}{7}$	$\frac{3}{11}$	$\frac{1}{10}$	$\frac{2}{8}$	$\frac{3}{11}$
i_3	$\frac{1}{10}$	$\frac{3}{5}$	1	$\frac{0}{7}$	$\frac{3}{11}$	$\frac{1}{10}$	$\frac{2}{8}$	$\frac{4}{10}$
i_4	$\frac{1}{9}$	$\frac{0}{7}$	$\frac{0}{7}$	1	$\frac{2}{11}$	$\frac{1}{9}$	$\frac{1}{8}$	$\frac{1}{12}$
i_5	$\frac{3}{14}$	$\frac{3}{11}$	$\frac{3}{11}$	$\frac{2}{11}$	1	$\frac{4}{13}$	$\frac{5}{11}$	$\frac{6}{14}$
i_6	$\frac{5}{9}$	$\frac{1}{10}$	$\frac{1}{10}$	$\frac{1}{9}$	$\frac{4}{13}$	1	$\frac{2}{11}$	$\frac{6}{11}$
i_7	$\frac{1}{12}$	$\frac{2}{8}$	$\frac{2}{8}$	$\frac{1}{8}$	$\frac{5}{11}$	$\frac{2}{11}$	1	$\frac{2}{14}$
i_8	$\frac{5}{12}$	$\frac{3}{11}$	$\frac{4}{10}$	$\frac{1}{12}$	$\frac{6}{14}$	$\frac{6}{11}$	$\frac{2}{14}$	1

	i_1	i_2	i_3	i_4	i_5	i_6	i_7	i_8
i_1	1	$\frac{2}{4}$	$\frac{1}{4}$	$\frac{1}{3}$	$\frac{3}{10}$	$\frac{5}{7}$	$\frac{1}{6}$	$\frac{5}{10}$
i_2	$\frac{2}{7}$	1	$\frac{3}{4}$	$\frac{0}{3}$	$\frac{3}{10}$	$\frac{1}{7}$	$\frac{2}{6}$	$\frac{3}{10}$
i_3	$\frac{1}{7}$	$\frac{3}{4}$	1	$\frac{0}{3}$	$\frac{3}{10}$	$\frac{1}{7}$	$\frac{2}{6}$	$\frac{4}{10}$
i_4	$\frac{1}{7}$	$\frac{0}{4}$	$\frac{0}{4}$	1	$\frac{2}{10}$	$\frac{1}{7}$	$\frac{1}{6}$	$\frac{1}{10}$
i_5	$\frac{3}{7}$	$\frac{3}{4}$	$\frac{3}{4}$	$\frac{2}{3}$	1	$\frac{4}{7}$	$\frac{5}{6}$	$\frac{6}{10}$
i_6	$\frac{5}{7}$	$\frac{1}{4}$	$\frac{1}{4}$	$\frac{1}{3}$	$\frac{4}{10}$	1	$\frac{2}{6}$	$\frac{6}{10}$
i_7	$\frac{1}{7}$	$\frac{2}{4}$	$\frac{2}{4}$	$\frac{1}{3}$	$\frac{5}{10}$	$\frac{2}{7}$	1	$\frac{2}{10}$
i_8	$\frac{5}{7}$	$\frac{3}{4}$	$\frac{4}{4}$	$\frac{1}{3}$	$\frac{6}{10}$	$\frac{6}{7}$	$\frac{2}{7}$	1

Nach dem Tanimoto-Koeffizienten liegt der stärkste Verbund zwischen Artikel 2 und 3 vor, die größte bedingte Wahrscheinlichkeit wurde für Artikel 3 und 8 berechnet (Artikel 3 ist in keinem Fall ohne Artikel 8 gekauft worden). Während der Tanimoto-Koeffizient von symmetrischen Beziehungen ausgeht, handelt es sich bei den bedingten Wahrscheinlichkeiten um ein Maß für asymmetrische Beziehungen. Schon in dem relativ kleinen Beispiel ist es nicht leicht, die Vielzahl der Verbundbeziehungen zu überschauen, weswegen sich weitere Verdichtungen empfehlen. So ist es möglich, mit Hilfe der multidimensionalen Skalierung (MDS) die Artikel in einem niedrigdimensionalen Raum so abzubilden, dass Artikel mit starkem Verbund nahe beieinander liegen. Abbildung 5.24 zeigt die Ergebnisse einer MDS, die von R. Decker und H. Schimmelpfennig mit Hilfe des Programms ALSCAL in SPSS für die in Abbildung 5.23 dargestellten Verbundmatrizen berechnet wurden. Die Ergebnisse stimmen weitgehend überein und zeigen u. a., dass neben den Artikeln 2 und 3 auch die Artikel 5 und 7 einen starken Verbund aufweisen. An den Ergebnissen dieser multidimensionalen

Skalierung könnte nun weiterhin noch mit einer Cluster-Analyse angesetzt werden, um Gruppen verbundener Artikel zu ermitteln.

Abb. 5.24: Ergebnisse einer MDS auf Basis der in Abbildung 5.23 ausgewiesenen Verbundmaße

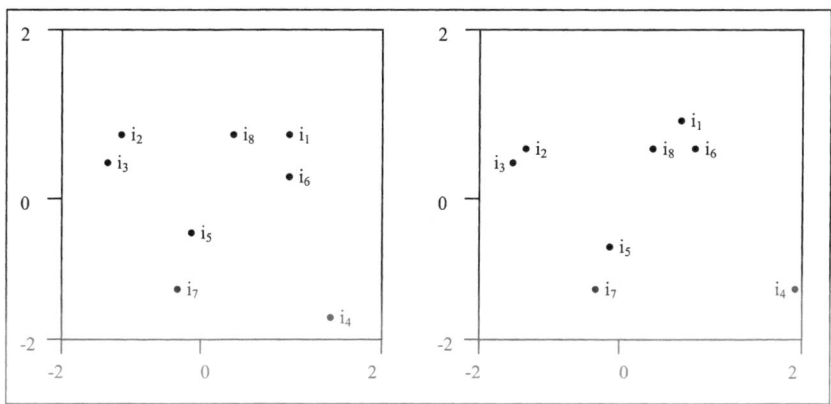

Neuere Ansätze setzen sich zum Ziel, nur noch diejenigen Beziehungen darzustellen, die gewisse Schwellenwerte überschreiten (Data Mining). Die folgenden Begriffe stellen Bausteine entsprechender Analysen dar:[*]

- Support: Der Support gibt an, wie häufig der gleichzeitige Kauf von zwei Einheiten in einer Menge von Transaktionen (Warenkörben) beobachtet werden kann. So kann es beispielsweise sein, dass in 5% aller Warenkörbe sowohl Windeln als auch Bier gekauft worden sind. Der Support hat also die Gesamtmenge aller Transaktionen (Warenkörbe) als Basis.

- Confidence: Die Größe Confidence (Konfidenz) bezieht den gleichzeitigen Kauf von zwei Einheiten in einer Menge von Transaktionen auf die Zahl der Käufe einer der beiden Einheiten. Die Größe Confidence nimmt also den Kauf einer Sortimentseinheit zur Basis.

In einem Datensatz, der die innerhalb eines bestimmten Zeitraumes abgesetzten Warenkörbe enthält, wird ermittelt, inwieweit bestimmte Assoziationsregeln gelten. Durch die Assoziationsregeln wird angegeben, inwieweit auf den Kauf einer Sortimentseinheit A (auch als Regelrumpf oder antecedent bezeichnet) der Kauf der Sortimentseinheit B (auch als Regelkopf bzw. consequent bezeichnet) folgt. Beispiel: Wenn ein Käufer Windeln gekauft hat, dann kaufte er auch in 15% der Fälle Bier. Regeln, die als Sortimentseinheiten jeweils einen Artikel enthalten, können durch Regeln ergänzt werden, die im Regelrumpf mehrere Artikel erhalten. So kann beispielsweise festgestellt werden, wie viele Käufer von Butter und Käse auch Brot gekauft haben. Solche Regeln werden als 3-Item-Regeln bezeichnet. Abbildung 5.25 enthält ein Beispiel für die Ergebnisse einer Assoziationsanalyse.

---

[*] In der Wirtschaftsinformatik sind Untersuchungen zu Verbundphänomenen erleichtert worden, indem Algorithmen entwickelt wurden, mit denen es möglich ist, große Datenmengen zu analysieren. Vgl. z. B. R. Agrawal et al. 1996; zur Einführung: S. Hettich, H. Hippner und K. Wilde 2000.

Abb. 5.25: Beispiel für die Ergebnisliste einer Assoziationsanalyse (Quelle: S. Hettich, H. Hippner und K. Wilde 2000, S. 975)

2-Item-Regel	conf	sup	3-Item-Regel	conf	sup
Butter→Brot	1,00	0,38	Butter, Käse→Brot	1,00	0,25
Käse→Brot	0,80	0,50	Brot, Butter→Käse	0,67	0,25
Wurst→Brot	1,00	0,25	Butter→Brot, Käse	0,67	0,25
Butter→Käse	0,67	0,25			

Grundsätzlich gilt für alle Verbundmessungen, die an Kaufakten ansetzen, dass sie im Zeitablauf einem starken Wechsel unterworfen sein können und keine Hinweise auf die dem Verhalten zu Grunde liegenden Bestimmungsfaktoren erlauben (vgl. auch D. Möhlenbruch 1994, S. 353f.). Bei häufig gekauften Artikeln, wie z. B. Lebensmitteln, gilt es zu beachten, dass die unterschiedlichen Einkaufsintervalle für einzelne Artikel einmal dazu führen, dass zwei Artikel zusammen gekauft werden, ein anderes mal nicht, obwohl ein im Zeitablauf andauernder Konsumverbund vorliegt. Die Verbund-beziehungen sind abhängig von der Anzahl der Einkaufsgänge eines Verbrauchers und von den Nachkaufintervallen bei einem Artikel. Wenn man sich einen Verbraucher vorstellt, der zwei Güter parallel verbraucht und diese in einem Geschäft einkauft, das erste bei jedem dritten Einkaufsgang, das zweite bei jedem siebten Einkaufsgang, dann wird erst beim 21. Einkaufsgang festgestellt, dass er die beiden Güter zusammen gekauft hat, obwohl er zuvor das erste bereits sechsmal, das zweite bereits zweimal gekauft hatte. Der Kaufverbund liefert also in nur sehr eingeschränktem Maße Hinweise auf den Verbrauchsverbund, wobei zu vermuten ist, dass der Verbrauchsverbund für die Einkaufsstättenwahl von größerer Bedeutung ist als der Kaufverbund.

- **Verbundbeziehungen als Grundlage von Planung und Kontrolle**
Wie sind die Bemühungen um eine Quantifizierung des Kaufverbundes nun im Hinblick auf die Gestaltung der Absatzpolitik zu beurteilen? Während die Mikroökonomie ursprünglich mit Verbundanalysen das Ziel verfolgt hat, die Preis- bzw. Spannenpolitik zu unterstützen, werden Kaufverbundanalysen heute grundsätzlich auch für die Planung anderer absatzpolitischer Instrumente herangezogen, so insbesondere der Sortiments-politik (ein Artikel, der häufig im Verbund gekauft wird, sollte nicht vorschnell ausgelistet werden) und der Platzierungspolitik.

- **Allgemeine Beurteilung**
Zunächst zeigen die Kauf-Verbundkoeffizienten, welche anderen Sortimentsteile im Verbund mit einem ausgewählten Sortimentsteil gekauft worden sind. Zwar können diese Analysen keine Hinweise liefern, wie sich der Umsatz dieser kaufverbundenen Sortimentsteile bei einer anderen Preispolitik für ein betrachtetes Sortimentsteil darstellen würde, aber die Analysen geben Hinweise auf den Kreis der zu betrachtenden Artikel. Wenn also ein Kaufverbund festgestellt worden ist, dann kann gefragt werden, wie sich dieser Verbund voraussichtlich bei einer Modifikation der Kalkulationspolitik ändern würde. Zwar ist damit nicht erwiesen, dass die Sortimentsteile preisverbunden sind, aber es erscheint plausibel, die aufgedeckten Verbundbeziehungen auf ihre Preissensibilität hin zu analysieren. Bei der Vielzahl der theoretisch zu bedenkenden Beziehungen kann hierin ein Fortschritt gesehen werden, wenn die Messung auch noch weit von der Ermittlung von Kreuzpreiselastizitäten entfernt ist. Schwieriger ist es bei

Sortimentsteilen, für die kein Kaufverbund festgestellt worden ist. In diesem Fall können die beiden Sortimentsteile tatsächlich unabhängig voneinander sein, es kann aber auch ein peripher substitutiver Verbund vorliegen, d. h. dass einzelne Sortimentsteile durch andere substituiert worden sind.

Insofern muss insgesamt festgestellt werden, dass die Fortschritte in der Verbundmessung in nur geringem Maße helfen, über die Angemessenheit eines kalkulatorischen Ausgleichs Auskunft zu geben. Beim kalkulatorischen Ausgleich geht es ja, um in den Worten von H. Raffée (1974, Sp. 449) zu sprechen, darum, eine Preisstrategie zu realisieren, bei der man „bei Einzelleistungen, -abteilungen, -perioden etc. Gewinneinbußen bewusst in Kauf nimmt, um im Wege des absatzmäßigen Verbunds mit besonders gewinnträchtigen Leistungseinheiten aufs Ganze gesehen zu einem günstigeren Ergebnis zu gelangen als ohne den gezielten Einsatz von Ausgleichsnehmern." Selbst wenn im Rahmen einer Verbundmessung festgestellt würde, dass eine gewinnträchtige Einheit in hohem Ausmaß im Verbund mit einem Ausgleichsnehmer verkauft worden ist, heißt dies nicht, dass eine ursächliche Beziehung vorliegt. Es könnte durchaus sein, dass die gewinnträchtige Einheit auch ohne den Ausgleichsnehmer ihren Erfolg erzielt hätte. Hier deutet sich eine Gefahr der Verbundmessung an, indem sie den Eindruck aufkommen lassen könnte, dass es sich um Wirkungsbeziehungen handelt. Selbst wenn gezeigt worden wäre, dass der Ausgleichsträger an Umsatz verloren hat, nachdem der Ausgleichsnehmer preislich angehoben worden ist, kann dies auch auf andere Faktoren zurückzuführen sein (z. B. allgemeiner Nachfragerückgang, unterschiedliche saisonale Verläufe).

Seit einiger Zeit gibt es Versuche, den Erfolgsbeitrag einzelner Sortimentsteile zu ermitteln, wobei auch ihr Ausstrahleffekt berücksichtigt wird. Damit soll insbesondere vermieden werden, dass Artikel, die einen niedrigen Erfolgsbeitrag beisteuern, ausgelistet werden, obwohl sie vielleicht einen starken positiven Effekt auf das übrige Sortiment aufweisen. Zunächst hat Merkle hierfür ein Verfahren entwickelt.

- **Das Verfahren von Merkle**

Bei dem Verfahren von E. Merkle (1981, S. 149-163) setzt sich der Gesamterfolg des Produktes i (GE_i) aus den Erfolgen der Einzel- (EE_i) und der Verbundverkäufe (VE_i) zusammen. Die Summe der Einzelverkaufserfolge ergibt sich als Produkt des Stückerfolgsbeitrages e_i und der Zahl der Einzelverkäufe f_i. Die Verbundverkaufserfolge lassen sich als Summe der Stückerfolgsbeiträge e_i und e_j multipliziert mit der Anzahl der Verbundverkäufe f_{ij} und einem Beziehungsindex b_{ij}, summiert über alle n Komponenten des Sortiments, erklären. Einem Produkt i werden also auch Erfolgsbeiträge zugerechnet, die sich aus dem Verkauf von anderen im Verbund mit i gekauften Produkten ergeben, jedoch nur soweit, wie diese Verbundkäufe über den Beziehungsindex b_{ij} dem Produkt i zugeschrieben werden. Der Zusammenhang kann auch formal dargestellt werden als

$$GE_i = EE_i + VE_i = e_i \cdot f_i + \sum_{j=1}^{n}(e_j + e_i) \cdot f_{ij} \cdot b_{ij}.$$

Der Beziehungsindex b_{ij} wird mittels einer Konsumenten- oder Expertenbefragung ermittelt. Es soll gelten:

$$0 \leq b_{ij} \leq 1 \text{ und } b_{ij} + b_{ji} = 1.$$

195

Wie zu erwarten, konzentriert sich die Kritik an der verbundorientierten Sortiments-erfolgsrechnung auf den Beziehungsindex b_{ij}, der als theoretisches Konstrukt aus einer Befragung resultiert und den Probanden nur schwer vermittelt werden kann (vgl. D. Möhlenbruch 1994, S. 360).

• **Das Verfahren von Recht und Zeisel**
Ein sehr leicht zu handhabender Vorschlag zur Berücksichtigung von Verbundeffekten stammt von P. Recht und S. Zeisel (1998; S. Zeisel 1999). Sie empfehlen Warenkorb-analysen. Für jedes Produkt in einem Warenkorb soll dabei zunächst sein Anteil am Warenkorbumsatz ermittelt werden. Außerdem soll der Deckungsbeitrag des gesamten Warenkorbes bestimmt werden. Im Anschluss ist jedem Gut im Warenkorb der Anteil des Warenkorb-Deckungsbeitrages zuzuschlüsseln, der seinem umsatzmäßigen Anteil am Warenkorb entspricht. Das Verfahren ist auch an einem Beispiel verdeutlicht (vgl. Abb. 5.26).

Abb. 5.26: Das verbundorientierte Deckungsbeitragsmodell nach P. Recht und S. Zeisel

Warenkorb Kunde 1				Warenkorb Kunde 2			
Gut	1	2	3	Σ
Preis	10	30	20	
Menge	1	1	2	
Umsatz	10	30	40	80
DB	5	10	12	27

Warenkorb Kunde 1				Warenkorb Kunde 2			
Gut	1	2	3	Σ
Preis	10	30	20	
Menge	2	0	1	
Umsatz	20	0	20	40
DB	10	0	6	16

Umsatz der einzelnen Güter:

$$\frac{\text{Umsatz Gut 1}}{\text{Gesamter Umsatz}} = \frac{10}{80} = \frac{1}{8} = 0,125$$

$$\frac{\text{Umsatz Gut 2}}{\text{Gesamter Umsatz}} = \frac{30}{80} = \frac{3}{8} = 0,375$$

$$\frac{\text{Umsatz Gut 3}}{\text{Gesamter Umsatz}} = \frac{40}{80} = \frac{1}{2} = 0,5$$

Wertmäßiger Anteil der Güter:

Gut 1 : 27 · 0,125 = 3,375
Gut 2 : 27 · 0,375 = 10,125
Gut 3 : 27 · 0,5 = 13,5

Umsatz der einzelnen Güter:

$$\frac{\text{Umsatz Gut 1}}{\text{Gesamter Umsatz}} = \frac{20}{40} = \frac{1}{2} = 0,5$$

$$\frac{\text{Umsatz Gut 2}}{\text{Gesamter Umsatz}} = \frac{0}{40} = 0$$

$$\frac{\text{Umsatz Gut 3}}{\text{Gesamter Umsatz}} = \frac{20}{40} = \frac{1}{2} = 0,5$$

Wertmäßiger Anteil der Güter:

Gut 1 : 16 · 0,5 = 8
Gut 2 : 16 · 0 = 0
Gut 3 : 16 · 0,5 = 8

Warenkorb Kunde 1				Warenkorb Kunde 2			
Gut	1	2	3	Gut	1	2	3
Umsatzanteil	0,125	0,375	0,5	Umsatzanteil	0,5	0	0,5
Wertmäßiger Anteil	3,375	10,125	13,5	wertmäßiger Anteil	8	0	8

Kumulierter wertmäßiger Anteil:

Gut 1: 3,375 + 8 = 11,375

Gut 2 : 10,125 + 0 = 10,125

Gut 3 : 13,5 + 8 = 21,5

Während ein Gut auf Grund seines in einer isolierten Betrachtung geringen Deckungsbeitrages Gefahr lief, ausgelistet zu werden, ist es jetzt möglich, dass es durch sein vielfaches Auftreten in profitablen Warenkörben an Attraktivität gewinnt. Das Verfahren wird von der Vermutung getragen, dass die Höhe des Warenkorbumsatzes durch die empfundene Attraktivität der im Warenkorb enthaltenen Artikel bestimmt wird. Befinden sich in dem Warenkorb niedrig kalkulierte Artikel, dann erwirtschaften diese Artikel nicht nur den auf sie entfallenden (niedrigen) Deckungsbeitrag, sondern sind auch dafür verantwortlich, dass gleichzeitig höher kalkulierte Artikel gekauft werden. Ihr „wahrer" Erfolgsbeitrag wird mithin in ihrem umsatzproportionalen Anteil am Deckungsbeitrag des Warenkorbs gesehen. Während der Deckungsbeitrag des Gutes 1 im Beispiel mit 15 Geldeinheiten (5+10) deutlich höher als der des Gutes 2 ist (10+0), rangiert nach der Umverteilung der Warenkorb-Deckungsbeiträge Gut 1 mit 11,375 nur noch knapp vor Gut 2 mit 10,125 Geldeinheiten.

Zunächst ist festzustellen, dass auch dieses Verfahren nur sehr begrenzt Hinweise auf eine optimale Preispolitik unter Berücksichtigung von Verbundwirkungen liefert, weil auch hier keine Elastizitäten, sondern nur die Wirkungen einer einzelnen Preisstruktur ermittelt werden. Immerhin ist ein Weg gewiesen, der es erlaubt zu ermitteln, ob andere Artikel im Verbund mit dem niedrigpreisigen Artikel gekauft wurden und wie hoch deren Deckungsbeitrag ist. Die Suche nach dem optimalen Preis lässt es allerdings unverzichtbar erscheinen, sich der Messung von Preiselastizitäten anzunähern und alternative Preise zu testen. Es besteht die Möglichkeit zu ermitteln, wie sich die Deckungsbeiträge der Warenkörbe ändern, in denen niedrigpreisige Artikel (mit alternativen Preisen) enthalten sind.

Auf den ersten Blick ist man geneigt, die Umverteilung des Warenkorb-Deckungsbeitrages als eine ähnlich willkürliche Schlüsselung anzusehen, wie sie in der Kostenrechnung bei der Schlüsselung von Gemeinkosten praktiziert wird. Dennoch entbehrt die Vorgehensweise nicht der Plausibilität, denn es ist durchaus denkbar, dass sich das Urteil der Verbraucher über die Günstigkeit des Einkaufs in einem bestimmten Geschäft an dem dort erzielten Warenkorb-Deckungsbeitrag orientiert. Zwar sind dem Verbraucher die erzielten Deckungsbeiträge (Handelsspannen) nicht bekannt, aber es gibt Anhaltspunkte dafür, dass Verbraucher reale Preisunterschiede zwischen einzelnen Betrieben realistisch einschätzen können (W. Lenzen 1983). Insofern sind die Bedenken von R. Gümbel (1974, Sp. 1892), dass Nachfragern die Beurteilung eines Sortiments schwerfällt, wenn die einzelnen Einkaufsentscheidungen auf Grund von Verbundbeziehungen zwischen den Artikeln nicht isoliert gefällt werden können, zwar nicht ausgeräumt, aber auch nicht bestätigt.

5.3   Ausgewählte sortimentspolitische Entscheidungen

In Abschnitt 5.1 war ein Überblick über sortimentspolitische Entscheidungen gegeben worden, wobei auf Sortimentsexpansion, Sortimentskontraktion, Sortimentsvariation und andere Maßnahmen hingewiesen worden war. Im Folgenden soll auf einige Handlungsmöglichkeiten näher eingegangen werden, und zwar auf
- die Markenpolitik,
- die Gestaltung der Sortimentstiefe,
- die Entscheidung über die Aufnahme neuer Produkte und
- den Entwurf eines Sortimentsrahmens.

5.3.1 Markenpolitik im Handel

Bei der Marke handelt es sich auch um einen juristischen Begriff. Im Warenzeichengesetz spricht der Gesetzgeber von Warenzeichen. Darunter werden Kennzeichen verstanden, die es erlauben, Waren im Sinne eines Exklusivrechts von denen der Wettbewerber abzuheben. Zu einer Marke wird ein Zeichen dadurch, dass es in die Zeichenrolle des Deutschen Patentamtes eingetragen wird oder dadurch, dass es sich auch ohne Eintragung im „Verkehr" durchsetzt. Nach § 38a GWB liegen Markenwaren vor, wenn es sich um Erzeugnisse handelt,
- die in gleichbleibender oder verbesserter Güte geliefert werden und
- die selbst oder durch die Umhüllung oder Ausstattung oder die Behältnisse, aus denen sie verkauft werden, mit einem ihre Herkunft kennzeichnenden Merkmal (Firmen-, Wort- oder Bildzeichen) versehen sind.
Markierung und standardisierte Produkteigenschaften sind also die von der Legaldefinition vorgegebenen kennzeichnenden Merkmale. Hersteller- und Handelsmarken können als Unterformen der Markenware gesehen werden, indem danach unterschieden wird, bei wem das Eigentum an der Marke liegt und damit das Recht, die Marke zu verwenden, sie zu bewerben und die Eigenschaften der zugehörigen Produkte auszugestalten. In diesem Sinn definiert der Katalog E wie folgt (Ausschuss für Begriffsdefinitionen, Hrsg., 1995, S. 73):

„Herstellermarken, auch als Fabrik- oder Industriemarken bezeichnet, sind Waren- oder Firmenkennzeichen, mit denen eine Herstellerunternehmung ihre Waren versieht. In der Praxis ist mit der Herstellermarke häufig nicht nur das Kennzeichen selbst gemeint, sondern auch der Artikel, der damit versehen ist und der als Herstellermarkenartikel bezeichnet wird."

„Handelsmarken, auch als Händler- oder Hausmarken bezeichnet, sind Waren- oder Firmenkennzeichen, mit denen eine Handelsunternehmung oder Verbundgruppe Waren markiert oder markieren lässt, um die so gekennzeichneten Waren exklusiv und im allgemeinen nur in den eigenen Verkaufsstätten zu vertreiben. In der Praxis ist mit der Handelsmarke häufig nicht nur das Kennzeichen selbst gemeint, sondern auch der Artikel, der damit versehen ist und der als Handelsmarkenartikel bezeichnet wird."

Herstellermarken und Handelsmarken ergänzen somit die sog. anonyme Ware.

Im Handel ist die Markenfrage in zwei Bereichen von Aktualität:
(1) Inwieweit soll eine Handelsunternehmung bei einzelnen Artikeln bzw. in einzelnen Artikelgruppen eine eigene Markenpolitik betreiben? Auswertungen der Marktforschungsinstitute belegen, dass in den Jahren nach 1990 die Anteile der Handelsmarken angestiegen sind. Die Werte unterscheiden sich je nach Warengruppe und je nach Betriebsform in einem beträchtlichen Maße (vgl. J. Pretzel 1996; H. Eisenmann 1996; R. Lenz 2001). Dieser Aufschwung hat der Diskussion um das Verhältnis von Hersteller- zu Handelsmarken neuen Auftrieb gegeben.
(2) Inwieweit sollen die Techniken einer Markenführung auf das gesamte Handelsunternehmen bzw. einzelne Vertriebsschienen angewendet werden? Hier geht es also nicht um den Namen (die Namensrechte) für einzelne Produkte, sondern um

die Namen für das Unternehmen oder einzelne Unternehmensbereiche (z. B. die Verkaufsstellen im Inland und im Ausland, im stationären Handel und im Internet).

Im Folgenden wird auf die Markenpolitik der artikelbezogenen Betrachtung nach (1) eingegangen, Ausführungen zur Markenpolitik nach (2) finden sich in Kapitel 3. Eine Markenpolitik für Artikel kann in unterschiedlichstem Ausmaß und in unterschiedlichen Varianten durchgeführt werden, so z. B. als Markenpolitik für einzelne Artikel, für einzelne Artikelbereiche (Individualmarke) oder als Dachmarke für Artikel aus unterschiedlichen Sortimentsbereichen; weiterhin nach dem Funktionsumfang, ob also alle Funktionen einer Markenführung (Marktanalyse, Entwicklung, Produktion, Kommunikation, Abverkauf) selbst übernommen werden oder ob einige anderen Unternehmungen übertragen werden.

In dem ersten Sachverhalt wird angesprochen, ob die Handelsunternehmung überhaupt Träger des Eigentums an der Marke und den damit verbundenen Rechten sein will. Mit dem zweiten Sachverhalt wird die Frage angesprochen, in welchem Ausmaß die Markenführung von der Handelsunternehmung selbst wahrgenommen werden soll. In Abbildung 5.27 sind die wichtigsten Aktivitäten bei der Führung einer Marke aufgelistet. Bei einer „schlanken" Handelsmarkenpolitik sichert sich der Handel nur die Rechte an der Marke und übernimmt die Bewerbung und den Abverkauf, während alle anderen Aktivitäten anderen Unternehmungen übertragen werden (Fall 1 in Abbildung 5.27). Es ist aber auch denkbar, dass eine Handelsunternehmung die Produktion in eigene Hände nimmt (Fall 2). Aus der Geschichte des Handels lassen sich hierfür viele Beispiele anführen, wie z. B. jene Handelsunternehmungen, die eigene Fleisch- und Wurstfabriken, eigene Schokoladenfabriken oder eigene Kaffeeröstereien betrieben haben bzw. betreiben. Schließlich kann eine Handelsunternehmung alle Funktionen übernehmen, die normalerweise bei einer Herstellermarke geleistet werden, also von der Marktanalyse bis zur Forschung (Fall 3). Weitere Zwischenformen sind denkbar.

Abb. 5.27: Varianten der Handelsmarkenpolitik (nach übernommenen Funktionen)

Fälle	Analyse	Entwicklung von Produkten	Markttests	Aktivitäten Produktion	Kommunikation (Imagebildung)	Abverkauf
1					X	X
2				X	X	X
3	X	X	X	X	X	X

Warum sollte eine Handelsunternehmung an einer eigenen Markenpolitik interessiert sein? Sicherlich greift der Hinweis auf die Erweiterung der Wertschöpfung zu kurz, denn eine solche Politik ist nur dann sinnvoll, wenn die ökonomischen Bedingungen hierfür erfüllt sind. Es geht um eine ökonomisch sinnvolle Arbeitsteilung zwischen einzelnen Unternehmungen in einer Volkswirtschaft; wie dies geprüft werden kann, wird im Folgenden diskutiert. Oft stehen konkretere Ziele im Vordergrund. Dazu zählt vor allem die Hoffnung, sich dem unmittelbaren Wettbewerb entziehen zu können, indem die Vergleichbarkeit der Angebote einzelner Handelsunternehmungen erschwert wird. Allerdings kommt es dabei darauf an, die Qualitätsvorstellungen der Nachfrager in Bezug auf verschiedene Angebote und die Preisgünstigkeitsvorstellungen in

Beziehung zu setzen. Es kann hierbei von einer vorwiegend konkurrenzorientierten Triebfeder für eine eigene Handelsmarkenpolitik gesprochen werden. Eine Handelsmarkenpolitik kann aber auch durch das Verhalten oder die Erwartungen der Industrie induziert sein. So ist es denkbar, dass eine Handelsunternehmung eine preisaggressivere Politik betreiben möchte, als es den Vorstellungen der Hersteller entspricht. Zu einer eigenen Handelsmarkenpolitik wird übergegangen, weil bestimmte Felder für eine Preis-Qualitätspolitik besetzt werden sollen. Auch kann in einer Handelsmarkenpolitik ein Mittel gesehen werden, in den Konditionenverhandlungen mit der Industrie die Verhandlungsposition der Handelsunternehmung zu stärken, indem entsprechende Drohpotenziale errichtet werden. Es ist sogar denkbar, dass eine Handelsmarkenpolitik nachfragerinduziert ist; dies ist der Fall, wenn die Handelsunternehmung eine bestimmte Nachfrage erkennt, ohne dass die Industrie ein entsprechendes Angebot unterbreiten würde.

Die Parallelität des Aufschwungs der Handelsmarken mit dem Abschwung der Konjunktur und der Einkommensentwicklung in den neunziger Jahren veranlasst einige Autoren (vgl. z. B. H. Eisenmann 1996), die Rezession und die damit einhergehende steigende Preissensibilität der Verbraucher explizit als Erfolgsfaktor der Handelsmarke zu nennen (konjunkturelle Begründung). Es finden sich aber zahlreiche weitere Ansätze, wie z. B. den verteilungsspezifischen, den risikotheoretischen oder den beziehungstheoretischen Ansatz (vgl. den Überblick bei M. Bruhn 2001a, S. 18-25). Im Folgenden werden Gedanken fortgeführt, die an den Kosten im Wertschöpfungsprozess anknüpfen; sie sollen als effizienztheoretischer Ansatz bezeichnet werden.

Die Führung einer Marke, sei es nun durch die Industrie oder durch den Handel, setzt voraus, dass eine Abfolge einzelner Aktivitäten (Prozesse) durchlaufen wird, wie das in Abbildung 5.27 dargestellt worden war. Im Folgenden wird geprüft, bei welchen Aktivitäten es plausibel erscheint, dass Industrie oder Handel sie mit unterschiedlicher Effizienz erbringen können. Die Effizienz bemisst sich an den anfallenden Kosten, um eine bestimmte Leistung zu erbringen, an eventuell vorhandenen Zeitunterschieden (Zeit, die benötigt wird, um die Geschäftspolitik auf Veränderungen im Umfeld einzustellen) sowie dem Ausmaß und der Verteilung der Risiken. Für eine einzelne Handelsunternehmung werden Handelsmarken als Substitute für Herstellermarken dann attraktiv sein, wenn die Kosten nicht höher, Verkaufspreis und Absatzmenge nicht niedriger und Ausstrahleffekte auf andere Artikel nicht ungünstiger als bei der substituierten Herstellermarke sind. Es geht also zum einen um einen Vergleich der absoluten Bruttoerträge (Handelsspanne mal Menge) bzw. der Deckungsbeiträge und um die Auswirkungen auf das Image und die Verbundkäufe. Alle Zielgrößen lassen sich auf die anfallenden Kosten zurückführen, denn auch der für die Handelsmarke durchzusetzende Verkaufspreis, eine bestimmte Absatzmenge, ein bestimmtes Geschäftsimage und die Ausstrahleffekte hängen von den aufgewendeten Kosten, insbesondere den Kommunikationskosten, ab.

- **Vergleich der Informationslage in der Analysephase**
Gibt es Gesichtspunkte, die es dem Handel leichter als der Industrie machen, den Markt zu analysieren? Bekanntlich stehen vielen Handelsorganisationen aktuelle Abverkaufsdaten zur Verfügung, die genauen Aufschluss darüber geben, wie sich einzelne Artikel bei bestimmten Preisen im Abverkauf entwickelt haben. Diese Daten können auch dazu

genutzt werden, Hinweise zu geben, wie sich das Verhalten der Nachfrager in allgemeineren Dimensionen entwickelt hat, also z. B.
- ob sich die bevorzugten Preissegmente verschieben,
- ob bestimmte Qualitätsausprägungen (z. B. Verzicht auf bestimmte Konservierungsmittel) bevorzugt werden,
- welche Packungsgrößen und -modalitäten Anklang finden.

Solche Möglichkeiten zur Gewinnung von Informationen veranlassen einige von der kommenden Informationshoheit des Handels zu sprechen. Aber entsprechende Daten stehen auch der Industrie zur Verfügung, sei es aus Handels- oder sei es aus Verbraucherpanels. Es gilt auch zu beachten, dass die an den Scannerkassen anfallenden Daten zunächst aufbereitet werden müssen, um die oben beispielhaft genannten Informationen zu erhalten. Das Auffinden von Marktlücken und das Beobachten eines Wandels in den Ansprüchen der Verbraucher setzt darüber hinaus einhergehendere Analysen voraus, also solche, die über die reine Beobachtung des in den Kaufvorgängen offenbarten Konsumentenverhaltens hinausgehen und sich mit Konstrukten des Insystems, also z. B. Einstellungen, Absichten, dem Involvement, den zu Grunde liegenden Motiven und der Zufriedenheit, beschäftigen. Das Denken in Sortimentseinheiten und der Einsatz von Category Managern stärkt zwar die Fähigkeit des Handels, Informationen aus den Märkten aufnehmen und nutzen zu können, insgesamt scheint es aber nicht so, dass dem Handel auf diesem Gebiet im Vergleich zur Industrie ein , größerer Vorteil zuwächst.

• **Vorteile bei der Entwicklung von Produkten**
Die Kostenvorteile bei der Entwicklung neuer Produkte werden im Regelfall bei der Industrie liegen. Im Handel sind einzelne Fälle bekannt, in denen Handelsorganisationen nicht nur eine eigene Produktion aufgebaut haben, sondern diese auch durch eine eigene Produktkontrolle und -entwicklung begleiten. Aus der Sortimentsvielfalt, die der Handel gegenüber der Industrie aufweist, werden im Regelfall keine besonderen Kostenvorteile erwachsen, zumal auch die Industrie solche nutzen könnte, wenn sich erweisen würde, dass es günstig ist, die Entwicklung von bislang als getrennte Bereiche angesehenen Produkten zu bündeln (also z. B. von Lampen und Möbeln, weil sich in beiden gemeinsame modische Strömungen wiederfinden können).

• **Möglichkeiten zu Markttests**
In vielen Bereichen erweisen sich Markttests als notwendig, um Gestaltungsalternativen und Preisstrategien zu testen. Hier bieten sich dem Handel die einfacheren Möglichkeiten als der Industrie. Je wichtiger die Durchführung solcher Tests ist, umso eher eignet sich das betrachtete Produkt (natürlich ceteris paribus) als Handelsmarke.

• **Die relative Höhe der Produktionskosten**
Von besonderer Bedeutung ist die Frage, ob ein Gut unter der Regie des Handels kostengünstiger als unter der Industrie produziert werden kann. Die Formulierung „unter der Regie" bedarf allerdings weiterer Klärung, denn auch bei einer Handelsmarke sind unterschiedliche Formen der Produktion denkbar. So kann eine Handelsorganisation in eigenen Fabriken fertigen, sie kann die Ware aber auch von dritten Unternehmen herstellen lassen. Das Eigentum an der Marke setzt kein Eigentum an den Produktionsmitteln voraus. Schon heute ist zu beobachten, dass auch bekannte

201

Hersteller Handelsmarken produzieren, um ihre Anlagen auszulasten, um bessere Konditionen im Einkauf zu erzielen, um die Produktion zu glätten und um insgesamt zu günstigeren Stückkosten zu kommen.

In jedem Fall sind die Auswirkungen auf die Kosten der Herstellung zu ermitteln, wobei zwei Einflüsse hervorgehoben werden sollen:

(1) Der Mengeneffekt: Wenn Kostenstrukturen vorliegen, die durch einen hohen Fixkostenanteil geprägt sind, mithin die Stückkosten mit wachsender Ausbringung immer niedriger werden, spricht das für denjenigen, der die größeren Mengen herstellen kann. Aber auch die variablen Produktionskosten können unter Umständen bei einem Regiewechsel gesenkt werden.

(2) Die Gestaltung der Transaktionskosten zwischen Handelsunternehmung und herstellender Fabrik: Zwischen der Fabrik und den Verkaufsstellen (bzw. dem Lager des Handels) fließt ein ständiger Warenfluss, der auf Grund saisonaler Nachfrageschwankungen, preis- und werbepolitischer Maßnahmen sowie individueller Vereinbarungen auf- und abschwellen kann. Dies erfordert Anpassungen in der Produktions- und in der Lagerpolitik. Es gibt Schätzungen, nach denen durch eine bessere Kooperation zwischen herstellender Fabrik und absetzender Unternehmung bedeutende Kostenersparnisse erzielt werden können (Coca-Cola-Retailing-Research-Group-Europe 1994).

Zunächst scheint es so, dass die Höhe der Produktionskosten unabhängig davon ist, ob die Fabrik zum Verfügungsbereich einer Industrie- oder einer Handelsunternehmung gehört. Dennoch sind Fälle denkbar, in denen Kostenunterschiede auftreten können. Dies sei an einigen Sachverhalten verdeutlicht:

- Die Produktionsstätte der Industrie ist aus bestimmten Gründen an teure Standorte gebunden; für Handelsmarken können kostengünstigere Standorte genutzt werden.
- Es sind Fälle denkbar, in denen die Produktion in einer Branche sehr zersplittert ist. Würde eine marktmächtige Handelsunternehmung in diesem Fall zu einer Produktion von Handelsmarken übergehen, könnte sie economies of scale realisieren.
- Im Regelfall werden in den Fabrikationsstätten mehrere Produkte hergestellt. Solche Produktionsverhältnisse sind auch bestimmend für die Kostenstruktur. Sowohl das Herausbrechen der Produktion einzelner Güter als auch das Hinzufügen anderer Güter kann zu günstigeren Kostenstrukturen führen.

• **Die Kosten für Endverbraucherwerbung**

Mit dem Markenartikel geht im Regelfall die Vorstellung einher, dass er nicht nur markiert und insofern identifizierbar ist, sondern dass er im Kreis der Abnehmer bekannt ist und ihm positive Assoziationen zugeordnet werden. In dieser Kommunikationsfunktion liegt eine bedeutende Eigenschaft der Marke, mit der auch die subjektiv empfundene Unsicherheit eines Nachfragers im Auswahlprozess reduziert werden kann (risikotheoretische Begründung für eine Markenpolitik). Hierfür müssen aber oft nicht unbeträchtliche Geldbeträge aufgewendet werden, die natürlich je nach Produktgruppe oder Produkt variieren, aber häufig zwischen 4 und 10% vom Endverkaufspreis liegen. Parfums und Duftprodukte, Spielzeug, Produkte der Mundpflege, Milchprodukte, Spirituosen gehören zu jenen Produktgruppen, in denen der Wettbewerb in bedeutendem Maße auch über die Kommunikation mit dem Verbraucher ausgetragen wird (Zentralverband der deutschen Werbewirtschaft, Hrsg., jährlich). Die Ursachen für die hohen Kosten der Kommunikation liegen darin, dass bei den meisten Gütern die Qualitätseigenschaften nicht durch Inspektion dieser Eigenschaften vor dem Kauf beurteilt werden können; es handelt sich um so genannte Erfahrungs- oder sogar Vertrauensgüter. Es kommt hinzu, dass sich die Qualität vieler Eigenschaften in Kategorien des sog. Zusatznutzens niederschlägt, also nicht an physischen Eigenschaften festgemacht werden kann. Wer kann solche Produkte am besten in den Vorstellungswelten der Verbraucher verankern? Wer kann die Kommunikation mit dem Endverbraucher effizienter betreiben - die Industrie oder der Handel? Alles scheint dafür zu sprechen, dass es kostengünstiger ist, eine Herstellermarke als eine Handelsmarke zu bewerben. Ein Hersteller, der in einer Region wirbt, kann damit alle Zielpersonen in der betreffenden Region ansprechen. Würde sich eine Handelsorganisation entschließen, Werbung außerhalb der Verkaufsstelle einzusetzen, um ihre Handelsmarken bekannt zu machen, hätte sie relativ große Streuverluste, nämlich alle Verbraucher, die ihre Einkäufe in anderen Handelsorganisationen decken. Produkte, die intensiv mit den klassischen Medien beworben werden, eignen sich mithin vergleichsweise wenig, um als Handelsmarken verwendet zu werden. Je bedeutungsloser die Kommunikationspolitik für einen Artikel ist oder je mehr eine Marke in der Verkaufsstelle beworben werden kann, umso mehr mindert sich dieser Nachteil der Handelsmarke. Tendenziell sind Handelsorganisationen gegenüber den Herstellern von Marken im kommunikativen Nachteil. Je größer jedoch die Marktanteile einer Handelsorganisation werden, umso mehr schwächt sich dieser Nachteil ab.

* **Transaktionskosten zwischen Industrie und Handel**
In den letzten Jahren hat sich die Ökonomie verstärkt den Transaktionskosten zugewendet. Transaktionskosten erfassen, welche Kosten anfallen, wenn selbstständige Wirtschaftseinheiten ihre Aktivitäten koordinieren. Kosten fallen an, um Wirtschaftspartner ausfindig zu machen, Verträge mit ihnen zu schließen und ihre Einhaltung zu kontrollieren. Es werden zwei extreme Möglichkeiten der Koordination unterschieden, zum einen die Hierarchie, zum anderen die Abstimmung auf Märkten. In einem hierarchischen System können Anweisungen erteilt werden. Besonders deutlich tritt ein solches Koordinationsmuster in Filialsystemen auf, in denen zentral über Ladengestaltung, Werbung und andere geschäftspolitische Parameter entschieden wird. Auch eine Handelsorganisation mit angegliederter Produktion kann zu den hierarchischen Systemen gezählt werden. Bei einer marktlichen Koordination muss es dagegen zur freiwilligen Einwilligung des jeweils anderen Marktpartners kommen. Zu den Transaktionskosten zählen auch die Kosten für das Aushandeln der Einkaufsbzw. Verkaufspreise und der verkaufsfördernden Maßnahmen sowie deren Überwachung. Aus der Praxis wird berichtet, dass solche Verhandlungen sich oft schwierig gestalten und die Einhaltung der getroffenen Vereinbarungen nicht in allen Fällen gewährleistet ist. In hierarchischen Systemen gestaltet sich solches einfacher, wenn dort auch die Gefahr aufkommt, dass zur Steuerung keine Marktsignale zur Verfügung stehen. Verlagert eine Handelsorganisation ihre Geschäftsbeziehungen von einem Hersteller von Herstellermarken zu einem Hersteller von Handelsmarken, dann kann dies mit einem Wechsel der Marktform einhergehen, beispielsweise von einem bilateralen Oligopoloid (oligopolistische Angebots- und Nachfragerstruktur) zu einem Nachfrageoligopoloid (oligopolistische Nachfragerstruktur und atomistische Angebotsstruktur). Ein solcher Wechsel der Marktstruktur kann die Aufteilung des sog. Distributionskanalgewinnes, also die Differenz von Endverkaufspreis und Kosten aller Anbieter, beeinflussen.

- **Zusammenfassung**

Unter dem begrifflichen Dach der Handelsmarke sind je nach Leistungsumfang verschiedene Varianten denkbar. Im einfachsten Fall sichert sich die Handelsorganisation die Rechte an der Marke und unterstützt sie durch geeignete kommunikative Maßnahmen beim Abverkauf; der Industrie bleibt es überlassen, das Produkt zu entwerfen und die Produktion zu organisieren (schlanke Handelsmarke). Es ist aber auch denkbar, dass sich die Handelsorganisation selbst in der Produktion unternehmerisch engagiert. Schließlich kann sie alle Funktionen übernehmen, die normalerweise bei der Herstellermarke geleistet werden, also von der Marktanalyse über die Generierung von Produktideen bis zur Forschung.

Von zentraler Bedeutung ist die Frage, wann ein Artikel als Handelsmarke geeignet ist oder genauer gefragt, wann eine Handelsorganisation im Wettbewerb mit der Industrie um die Markenführerschaft einen Wettbewerbsvorteil hat. Ein solcher liegt dann vor, wenn die Handelsorganisation die besseren Voraussetzungen hat als die Industrie, um die Rechte an der Marke dieses Artikels auszugestalten, d. h. wenn sie vergleichbare Leistungen zu niedrigeren Kosten erbringen kann. Der Gedanke, dass es auf die relative Kostenhöhe ankommt, ist auch in Abbildung 5.28 verankert.

Abb. 5.28: Prüfschema für die Eignung von Kandidaten für Handelsmarken (Beispiel)

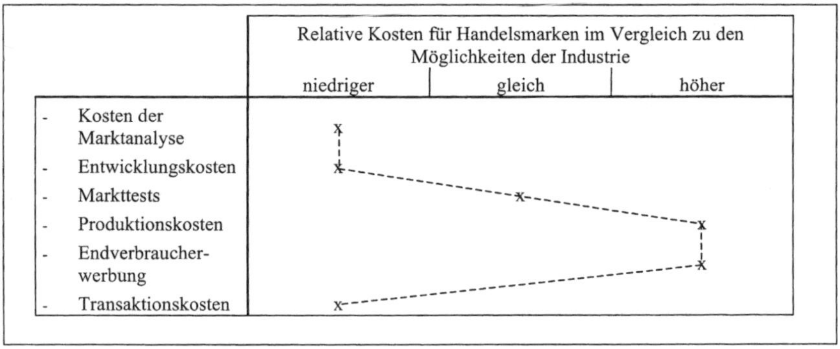

Sollte der Linienzug für ein bestimmtes Produkt überwiegend in der linken Hälfte von Abbildung 5.28 angesiedelt sein, dann handelt es sich um die geborene Handelsmarke (in der rechten Hälfte um die geborene Herstellermarke). Beispielhaft ist in der Abbildung die Situation für ein Produkt dargestellt, bei dem die Produktionskosten und die Kosten für Werbung höher wären, wenn eine Handelsorganisation es als Handelsmarke etablieren wollte. Auf der anderen Seite wären die Kosten für Markttests und die Transaktionskosten relativ niedrig. Veranschlagt man die letzten beiden Kosten als vergleichsweise unbedeutend (bei dem beispielhaft betrachteten Artikel), empfiehlt sich dieser als Herstellermarkenartikel. Leicht kann das Schema auch dazu genutzt werden, um zu entscheiden, welche der genannten Varianten der Handelsmarke gewählt werden sollte, also von der schlanken Handelsmarke bis zur technisch-innovativen.

Konflikte zwischen Industrie und Handel ergeben sich dann, wenn der Handel sich in der Markengestaltung eng an die Marke der Industrie anlehnt. Dies hat zu der Frage geführt, ob und inwieweit Verbraucher die einzelnen Marken verwechseln (M. Rafiq und R. Collins 1996).

5.3.2 Die Gestaltung der Sortimentstiefe

Die Sortimentstiefe gibt an, wie viele alternative Möglichkeiten einem Nachfrager geboten werden, um ein bestimmtes Bedürfnis zu befriedigen. Mit Blick auf die möglichen Kostenreduktionen wurde in der Vergangenheit - insbesondere im Rahmen der Diskussion um eine „effiziente Sortimentspolitik" (efficient assortment) - häufig empfohlen, langsamdrehende Artikel bzw. solche mit geringen Absatzmengen (low-selling Stock-Keeping-Units - SKUs) zu eliminieren. Aber mit der Festlegung der Sortimentstiefe werden nicht nur kostenwirtschaftliche, sondern auch erlöswirtschaftliche Wirkungen ausgelöst, wie dies in detaillierter Weise auch Abbildung 5.29 auflistet (vgl. zu dem Folgenden L. Müller-Hagedorn und B. Heidel 1986).

Abb. 5.29: Handlungsmöglichkeiten und -wirkungen der Sortimentstiefenpolitik

(1) Handlungsmöglichkeiten	(2) Mögliche Konsequenzen
1. Erweiterung der Anzahl der Artikel 2. Reduzierung der Anzahl der Artikel	a) Wirkungen auf das Verhalten der Konsumenten: Besuch und Kauf, insbesondere - zusätzlicher Absatz (Umsatz) mit neuem(n) Artikel(n) bzw. Wegfall, des Absatzes (Umsatzes), - Veränderungen des Absatzes (Umsatzes) bei anderen Artikeln der Artikelgruppe (Verbundeffekte im engen Sinne), - Möglicher Mehr- oder Minderabsatz (-Umsatz) bei Artikeln außerhalb der betreffenden Artikelgruppe (Verbundeffekte im weiten Sinn) b) Wirkungen auf das Insystem der Konsumenten: z. B. Veränderungen des Images der Verkaufstelle, c) Wirkungen auf die Kosten- und Kapazitätssituation: - Kapitalkosten für Warenbestände, - Inanspruchnahme von Verkaufsfläche.

Die Tabelle lässt die Schwierigkeiten einer Festlegung der Sortimentstiefe erkennen. Die Probleme liegen nicht so sehr darin zu ermitteln, welchen Einfluss die Entscheidungen auf die Kosten haben, sondern wie die Nachfrager auf alternative Sortimentstiefen bzw. auf Veränderungen einer Sortimentstiefe reagieren werden.

Bei einer angestrebten Gewinnmaximierung wird der Betrieb jene Sortimentstiefe anstreben, bei der die Differenz zwischen Umsatz und Kosten maximal ist, wobei im Vorhinein für die Erlös- wie für die Kostenfunktion Verläufe plausibel sein werden, wie sie in Abbildung 5.30 eingezeichnet sind.

Abb. 5.30: Optimale Sortimentstiefe

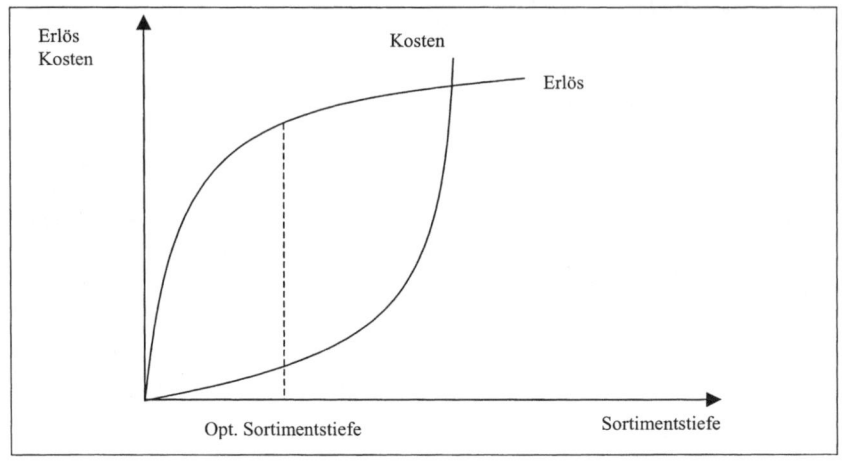

- **Die Empirie**
Untersuchungen in der Praxis zeigen oft erstaunlich große Unterschiede in der Sortimentstiefe. Natürlich unterscheidet sich die Sortimentstiefe in einzelnen Betriebsformen, aber auch innerhalb einer Betriebsform streut die Vielfalt der Artikel erheblich. So wurden in einer empirischen Erhebung in einem SB-Warenhaus durchschnittlich 100 Haarwaschmittel geführt, aber es gab auch Betriebe mit 180 oder nur mit 80 Artikeln.

Tendenziell gilt für alle Betriebsformen, dass der Absatz mit größer werdender Sortimentstiefe ansteigt, wobei dieser Effekt in den SB-Warenhäusern am ausgeprägtesten ist. Nur bei den Discountern gilt diese Beobachtung nicht (vgl. dies am Beispiel von Zahnpasta in Abbildung 5.31). Der Zusammenhang zwischen der Sortimentstiefe und dem Absatz wird als Sortimentstiefe-Absatz-Funktion bezeichnet (in Analogie zur Preis-Absatz-Funktion).

- **Die Theorie**
Die Theorie will einerseits erklären, warum bei einer Variation der Sortimentstiefe erwartet werden kann, dass sich der Absatz ändert, zum andern will sie Hinweise geben, wie sich der Absatz voraussichtlich ändern wird, wenn die Sortimentstiefe erhöht oder verringert wird. Für den letzteren Zweck können Stimulus-Response-Analysen, wie sie Abbildung 5.31 zu Grunde liegen, dienen. Die hier dargestellten Funktionen lassen sich aus Betriebsvergleichen (Querschnittsanalysen) gewinnen. Für einzelbetriebliche Zwecke können sie als Planungsgrundlage dienen, wenn die Vergleichbarkeit der Betriebe in hinreichendem Maß gewährleistet ist. Nur wenn die wesentlichen Einflussfaktoren auf den Absatz bei den einzelnen Betrieben weitgehend übereinstimmen und sie sich nur in der Sortimentstiefe unterscheiden, kann anhand der Funktionen abgelesen werden, wie sich eine Variation der Sortimentstiefe auswirken würde.
Immer wird es auch Betriebe geben, die ihre Sortimentstiefe in der Vergangenheit verändert haben. Abbildung 5.32 zeigt nicht nur, wie groß die Veränderung war, sondern auch um wie viel Prozent sich jeweils der Absatz geändert hat. Auch diese

Werte können als Anhaltspunkte für die Wirksamkeit von sortimentspolitischen Maßnahmen verwendet werden. Es wird deutlich, dass von der Sortimentstiefe augenscheinliche Wirkungen auf den Absatz ausgehen.

Abb. 5.31: Beispiele für den Verlauf von Sortimentstiefe-Absatz-Funktionen der Artikelgruppe Zahnpasten (der jeweilige Mittelwert wird durch die gestrichelte Linie angezeigt)

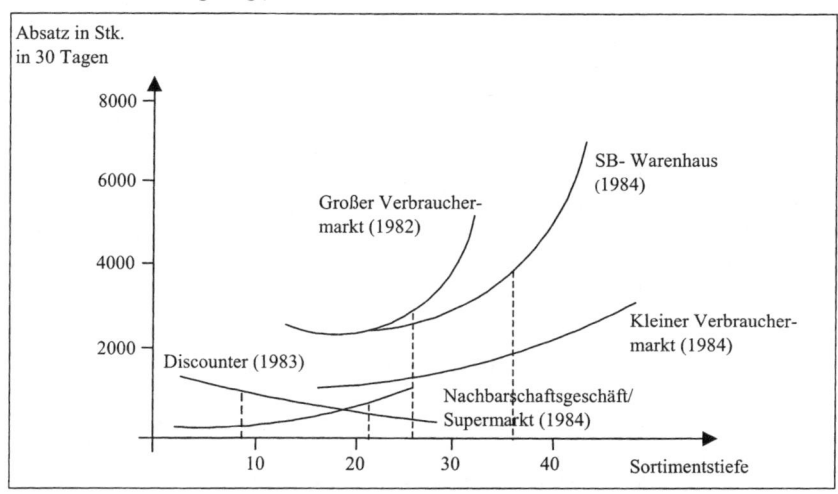

Abb. 5.32: Der Zusammenhang zwischen relativen Sortimentstiefen und Absatzänderungen in der Artikelgruppe Zahnpasten

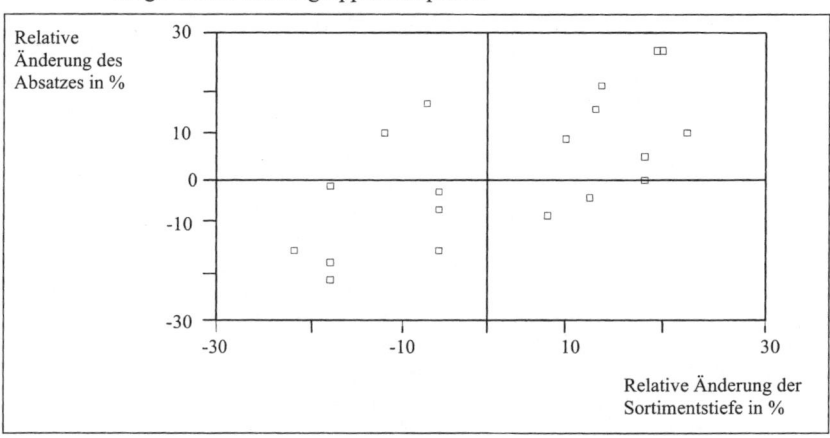

Die verschiedenen statischen und dynamischen Auswertungen liefern Hinweise auf die Wirksamkeit des absatzpolitischen Instruments „Sortimentstiefe". Wegen einer vermuteten Multikausalität ist es allerdings schwierig, den Effekt einer einzelnen Größe, hier der Sortimentstiefe, zu isolieren. Dies gibt auch Anlass, die Gründe für eine bestimmte Wirkung mit Methoden zu analysieren, bei denen der Nachfrager explizit in die Überlegungen mit einbezogen wird.

L. Müller-Hagedorn und B. Heidel haben sich auch theoretisch mit dem **Verlauf der Sortimentstiefe-Absatz-Funktion** beschäftigt. In theoretischen Vorüberlegungen zur Wirkung alternativer Sortimentstiefen berücksichtigten sie das Ausmaß, in dem der Kauf eines Artikels in einer Artikelgruppe geplant ist, den Grad der Markentreue bzw. der Bereitschaft zu einer anderen Marke zu wechseln, und das Ausmaß, in dem Impulskäufe ausgelöst werden können. Die Überlegungen münden in zwei Hypothesen ein:

- Die Wirkung der Sortimentstiefe auf den Absatz ist wegen der unterschiedlichen Käuferschaft (Anteil der Impulskäufer, Anteil der markentreuen Kunden, Anteil der Käufer mit geplanter Kaufabsicht) von der Betriebsform abhängig.
- Die Wirkung der Sortimentstiefe auf den Absatz ist umso weniger gegeben, je schwächer die Markenbindung ist, je austauschbarer die einzelnen Artikel von den Konsumenten beurteilt werden, je mehr es dem Handelsbetrieb gelingt, schon mit einer geringen Auswahl Präferenzen zu schaffen und je geringer das Bedürfnis der Konsumenten, Vergleiche anzustellen, ausgeprägt ist.

S. M. Broniarczyk, W. D. Hoyer und L. McAlister (1998) ergänzen Untersuchungen, in denen der Frage nachgegangen wurde, mit welcher Wahrscheinlichkeit Änderungen der Sortimentstiefe von den Verbrauchern wahrgenommen werden und inwieweit dadurch Einstellungsänderungen ausgelöst werden (S. J. Arnold, T. H. Oum und D. J. Tigert 1983; C. S. Craig, A. Ghosch und S. McLaferty 1984; J. J. Louviere und G. J. Gaeth 1987). Sie führten zwei Experimente durch, mit denen sie Antworten auf drei Fragen suchten:

(1) In welchem Ausmaß werden die Wahrnehmungen der Verbraucher von dem Sortiment eines Handelsbetriebes durch die Anzahl der SKUs bestimmt?

(2) Gibt es neben der Anzahl der SKUs Schlüsselreize für die Wahrnehmung eines Sortiments?

(3) Führen veränderte Wahrnehmungen eines Sortimentes zu einem Wechsel der Einkaufsstätte?

Im Mittelpunkt ihrer Untersuchung steht die Wahrnehmung des Sortimentes, die sie mit einer 5-Punkte Skala gemessen haben, die von 1 (very little variety) bis 5 (excellent variety) reichte. Drei Bestimmungsfaktoren werden explizit untersucht, die Anzahl der verschiedenen Artikel (SKUs), der Umstand, ob der favorisierte Artikel vorrätig ist, und der zur Verfügung gestellte Regalplatz. Des Weiteren wurden die Zusammenhänge zwischen Wahrnehmung und gewählter Einkaufsstätte untersucht. Die Studie ergab, dass Reduktionen der Sortimentstiefe die Wahrnehmung des Sortimentes dann nicht wesentlich beeinträchtigten, wenn der favorisierte Artikel noch vorrätig war, und dass auch dem der Kategorie eingeräumte Regalplatz eine besondere Bedeutung zukommt. Der zur Verfügung gestellte Regalplatz wird von dem Verbraucher als Schlüsselgröße verwendet, um auf vereinfachende Art die Sortimentstiefe beurteilen zu können. Die Verfasser halten eine 25%ige Reduktion der Sortimentstiefe für möglich, ohne dass die Wahrnehmung der Verbraucher bezüglich des Sortimentes wesentlich beeinträchtigt wird. Eine solche Reduktion der Sortimentstiefe würde auch die Wahl der Einkaufsstätte nicht verändern. Sie stützen sich dabei insbesondere auf die Aussage, dass erst

Veränderungen ab einer bestimmten Größenordnung (just noticeable difference = jnd) bei Verbrauchern Beachtung finden. Bei einer 25%igen Reduktion der Artikel würden etwa nur 7% der Kunden ihre favorisierten Artikel vermissen. Hier wird deutlich, dass gerade diese Gruppe besonderer Aufmerksamkeit bedarf, denn hier droht der Verlust von Kunden, wobei nicht nur in Rechnung zu stellen ist, dass der Umsatz des betreffenden Artikels verloren geht, sondern auch der Umsatz der ansonsten im Verbund gekauften Artikel.

K. Koelmeijer und H. Oppewal (1999) überprüften mit Daten aus experimentell simulierten Blumenfachgeschäften, inwieweit sich bestimmte Sachverhalte auf die Kaufwahrscheinlichkeit auswirken. Sie verwenden dabei das MNL-Modell (multinominales Logit-Modell), das die Kaufwahrscheinlichkeit als einen Quotienten sieht, in dessen Zähler der Nutzen einer Alternative steht und bei dem die Summe der Nutzen aller anderen Kaufmöglichkeiten im Nenner aufgeführt wird. Der Nutzen der im Zähler dargestellten Alternative ergibt sich aus einer linearen Funktion, in der einzelne Bestimmungsfaktoren dargestellt sind. Als einen dieser Bestimmungsfaktoren für den Nutzen untersuchen sie die Verfügbarkeit von Artikeln, also unterschiedliche Sortimentstiefen. Sie bestätigen die Hypothese, dass es bei wachsender Sortimentstiefe mit zunehmender Wahrscheinlichkeit zu einem Kauf kommen wird, wenn man unterstellt, dass der Nachfrager sich bereits in der Verkaufsstelle befindet; wegen des Substitutionseffektes wächst die Kaufwahrscheinlichkeit degressiv.

Insgesamt zeigt sich, dass vor dem Hintergrund von Forderungen, die Sortimente aus Kostengründen zu beschränken, verstärkt nach Wegen zu suchen ist, ein tieferes Verständnis von den Entscheidungen der Nachfrager beim Einkauf zu erarbeiten.

5.3.3 Entscheidungen über die Aufnahme neuer Produkte (Sortimentsvariation)

Dem Handel werden laufend neue Produkte angeboten. Bei begrenzten Kapazitäten ist zu entscheiden, ob vorhandene Artikel zu Gunsten der Neuen ausgelistet werden sollten (Sortimentsvariation). Solche Entscheidungen werfen eine Reihe von **Problemen** auf:
- Welche Personen sollen an Einkaufsentscheidungen beteiligt werden (sog. Buying-Center)?
- Welche Kriterien sind bei der Beurteilung anzulegen?
- Welche Informationen werden für Listungsentscheidungen benötigt, und wie können sie verfügbar gemacht werden?

In Deutschland hat sich H. H. Bauer (1980) am ausführlichsten mit diesen Fragen beschäftigt.

5.3.4 Der Entwurf eines Sortimentsrahmens

Schwieriger als die Entscheidung über die Elimination oder Neuaufnahme einzelner Artikel sind Entscheidungen, mit denen die Schwerpunkte eines Sortiments festgelegt werden. Bei dem großen Angebot der Industrie werden Regeln benötigt, nach denen der Handelsbetrieb seine individuelle Auswahl trifft. Dabei sind zahlreiche Faktoren zu berücksichtigen,
- vom Absatzmarkt her u. a. die demografische Entwicklung, der Wertewandel, die Stärke von Preis- und Qualitätsdifferenzen, die Konkurrenzanalyse,
- vom Beschaffungsmarkt her die Strategien der Lieferanten.

Rusche (1990) weist auf die Vielfalt der Einflussfaktoren am Beispiel des Textilhandels hin und zeigt wie ein Sortiment
- in Breite und Tiefe,
- in Qualitäts- und Preisniveau (er nennt das Sortimentshöhe) und
- im angestrebten Image
zu verändern ist. Am Beispiel des SØR- Herrenausstatters verdeutlicht er die Begriffe Sortimentsportfolio, Sortimentsmission und Sortimentsleitsätze, die für die praktische Sortimentspolitik genutzt werden können (T. Rusche 1990, insbes. S. 176-186).

Ausgewählte Literaturempfehlungen

Die umfangreichste **Monografie zur Sortimentsplanung** der neueren Zeit hat D. Möhlenbruch (1994) vorgelegt.

Über Möglichkeiten der Beurteilung von Sortimentsteilen mit Hilfe von **Kennzahlen** orientiert die Schrift von K. Barth (1980). Mit Fragen des Sortimentscontrollings auf der Basis von Scannerdaten beschäftigt sich u. a. B. Heidel (1990).

Eine umfassende Analyse der bei Sortimentsentscheidungen zu beachtenden Faktoren stammt von R. Gümbel (1963). Er hat sich später auch damit beschäftigt, wie das **Rechnungswesen** in den Dienst der Sortimentsplanung gestellt werden kann (R. Gümbel und K. M. Brauer 1969 und K. M. Brauer 1969).

Ältere Beiträge zur **Verbundanalyse** finden sich z. B. bei F. Böcker (1978) und E. Merkle (1981). Einen Überblick über Verfahren der Assoziationsanalyse geben S. Hettich, H. Hippner und K. Wilde (2000). Mit der Frage, wie Verbundbeziehungen in der Sortimentserfolgsrechnung berücksichtigt werden können, beschäftigt sich der Beitrag von P. Recht und S. Zeisel (1998) sowie S. Zeisel (1999) in seiner Dissertation.

Mit **Handelsmarken** setzt sich ein von M. Bruhn (2001b) herausgegebenes Buch auseinander. Die Ausführungen zur Gestaltung der **Sortimentstiefe** werden bei L. Müller-Hagedorn und B. Heidel (1986) vertieft. Entscheidungen über die **Aufnahme neuer Produkte** werden bei H. H. Bauer (1980) behandelt, und T. Rusche (1990) zeigt auf, wie ein **Sortimentsrahmen** entwickelt werden kann.

6 Preispolitik

In der Praxis wird häufig über die Intensität des Preiswettbewerbs geklagt. Er werde nicht nur durch Maßnahmen der unmittelbaren Konkurrenten gesteigert, sondern werde häufig auch durch Maßnahmen von Discountern, neu in einen Markt eintretenden Anbietern oder Partievermarktern angeheizt. Auch dem Nachfrager wird häufig ein gesteigertes Interesse an niedrigen Preisen nachgesagt; selbst Käufer von hochpreisigen Produkten hielten zeitweilig Ausschau nach Möglichkeiten, den Einkauf zu außergewöhnlich niedrigen Preisen tätigen zu können (sog. Smart Shopper). Dies zeigt, dass der Preispolitik unter den Wettbewerbsinstrumenten im Handel eine besondere Bedeutung zukommt. Der Handel hat im Rahmen der Preispolitik Aufgaben zu bewältigen, die nicht nur unmittelbar Auswirkungen auf den Umsatz haben, sondern die wegen der Komplexität der Konkurrenzsituation und des Nachfragerverhaltens besondere Anforderungen stellen. Hinzu kommt die Dynamik der Umwelt, die sich in Sortimentsveränderungen, Verschiebungen in den Präferenzen der Nachfrager, Maßnahmen der Lieferanten usw. äußert.

Die Gestaltung der Preispolitik einer Handelsunternehmung wird im Folgenden ebenfalls in der Form angegangen, dass zunächst in Abschnitt 6.1 auf die Bausteine einer Preispolitik hingewiesen wird, also die Handlungsmöglichkeiten, die Ziel- und die Umweltgrößen der Preispolitik. Besondere Aufmerksamkeit hat der Frage zuzukommen, wie sich einzelne preispolitische Strategien bzw. Maßnahmen auf den Erfolg der Unternehmung, insbesondere auf ihren Umsatz, auswirken; das ist Gegenstand von Abschnitt 6.2, wobei im Mittelpunkt stehen wird, wie die Nachfrager auf bestimmte preispolitische Maßnahmen reagieren werden. Schließlich wird erörtert, welche Modelle vorliegen, die es erlauben sollen, optimale Preise zu ermitteln.

Bei der Aufzählung der absatzpolitischen Instrumente in Kapitel 1 sind Preis- und Konditionenpolitik zusammengefasst worden. Auf die Ausgestaltung der Konditionen wird im Folgenden jedoch nur in Abschnitt 6.1 eingegangen. Spezialprobleme der Preispolitik, wie die Preisdifferenzierung, werden nicht behandelt (vgl. dazu beispielsweise H. Diller 2000, S. 286-324).

6.1 Die Bausteine der Preispolitik

Entsprechend dem in Kapitel 2 vorgestellten Grundmodell der Entscheidungstheorie erfordert jedes Entscheidungsproblem, Handlungsalternativen zu erkennen, Zielgrößen festzulegen und zu bedenken, welche Umweltgrößen auf das Ausmaß der Zielerreichung Einfluss nehmen.

6.1.1 Alternativen der Preispolitik

Aufgabe der Preispolitik ist es, für alle von der Handelsunternehmung angebotenen Leistungen (Waren, Dienstleistungen) einen Verkaufspreis festzulegen. Bei dem **Verkaufspreis** handelt es sich um einen Quotienten, der im einfachsten Fall die Menge des Geldes angibt, die ein Käufer entrichten muss, um eine bestimmte Menge eines bestimmten Gutes zu erhalten, also:

$$p = \frac{\text{Menge an Geld, die der Käufer an den Verkäufer übertragen soll}}{\text{Menge eines Gutes, die der Käufer erhalten soll}}$$

Der Quotient macht deutlich, dass mit dem Preis die Konditionen des Austauschvertrages zwischen Anbieter und Nachfrager festgelegt werden. Der im Zähler festgelegte Betrag bezieht sich immer auf eine bestimmte Leistung, wie das aus dem Nenner des Quotienten deutlich wird. Oft ist unmittelbar klar, welche Leistung gemeint ist, und es entsteht der Eindruck, dass die Preispolitik sich nur auf die Festlegung einer Geldziffer beschränken würde. Aber wenn z. B. vom Abholpreis bei Möbeln gesprochen wird, dann werden die zwei Facetten der Preispolitik sichtbar. So können grundsätzlich Veränderungen am Zähler und am Nenner des Quotienten als **preispolitische Maßnahmen** verstanden werden; dabei ist zu erinnern, dass die Leistung eines Handelsbetriebes aus einer Sachgüterkomponente (der Ware) und aus einer Dienstleistungskomponente besteht, die allerdings in vielen Fällen über den Preis für die Ware mitentgolten wird. Im Rahmen preispolitischer Überlegungen wird aber häufig von einem festgelegten Leistungsprogramm ausgegangen, Veränderungen im Nenner des Quotienten werden der Produkt- bzw. Leistungspolitik zugerechnet.

• Preispolitik als Handelsspannenpolitik

Im Handel wird nur teilweise von Preispolitik gesprochen, vielmehr wird der Begriff der Wareneingangskalkulation verwendet, wenn Verkaufspreise festgelegt werden sollen. Aufgabe der Wareneingangskalkulation ist, ausgehend vom Einkaufspreis oder vom Einstandspreis, jenen Aufschlag zu bestimmen, der zum Verkaufspreis führt, also:

Einkaufspreis (EK) · (1+h) = Verkaufspreis (VK).

Bei einer solchen Sichtweise fungiert die Handelsspanne h als Aktionsparameter der handelsbetrieblichen Preispolitik. Die Begriffe Einkaufspreis und Einstandspreis seien wie folgt definiert (vgl. hierzu, wenn auch abweichend, K.-H. Schneider 1982, S. 29):

Warenpreis, d. h. Listenpreis des Lieferanten
./.   zurechenbare Rabatte, Skonti und sonstige Preisnachlässe
+   Warennebenkosten wie Zölle, Verpackungskosten, Versicherungs- und Gefahrtragungskosten (wenn vom Abnehmer getragen)
=   Einkaufspreis
+   zurechenbare Bezugskosten wie Frachten, Speditionsgebühren (wenn vom Abnehmer getragen)
=   Einstandspreis.
Bei einer solchen Sicht kommt der Handelsspanne die zentrale Rolle im Rahmen der Preisfindung zu. Im Katalog E wird die Handelsspanne wie folgt definiert, wobei die

Definition (Ausschuss für Begriffsdefinitionen, Hrsg., 1995, S. 87) gleichzeitig deutlich macht, in welchen Spielarten dieser Begriff verwendet wird:

„Handelsspanne ist die Differenz zwischen Einkaufs- oder Einstandspreis und Verkaufspreisen der abgesetzten Waren eines Handelsbetriebes, mit der die Handlungskosten gedeckt und Gewinne erzielt werden sollen; dabei werden auch Warenverluste (z. B. Diebstahl, Verderb) berücksichtigt."

Beim Listenpreis des Lieferanten wird vom Preis ohne Mehrwertsteuer ausgegangen; dagegen wird in die Handelsspanne zeitweilig der für die Mehrwertsteuer anzusetzende Betrag einbezogen, zeitweilig wird mit der Handelsspanne der Netto-Verkaufspreis, also der Verkaufspreis (VK) ohne Mehrwertsteuer kalkuliert. Der Begriff der Handelsspanne wird in zahlreichen Unterformen verwendet:

(1) **als prozentuale Angabe mit unterschiedlichen Bezugsgrößen** in der Form

$h = \dfrac{VK - EK}{EK}$ wird die Handelsspanne auf den Einkaufspreis (EK) bezogen (sog.

Aufschlagsspanne); sie ließe sich in eine sog. Abschlagsspanne umrechnen, wenn der Verkaufspreis VK als Bezugsbasis gewählt wird, wobei sich die Abschlagsspanne als

$a = \dfrac{h}{(1+h)}$ ergibt;

(2) **als absolute Spanne** (Betragsspanne) oder **als relative Zahl** (Prozentspanne, Marge);

(3) **als Angabe, die sich auf unterschiedliche Artikelgesamtheiten bezieht**; die Differenz zwischen Verkaufspreis und Einkaufspreis kann sich auf die Verkäufe eines einzelnen Artikels in einen bestimmten Zeitraum beziehen, des Weiteren aber auch auf alle Ebenen der Sortimentspyramide, so dass schließlich auch von einer Betriebshandelsspanne gesprochen werden kann. Bei solchen periodenbezogenen Berechnungen müssen Lagerbestandsveränderungen berücksichtigt werden;

(4) als **(realisierte) Ist-Spanne** und als **Soll-Spanne**. Da in vielen Fällen die ursprünglich kalkulierten Spannen nicht realisiert werden können, korrigiert der Handel diese über sog. Abschriften; die erzielte Spanne wird als Kalkulation 2 oder als Bruttoertragskalkulation bezeichnet (Näheres in Müller-Hagedorn 1998a, S. 656-661).

Von der Theorie her macht es keinen Unterschied, ob der Absatzpreis einer Leistung oder ob die Handelsspanne optimiert werden soll, weil beide Größen rechnerisch fest miteinander verbunden sind.

• **Preispolitische Aktionsparameter**
Wie bei der Definition des Preises angemerkt worden war, können preispolitische Maßnahmen am Zähler und am Nenner des Preisquotienten ansetzen. Dabei lässt sich jeweils ein quantitativer, ein zeitlicher und ein qualitativer Aspekt ausmachen.
- **Der quantitative Aspekt** bezieht sich im Zähler auf die Höhe der Geldforderung und im Nenner auf die Menge an Gütern, die dafür geliefert wird. Dazu gehört der Fall, dass für eine bestimmte Gütermenge mehr oder weniger hohe Geldbeträge ver-

213

langt werden, aber auch der Fall, dass für alternative Gütermengen Rabatte gegenüber einer Ausgangsmenge gewährt werden.

- **Der zeitliche Aspekt** bezieht sich auf den Zeitpunkt der Leistungserstellung bzw. der Geldübertragung (Zahlungsziel).
- **Der qualitative Aspekt** der Geldforderung äußert sich in der Form des zulässigen Zahlungsmittels (z. B. Noten, Scheck, Wechsel), der qualitative Aspekt der zu erbringenden Leistung entweder darin, dass die Substanz des Gutes verändert wird oder dass Teile der bisherigen Leistungen entfallen (z. B. wenn die Ware nicht mehr zugestellt wird, sondern vom Käufer transportiert werden muss).

Natürlich können sich preispolitische Überlegungen im Handel auf einzelne Artikel beziehen, bei der Vielzahl der oft angebotenen Artikel kann es jedoch angezeigt sein, preispolitische Alternativen im Hinblick auf das gesamte Sortiment zu formulieren. Im Hinblick auf den quantitativen Aspekt lassen sich zwei Bereiche unterscheiden:

(1) Leitlinien, die das **Preisniveau** fixieren und
(2) Leitlinien, die sich auf die **Darstellung des Preises** beziehen (Preisoptik).

Zu (1): Leitlinien, die das Preisniveau fixieren

Bei der Vielzahl der in einem Sortiment geführten Artikel ist es nicht leicht, das Preisniveau eines Betriebes zu kennzeichnen, und es bedarf eines eigenen Instrumentariums. Dabei können folgende Fragen gestellt werden, die gleichzeitig erhellen, in welchen Dimensionen eine Preispolitik in strategischer Sicht verankert werden kann:

(1) **Wie groß soll die Streubreite der Kalkulationssätze sein?** So wäre eine Preispolitik denkbar, die in dem einen Extremfall nur einen Kalkulationssatz, im anderen Extrem sehr zahlreiche, verschiedenartige Sätze verwendet (extreme Mischkalkulation).
(2) **In welchem Ausmaß sollen einzelne Kalkulationssätze verwendet werden?** Danach lässt sich einerseits eine Preispolitik realisieren, die fast ausschließlich den durchschnittlichen Kalkulationssatz verwendet, und zum anderen eine Preispolitik, die in nicht wenigen Fällen auch Sätze verwendet, die vom durchschnittlichen Kalkulationssatz abweichen.
(3) **Auf welche Höhe soll das Preisniveau festgelegt werden?** Im Vergleich zur Konkurrenz lässt sich eine diskontierende und eine Hochpreispolitik unterscheiden.
(4) **Wie häufig sollen die Preise im Zeitablauf geändert werden?** Danach ist entweder eine Preispolitik mit weitgehend starren Preisen oder eine Politik häufiger Preisveränderungen denkbar.

In welchem Ausmaß eine Unternehmung von den Extremen dieser Leitlinien Gebrauch macht, lässt sich erkennen, wenn die Gestalt der Häufigkeitsverteilung der zu einzelnen Kalkulationssätzen ausgepreisten Artikel analysiert wird. In Abbildung 6.1 ist ein Beispiel dargestellt. Es macht deutlich, dass über die obigen Fragen (1) bis (4) ein Bild von der Preispolitik einer Handelsunternehmung gezeichnet werden kann.

Die Variationsbreite zeigt, dass die Beispielunternehmung Preispolitik in einem weiten Bereich betreibt: Einzelne Artikel werden mit 35% Aufschlag kalkuliert, andere bis zu 10% unter Einstandspreis verkauft. Der mittlere Aufschlagssatz liegt hier bei 15-20%. Es ist weiterhin erkennbar, dass der durchschnittliche Kalkulationssatz zwar in vielen Fällen verwendet wird, aber auch andere Kalkulationssätze häufig herangezogen werden (relativ große Varianz der verwendeten Kalkulationssätze). Auf Varianten dieser Darstellungstechnik (z. B. Berücksichtigung der Verkaufsmenge oder des absoluten Preisniveaus) soll hier nicht eingegangen werden.

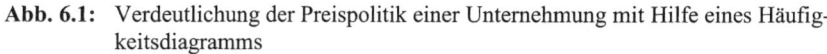

Abb. 6.1: Verdeutlichung der Preispolitik einer Unternehmung mit Hilfe eines Häufigkeitsdiagramms

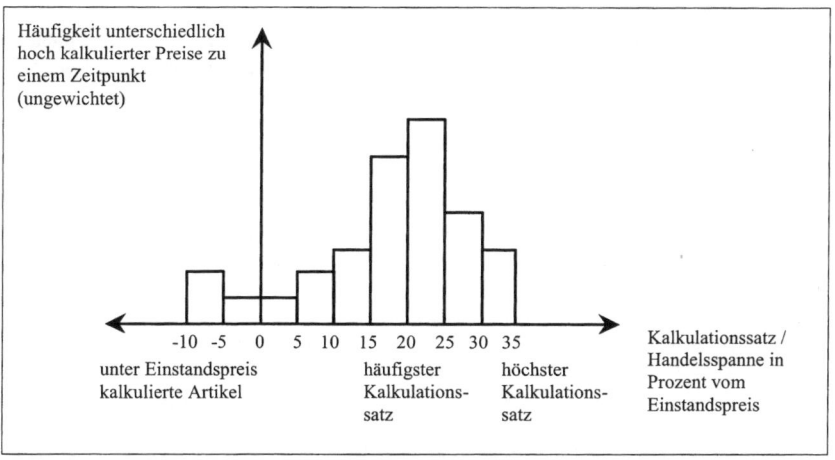

Zu (2): Leitlinien, die sich auf die Darstellung des Preises beziehen (Preisoptik)

Es kann auf folgende Handlungsmöglichkeiten zurückgegriffen werden (vgl. H. Diller 1978, S. 230ff.):

(1) Eine Preispolitik, bei der **einzelne Ziffern bevorzugt** werden (insbesondere die 5 und die 9) versus einer Preispolitik, bei der alle Ziffern gleich häufig verwendet werden.

(2) Eine Preispolitik, bei der nicht nur die aktuellen Preise, sondern gleichzeitig **auch andere Preise angezeigt** werden (frühere/durchgestrichene Preise, Preise anderer Anbieter).

(3) Eine Preispolitik, bei der die **Preise stark hervorgehoben** werden (z. B. mit Hilfe von Anzeigen, Preisschildern, Symbolen) im Gegensatz zu einer Preispolitik, bei der die Preise kaum in Erscheinung treten.

(4) Eine Preispolitik, bei der neben dem Artikelpreis **auch Grundpreise** angezeigt werden.

Die Preispolitik eines Handelsbetriebes kann so als Punkt in dem Raum verstanden werden, der durch die Leitlinien (in Bezug auf das Preisniveau und die Preisoptik)

aufgespannt wird. Es ergibt sich z. B. folgende **mehrdimensionale Darstellung einer Preispolitik**:
- zahlreiche Kalkulationssätze (Mischkalkulationen),
- Bevorzugung eines mittleren Kalkulationssatzes (extreme Kalkulationssätze nur in wenigen Fällen),
- mittleres Preisniveau,
- Preiskonstanz bei 90% der Artikel innerhalb eines Jahres, also unter Umständen mehrmalige Preisveränderungen bei 10% der Artikel,
- Bevorzugung der Endziffer 9,
- keine durchgestrichenen Preise,
- vereinzelte Hervorhebungen des Preises,
- kaum Grundpreisangaben.

Damit liegt eine Methode vor, mit der die im Regelfall wegen des großen Sortimentsumfangs sehr vielgestaltige Preispolitik eines Handelsbetriebes gekennzeichnet werden kann.

• **Preispolitische Strategien**
Die aufgezeigten Ansatzpunkte einer Preispolitik können sowohl für strategische wie für operative Maßnahmen verwendet werden. Unter strategischem Blickwinkel wird man sich nicht mit der Kalkulation einzelner Artikel beschäftigen, sondern die zentralen Merkmale der Preispolitik des Unternehmens festlegen. Dazu zählen vor allem:

(1) Die durchschnittliche Höhe der Handelsspanne
Die Handelsspanne unterscheidet sich zunächst einmal nach Betriebsformen, was vor allem auf die unterschiedlichen Kosten einzelner Betriebsformen zurückzuführen ist. Aber auch innerhalb einer Betriebsform gibt es große Unterschiede: So lag beispielsweise im Jahr 1999 die Handelsspanne in den Fachgeschäften des Textileinzelhandels bei nahezu 40%, die der Apotheken knapp über 27% (vgl. A. Kaapke 2000, S. 245 und K. Wirtz 2001, S. 55). Das zeigt, dass die Sortimentsstruktur zu den bedeutenden Einflussfaktoren auf die Höhe der Betriebshandelsspanne zählt. Aber auch bei feststehender Betriebsform und festliegenden Sortimenten bestehen preispolitisch Handlungsmöglichkeiten.

(2) Die Preislagenbestückung
Von der Höhe der Kalkulation ist die Bestückung von Preislagen zu unterscheiden. Hierbei geht es da darum, wie viele einzelne Artikel in einzelnen Preisbereichen angeboten werden. Der Sachverhalt ist in Abbildung 6.2 dargestellt. Im Regelfall werden in jeder Sortimentsgruppe Artikel mit unterschiedlichen Preisen angeboten. Diese Preisbereiche lassen sich zum einen nach ihrer absoluten Höhe unterteilen (in der Abbildung wird vom Niedrigpreisniveau, von der unteren und oberen Mitte und vom Premiumbereich gesprochen), zum anderen ist festzulegen, in welchem Preisbereich die Unternehmung mit ihren Angeboten vertreten sein will.

Abb. 6.2.: Charakterisierung der Positionierung verschiedener Handelsbetriebe in preislicher Hinsicht mit Hilfe der Häufigkeitsverteilung ihrer Preisforderungen (Beispiel in Anlehnung an T. Rusche 1990, S. 169)

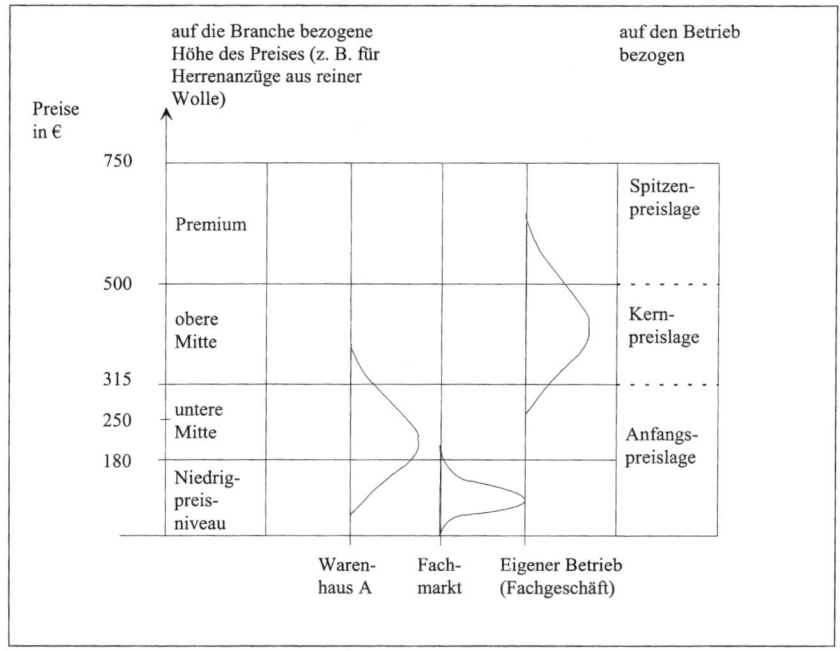

Abbildung 6.2 verdeutlicht, dass einzelne Betriebsformen ihre Schwerpunkte in unterschiedlichen Preislagen setzen und dass jedes einzelne Unternehmen darüber zu entscheiden hat, wie viele Artikel in einzelnen Bereichen des insgesamt abgedeckten Preisspektrums angeboten werden sollen bzw. welcher Umsatz innerhalb der Bereiche des abgedeckten Preisspektrums erzielt werden soll. Abbildung 6.2 könnte den Verdacht aufkommen lassen, als sei es generell sinnvoll, den jeweils mittleren Bereich besonders hervorzuheben. Das muss allerdings nicht der Fall sein. Im Vorhinein ist jede Verteilung über den festgelegten Preisbereich hin sinnvoll; so könnte beispielsweise der untere Preisbereich besonders ausgebaut werden, so dass der mittlere und der obere Bereich nur eine ergänzende Funktion haben und umgekehrt. Abbildung 6.3 verdeutlicht diesen Entscheidungsbereich an einem empirischen Beispiel. Es zeigt, dass in der Saison 6 (Frühjahr/Sommer) 60% des Angebotes bzw. des Umsatzes auf Artikel im unteren Preissegment entfielen; während in dieser Saison das obere Preissegment mit einem Anteil von weniger als 10% praktisch bedeutungslos war, entfielen auf das Segment in der Saison 7 (Herbst/Winter) rund 55%. In der Saison 8 verschieben sich die Anteile wiederum, bis die Planwerte für die Saison 9 schließlich das mittlere Preisniveau hervorheben. Selbst wenn man unterstellt, dass sich das Preisniveau für Herbst/Winter-Ware und für Frühjahr/Sommer-Ware unterscheidet, vermittelt das Beispiel nicht den Eindruck, dass eine über die Perioden hinweg systematisch geplante Preislagenstruktur vorliegt.

Abb. 6.3: Dynamische Analyse der Preislagenbestückung in einem Kaufhaus

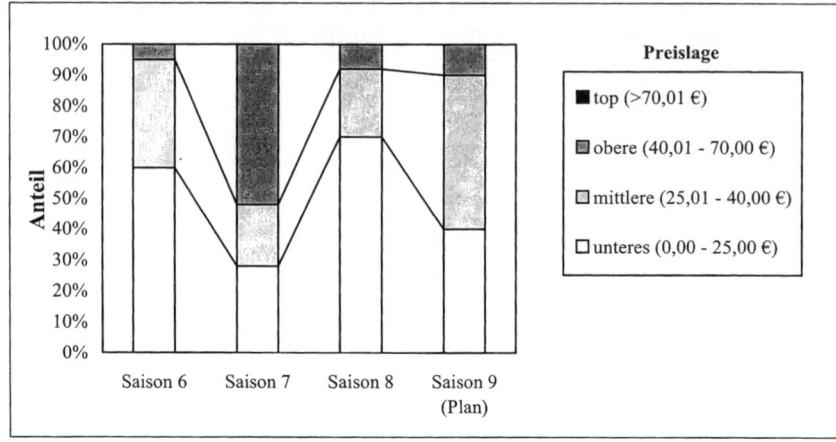

Bei der Preislagenbestückung handelt es sich im Kern um ein Element der Sortimentspolitik, weil darüber zu entscheiden ist, welche Artikel, beschrieben durch die Höhe
ihres Verkaufspreises, in das Sortiment aufgenommen werden sollen. Sie wurde an
dieser Stelle erwähnt, weil sie häufig als preispolitisches Problem angesehen wird.

(3)   Dauerniedrigpreispolitik oder Sonderangebotspolitik
Auch die Entscheidung, in welchem Ausmaß Preise in einem Zeitabschnitt variiert
werden sollen bzw. in welchem Ausmaß Preiskonstanz angestrebt werden sollte (z. B.
auch als Dauerniedrigpreise), ist zu den strategischen Entscheidungen eines Handelsbetriebes zu zählen. Zu den operativen Problemen der Preispolitik zählt dagegen die
konkrete Ausgestaltung der Sonderangebotspolitik (Auswahl der Sonderangebotsartikel,
Gültigkeit des Angebots, Ausmaß der Preisreduktion).

6.1.2   Ziele und Umweltgrößen der Preispolitik

Für die Zielformulierung im Hinblick auf die Preispolitik gelten ähnliche Hinweise wie
im Hinblick auf die Gestaltung anderer absatzpolitischer Instrumente. Oft sollen
ökonomische Größen positiv beeinflusst werden, wie die folgenden Beispiele veranschaulichen:
- Veränderungen der Handelsspanne sollen die Rendite verbessern,
- Sonderangebote sollen einem Warenverderb oder einer Warenveralterung zuvorkom-
  men,
- Preissenkungen sollen Liquidität schaffen.
Umsätze, Kosten und Liquidität stellen auch auf dem Felde der Preispolitik Basisgrößen
dar. Daneben spielen aber auch hier Größen aus dem Insystem der Nachfrager eine
große Rolle. So befürchten manche Unternehmungen, sie gälten als teuer und halten
nach Wegen Ausschau, wie sie ihr Preisimage verbessern können; anderen geht es

218

darum, die Nachfrager davon zu überzeugen, dass es sich lohnt, für eine bessere Qualität auch einen höheren Preis zu bezahlen (sog. Preiswürdigkeitsurteil).

In der mikroökonomischen Preistheorie oder im Marketing werden die Reaktionen der Nachfrager, der Konkurrenten und der Lieferanten auf preispolitische Maßnahmen als zentrale Bestimmungsfaktoren für die Höhe des Absatzpreises behandelt; daneben spielen auch Kosten und andere interne Gegebenheiten eine Rolle. Diese Bestimmungsfaktoren sind auch bei den Überlegungen im Handel zur Festlegung der Höhe der Handelsspanne zu berücksichtigen. Zeitweilig wird punktuell die Bedeutung einzelner Bestimmungsfaktoren hervorgehoben (vgl. H. Diller 2000, S. 475, mit Hinweis auf: P. Theisen 1960, S. 79ff.; D. J. Sweeny 1973; A. Gabor 1977, S. 137ff.; U. Hansen 1990, S. 311ff.), z. B.:
- die Umschlagsgeschwindigkeit,
- der Umsatz pro Regal- oder Verkaufsflächeneinheit,
- die Preiskenntnisse und das Preisinteresse der Verbraucher,
- die Lockkraft bestimmter Artikel,
- die artikelspezifische Preiselastizität.

Es handelt sich zwar um plausibel erscheinende Bestimmungsfaktoren, dennoch liefert die Liste keinen systematischen Überblick über die Bestimmungsfaktoren der Preispolitik (bzw. der Handelsspannen), wie er sich ergibt, wenn zunächst einmal geprüft wird, welcher Einfluss von einzelnen Wirtschaftssubjekten ausgeht. Als Wirtschaftssubjekte können dabei neben den Nachfragern, den Konkurrenten und den Lieferanten auch der Staat und schließlich das eigene Unternehmen angesehen werden. Im Folgenden wird insbesondere auf Möglichkeiten eingegangen, den Einfluss der Nachfrager zu erfassen. Zuvor soll kurz auf einige rechtliche Bestimmungen hingewiesen werden.

- **Exkurs: Juristische Regelungen**

Bei der Preisbildung sind eine Reihe juristischer Regelungen zu beachten. Dazu zählen vor allem (vgl. den Überblick bei H. Schmalen 1995, S. 202-211):

(1) Das **Gesetz gegen Wettbewerbsbeschränkungen** (GWB): die früher zulässige Preisbindung des Handels durch die Industrie wurde 1973 weitgehend aufgehoben und gilt nur noch für Verlagserzeugnisse (§ 15 GWB) und die in den §§ 28-31 GWB angesprochenen Bereiche. Zulässig können jedoch „unverbindliche Preisempfehlungen" sein (§ 23 GWB). Andere Probleme, die in diesem Gesetz angesprochen sind: der Fall überhöhter Preise (mißbräuchliche Ausnutzung einer marktbeherrschenden Stellung nach § 19 GWB) und das weitgehende Verbot von Kartellen (§ 1 GWB).

(2) Das **Gesetz gegen unlauteren Wettbewerb** (UWG): hier geht es vor allem darum, inwieweit ein Verbraucher durch eine bestimmte Preispolitik (Lockvogelpreise) irregeführt werden kann, aber auch um die Regelung der Aus- und Schlussverkäufe (§§ 7ff. UWG).

(3) Die **Verordnung über Preisangaben** legt fest, dass Preisangaben der Preisklarheit und Preiswahrheit entsprechen und gut wahrnehmbar sein müssen.

(4) Das **Gesetz über das Mess- und Eichwesen** (Eichgesetz) und **die Fertigpackungsverordnung**.

(5) Neben diesen generellen Rechtsvorschriften gibt es eine **Vielzahl von speziellen Vorschriften**, z. B. für die Preisgestaltung bei landwirtschaftlichen Erzeugnissen

(EG-Marktordnungen), für Krankenhauspflegesätze, für Versicherungsprämien, für Mieten im öffentlich geförderten Wohnungsbau, für Verkehrstarife und die Energiepreisgestaltung.

6.2 Verfahren zur Ermittlung der Reaktion der Nachfrager

Jede preispolitische Maßnahme setzt Vorstellungen über ihre Wirkungen voraus, d. h. wie die Nachfrager auf bestimmte Preise reagieren werden. Dieser Sachverhalt wird als **Preiselastizität** bezeichnet. Zu ihrer Messung gibt es verschiedene Möglichkeiten:

(1)   Durch die Gegenüberstellung von empirisch beobachtbaren Daten, und zwar von Preisen und abgesetzten Stückzahlen oder erzielten Umsätzen. Solche Untersuchungen werden als Black-Box-Untersuchungen bezeichnet, weil sie darauf verzichten zu erklären, warum Verbraucher auf eine bestimmte Preispolitik mit mehr oder weniger großen Änderungen der von ihnen gekauften Mengen reagieren. Solche Analysen können sich stützen:
a) auf vorhandenes Datenmaterial,
b) auf in Experimenten zu gewinnendes Datenmaterial.
(2)   Zur Erklärung und Prognose, wie Verbraucher auf Preise reagieren, können aber auch Erklärungsansätze mit hypothetischen Konstrukten herangezogen werden, z. B. die Preiskenntnisse der Verbraucher, ihr Interesse an Preisen oder die Beurteilung der Preisgünstigkeit.

Auf beide Typen von Ansätzen wird im Folgenden eingegangen.

6.2.1   Die Ermittlung von Preiselastizitäten im Rahmen von Black-Box-Modellen

Da Preise für bestimmte Artikel, erzielte Umsätze und in vielen Fällen auch die abgesetzten Stückzahlen in vielen Betrieben leicht verfügbare Daten sind, ist es nicht verwunderlich, dass Analysen zur Preispolitik gerade an diesen Daten ansetzen. Nach dem Grundmodell wird der Absatz bzw. der Umsatz einzelner Artikel den jeweiligen Preisen gegenübergestellt. Dieses Verfahren sei an einem Beispiel[*] erläutert, dessen Daten aus einer Erhebung von Heidel stammen (vgl. dazu L. Müller-Hagedorn 1988, S. 460-466).

---

[*]   Die Höhe der Beträge ist dadurch zu erklären, dass sie nicht in € umgerechnet wurden, da es sich teilweise um Schwellenpreise handelt. Aus Gründen der Einheitlichkeit erfolgt die Ausweisung der Beträge dennoch in €.

Abb. 6.4: Verkaufspreise für sechs Zahnpasten in einer Warenhausfiliale

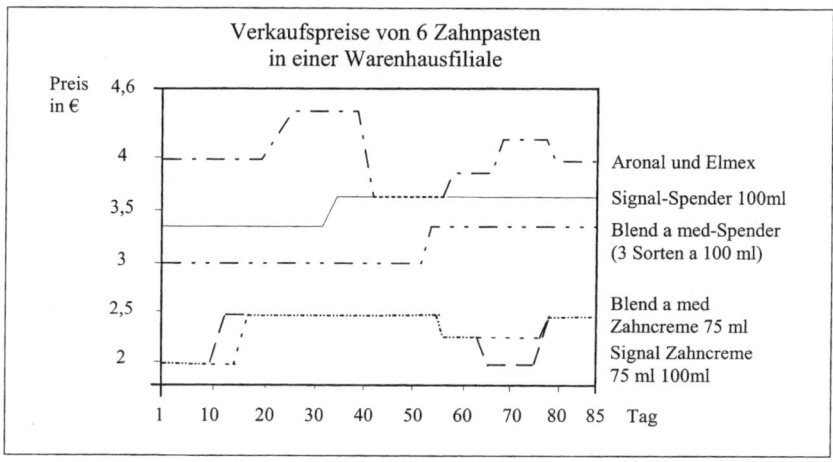

Abbildung 6.4 zeigt für sechs ausgewählte Marken, welche Preispolitik über einen Zeitraum von drei Monaten realisiert worden ist. Diese Grafik, die aus Scannerdaten leicht zusammenzustellen ist, hat bereits einen hohen Informationswert, weil sie erlaubt, die Preispolitik in einer Abteilung klar zu charakterisieren. So läßt sich aus dem Beispiel folgendes ablesen:
- in zeitlicher Hinsicht: häufige Preisänderungen bei drei Artikeln (Aronal, Elmex und Signal 75 ml), seltene Preisänderungen bei zwei Artikeln (Signal-Spender, Blend a med-Spender), zu konstanten Preisen wurde kein Artikel verkauft;
- bezüglich der Streubreite der Preisveränderungen:
  absolutes Maximum: € 0,80; absolutes Minimum: € 0,20
  relatives Maximum: 25%; relatives Minimum: 5%;
- absolutes Preisniveau: im Zeitablauf leicht ansteigend (für die Gesamtheit der Artikel, deren Preis verändert wurden, von € 18,24 auf € 19,34; in der gesamten Abteilung stieg der durchschnittliche Verkaufspreis von € 3,37 auf € 3,44);
- in Bezug auf die Kalkulationssätze: im Durchschnitt 11,33% (als Abschlag).

Damit liegt eine Basis vor, von der aus Überlegungen angestellt werden können, ob und in welcher Weise die Preise in der Zukunft geändert werden können. Es ist zu fragen, ob die von der Theorie über lange Zeiträume hinweg entwickelten Instrumente der Preiselastizität und der Preis-Absatz-Funktion verwendet werden können.

In Abbildung 6.5 sind neben den Angaben, um wie viel Prozent die Preise jeweils geändert wurden, auch die relevanten Mengenänderungen eingetragen. Sie geben an, um wie viel Prozent sich die abgesetzte Stückzahl in der auf den Tag der Preisänderung folgenden Woche gegenüber dem Absatz in der dem Tag der Preisänderung vorangegangenen Woche geändert hat. So wurde z. B. der Preis für den Artikel Aronal am 18. Tag von € 3,99 auf € 4,29, also um 8% angehoben, woraufhin der Absatz um 21% zurückging; in diesem Fall ist die **Preiselastizität** mit -2,63 erwartungsgemäß negativ. Zwar richtet sich die Erwartung auf eine negative Preiselastizität, jedoch kann bei empirischem Datenmaterial nicht erwartet werden, dass sich solche Ergebnisse in allen Fällen ergeben, denn das Ergebnis der Elastizitätsberechnung ist zunächst einmal davon abhängig, wie die Rohdaten verrechnet werden. Es lassen sich zahlreiche Operationalisierungsvarianten verwenden: So können die Abverkaufsdaten auf unterschiedliche Perioden bezogen werden (auf Tage, auf Jahreswochen, auf anders definierte Zeiträume), es kann von Stückzahlen, relativen Anteilen oder Käufen pro 1000 Kunden ausgegangen werden, der Preis kann absolut, als Preisdifferenz zu ganz unterschiedlichen Bezugsgrößen oder als Preisquotient verrechnet werden.

Abb. 6.5: Die Vorzeichen der ermittelten Preiselastizitäten

Artikel		Preis- und Mengenveränderungen 1	Vz.	2	Vz.	3	Vz.	4	Vz.	5	Vz.	negativ zu positiv	Gesamt-absatz (8 Tage)
Aronal	Δp/p	+ 8%	-	- 19%	-	+ 6%	-	+ 8%	+	- 5%	+	3 : 2	24
	Δx/x	- 21%		+ 14%		- 31%		+ 42%		- 14%			
Elmex	Δp/p	+ 8%	+	- 19%	+	+ 6%		+ 8%	+	- 5%	-	1 : 3	24
	Δx/x	+ 4%		- 14%		0		+ 33%		+ 41%			
Blend a med Spender	Δp/p	+ 10%	-									1 : 0	17
	Δx/x	- 29%											
Blend a med Zahncreme	Δp/p	+ 25%	-	- 8%	+	- 13%	-	+ 25%	-			3 : 1	481
	Δx/x	- 72%		- 12%		+ 2%		- 46%					
Signal Zahncreme 75 ml	Δp/p	+ 25%	-	- 8%	-	+ 9%	-					3 : 0	246
	Δx/x	- 72%		+ 171%		- 25%							
Signal Spender 100 ml	Δp/p	+ 6%	+									0 : 1	3
	Δx/x	+100%											

Des Weiteren können Preiselastizitäten von zahlreichen **Bestimmungsfaktoren des Kaufverhaltens** abhängig sein, so
- von dem Bedarfsrhythmus: Einzelne Güter werden zu bestimmten Zeiten eher benötigt als zu anderen Zeiten;
- von dem Einkaufsrhythmus: Es kann sein, dass einzelne Artikel in bestimmten Zeitabschnitten mit größerer Wahrscheinlichkeit gekauft werden als in anderen;
- vom Einsatz der übrigen absatzpolitischen Instrumente;
- von Maßnahmen der Konkurrenz.

Errechnet man für die 6 Artikel des Beispiels die Preiselastizitäten, dann zeigt sich in einigen Fällen, dass der Absatz nach Preiserhöhungen gestiegen bzw. nach Preissenkungen gefallen ist. Die Auswertung erfasst in systematischer Form die Reaktionen des Marktes. So erweist es sich als Aufgabe der Marktforschung, solche Reaktionen zu erfassen, um Anhaltspunkte gewinnen zu können, in welchen Fällen bei Preissenkungen mit größeren Absatzmengen zu rechnen ist. Langfristig lassen sich dann vielleicht Verallgemeinerungen erarbeiten, wie beispielsweise die, dass bei Produkten der betrachteten Art umso eher mit negativen Preiselastizitäten zu rechnen ist, je größer der mengenmäßige Marktanteil des Produktes ist.

Die vorliegenden Werte können natürlich auch in das übliche Diagramm zur Darstellung von **Preis-Absatz-Funktionen** übertragen werden. Dies ist in Abbildung 6.6 für den Artikel Blend a med geschehen.

Bei aller gebotenen Zurückhaltung legt das Datenmaterial nahe, dass bei einem Preis von € 1,99 ein sehr viel höherer Umsatz erzielt werden kann als bei einem Preis von € 2,29 oder € 2,49 nämlich rd. € 950 im Vergleich zu € 410 bzw. € 240. Rechnet man mit einem Einkaufspreis von rd. € 2 (ohne MwSt), ergibt sich bei einem Preis von € 1,99 ein negativer Bruttoertrag von rd. € 100 pro Woche, bei einem Preis von € 2,29 ein Bruttoertrag von +/- Null und bei einem Preis von € 2,49 ein solcher von rd. € 30. Bei einer ertragsorientierten Preissetzung ist – zumindest kurzfristig – der höchste der drei alternativen Preise der günstigste, bei Umsatzmaximierung der niedrigste der drei Preise.

Abb. 6.6: Konstruktion einer Preis-Absatz-Funktion aus Abverkaufsdaten

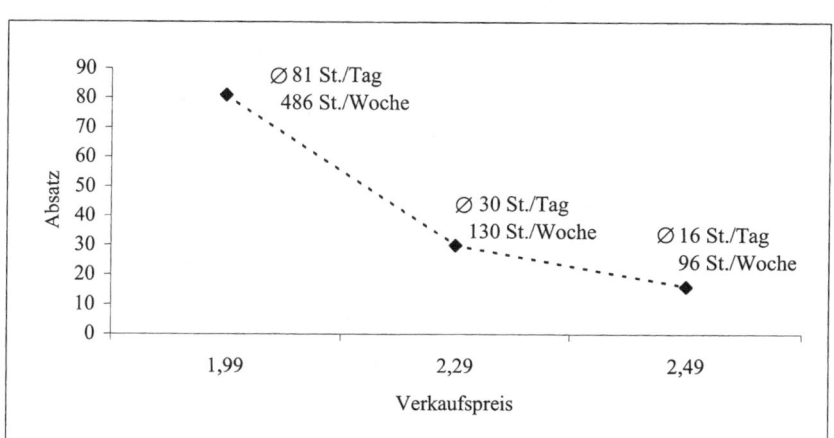

Eine artikelbezogene Betrachtung wird um mindestens zwei Gesichtspunkte zu erweitern sein. Als erstes wird zu fragen sein, ob die sich bei der Betrachtung einzelner Artikel ergebende Preisstruktur den Optimalitätskriterien genügt, die für die gesamte Abteilung formuliert worden sind (z. B.: Gibt es eine bestimmte Anzahl von Artikeln, deren Preise nicht höher sind als die von der Konkurrenz geforderten? Oder: Gibt es mindestens drei Angebote in dem unteren Preissegment?). Zum anderen muss der Gefahr vorgebeugt werden, dass eine Optimierung unter kurzfristigen Rentabilitätsüberlegungen das langfristig wirksam werdende Preisimage schädigt. An dieser Stelle sollten sich die auf den Scannerdaten aufbauenden statistischen Analysen mit zweckgerichteten Befragungen zur Preisgünstigkeit einzelner Abteilungen und der gesamten Verkaufsstelle ergänzen.

Die zur Verfügung stehende Scannertechnologie hat das Interesse bestärkt, anfallende Daten systematisch auszuwerten. Die Forschung auf diesem Gebiet hat inzwischen einige Tradition, wie Abbildung 6.7 deutlich macht, die einige Untersuchungen auflistet.

Abb. 6.7: Empirische Untersuchungen zur Ermittlung von Preiselastizitäten

Verfasser	Jahr	Abhängige Variable	Erklärende Variable	Art der unter-suchten Artikel	Art des Geschäftes
Dalrymple	1968	verkaufte Stückzahlen	Höhe der Preise, Handelsspanne	Textilien	Warenhaus
Glinz	1978	Marktanteil einzelner Marken	Höhe der Preise, Sonderangebote	Waschmittel	Verbraucher-märkte
Wilkinson, Packsoy u. Mason	1981	verkaufte Stückzahlen	Preis, Regalraum	Lebensmittel	Supermarkt
Kucher	1985	Absatz	Preis	Küchenpapier-rollen	Verbraucher-markt
Simon u.a. Simon	1982, 1992a	Absatz, Marktanteile	Preise	verschiedene Konsumgüter	
Heidel	1990	Absatz, Marktanteil, Absatz pro 1000 Kunden	Artikelpreis: absolut und relativiert	verschiedene Konsumgüter	Warenhaus, Verbraucher-markt
Schmalen, Pechtl, Schweitzer	1996	Marktanteile	Preise	verschiedene Konsumgüter	

Die erstgenannte Untersuchung von D. J. Dalrymple (1968, S. 21-25) soll näher vorgestellt werden, da sie einen expliziten Handelsbezug hat (häufig ist auch eine Analyse aus Herstellersicht vorzufinden, bei der die Daten über mehrere Handelsunternehmen aggregiert werden) und das Untersuchungsmuster leicht zu erkennen ist. Dalrymple ging in einem Warenhaus der Frage nach, ob der Absatz von in Zeitungsanzeigen beworbenen Textilien davon abhängt, ob die Preise für die beworbenen Stücke eher hoch oder eher niedrig sind und ob die (für den Verbraucher nicht erkennbare) Handelsspanne einen Einfluss auf den Absatz hat. Die Abbildungen 6.8 und 6.9 unterrichten über die Situation. Die Preise für die einzelnen Artikel lagen zwischen \$ 5 und \$ 126, im Durchschnitt bei \$ 34. Die abgesetzte Menge betrug in einem Fall nur 1 Stück, im Maximum 380, die Spanne reichte von 31% bis 54%.

Abb. 6.8: Die zur Erklärung des Absatzes von beworbenen Textilien herangezogenen Variablen (in Anlehnung an D. J. Dalrymple 1968)

Variable	Mittelwert	Standardabweichung	Median	Variationsbreite
Preis (\$)	34	27	29	5-126
Spanne (%)	45	5	46	31- 54
Abgesetzte Stückzahlen innerhalb von 3 Tagen nach Erscheinen der Anzeige	47	92	11	1-380

Die Korrelationskoeffizienten zeigen, dass die logarithmierten Werte von Preis und Spanne in Bezug auf den Absatz hochkorreliert sind, untereinander jedoch nur schwach. Dies stärkt die Vermutung, dass beide Größen zu den Bestimmungsfaktoren des Absatzes zählen.

Abb. 6.9: Korrelationskoeffizienten (in Anlehnung an D. J. Dalrymple 1968)

Variable		log. Absatz y	log. Spanne x_2	log. Preis x_1
log. Absatz	y	-	-0,39*	-0,7*
log. Spanne	x_2		-	0,2
log. Preis	x_1			-

* signifikant (p < 0,02)

Anhand der Daten wird mit Hilfe der Regressionsanalyse eine Absatzfunktion ermittelt.

$$\log y = 9{,}01 - 1{,}38 \log x_1 - 3{,}63 \log x_2$$
$$SE = \qquad\quad 0{,}52 \qquad 0{,}49$$
$$R^2 = 0{,}56$$
$$N = 54$$

Sie zeigt den Einfluss der Höhe des Preises auf die abgesetzten Stückzahlen. Artikel mit hohen Preisen erreichen nicht die Absatzzahl von Artikeln mit niedrigen Preisen. Noch erstaunlicher ist aber, dass die Verbraucher außerordentlich stark auf die Handelsspannen reagieren. Obwohl sie die Handelsspannen nicht kennen, kaufen sie doch sehr viel stärker, wenn in der Werbung Artikel herausgestellt werden, die nur relativ niedrig kalkuliert sind. Das multiple Bestimmtheitsmaß R^2 weist aus, dass mit Hilfe dieser Funktion 56% der Varianz der abhängigen Variablen erklärt werden kann.

Regressionsanalytische Studien der vorgestellten Art werfen folgende Probleme auf:
(1) **Nach welchem Modell soll die Auswertung angelegt** sein? Ein Modell ist zunächst durch die einbezogenen Variablen gekennzeichnet. In einfachen Fällen wird der Absatz eines Artikels (oder einer Artikelgruppe) nur zu dem Preis für den jeweiligen Artikel in Beziehung gesetzt, in anspruchsvolleren Fällen werden zusätzlich zahlreiche weitere Variablen berücksichtigt. Dazu können Preise der Vergangenheit gehören (um time-lag-Wirkungen zu erlassen), Preise für andere Güter (um dem Nachfrageverbund Rechnung zu tragen), Preise bei Konkurrenten, Werte für andere absatzpolitische Instrumente (z. B. Sonderplatzierungen). Des Weiteren sind Modelle durch die Art und Weise gekennzeichnet, wie die Variablen verknüpft werden. Im einfachsten Fall geht man von einer linearen Verknüpfung aus, daneben werden verschiedene Formen nichtlinearer Reaktionsfunktionen verwendet. Aufs Engste sind mit der Modellauswahl Probleme der Operationalisierung verbunden. B. Heidel (1990), der in Deutschland eingehend untersucht hat, welche Möglichkeiten und Schwierigkeiten sich auftun, Abverkaufsdaten für preispolitische Zwecke zu nutzen, geht auf folgende Sachverhalte ein:
(a) Mit welchen Messwerten sollte die Preispolitik eines Betriebes in die Berechnungen eingehen – z. B. mit absoluten Preisen, mit den Differenzen einzelner Artikelpreise zu durchschnittlich in der Artikelgruppe oder von Konkurrenten geforderten Preisen, wobei wiederum gewichtete oder ungewichtete Durchschnittspreise gebildet werden können?
(b) Mit welchen Messwerten sollte die abhängige Variable erfasst werden, sollten dies Absatzmengen einzelner Artikel, ihre Marktanteile, ihr Umsatz oder ihr Absatz je 1000 Kunden sein?
(c) Mit welchem Funktionsgesetz sollten abhängige und unabhängige Variablen verknüpft werden? Wie insbesondere H. Simon (1992a, S. 89-108) dargestellt

hat, erwies sich bislang kein Funktionstyp (linear, multiplikativ, Attraktion, Gutenberg) in der empirischen Prüfung als generell überlegen.

(2) **Mit welchen Verfahren sollen die gesammelten Daten ausgewertet** werden? Ursprünglich dominierte die lineare Regressionsanalyse mit einer oder mit mehreren unabhängigen Variablen. Jedoch sind auch nichtlineare Funktionen möglich, indem man die Daten logarithmiert und auf diese logarithmierten Daten die Verfahren der Kleinste-Quadrate-Schätzung angewendet. Daneben gibt es Verfahren zur nichtlinearen Regressionsanalyse. In den letzten Jahren sind auch neuronale Netze eingesetzt worden (H. Hruschka 1991b).

Untersuchungen nach dem Black-Box-Modell dokumentieren als Querschnitts- oder als Zeitreihenanalysen Zusammenhänge zwischen preispolitischen Maßnahmen und Erfolgsgrößen. Sie dienen damit dazu, ein Gefühl für die Stärke von preispolitischen Maßnahmen zu schaffen, ohne dass dabei aber vorschnell auf kausale Beziehungen geschlossen werden darf. So kann bei einer Zeitreihe die Veränderung des Absatzes beispielsweise auf den Wochentag oder Maßnahmen der Konkurrenz zurückzuführen sein. Analysen nach dem Black-Box-Modell werden in der Zukunft in verfeinerter Form verstärkt eingesetzt werden. **Scannerdaten** werden es erlauben, Warenkorbanalysen durchzuführen, also z. B. festzustellen, in welchem Ausmaß Käufer nur Sonderangebote gekauft haben, oder den Deckungsbeitrag der Kunden zu ermitteln, die Sonderangebote gekauft haben.

Black-Box-Analysen zeigen aber nicht, aus welchen Gründen heraus sich die Verbraucher in einer bestimmten Weise verhalten. Es ist beispielsweise nicht zu erkennen, inwieweit Käufer von Sonderangeboten andere Artikel kaufen, weil sie glauben, auch diese seien preisgünstig, oder ob beim Einkauf mehr preisliche oder mehr qualitative Faktoren den Ausschlag geben. Maßnahmen zur Verbesserung des betrieblichen Erfolgs erfordern aber, die Gründe eines Verhaltens zu kennen. Hinzu kommt, dass Experimente, um Reaktionen auf bestimmte Maßnahmen zu ermitteln, dann ausscheiden, wenn die Kosten hierfür zu hoch sind oder sich negative absatzwirtschaftliche Folgen einstellen können. Im Folgenden wird deshalb auf **verhaltenswissenschaftliche Beiträge** zur Rolle des Preises beim Einkaufsentscheid eingegangen. Preis-Absatz-Funktionen stellen nur eine Beziehung zwischen den Aktionsparametern (hier den Preisen) und den Ergebnisgrößen der Unternehmung her. Sie decken nicht auf, **warum** es zu diesen Beziehungen kommt. Bekannterweise werden in der Mikroökonomie Nachfragefunktionen eines Haushaltes aus dessen Präferenzsystem, aus der Zielvorstellung (meist Nutzenmaximierung) und den Preisen abgeleitet. Wenn es nicht praktikabel ist, Preis-Absatz-Funktionen direkt zu messen, kann es vorteilhaft sein, sich Kenntnisse über die Art und Weise, wie Reaktionen entstehen werden, zu verschaffen.

6.2.2 Die Wirkung von Preisen im Rahmen verhaltenswissenschaftlicher Modelle

Die Frage, welche Mengen ein Konsument bei alternativen Preisen kaufen wird, ist bereits das **Anliegen des klassischen Haushaltsentscheidungsmodells**, das hierzu die Preisverhältnisse, das verfügbare Einkommen und die Präferenzfunktionen heranzieht. Die **Kritik an diesem Modell** stellt gleichzeitig die Formulierung von Ansprüchen an ein verbessertes Modell dar:

(1) Der Fall, dass Käufe getätigt werden, ohne dass Preise wahrgenommen wurden, ist im Haushaltsmodell nicht abgebildet; gleichwohl kann dieser Fall in der Praxis sehr bedeutsam sein.

(2) In dem Haushaltsmodell wird implizit unterstellt, dass der Verbraucher für die einzelnen Güter jeweils die niedrigsten Preise in Rechnung stellt. In der Realität weiß der Verbraucher häufig nicht, ob die Preise bei anderen Anbietern niedriger oder höher sind. Der Verbraucher muss Spekulationen über die „Preiswinkel" anstellen.

(3) Das Haushaltsmodell geht davon aus, dass Verbraucher beurteilen können, wie viel die einzelnen Güter zu ihrem Nutzen beisteuern. In der Realität ist dieser Wertungsprozess durch mancherlei Unsicherheiten erschwert: Über welche Eigenschaften verfügen die Alternativen, wie wirken sie sich auf die Ziele des Verbrauchers aus?

(4) Im Haushaltsmodell trifft der Konsument seine Entscheidung zu einem Zeitpunkt. In der Realität spielt sich das Kaufverhalten im Zeitablauf ab. Das bringt es u. a. mit sich, dass wahrgenommene Preise wieder vergessen werden können und somit für Preisvergleiche nicht mehr zur Verfügung stehen.

(5) Schließlich ist zu beachten, dass die Problemlösungskapazität der Verbraucher beschränkt ist. Das bezieht sich auf die Fähigkeit, sich Preise einzuprägen, Preisvergleiche zwischen Gütern mit unterschiedlichen Mengen anzustellen und die Fähigkeit, Güter unterschiedlicher Qualität so miteinander zu vergleichen, wie K. Lancaster (1971) das mit Hilfe eines linearen Programmes modelliert hat.

Bereits 1968 hat A. R. Oxenfeldt (S. 9-17) darauf hingewiesen, dass Verbraucher ihre Einkäufe auf ihre Eindrücke über das Preisniveau der einzelnen Geschäfte und nicht auf die Kenntnis aller einzelnen Preise stützen. Er hat daraus die Konsequenz gezogen, im Einzelnen zu untersuchen, welche Vorgänge sich zwischen den Wahrnehmungen des Verbrauchers und seinem Verhalten abspielen. Er nennt folgende Elemente:
- Die Wahrnehmung verschiedener Stimuli (die Gespräche mit Dritten, das Aussehen einzelner Geschäfte und ausgestellter Waren, die Werbung, die Erfahrungen mit den gekauften Waren),
- die Prädispositionen der Verbraucher, vor allem ihre Kenntnisse über Preise und Qualitäten in den einzelnen Verkaufsstellen,
- die Verarbeitung der Stimuli und die Änderung der Prädispositionen und
- das Verhalten, insbesondere die Bevorzugung einzelner Verkaufsstellen.

Das jetzt darzulegende **Modell** besteht aus mehreren Teilen, auf die im Folgenden detailliert eingegangen wird (vgl. Abb. 6.10). Bei den Teilen handelt es sich um:
(1) die Wahrnehmung von Preisen,
(2) die Preiskenntnisse des Verbrauchers (das Wissen um Preise),
(3) das Urteil über die Preisgünstigkeit und
(4) das Urteil über die Günstigkeit des Einkaufs (Urteil über die Preiswürdigkeit).

Die verhaltenswissenschaftlich ausgerichtete Preiswirkungsforschung hat sich in den letzten Jahrzehnten entfaltet und ist neben die aus der Volkswirtschaftslehre hervorgegangene Preistheorie getreten. Eine verhaltenswissenschaftlich angelegte Preisforschung wurde bereits 1968 von Oxenfeldt gefordert und grob skizziert; hierauf hat

S. Müller (1981, S. 40-63) später Bezug genommen. Einen umfassenden Überblick über verhaltenswissenschaftliche Erkenntnisse zur Wahrnehmung und Beurteilung von Preisen hat H. Diller (1978, S. 257-263 und S. 193-200) mit seiner Habilitationsschrift vorgelegt und in späteren Publikationen weiterverfolgt (zuletzt H. Diller 2000). Neben den Größen Preiserlebnisse, Preisintentionen, Preisvertrauen verwendet auch er die Begriffe Preiskenntnisse, Preisgünstigkeit und Preiswürdigkeit, die auch im Zentrum des folgenden Modells TREP (Trierer Modell zum Zusammenhang von Einkaufsstättenwahl und Preisbeurteilung) stehen, dessen theoretische Struktur erst- malig 1983 publiziert wurde (L. Müller-Hagedorn 1983b) und das dann von Lenzen in seinen einzelnen Komponenten eingehend in theoretischer und empirischer Analyse dargestellt worden ist (W. Lenzen 1984). Eine sehr originelle Arbeit stammt von J. Feider (1985, insbes. S. 180-226), der als erster die Theorie unscharfer Mengen („fuzzy sets") herangezogen hat, um zu den Preisgünstigkeitsurteilen „billig" oder „teuer" zu kommen.

6.2.2.1 Zur Wahrnehmung von Preisen

In vielen Fällen wird ein Nachfrager vor einem Kauf nach dem Preis fragen oder ein Preisschild beachten, er wird also den für eine Leistung geforderten Preis wahrnehmen; manche Nachfrager sind dabei sehr aufmerksam und sammeln Preiseindrücke, andere richten dagegen ihre Aufmerksamkeit in geringerem Maße auf Preise. Angaben über Preise lassen sich zahlreichen **Quellen** entnehmen:

(1)   dem Einkauf vorgelagerte Quellen (insbesondere Anzeigen, Handzettel und Pro- spekte),

(2)   beim Einkauf (in der Einkaufsstätte) vorfindbare Quellen (insbesondere Preis- etiketten, Preisschilder, Plakate),

(3)   nach dem Kauf verfügbare Quellen (insbesondere Kassenzettel).

Wahrnehmung soll bedeuten, dass die Ziffern der Preise gelesen - und als Zahl verstanden werden. Die Beurteilung eines Preises und das Übertragen eines Preises in das Langzeitgedächtnis sollen als Prozesse definiert werden, die nicht mehr zur Wahrnehmung gehören, sondern sich an diese anschließen. Die Wahrnehmung kann sich auch auf andere Gegenstände als Zahlen beziehen, z. B. auf die Art der Preis- darstellung (z. B. übergroße Preisschilder) oder auf das sonstige Erscheinungsbild der Verkaufsstelle. So hat H. Diller (1982b) in einem Feldexperiment überprüft, welche Wirkungen optische Hervorhebungen einzelner Artikel in Form besonders großer Schriftgrößen auf Werbezetteln haben. Es zeigte sich, dass größer dargestellte Artikel und Artikelpreise eine günstigere Preisanmutung erzeugen.

Abb. 6.10: Trierer Modell zum Zusammenhang von Einkaufsstättenwahl und Preisbeurteilung – TREP – (L. Müller-Hagedorn 1983b, S. 942f.)

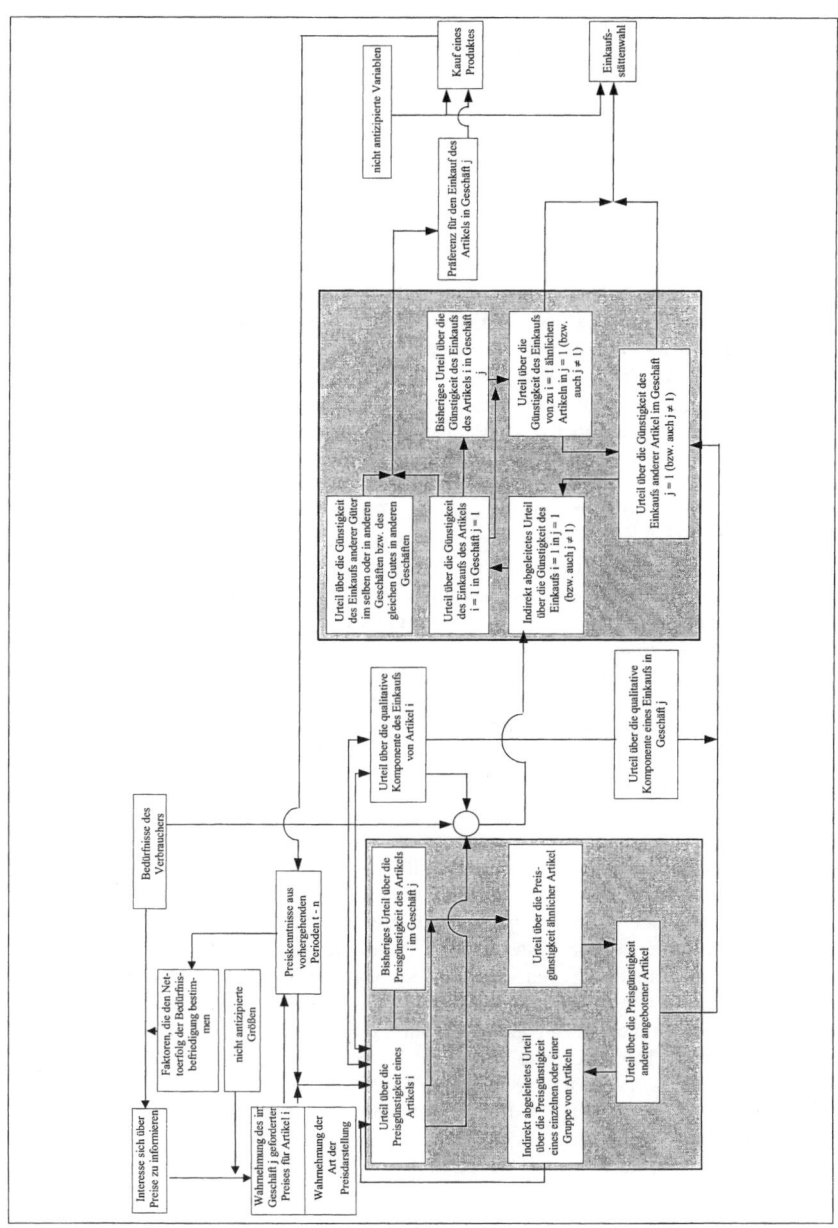

Wovon hängt es nun ab, ob Personen Preise oder andere Reize, die das Urteil über Preise bestimmen, wahrnehmen? Es soll auf zwei **Einflussgrößen** hingewiesen werden:

(1) Die Wahrscheinlichkeit, dass ein Preis (bzw. ein sonstiger Reiz) wahrgenommen wird, hängt **von der Art des Reizes und von der Art der Umwelt** ab, in der sich eine Person bewegt. Der Einfluss der Umwelt kann beispielhaft mit der Hypothese verdeutlicht werden, dass ein Preis umso eher wahrgenommen wird, je mehr er von dem in der Vorperiode geforderten Preis abweicht. Dies gilt sowohl für Preissenkungen als auch für Preiserhöhungen. Eine solche Hypothese kann damit begründet werden, dass Veränderungen in der Umwelt bevorzugt wahrgenommen werden, weil sie dem Drang nach Abwechslung entsprechen oder als für die Fortdauer bestehender Einstellungen wichtig angesehen werden.

(2) Die Wahrscheinlichkeit, dass ein Preis (bzw. ein sonstiger Reiz) wahrgenommen wird, hängt **von spezifischen Eigenschaften der wahrnehmenden Person** ab. Hier ist nicht nur an nicht direkt zugängliche Eigenschaften einer Person zu denken (z. B. das Interesse, sich über Preise zu informieren), sondern darüber hinaus auch an direkt beobachtbare Eigenschaften, wie z. B. die Höhe des verfügbaren Einkommens oder das Geschlecht und solche aus dem soziodemografischen Bereich.

Mit dem Interesse der Verbraucher, sich über Preise zu informieren und sie bei Einkaufsentscheidungen zu berücksichtigen, hat sich vor allem H. Diller (1982a, S. 315-334 und 2000, S. 113-127) beschäftigt. Er definiert das Preisinteresse allerdings weit, indem er ihm drei Teilkonstrukte zuordnet, die Preisgewichtung (also die relative Bedeutung, die dem Preis innerhalb aller individuellen Kaufentscheidungskriterien zukommt), das Alternativenbewusstsein (als Bedürfnis, alle objektiv verfügbaren Kaufalternativen in eine Kaufentscheidung einzubeziehen) und die Preisachtsamkeit als das tatsächliche Ausmaß an preisbezogenen Informationsaktivitäten. In dem TREP-Modell wird dagegen eine differenziertere Sicht angelegt, indem nur von dem „Interesse, sich über Preise zu informieren" ausgegangen wird; diese Größe ähnelt der Größe Preisachtsamkeit bei Diller, unterscheidet sich jedoch auch von ihr, indem darunter nicht das Ausmaß an preisbezogenen Informationsaktivitäten verstanden wird, sondern das Interesse, sich über Preise zu informieren, also nicht die Tätigkeit selbst oder ihr Ergebnis, sondern die Stärke der Antriebskräfte, solches zu tun. Die aktive Suche nach Preisinformationen wird auch dadurch bestimmt sein, welche Erfolge sich die Verbraucher von der Suche versprechen. Dieser Erfolg hängt erstens davon ab, ob überhaupt Preisunterschiede bestehen, und zweitens, mit welcher Wahrscheinlichkeit niedrigere Preise ausfindig gemacht werden. Dass **Preisunterschiede** bestehen, ist häufig festgestellt worden. Von A. F. Jung (1979, S. 108-116) wurden z. B. Preise für drei bekannte und weitgehend gleiche Kühlschrankmodelle in 11 Städten der USA zusammengestellt. Der niedrigste Preis betrug $ 380, der höchste $ 510. In einzelnen Städten unterschieden sich die Parameter der Verteilungen:
- Philadelphia: Mittelwert μ: 431,04; Standardabweichung σ: 40,77
- Kansas City: Mittelwert μ: 435,86; Standardabweichung σ: 13,32
- Cincinnati: Mittelwert μ: 411,47; Standardabweichung σ: 19,95.

Georges J. Stigler (1961) hat gezeigt, wie groß die **Ersparnisse** eines Verbrauchers sind, wenn er weitere Geschäfte aufsucht, um sich über Preise zu informieren.

Abb. 6.11: Preisersparnisse durch den Besuch weiterer Geschäfte (in Anlehnung an G. J. Stigler 1961, S. 215)

Zahl der aufge-suchten Geschäfte	Erwarteter niedrigster Preis	Erwarteter niedrigster Preis in			
		Philadelphia		Kansas City	
1	μ	431,04	ΔP	435,86	ΔP
2	μ - 0,4548 σ	- 23	23	- 8	8
3	μ - 0,8468 σ	- 34	11	- 11	3
4	μ - 1,0298 σ	- 42	8	- 14	3
5	μ - 1,1638 σ	- 47	5	- 15	1

Die Ersparnis, die durch den Besuch weiterer Geschäfte erzielt werden kann, ist auf Grund der in einzelnen Städten unterschiedlichen Standardabweichungen verschieden. In jedem Fall wird die erwartete Preisersparnis umso geringer, je mehr Geschäfte aufgesucht werden. Ermöglicht der Besuch des zweiten Geschäftes noch eine Preisersparnis von $ 23, sind es beim fünften Geschäft nur noch $ 5.

Die so berechneten **Gewinne einer Informationssuche** müssen vorsichtig interpretiert werden, denn es wird vorausgesetzt, dass alle Geschäfte die gleiche Chance haben, besucht zu werden. Es hat sich aber gezeigt, dass sich die Mittelwerte der Preise verschiedener Betriebsformen signifikant unterscheiden und dass einzelne Verbraucher unterschiedliche Betriebsformen bevorzugen. Für einen Verbraucher, der die Betriebs-form x bevorzugt, können sich mithin andere Informationsgewinne ergeben als für einen Verbraucher, der zur Zielgruppe einer anderen Betriebsform gehört, weil sich Mittel-wert und Standardabweichung unterscheiden können. Weiterhin ist im Auge zu be-halten, dass die Annahme, alle Geschäfte würden mit der gleichen Wahrscheinlichkeit aufgesucht, auch dann gestört ist, wenn die niedrigpreisigen Geschäfte auf ihre Preise mit Werbung aufmerksam machen, wie das häufig der Fall ist. Nichtsdestoweniger wird mit dem Modell von Stigler abgebildet, dass das Aufsuchen mehrerer Geschäfte nicht nur erfolgt, um das Angebot besser kennen zu lernen oder um Abwechslung zu erfahren (variety seeking), sondern um deutlich zu machen, dass der Verbraucher bei streuenden Preisen zu entscheiden hat, wie groß die Stichprobe sein soll, die er zieht, also die Zahl der zu kontaktierenden Geschäfte. Dabei lässt sich vermuten, dass die Intensität der Werbung in einer Branche und die Möglichkeit, mit Hilfe des Internets Preise zu vergleichen, bewirkt, dass die Standardabweichung der Preisverteilung enger wird.

6.2.2.2 Zu den Preiskenntnissen der Verbraucher

In seiner Untersuchung über den Zusammenhang von Einkaufsstättenwahl und Preisbeurteilung kommt W. Lenzen (1983) zu dem Ergebnis, dass insbesondere die Variablen Preiskenntnisse und Preisgünstigkeit (vgl. 6.2.2.3) das Verhalten der Kon-sumenten beeinflussen.

Preiskenntnisse seien als das in der Vergangenheit erworbene und in der aktuellen Periode noch verfügbare Wissen des Verbrauchers über die für einzelne Artikel in den Verkaufsstellen geforderten Preise definiert. Als Artikel werden hierbei physisch homogene Güter bezeichnet. Die Größe Preiskenntnis kann **in mehreren Dimensionen verankert** werden, und zwar bezüglich

- der Höhe des Preises,
- der Verkaufsstelle, die dem Preis zugeordnet wird (wie bekannt streuen die Preise für denselben Artikel in einzelnen Geschäften: vgl. dazu z. B. G. Schmitz 1964),
- der Sicherheit, mit der der Preis erinnert wird,
- des erinnerten Zeitpunktes, zu dem die Preisinformation erworben wurde,
- der Häufigkeit, mit der einzelne Preise beobachtet worden sind.

Dies macht deutlich, dass es sich bei den Preiskenntnissen um Vorstellungen der Verbraucher über die Verteilung der Preise, die ihnen im Markt begegnet sind, handelt; diese Vorstellungen sind geprägt durch einen niedrigsten Preis, durch einen höchsten Preis oder durch einen häufigsten oder einen durchschnittlichen Preis. Um eine schwächere Form von Preiskenntnissen handelt es sich mithin, wenn nicht mehr von Preisverteilungsfunktionen ausgegangen wird, sondern von einzelnen Merkmalen, die diese Verteilungen kennzeichnen (z. B. entspricht dem die Angabe eines durchschnittlich geforderten Preises oder eines Preisbereiches).

Es können zwei **Aspekte der Preiskenntnisse** unterschieden werden, zum einen
- der quantitative Aspekt: von wie vielen Artikeln kennen die Verbraucher die Preise?
und zum anderen
- der qualitative Aspekt: um welche Artikel handelt es sich dabei?

Welche **Funktionen** kommen der Größe „Preiskenntnisse" im Rahmen der Preisbeurteilung zu? Erstens kann das Wissen über Preise als das Fundament einer rationalen Einkaufsentscheidung nach dem preislichen Kriterium angesehen werden. Die Größe Preiskenntnisse wird dazu im nächsten Abschnitt als ein Bestimmungsfaktor für das „Urteil über die Preisgünstigkeit eines Artikels" vorgestellt werden; sie ermöglicht dem Verbraucher, bestimmte Preise als mehr oder weniger günstig einzustufen. Zweitens hängt es von den Preiskenntnissen ab, welche Anstrengungen unternommen werden, weitere Informationen über Preise einzuholen, d. h. sie bestimmen das Interesse, sich über Preise zu informieren.

Messungen der Preiskenntnis erfordern eine Reihe von Festlegungen. Dazu zählen:
- das Ausmaß der Stützung: Soll sich der Befragte an die Preise frei erinnern oder werden ihm Hilfen gegeben (z. B. Listen von Preisen, aus denen der in einem Geschäft tatsächlich geforderte Preis herauszufinden ist),
- das Ausmaß der geforderten Exaktheit, d. h. bis zu welcher Toleranzgrenze soll bei einem von einem Befragten genannten Preis noch von Preiskenntnissen gesprochen werden,
- der Zeitpunkt, zu dem die Befragung durchgeführt wird,
- die ausgewählten Artikel und Geschäfte (die Art der Artikel, die Häufigkeit, mit der die Artikel gekauft werden, die Häufigkeit, mit der die Geschäfte aufgesucht werden).

Nach der Spezifizierung der Preisangabe (nur Preis bzw. Preis plus Geschäft) und der Korrektheit (Exaktheit) lassen sich drei Formen von Preiskenntnissen unterscheiden, die in Abbildung 6.12 dargestellt sind.

Abb. 6.12: Mögliche Operationalisierungen der Größe „Preiskenntnisse"

Nach der Korrektheit der Preisangabe Nach der Spezifizierung der Preisangabe	Nennung eines Preises genügt, Richtigkeit wird nicht überprüft	Preisangabe muss innerhalb eines vorgegebenen Intervalls liegen
1. Angabe eines Preises für einen bestimmten Artikel	Preiskenntnis 1	-
2. Angabe eines Preises, der für einen bestimmten Artikel in einem anzugebenden Geschäft gefordert wird	Preiskenntnis 2	Preiskenntnis 3

Untersuchungen zu (korrekten) Preiskenntnissen müssen sich nicht ausschließlich auf **einzelne Artikel** beziehen, sondern können auch das **Preisniveau ganzer Geschäfte** zum Gegenstand haben (F. E. Brown 1969). Hauptproblem ist die Konstruktion eines geeigneten Warenkorbes, d. h. wie viel und welche Güter in den Warenkorb eingehen sollen (ausführlich behandelt H.-O. Schenk (1981) die mit Preisvergleichen verbundenen Probleme). Im Einzelnen handelt es sich um folgende Probleme:

(1) Werden die ausgewählten Artikel in allen Geschäften geführt? Wie ist zu verfahren, wenn der betreffende Artikel überhaupt nicht geführt wird, wenn ähnliche Artikel angeboten werden, wenn der Artikel vorübergehend nicht verfügbar ist?

(2) Sind die Artikel für die Befragten von gleicher Bedeutung? In welchem Ausmaß belasten sie ihr Haushaltsbudget?

(3) Ist die Periode, in der die Preise erhoben werden, in zeitlicher Hinsicht repräsentativ für die Preispolitik des Geschäftes?

Zu den Preiskenntnissen der Verbraucher sind mehrfach Studien durchgeführt worden (vgl. den Überblick bei K. B. Monroe 1973, S. 70-80; A. Goldmann 1977 oder W. Lenzen 1983). In den Untersuchungen werden vor allem folgende **Fragestellungen** behandelt:

(1) **Bei welchen Produkten** sind die Preiskenntnisse besonders hoch oder niedrig? Die Antworten sind jedoch oft nur von beschreibender Art und theoretisch unbefriedigend, weil nur gezeigt wird, dass die Preiskenntnisse bei einzelnen Produkten durchaus sehr unterschiedlich sind, ohne dass dieser Sachverhalt jedoch erklärt würde.

(2) Lässt sich die **Personengruppe**, die relativ gute (schlechte) Preiskenntnisse hat, **soziodemografisch kennzeichnen**? Es geht vor allem um die Frage, ob die Verbraucher aus hohen oder aus niedrigen sozialen Schichten bessere Preiskenntnisse besitzen. Die Ergebnisse sind widersprüchlich. Im Gegensatz zu A. Gabor und C. W. J. Granger (1961 und 1964) konnte Brown (1971) eine solche Beziehung nicht feststellen.

(3) Verfügen **Personen** mit guten Preiskenntnissen über ein erhöhtes **Interesse an Preisen** oder sind sie an ihrem **Einkaufsverhalten** zu erkennen (Zahl der besuchten Geschäfte, Verwendung eines Einkaufszettels usw.)?

Fasst man die Preiskenntnisse verschiedener Personen zusammen, ergibt sich ein **Häufigkeitsdiagramm**, wie es in Abbildung 6.14 dargestellt ist (Die Frage lautete: „Können Sie sich an einen besonders niedrigen Preis erinnern? Können Sie uns einen besonders hohen Preis nennen? Wo liegt der Preis normalerweise?"). Die Abbildung 6.13 zeigt, dass für alle Preisarten (niedrig, normal und hoch) die Angaben in einem weiten Bereich liegen. Im Durchschnitt werden niedrige Preise um € 9 erinnert, normale Preise werden dem Bereich von € 10 bis € 12 zugerechnet, und ein Preis von € 13 wird als vergleichsweise hoher Preis erinnert.

Abb. 6.13: Einschätzung von Preisen

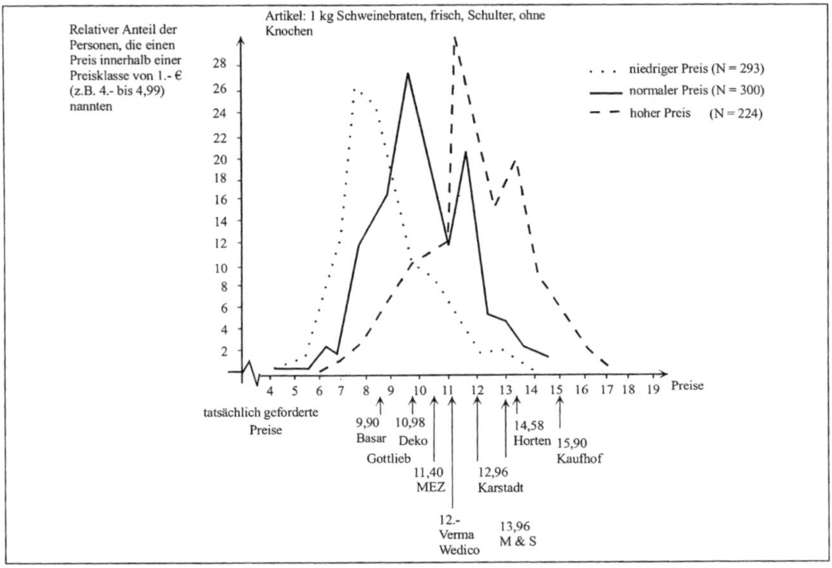

Wenn erklärt werden soll, warum Preiskenntnisse vorliegen oder warum es an ihnen fehlt, sind die folgenden Variablen von Bedeutung:
- Preiskenntnisse sind abhängig vom Konsumverhalten der Verbraucher (z. B. je häufiger ein Produkt gekauft wird oder eine Einkaufsstätte besucht wird, desto umfangreicher bzw. zutreffender ist die Preiskenntnis),
- Preiskenntnisse sind abhängig von der Absatzpolitik des Anbieters (z. B. je häufiger ein Produkt beworben wird, desto eher ist sein Preis bekannt),
- Preiskenntnisse sind abhängig von Eigenschaften der Person (z. B. ihrem Einkommen, dem Alter, dem Interesse an Preisen).

Diese Hypothesen machen deutlich, dass Aussagen über Preiskenntnisse vom Einzelfall lösgelöst werden und allgemeinere Aussagen formuliert werden können.

Zu (1): Preiskenntnisse bei einzelnen Produkten

Die Erinnerung an die Preise der gekauften Produkte hängt stark davon ab, um welches Produkt es sich handelt. Dies zeigen auch die Ergebnisse der Trierer Studie. Die „Preiskenntnis 1" wurde mit Hilfe folgender Frage erfasst:

„Ich lege Ihnen jetzt eine Liste von Artikeln vor. Vergegenwärtigen Sie sich den Bereich, in dem die Preise für diese Artikel derzeit liegen. Denken Sie dabei nicht nur an das von Ihnen bevorzugte Geschäft, sondern an Ihnen bekannte Trierer Geschäfte. Können Sie sich an einen besonders niedrigen Preis erinnern? Können Sie uns einen besonders hohen Preis nennen? Wo liegt der Preis normalerweise?"

Abb. 6.14: Ausmaß der Preiskenntnisse (in drei Versionen) bei fünf Artikeln

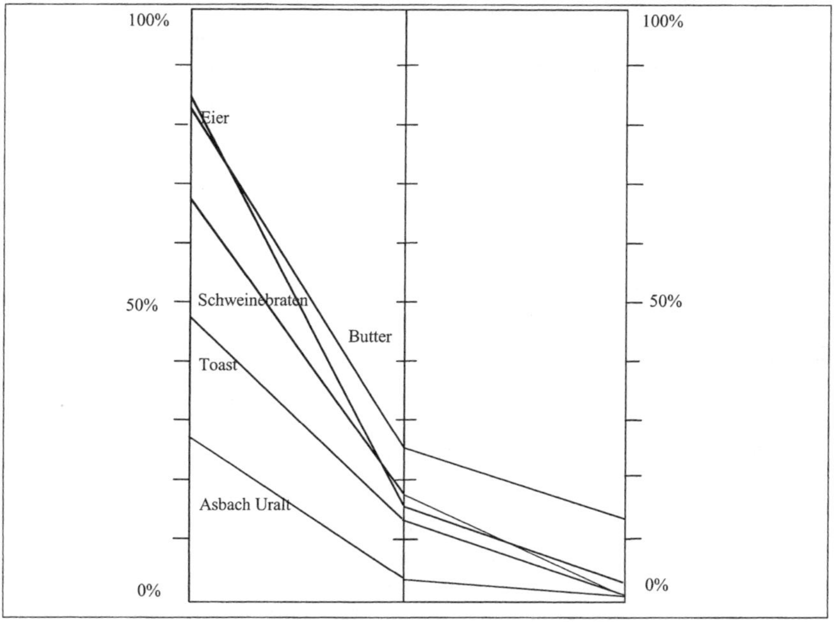

Von „Preiskenntnis 1" wird gesprochen, wenn der Befragte mindestens einen der drei erfragten Preise für ein Produkt nennen konnte. „Preiskenntnis 2" wurde mit Hilfe folgender Frage ermittelt (W. Lenzen 1984, S. 160):

„Bei welchen auf der Liste aufgeführten Artikeln erinnern Sie sich an Preise? Wir wollen uns dabei auf drei von Ihnen ausgewählte Geschäfte beschränken. Zunächst zum ersten Geschäft: Erinnern Sie sich, für wie viel € derzeit (Name des Artikels) in diesem Geschäft angeboten wird? [...]"

„Preiskenntnis 2" liegt vor, wenn der Befragte für den genannten Artikel und ein bestimmtes Geschäft einen Preis nennen konnte. „Preiskenntnis 3" liegt vor, wenn der genannte Preis um nicht mehr als ca. 5% vom tatsächlich geforderten Preis differierte.

235

Abbildung 6.14 verdeutlicht, wie unterschiedlich die Preiskenntnisse je nach begrifflicher Fassung und Produkt sind.

Zu (2): Preiskenntnisse bei einzelnen Personengruppen

A. Goldman (1977, S. 67-75) überprüfte, inwieweit einzelne Verbrauchergruppen die Preise in den von ihnen bevorzugten Einkaufsstätten und in anderen Geschäften kennen. Als korrekt sieht Goldmann die Preiskenntnisse an, die sich nicht mehr als 5% vom tatsächlichen Preis entfernen. Goldman vermutet, dass die Preiskenntnisse davon abhängen, wie wichtig die Ersparnisse sind, die sich die Verbraucher auf Grund von Preisvergleichen erhoffen und wie hoch die Opportunitätskosten sind, die sie für diese Preisvergleiche ansetzen. Es ist zu erwarten, dass Verbraucher mit niedrigem Einkommen häufiger Preisvergleiche vornehmen und die Preise besser kennen. Abbildung 6.15 bestätigt diese Erwartung. In der Abbildung wird die Variable „Einkommen" mit drei Hilfsgrößen, der Art des Wohngebietes, der Zahl der Wohnräume und dem PKW-Besitz, operationalisiert.

Abb. 6.15: Unterschiede in den (korrekten) Preiskenntnissen (vgl. A. Goldman 1977, S. 69)

		Korrekte Preiskenntnisse bei den Produkten in Bezug auf die bevorzugte Einkaufsstätte	Basis
Wohnlage des Verbrauchers	Niedrig	66,3%	87
	Mittel-niedrig	47,5% (p < 0,001)	108
	Mittel-hoch	50,5%	95
	Hoch	41,2%	93
Zahl der Wohnräume	1 - 2	65,1%	87
	2,5 - 3	49,5% (p < 0,001)	186
	3,5 - 4	45,3%	78
	mehr als 4	35,4%	32
PKW-Besitz	Nein	56,7% (p < 0,001)	207
	Ja	44,2%	175

Goldman erwartete weiterhin, dass die Preiskenntnisse von den Fähigkeiten des Verbrauchers abhängen, Preisvergleiche durchzuführen. Die Auswertung zeigte jedoch, dass anders als erwartet, Verbraucher mit niedriger Ausbildung die Preise besser kennen. Das Alter der Befragten spielt keine Rolle. Tendenziell zeigte die Studie weiterhin, dass die Preiskenntnisse umso besser sind, je niedriger die soziale Schicht ist, der der Nachfrager angehört. Preiskenntnisse sind dabei definiert als das Benennen (irgend-) eines Preises für einen Artikel, der in den letzten 8 Tagen gekauft worden war.

Die Richtigkeit der Preiskenntnisse lässt sich nicht nur für einzelne Artikel, sondern auch für die Einschätzung des **Preisniveaus eines Geschäftes** insgesamt überprüfen. Dazu lässt sich aus den gewichteten Einzelpreisen ein **Warenkorb-Index** bilden, der die relative Preishöhe einzelner Geschäfte zueinander zum Ausdruck bringen soll (vgl. F. E. Brown 1969). Brown untersuchte, inwieweit die Rangfolge, in die die befragten Verbraucher einzelne Geschäfte bezüglich ihres Preisniveaus gebracht hatten, mit der Rangfolge entsprechend dem Index für die tatsächlichen Preise übereinstimmte. Die Ergebnisse waren unterschiedlich: Es gab Städte, in denen die Verbraucher die Preissituation entsprechend dem Index einschätzten, es gab Städte, in denen ihr Urteil ganz anders lautete. Die Realitätsnähe der Preiseinschätzung hing davon ab, wie groß die Preisunterschiede der einzelnen Geschäfte waren und wie viele Geschäfte die Verbraucher beurteilen mussten. Brown prüfte auch, ob sich Verbraucher in ihrem Preisbild von bestimmten Eigenschaften der Geschäfte (z. B. neu eröffnet, unordentlich, groß, umfangreiche Werbung, großes Sortiment, Lockartikel, teure Innenausstattung, Extradienste) leiten ließen. Es zeigte sich, dass die Verbraucher in ihren Vorstellungen weitgehend übereinstimmten. Ein Geschäft mit einem niedrigen Preisniveau ist demnach neu, nicht so ordentlich, betreibt viel Werbung, bietet keine Extradienste an usw. So ist zu vermuten, dass der Verbraucher damit rechnet, dass sich besondere Dienste in höheren Kosten niederschlagen, welche Einfluss auf die Preise haben. Andererseits scheinen die Verbraucher damit zu rechnen, dass Großbetriebe (großes Sortiment, viel Werbung) niedrigere Preise fordern. Insgesamt konnte jedoch nicht geklärt werden, wann Verbraucher das Preisniveau eines Geschäftes realitätsgerecht einstufen und wann nicht. Es zeigte sich, dass hierbei auch die sozioökonomischen Variablen keinen Aufschluß geben, d. h. also, dass keine sozioökonomisch bestimmte Verbrauchergruppe das Preisniveau der Geschäfte signifikant korrekter einschätzen konnte als eine andere Gruppe. Am größten war noch die Erklärungskraft jener Variablen, mit denen das Kaufverhalten erfasst wurde, wie insbesondere die Zahl der besuchten Geschäfte und die Verwendung eines Einkaufszettels (vgl. dazu F. E. Brown 1971).

6.2.2.3 Zum Urteil über die Preisgünstigkeit

Da es sich bei der „Preisgünstigkeit" um ein hypothetisches Konstrukt handelt, gilt es zunächst, dieses möglichst präzise zu definieren, um erkennen zu lassen, wie es von anderen Konstrukten, wie z. B. den Preiskenntnissen oder der Preiswürdigkeit abgegrenzt ist. Anschließend ist zu klären, wovon das Urteil über die Preisgünstigkeit abhängt und welche Wirkungen von dieser Größe ausgehen.

• **Zur Definition von Preisgünstigkeit**
Bei Preisgünstigkeitsurteilen handelt es sich um subjektive Urteile, inwieweit Preise als günstig oder ungünstig angesehen werden. Es geht um die subjektive Beurteilung einer objektiven Zahl. Das Urteil bezieht sich nicht auf das Verhältnis von zu zahlendem Preis zur Qualität der Ware oder zu den Mühen, das Gut zu kaufen, sondern ausschließlich auf die Beurteilung des nach Meinung des Verbrauchers für eine bestimmte Leistung zu zahlenden Preises. Der zu beurteilende Preis wird mit einer Bezugsgröße verglichen, so dass Preisgünstigkeitsurteile auch als vermutete Abstände eines zu beurteilenden Preises von der verwendeten Bezugsgröße definiert werden können. Nach dem zu beurteilenden Objekt werden unterschieden:
(1)   ein Urteil über die Preisgünstigkeit einzelner Artikel,
(2)   ein Urteil über die Preisgünstigkeit von Artikelgesamtheiten (Artikelgruppen, Warengruppen, Abteilungen, Geschäften, Betriebsformen).
Bei dem Urteil über die Preisgünstigkeit einzelner Artikel kann nach dem Zeitbezug des Urteils ein „bisheriges Urteil über die Preisgünstigkeit" und ein „(derzeitiges) Urteil über die Preisgünstigkeit" unterschieden werden. Bei dem Preisgünstigkeitsurteil handelt es sich mithin um eine zeitpunktbezogene Größe, wobei sich der Verbraucher der einzelnen Werte mehr oder weniger sicher ist.

In Bezug auf das Preisgünstigkeitsurteil von Nachfragern interessieren folgende Sachverhalte:
- Wie verändert sich das Preisgünstigkeitsurteil mit der Höhe des Preises? Kann davon ausgegangen werden, dass eine lineare Beziehung zwischen beiden Größen vorliegt oder sind nichtlineare Beziehungen zu erwarten? Gibt es Preisschwellen und wo liegen diese? Führen ungerade Ziffern zu einem günstigeren Urteil?
- Von welchen Bestimmungsfaktoren hängt es ab, ob ein vorgegebener Preis als mehr oder weniger günstig angesehen wird?
- Welche Wirkungen gehen von einem Preisgünstigkeitsurteil auf andere Größen des Insystems oder auf das beobachtbare Verhalten aus?

(1)   Überblick über die Rolle der Größe „Urteil über die Preisgünstigkeit"
Als besonders bedeutsam erscheint die Frage, inwieweit die das „Urteil über die Preisgünstigkeit" von der Höhe des Preises abhängt, oder aus den Augen des anbietenden Handelsbetriebes gesehen, inwieweit mit der Höhe des geforderten Preises (bzw. des Preisniveaus) das Urteil über die Preisgünstigkeit beeinflusst werden kann.

• **Preisgünstigkeitsfunktionen**
Tendenziell wird ein Preis umso günstiger beurteilt werden, je niedriger er ist. Dies ist eine plausible Aussage. Schwieriger ist es, darüber hinausgehend einen Funktionstyp zwischen der Preisgünstigkeit und einem Preis zu begründen. Bei sehr niedrigem Preis könnte es sein, dass Qualitätsmängel befürchtet werden, ein empirisch mehrfach beobachteter Sachverhalt (vgl. H. Diller 1977). Schließt man dies aus, so könnte die **Preisgünstigkeitsfunktion** das im oberen Bildteil von Abbildung 6.16 dargestellte Aussehen haben. Danach verschlechtern sehr hohe Preise das Preisgünstigkeitsurteil nur noch marginal, aber auch sehr niedrige Preise können das Preisgünstigkeitsurteil kaum noch verbessern; in einem mittleren Bereich führen alternative Preise dagegen zu Preisgünstigkeitsurteilen, die sich deutlich unterscheiden. Es kann aber auch in Analogie zu der doppelt geknickten Preis-Absatz-Funktion von E. Gutenberg (1984) argumentiert werden, dass Preise in einem mittleren Bereich bezüglich ihrer Preisgünstigkeit als weitgehend gleich beurteilt werden; entfernen sich die Preise dagegen von diesem mittleren Preis, dann kann es zu immer deutlicheren Abweichungen von den ursprünglichen Preisgünstigkeitsurteilen kommen.

Abb. 6.16: Die Preiskenntnisse als Bestimmungsfaktor für die Preisgünstigkeit (fiktives Beispiel; vgl. auch L. Müller-Hagedorn 1983b, S. 947)

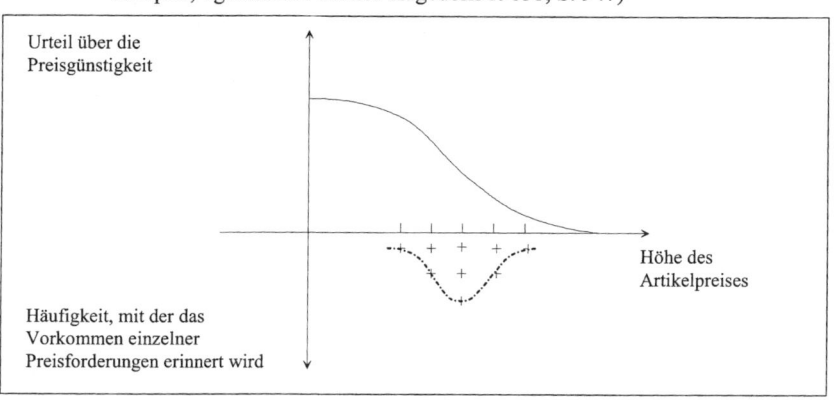

Zum Verlauf der Preisgünstigkeitsfunktion lassen sich mehrere Fragen stellen:

(1) Welchem Funktionsgesetz entspricht der Verlauf?

(2) Liegen absolute Preisschwellen vor, also obere und untere Preisgrenzen, ab denen deutlich stärkere Reaktionsveränderungen zu beobachten sind als im mittleren Bereich?

(3) Gibt es differenzielle Preisschwellen? Dies ist die Frage danach, ob bei Preisänderungen eine bestimmte Preiserhöhung oder -senkung durchgeführt werden muss, damit die Verbraucher ihr Preisgünstigkeitsurteil ändern.

(4) Gibt es bei bestimmten Endziffern des Preises Sprungstellen in der Reaktion?

Ob Preisgünstigkeitsfunktionen tatsächlich existieren, ist empirisch nicht leicht nachzuweisen. Anhaltspunkte für ihre Existenz liefert W. Lenzen (1983). Auf die Frage: „Ich gebe Ihnen jetzt eine Liste, auf der Artikel mit einem Preis angegeben sind. Wie beurteilen Sie die Preise?" antworteten die Personen anhand einer Ratingskala, wie in Abbildung 6.17 angegeben.

Dabei wurde vier Personengruppen jeweils je ein Preis vorgegeben. Die Abbildung belegt, dass die befragten Personen die unterschiedlich hohen Preise auch als unterschiedlich günstig eingestuft haben.

239

Abb. 6.17: Empirisch ermittelte Punkte der Preisgünstigkeitsfunktion

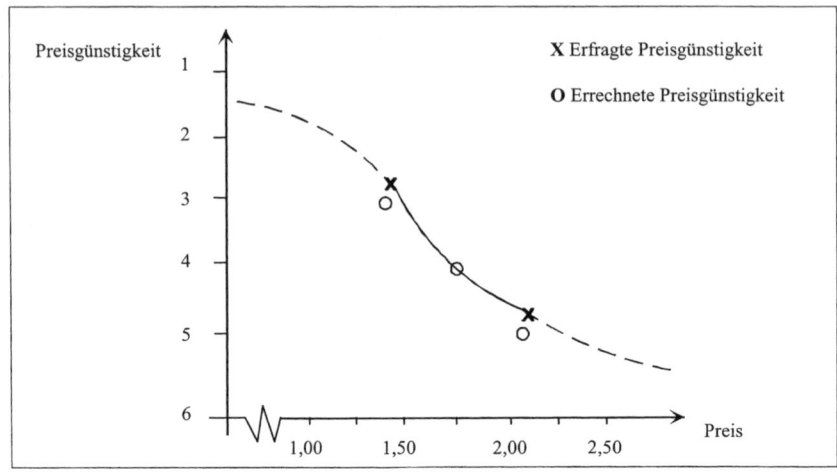

• **Bestimmungsfaktoren für die Preisgünstigkeit**

Welche Faktoren werden den Verlauf der Preisgünstigkeitsfunktion bestimmen? Nach obiger Definition ergeben sich Preisgünstigkeitsurteile aus dem Vergleich eines vorgegebenen Preises mit einer Bezugsgröße. Als Bezugsgröße können Elemente der vorhandenen Preiskenntnisse, z. B. ein bekannter niedriger Preis oder ein Durchschnitt bisheriger Preiswahrnehmungen, dienen. So könnte es sein, dass ein Preis dann als weder günstig noch als ungünstig angesehen wird, wenn er dem Durchschnitt (oder dem häufigst beobachteten Preis in der Vergangenheit) entspricht. Allgemein lässt sich vermuten, dass die **Preisgünstigkeitsurteile vom Kenntnisstand abhängig** sind. Im unteren Bildteil von Abbildung 6.16 ist dargestellt, an welche Preise sich Verbraucher erinnern. Die Dichtefunktion ist u.a. durch einen höchsten Preis, durch einen niedrigsten Preis und durch einen Preis, der nach Ansicht des Verbrauchers am häufigsten gefordert wurde, gekennzeichnet. Ob einer dieser Preise für die Beurteilung eines vorgegebenen Preises eine besondere Bedeutung hat, bedarf weiterer Untersuchungen. Es könnten folgende Beziehungen in Frage kommen:

(1) In Übertragung von H. Helsons (1964) Theorie des Adaptionsniveaus wurde behauptet, der Verbraucher vergleiche den wahrgenommenen Preis mit einem Referenzpreis. In dem Referenzpreis spiegeln sich in der Vergangenheit beobachtete Preise und der Einfluss sonstiger Eindrücke, die für die Beurteilung eines Preises maßgebend sind, wider (vgl. F. Emery 1969; später so auch H. Diller 1991, S. 141-145).

(2) Von besonderer Bedeutung für die Beurteilung eines vorgefundenen Preises könnten aber auch die dem Verbraucher bekannten extremen Preise sein.

(3) Als wichtig hat sich der zuletzt gezahlte Preis erwiesen (J. R. Bettmann 1973, S. 100-102).

Ein Vergleich der Erklärungskraft dieser **verschiedenen Bezugspreise** ist sehr schwierig (vgl. auch die Ausführungen bei L. von Rosenstiel und G. Ewald 1979, S. 82-86; zur Eignung eines als „normal" angesehenen Preises im empirischen Test vgl. L. Müller-Hagedorn 1984b und 1986).

Es ist darüber hinaus aber auch denkbar, dass sich ein Preisgünstigkeitsurteil nicht nur aus dem Abgleich von Preiskenntnissen und zu beurteilendem Preis ergibt, sondern dass zum Zweiten das Urteil über die Preisgünstigkeit eines Artikels durch Übertragung von Urteilen über die Preisgünstigkeit anderer Artikel oder Artikelgesamtheiten gewonnen wird (sog. Generalisierung).

- **Wirkungen des Preisgünstigkeitsurteils**
  Welche Wirkungen hat das Urteil über die Preisgünstigkeit eines Artikels auf den Entscheidungsprozess eines Verbrauchers? Es können **drei Konsequenzen** unterschieden werden:
  (1) die Korrektur des bisherigen Urteils über die Preisgünstigkeit des Artikels,
  (2) das Übertragen des Urteils über die Preisgünstigkeit eines Artikels auf andere Artikel, Sortimentsteile oder Sortimente,
  (3) das Schließen vom Preis auf die Qualität des Artikels.

Zu (1): **Die Korrektur des bisherigen Urteils** über die Preisgünstigkeit eines Artikels durch das aktuelle Urteil über die Preisgünstigkeit

Bei einer Reihe von Artikeln wird der Käufer schon vor der Wahrnehmung des aktuellen Preises die Meinung vertreten, dass der betreffende Artikel in diesem Geschäft mehr oder weniger preisgünstig eingekauft werden kann. Aktuelle Preisbeobachtungen können nun zu einem Urteil führen, das von dem bisherigen abweicht. Bei Abweichungen zwischen diesen beiden Größen wird er sein Urteil revidieren. Dies könnte entsprechend dem Verfahren der exponentiellen Glättung ablaufen. Das aktuelle Preisgünstigkeitsurteil lässt sich so als gewichtete Aggregation der bisherigen Preisgünstigkeitsurteile darstellen.

Zu (2): **Das Übertragen des Urteils** über die Preisgünstigkeit eines Artikels auf andere Artikel, Sortimentsteile oder Sortimente

In vielen Fällen wird der Käufer über keine Preiskenntnisse verfügen und es ist zu fragen, wie er sich in diesem Fall sein Urteil über die Preisgünstigkeit eines Artikels bildet. Ersatzweise wird er auf andere Informationen zurückgreifen: Hierbei kommen mehrere Größen in Frage, zunächst sein Urteil über die Preisgünstigkeit anderer Artikel oder Artikelgruppen, ferner die Art der Preisdarstellung und schließlich Informationen nichtpreislicher Art, wie etwa die Art der Ladenausstattung, die Lage des Geschäftes usw. Hier interessiert vor allem der Fall, dass ein Preisgünstigkeitsurteil auch auf einen anderen Artikel übertragen werden kann.

Zu (3): Das **Schließen vom Preis auf die Qualität** des Artikels

In zahlreichen Studien wurde überprüft, inwieweit Verbraucher vom Preis auf die Qualität des Produktes schließen, denn der Preis wird vom Käufer nicht nur als Kostenbestandteil angesehen, sondern unter Umständen auch als Indikator für die Qualität eines Gutes. Dies ist dann wahrscheinlich, wenn der Verbraucher unsicher ist, wie er die Qualität eines Gutes zu beurteilen hat oder wenn ein hoher Preis aus sozialen Gründen positiv beurteilt wird (Snob-Effekt). Nach der Methodik der Untersuchungen lassen sich zwei Typen von Studien unterscheiden:

a)   **Single-Cue-Studies**: Der befragten Person werden nur die Preisunterschiede zwischen einzelnen Marken bekannt gegeben. Es wird ermittelt, für welches Produkt sich die Befragten entscheiden. In zahlreichen Studien wurde erwartungsgemäß ein positiver Zusammenhang zwischen Preis und Qualität festgestellt (vgl. z. B. Z. V. Lambert 1972; B. Shapiro 1970). Hochpreisige Produkte werden bevorzugt, wenn der Preis die einzig verfügbare Information darstellt, wenn die Preisunterschiede zwischen den Alternativen groß sind und wenn die Vorstellung herrscht, die Qualität der verfügbaren Marken unterscheide sich deutlich.

b)   **Multi-Cue-Studies**: An den Single-Cue-Studies wird kritisiert, dass Verbraucher natürlich Preis und Qualität miteinander verknüpfen, wenn ihnen lediglich Angaben zum Preis vorliegen. So wurden in weiteren Experimenten außer dem Preis weitere Angaben verändert. Als wichtige Größen, die den Zusammenhang von Preis und Qualität bestimmen, erwiesen sich das Markenimage, die Preishöhe, die Häufigkeit des Einkaufs und die Erfahrung im Umgang mit dem Produkt (vgl. D. Gardner 1970 und 1971; K. B. Monroe 1976).

(2)   Einige spezielle Probleme von Preisgünstigkeitsfunktionen
Die Frage nach der Form von Preisgünstigkeitsfunktionen wirft zwei für den Handel wichtige Spezialaspekte auf, nämlich zum einen die Frage, ob es Preisschwellen gibt, und zum anderen die Frage, welche Wirkung von runden Zahlen ausgeht.

1.   Das Preisschwellen-Phänomen und der Bereich akzeptabler Preise

Preisschwellen sind Preise, ab denen sich die Preisbeurteilung sprunghaft ändert. In der Literatur werden häufig **zwei absolute Preisschwellen** unterschieden, eine obere, das ist der Preis, ab dem die Nachfrage stark zurückgeht, weil die Konsumenten der Ansicht sind, das Gut sei zu teuer, und eine untere Preisschwelle, bei deren Unterschreiten die Konsumenten eine schlechte Qualität befürchten (J. Stoetzel 1954, S. 183-188). Hier soll nur auf die obere Preisschwelle eingegangen werden. Die Existenz einer solchen Preisschwelle ist zunächst von D. Adam (1969, S. 75-88) empirisch untersucht und bestätigt worden, später von P. Fouilhé (1960, S. 163-172). Besonders eingehend haben sich A. P. Sowter, A. Gabor und C. W. J. Granger (1969) mit dem Preisschwellen-phänomen befasst und zu diesem Problem zahlreiche Ergebnisse publiziert. Wie Adam benutzten Gabor und Granger die indirekte Methode der Erhebung. Sie legten den zu Befragenden alternative Preise vor und fragten, ob zu diesem Preis
-    gekauft würde oder
-    ob nicht gekauft würde, weil das Gut zu billig sei (L(p)) oder
-    ob nicht gekauft würde, weil das Gut zu teuer sei (H(p)).
Tendenziell entsprechen die Ergebnisse den erwarteten Verläufen, die in Abbildung 6.18 dargestellt sind. Der Anteil der Personen, die zu einem bestimmten Preis kaufen werden (B(p)), ergibt sich als:

$$B(p) = 1 - L(p) - H(p).$$

Wie Abbildung 6.18 zeigt, ergibt sich die Funktion der Kaufbereitschaft aus den Funktionen L(p) und H(p). In diesem Diagramm ist der Bereich akzeptabler Preise so abgegrenzt, dass gefragt wird, bei welchem Preis mindestens 50% der Personen das Gut kaufen würden. Der Wert von 50% ist rein pragmatisch festgelegt, aber im Rahmen psychophysiologischer Untersuchungen hat es sich eingebürgert davon zu sprechen, dass für einen bestimmten Reiz (z. B. Lautstärke eines Tones) die Absolutschwelle dort liegt, wo 50% der Versuchspersonen den Reiz wahrnehmen. Abbildung 6.19 zeigt noch einmal grafisch die Definition der absoluten Reizschwelle.

Abb. 6.18: Die Kaufbereitschaft in Abhängigkeit vom Preis (Buy-Response-Function)

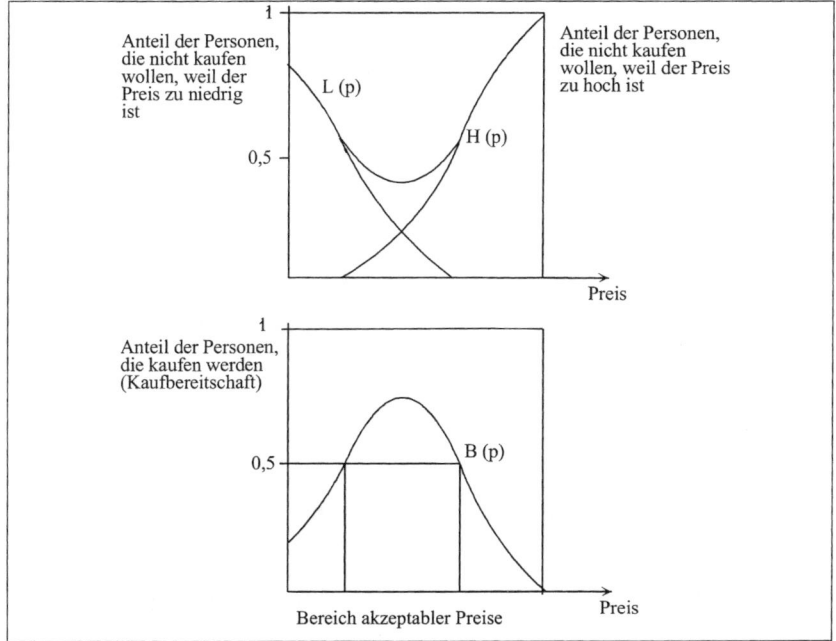

Abb. 6.19: Definition der absoluten Reizschwelle

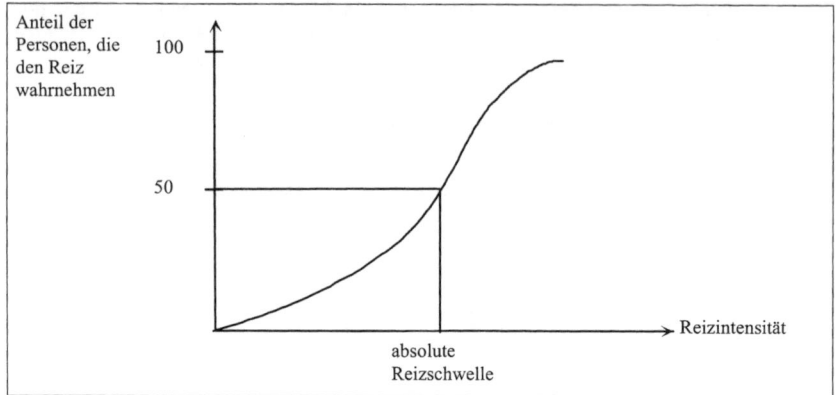

In der allgemeinsten Form geht das Preisschwellenkonzept von einem bestimmten Funktionsverlauf zwischen einem Reiz und einer Reaktion aus. Die Stärke des Reizes besteht hier in der Höhe des geforderten Preises, die Reaktion kann darin bestehen,
- dass die Verbraucher das Gut bei einem bestimmten Preis kaufen,
- dass die Verbraucher die Bereitschaft äußern, das Gut bei dem betreffenden Preis zu kaufen (Buy-Response-Function),
- dass die Verbraucher einen Preis als günstig beurteilen.

Die obere und die untere Preisschwelle grenzen den **Bereich akzeptabler Preise** ein. Mit seiner Ermittlung beschäftigte sich K. B. Monroe (1971a, S. 460-464).

Außer den absoluten Preisschwellen gibt es die so genannten **differentiellen (relativen) Preisschwellen**. Sie beziehen sich auf den Fall, dass der Verbraucher mehrere Preise miteinander vergleicht. Es wird behauptet, dass Unterschiede in den Preisen erst ab einer bestimmten Größenordnung als solche wahrgenommen werden. Der Effekt kann im Vergleich der Preise für zwei Artikel, aber auch beim intertemporalen Preisvergleich auftreten.

In empirischen Untersuchungen zu den differentiellen Preisschwellen wird gefragt, ob **das Webersche Gesetz** (welches bereits aus dem Jahre 1834 stammt) gilt. Weber stellte fest, dass das Verhältnis des eben merklichen Reizunterschiedes zur Bezugsgröße eine konstante Zahl ist, dass also der Quotient des eben merklichen Reizunterschiedes zum Standardreiz konstant bleibt (vgl. A. Hajos 1972, S. 29):

$$\frac{\Delta S}{S_i} = k$$

wobei:

ΔS = $S_i - S_j$ = eben merklicher Reizunterschied (just noticeable difference = jnd),

S_i = Standardreiz,

k = für die betreffende Sinnesleistung empirisch gefundene Konstante (Webersche Konstante).

244

Abb. 6.20: Reizdifferenzen, die mindestens erreicht werden müssen, damit ein Empfindungsunterschied wahrgenommen werden kann

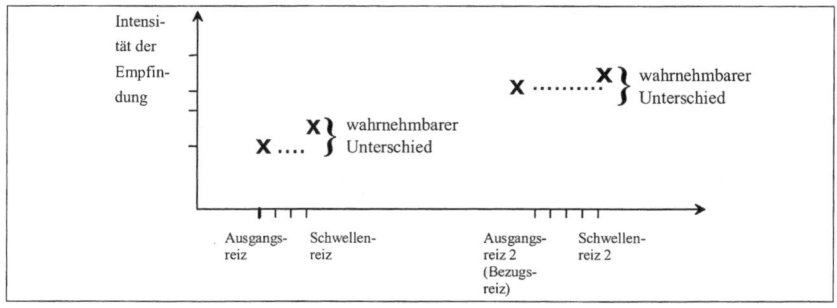

Die Gültigkeit dieses Gesetzes für die Beurteilung von Preisen würde bedeuten, dass es bei Preisveränderungen den jnd festzustellen gilt. Bei einem Ausgangsreiz von z. B. € 9,50 könnte dieser bei € 0,20 liegen. Die Webersche Konstante betrüge also:

$$\frac{9,50 - 9,30}{9,50} = 0,021.$$

Das bedeutet, dass Verbraucher Unterschiede im Preis erst in Rechnung stellen würden, wenn der zweite Preis unter € 9,30 läge. Geringere Preisdifferenzen würden als solche nicht bewertet. Bei einem Ausgangspreis von € 50,- würde der Verbraucher eine Preissenkung erst als solche erkennen, wenn der neue Preis wenigstens:

$$\frac{50 - x}{50} = 0,021$$

$$x = \frac{50}{50 \cdot 0,021} = 47,62 \text{ €}$$

betrüge, was einer Veränderung des Preises um € 2,38 entspricht.

Kamen und Toman sind der Meinung, dass das Webersche Gesetz für die Beurteilung von Preisen durch Verbraucher nicht herangezogen werden kann. Sie vertreten die Ansicht, dass dieselbe absolute Preisdifferenz sogar von größerer Bedeutung sein wird, wenn die Preise auf einem hohen Niveau liegen als wenn die Preise allgemein niedrig sind (vgl. J. M. Kamen und R. J. Toman 1970 sowie J. Stapel 1972). So könne eine Preisdifferenz von € 0,05 zwischen zwei Benzinmarken bei einem hohen Benzinpreis bedeutungsvoller sein als bei einem niedrigen Benzinpreis. Einige Autoren haben sich aber auch gegen eine solche Sicht ausgesprochen (K. B. Monroe 1971b und A. Gabor, C. W. J. Granger und A. Sowter 1971). Das Problem ist auch heute noch als offen anzusehen (vgl. auch den Überblick bei L. von Rosenstiel und G. Ewald 1979, S. 74-86). Von Rosenstiel und Ewald weisen zu Recht darauf hin, dass das Webersche Gesetz erfasst, wann Reizdifferenzen wahrgenommen werden können, während es in der Preistheorie darum geht zu ermitteln, wann wahrgenommene Preisdifferenzen zu

Änderungen im Verhalten führen. Es könnte aber trotzdem sein, dass das Nachfrage-verhalten der Konsumenten in Analogie zum Wahrnehmungsverhalten im Sinne des Weberschen Gesetzes gesehen werden kann.

2. Die Wirkung „runder" Zahlen

Ein spezielles Problem stellt die Frage dar, ob sich die Verbraucher von einzelnen Ziffern besonders beeinflussen lassen. Als **runde Preise** werden jene Preise bezeichnet, welche auf volle 10-Cent-Beträge enden, **gebrochene Preise** (odd-prices) sind dement-sprechend alle Preise, welche mit den Cent-Ziffern 1 bis 9 enden. Preise, welche auf volle € enden, könnten dann als **runde Preise 2. Ordnung** (in der Literatur auch als **Glattpreise** bekannt) definiert werden.

Empirische Befunde deuten darauf hin, dass bei runden Zahlen tatsächlich ein **Re-aktionssprung** einsetzt. Die Politik des „Gerade-unter-einer-runden-Zahl-Bleibens" ist ja weit verbreitet. Bei einem Preis von € 5,95 ließe sich vermuten, dass einige denken „€ 5,- und noch etwas", aber auch, dass andere denken, „rund € 6,-". Gabor und Granger vermuten auf Grund ihrer Untersuchungen, dass immer dann eine starke Reaktion der Verbraucher bei Erreichen einer runden Zahl einsetzt, wenn sich in einem Markt die Politik des Knapp-darunter-Bleibens eingebürgert hat (A. Gabor und C. W. J. Granger 1964; S. Müller, M. Brücken u. I. Heuer-Potthast 1982). Aus Abbildung 6.22 ist deut-lich zu ersehen, wie die Bereitschaft, das Produkt zu kaufen, jeweils bei einer runden Zahl deutlich absinkt. Insgesamt kann der Befund zu diesem Problem aber keineswegs als gesichert angesehen werden (vgl. zu einer skeptischen Position K. P. Kaas und C. Hay, 1984).

Abb. 6.21: Reaktionssprünge bei Preisen mit ganzen Zahlen (hier 6 und 7)

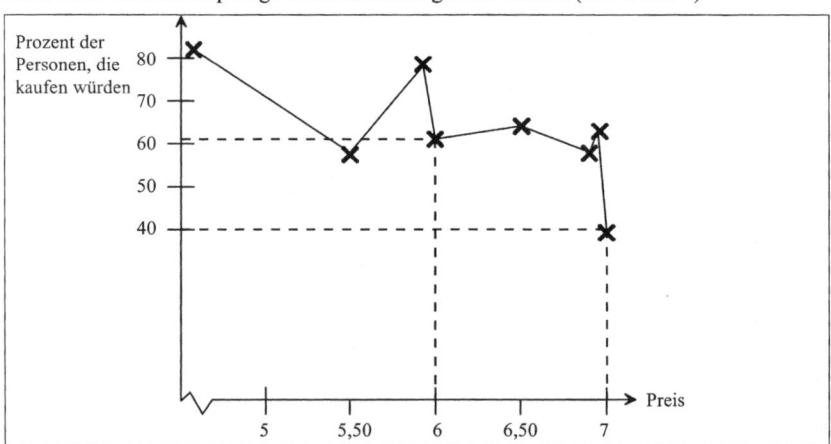

Lambert wollte durch **ein Experiment** aufklären, ob Verbraucher den Eindruck haben, der Preis sei wesentlich geringer, wenn der Preis kurz unter einer geraden Zahl angesiedelt ist (odd ending price). Auch er fragte, ob die Verbraucher der Illusion er-liegen, runde Preise seien erheblich höher als knapp darunter liegende. Er stellte dazu

Warenkörbe zusammen (vgl. dazu ein Beispiel in Abbildung 6.22 und im Einzelnen: Z. V. Lambert 1975). Der Wert von je zwei Warenkörben war weitgehend gleich (39,09 zu 39,00 $), nur waren die Güter in einem Warenkorb mit runden Preisen angegeben, in dem anderen dagegen nicht. Den Versuchspersonen wurde gesagt, sie müssten sich wie in einem Spiel verhalten, und zwar so, als ob sie gewonnen hätten und sich innerhalb einer Minute für einen Warenkorb entscheiden. Um auszuschließen, dass die Personen sich bei ihrer Wahl von den in dem Warenkorb enthaltenen Gütern leiten lassen, wurde ihnen die Möglichkeit eröffnet, sich den Gegenwert in bar auszahlen zu lassen. Den Personen wurde die Möglichkeit eröffnet, sich an einer Lotterie zu beteiligen, bei der sie mit einer Wahrscheinlichkeit von 50% einen Warenkorb gewinnen, mit einer Wahrscheinlichkeit von 50% dagegen nichts. Sie konnten aber auch das Risiko des Lotteriespiels vermeiden und einen Geldbetrag nennen, den sie der Beteiligung an dem Spiel vorziehen würden. Dieser Geldbetrag würde ihnen auf jeden Fall ausgezahlt (so genanntes Sicherheitsäquivalent), er musste aber niedriger sein als die Summe der im Warenkorb enthaltenen Güter, und zwar gerade so hoch, dass sie bei Unterschreiten dieses Betrages doch die Teilnahme am Spiel vorgezogen hätten.

Abb. 6.22: Daten für 2 Warenkörbe (Quelle: Z. V. Lambert 1975, S. 20)

	Warenkorb 1	Warenkorb 2
Gut 1	1,89 $	3 $
Gut 2	19,50 $	15 $
Gut 3	14,95 $	16 $
Gut 4	2,75 $	5 $
Summe	39,09 $	39 $

Hätten sich die Personen nun nicht von den Nachkommastellen der Preise für die Güter im Warenkorb beeindrucken lassen, dann hätten die Sicherheitsäquivalente übereinstimmen müssen, unabhängig, ob genau rechnerisch der Wert für einen Warenkorb 39,09 $ oder 39,00 $ betrug. Die Ergebnisse des Experiments sind im Einzelnen aus Abbildung 6.23 zu entnehmen.

Abb. 6.23: Unterschiede im Sicherheitsäquivalent für Warenkörbe mit runden und nichtrunden Preisen (in Anlehnung an Z. V. Lambert 1975, S. 20)

Waren-korb Paar Nr.	Rechnerischer Wert des Warenkorbs A in $	Rechnerischer Wert des Warenkorbs B in $	Subjektiver Wert der Warenkörbe Es wurde Warenkorb ... niedriger bewertet, und zwar um durchschnittlich ...		
1	39,09	39,00	A	7 $	= 25%
2	171,80	172,00	A	14 $	= 11%
3	50,77	51,00	-	0	
4	164,81	165,00	-	0	
5	65,79	66,00	B	6 $	= 15%

Das Experiment zeigt, dass Konsumenten keineswegs in allen Fällen die nicht-runden Preise niedriger bewerteten als runde Preise. Von daher ist es vielleicht zu erklären, dass es Praktiker gibt, die der Art der Preisstellung eine Bedeutung zuschreiben, während es andere ablehnen. Es wird darauf ankommen, in der Zukunft die Umstände näher zu erforschen, unter denen die Verbraucher der Illusion der runden Zahlen verfallen.

H. Diller und A. Brielmeier (1996) haben am Beispiel eines Drogeriemarktunternehmens folgende Rechnung aufgemacht: Durchschnittlich kauft ein Kunde fünf Artikel bei einem Einkauf, durchschnittlich hat ein Markt 2.500 Kunden in der Woche, das Jahr hat 52 Wochen, das Unternehmen hat 170 Outlets. Wenn das Unternehmen den Mut hätte, von den derzeitig üblichen gebrochenen Preisen (meistens mit der Endziffer 9) auf runde Preise überzugehen (also z. B. von 0,59 € auf 0,60 € oder von 3,79 € auf 3,80 €), dann stiege der Gewinn um rund 1,1 Mio €. Das Rechenbeispiel zeigt die Verlockung, die Gefahr steht vor Augen: Wird der Kunde nicht doch die Preisgünstigkeit in Frage stellen, vielleicht nicht am ersten Tag, aber später? Diller und Brielmaier raten zu Experimenten. In ihrer eigenen empirischen Untersuchung haben sie die Werte zu folgenden Größen aus Experimentiermärkten und Kontrollmärkten miteinander verglichen:
- Erinnerung an den Wechsel zu runden Preisen, um so die Auffälligkeit runder Preise festzustellen,
- die Preisbeachtung während des Kaufentscheidungsprozesses,
- die Preisbeurteilung des gekauften bzw. eines intensiv betrachteten Produktes,
- den Kauf und den Umsatz,
- die Genauigkeit der Preiserinnerung,
- das Preisimage des Geschäftes.

Die Ergebnisse zeigen, dass die positive Wirkung gebrochener Preise wesentlich geringer ist als vom Handel häufig angenommen wird. Nach der Studie bevorzugen Konsumenten generell runde Preise.

Die empirischen Befunde zu gebrochenen Preisen sind jedoch keineswegs eindeutig. Verschiedene Autoren fanden in empirischen Untersuchungen Ergebnisse, die für die Verwendung gebrochener Preise sprechen (vgl. z. B. K. P. Kaas und C. Hay 1984; S. Müller, M. Brücken und I. Heuer-Potthast 1982 oder R. M. Schindler und T. M. Kibarian 1996). Im Preissetzungsverhalten der Handelsbetriebe spielen sie zumindest eine wichtige Rolle (vgl. z. B. die Häufigkeitsverteilung der Preise im Lebensmittel-Einzelhandel bei L. Müller-Hagedorn und S. Zielke 1998).

• **Die Generalisierung eines Preisgünstigkeitsurteils**

Es war erwähnt worden, dass ein Preisgünstigkeitsurteil zwei Wurzeln haben kann, zum einen kann es aus einem Vergleich des zu beurteilenden Preises mit Preiskenntnissen hervorgehen, zum anderen ist denkbar, dass der Nachfrager sein Preisgünstigkeitsurteil nicht auf Preiskenntnisse stützen kann, sondern sich auf sonstige Informationen bezieht, z. B. auf die Art der Preisdarstellung oder die Ausstattung der Geschäftsräume oder dass er sein Urteil davon abhängig macht, wie er die Preise anderer Artikel beurteilt. Auf diesen Vorgang der Generalisation (Verallgemeinerung) soll jetzt eingegangen werden.

Mit **Reizgeneralisation** wird in der Lerntheorie der Fall bezeichnet, dass gleiche Reaktionen nicht nur dann zu beobachten sind, wenn der gleiche Reiz wiederholt wird, sondern auch, wenn ähnliche Reize einwirken. Im Idealfall hat sich gezeigt, dass die konditionierte Reaktion immer schwächer wird, je mehr die Signale vom ursprünglich konditionierten Signal in positiver oder negativer Richtung abweichen. Auf die Beurteilung von Preisen übertragen, könnte der Sachverhalt mit Hilfe folgender

Hypothese formuliert werden: „Je ähnlicher einzelne Artikel vom Verbraucher angesehen werden, desto eher überträgt er ein Preisgünstigkeitsurteil von einem Artikel auf einen anderen Artikel". Auf die Frage, wann Verbraucher Artikel als ähnlich ansehen, kann hier nicht vertiefend eingegangen werden. Wichtig ist, dass Urteile über die Preisgünstigkeit durch Übertragung gewonnen werden können; auf diesem Weg können sich nicht nur Preisgünstigkeitsurteile für einzelne Artikel ergeben, sondern auch Urteile über die **Preisgünstigkeit von Artikelgruppen, Warengruppen, ganzen Geschäften,** allgemein über Artikelgesamtheiten. Es kann auch vom Preisimage einzelner Warengruppen, Abteilungen, Geschäfte gesprochen werden, weil die mit dem Imagebegriff verbundenen Merkmale auch hier gegeben sind (eine subjektive, wertende Stellungnahme, die erlernt ist, relativ lang andauert und verhaltensrelevant ist). Die Generalisation ist nicht nur beschränkt auf die Übertragung eines Urteils über die Günstigkeit eines Preises, bei dem Preiskenntnisse vorliegen, auf Artikel (-Gesamtheiten) ohne Preiskenntnisse, sondern ist auch umgekehrt von Artikelgesamtheiten auf einzelne Artikel möglich.

Schon H. Nyström (1970, S. 119-139) unterschied unterschiedliche Objekte (Artikelgesamtheiten) bei der Beurteilung der Preisgünstigkeit (Preisimage). Er sprach von der „price evaluation" bei einzelnen Artikeln und vom „price image" einzelner Artikelgruppen, ganzer Sortimente oder einzelner Betriebsformen. Preisbeurteilungen stellen bei ihm ein Zusammenwirken von Generalisierungen und Diskriminierungen dar. Unter **Diskriminierung** versteht er den Vergleich von Preisen für denselben Artikel zu verschiedenen Zeitpunkten und den Vergleich von Preisen für gleiche oder ähnliche Artikel. **Generalisierung** bedeutet bei ihm, dass das Urteil über die Preise auf einer Ebene (Artikel, Abteilung, ...) auf eine andere Ebene übertragen wird. Wichtige Hypothesen im Nyströmschen Modell sind:
- Je heterogener die Angebote sind (d. h. je schwerer der Konsument einzelne Artikel miteinander vergleichen kann), desto größer ist die Bedeutung von Generalisierungen für die Preisbeurteilung eines Gutes und umso geringer ist die Bedeutung von Preisvergleichen zwischen verschiedenen Gütern.
- Je heterogener die Angebote sind, desto bedeutsamer sind intertemporale Preisvergleiche und desto weniger bedeutsam sind Preisvergleiche bei ähnlichen Produkten.
Diese Hypothesen fügen sich auch in das TREP-Modell ein.

Nyström greift in seinem Erklärungsansatz auf die so genannten **Konsistenztheorien** zurück. Im vorliegenden Zusammenhang heißt das, dass Verbraucher sich ein Bild von der Preisgünstigkeit eines Geschäftes machen, indem sie sich ein Urteil über mehrere Elemente bilden, z. B.: Preisgünstigkeitsurteile für einzelne Artikel, für einzelne Sortimentsteile, für das Sortiment insgesamt. Ein Konsument ist bestrebt, die einzelnen Urteile in einen Gleichgewichtszustand zu bringen, so dass sie sich konsistent zueinander verhalten. Wenn zwei Elemente füreinander nach Ansicht der urteilenden Personen nicht irrelevant sind, dann stehen sie entweder in der Beziehung der Konsonanz oder der Dissonanz. Konsonanz ist nach Festinger dann gegeben, wenn ein Element psychologisch aus dem anderen folgt, d. h. wenn eine Kognition in der subjektiven Logik des Individuums zu einer anderen nicht in Widerspruch steht (vgl. H. Raffée, B. Sauter und G. Silberer 1973, S. 13, unter Bezug auf L. Festinger 1957, S. 261). Konsonanz läge also beispielsweise vor, wenn ein einzelner Artikel und das ganze

Sortiment als preisgünstig beurteilt werden. Passen die einzelnen Elemente nicht zusammen, so wird der Konsument die einzelnen Elemente so lange verändern, bis wieder ein Gleichgewicht hergestellt ist.

Nach diesem theoretischen Ansatz ist das dem Menschen innewohnende Streben nach Konsonanz dafür verantwortlich, dass ein laufender Abstimmungsprozess zwischen den einzelnen Elementen besteht.

Es sind aber auch andere Erklärungen denkbar; so kann unterstellt werden, dass der Käufer das finanzielle **Risiko** verringern will. Dazu ist es sinnvoll, das Urteil über die Preisgünstigkeit einzelner Sortimentsteile oder ganzer Sortimente durch Preisvergleiche zu fundieren, um die Gefahr unzutreffender Generalisierungen zu vermeiden. Die Sicherheit, die einzelne Personen ihrem Urteil über die Preisgünstigkeit von Sortimentsteilen oder Sortimenten zuordnen, wird unterschiedlich ausfallen. Das könnte damit erklärt werden, dass Personen für sich eine optimale Sicherheit bestimmen, bei der sie den möglichen finanziellen Gewinn gegen den Aufwand abwägen.

Auch **empirische Untersuchungen** weisen darauf hin, dass Verbraucher ihr Urteil über die Preisgünstigkeit eines Artikels auf ihr Urteil über die Preisgünstigkeit anderer Artikel übertragen (vgl. Abb. 6.24). Auf die Frage „Glauben Sie, dass man in einem Geschäft, das Sonderangebote hat, auch sonst günstig einkauft, oder glauben Sie das nicht?" antworteten viele mit „ja" (H. Geiger 1968).

Abb. 6.24: Die Beurteilung der Preisgünstigkeit von Geschäften, die Sonderangebote führen (Quelle: H. Geiger 1968)

	Bevölkerung ab 16 Jahre insgesamt	Personen, die wegen der Sonderangebote in Geschäften kaufen, in die sie gewöhnlich nicht gehen und dort auch andere Artikel kaufen (32% = 100%)
Es glauben, dass man in einem Geschäft, das Sonderangebote hat, auch sonst günstig einkauft	46%	59%
Es glauben nicht, dass man in einem Geschäft, das Sonderangebote hat, auch sonst günstig einkauft	27%	20%
Es sind in dieser Frage unentschieden	27%	21%
	100%	100%

6.2.2.4 Das Urteil über die Günstigkeit des Einkaufs (Preiswürdigkeit)

Im Regelfall wird ein Einkauf nicht nur unter preislichen, sondern auch unter qualitativen Gesichtspunkten beurteilt werden. Diese lassen sich unterscheiden in
- solche, die mit der Qualität eines Produktes (einer Ware), und
- solche, die mit den Umständen des Einkaufs in einer bestimmten Verkaufsstelle verbunden sind.

Letztere sind zu einem großen Teil durch die Absatzpolitik des Handelsbetriebes bestimmt, z. B. durch seine Standortwahl, durch das Zurverfügungstellen von Parkplätzen, durch das Bedienungssystem, durch die Auswahl usw. Die Umstände des

Einkaufs werden aber auch durch Faktoren bestimmt, die einzelne Geschäfte nicht kontrollieren können.

● **Definition von Preiswürdigkeitsurteilen**

In Abbildung 6.10 wird im mittleren Bildteil erfasst, dass sich das Urteil über die Qualität einmal auf die qualitative Komponente des Einkaufs eines einzelnen Artikels i und zum andern auf die qualitative Komponente des Einkaufs von Gütern generell in Geschäft j erstrecken kann. Es handelt sich hierbei um Aussagen zur subjektiv empfundenen Qualität, wie sie mit Hilfe von Einstellungsmodellen abgebildet werden, wobei hervorzuheben ist, dass Urteile über die Höhe des Preises ausgeklammert sind.

Fügt man die Urteile über die preisliche und die qualitative Komponente des Einkaufs eines Artikels i in der Einkaufsstätte j zusammen, so ergibt sich das **Urteil über die Günstigkeit des Einkaufs** eines Artikels i in der betreffenden Einkaufsstätte. Dieses Urteil kann „Preiswürdigkeitsurteil" genannt werden; es erfasst die Bewertung des zu zahlenden Preises, der Umstände, die mit dem Einkauf verbunden sind, und die erhaltene Leistung, weswegen auch vom Preis-Leistungs-Verhältnis gesprochen werden kann. In Abbildung 6.10 sind die diesem Urteil zugeordneten Größen im rechten grauhinterlegten Block dargestellt.

Unterschiedliche Bedürfnisse von Nachfragern und unterschiedliche empirische Ergebnisse zur Bedeutung einzelner Einkaufskriterien lassen nicht erwarten, dass die beiden Faktoren, also zum einen das Preisgünstigkeitsurteil und zum anderen das Qualitätsurteil, gleichgewichtig in das Preiswürdigkeitsurteil eingehen. Bislang werden in der Literatur überwiegend nur formale Verknüpfungsregeln vorgeschlagen, deren theoretische Begründung und empirischer Test meist noch ausstehen. In Parallelität zur Einstellungsmessung wird darauf hingewiesen, dass Preis und Qualität als Differenz oder als Quotient, mit und ohne Gewichtungsfaktoren, in gegenseitiger uneingeschränkter oder eingeschränkter Kompensation, auf Intervall- oder Ordinalskalenniveau zueinander in Bezug gesetzt werden könnten (vgl. H. Diller 1991, S. 158-162).

Abb. 6.25: Marken-Preisbewusstsein im weitesten Sinne bei Verbrauchern zwischen 14 und 69 Jahren nach Warenklassen von Gütern des täglichen Bedarfs im Bundesgebiet mit Berlin (West) in Prozent (Quelle: Hörzu und Funk-Uhr, Hrsg., 1979)

Warenklassen	Entscheidungskriterium	
	Marke	Preis
Genussmittel	73	27
Körperpflegemittel	61	39
Lebensmittel	54	46
Alkoholische Getränke	54	46
Wasch-, Putz-, Reinigungsmittel	51	49
Alkoholfreie Getränke	50	50
Süßwaren, Gebäck	40	60

Befragungen haben gezeigt, dass die relative Bedeutung des Preises zur Qualität sogar bei einzelnen Warenklassen unterschiedlich sein kann (vgl. H. Stern 1981). So wurde, wie auch Abbildung 6.26 zeigt, die Markenbindung in einzelnen Warenklassen gemessen. Immer wenn die Befragten einem der folgenden beiden Statements zustimmten, wurden sie als Verbraucher mit starker **Bindung an die betreffende Marke** eingestuft:

- „Bei diesem Produkt wäre ich sehr enttäuscht, wenn es meine Lieblingsmarke einmal nicht mehr gäbe oder ich diese nicht bekommen könnte."
- „Bei diesem Produkt bevorzuge ich meist eine ganz bestimmte Marke, die ich fast immer nehme."

Stimmten sie dagegen zwei anderen Statements zu, so wurde der Preis als vorrangiges Entscheidungskriterium gesehen.

Es ist hier auch auf die Arbeit von Emery hinzuweisen. Um zu zeigen, wie ein Verbraucher preisliche und qualitative Gesichtspunkte zusammenführt, hat F. Emery (1970, S. 98-110) einen Weg eingeschlagen, der auch von Gutenberg benutzt worden war. Emery geht davon aus, dass ein Verbraucher sowohl den Preis als auch die Qualität eines Produktes bestimmten Kategorien seiner subjektiven Preis- und Qualitätsskala zuweist und dann beurteilt, ob der Preis der Qualität entspricht (vgl. Abbildung 6.26).

Hat die Linie, die (b) und (c) verbindet, eine negative Steigung, dann wird das Gut als teuer eingestuft (ein hoher Preis für die wahrgenommene Qualität), bei positiver Steigung hält der Verbraucher das Gut für preiswert.

Abb. 6.26: Vergleich von Preis- und Qualitätseinstufung nach Emery (ohne die von Emery verwendete objektive Qualitätsskala; vgl. F. Emery 1970)

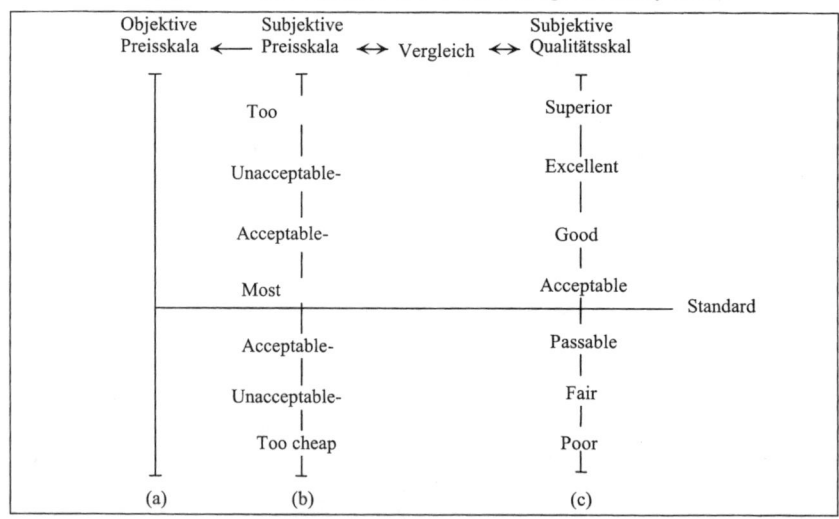

Wie bei der Größe Preisgünstigkeit sind auch hier Generalisierungen denkbar. Ein Konsument, der der Ansicht ist, ein bestimmtes Gut in der Einkaufsstätte j günstig einkaufen zu können, kann diesen Eindruck auf andere Güter übertragen. Er bildet sich so ein Urteil über die Günstigkeit des Einkaufs von ganzen Warenkörben in einem bestimmten Geschäft. Von diesem Urteil macht er Gebrauch bei der Einkaufsstättenwahl, aber auch bei der Beurteilung einzelner Artikel, zu denen ihm keine spezifischen Informationen zur Verfügung stehen.

Durch den Vergleich mehrerer Produkt- und/oder Geschäftsalternativen ergibt sich eine Rangfolge für die Günstigkeit des Einkaufs der Artikel. Dies wird mit **Präferenz** bezeichnet. Mit der Präferenz kann unter Berücksichtigung der nicht antizipierten Faktoren (z. B. unerwartete Zeitknappheit) der Kauf eines Produktes vorhergesagt werden.

Mit Hilfe des Urteils über die Günstigkeit von Sortimentsteilen oder Sortimenten kann die **Einkaufsstättenwahl** erklärt werden. Das vorgestellte Modell ist in allen Beziehungen empirisch getestet; über die Ergebnisse berichtet ausführlich W. Lenzen (1984). Beispielhaft ist in Abb. 6.27 der Zusammenhang zwischen der durchschnittlichen Kaufhäufigkeit und dem durchschnittlichen Preiswürdigkeitsurteil dargestellt.

Die Abbildung zeigt die deutlich ansteigende Tendenz, nach der die durchschnittliche Kaufhäufigkeit in einem Geschäft umso höher ist, je besser die Preiswürdigkeit (nicht zu verwechseln mit der Preisgünstigkeit) des Geschäftes beurteilt wird.

Abb. 6.27: Zusammenhang zwischen Preiswürdigkeitsurteil und durchschnittlicher Einkaufshäufigkeit von Lebensmitteln.

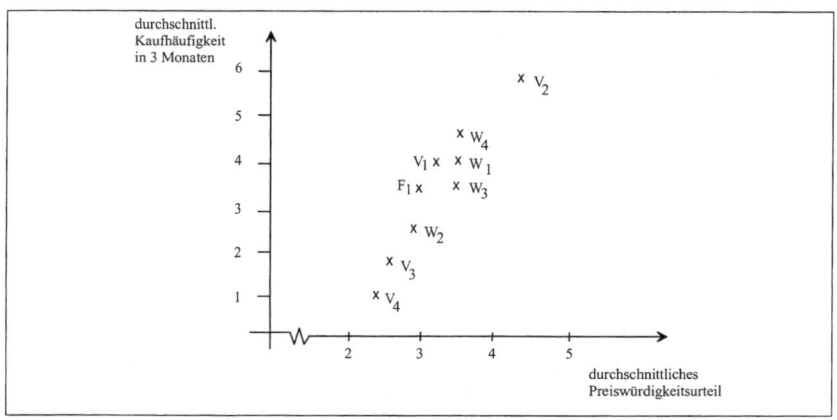

Mit dem Modell TREP sollte der Wirkungsprozess preispolitischer Maßnahmen beim Nachfrager von der Wahrnehmung bis zur Wahl einer Einkaufsstätte abgebildet werden. So wurde die Frage aufgeworfen, welche Preise wahrgenommen werden, wie ausgedehnt die Preiskenntnisse sind, wie es zu Preisgünstigkeits- und Preiswürdigkeitsurteilen kommt und wie letztere schließlich die Einkaufsstättenwahl bestimmen. Diese Wirkungskette kann auch rückwärts aufgerollt werden, indem gefragt wird, warum eine bestimmte Einkaufsstätte gewählt wird, ob diese Wahl durch das Preiswürdigkeitsurteil gesteuert wird, warum sich unterschiedliche Preiswürdigkeitsurteile ergeben und welche Rolle dabei die Preisgünstigkeitsurteile spielen. Insofern liefert das Modell einen

Rahmen, um die zahlreichen Teilaspekte einer preislichen Wirkungsanalyse aufzunehmen.

6.3 Entscheidungsmodelle zur Preispolitik

Ziel betriebswirtschaftlicher Überlegungen sind **Kalküle**, mit denen optimale Preise ermittelt werden können. Hier sind in der Literatur zwei Quellen auszumachen:

(1) Ansätze, die sich an den Kosten orientieren (Kalkulationsverfahren). Auf die kostenrechnerischen Verfahren der Preisfindung mit Hilfe der Divisionskalkulation, der Zuschlags- oder Stufenkalkulation und der Kostenstellenkalkulation gehen wir nicht ein, sondern verweisen auf die Literatur zur Kostenrechnung (zur Einführung: U. Hansen 1990, S. 322-327).

(2) Ansätze, die neben den kostenwirtschaftlichen auch die erlöswirtschaftlichen Aspekte berücksichtigen.

Die Preispolitik muss natürlich erlöswirtschaftliche Aspekte miteinbeziehen, wenn Nachfrager ihr Verhalten von der Höhe des Preises abhängig machen oder wenn Wettbewerb herrscht. Deshalb sind Kalkulationsverfahren auf Kostenbasis allein nicht zufrieden stellend. Die Kunst der Preispolitik besteht in der zutreffenden Prognose der Reaktionen der Nachfrager. Die Ansätze unterscheiden sich in dem Ausmaß, in dem einzelne Bestimmungsfaktoren der Preispolitik thematisiert werden. In den traditionellen mikroökonomischen Ansätzen, von denen in Abschnitt 6.3.1 die Modelle von Ott und Albach behandelt werden, wird vorausgesetzt, dass die Reaktionen der Nachfrager auf alternative Preise bekannt sind; im Mittelpunkt der Überlegungen stehen Kosten, Kapazitäten und die Zielfunktionen des planenden Betriebes. **Wichtige Fragestellungen** sind: Welche Marktformen sind im Handel anzutreffen? Welche Ziele verfolgt der Handel bei der Preissetzung? Wie kann berücksichtigt werden, dass der Handel zum einen absatzseitig Preise setzen muss, zum anderen seine Beschaffungsentscheidungen in Abhängigkeit von den Preisforderungen seiner Lieferanten gestalten muss (dies wird auch als das Problem der Preisbildung auf mehrstufigen Märkten bezeichnet)? Wie kann modelltheoretisch erfasst werden, dass es sich bei Handelsunternehmungen im Regelfall um Mehrprodukt- und nicht um Einproduktunternehmungen handelt? Marginalanalytische Arbeiten zur Preisbildung im Handel stammen insbesondere von P. Theisen (1960) und H. H. Weber (1966). Die Marginalanalyse als Preisfindungsmethode ist allerdings in den Hintergrund gerückt. Wie auch mit dem umfangreichen Abschnitt 6.2 belegt wird, hat sich die preistheoretische Forschung in den letzten Jahren verstärkt den verhaltenswissenschaftlichen Aspekten oder der statistischen Auswertung von Scanner-Daten zugewendet.

6.3.1 Mikroökonomische Modelle zur Preissetzung im Handel

In den mikroökonomischen Modellen zur Preissetzung im Handel wird geprüft, inwieweit die Bausteine der allgemeinen Preistheorie an die spezifischen Verhältnisse des Handels angepasst werden müssen. Dabei wird insbesondere berücksichtigt, dass es sich bei Handelsbetrieben um Mehrproduktunternehmen handelt.

6.3.1.1 Das Warenkorb-Modell von Ott

Ein an der Mikroökonomie orientiertes Modell zur Preisbildung im Einzelhandel wurde von A. E. Ott (1960, S. 1-31) vorgelegt. Ausgangspunkt für Ott ist die Feststellung, dass es für eine so wichtige Wirtschaftsgruppe wie den Einzelhandel keine anerkannte Theorie der Preisbildung gebe. Im Einzelnen sind seine Überlegungen von folgenden **Annahmen** gekennzeichnet:

(1) Das Denken des Handels ist nicht in allen Fällen auf eine Gewinnmaximierung ausgerichtet. Deswegen müssen auch die Fälle der Preisbildung untersucht werden, in denen Anbieter sich mit einem geringeren als dem maximalen Gewinn zufrieden geben. Dies geht mit der vielgeübten Praxis einher, dass auf die Durchschnittskosten ein bestimmter Kalkulationssatz aufgeschlagen wird.
(2) Es wird von einer polypolistischen Marktsituation ausgegangen, d. h. Konkurrenzpreise werden als Konstante unterstellt, der Anbieter muss nicht mit Reaktionen seiner Konkurrenz rechnen. Dabei wird die Marktform des Polypols auf dem unvollkommenen Markt unterstellt (viele relativ kleine Anbieter stehen vielen Nachfragern auf dem unvollkommenen Markt gegenüber).
(3) Es wird ein linearer Verlauf der Kostenfunktion unterstellt, wobei sich die Kosten in fixe und variable aufteilen lassen (in Bezug auf die abgesetzte Menge).
(4) Es wird der Mehrproduktfall untersucht. Diese Prämisse bedarf jedoch einer Erläuterung. Ott ersetzt die Analyse des Einproduktfalles durch die Analyse eines Güterpaketes, eines Warenkorbes. Er nimmt an, dass sich das mengenmäßige Verhältnis der im Warenkorb enthaltenen Güter bei alternativen Preisen nicht ändert.
(5) Der Anbieter sehe sich linearen Nachfragefunktionen für die einzelnen Güter des Güterpaketes gegenüber. Der Anteil der einzelnen Güter im Warenkorb soll sich nicht ändern.

Die Annahmen (4) und (5) stellen den Kern der Ottschen Ausführungen dar. Sie besagen, dass eine funktionale Beziehung zwischen dem Preis des Warenkorbes (p) und der Menge an Güterpaketen (x) besteht. Die Ermittlung des zu fordernden Absatzpreises erfolgt jetzt wie für ein Einproduktunternehmen und ist in Abbildung 6.28 verdeutlicht.

In Abbildung 6.28 gibt die Gerade NN' die Preis-Absatz-Funktion an; mit ihr wird zum Ausdruck gebracht, dass das Ausmaß der Nachfrage auch von der Höhe des geforderten Preises abhängt. AA' repräsentiert den Einstandspreis für das Güterpaket, BB' die Summe aus Einstandspreis und variablen Durchschnittskosten (bei linearem Gesamtkostenverlauf). Schließlich ist aus der Abbildung die Kurve der totalen Durchschnittskosten zu ersehen (TDK).

Abb. 6.28: Preisbildung durch Aufschlagskalkulation auf die Kosten

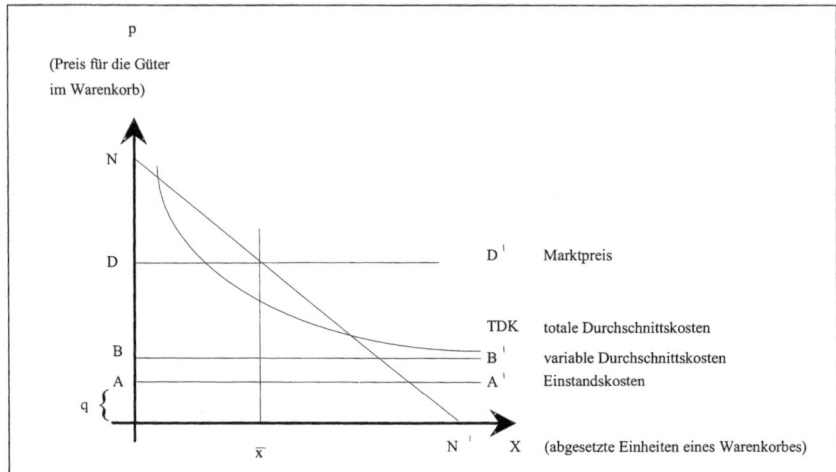

Nach Ott legt der Einzelhändler den Preis jetzt so fest, dass er einen bestimmten Betrag auf seine variablen Durchschnittskosten aufschlägt. In der Abbildung beläuft sich der Preis dann auf D. Die Höhe dieses Aufschlages muss nicht notwendigerweise den Gewinn maximieren, sondern kann beispielsweise auch durch Branchenüblichkeiten bestimmt werden. Die Nachfrager entscheiden jetzt über die nachzufragende Menge; nach Abb. 6.28 werden x̄ Güterpakete nachgefragt.

Die Ausführungen von Ott verdienen Beachtung, weil der in der Praxis verbreitete Usus, Preise auf einer Kostenbasis zu kalkulieren, modelltheoretisch behandelt und mit der marginalanalytischen Behandlung des Problems verglichen wird. **Kritische Einwände** müssen gegen die Annahme der Konstanz der Mengenverhältnisse der Güter im Warenkorb vorgebracht werden (vgl. dazu K. Borchardt 1960). Borchardt zeigt, dass das Ergebnis der unternehmerischen Rechnungen in der Regel für den Unternehmer ungünstiger ist, wenn die aus der Aggregation der Nachfragefunktionen der einzelnen Güter gewonnene Nachfragefunktion nach dem Warenkorb verwendet wird, als wenn die einzelnen Nachfragefunktionen der Planung zu Grunde gelegt werden. Die von Ott verwendeten Gewichte w_i können dazu führen, dass suboptimale Entscheidungen getroffen werden. Wenn die Nachfragefunktionen für die einzelnen Güter vorliegen, ist es sinnvoller, sie den Entscheidungen zu Grunde zu legen. Ott klammert durch seine Art der Behandlung wichtige Probleme aus, insbesondere den Angebots- und Nachfrageverbund. Es ist nicht zu erkennen, warum die Spannen verschiedener Produkte verschieden hoch sind und welche Stellung Lock-Artikel haben (K. Borchardt 1960, S. 37).

Der **praktischen Anwendung** dürfte die Annahme entgegenstehen, dass die Preis-Absatz-Funktion für den Warenkorb bekannt sei oder aus den Funktionen für die einzelnen

Güter aggregiert werden könnte. Die Annahme, dass Unternehmer im Einzelhandel nicht danach streben, gewinnmaximale Preise zu suchen, ist zumindest fraglich.

Zusammenfassend soll zu dem Modell von Ott angemerkt werden, dass es zwar in der Lage ist, Probleme aufzuzeigen (Mehrproduktunternehmung, das Verhältnis der Marginalanalyse zum Kalkulationsdenken, die Bedeutung der Marktformen und der Ziele im Rahmen der Preisbildung), dass jedoch der Kniff, den Mehrproduktfall auf den Einproduktfall zurückzuführen, durch Vereinfachungen in der Berücksichtigung von Verbundwirkungen erkauft werden musste.

6.3.1.2 Ein Modell der mathematischen Programmierung zur Preispolitik im Mehrproduktunternehmen

Albach hat 1962 ein Entscheidungsmodell für die Preispolitik im Einzelhandel entwickelt (H. Albach 1962). Dieses Modell hat insofern einen hohen didaktischen Wert, als es deutlich macht, wie eine analytisch klare Lösung des Problems aussehen könnte und welche Schwierigkeiten dem entgegenstehen. Albach behandelt den folgenden Fall:

(1) Es gibt Artikel im Sortiment, deren Preise als Datum angesehen werden. Dies gilt für die (heute selten gewordenen) preisgebundenen Artikel, ist aber auch für andere Artikel denkbar. Es gibt daneben Artikel, für die ein Preisspielraum gesehen wird, so dass die Notwendigkeit besteht, aktive Preispolitik zu betreiben.

(2) Es ist bekannt, wie die Nachfrager mit der gekauften Menge auf Preisänderungen reagieren. Dabei werden auch zwischen den einzelnen Artikeln des Sortimentes bestehende Interdependenzen komplementärer oder substitutionaler Art berücksichtigt.

(3) Es wird unterstellt, dass mit Reaktionen von Konkurrenten nicht zu rechnen ist, dass der Anbieter also Preisveränderungen nur innerhalb seines monopolistischen Bereichs vornimmt.

(4) Es wird berücksichtigt, dass die Preispolitik die Menge der umgeschlagenen Waren beeinflusst, wobei innerbetriebliche Komponenten beachtet werden müssen. Hier ist beispielsweise an Lagerkapazitäten zu denken.

(5) Die Überlegungen erstrecken sich auf eine Planungsperiode. In dieser Periode treten keine Veränderungen im Verhalten der Nachfrager ein, die innerbetrieblichen Kapazitäten werden weder vergrößert noch verkleinert (Annahme der konstanten Daten).

Bei dem Modell handelt es sich um ein Modell, in dem die Zielfunktion nichtlinear ist, u. U. auch die Nebenbedingungen.

In der **Zielfunktion** wird die Maximierung der Summe der Deckungsbeiträge der einzelnen Waren gefordert. Dabei ist zunächst zu beachten, dass die Absatzmengen der zu kalkulierenden Artikel von der Höhe der Absatzpreise abhängig sind (entsprechend den als bekannt unterstellten Preis-Absatz-Funktionen). Erklärungsbedürftiger sind die **Ungleichungen für die Interdependenzwirkungen**. Zunächst wird unterstellt, dass sich die Menge des Gutes i angeben lässt, die abgesetzt werden könnte, falls keine Abhängigkeiten vom Absatz anderer Güter vorlägen. Diese Zahl wird dann um die Absatzverbundwirkung korrigiert. In weiteren Nebenbedingungen wird erfasst, welche **Kapazitäten** zur Verfügung stehen und wie die einzelnen Waren diese Kapazitäten beanspruchen.

Abbildung 6.29 zeigt die Problemstruktur für ein Beispiel mit zwei Gütern (x und y). Die Abbildung enthält zum Ersten die Nebenbedingung, über die der Absatzverbund erfasst wird, und zum Zweiten die Nebenbedingung, über die die vorhandene Raumkapazität und ihre Inanspruchnahme abgebildet wird. Für zwei ausgewählte Werte der Zielfunktion sind die Zielisoquanten dargestellt. Das Optimum wird erreicht, wenn von Artikel x 11,49 Einheiten und von Artikel y 6,16 Einheiten abgesetzt werden, was zu einem Deckungsbeitrag von 139 führt.

Abb. 6.29: Preispolitik unter Nebenbedingungen im 2-Güter-Fall

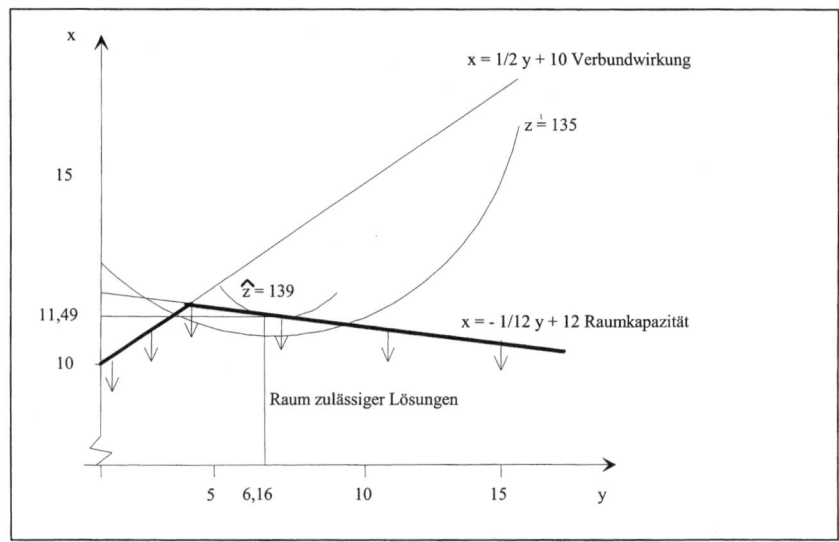

Das Modell ist wie folgt zu **beurteilen**:

(1) Es wird das für den Handel zentrale Problem der Preisbildung im Mehrproduktfall angegangen. Die Preisbildung im Handel kann immer dann nicht mit Hilfe von Modellen zum Einproduktfall angegangen werden, wenn Interdependenzen vorliegen. Solche können kosten- und erlöswirtschaftlicher Art sein. Beide Typen sind in dem Albachschen Modell enthalten.

(2) Das Datenbeschaffungsproblem bereitet die größten Schwierigkeiten einer Anwendung des Modells. Es wäre zu ermitteln,
   - wie sich die Variation eines Preises auf den Absatz des betreffenden Gutes auswirkt (einfache Preis-Absatz-Funktion),
   - wie sich die Mengenänderung eines Gutes auf den Absatz eines anderen Gutes auswirkt (Absatzverbund) und

- wie die einzelnen Artikel die Kapazitäten belasten.

Auf diese Probleme wird gesondert einzugehen sein. Derzeit muss aber festgestellt werden, dass kaum ein Betrieb in der Lage sein dürfte, für seine oft Tausende von Artikeln die im Modell vorgesehenen Parameter zu spezifizieren. Albach unterstellt in seinen Beispielen – wohl sehr vereinfachend – lineare Preis-Absatz-Funktionen und lineare Verbundwirkungen. Er spricht zwar davon, dass es Artikel geben kann, die die Käufer veranlassen, das Geschäft zu betreten und dann auch andere Artikel mitzukaufen, aber er geht nicht der Frage nach, ob diese Rolle von jedem Artikel übernommen werden kann bzw. welche Artikel diese Anlockfunktion übernehmen könnten. Er umgeht eine verhaltenswissenschaftliche Analyse des Problems, indem er die Annahmen setzt: Die Preis-Absatz-Funktion und die Verbundwirkungen seien bekannt.

(3) Wie Albach zeigt, kann das Problem zu nichtlinearen Funktionen in der Zielfunktion und den Nebenbedingungen führen, was die rechentechnische Behandlung erschwert.

6.3.2 Die Nutzung verhaltenswissenschaftlicher Erkenntnisse für die Preispolitik

Kennzeichen der verhaltenswissenschaftlichen Modelle ist, dass der Wahrnehmungs- und Beurteilungsprozess der Verbraucher explizit dargestellt wird. Während bei den SR-Modellen lediglich das Kaufverhalten (z. B. Mengen, die von einzelnen Artikeln verkauft werden, Umsatz) der realisierten Preispolitik gegenübergestellt wird, liefern die verhaltenswissenschaftlichen Modelle Bausteine, die auch als Zielgrößen für die Preispolitik verwendet werden können. Insofern gilt auch für die Preispolitik, dass es sich empfiehlt, operationale Teilziele zu formulieren. Dazu sei auf das in Abschnitt 6.2 dargestellte Modell TREP zurückgegriffen.

Das Modell dient der Erklärung der Einkaufsstättenwahl und des Kaufs einzelner Artikel. Aus beiden Größen können zahlreiche **Zielformulierungen abgeleitet** werden, wie insbesondere
- Gewinnen neuer Kunden für einen Erstbesuch,
- Abwehr von Abwanderungen von Kunden zu Konkurrenzbetrieben,
- Erhöhung der Besuchshäufigkeit,
- Erhöhung der Einkaufsstättentreue.

Stellt man fest, dass einige dieser Zielgrößen sich nicht zufrieden stellend entwickeln, kommt die Frage nach der Ursache und den Möglichkeiten, mit der Preispolitik hierauf Einfluss nehmen zu können, auf. Nach dem TREP-Modell wäre zunächst nach den Preisgünstigkeitsvorstellungen der Verbraucher zu fragen. Hierauf abzielende Ziele könnten etwa lauten:
- Verbesserung des Preisgünstigkeitsurteils in bestimmten Warenbereichen,
- Verbesserung des Preisgünstigkeitsurteils in Bezug auf die gesamte Verkaufsstelle.

Ungünstige Werte in den Preisgünstigkeitsdimensionen können ihre Ursache in der Leistung oder in der Preispolitik des Unternehmens haben, so dass im folgenden Schritt Ziele auf der Preisgünstigkeitsebene formuliert werden können, wie z. B. die Verbesserung der Preisgünstigkeits-Position für einen bestimmten Artikel einer Artikelgruppe, eine Abteilung oder das Unternehmen insgesamt.

Die Bausteine des Modells dienen jedoch nicht nur der Ursachenforschung, um die Gründe für nicht zufrieden stellende Ergebnisse aufzudecken und um Ziele für künftiges Handeln aufstellen zu können, sondern auch gleichzeitig der Positionierung der Planungsobjekte (Artikel, Abteilung, Unternehmung) in preislicher Hinsicht.

6.3.3 Spezielle preispolitische Maßnahmen

Die einzelnen Betriebsformen im Handel unterscheiden sich in der Höhe ihrer Betriebshandelsspannen. Insofern spiegelt die gewählte Betriebsform bereits den Kern der preispolitischen Positionierung. Jeder Handelsbetrieb hat darüber hinaus für jeden einzelnen Artikel bzw. jede einzelne Leistung einen Preis festzulegen. Verallgemeinert man diese Problemstellung, kann man folgende Dimensionen preispolitischer Entscheidungen unterscheiden:

- Sollen alle Artikel mit dem gleichen Kalkulationssatz kalkuliert werden oder soll nach bestimmten Kriterien differenziert werden (z. B. nach Abteilungen oder sogar auf der Ebene einzelner Artikel)? Neben einer solchen nach Warenbereichen angelegten Differenzierung hat auch eine nach Personen vorgenommene Differenzierung von Preisen nach Wegfall des Rabattgesetzes an Bedeutung gewonnen; eine solche Differenzierung geht häufig mit Kundenbindungsmaßnahmen einher.
- Welchen Stellenwert sollen Sonderangebote einnehmen? Einige Unternehmen variieren die Preise relativ häufig, andere betreiben eher eine Politik konstanter Preise, wozu auch die sog. Dauerniedrigpreise gehören.
- Wie sind Verkäufe unter Einstandspreis zu beurteilen?
- Inwieweit soll für mehrere Leistungen ein Bündelpreis festgelegt werden?
- Wie soll von einer Rabattpolitik Gebrauch gemacht werden?

6.3.3.1 Preispolitik im Rahmen der Sonderangebotspolitik

Zur Definition von Sonderangeboten kann auf eine juristische und auf eine ökonomische Sicht Bezug genommen werden. **Juristisch** sind Sonderangebote als „einzelne nach Güte oder Preis gekennzeichnete Waren" definiert, die „ohne zeitliche Begrenzung angeboten werden und die sich in den Rahmen des regelmäßigen Geschäftsbetriebes des Gesamtunternehmens oder der Betriebsabteilung einfügen" (Anordnung des Reichwirtschaftsministeriums vom 4. Juli 1935 zur Regelung der Sonderveranstaltungen). In dieser Definition gilt es vor allem zu beachten, dass es um das **Angebot einzelner Waren** und nicht um das ganze Sortiment oder ganze Sortimentsteile geht, weil dieser Sachverhalt anders bezeichnet wird und anders geregelt ist (zum Ausverkauf vgl. § 7 UWG, zum Räumungsverkauf § 8 UWG, zum Saisonschlussverkauf § 7 UWG und die zur Abgrenzung von Sonderangeboten und Sonderveranstaltungen herangezogene, bereits erwähnte Anordnung von 1935). **Ökonomisch** erscheint die von Welzel vorgetragene **Definition von Sonderangeboten** sinnvoll, nach der darunter eine von den Nachfragern als vorübergehend empfundene absatzpolitische Aktivität eines Einzelhandelsbetriebes verstanden wird, bei der einzelne Waren durch die Kombination aller oder mehrerer Marketinginstrumente werblich herausgestellt werden, um die Zielerreichung des Einzelhandelsbetriebes zu fördern (vgl. K. Welzel 1974, S. 43-53 und R. Gümbel 1963, S. 224f.). Damit wird darauf aufmerksam gemacht, dass Sonderangebotspolitik nicht nur, sogar keineswegs notwendigerweise, aber doch im Regelfall aus preispolitischen Überlegungen besteht, die um sortimentspolitische und werbepolitische ergänzt werden.

Hinweise, wie die Sonderangebotspolitik zu gestalten ist (wie viele Sonderangebote, welche Artikel, welches Ausmaß der Preissenkung, für welche Gültigkeitszeit), finden sich in der älteren Literatur vor allem in der Form, dass auf einige **Bestimmungsfaktoren** hingewiesen wird (vgl. K. Welzel 1974, S. 113-145). Jeder Handelsbetrieb hat zumindest zu entscheiden, in welchem Ausmaß er von der Sonderangebotspolitik Gebrauch machen will. Dazu gehören Antworten zu folgenden **Fragen**:
(1) Welche Artikel sind für eine Sonderangebotspolitik geeignet?
(2) Wie viele Artikel sollen in einer bestimmten Periode als Sonderangebote herausgestellt werden?
(3) Wie stark sollen die Preise bei den Sonderangeboten gesenkt werden?

Zum ersten Problembereich (welche Artikel) sind in der Literatur so genannte **Checklists zur Auswahl von Sonderangebotswaren** entwickelt worden (K. Welzel 1974, S. 278ff.). Dabei werden vielfältige Gesichtspunkte genannt, wie etwa die Zugehörigkeit eines Artikels zu den Gütern des täglichen oder periodischen Bedarfs, ob es sich um einen Herstellermarkenartikel handelt, ob der Artikel auch von der Konkurrenz geführt wird, ob Preis und Qualität bekannt sind usw. Dies mögen wichtige Gesichtspunkte sein, doch ist zu wenig darüber bekannt, unter welchen Umständen ihnen besondere Bedeutung zukommt und wie wichtig sie im Vergleich untereinander sind. Die Begründungen sind oft rudimentär und stellen mehr oder weniger plausible Aussagen dar. Das rührt daher, dass es an einer Theorie des Einkaufsverhaltens, die auch die Wahrnehmung und die Wirkung von Sonderangeboten enthält, weitgehend fehlt. Das erschwert auch Antworten auf die oben angeführten Fragen (2) und (3).

Über die **Wirkung von Sonderangeboten** gibt es zwischenzeitlich zahlreiche Studien. Bereits in einer älteren Untersuchung, der so genannten „Hoffmann Studie", wird berichtet, dass bei Sonderangeboten sowohl der Umsatz, die abgesetzte Menge als auch der Bruttogewinn erheblich über den Werten lagen, die erreicht wurden, wenn der Artikel im Normalangebot war (bis zum 20fachen bei Umsatz und Menge, bis zum 12-fachen bei dem Bruttogewinn bei Preisabschlägen um 10% (vgl. o. V. 1963a, S. 47f.)). Etwa ab 1965 (R. E. Frank und W. F. Massy 1965) sind zunehmend empirische Untersuchungen durchgeführt worden, die insbesondere mit Hilfe der Regressionsanalyse den Effekt von Sonderangeboten quantifizieren wollten. In einer umfangreichen Untersuchung haben H. Schmalen, H. Pechtl und W. Schweitzer (1996) kürzlich das Problem strukturiert, die bisherigen Forschungsergebnisse geordnet und eine eigene umfangreiche empirische Untersuchung durchgeführt.

Eine Analyse der Wirkung von Sonderangeboten kann sich darauf beziehen,

- welche Veränderungen sich bezüglich Absatz, Umsatz oder Marktanteil bei dem betreffenden Artikel einstellen (von Schmalen, Pechtl und Schweitzer Primäreffekt genannt), aber auch
- welche Veränderungen bei anderen Artikeln beobachtet werden können, wobei es sich um einen Substitutionseffekt oder um einen positiven Verbundeffekt handeln kann (von Schmalen, Pechtl und Schweitzer Sekundäreffekt genannt).

• **Der Primäreffekt von Sonderangeboten**
Mit dem Primäreffekt sind die unmittelbaren Auswirkungen eines Sonderangebotes gemeint, wobei insbesondere auf den Absatzsteigerungseffekt bei dem betreffenden Artikel abgestellt wird und Wirkungen auf die logistische Situation des Betriebes, auf sein Preisimage oder sein Ansehen bei den Herstellern unberücksichtigt bleiben, vor allem aber auch die Effekte auf den Absatz anderer Güter. Mit einer gesteigerten Absatzmenge bei dem als Sonderangebot herausgestellten Artikel kann auf Grund verschiedener Umstände gerechnet werden, so kann es sein, dass Sonderangebote
- Laufkunden anlocken (auch als Frequenzeffekt bezeichnet),
- zu einer Hortung des Produktes anregen,
- Schnäppchenjäger zu einem Kauf animieren („cherry picking", Rosinenpicken),
- durch Markenwechsel oder Produktwechsel zu Stande kommen.

Geht das Sonderangebot mit einer Preisreduktion einher, dann ist – unterstellt man eine monopolistische Marktsituation – die Preisreduktion nur sinnvoll, wenn der Verlust aus dem Umstand, dass alle Mengeneinheiten zu einem verringerten Preis abgesetzt werden, durch den Absatzsteigerungseffekt ausgeglichen wird. Dies weckt das Interesse an der Höhe von dp/dx. Auf diese Größe sind die zahlreichen statistischen Auswertungen ausgerichtet. Beispielhaft sei auf die Untersuchung von Glinz eingegangen.

M. Glinz (1979a und 1979b) informiert über die Sonderangebotspolitik von Verbrauchermärkten. Er stellt dar, wie lang die Aktionsdauer war, in welchem Ausmaß die Aktion durch Zeitungswerbung unterstützt wurde, wann eine Zusatzplatzierung eingesetzt wurde usw. Noch aufschlussreicher sind jedoch jene Hypothesen, mit denen erfasst wurde, welche Wirkungen mit Sonderangeboten erzielt wurden. Die Wirkung misst Glinz am Marktanteil (über die abgesetzte Menge definiert). Mit Hilfe der linearen Regressionsanalyse ermittelte er Preis-Marktanteils-Funktionen, und zwar einmal unter Berücksichtigung der Werte aus allen Geschäften, in denen Daten erhoben worden waren, unabhängig davon, ob mit dieser Marke eine Sonderpreisaktion durchgeführt wurde, und zum anderen nur mit den Daten aus den Geschäften, die Sonderpreisaktionen durchführten. Abbildung 6.30 zeigt die Ergebnisse für vier ausgewählte Marken (Waschmittel derselben Packungsgröße).

Für die in Abbildung 6.30 herausgegriffenen Marken gilt, dass Preisveränderungen im Rahmen von Sonderangeboten dann stärker auf den Marktanteil durchschlagen („Aktionseffekt"), wenn es sich um Marken mit hohem Marktanteil handelt (vgl. Marke 1 und 9 mit einem Steigungsmaß von -4,574 bzw. -7,673). So lässt sich aus den Reaktionsfunktionen ablesen, dass für Marke 1 größere Marktanteilsgewinne nur dann möglich sind, wenn sie durch Sonderpreisaktivitäten des Handels begleitet werden. Bei Marke 10 kann dagegen der Marktanteil durch Preisveränderungen nur geringfügig beeinflusst werden.

Abb. 6.30: Empirisch ermittelte Regressionsfunktionen zum Einfluss des Preises bei 4
Marken (Waschmitteln)

		Regressionsfunktion	Korr. Koeff.	Signifikanz- niveau
Marke 1: hoher Markt- anteil, hochpreisig	alle Geschäfte	$MA_1 = 46,346 - 3,079\ P$	- 0,18	91
	Geschäfte mit Sonderpreis- Aktionen	$MA_i^a = 63,476 - 4,574\ PA$	- 0,23	90
Marke 6: niedriger Marktanteil, niedrigpreisig	alle Geschäfte	$MA_6 = 33,061 - 3,399\ P$	- 0,44	99
	Geschäfte mit Sonderpreis- aktionen	$MA_6^a = 39,279 - 3,887\ PA$	- 0,43	99
Marke 9: hoher Marktanteil, niedrigpreisig	alle Geschäfte	$MA_9 = 41,642 - 4,293\ P$	- 0,30	99
	Geschäfte mit Sonderpreis- aktionen	$MA_9^a = 68,290 - 7,673\ PA$	- 0,55	99
Marke 10: niedriger Marktanteil, hochpreisig	alle Geschäfte	$MA_{10} = 20,754 - 1,788\ P$	- 0,43	99
	Geschäfte mit Sonderpreis- aktionen	$MA_{10}^a = 21,35 - 1,876\ PA$	- 0,49	90

Symbole: MA_i = Marktanteil (Menge) der Marke i bei Zugrundelegung der Messwerte aus allen
Verbrauchermärkten

MA_i^a = Marktanteil (Menge) der Marke i bei Zugrundelegung der Messwerte aus
denjenigen Verbrauchermärkten, in denen für die Marke i eine
Sonderpreisaktion durchgeführt wurde

P = Preis für die Marke i (Normalpreis)

PA = Preis für die Marke i in den Geschäften, in denen für die Marke i eine
Sonderpreisaktion durchgeführt wurde (Aktionspreis)

Untersuchungen der vorgestellten Art waren ursprünglich theorielos angelegt, indem sie
nur abhängige und unabhängige Variablen gegenübergestellt haben. Im Zeitablauf
wurden den Auswertungen jedoch auch Hypothesen zum Einfluss bestimmter Faktoren
unterlegt. Dies zeigen die folgenden Beispiele:
- Die Wirkung von Sonderangeboten ist umso größer, je haltbarer das Produkt ist.
- Die Wirkung ist umso geringer, je höher der Marktanteil des betreffenden Produktes
  ist.
- Im Falle hoher Markentreue können mit Sonderangeboten nur geringe Erfolge erzielt
  werden.
- Der Sonderangebotserfolg ist davon abhängig, welche Packungsgröße in die Aktion
  einbezogen wird.

Dies öffnet den Blick dafür, dass der Erfolg von Sonderangeboten nicht nur von der Höhe der Preissenkung abhängt, sondern auch von Produkteigenschaften, Merkmalen der angesprochenen Käuferschaft und von situativen Faktoren.

Schmalen, Pechtl und Schweitzer berichten die in Abbildung 6.31 ausgewiesenen Werte aus ihrer eigenen empirischen Untersuchung bezüglich des Primäreffektes. Auffallend ist, dass auch Sonderangebote, die nicht mit einer Preisreduktion verbunden waren, in bestimmten Fällen zu einem Absatzanstieg geführt haben.

Abb. 6.31: Höhe des Primäreffektes von Sonderangeboten (Mediane) nach der Untersuchung von H. Schmalen, H. Pechtl und W. Schweitzer (1996, S. 83)

	Absatzanstieg relativ (I_r)		Absatzanstieg absolut (I_a)	
	preisreduziert	nicht preisreduziert	preisreduziert	nicht preisreduziert
Speiseöle	236	124	29,3	16,7
Eis	227	153	10,7	17,0
Kaffee	217	23	12,1	1,1
Schokolade	203	192	238,2	39,6
Sekt	201	30	12,0	3,4
Fruchtsaft	170	26	58,0	4,7
Ketchup	168	-	9,8	-
Sauergurken	120	-	18,4	-
Bratenfett	119	-	22,6	-
Margarine	116	38	123,9	7,7
Pommes Frites	109	-	21,1	-
Nudeln	103	57	25,0	8,0
Suppen	97	107	14,3	13,8
Camembert	84	-	5,5	-
Frischkäse	83	47	9,8	8,6
Schlagrahm	81	66	118,8	31,8
Quark	77	-	13,4	-
Pizza	71	-	3,2	-
Buttermilch	53	81	24,4	21,6
Saure Sahne	38	-	10,6	-

- **Der Sekundäreffekt von Sonderangeboten**

Sonderangebote sollen in vielen Fällen nicht nur Umsatz, Absatz und Bruttogewinn des preislich herausgestellten Artikels beleben, sondern auch den **Absatz anderer Güter**. Kommt es zu solchen ergänzenden Käufen? Andererseits kann der Mehrabsatz bei dem Sonderangebotsartikel aber auch zu Lasten anderer Artikel gehen. Antworten auf diese Fragen zum Absatzverbund kann man zum einen durch Befragungen erhalten. So wurden Käufer befragt, ob sie glauben, „dass man in einem Geschäft, das Sonderangebote hat, auch sonst günstig einkauft" und ob sie dann, wenn sie ein Geschäft nur wegen der Sonderangebote aufgesucht haben, auch noch andere Artikel mitnehmen (vgl. H. Geiger 1968). Zum anderen können auch hier im Kaufprozess anfallende Daten ausgewertet werden.

Schmalen, Pechtl und Schweitzer trennen ihre Ausführungen danach, ob es sich um einen Substitutionseffekt oder um einen Verbundeffekt handelt. Unter einem Substitutionseffekt verstehen sie die „Verdrängungswirkung bei anderen Produkten", unter einem Verbundeffekt die „Absatzsteigerung bei anderen Produkten". Allerdings zeigt sich später, dass die Absatzsteigerung bei einem Produkt i nicht nur unmittelbar zu Lasten eines Produktes j gehen kann, sondern dass auch die Fälle zeitversetzter Substitution zu beachten sind, die auch den Fall einschließen, dass das Aktionsprodukt in späteren Perioden in vergleichsweise geringer Menge gekauft wird; wegen des Hortungseffekts geht also der Substitutionseffekt nicht nur zu Lasten anderer Produkte, sondern kann sich in späteren Perioden auch auf das eigene Produkt erstrecken.

Zur Überprüfung sind in der Literatur zahlreiche Modelle vorgestellt worden, so z. B. lineare Modelle, multiplikative Modelle, exponentielle Modelle, Modelle mit und ohne Interaktionswirkungen, Modelle mit Variablen aus Vorperioden, Modelle mit Konkurrenzmerkmalen, multinomiale Logit-Modelle usw. Die Untersuchungen unterscheiden sich nicht nur in der Art des verwendeten Modells, sondern auch in der Operationalisierung der Variablen und dem Umfang der verwendeten Daten (zu einer kurzen Darstellung der Modellvarianten vgl. H. Schmalen, H. Pechtl, W. Schweitzer 1996, S. 110-140).

Insgesamt kommen Schmalen, Pechtl und Schweitzer in ihrer empirischen Untersuchung zu dem Ergebnis, dass Substitutionseffekte relativ schwach sind und, wenn sie überhaupt gemessen werden konnten, zu Lasten von Produkten mit „Billig- bzw. Sparimage" gehen. Auch einen Verbundeffekt konnten sie nicht ausmachen, zumindest nicht in beachtenswerter Höhe.

6.3.3.2 Verkäufe unter Einstandspreis

Eine häufig zu beobachtende Kalkulationspraxis ist der **Verkauf unter Einstandspreis**. Was als Einstandspreis anzusehen ist, wird dann problematisch, wenn der Lieferant Gesamtumsatzrabatte einräumt, wenn sich Frachten, Speditionsgebühren, Transportversicherungen, Zölle einzelnen Artikeln nur willkürlich zuordnen lassen und wenn der Lieferant besondere Zahlungsbedingungen einräumt. Vom Verkauf unter Einstandspreis kann gesprochen werden, wenn die Ware zu einem Preis veräußert wird, der unterhalb des Verkaufspreises des Lieferanten (Fabrikabgabepreis minus Preisnachlässe) zuzüglich direkt zurechenbarer Beschaffungskosten sowie der Verbrauchssteuern liegt.

Abbildung 6.32 belegt beispielhaft, wie stark die Reaktion der Nachfrager auf Angebote mit einem Preis, der unter dem Einkaufspreis liegt, im Regelfall ist. Der Abverkauf der einzelnen Artikel erhöhte sich in der Woche, in der der Artikel als Sonderangebot herausgestellt wurde, um das drei- bis vierfache gegenüber dem Verkauf in der Vorwoche.

Abb. 6.32: Absatzmenge und Umsatzanteil am Warengruppenumsatz (in Prozent) des Sonderangebotsartikels „Capri Sonne Orange, Zitrone, Apfel oder Cola-Mix, 10er Pack" (Mo[*] = Erscheinungstag der Anzeige, fehlender Do = Feiertag)

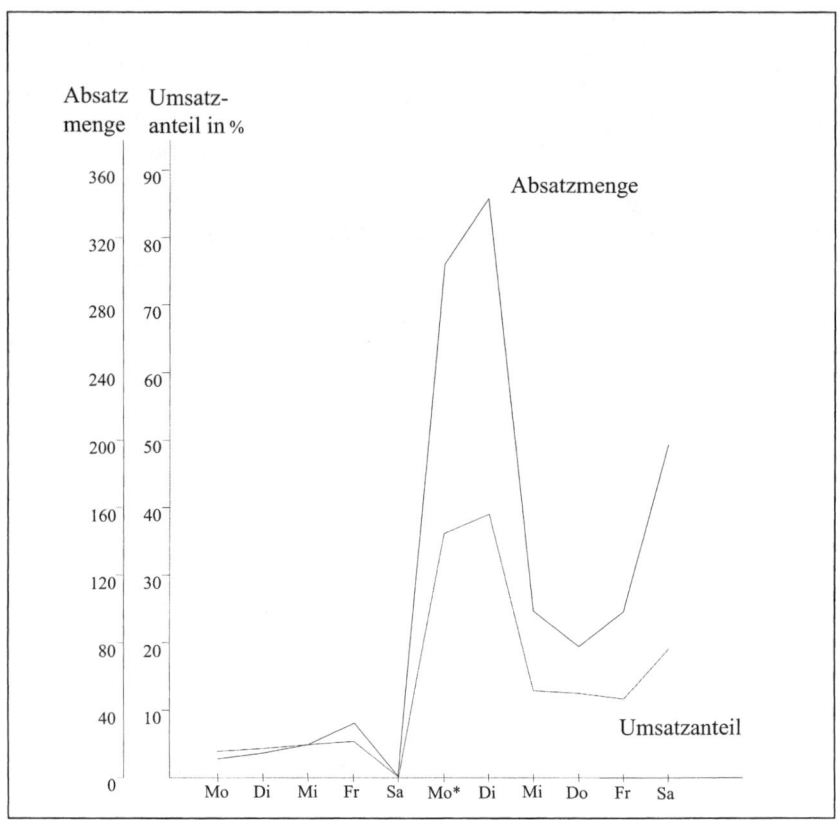

Auf diese starke Wirkung von Sonderangeboten ist es zurückzuführen, dass die Verkäufe unter Einstandspreis heftig umstritten sind. H. Diller (1979; ausführlicher K.-H. Schneider 1982) hat die Diskussion darüber zusammengestellt und die einzelnen Positionen kritisch gewürdigt. Verkäufe unter Einstandspreis berühren die **Interessensphäre**:

(1) des jeweiligen **Anbieters**: Er sieht darin ein Mittel des Abverkaufens von Warenbeständen, ein Mittel zur Liquiditätsbeschaffung, auch durch die Realisation von Verbundkaufeffekten, und ein Mittel, um sein akquisitorisches Potenzial zu mehren.

(2) der jeweiligen **Konkurrenten**: Es wird diskutiert, ob in Sonderangeboten ein unerwünschter Wettbewerb gesehen werden sollte, weil Großbetriebe eher die Möglichkeit haben, Verluste in einem Bereich durch Überschüsse bei anderen

Artikeln auszugleichen. Es wird auch befürchtet, dass immer weiter um sich greifende Preisverfallerscheinungen einen ruinösen Wettbewerb auslösen könnten.

(3) der **Hersteller**: Sie befürchten, dass ein Verkauf unter Einstandspreis das angestrebte Qualitätsimage eines Artikels zerstören könne, und zwar insbesondere dann, wenn der Konsument den Preis als Qualitätsindikator verwende. Hersteller wenden außerdem ein, dass andere Abnehmer den Eindruck gewinnen könnten, sie würden zu ungünstigeren Konditionen beliefert.

(4) der **Verbraucher**: Für den Verbraucher wird die Gefahr gesehen, dass ihn Angebote unter Einstandspreis dazu verleiten, unzulässigerweise Vorstellungen über die Preisgünstigkeit von Sonderangeboten auf andere Artikel zu übertragen.

J. Marquardt (1982) untersucht insbesondere die Konsequenzen von Verkäufen unter Einstandspreis für das Marktverhalten der Mitbewerber im Handel und der Hersteller. Er prüft die Frage, inwieweit es auf der Grundlage des UWG und GWB möglich und sinnvoll ist, Verkäufe unter Einstandspreis zu verhindern. Als Beispiel für ein solches Verbot können die Beschlüsse des Bundeskartellamtes aus dem Jahre 2000 angeführt werden, mit denen es den Handelsketten Wal-Mart, Lidl und Aldi Nord verboten hat, bestimmte Produkte unter Einstandspreis zu verkaufen. Wal-Mart führte im Mai 2000 ein neues Niedrigpreisprogramm für Eigenmarken (Smart Price) bundesweit ein. Einige Handelsunternehmen reagierten darauf mit Senkungen der Preise unter die von Wal-Mart geforderte Höhe. Das Bundeskartellamt stellte fest, dass es sich bei den beschriebenen Aktionen um rechtswidrige Verkäufe unter Einstandpreis handelte (vgl. dazu die Beschlüsse des Bundeskartellamtes: B9-74/00, B9-84/00 und B9-85/00). Die Einwände des Kartellamtes bezogen sich in erster Linie darauf, dass die betroffenen Unternehmen eine **überlegene Marktmacht** gegenüber kleinen und mittleren Einzelhändlern besitzen, die Preissenkung einen **dauerhaften Charakter** habe und den Unternehmen auch **andere absatzpolitische Instrumente** außer dem Preis zur Verfügung stehen, sich von ihren Mitbewerbern zu differenzieren.

6.3.3.3 Preisbündelung

Preisbündelung bedeutet, dass die Preise nicht mehr nur für einzelne Artikel festgelegt werden, sondern dass mehrere selbstständige Absatzleistungen zu einem neuen Angebot mit einem eigenen Preis zusammengeschnürt werden. Insbesondere im Handel mit Hi-Fi-Produkten ist eine solche Preisstellung häufiger zu beobachten, so z. B. wenn sich die vom Hersteller empfohlenen Preise für fünf Teile auf 1.894 € addieren, die Handelsunternehmung jedoch für das gesamte Paket nur 1.499 € verlangt. Dem Kunden wird gesagt, er spare 395 €. Mit diesem Beispiel soll nicht verdeutlicht werden, dass ein Händler unter den vom Hersteller empfohlenen Preisen bleiben kann, sondern dass für ein Leistungspaket ein Preis festgelegt wird, der unter der Summe der Einzelpreise bleibt. Es handelt sich bei der Preisbündelung auch nicht nur um einen Rabatt für größere Einkaufsbeträge, sondern um eine Preisstellungsmöglichkeit für bestimmte Situationen. Die besondere Wirkung dieser Preisstellung besteht darin, dass Kunden, denen ein einzelnes Teil vielleicht zu teuer wäre (im Beispiel vielleicht der CD-Player für 299 €) diesen dennoch kaufen, weil ihnen der Paketpreis hinreichend attraktiv erscheint. Insofern können mit Preisbündelungsmaßnahmen Zusatzkäufe ausgelöst wer-

den, wenn die subjektiven Prohibitivpreise bei einzelnen Artikeln über den in Frage kommenden Preisen liegen. Dabei müssen jedoch bestimmte Bedingungen gegeben sein (vgl. A. Herrmann und H. H. Bauer 1996). So darf nicht generell erwartet werden, dass Umsatz und Gewinn eines Unternehmens steigen, wenn es Artikel bündelt und den Preis unterhalb der Summe der Einzelpreise festlegt. Vielmehr muss gelten, dass die Preise für einzelne Artikel über dem Betrag liegen, den ein Verbraucher zu verausgaben bereit ist, während sie für andere Artikel unter diesem Betrag liegen. Nicht ausgenutzte Preiszahlungsbereitschaften können dann von einem Artikel auf einen anderen übertragen werden. Preispolitisch ergeben sich mehrere Verfahrensweisen:
- es gibt nur die Einzelpreisauszeichnung,
- es gibt sowohl Preise für einzelne Artikel als auch für Artikelbündel (gemischte Preisbündelung),
- bestimmte Artikel werden ausschließlich im Bündel verkauft.

Wie H. Simon (1992b) gezeigt hat, ist es im Einzelfall nicht leicht zu entscheiden, welches Preissetzungsverfahren optimal ist. Die Anwendung setzt Kenntnisse der kundenspezifischen Maximalpreise voraus, erfordert die Anwendung eines Optimierungsverfahrens und kann wettbewerbsrechtliche Probleme aufwerfen. Preisbündelung ist inzwischen in vielen Bereichen zu beobachten, bei Dienstleistungen (Flug plus Hotel), in Restaurants (Menüpreis), bei der Belegung von Anzeigen in mehreren Zeitschriften, im Handel (z. B. Preise für komplette Computeranlagen, Preise für Wagen mit einem Sonderausstattungspaket). Wahrscheinlich wird sie in weitere Bereiche Eingang finden.

Ein alter Traum des Fachhandels ist es, Preise zu entbündeln, d. h. die Beratung als Dienstleistung von dem Warengeschäft abzukoppeln. Dies wird immer dann gewünscht, wenn der Verbraucher sich im Fachhandel beraten lässt und dann die Ware an anderer Stelle ohne Beratung billiger erwirbt. Dies ist bisher nur stellenweise gelungen, z. B. dort, wo Kosmetik- oder Farb-(Typ-)beratung isoliert werden und dem Kunden ein eigener Pass mit den Beratungsergebnissen ausgestellt wird oder in jenen Möbelgeschäften, die die Transportleistung vom Warengeschäft getrennt haben.

Preisbündelung und Entkopplung stellen also gleichermaßen intelligente Formen der Preisstellung dar. Überhaupt ist dies eine preispolitische Herausforderung: Wie können Preissysteme intelligent gestaltet werden? Neben den Maßnahmen zur Preisbündelung und zur Preisentbündelung sollte auch an die sog. nichtlineare Preissetzung gedacht werden (z. B. Bonussysteme).

6.3.3.4 Nichtlineare Preissetzung

Grundsätzlich bezeichnet der Begriff der **nichtlinearen Preissetzung** eine Preispolitik, die eine Differenzierung der Preise anhand der abgesetzten Menge vornimmt (vgl. H. Simon, G. Tacke und B. Woscidlo 1998 oder H. Simon und R. J. Dolan 1997, S. 187-212). Normalerweise wird der Stückpreis eines Gutes bei dieser Art der Preispolitik so festgelegt, dass er mit zunehmender Nachfragemenge sinkt. Dabei lassen sich mehrere Varianten der nichtlinearen Preissetzung unterscheiden:

- der **Mengenrabatt**, d. h. bei Erreichen einer oder mehrerer festgelegter Abnahmemengen sinkt der zu zahlende Preis pro Stück. Dabei kann zwischen dem durchgerechneten (der reduzierte Stückpreis gilt für die gesamte Abnahmemenge, was auch als Preispunkt bezeichnet wird) und dem angestoßenen Mengenrabatt (der reduzierte Stückpreis gilt nur für den Teil der Bestellmenge der über die Mindestmenge hinaus geht) unterschieden werden und
- der **zweiteilige Tarif**, welcher aus einer festen Grundgebühr und einem Stückpreis besteht, bzw. der Blocktarif, der es dem Nachfrager erlaubt, zwischen verschiedenen Grundgebühren und damit verbundenen Stückpreisen zu wählen.

Voraussetzung für eine Anwendung der nichtlinearen Preissetzung ist, dass bei den Nachfragern unterschiedlich hohe Zahlungsbereitschaften vorliegen und diese vor allem beim Einzelnen für zusätzliche Einheiten abnehmen. Die Informationsanforderungen sind sehr hoch, im Idealfall sollte die Zahlungsbereitschaft jedes einzelnen Nachfragers oder zumindest einzelner Kundengruppen bekannt sein. Außerdem müssen die Anspruchsberechtigten eindeutig identifizierbar sein, da sonst die Bündelung der Nachfrage verschiedener Individuen zur Erzielung möglichst hoher Rabatte nicht ausgeschlossen werden kann. Es gilt, bei der Gestaltung eines solchen Preissystems einen Kompromiss zwischen der Komplexität der Preisgestaltung, mit der die Optimalität des Systems einher geht, und den Implementierungskosten zu finden.

Die bei nichtlinearer Preispolitik von einer Unternehmung **verfolgten Ziele** können unterschiedlicher Natur sein:
- Die Kundenbindung wird gesteigert; insbesondere durch zweiteilige Tarife wird eine starke Bindung der Kunden an das Unternehmen hervorgerufen. Es können Markteintrittsschranken errichtet werden, daher sind mögliche Konflikte mit dem Kartellrecht zu beachten.
- Optimierung des Gewinns; große Kunden haben häufig eine höhere Preisempfindlichkeit (vgl. H. Simon und R. J. Dolan 1997, S. 197), durch die nichtlineare Preisbildung kann also der Gewinn maximiert werden.
- Weitergabe von Kostenersparnissen bei Absatz großer Mengen.

Im Handel werden meist die Formen des Mengenrabatts bevorzugt, mehrteilige Tarife finden sich dort eher selten (Beispiele für diese Form sind die Bahncard der Deutschen Bahn AG und die Tarifmodelle von Telefongesellschaften; vgl. für weitere Beispiele H. Simon und R. J. Dolan 1997, S. 190-193).

Ausgewählte Literaturempfehlungen

Um inzwischen ältere Beiträge zur **Preisbildung im Handel** handelt es sich bei den Werken von P. Theisen (1960) und H. H. Weber (1966).

Moderne Lehrbücher zur Preispolitik liegen von H. Diller (2000) und von H. Simon (1992a) vor, in denen auch Preisfindungsprobleme des Handels behandelt werden.

Einen guten Überblick über die **verhaltenswissenschaftliche Diskussion** vermittelt der Aufsatz von K. B. Monroe (1973); die **Ergebnisse der Trierer Untersuchungen** sind im Detail von W. Lenzen (1984) in seiner Dissertation dargestellt worden.

Mehrmals ist das Problem der **Preisstellung unter Einstandspreis** behandelt worden, z. B. von K.-H. Schneider (1982).

Mit **der Verarbeitung von Scannerdaten für preispolitische Zwecke** hat sich B. Heidel (1990) in seiner Dissertation beschäftigt. Speziell mit Sonderangeboten haben sich theoretisch und empirisch H. Schmalen, H. Pechtl und W. Schweitzer (1996) befasst.

7 Die Werbeplanung

Zahlen des Instituts Nielsen-Werbeforschung S+P zum Brutto-Medienaufwand einzelner Branchen (ZAW, Hrsg., 2001) belegen, welchen bedeutenden Anteil der Handel mit seinen Werbemaßnahmen zu den Einnahmen der Medien, insbesondere der Tageszeitungen, beiträgt. Große Handelsorganisationen wie z. B. C&A geben mehr als 50 Mio. € pro Jahr aus. Die Kosten für Werbung liegen im Fachhandel durchschnittlich bei 2% vom Umsatz; die Angaben aus dem Betriebsvergleich des Instituts für Handelsforschung an der Universität zu Köln machen allerdings deutlich, dass diese Ausgaben sowohl nach Unternehmungen wie auch nach Branchen in einem weiten Bereich streuen (vgl. A. Kaapke 2000).

Als Teil des Kommunikations-Mix einer Unternehmung wird die Werbung unterschiedlich weit abgegrenzt, wobei es vor allem um die Trennlinien zur Öffentlichkeitsarbeit (Public Relations), der Verkaufsförderung (Sales Promotion), der Präsentationspolitik (insbes. Verkaufsraumgestaltung), dem persönlichen Verkauf (Einsatz von Verkaufspersonal) und den vielfältigen Formen der nonverbalen Kommunikation (insbes. Corporate Design) geht.

Unter **Werbung** sei im Folgenden die Gestaltung der nichtpersonalen Kommunikation zwischen der Handelsunternehmung und den aktuellen und potenziellen Kunden unter Einschaltung bestimmter Werbeträger verstanden. Informationen, die vom Verkaufspersonal im direkten Gespräch an den Verbraucher gegeben werden, sollen nicht als Werbung, sondern als Problem des Personaleinsatzes („persönlicher Verkauf", „personal selling") behandelt werden. Der Zusatz „unter Einschaltung bestimmter Werbeträger" soll die Möglichkeit eröffnen, nur bestimmte Methoden, mit denen Kommunikationsinhalte übermittelt werden können, ein- und andere auszuschließen. Im vorliegenden Kapitel werden die Gestaltung der Fassaden, die Architektur der Innenräume sowie die der Verkaufsmöbel nicht angesprochen, obwohl auch solche Gestaltungsbereiche als Kommunikation bezeichnet werden könnten, wie dies stellenweise unter dem Begriff „Corporate Identity" gefordert wird (vgl. dazu Kapitel 9). Im folgenden Kapitel wird vielmehr nur an die Werbemaßnahmen gedacht, die sich aus der Kombination von Werbeträgern und Werbemitteln, wie sie in der Abbildung 7.1 angegeben sind, ergeben. Sie sind äußerst vielgestaltig, laufend kommen neue hinzu. Ab etwa 1998 haben insbesondere die Möglichkeiten, Nachfrager über das Internet anzusprechen, Beachtung gefunden. Unter **Werbeträgern** werden dabei jene Organe verstanden, die als Personen oder Sachen zur Streuung der Werbemittel eingesetzt werden. Bei den **Werbemitteln** handelt es sich um die Darstellungsmöglichkeiten der Werbebotschaften, die wegen ihrer Vielgestaltigkeit und ihrer Dynamik schwer zu systematisieren sind. Obwohl nicht in allen Fällen zwischen Werbeträger und Werbemittel differenziert werden kann, ist es doch sinnvoll, zwischen beiden Begriffen zu unterscheiden, weil sich so Handlungsmöglichkeiten leichter erschließen und weil in der Werbekontrolle zwischen einem Kontakt mit dem Werbeträger (z. B. der Tageszeitung) und dem Kontakt mit dem spezifischen Werbemittel (der Anzeige) unterschieden werden muss.

Abb. 7.1: Überblick über wichtige Werbemittel und Werbeträger

Werbeträger \ Werbemittel	Anzeigen (evtl. mit Coupon)	Prospekte und Werbezettel	Werbebriefe	Werbespots (einschl. Ansagen)	Plakate und Werbeschilder	Kataloge	Besondere Warenpräsentation	Schauwerbeveranstaltungen (z. B. Modeschauen)	Werbegeschenke	Leuchtwerbemittel	Lotteriespiele	Lautsprecherdurchsagen
Printmedien												
- Zeitungen	X	X									X	
- Anzeigenblätter	X	X									X	
- Publikumszeitschriften	X										X	
- Kundenzeitschriften	X	X									X	
- Sonstige Druckerzeugnisse (Adressbücher, Kataloge, usw.)	X										X	
FFF-Medien												
- Film- und Diavorführungen				X							X	
- Funk				X							X	
- Fernsehen				X							X	
Medien der Außenwerbung												
- Litfaßsäule					X							
- Verkehrsmittel		X			X					X		
- Leuchtwerbung					X					X		
- Banden- und Trikotwerbung					X					X		
Medien der Direktwerbung												
- Postalische Zustelldienste	X	X				X			X		X	
- Sonst. Verteilerorganisat.	X	X				X			X		X	
Verkaufsstelle als Medium												
- Schaufenster				X	X		X			X		
- Lautsprechersystem					X							X
- Verkaufsraum		X			X	X	X	X	X	X	X	
- Computer (Kiosksysteme)				X			X				X	
- Fernsehgeräte				X							X	
Ware als Medium												
- Verpackung							X					
Internet als Medium												
- World Wide Web	X			X		X					X	
- Electronic Mail	X		X								X	

Die Bedeutung einzelner Werbeträger und Werbemittel unterscheidet sich auch nach der Branche. So nehmen im Lebensmittelhandel Anzeigen und Handzettel einen bedeutenden Platz ein, im Textil- und Möbelhandel werden häufig Prospekte eingesetzt, im Versandhandel kommt traditionell dem Katalog eine hohe Bedeutung zu.

Die für Werbung gewählte Definition ist auch bestimmend für die **Höhe der Werbeausgaben** und von zentraler Bedeutung, wenn die Höhe des Werbebudgets festgelegt werden soll oder wenn Werbeausgaben zwischen einzelnen Betrieben verglichen werden sollen. Dabei ist besonders zu klären, ob
- nur die Sachausgaben für Werbung, wie Dekorationskosten, Inserate, Prospekte, Plakate oder auch
- die Sachausgaben für die Ausstattung der Verkaufsräume (z. B. Regale, Beleuchtung) oder auch
- die Beiträge für Werbegemeinschaften, Honorare für gelegentliche Werbehelfer oder auch
- die Gehälter für fest angestelltes Personal, das für werbende Aufgaben tätig ist (z. B. Dekorateure) oder auch
- die Gehälter des Verkaufspersonals oder auch
- Preisabschläge gegenüber einer früheren Kalkulation
als Werbeaufwand (-kosten) angesehen werden sollen.

Die Handlungsmöglichkeiten der Handelswerbung werden durch mehrere **Vorschriften** eingeengt. Zu den wichtigsten Vorschriften zählen (vgl. auch die anschauliche Darstellung bei D. Pflaum und H. Eisenmann 1988, S. 192-231):
(1)   Das Gesetz gegen unlauteren Wettbewerb (UWG) soll sowohl die Konkurrenten als auch die Verbraucher vor unerlaubten Maßnahmen schützen. § 1 UWG enthält eine Generalklausel (es sollen keine Verstöße gegen die guten Sitten geduldet werden), § 3 UWG verbietet irreführende Werbung. Durch die Rechtsprechung sind Fallgruppen entwickelt worden.
(2)   Bis 2001 waren in Deutschland auch die Zugabe-Verordnung und das Rabattgesetz von Bedeutung für die Gestaltung von Werbemaßnahmen.

Werbung wird häufig mit dem Einsatz anderer absatzpolitischer Instrumente kombiniert, z. B. mit Preissenkungen, mit besonderen personalpolitischen Aktionen, wie Vorführungen, mit sortimentspolitischen Maßnahmen, wie der Aufnahme neuer Produkte oder Zweit- bzw. Drittplatzierungen. Insofern ist es problematisch, die Werbung losgelöst von dem Einsatz der übrigen absatzpolitischen Instrumente zu planen.

7.1 Aktionsparameter, Ziele und Umweltgrößen der Werbeplanung

Die zentralen Entscheidungen im Rahmen der Werbeplanung lassen sich drei Bereichen zuweisen:

(1) **Werbebudgetplanung**: Es ist der Geldbetrag festzulegen, der innerhalb einer Periode für Werbemaßnahmen im definierten Sinn verausgabt werden soll (Höhe des Werbebudgets).

(2) **Werbeaussage**: Wie sollen die Werbemaßnahmen nach Inhalt (Werbebotschaft) und Art der Darstellung (Copy) gestaltet sein? Dazu gehören insbesondere

    (a) Entscheidungen über die Auswahl des zu bewerbenden Objektes, also welche Artikel beworben werden sollen, ob einzelne Dienstleistungen herausgestellt werden sollen oder ob es sich um Werbung handeln soll, die von einzelnen Umsatzträgern losgelöst sein soll (firmenbezogene Werbung),

    (b) Entscheidungen über die Größe und Aufmachung (bei Anzeigen oder bei Prospekten z. B. hinsichtlich Farbgebung, Layout, Bebilderung).

(3) **Eingesetzte Werbeträger**: Die Auswahl der Werbeträger wird auch als die Streuung der Werbung bezeichnet. Hier geht es zunächst in sachlicher Hinsicht um die Wahl der Werbeträgergruppe, ob also Tageszeitungen, Zeitschriften, Schaufenster, Plakatträger (z. B. Säulen, Anschlagstellen, Verkehrsmittel), Funk und Fernsehen, Kinos usw. für Werbezwecke eingesetzt werden sollen; innerhalb dieser Gruppen können weitere Auswahlprobleme anstehen. Zum Zweiten besteht ein Allokationsproblem in zeitlicher Hinsicht. Wie soll das Werbebudget im Zeitablauf verteilt werden – sollten die Werbeausgaben dem Umsatzverlauf folgen, oder soll antizyklisch geworben werden?

Ein weiterer wichtiger Bestandteil der Werbeplanung ist **die Formulierung von Zielen**, die mit der Werbung erreicht werden sollen (vgl. den Literaturüberblick bei G.-M. Weinberg 1970, S. 39-60 und K. Barth und H.-J. Theis 1991, S. 112-141). Die Ziele sind zwar von dem Planenden festzulegen, stellen aber trotzdem im Gegensatz zu den oben genannten Größen keine Aktionsparameter dar, weil zwar die Zielarten, nicht aber die Zielerreichungsgrade per Entscheidung fixiert werden können. Ob die Ziele in dem gewünschten Ausmaß erreicht werden, hängt zu einem Teil vom Verhalten Dritter (insbesondere der Nachfrager) ab. Einen Überblick über mögliche Ziele vermittelt Abbildung 7.2. Dort werden zunächst jene Handlungen der Verbraucher aufgeführt, die sich im Rechnungswesen der Unternehmung niederschlagen, also verschiedene Aspekte der Umsatzerzielung; dann jene Handlungen der Verbraucher, die nicht gleichzeitig Kaufakte darstellen, und schließlich die den Handlungen vorausgehenden Prädispositionen. Zwar ist es das Ziel der Handelsunternehmung, Waren und Dienstleistungen zu veräußern, die Frage lautet jedoch, inwieweit dazu die Institution in den Vorstellungen der Kunden profiliert werden kann. Das Spezifische der Handelswerbung lässt sich auch so angeben: Die Industrie bewirbt im Regelfall Produkte, der Handel bewirbt Verkaufsstellen (was durchaus über eine warenbezogene Werbung angestrebt werden kann).

274

Abb. 7.2: Überblick über mögliche Zielgrößen der Werbeplanung

---

1. **Zielgrößen, die sich auf ökonomische Erfolgsfaktoren beziehen**

   Beispiele: - Erhöhung des Umsatzes (bestimmter Artikel, bestimmter Abteilungen,
   eines bestimmten Hauses),
   - Erhöhung des Marktanteils,
   - Kundentreue im Verhaltenssinne steigern,
   - Verkauf bestimmter Warenpartien (z. B. auslaufende Waren,
   vom Verderb bedrohte Waren),
   - Gewinnung von Liquidität,
   - Erhöhung des durchschnittlichen Kaufbetrages pro Kunde,
   - Auslösung von ungeplanten Käufen (Impulskäufen).

2. **Zielgrößen, die sich auf dem Kauf vorgelagerte Verhaltensweisen der Verbraucher beziehen**

   Beispiele: - Besuch der Verkaufsstelle (einzelner Abteilungen) - auch außerhalb des
   gewöhnlichen Besuchsrhythmus - oder Veranlassung eines Erstbesuchs,
   - Einholen von Angeboten,
   - Entgegennahme von Proben,
   - Verhindern, dass ein Konkurrenzbetrieb aufgesucht wird.

3. **Zielgrößen, die sich auf Prädispositionen der Verbraucher beziehen**

   Beispiele: - einen physischen Kontakt zwischen Verbraucher und
   Werbeträger herstellen,
   - die Aufmerksamkeit des Verbrauchers erregen,
   - das Wissen der Verbraucher erhöhen (z. B. dass bestimmte Waren geführt
   werden, Kenntnisse von Preisen, Wissen um Serviceleistungen),
   - die Einstellung (im Sinne von Affekt) der Verbraucher verändern
   (Image),
   - Kundentreue im psychologischen Sinne steigern,
   - Kaufabsichten ausbilden, z. B. ein bestimmtes Produkt zu kaufen oder eine
   bestehende Verkaufsstelle (u. U. erstmalig) aufzusuchen (z. B. Probekauf).

In Abbildung 7.2 sind im dritten Teil stellvertretend drei der wichtigsten Konstrukte angeführt, mit denen im Rahmen der Konsumentenverhaltenstheorie Prädispositionen der Verbraucher abgebildet werden, das Wissen, der Affekt und die Handlungsabsicht der aktuellen und potenziellen Kunden. Alle Zielgrößen können sich auf unterschiedliche Personengruppen beziehen (z. B. Personen, die in der betreffenden Handelsunternehmung noch nie gekauft haben, Personen in der Altersklasse von... bis...), weswegen auch der Handel zu prüfen hat, nach welchen Merkmalen er seine Zielgruppen definiert. Die Zielformulierungen sind jeweils um zeitliche Angaben zu ergänzen (also z. B. Erhöhung des Umsatzes um ...% in den folgenden 6 Monaten). Die Aufzählung einzelner Teilziele in Abbildung 7.2 darf nicht zu dem Eindruck führen, dass alle Teilziele unabhängig voneinander oder als Alternativen anzusehen seien. Abbildung 7.2 gibt auch noch keinen Aufschluss darüber, unter welchen Bedingungen einzelnen Teilzielen eine besondere Bedeutung zukommt.

Zeitweilig wird beklagt, dass Werbemaßnahmen im Handel fast ausschließlich das Ziel haben, die Preisgünstigkeit eines Geschäftes herauszustellen, um so zu schnell eintretenden Umsatzzuwächsen zu kommen (vgl. z. B. H. Happel 1980, S. 12). Es fehle an Bemühungen, das Profil des Handelsbetriebes auf mittlere Sicht mit Hilfe von Werbung zu gestalten (vgl. auch Verlagsgruppe Bauer 1980). Pauschale Urteile über die mangelnde Eignung einer preisorientierten Werbung (in Gegenüberstellung zu einer Sortimentswerbung, einer atmosphärischen Artikelwerbung oder einer firmenbezogenen Werbung ohne Artikelbezug) sind aber voreilig, da die Bestimmungsfaktoren für die Wahl einer bestimmten Werbestrategie zu wenig berücksichtigt werden.

Das dritte Element der Werbeplanung stellen jene Faktoren dar, die den Erfolg der Werbung bestimmen, von der Unternehmung aber nicht, zumindest nicht in der Werbeplanung, festgelegt werden können (sog. **Umweltgrößen**). Einen Überblick über sie vermittelt Abbildung 7.3. Im Mittelpunkt der Abbildung stehen die Faktoren, die die Verarbeitung der Werbestimuli im Verbraucher bestimmen.

Abb. 7.3: Bestimmungsfaktoren des Werbeerfolges (Quelle: W. Leven und L. Müller-Hagedorn 1981, S. 13)

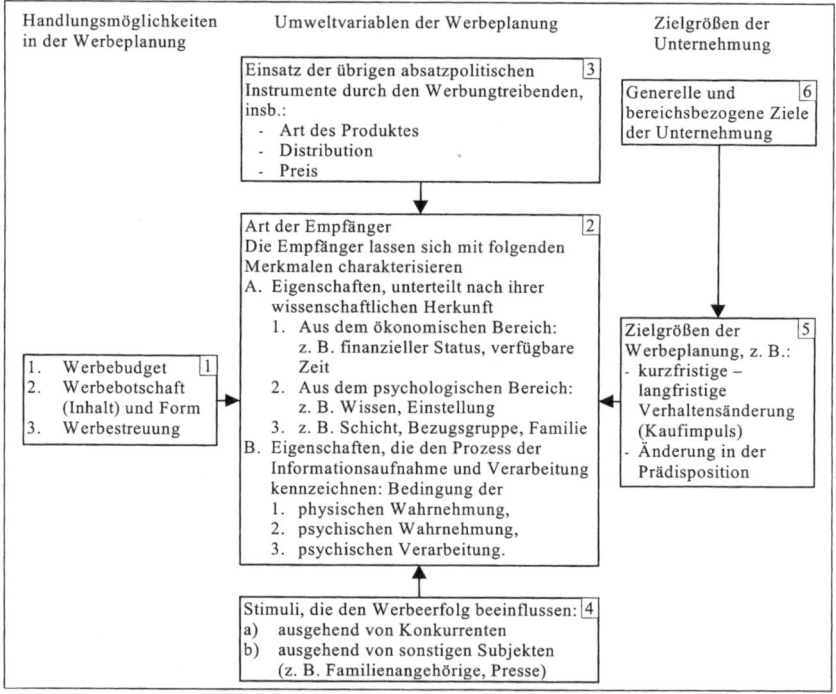

In Abbildung 7.3 wird über Kästchen 6 auch darauf hingewiesen, dass die Werbeplanung in den Dienst der strategischen Planung gestellt werden soll, indem die zu formulierenden Werbeziele mit den strategischen Zielen der Unternehmung verknüpft werden. Als Hilfsmittel kann hierzu die Balanced Scorecard eingesetzt werden.
Die in Abbildung 7.3 dargestellten Zusammenhänge sind statischer Natur. Hier wird nur dargestellt, an welche Größen bei der Gestaltung von Werbemaßnahmen zu denken ist. Viele der in Abbildung 7.3 dargestellten Größen ändern sich im Zeitablauf, was zu einer

Dynamik der Werbung in allen Entscheidungsbereichen führt, denn eine Handelsunternehmung hat sich mit ihren Werbemaßnahmen an Veränderungen in ihrem Umfeld anzupassen. Das wird durch Abbildung 7.4 konkretisiert, indem auf Entwicklungen im ökonomischen, im technologischen und im soziokulturellen System hingewiesen wird und indem die Folgen für die Werbung angedeutet werden.

Abb. 7.4: Hypothesen zu Wirkungszusammenhängen zwischen Umsystem und der Werbedynamik des Einzelhandels (Quelle: L. Müller-Hagedorn und S. Zielke 1999, S. 189)

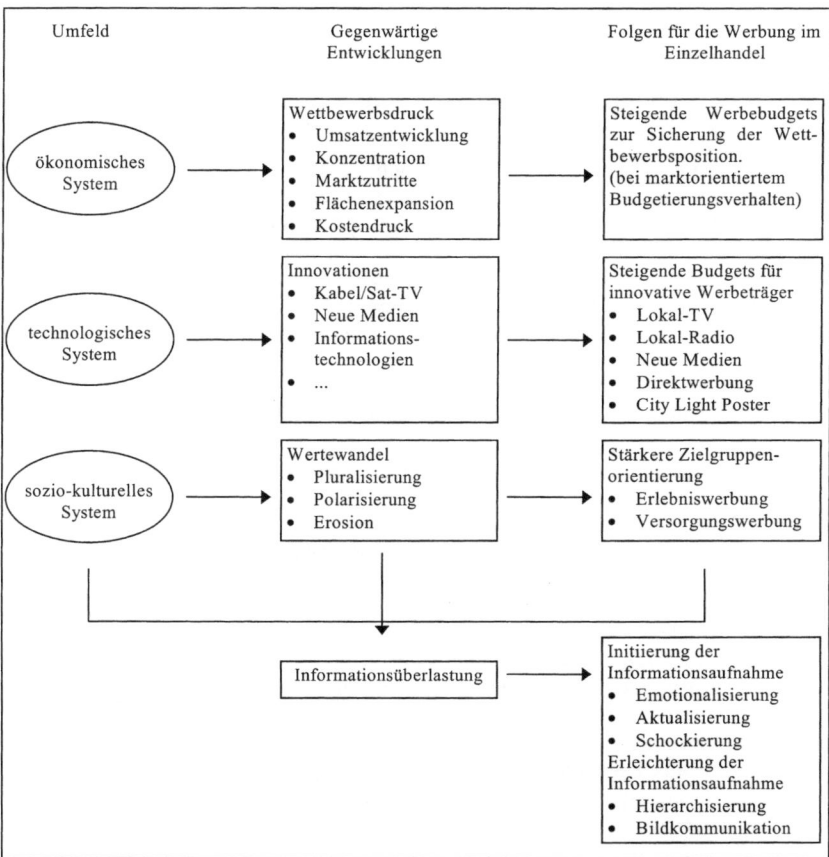

Zur Werbeplanung im Handel liegen relativ wenige Beiträge vor (z. B. zur Werbung des Facheinzelhandels die umfangreiche Darstellung von K. Barth und H.-J. Theis 1991, eine Bestandserhebung, die auch als Lehrbuch zur Werbeplanung gelesen werden kann). Das ist vielleicht damit zu erklären, dass der Handel erst in den letzten Jahren diesem absatzpolitischen Instrument erhöhte Aufmerksamkeit schenkt, vielleicht auch damit, dass viele Aussagen aus der Konsumgüterwerbung übertragen werden können und mithin die dort gewonnenen Erkenntnisse auch für den Handel gelten (vgl. z. B. W. Kroeber-Riel und F.-R. Esch 2000). Andererseits hat sich die Medienlandschaft durch das Hinzukommen vieler neuer, auch regional belegbarer Titel und Sendeanstalten erheblich geändert. Zweifellos kann von einer wachsenden Bedeutung der Werbung im Handel gesprochen werden. Dies belegt u. a. auch die Beobachtung, dass beispielsweise nach den Langzeiterhebungen des Instituts für Handelsforschung in Köln die Werbekosten im Textilfachhandel der Bundesrepublik Deutschland von 1,4% vom Umsatz in 1950 auf 3% gestiegen sind, im Möbelfacheinzelhandel sogar von 1,2% auf 3,8% (L. Müller-Hagedorn und S. Zielke 1999, S. 191).

7.2 Untersuchungen zur Wirkung von Werbemaßnahmen

Auch für die Planung der Werbeaktivitäten gilt, dass sie auf Vorstellungen über ihre Wirksamkeit beim Verbraucher aufbauen müssen. Dabei lassen sich entsprechend dem oben dargestellten Katalog von möglichen Zielen **drei Typen von Untersuchungen** unterscheiden:

(1) Untersuchungen, die zeigen, wie sich Werbemaßnahmen auf ökonomische Erfolgskategorien auswirken, z. B. den Umsatz, den Absatz, den Deckungsbeitrag, jeweils bei den beworbenen Produkten oder bei anderen Produkten des Sortiments (Verbundeffekte),

(2) Untersuchungen, die zeigen, wie Werbemaßnahmen dem Kauf vorgelagerte Verhaltensweisen der Konsumenten bestimmen, z. B. das Aufsuchen einer Einkaufsstätte,

(3) Untersuchungen, die zeigen, wie Werbemaßnahmen das Insystem der Verbraucher beeinflussen.

In der Literatur stehen Untersuchungen nach dem ersten Typ im Vordergrund. Von besonderer Bedeutung sind aber auch verhaltenswissenschaftliche Untersuchungen, die erklären, warum bestimmte Maßnahmen zu einem bestimmten Erfolg führen, andere dagegen nicht. Wirkungsanalysen sind nicht nur für die Werbeplanung von zentraler Bedeutung, sondern auch die Werbekontrolle erfordert, die Wirkung von Werbemaßnahmen abzuschätzen. Dies ist dadurch erschwert, dass der sich einstellende Erfolg nicht nur Ergebnis der durchgeführten Werbemaßnahme ist, sondern sich auf Grund zahlreicher Einflussfaktoren ergibt. Dazu zählen der Einsatz der übrigen absatzpolitischen Instrumente, die Maßnahmen der Konkurrenz, Einflüsse aus der sonstigen Umwelt, kurz alle Faktoren, die das Käuferverhalten beeinflussen. Es ist daher von besonderer Bedeutung, Techniken zu entwickeln, die den der Werbung zurechenbaren Effekt aufzeigen.

7.2.1 Überblick über Untersuchungen zur Wirkung von Werbemaßnahmen

Die Frage, ob sich die Ausgaben für Werbung lohnen oder ob sie als Verschwendung anzusehen sind, hat die Wissenschaft angespornt, zu erkennen, welche Faktoren eine Werbewirkung beeinflussen, um so bessere Werbepläne erstellen zu können. Bereits vor 100 Jahren entstand die Formel AIDA, mit der zum Ausdruck gebracht werden sollte,

dass ein Umworbener über mehrere Stufen hinweg zum gewünschten Werbeerfolg geführt werden soll, indem nämlich seine Aufmerksamkeit erregt werden soll (Attention), indem sein Interesse geweckt werden soll (Interest), indem der Wunsch aktiviert werden soll, das umworbene Produkt zu besitzen (Desire) und indem schließlich ein Kauf ausgelöst werden soll (Action). In dieser Tradition steht auch das sehr bekannt gewordene Modell von R. J. Lavidge und G. A. Steiner (1961), das die durchlaufenen Stufen mit dem verhaltenswissenschaftlich begründeten Einstellungskonstrukt verknüpft. Danach ist bei Werbemaßnahmen danach zu unterscheiden, ob sie Veränderungen
- im kognitiven Bereich (Markenkenntnis, Einkaufsstättenkenntnis, Kenntnis einzelner Eigenschaften),
- im affektiven Bereich (ein Für-Gut-Befinden, Präferenzen),
- im konativen Bereich (Verhaltensabsichten)
anstreben; insgesamt handelt es sich um die drei Facetten, die häufig dem Einstellungskonstrukt zugeschrieben werden. Aus diesen Grundmodellen, auch mit dem Namen „Stufenmodelle" oder „hierarchy of effects" belegt, sind zahlreiche weitere Modelle abgeleitet worden. D. Vakratsas und T. Ambler (1999) ordnen diese Modelle mit Hilfe des in Abbildung 7.5 dargestellten Rahmens.

Abb. 7.5: Ein Rahmen für Untersuchungen zur Werbewirkung (Quelle: in Anlehnung an D. Vakratsas und T. Ambler 1999)

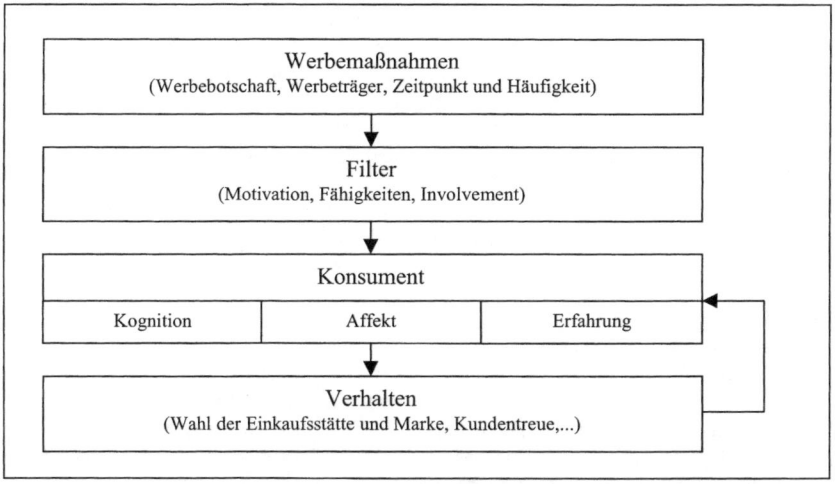

Die Abbildung verdeutlicht, dass die Werbemaßnahmen und das im Markt beobachtbare Verhalten die beiden Pole darstellen, dass Werbung aber auch Reaktionen im Insystem des Verbrauchers auslöst, vor allem auf der kognitiven und affektiven Ebene. In vielen Fällen ist der Verbraucher aber „kein unbeschriebenes Blatt", denn sein Verhalten wird auch durch eigene Erfahrungen gesteuert. Die individuelle Reaktion eines Verbrauchers auf Werbung wird des Weiteren durch Faktoren, wie Motivation, die Fähigkeit, Informationen aufzunehmen und zu verarbeiten, und durch das Involvement beeinflusst. Solche Faktoren werden in Abbildung 7.5 als Filter bezeichnet. Mit diesen Bausteinen entwickeln Vakratsas und Ambler eine Taxonomie von Werbewirkungsmodellen, und zwar

- **Marktreaktionsmodelle** (Market Response Models): Bei diesem Modelltyp werden typischerweise Werbemaßnahmen, Preise, Verkaufsförderungsmaßnahmen direkt mit den beobachtbaren Reaktionen im Markt, also insbesondere Absatz, Umsatz, Marktanteil in Beziehung gesetzt,
- **Kognitive Informationsmodelle:** Diese Modelle gehen von vorgegebenen Präferenzen der Nachfrager aus (Bedeutung einzelner Objekteigenschaften) und unterstellen, dass der Verbraucher seine Entscheidung rational trifft, aus der Werbung Informationen entnimmt und seine Suchkosten reduziert. Bei den zu bewerbenden Objekten werden Such-, Erfahrungs- und Glaubenseigenschaften unterschieden (P. Nelson 1974; R. Weiber und J. Adler 2000). Nach der Ökonomie der Informationstheorie (G. Stigler 1961; L. G. Telser 1964) erhöht Werbung die Preissensitivität, weil sie die Suche des Verbrauchers erleichtert; nach der Marktmachttheorie (W. S. Comanor und T. A. Wilson 1974; 1979) reduzieren Werbemaßnahmen die Preissensitivität, weil das hohe Qualitätsniveau der beworbenen Objekte und die Unterschiede zu anderen Angeboten ins Bewusstsein gerückt werden. Das Gedankengut der kognitiven Informationstheorie findet sich auch in Gestaltungsregeln für die Werbung, so insbesondere in der Forderung nach einer Unique Selling Proposition (USP, einzigartiger Verkaufsanspruch, vgl. R. Reeves 1961), also der einzigartigen Positionierung und ihrer Kommunikation.
- **Affektive Modelle:** Ansätze dieser Art stellen auf die affektiven Reaktionen ab. Einige Autoren betonen die Bedeutung des wiederholten Kontaktes mit Werbemaßnahmen, um dem Verbraucher das beworbene Objekt vertraut werden zu lassen (z. B. R. B. Zajonc und H. Markus 1982; H. Steffenhagen 1976). Danach kommt es auf den wiederholten Kontakt mit dem Werbemittel mehr an als auf die Verarbeitung von Informationen, um positive affektive Reaktionen auszulösen. Dabei wird einerseits betont, dass ein bestimmter Schwellenwert von Kontakten überschritten werden muss, um positive Reaktionen auszulösen (wear-in), andererseits, dass bei einer zu großen Anzahl von Kontakten negative Reaktionen eintreten. In den empirischen Arbeiten hat sich allerdings gezeigt, dass es schwer fällt nachzuweisen, dass keine kognitiven Vorgänge ablaufen.
- **Stufenmodelle** (Persuasive Hierarchy Models): Stufenmodelle gehen von einer Abfolge von Effekten aus, wobei die jeweils früheren Effekte die notwendige Voraussetzung für das Erreichen folgender Effekte darstellen. Auf das Modell von Lavidge und Steiner war schon hingewiesen worden, in dem schon die Abfolge Kognition → Affekt → Verhalten angelegt ist, weswegen diese Modelle auch als CA-Modelle (Cognition-Affection-Modelle) bezeichnet werden. Als Einflussgrößen auf diese Wirkungskette sind insbesondere das Involvement und die Einstellung gegenüber den Werbeträgern untersucht worden (M. Burke und J. Edell 1989; J. T. Cacioppo und R. E. Petty 1985; S. B. MacKenzie und R. J. Lutz 1989; A. G. Sawyer und D. J. Howard 1991). Zu den bekannten Modellen dieser Klasse zählen das Elaboration Likelihood Model – ELM (R. E. Petty und J. T. Cacioppo 1981a; 1981b), nach dem je nach Involvement Werbeimpulse unterschiedlich verarbeitet werden, und das MacInnis and Jaworski-Modell (D. J. MacInnis und B. J. Jaworski 1989). Der Umstand, dass das Involvement unterschiedlich hoch sein kann, wird als bestimmend für den Werbeauftritt angesehen. So wurde beispielsweise empfohlen, bei hoch involvierten Konsumenten auf eine hohe Kontaktzahl zu ver-

zichten, während für niedrig involvierte Konsumenten empfohlen wurde, über variierende Werbemaßnahmen die Bekanntheit auf einem hohen Niveau zu halten.

- **Low-Involvement Stufenmodelle:** Als Alternative zu den persuasiven Stufenmodellen ist eine Wirkungskette vorgeschlagen worden, nach der im Anschluss an eine kognitive Phase, in der der Konsument in einem Zustand niedrigen Involvements das beworbene Objekt wahrnimmt, er das Objekt ausprobiert (experience) und sich anschließend ein affektives Urteil bildet (abgekürzt CEA-Phasenmodell – Cognition-Experience-Affection-Phasenmodell). Dem Ausprobieren kommt also eine entscheidende Bedeutung zu.

- **Integrative Modelle:** In dieser Modellklasse werden in Abhängigkeit von den Umständen, unter denen die Werbung erfolgt, unterschiedliche Stufenfolgen unterstellt. So können z. B. die Produktkategorie und der Grad des Involvements die Wirkungsfolge bestimmen. Dieser Modellklasse werden das FCB-Gitter-Modell (benannt nach Foote, Cone and Belding Advertising, einer an der Entwicklung beteiligten Werbeagentur, vgl. R. Vaughn 1980; 1986) und das Information Integration Response Modell - IIRM - (R. E. Smith und W. R. Swinyard 1982) zugerechnet.

- **Hierarchiefreie Modelle:** Bei diesen Modellen wird keine bestimmte Reihenfolge der verschiedenen Wirkungsstufen unterstellt, häufig werden die Wirkungszusammenhänge der Modelle nicht näher spezifiziert und auch keine Hinweise auf die Messung der Effekte gegeben. Die Kategorie fasst Untersuchungen zusammen, die in den Bereichen Anthropologie, Literaturkritik oder der Neurologie ihren Ursprung haben.

Abb. 7.6: Überblick über die Modelle zur Wirkung von Werbemaßnahmen (Quelle: in Anlehnung an D. Vakratsas u. T. Ambler 1999)

Modelle	Reihenfolge der Effekte
Marktreaktionsmodelle	Keine zwischenzeitlichen Werbeeffekte berücksichtigt
Kognitive Informationsmodelle	„Denken"
Affektive Modelle	„Fühlen"
Stufenmodelle	„Denken" → „Fühlen" → „Handeln"
Low-Involvement Stufenmodelle	„Denken" → „Handeln" → „Fühlen"
Integrative Modelle	Keine feste Hierarchie, ist abhängig vom Produkt und vom Involvement
Hierarchiefreie Modelle	Keine bestimmte Reihenfolge der Wirkungsstufen

7.2.2 Ausgewählte Ansätze zur Werbewirkungsanalyse

Im vorhergehenden Abschnitt wurde gezeigt, dass die Wirkung von Werbemaßnahmen erfasst werden kann, indem zum einen auf das beobachtbare Kaufverhalten abgestellt wird und zum anderen zusätzlich interne Reaktionen aus dem sog. Insystem der Umworbenen hinzugezogen werden. Beide Verfahren lösen einen unterschiedlichen Aufwand aus. Von daher kommt reinen SR-Analysen, bei denen die Werbemaßnahmen (Stimuli – S) den beobachtbaren Reaktionen (Response – R) gegenübergestellt werden, besondere Aufmerksamkeit zu. Untersuchungen diesen Typs werden deshalb im Folgenden in vertiefter Form aufgegriffen.

7.2.2.1 Einfache umsatzbezogene Analysen

Wenn es sich um artikelbezogene Werbemaßnahmen handelt (z. B. Anzeigen, in denen Artikel beworben werden), scheint es nahe liegend, den Umsatz zu analysieren, der sich in einer bestimmten Zeitspanne nach dem Werbeimpuls bei diesen Artikeln einstellt. Es ist jedoch problematisch, den mit den beworbenen Artikeln erzielten Umsatz als Werbeerfolg zu bezeichnen, denn:

- Auch ohne die betreffende Werbemaßnahme wäre mit diesen Artikeln ein bestimmter Umsatz erzielt worden.
- Die Werbemaßnahme kann die Frequenz erhöht haben, was auch bei nicht beworbenen Artikeln zu Umsatzsteigerungen geführt hat.
- Die Werbemaßnahme kann den Umsatz bei anderen Produkten, insbesondere solchen, die als Substitute angesehen werden, geschmälert haben.
- Es ist unklar, über welchen Zeitraum nach Erscheinen der Werbemaßnahmen Umsätze der Maßnahme zugerechnet werden sollen.
- Wenn die Werbemaßnahme mit innerbetrieblichen Aktionen einhergeht, z. B. optische Herausstellungen, ist unklar, welchen Beitrag die einzelnen Maßnahmen geleistet haben.
- Der nach erfolgter Werbung erzielte Umsatz kann zu bedeutenden Teilen durch Umweltvariablen, wie z. B. Maßnahmen von Konkurrenzbetrieben, kalendermäßige Einflüsse, Wetterverhältnisse bestimmt sein, so dass es möglich ist, dass dieselbe Maßnahme zu anderen Zeiten eine vollkommen andere Wirkung zeigt.

Diese Gesichtspunkte verdeutlichen die Schwierigkeiten einer Werbeerfolgsmessung und machen deutlich, dass der Umsatz als „Rohgröße" des Werbeerfolgs nur eingeschränkt geeignet ist und einzelner Relativierungen bedarf.

Greilich hat untersucht, wie sich 42 **Tageszeitungs-Anzeigen eines Kaufhauses** von der Mindestgröße einer 1/3 Seitenbelegung auf den Umsatz der betreffenden Abteilung ausgewirkt haben (E.-C. Greilich 1976). Das Verfahren läuft in fünf Schritten ab:

1. Es ist zu ermitteln, wie hoch der durchschnittliche Umsatz der Abteilung an den (zwei) der Insertion vorausgehenden Tagen ist. Bezeichnet x_{it} ($t = -2, -1, 0, 1,...$) den Umsatz der Abteilung i am Tag t, dann gilt:

$$\overline{x}_i = \frac{1}{2} \sum_{t=-2}^{-1} x_{it}$$

Mit t = 0 ist der Tag der Insertion gemeint.

2. Es ist zu ermitteln, wie hoch die relative Umsatzveränderung in der Abteilung i (x_i^{rel}) an den einzelnen Tagen nach Erscheinen der Werbung ist.

$$x_{it}^{rel} = \frac{x_{it}}{\overline{x}_i} \cdot 100 \qquad \text{für} \quad t = 1,2,3$$

Diese relative Umsatzveränderung muss nicht nur für einzelne Tage, sondern kann auch für einen Zeitraum (z. B. 3 Tage) berechnet werden.
Es ergibt sich dann:

$$\overline{x}_i^{rel} = \frac{1}{t^*} \cdot \sum_{t=0}^{t^*} \frac{x_{it}}{\overline{x}_i} \cdot 100$$

3. Es wird ermittelt, wie hoch der durchschnittliche Umsatz der gesamten Verkaufsstelle an den Tagen vor Einschaltung der Werbung war (entsprechend 1.). Es bezeichne x_{Vt} den Umsatz in der gesamten Verkaufsstelle (V) am Tag t. Es gilt dann:

$$\overline{x}_V = \frac{1}{2} \sum_{t=-2}^{-1} x_{Vt}$$

4. Wird der unter 2. erläuterte Schritt auch auf den Umsatz der gesamten Verkaufsstelle angewendet, ergibt sich die prozentuale Umsatzveränderung, die nach Einschaltung der Werbung im Vergleich zu dem vor der Werbung erzielten durchschnittlichen Umsatz eingetreten ist:

$$x_{Vt}^{rel} = \frac{x_{Vt}}{\overline{x}_V} \cdot 100 \qquad \text{für} \quad t = 1,2,3$$

Für den gesamten Zeitraum nach Einschaltung der Werbung gilt:

$$\overline{x}_V^{rel} = \frac{1}{t^*} \cdot \sum_{t=0}^{t^*} \frac{x_{Vt}}{\overline{x}_V} \cdot 100$$

5. Mit den in 2. und 4. ermittelten Werten lässt sich nun bestimmen, inwieweit die Umsatzveränderungen in den Abteilungen, deren Produkte beworben worden sind, günstiger sind als die Umsatzveränderungen der gesamten Verkaufsstelle.

a) für einen einzelnen Tag nach der Insertion:

WE = Werbeerfolg

$$WE = x_{it}^{rel} - x_{Vt}^{rel} \qquad \text{für} \quad t = 1,2,3$$

b) für einen Zeitraum nach der Insertion:

$$WE = \overline{x}_i^{rel} - \overline{x}_V^{rel}$$

Der Erfolg einer Werbemaßnahme wird danach umso höher ausgewiesen, je mehr die betreffende Abteilung ihren Umsatz im Vergleich zum Gesamtumsatz der Verkaufsstelle gesteigert hat, jeweils bezogen auf den vor der Insertion liegenden Zeitraum. Das Verfahren ist dadurch gekennzeichnet, dass der nach der Insertion erreichte Umsatz zweimal relativiert wird; erstens an dem Umsatz vor der Insertion und zweitens an dem Umsatz der gesamten Verkaufsstelle.

In die **Beurteilung** des Verfahrens sind folgende Gesichtspunkte einzubeziehen:

(1) Sicher wäre es falsch davon auszugehen, dass der Umsatz ohne Insertion gleich Null gewesen wäre. Von daher ist die Differenz zum Umsatz der Vorperiode eine geeignetere Größe zur Messung des Werbeerfolges. Liegt die Insertion jedoch vor

den verkaufsstärksten Tagen, dann ist zu erwarten, dass der Umsatz auch ohne die Insertion gegenüber den Vortagen gestiegen wäre. Des Weiteren können aber auch andere Faktoren das Umsatzverhältnis der beiden Zeiträume (vor und nach der Insertion) bestimmen, z. B. Wetterveränderungen. Es könnte sich als zweckmäßiger erweisen, den Vergleichszeitraum zu verlängern oder die entsprechenden Tage der Vorwoche oder des Vormonats als Vergleichsbasis heranzuziehen.

(2)   Nach obigem Ansatz bestimmt sich der Werbeerfolg auch dann, wenn einzelne Produkte beworben worden sind, auf Grund des Umsatzes der ganzen Abteilung und nicht nur auf Grund des Umsatzes der beworbenen Artikel. Es wird somit auch erfasst, dass einzelne Kunden durch die Anzeige veranlasst werden, die Verkaufsstelle aufzusuchen, aber dann doch einen anderen Artikel als den Beworbenen kaufen. Zumindest zum Teil werden so die ausgelösten substituierbaren oder komplementären Verkäufe miterfasst. Andererseits kann sich der Umsatz nicht beworbener Artikel der Abteilung auch unabhängig von der durchgeführten Werbemaßnahme verändern.

(3)   Durch die Relativierung am gesamten Umsatz der Verkaufsstelle wird die Wirkung genereller Einflussfaktoren ausgeschaltet, z. B. allgemeiner Umsatzrückgang wegen sinkender Kaufbereitschaft oder schlechtem Wetter. Fraglich ist allerdings, ob diese Faktoren sich auf alle Abteilungen gleichermaßen auswirken. So kann es z. B. sein, dass sich der Umsatz nicht beworbener Abteilungen auf Grund irgendwelcher Faktoren besonders günstig entwickelt, was zur Folge hat, dass sich die Umsatzsteigerung der beworbenen Abteilung geringfügiger ausnimmt. Ob aber der Umsatz der beworbenen Abteilung auch ohne Werbung in gleichem Maße wie der Umsatz der übrigen Abteilung gestiegen wäre, muss offen bleiben.

Hauptkennzeichen dieses Verfahrens ist, dass einem Werbeimpuls (Erscheinen einer Anzeige) ein Umsatzbetrag als Werbeerfolg zugerechnet wird. Bei dem Schalten einer Anzeige handelt es sich um eine dichotome bzw. 0-1-Variable (Anzeige erscheint oder erscheint nicht). Komplexere Ansätze beziehen auch kontinuierlich veränderbare Variablen mit ein und dehnen die Anzahl der unabhängigen Variablen aus (vgl. hierzu Abschnitt 7.2.2.2).

Als Vorstufe zu einer Werbeerfolgskontrolle können Techniken angesehen werden, mit deren Hilfe der Umsatz bzw. die Kundenfrequenz in räumlicher Hinsicht differenziert relativ einfach erfasst werden können. Moderne Kassen- und EDV-Systeme erlauben es, Daten aus Befragungen an der Kasse ohne aufwendige Prozeduren festzuhalten und auszuwerten. So kann entweder eine Stichprobe von Kunden an der Kasse von der Kassiererin nach dem Herkunftsort gefragt werden (Stadtteil, Postzustellbereich, Ort), der entsprechend codiert mit dem Abrechnungsbetrag in die Kasse eingegeben wird, oder die Identität des Kunden wird über eine Kundenkarte festgestellt. In Verbindung mit Informationen über die Zahl der Bewohner, Haushalte und Kaufkraftquoten der einzelnen Bezirke lassen sich in Tabellen und Karten die folgenden Angaben ausweisen:

- die Zahl der Kunden aus einzelnen Gebieten: absolut und insgesamt, differenziert nach Warengruppen oder Zeiten des Einkaufs, relativiert an der Bevölkerungszahl des betreffenden Gebietes;
- die Höhe des Umsatzes mit Kunden aus einzelnen Gebieten: absolut und relativiert, wobei als Bezugsgrößen die im Gebiet vorhandene Kaufkraft in Frage kommt.

Abb. 7.7: Werbekontrolle anhand einer Kundenfrequenzanalyse (fiktives Beispiel)

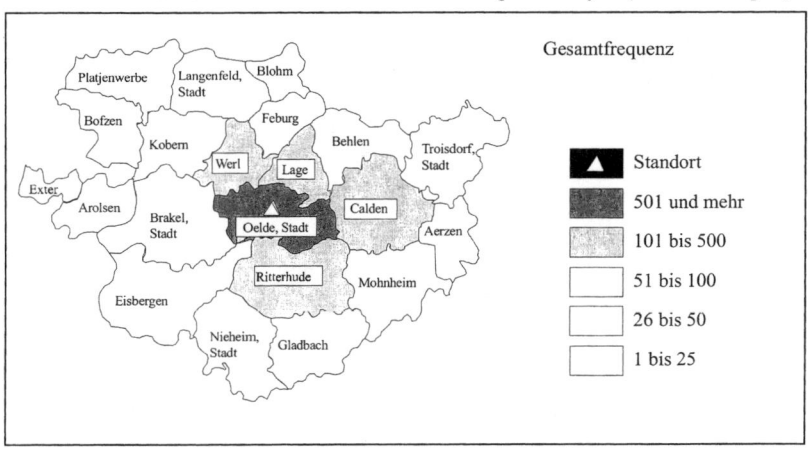

Abbildung 7.7 verdeutlicht die **Möglichkeiten der kartografischen Darstellung**. Die Informationen lassen sich heranziehen, um zu entscheiden, inwieweit die Bewerbung bestimmter Regionen sinnvoll ist. Den Kosten der Werbung (z. B. für Herstellung und Streuung von Prospekten) lässt sich der auf Grund des ermittelten Stichprobenwertes geschätzte Gesamtumsatz (bzw. Deckungsbeitrag) mit Kunden aus dem betreffenden Gebiet gegenüberstellen. Allerdings gilt auch für dieses Verfahren, dass die sich ergebenden Erfolgskennzahlen (Frequenz, Umsatz) jeweils nur für die realisierte Politik gelten. Liegt den ermittelten Werten beispielsweise eine Politik zu Grunde, bei der alle regionalen Bezirke alle vier Wochen mit einem Prospekt beworben wurden, dann setzt eine planvolle Werbepolitik voraus, dass Vorstellungen über den Erfolg bei intensiverer und schwächerer Bewerbung entwickelt würden (Response-Funktionen). Erst auf einer solchen Basis kann sinnvoll entschieden werden, mit welcher Intensität einzelne Regionen beworben werden sollen. Das Instrument der Response-Funktionen wird im folgenden Abschnitt angesprochen.

7.2.2.2 Varianz- und regressionsanalytische Untersuchungen

Zu den Stimulus-Response-Untersuchungen gehört ein von J. B. Wilkinson, C. H. Paksoy und J. B. Mason in einem Supermarkt durchgeführtes **Experiment** (1981 und 1982). Es wurde untersucht, wie sich Veränderungen des geforderten Preises, des Regalraumes (einschl. spezieller Displays) und die Bewerbung über Zeitungsanzeigen auf den Absatz von vier ausgewählten Artikeln ausgewirkt haben. Hier sei nur auf den **Einfluss der Werbung** eingegangen. Die erwartete Wirkung der Bewerbung lässt sich durch die Abbildung 7.8 darstellen. Die Abbildung verdeutlicht die Erwartung, dass eine Werbemaßnahme grundsätzlich die Absatzmenge des beworbenen Artikels ansteigen lässt und dass eventuell die Absatzmenge bei einem niedrigen Preis noch mehr steigt als bei einem höheren Preis.

Abb. 7.8: A priori erwartete Wirkung von Werbemaßnahmen auf die Preis-Absatz-Funktion

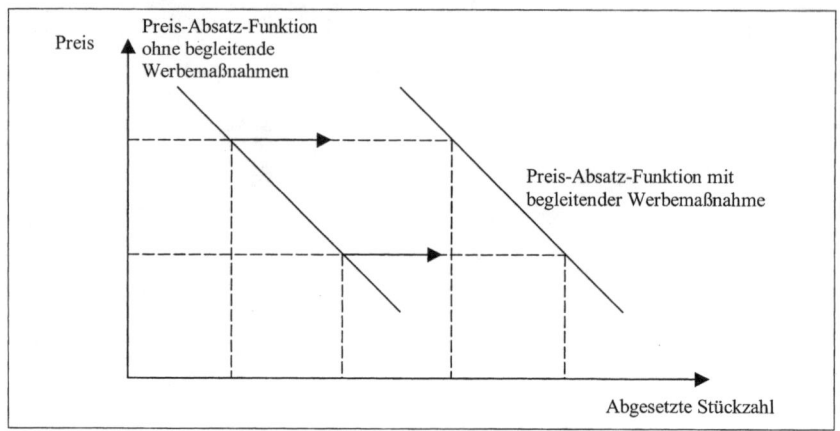

Die empirischen Daten bestätigen solche Erwartungen nicht generell. Zum einen konnte nicht in allen Fällen eine negativ geneigte Preis-Absatz-Funktion beobachtet werden, zum anderen bewirkte Werbung nicht generell eine erhöhte Absatzmenge. Abbildung 7.9 zeigt zwei verschiedene Ergebnisse, einmal wie sich die Anzeigenwerbung bei dem Artikel „Camay" (Seife) bei drei verschiedenen Preisniveaus auswirkte, zum anderen, dass bei dem Artikel „gefrorene Muscheln" sogar ein Absatzrückgang zu beobachten war.

Die Untersuchung lieferte auch die folgenden, zum Teil erstaunlichen Ergebnisse:
- Anzeigenwerbung steigert den Absatz nicht umso mehr, je niedriger der Preis ist.
- Der Absatz von ähnlichen Artikeln geht nur in geringem Maß zurück.
- Erweiterungen des Regalraumes für einen Artikel wirken sich negativ oder nur schwach positiv auf den Absatz aus (siehe auch R. C. Curhan 1973).

Dagegen stieg die Absatzmenge deutlich, wenn spezielles Displaymaterial eingesetzt wurde. Die Messung kombinierter Effekte von Werbemaßnahmen ist auch das Anliegen verschiedener Marktforschungsinstitute. So wird nach dem Preis-Promotion-Modell von Nielsen (H. Milde 1986, S. 94-97) untersucht, wie sich neben dem Preis der Einsatz von Zeitungswerbung, Handzettelwerbung und Displayplatzierung auf den Absatz eines Artikels auswirkt, also:

$$A_i = f(p_i; WZ_i; WHZ_i, D_i)$$

mit

A_i	=	Absatz von Artikel i (i = 1,2,3,...I),
p_i	=	Verkaufspreis von Artikel i,
WZ_i	=	Zeitungswerbung für Artikel i (Dummy-Variable),
WHZ_i	=	Handzettelwerbung für Artikel i (Dummy-Variable),
D_i	=	Displayplatzierung für Artikel i.

B. Heidel (1990, S. 267ff.) hat auf die Gefahr der Multikollinearität hingewiesen.

Abb. 7.9: Einfluss von Zeitungswerbung auf den Absatz zweier Artikel bei drei Preisniveaus

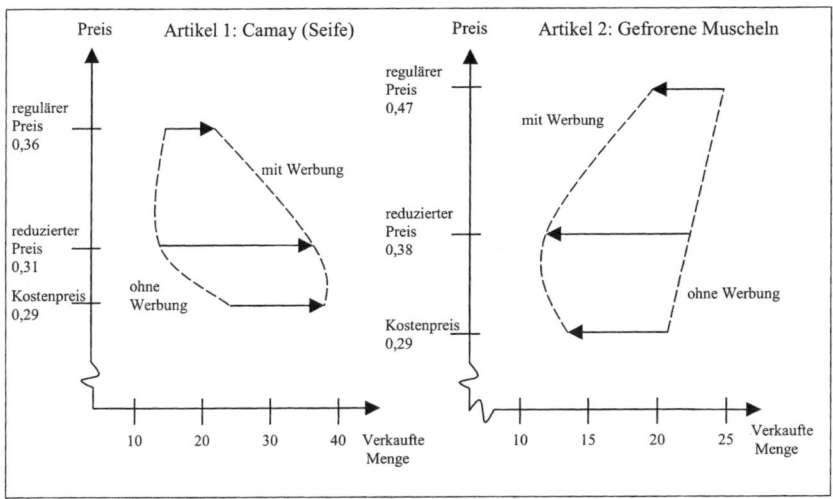

Für die Theorie ist es nicht nur interessant, die empirisch ermittelten Elastizitäten
solcher Studien zur Kenntnis zu nehmen, sondern auch die Frage aufzuwerfen, **warum
sich bestimmte empirische Regelmäßigkeiten zeigen**. So könnte z. B. erwartet
werden, dass die Preiselastizität
- umso größer ist, je leichter Substitute erhältlich sind,
- davon abhängt, welchen Anteil des Einkommens Konsumenten für eine Einheit des
  Gutes verausgaben müssen,
- davon abhängt, wie haltbar das Produkt ist und
- davon abhängt, welche Gewohnheiten sich beim Einkauf eingebürgert haben.

So könnte es sein, dass die Seife „Camay" gewohnheitsmäßig gekauft wird und deshalb
große Preisreduktionen notwendig sind, den Kauf anzuregen, und dass trotz Preissenkung der Absatz an tiefgefrorenen Muscheln nicht gestiegen ist, weil für die Lagerung
spezieller Kühlraum benötigt wird. Es erscheint lohnend, mit Hilfe von empirischen
Studien und über die explizite Formulierung von Hypothesen, die den Verlauf von Ab-
satz-Funktionen prognostizieren, zu Klassen von Wirkungsbeziehungen vorzustoßen.

Narasimhan, Neslin und Sen (1996) sind der Frage nachgegangen, von welchen
Faktoren die Werbeelastizität in einzelnen Artikelgruppen (categories) abhängt.
Marktstudien in den USA (durch Information Resources Inc. (IRI), ein großes
amerikanisches Marktforschungsunternehmen) hatten ergeben, dass eine vorübergehende Preissenkung, begleitet durch Hinweise im Werbezettel, den Absatz des
beworbenen Toilettenpapiers im Durchschnitt um 440,5% steigert; dieselbe Werbung
bei Nudeln führt zu einer Steigerung von 198,1%, während bei einem Deodorant der
Absatz nur um 102,0% stieg. Die Autoren fragen, inwieweit diese Streuung im Erfolg
auf die Zugehörigkeit zu bestimmten Produktkategorien bzw. bestimmte Eigenschaften

der beworbenen Artikel zurückzuführen ist und führen damit ähnliche Untersuchungen aus früherer Zeit fort (P. Fader und L. M. Lodish 1990; J. S. Raju 1992 und R. N. Bolton 1989). Es werden drei verschiedene Formen des werblichen Auftritts untersucht,
- der Artikel wird mit einem bestimmten Preis in der wöchentlichen Werbung erwähnt (featured price cut),
- die Preissenkung für einen Artikel geht mit einer bestimmten Präsentation des Artikels im Regal einher (displayed price cut),
- Preissenkungen ohne werbliche Unterstützung (pure price cut).

Unter Preissenkungen verstehen die Autoren Reduktionen des Preises gegenüber dem gewöhnlichen Verkaufspreis (in der Untersuchung beliefen sich die Reduktionen generell auf 15%)

Um den Einfluss einzelner Produkteigenschaften überprüfen zu können, fragen die Autoren, wie die betreffende Produkteigenschaft sich auf jede von vier möglichen Folgen einer Werbemaßnahme auswirken kann (C. Narasimhan, S. A. Neslin, S. K. Sen 1996, S. 17-30). Bei diesen vier möglichen Folgen handelt es sich um
- den Markenwechsel,
- den Wechsel der Einkaufsstätte,
- das Erschließen neuer Nachfrager (category expansion),
- die Forcierung des Einkaufs (durch Vorziehen von Einkäufen mit entsprechender Bevorratung oder durch den Einkauf größerer Mengen).
Die vermuteten Wirkungen einzelner Produkteigenschaften auf die möglichen Folgen im Verhalten von Konsumenten sind im Einzelnen in Abbildung 7.10 angegeben.

Abb. 7.10: Gedanklicher Rahmen zur Ableitung von Hypothesen zur Werbewirkung (Quelle: in Anlehnung an C. Narasimhan, S. A. Neslin, S. K. Sen 1996, S. 20)

Charakteristika der Artikelgruppe	Auswirkung auf Komponenten einer Werbewirkung				
	Markenwechsel	Wechsel der Einkaufsstätte	Erschließen neuer Nachfrager	Forcierung des Einkaufs	Netto-Effekt der Werbewirkung
Penetrationsgrad der Artikelgruppe	+*	+	+		+**
Einkaufszyklus	-			-	-
Preis	+/-	+/-		+/-	?
Markenbedeutung	+/-				?
Anzahl von Marken	+/-				?
Bedeutung von Impulskäufen			+		+
Eignung für eine Bevorratung				+	+

* Ein gesteigerter Penetrationsgrad in einer Artikelgruppe sollte die Wahrscheinlichkeit eines Markenwechsels während einer Werbeaktion erhöhen.

** Der Netto-Effekt der Werbewirkung, der sich aus den ersten vier Spalten ergibt, besteht darin, dass für Artikelgruppen mit einem höheren Penetrationsgrad eine längere Markenwerbewirkung existieren sollte.

Vor diesem gedanklichen Hintergrund werden dann mehrere Hypothesen zum Einfluss der betreffenden Produkteigenschaft auf den Werbeeffekt formuliert. Zur Überprüfung der Hypothesen wurden Scannerdaten aus einem Handelspanel herangezogen, ergänzt um Angaben aus einer zusätzlichen Verbraucherbefragung zum Impulskaufverhalten und der Bevorratung der insgesamt 108 untersuchten Artikelgruppen. Die Regressionsanalysen enthalten als abhängige Variablen die Werbeelastizitäten der 108 Artikelgruppen, wobei nach den drei oben angeführten Werbearten differenziert wurde, und als unabhängige Variablen die sieben Produkteigenschaften. Die Ergebnisse der Regressionsanalysen sind in Abbildung 7.11 dargestellt.

Abgesehen von dem Ergebnis, dass Preissenkungen, die mit Displaymaßnahmen einhergehen, den Absatz um 292,87% steigerten, jene, die mit Hinweisen in Werbezetteln einhergingen, mit 161,12% und jene, die auf eine werbliche Unterstützung der 15%igen Preissenkung verzichteten, nur auf 33,88% kamen, bestätigten sich die folgenden Hypothesen:
- Je größer die Penetration einer Artikelgruppe ist (d. h. je größer der Anteil der Haushalte ist, die die betreffende Kategorie mindestens einmal innerhalb eines Jahres gekauft haben), desto größer ist die Werbeelastizität, wobei diese Aussage für alle drei Varianten der Kombination von Preissenkung und Werbemaßnahme gilt.
- Längere Einkaufsintervalle gehen mit geringeren Elastizitäten einher.
- Die Bereitschaft, ein Produkt zu bevorraten, führt zu höheren Werbeelastizitäten.
Die Untersuchung zeigt, wie Scannerdaten genutzt werden können, um Hinweise auf Elastizitäten abzuleiten und deren Varianz zu erklären.

Abb. 7.11: Ergebnisse der Regressionsanalysen (Quelle: in Anlehnung an C. Narasimhan, S. A. Neslin, S. K. Sen 1996, S. 25)

A: Rohdaten						
	Abhängige Variable					
	Elastizität der direkt am Regal gezeigten Preissenkung		Elastizität der wöchentlich beworbenen Preissenkung		Elastizität der nicht beworbenen Preissenkung	
Variable	Koeffizient	p-Wert	Koeffizient	p-Wert	Koeffizient	p-Wert
Penetrationsgrad Artikelgruppe (%)	0,609	0,257	0,828	0,003	0,073	0,058
Einkaufszyklus (Tage)	-1,85	0,008	-0,651	0,065	-0,35	0,494
Preis ($)	-27,85	0,009	-4,84	0,363	1,98	0,013
Markenbedeutung (%)	-0,80	0,249	-0,21	0,552	-0,07	0,167
Anzahl von Marken	-0,393	0,296	-0,508	0,009	-0,064	0,024
Bedeutung von Impulskäufen	8,56	0,738	9,48	0,468	2,28	0,239
Eignung für eine Bevorratung	40,18	0,151	41,77	0,004	3,44	0,103
Konstante	460,8	0,000	190,80	0,000	31,7	0,000
R^2	0,231		0,285		0,195	
F-Statistik (7/100)	4,29	0,000	5,7	0,000	3,46	0,002

B: Standardisierte Koeffizienten		
	Abhängige Variable	
	Elastizität der direkt am Regal gezeigten Preissenkung	Elastizität der wöchentlich beworbenen Preissenkung	Elastizität der nicht beworbenen Preissenkung
Variable		
Penetrationsgrad Artikelgruppe (%)	0,1300	0,4302	0,2713
Einkaufszyklus (Tage)	-0,3104	-0,2654	-0,0973
Preis ($)	-0,2455	-0,1038	0,2875
Markenbedeutung (%)	-0,0919	-0,0642	-0,1368
Anzahl von Marken	-0,1154	-0,3632	-0,3111
Bedeutung von Impulskäufen	0,0282	0,0761	0,1236
Eignung für eine Bevorratung	0,1111	0,2808	0,1564

SR-Analysen sind inzwischen, wie auch D. Vakratsas und T. Ambler (1999) in ihrem Übersichtsartikel verdeutlichen, zu einem bedeutenden Forschungszweig innerhalb der Theorie der Werbung geworden. Auf einige ihrer Erkenntnisse sei im Folgenden Bezug genommen. SR-Modell beziehen häufig die Werbemaßnahmen, preispolitische Aspekte und verkaufsfördernde Maßnahmen auf den Umsatz, auf Absatzzahlen oder auf Marktanteile. Sie bedienen sich dabei der Regressionsanalyse oder der Logit-Modelle. Bei diesen sog. Market-Response-Modellen kann zwischen solchen unterschieden werden, die sich aggregierter Daten bedienen (z. B. D. M. Hanssens, L. J. Parsons und R. L. Schultz 1990; F. S. Zufryden 1987), und solchen, die auf Individualdaten zurückgreifen (z. B. J. Deighton, C. Henderson und S. A. Neslin 1994; J. H. Pedrick und F. S. Zufryden 1991; G. J. Tellis 1988; R. S. Winer 1991).

Besondere Aufmerksamkeit hat die Frage gefunden, inwieweit sich **Langzeitwirkungen** feststellen lassen. So ist es ja denkbar, dass eine einzelne Werbemaßnahme zu wiederholten Käufen führt. G. Assmus, J. U. Farley und D. Lehmann (1984) kommen zu dem Schluss, dass 90% der Werbewirkung nach drei bis 15 Monaten verklungen ist, R. S. Winer (1980) stellt keinen dauerhaften Effekt auf die Konsumrate fest, er fand lediglich eine vorübergehende Wirkung über 16 Wochen für eine Marke und 32 Wochen für eine andere Marke. C. F. Mela, S. Gupta und D. R. Lehmann (1997) weisen darauf hin, dass Werbemaßnahmen dazu führen, dass die Verbraucher weniger preissensitiv reagieren und das Segment der Markenwechsler verkleinern. Promotions dagegen lassen Verbraucher preissensitiver werden.

Es wurde auch der Frage nachgegangen, inwieweit der Neuigkeitsgrad des Produktes einen Einfluss auf die Werbewirkung hat. So stellten L. M. Lodish et al. (1995) fest, dass erhöhte Werbeausgaben den Absatz etablierter Marken nur in 33% der Fälle, dagegen in 55% bei neuen Marken steigerten. Das deutet darauf hin, dass die Werbeelastizitäten von der Lebenszyklusphase abhängen und es bedeutsam sein kann zu analysieren, inwieweit neue Kunden angezogen werden bzw. alte Kunden gebunden werden.

Einige Studien vergleichen die Wirkung klassischer Werbung und verkaufsfördernder Maßnahmen (Promotions). Die Elastizitäten für Werbemaßnahmen wurden häufig in einem Bereich von 0 bis 0,2 ermittelt (G. Assmus, J. U. Farley und D. Lehmann 1984; L. M. Lodish et al. 1995). Die Werte für verkaufsfördernde Maßnahmen lagen darüber. In Bezug auf die Häufigkeit der Kontakte wurde festgestellt, dass die optimale Zahl der Kontakte innerhalb eines Verbrauchszyklus häufig bei drei liegt (M. J. Naples 1979).

Die Ausführungen machen deutlich, dass über eine empirische Forschung die Wirkung von Werbemaßnahmen verallgemeinert werden soll. Vakratsas und Ambler kommen zu folgenden Ergebnissen:
- Werbeelastizitäten sind bei kurzfristiger Betrachtung klein und nehmen während des Lebenszyklus ab.
- Bei häufig gekauften Konsumgütern lässt die Werbewirkung weiterer Kontakte bei bekannten Marken schnell nach. Eine geringe Kontaktzahl (eine bis drei Erinnerungen je Kaufintervall) genügt bei etablierten Marken.
Einige Ergebnisse bisheriger Untersuchungen enthält auch Abbildung 7.12.

Abb. 7.12: Ergebnisse aus empirischen SR-Analysen zur Wirksamkeit von Werbemaßnahmen

Werbeelastizitäten bei kurzfristiger Betrachtung	(1)	Werbeelastizitäten liegen zwischen 0 und 0,2	Assmus, Farley und Lehmann 1984; Lodish et al. 1995
	(2)	Werbeelastizitäten für Gebrauchsgüter sind höher als für Verbrauchsgüter	Leone und Schultz 1980; Sethuraman und Tellis 1991
	(3)	Die Elastizitäten von Promotions sind bis zu 20 mal höher als die von Werbemaßnahmen	Lodish et al. 1995; Sethuraman und Tellis 1991
Wirkungsfunktionen, Reichweite und Häufigkeit	(4)	Die Grenzerträge der Werbung nehmen ab; der erste Kontakt beeinflusst die Umsätze bei kurzfristiger Betrachtung am stärksten	Deighton, Henderson und Neslin 1994; Jones 1995 ; Pedrick und Zufryden 1991; Tellis 1988
	(5)	Bei häufig gekauften Gütern genügen drei Kontakte	Naples 1979; Pedrick und Zufryden 1991, 1993

Die Untersuchungen machen deutlich, dass überprüft werden soll, inwieweit sich bestimme Hypothesen zur Wirkung von Werbemaßnahmen empirisch bestätigen. Trotz der Vielfalt der Gegebenheiten scheinen sich Verallgemeinerungen herauszuschälen.

7.3 Die Gestaltung von Werbemitteln

Nach einem Überblick über Probleme der Gestaltung von Werbemaßnahmen wird auf Werbemittel, die für den Handel besonders wichtig sind, eingegangen.

7.3.1 Überblick über Probleme bei der Gestaltung von Werbemitteln

Die Probleme der Gestaltung von Werbemitteln lassen sich zwei Gruppen zuweisen:

(1)   Bei der Formulierung der Werbebotschaft geht es um die Inhalte der Werbung **(what to say)**;
(2)   die formalen Probleme bei der Darstellung der Werbebotschaft beziehen sich auf die Art und Weise, wie die Werbebotschaft vermittelt werden soll **(how to say)**.

Besonders die Aspekte der Gestaltung müssen nach einzelnen Werbemitteln differenziert behandelt werden. Sie sind also für Anzeigen anders anzugehen als für TV-Spots oder die Schaufenstergestaltung. Auf diese formalen Probleme kann hier nur in ausgewählter Form eingegangen werden, weil erstens viele Aussagen der Werbelehre über die Gestaltung von Werbematerial auch für den Handel gelten und weil zweitens nur ein relativ geringer Anteil bisheriger Untersuchungen sich mit den spezifischen

Gegebenheiten des Handels beschäftigt. In Deutschland hat sich insbesondere Kroeber-Riel mit den Bestimmungsfaktoren für wirksame Werbung beschäftigt (vgl. W. Kroeber-Riel und P. Weinberg 1999 sowie W. Kroeber-Riel und F.-R. Esch 2000). Ein wichtiger Ausgangspunkt für seine Überlegungen stellte das Phänomen der Informationsüberlastung dar. Als Informationsüberlastung wird der Teil des Informationsangebotes bezeichnet, der von einem Rezipienten nicht beachtet wird. Mit sinkender Aufmerksamkeit, die der Rezipient einem Werbemittel entgegenbringt, wird eine aktivierende Werbemittelgestaltung immer wichtiger. Die erforderlichen **Konsequenzen für die Gestaltung von Werbung** fasst Kroeber-Riel wie folgt zusammen (W. Kroeber-Riel 1988):
- Es ist ein Wandel von informierender über emotionale zu aktualisierender Werbung zu fordern.
- Text ist durch Bildkommunikation zu ersetzen.
- Werbemittel sind hierarchisch zu gliedern.
Diesen Regeln lässt sich noch hinzufügen:
- Die Wiedererkennung soll über die Konstanz einzelner Elemente verbessert werden.
- Einzelne Kommunikationsmaßnahmen sollen aufeinander abgestimmt sein, damit eine einheitliche Corporate Identity erreicht wird.
Auf die verhaltenswissenschaftliche Begründung solcher Regeln und auf entsprechende empirische Belegung kann hier nicht eingegangen werden.

Für alle Sektoren der Handelswerbung sind Gestaltungsregeln formuliert worden (vgl. z. B. D. Pflaum und H. Eisenmann 1988 oder K. Barth und H. J. Theis 1991, S. 204-357), aber nicht immer können diese Regeln hinreichend verhaltenstheoretisch begründet werden.

Als mögliche Werbebotschaften bieten sich an (vgl. auch L. Müller-Hagedorn und S. Zielke 1999, S. 196-200):
(1)   Unter einer **Firmenwerbung** versteht man Hinweise auf die Existenz einer Unternehmung ohne Bezug auf einzelne Artikel. Die Werbung des Handels stellt in dem meisten Fällen ausgewählte Teile des Sortiments dar. Dennoch hat es auch Versuche gegeben, andere Formen der Webung zu entwickeln:
- Rewe startete 1982 eine Kampagne, in der Lebensmittel in oft überdimensionaler Form mit umfangreichen warenkundlichen Informationen vorgestellt wurden. Der Kunde sollte aufgeklärt werden.
- Benetton erregte großes Aufsehen, weil es über seine Plakatwerbung dramatische Zeitereignisse, wie Aids, ölverschmutzte Wasservögel, Kriegergräber, einer ökonomischen Zwecksetzung unterwarf. Produktwerbung wurde vollständig durch Firmenwerbung ersetzt. Das Unternehmen wollte sich als Unternehmen vorstellen, das die Dinge beim Namen nannte (M. Kriegeskorte 1995; H. Sabel und C. Weiser 2000, S. 279f.).
(2)   Die **leistungsorientierte Werbung** liefert vor allem Hinweise auf einzelne Leistungen einer Unternehmung (Leistungswerbung), so auf
- Dienstleistungen,
- Sortimentsbreite bzw. -tiefe,
- Service,
- Vorhandensein einzelner Artikel etc.

Da der Handelsbetrieb Waren und Dienstleistungen anbietet, ist es naheliegend, beide Bereiche in den Mittelpunkt zu stellen. Das kann in zwei Varianten geschehen, zum einen mit vorwiegend informatorischer Absicht, zum anderen als atmosphärische Artikelwerbung, in der sich das Angebot in einem Kontext darstellt, der sich in Wertegefüge und Lebensstil des jeweiligen Zeitabschnittes einfügt. Die Theorie des Wertewandels steht somit im Hintergrund einer solchen Werbung.

(3) Die **preisorientierte Werbung** liefert vor allem Hinweise auf günstige Konditionen (Preiswerbung). Angaben zur Verbreitung der Preiswerbung im Handel finden sich bei G.-M. Weinberg (1970, S. 107-150). Sie wird häufig kritisiert, weil sie einfallslos und wenig zielführend sei. Zum einen ist anzumerken, dass auch Preiswerbung immer wieder in unterschiedlichen Varianten auftritt, zum anderen ist der Vorwurf, sie sei ökonomisch nicht sinnvoll, kaum belegt.

Die Vielfalt möglicher Werbeaussagen wirft die Frage auf, nach welchen Gesichtspunkten ausgewählt werden soll. Allgemein gilt auch hier, dass eine Werbebotschaft nur im Hinblick auf die vorgegebenen **Ziele** und unter Berücksichtigung der Umweltsituation ausgewählt werden kann. Besondere Aufmerksamkeit gilt auch hier den Prädispositionen der aktuellen und potenziellen Nachfrager (zur besonderen Bedeutung der Einstellungen der Konsumenten bzw. des sog. einzigartigen Nutzens für den Verbraucher (einzigartiger Verkaufsanspruch, USP für die Wahl einer Werbebotschaft vgl. W. Leven und L. Müller-Hagedorn 1981). Die Wahl einer Werbebotschaft wird sich an den Zielen der Werbung ausrichten. Über sie wird die Werbeplanung mit der Marketingplanung verknüpft, wobei als Hilfsmittel die Balanced Scorecard verwendet werden kann. Für die Werbung für Sonderangebote nennt A. Eisenbarth (1968, S. 181-183) als Ziele:

- Aufmerksamkeit zu erregen,
- Informationen über Produkte im Hinblick auf Qualität und Preis zu liefern,
- Kaufanreize bei Stamm- und neuen Kunden auszulösen,
- einen Besuch der Verkaufsstelle zu veranlassen,
- Vorratskäufe anzuregen,
- ein Lager zu räumen,
- Umsatz und Gewinn zu steigern,
- das Image zu fördern (Ausgleich von Standortnachteilen).

Es ist leicht zu sehen, dass es sich um Elemente der oben vorgestellten allgemeinen Zieltypologie handelt.

Am Beispiel der Werbung für einen Supermarkt verdeutlicht Geisthövel die Umsetzung von Zielen in Hinweise für die Gestaltung, indem er den einzigartigen Verkaufsanspruch sucht und für den Supermarkt beispielhaft als „Einkaufsspaß leichtgemacht" formuliert. Der USP wird dann in einzelne Werbeaussagen übersetzt, indem auf den Standort des Geschäftes, die Frische der Waren usw. hingewiesen wird (vgl. M. Geisthövel 1979, S. 23). Jeweils kurze Hinweise auf mögliche „benefits", zur Formulierung von Headlines, von Texten, der Verwendung von Preisen und anderen gestalterischen Merkmalen finden sich in dem Lehrbuch von J. E. Littlefield und C. A. Kirkpatrick (1970, S. 386-413).

7.3.2　Formale Probleme bei der Gestaltung von Anzeigen

Die Anzeige wird häufig als ein für den Handel besonders wichtiges Werbemittel angesehen, wobei jedoch zwischen Betriebsgrößen und Branchen starke Unterschiede zu beobachten sind. Sie ist oft wesentlicher Bestandteil der Sonderangebotspolitik (vgl. dazu A. Eisenbarth 1968). Jede Anzeige lässt sich in formaler Hinsicht durch eine Vielzahl von Merkmalen kennzeichnen. Hierzu gehören die Größe der Anzeige, die Anzahl der in der Anzeige erwähnten Artikel, die Anzahl der Abbildungen, die verwendete Schriftgröße für den Firmennamen und die übrigen Angaben, die Anzahl der verwendeten Farben und schließlich die Verwendung eines Slogans.

Bei der Wahl der Größe einer Anzeige ist zu beachten, dass der Beeindruckungswert in einem positiven Verhältnis zum Flächenvolumen der Anzeige steht (K. C. Behrens 1963, S. 80). Weinberg hat jedoch darauf hingewiesen, dass eine Reihe von Indikatoren andeutet, dass die Anzeigengröße mehr mit Blick auf die Werbepolitik des Konkurrenten festgelegt wird als auf der Grundlage von verhaltenswissenschaftlich begründeten Wirkungsprognosen (G.-M. Weinberg 1970, S. 178-181). So seien sich die Anzeigen branchengleicher Betriebe im Stil, in der Technik und im Aufbau oft zwillingshaft ähnlich.

Die Fragen, ob **Produkte** in einer Anzeige umworben werden sollen und ggf. wie viele von ihnen, sind bisher kaum wissenschaftlich untersucht worden. Es finden sich lediglich einige Aufzeichnungen über die Usancen im Handel (G.-M. Weinberg 1970, S. 116-118; G. Beckmann 1969). Während Weinberg noch 1970 berichtet, dass nahezu in jeder dritten Einzelhandelsanzeige auf die Angabe von gegenständlichen Werbeexponaten verzichtet wurde (Firmenwerbung) und dass bei dem Rest der Anzeigen die Tendenz offensichtlich ist, für ein zahlenmäßig stark beschränktes Artikelangebot zu werben, hat heute die Produktwerbung und damit verbunden der Bildanteil zugenommen. Kroeber-Riel rechtfertigt dies mit der schnellen Aufnahme und Verarbeitung solcher Reize und spricht bildhaft von den „Bildern als den schnellen Schüssen ins Gehirn" (W. Kroeber-Riel und F.-R. Esch 2000, S. 141-150). Augenscheinlich wird vermutet, dass Verbraucher sich ein umso günstigeres Bild von der Preisgünstigkeit einer Verkaufsstelle machen, je mehr Artikel in eine Anzeige aufgenommen werden. Entscheidend für die Zahl der in einer Anzeige zu bewerbenden Produkte ist auch, inwieweit die Verbraucher ihr Urteil über die Preisgünstigkeit eines Artikels auf andere Artikel übertragen. Je geringer die Generalisierungsneigung, desto notwendiger wird es für einen Betrieb sein, zahlreiche Artikel in einer Anzeige aufzuführen.
Ein wichtiger formaler Gesichtspunkt der Anzeigengestaltung ist in **der Größe der Anzeige** oder einzelner ihrer Elemente zu sehen. Grundsätzlich kann von der Gültigkeit des **Weber -Gesetzes** ausgegangen werden. Nach diesem ist die Empfindungswirkung bei einer Person umso größer, je stärker der Reiz ist (vgl. auch Kapitel 6). Der Zusammenhang konnte in empirischen Untersuchungen bestätigt werden (vgl. H. Jacobi 1963, S. 111 und G. Gutjahr 1974, S. 28). Weitere Untersuchungen stammen von J. Yamanaka (1962), H. Assael, J. H. Kofron und W. Burgi (1967) und von R. Valiente (1973). Die angegebene Beziehung lässt sich für zahlreiche Varianten testen, z. B.:

Unabhängige Größe:	abhängige Größe:
- Größe der Anzeige - Größe der Headline - Größe des Firmennamens - Größe der verwendeten Abbildung	- Erinnerung - Aufmerksamkeit - Betrachtungsdauer

So hat Leven z. B. untersucht, ob die Firmenbezeichnung in einer Zeitungsanzeige umso schneller erkannt wird, je größer der Firmenname in dieser Anzeige angegeben ist. Dabei maß er die **Größe des Firmennamens** nicht absolut, sondern relativ, indem er seine Größe zur Höhe der Schrift, die nicht Namen ist, in Beziehung setzte (W. Leven 1982). Er stellte fest, dass tendenziell der Name der werbenden Firma umso schneller erkannt wird, je größer der Firmenname (relativ zur übrigen Schrift der Anzeige) gedruckt wird.

Abb. 7.13: Werbewirkung in Abhängigkeit von der Größe der Anzeige in einer Tageszeitung

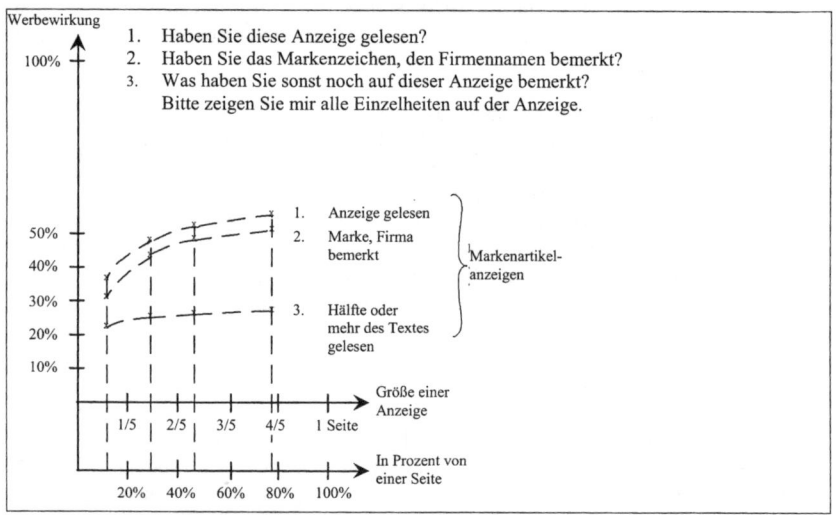

Dass der Wirkungszuwachs umso weniger ansteigt, je größer die Anzeige ist (in Tageszeitungen), belegen auch die Daten aus Untersuchungen der Regionalpresse (vgl. Regionalpresse 1979, S. 15). Es muss bei der Analyse der Ergebnisse, die auch in Abbildung 7.13 wiedergegeben sind, beachtet werden, dass die verwendeten Werbewirkungsmaße natürlich nicht alle Aspekte der Werbewirkung erfasst haben (z. B. die Zeitdauer, über die die Werbeaussage erinnert wird; das Gefallen, das der Betrachter verspürt hat; der Anstoß zur Handlung).

Abb. 7.14: Mögliche Beziehungen zwischen Werbewirkung, Gestaltung der Anzeige und einzelnen Umweltgrößen

Gestaltungsparameter der Anzeigengestaltung	Maße für die Werbewirkung
- Größe der Anzeige - Anzahl der verwendeten Farben - Art des beworbenen Produktes	- Anzeige gesehen - Marke/Firma bemerkt - Hälfte und mehr des Textes gelesen

in Abhängigkeit von:

- dem Typ des Werbenden:
  Markenartikelhersteller oder Einzelhandelsbetrieb,
- der Intensität der Nutzung des Umfeldes,
- der Lesezeit (für die ganze Zeitung),
- den Verbrauchsgewohnheiten des Lesers (Kenner bzw.
  Verwender einer Marke, Kenner bzw. Kunde eines Geschäftes),
- dem Geschlecht des Lesers,
- der Platzierung (z. B. rechte oder linke Seite der Zeitung),
  Ausmaß der Alleinstellung (z. B. allein neben Text, neben
  anderen Anzeigen),
- dem Ausmaß der Bebilderung des Umfeldes,
- der Umfeldsparte (z. B. Politik, Wirtschaft, Sport, Anzeigenteil).

Die in Abbildung 7.14 dargestellten Beziehungen zur **Abhängigkeit der Werbewirkung von der Gestaltung der Anzeigenwerbung** und von Umweltgrößen stellen gleichzeitig das Untersuchungsprogramm einer Studie der Regionalpresse dar. Aus ihr seien einige **Ergebnisse** ausgewählt:

(1) Frauen haben besonders häufig Anzeigen für Wasch-, Putz- und Pflegemittel (58%), für Wäsche und Strümpfe (59%) gesehen, relativ selten Anzeigen zu den Bereichen Mund-, Haar-, Haut- und Körperpflege (32%). Die Anzeigenbeachtung ist also in recht erheblichem Maße davon abhängig, welche Produkte beworben werden, wobei allerdings einschränkend gesagt werden muss, dass unterstellt wird, dass nicht andere Faktoren die Unterschiede in der Werbewirkung ausgelöst haben.

(2) Die Beachtung von Einzelhandelsanzeigen ist vom Umfeld (hier ist damit die Platzierung innerhalb der Zeitung gemeint) unabhängig (vgl. zu diesem Problembereich M. Weiser 1974).

7.3.3 Die Gestaltung von Katalogen und Web-Seiten

Kataloge sind nicht nur im Versandhandel, sondern auch im stationären Handel ein Mittel der Kommunikation zwischen Handel und Verbraucher. Daneben setzen Großhandelsunternehmungen und auch die Industrie Kataloge ein, um ihre Produkte zu verkaufen bzw. bekannt zu machen. So stellen Kataloge in vielen Bereichen ein wichtiges Marketinginstrument dar. Wie bei den übrigen Werbemitteln geht es auch beim Einsatz von Katalogen darum, den Geldbetrag festzulegen, der für Erstellung und Verteilung des Katalogs vorgesehen sein soll (Werbebudget), den Inhalt und die Aufmachung des Katalogs festzulegen (Message und Copy) sowie seine Streuung zu planen, wozu einerseits die Häufigkeit des Katalogwechsels zählt bzw. die Zeitabstände zwischen zwei Katalogen, andererseits die Auswahl der Empfänger (zu Katalogtypen und zur Geschichte des Katalogs vgl. J. Hensen 1999, S. 363–398; zur Gestaltung von Katalogen vor dem Hintergrund verhaltenswissenschaftlicher Theorien vgl. F.-R. Esch 1999, S. 315-343; praxisorientierte Regeln stellt R. K. Bidmon 1999, S. 346-362 dar). Im Folgenden wird nur auf die Frage, **welche Artikel in den Katalog aufgenommen werden** sollten und wie viel Platz den einzelnen Artikeln zur Verfügung gestellt werden sollte, näher eingegangen (vgl. dazu M. A. Johnson, A. A. Zoltners und P. Sinka 1979).

Dabei stehen folgende Aktionsparameter der Kataloggestaltung zur Verfügung:
- die Anzahl der Seiten, die einem Artikel oder einer Artikelgruppe zur Verfügung gestellt werden. Planungseinheit kann also ein einzelner Artikel oder eine Artikelgruppe sein; im Folgenden wird abkürzend nur von dem Artikel gesprochen;
- die Anzahl der farbig gestalteten Seiten, die einem Artikel zugeteilt werden;
- die Höhe des Preises, mit dem der Artikel in den Katalog aufgenommen wird.

Bei einem vorgegebenen Katalogumfang besteht das Problem darin, die begrenzt zur Verfügung stehenden Seiten so auf die einzelnen Artikel aufzuteilen, dass der Erfolg maximiert wird. Es handelt sich um ein so genanntes **Allokationsproblem**. Zu seiner Lösung ist es notwendig, eine Responsefunktion zu schätzen. Die Verfasser ziehen dazu die von Little empfohlene decision-calculus-Methode heran, nach der der Umsatz für ausgewählte Maßnahmen abzuschätzen ist, und zwar für den Fall, dass einem Artikel
- so viel Katalograum wie im letzten Jahr oder wie einem vergleichbaren Artikel zugewiesen wird,
- der Katalograum verdoppelt wird,
- der Katalograum so groß ist, dass keine nennenswerte Umsatzsteigerung erzielt werden könnte, wenn der zugewiesene Katalograum noch mehr erweitert würde (J. D. C. Little 1977).

Das Modell macht einen zentralen ökonomischen Grundgedanken, dass nämlich begrenzt zur Verfügung stehende Faktoren den Verwendungsmöglichkeiten mit dem relativ höchsten Nutzen zugeführt werden sollen, für die Katalogplanung nutzbar. Bei der **Beurteilung** des Verfahrens sind folgende Punkte zu beachten:
(1) Der „Nutzen" wird im erwarteten Deckungsbeitrag gesehen. Es ist aber denkbar, dass einzelne Artikel in den Katalog aufgenommen werden, um bestimmte Images zu schaffen oder um die Aufmerksamkeit zu wecken.
(2) Es werden keine Verbundbeziehungen zwischen den einzelnen Artikeln berücksichtigt.
(3) Das Modell stellt hohe Anforderungen an die Prognosefähigkeit. Dem Prognostizierenden wird keine Hilfe an die Hand gegeben abzuschätzen, wie groß der voraussichtliche Umsatz bei einzelnen Strategien sein wird.

Insgesamt handelt es sich jedoch um ein wertvolles (Ex-Post-) Analyse- und Planungsinstrument.

In neuerer Zeit erhält die elektronische Variante des papierenen Katalogs verstärkte Aufmerksamkeit, die **Website**. „Mit Website bezeichnet man die Gesamtheit aller Informationsangebote und Anwendungen, die auf den Webseiten einer Internet-Adresse (URL) hinterlegt sind" (J. Frühschütz 2000, S. 134; so auch E-Commerce-Center Handel, Hrsg., S. 80). Bei der Gestaltung einer Website gibt es zunächst Anforderungen bezüglich einer EDV-gerechten Einbindung der einzelnen Dokumente. Bei der Server-Strukturanalyse werden alle HTML-Dokumente gescannt, und es wird überprüft, welche Position einzelne Dokumente innerhalb der Hierarchie des Verzeichnisbaumes einnehmen und wie sie in den Hypertext eingebunden sind. So kann festgestellt werden, ob Dokumente auf dem Server nicht genutzt werden können, da sie nicht von anderen Dokumenten referenziert werden, oder ob Dokumente referenziert werden, die nicht existieren.

Aus ökonomischer Sicht sind jene Kriterien von besonderer Bedeutung, die das Verhalten der Angesprochenen beeinflussen. Dabei empfiehlt es sich vor allen Dingen, den Verhaltensweisen und Erwartungen der Nachfrager gerecht zu werden. Um dies einzulösen, kann auf die Phasen des Kaufentscheidungsprozesses rekurriert werden, der häufig wie in Abbildung 7.15 eingeteilt wird.

Abb. 7.15: Phasen eines Kaufentscheidungsprozesses

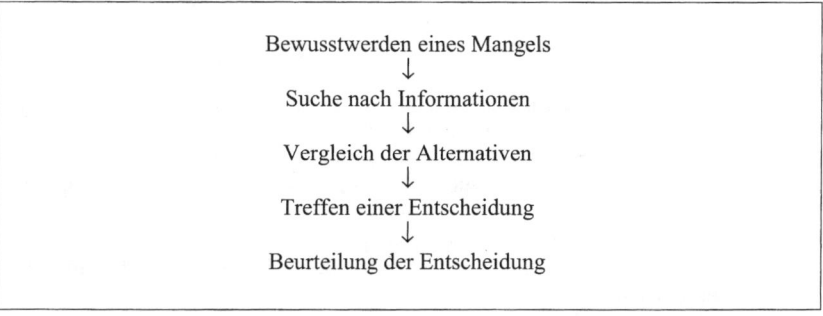

Dieses Phasenschema kann Hinweise liefern, welche Phasen in besonderer Weise unterstützt werden sollen. Aus der Sicht eines Anbieters geht es darum, die folgenden Schritte einer Transaktion mit dem Kunden zu unterstützen:
- Kontakt mit dem Kunden herstellen,
- Kontakt zum Kunden halten,
- Informationen zum Angebot vermitteln,
- angenehme Emotionen vermitteln,
- Kundenbindung aufbauen.
Aus jeder Transaktionsphase resultieren Anforderungen an die Gestaltung der Website (F.-R. Esch, T. Langner und P. Jungen 1999). Die geforderten Kriterien stimmen teilweise mit generellen Anforderungen für jede Kommunikationspolitik überein (z. B. unverkennbarer, individueller Auftritt, Übereinstimmung mit der Corporate Identity, Abstimmung mit anderen Kommunikationsinstrumenten, zum Teil regionenspezifische Informationen), zum Teil sind die Anforderungen medienspezifisch:
- Darstellung der Informationen in einer Art und Weise, die den individuellen Bedürfnissen der Nutzer entspricht,
- Hilfsfunktionen,

- Auffindbarkeit im WWW-Angebot (insbesondere über markante WWW-Adressen, Eintrag in Suchdienste),
- Links mit eindeutig verständlichen Inhalten.

Die Seitengestaltung im WWW kann nicht nur durch Befragung kontrolliert werden, es bieten sich darüber hinaus websitespezifische Kontrollverfahren, so
- die Auswertung von Nutzungsprotokollen und
- die oben erwähnte Server-Strukturanalyse.

Bei der Auswertung von Nutzungsprotokollen werden die Zugriffe auf den WWW-Server ausgewertet. Für jeden Zugriff finden sich folgende Angaben (A. Mevenkamp und M. Kerner 1999, S. 225):
- WWW-Adresse der abgerufenen Seite,
- Datum und Uhrzeit des Abrufs,
- Internet-Adresse des anfordernden Rechners,
- Statuscode (Seite wurde übertragen, ist im Browser-Cache vorhanden, ist nicht auf dem Server vorhanden, anfordernder Rechner ist nicht autorisiert, die Seite zu erhalten).

7.3.4 Die Schaufenstergestaltung

Das Schaufenster ist ein spezifisches Kommunikationsinstrument des Handels, von dem insbesondere Fachgeschäfte, Waren- und Kaufhäuser Gebrauch machen, nicht oder kaum dagegen Verbrauchermärkte, Fachmärkte und Discounter. Abgesehen von den Typologien, mit denen Dekorationsstile erfasst werden (z. B. Stapelfenster, Phantasie-fenster, Anlassfenster, bedarfsorientierte Fenster) und den Untersuchungen, die die Wirkung einzelner Gestaltungselemente betrachten, z. B. des Lichtes (vgl. dazu den Überblick bei D. Pflaum und H. Eisenmann 1988, S. 55-68), gibt es auch einige öko-nomische Untersuchungen i. e. S.:
- Schon E. Schmalenbach (1947, S. 68-69) hat sein System der pretialen Wirtschafts-lenkung an der Anekdote erläutert, nach der Tietz ihm berichtet hat, wie die Abteilungsleiter in seinen Warenhäusern um die Zuteilung von Schaufenstern kämpfen und sich stets benachteiligt fühlen. Bekanntlich hat Schmalenbach ihm vorgeschlagen, die Schaufenster an die Abteilungsleiter zu versteigern, um so jeden Abteilungsleiter zu zwingen, den erhofften Nutzen zu quantifizieren und den Kosten gegenüberzustellen.
- H. Schmalen (1983 und 1985) hat in einem Modell die Entscheidungssituation abge-bildet, dass im Betrieb eine vorhandene Fläche entweder als Schaufenster oder in der Form des sog. Durchsichtsfensters als Verkaufsraum genutzt werden kann.
- R. Nötzel (1988) untersuchte die Werbewirksamkeit von Schaufenstern, indem er die Erinnerungswerte von Passanten erhob.

Des Weiteren bieten z. B. L. M. Bauer (1997) und G. Galle (1999) zahlreiche Hilfe-stellungen für die Schaufenstergestaltung in der Praxis.

Wie auch für die anderen Kommunikationsinstrumente ist auch für die Schaufenster-gestaltung eine Vorgehensweise zu entwickeln, die sich an den übergeordneten Zielen orientiert und die Reaktionsweisen der angesprochenen Zielgruppen in Rechnung stellt.

7.4 Die Streuplanung

Im Rahmen der Streuplanung sind **drei Entscheidungen** zu treffen:

(1) Welche Werbeträger sollen herangezogen werden?
(2) Wie viele Einschaltungen sollen in einem Medium bzw. in einer Medienkombination erfolgen?
(3) In welchen zeitlichen Abständen sollen Werbemaßnahmen durchgeführt werden?

In Abschnitt 7.4.1 wenden wir uns zunächst den ersten beiden Problemen zu, im Abschnitt 7.4.2 dem dritten Problem.

7.4.1 Zur Auswahl einzelner Werbeträger

Im Jahr 1999 dominierte bezüglich der Netto-Werbeeinnahmen mit etwa 28% unter den Werbeträgern die Tageszeitung, zum einen als Träger von Anzeigen, zum anderen als Träger von Prospekten. Danach folgt das Fernsehen. Diese vom Zentralausschuss der Werbewirtschaft (ZAW) zusammengestellten Werte beziehen sich aber auf die gesamte Volkswirtschaft. Jedes Unternehmen hat jedoch seine eigene Entscheidung zu treffen. Um die situationsspezifische Wahl von Werbeträgern geht es im Folgenden.

Der Erfolg einer Einschaltung in einem Medium wird zunächst mit Hilfe von **Kontaktmaßzahlen** zum Ausdruck gebracht (physische Kontakte). Diese Maßzahlen erfassen, wie viele Personen mit dem Werbeträger so in Berührung gekommen sind, dass sie die Chance hatten, das Werbemittel wahrzunehmen. Im Rahmen von Media-Analysen werden für einige Werbeträger entsprechende Zahlen zur Verfügung gestellt (vgl. z. B. Berichtsbände der Arbeitsgemeinschaft Media-Analyse e.V. und der Media-Micro-Census GmbH und die IVW-Verbreitungsanalyse Tageszeitungen [VA], die über die Verkaufsauflage der deutschen Tagespresse informiert, wobei diese Angaben nach Kreisen und Gemeinden aufgegliedert werden; vgl. zu letzterem Regionalpresse e.V.: Die Beachtung von Anzeigen in regionalen Abonnement-Zeitungen, 1979). Auch für den Handel, der häufig ein eng begrenztes räumliches Gebiet bewirbt, ist es wichtig zu wissen, wie die **Reichweite** (das ist die Zahl der mindestens einmal mit einer Werbemaßnahme erreichten Personen) sich bei unterschiedlichen Einschaltungen entwickelt. Je nach dem Raum, der abgedeckt werden soll, stehen unterschiedliche Werbeträger zur Verfügung (vgl. dazu Abb. 7.16, die die jeweils mit einem Medium kleinst abdeckbare Einheit anführt – entnommen aus R. Uenk, o. J., wahrscheinlich 1978).

Abb. 7.16: Die Verfügbarkeit von Medien für unterschiedliche geografische Räume

Kleinstabdeckbare Einheit	Werbeträger
national	TV Publikumszeitschriften Fachzeitschriften Wochen- und Sonntagszeitungen
regional	TV Hörfunk Publikumszeitschriften Tageszeitungen Supplements
lokal	Filmtheater Tageszeitungen (z. T. Stadtteilbelegung) Anzeigen-Blätter Plakate Postwurfsendungen Hausverteilungen Directmail

Zur Analyse der Reichweite eines Mediums gehören folgende Fragen:

(1) Wie häufig (z. B. an wie viel aufeinanderfolgenden Tagen) muss eine Anzeige geschaltet werden (in einer Zeitung oder in einer Kombination von Medien), damit eine bestimmte Zielgruppe mindestens einmal (zweimal,...) mit dieser Anzeige erreicht wird?

(2) Wie viele Personen der Zielgruppe werden mit einem bestimmten Einschaltplan mindestens einmal (zweimal,...) erreicht?

Sind die **Nutzungswahrscheinlichkeiten** für die einzelnen Medien bekannt, dann können diese Fragen mit Hilfe einer geeigneten Verteilungsfunktion beantwortet werden. J. E. Teel und W. O. Bearden (1980) empfehlen für die Verhältnisse im Handel das Beta-Pascal-Modell.

Ein Kontakt mit einem Werbeträger bedeutet noch nicht, dass auch ein Kontakt mit dem Werbemittel stattgefunden hat. So ist es denkbar, dass ein Leser eine Tageszeitung durchgeblättert hat, eine bestimmte Anzeige jedoch nicht wahrgenommen hat. Es wird deshalb zwischen **Werbeträgerkontakten** und **Werbemittelkontakten** unterschieden. Für den Vergleich der Medien stehen nur eingeschränkt Angaben über die Werbemittel- kontakte zur Verfügung.

Reichweitendaten stellen nicht die einzige Planungsgrundlage für den Vergleich einzelner Werbeträger dar. Für Tageszeitungen hat Jolson einen Satz von fünf Größen vorgeschlagen, mit deren Hilfe bei der Mediaselektion verschiedene Zeitungen mit- einander verglichen werden können (vgl. M. A. Jolson 1979). Zumindest teilweise müssen diese Daten jedoch durch eigene Erhebungen beschafft werden. Es handelt sich um:

(1) die Zahl der Abonnenten einer Zeitung,

(2) die Zahl der Leser einer Zeitung („Leser" kann sich auf den Nutzungsgrad beziehen, z. B. diejenigen, die von 6 Ausgaben mindestens 5 lesen, und auf unterschiedliche Gegenstandsbereiche, zum Ersten die Zeitung allgemein, zum Zweiten aber auch die Anzeigen der werbenden Unternehmung),

(3) das Verhältnis der Zahl der Leser zur Zahl der Abonnenten,

(4) die Bedeutung, die eine Zeitung für die Entscheidung, die zuletzt besuchte Verkaufsstelle aufzusuchen, nach Meinung der Leser hatte,

(5) das Ausmaß, in dem die Zielgruppe der Unternehmung und die Leserschaft einer Zeitung bezüglich einer Reihe von Merkmalen übereinstimmen.

Die erste Messgröße (die Zahl der Abonnenten) gibt dann keinen korrekten Aufschluss über die physischen Kontakte, wenn ein Exemplar von mehreren Personen gelesen wird oder wenn diese Zeitung von Personen gelesen wird, die keinen Einfluss auf das Einkaufsgeschehen nehmen. Die zweite Messgröße entspricht der bekannten Leserschaftsgröße „Leser pro Ausgabe". Bei der dritten Größe handelt es sich nur um einen Quotienten aus den beiden ersten Größen. Die vierte Zahl versucht, die psychische Werbewirkung zu erfassen. Ob die Messung, so wie von Jolson vorgeschlagen, valide und reliabel vorgenommen wird, muss dahingestellt bleiben. Auf jeden Fall ist es wichtig, die Eignung einzelner Werbeträger nicht nur anhand der physischen Kontakte festzustellen, sondern auch ihre Bedeutung für die Steuerung des Verhaltens zu erfassen. Die letzte Messgröße macht darauf aufmerksam, dass es nicht auf die gesamte Leserschaft eines Mediums ankommt, sondern nur auf jenen Teil, der zur Zielgruppe der Unternehmung gehört. Diese Größe ist besonders bedeutsam, weil sie das Augenmerk darauf richtet, dass es nicht nur auf die Zahl der mit einer Werbemaßnahme erreichten Personen ankommt, sondern auch auf deren Struktur. So empfiehlt beispielsweise Wilche – gestützt auf die Beobachtung, dass Kunden eines inserierenden Geschäftes eine Einzelhandelsanzeige um nahezu 50% mehr beachten als Nicht-Kunden – Anzeigen zu verwenden, um den vorhandenen Kundenstand zu erhalten, dagegen andere Werbemittel, wie beispielsweise Werbebriefe oder Handzettel, dann einzusetzen, wenn erst ein Kundenstamm aufgebaut werden soll (H.-J. Wilche 1978, S. 100).

Für Informationsangebote im WWW müssen die traditionellen Erfolgsgrößen angepasst werden (A. Mevenkamp und M. Kerner 1999). Dies gilt für Reichweitenberechnungen, die Berechnung der Kontaktdauer, die Menge der tatsächlich übermittelten Informationen, den Weg des Nutzers durch das Informationsangebot (Web-Tracking) und die Clicks (sie geben an, wie oft einem Link auf einer Seite gefolgt wurde).

Aufgabe der Streuplanung ist es auch, die **Werbewirkung unterschiedlicher Werbeträger zu vergleichen** (Inter-Media-Vergleich). Der Vergleich ist nicht nur deshalb erschwert, weil nicht für alle Medien ähnliche Daten zur Verfügung stehen (z. B. Reichweiten-Daten), sondern auch weil eine Reihe von qualitativen Faktoren die Güte eines Mediums bestimmen. So wird z. B. für Zeitungen angeführt, dass sie sehr viel eher eine Verbindung von Produkt und Verkaufsstelle herstellen können als dies derzeit dem Rundfunk oder dem Fernsehen möglich ist.

Medien müssen also in einer Reihe von Wirkungsebenen, die im Folgenden noch einmal zusammengestellt sind, verglichen werden:

1. Ebene: **Medien-Kontakt** (Reichweite, Quantuplikation, Kontaktverteilung).
2. Ebene: **Werbemittel-Kontakt**: Die Chance, dass ein Werbemittel in einem Werbeträger wahrgenommen wird, hängt vor allem davon ab, wie diese Medien vom Verbraucher genutzt werden (z. B. aufmerksam gelesen, nur durchgeblättert) und welche Möglichkeiten der Darstellung das Medium bietet.
3. Ebene: Die Stärke und die Art der von einer Werbemaßnahme **ausgelösten Wirkung**: Da einzelne Medien für unterschiedlich glaubwürdig gehalten werden, da sie die Werbebotschaft unterschiedlich darstellen können und sie zu unterschiedlichen Tageszeiten genutzt werden, ist es plausibel, dass sie eine unterschiedliche Werbewirkung entfalten können. Sie können in unterschiedlichem Maße die Erinnerung, das Wiedererkennen, Anmutungen, Einstellungen und die Kaufbereitschaft beeinflussen.

In der Praxis begnügt man sich oft damit, diese Wirkungskette rudimentär abzubilden (z. B. durch Angabe der erreichten Personen, eventuell gewichtet mit einem werbemittelspezifischen Wirkungsfaktor).

Wie in Abschnitt 7.1 gezeigt worden ist, stehen den Handelsunternehmen durch die Kombination der verschiedenen Werbemittel mit den verschiedenen Werbeträgern zahlreiche Möglichkeiten für werbliche Aktivitäten zur Verfügung. Sie sind zu einem **Werbeplan** zusammenzustellen. Es werden jene Werbemaßnahmen in den Werbeplan eingestellt, die eine hohe Zielerreichung erwarten lassen. Die Stärke der Wirkungsketten vom Werbeträgerkontakt über den Werbemittelkontakt bis zur psychischen oder ökonomischen Wirkung ist nicht leicht zu erkennen, zumal sie nicht generell gelten wird, sondern von zahlreichen betriebsspezifischen Bestimmungsfaktoren (z. B. Art der Zielgruppe, Aktivitäten anderer Anbieter) abhängen wird. Es hat Versuche gegeben, das Verhalten der Unternehmungen empirisch zu ermitteln und dabei den Einfluss einzelner Variablen zu erkennen. Fam und Merrilees haben empirisch überprüft, ob sich bestätigen lässt, dass die **Eignung einzelner Werbemaßnahmen im Urteil von Handelsunternehmungen** von bestimmten Variablen abhängt und dass das Werbebudget dieser Handelsunternehmungen proportional zu diesen Eignungsurteilen aufgeteilt wird (K. S. Fam und B. Merrilees 1996). Die Vielzahl der möglichen Werbepläne ersetzen sie durch vier Typen von Werbemaßnahmen

- In-Store-Promotion-Maßnahmen (Plakate, Regalstopper, Displays u. ä.),
- Mass Media Advertising (vor allem in Zeitungen, Magazinen, TV, Radio),
- Direct-Mail-Aktionen und Sales Promotion (Flyer, Werbezettel, Werbebriefe, Preislisten oder Kataloge, Spiele, Coupons),
- Einsatz von Verkaufspersonal.

Die von den Händlern subjektiv wahrgenommene Eignung dieser vier Werbemaßnahmen (P_i) wird in Abhängigkeit von 6 Faktoren gesehen:

(1) $\quad P_i \quad = F\,(T,\,CH,\,STRAT_j,\,COLL,\,MAS,\,RD_k)$

$\qquad$ wobei

$\qquad T \quad = \quad$ Werbeintensität des Unternehmens (angegebenen in Geldeinheiten für die gesamten Werbeausgaben in Relation zu den Personalkosten),

$\qquad CH \quad = \quad$ Zugehörigkeit des Betriebs zu einer Filialorganisation (Dummy-Variable),

$\qquad STRAT_j = \quad$ Bedeutung, die drei Strategien zugeordnet wird,

COLL = Neigung zu „Kollektivismus",
MAS = Neigung zu Maskulinität und
RD_k = Verkaufsregion, in der der Betrieb tätig ist.

Zum Zweiten formulieren die Verfasser die Hypothese, dass die subjektiv wahrgenommene Eignung der einzelnen Werbemaßnahmen bestimmend ist für den Anteil des jeweiligen Werbemittels am gesamten Werbebudget, also:

(2)　S_i = $f(P_i)$,

wobei

S_i = Anteil des Werbemittels im Werbebudget.

Die erste Hypothese schließt Aussagen zum Einfluss zahlreicher Größen auf die wahrgenommene Eignung einzelner Werbemaßnahmen ein, u.a.:

- Die Werbe-Intensität eines Betriebes (Anzahl der Geldeinheiten, die für Werbemaßnahmen insgesamt verausgabt werden (Advertising + Promotions = A&P), im Verhältnis zu den Personalkosten) hängt insbesondere davon ab, wie die Massenwerbung und die Verkaufsförderung eingeschätzt werden.
- Die Zugehörigkeit eines Betriebes zu einer Filialorganisation führt tendenziell zu einer positiven Einstellung gegenüber Massenwerbung.
- Es besteht eine positive Beziehung zwischen einer Hochpreisstrategie in Verbindung mit einem hohen Serviceniveau und dem Urteil über die Eignung der Massenwerbung.

Die Hypothesen wurden durchweg bestätigt. Dennoch ist der Erkenntniswert solcher Untersuchungen nur begrenzt. Zwar bilden die beiden Gleichungen des Modells die sinnvolle Aussage ab, dass das Werbebudget entsprechend der Eignung der einzelnen Werbemittel auf diese aufgeteilt werden sollte, aber ob zur Aufteilung die erfragten Eignungsurteile herangezogen werden sollten, erscheint bei der Heterogenität der befragten Betriebe fraglich. Insofern kann mit der Studie zwar das Werbeverhalten der befragten Betriebe relativ gut (R^2 zwischen 0,57 und 0,64) erklärt werden, aber für zu treffende Entscheidungen können die Ergebnisse kaum verwendet werden. Die Eignung eines Werbemittels wird nämlich über die in den Hypothesen genannten Größen hinaus von weiteren Faktoren abhängen: So werden sich beispielsweise die Kosten für einzelne Werbemittel unterscheiden, die Informationsflut und damit der Werbedruck können in einzelnen Regionen oder Branchen unterschiedlich sein usw. Aufschlussreich an der Studie ist aber, dass mit den Hypothesen darauf aufmerksam gemacht wird, dass das Werbeverhalten von einzelnen situativen Größen abhängt. Teilweise erscheinen die Aussagen naheliegend, teilweise wird aber darauf aufmerksam gemacht, dass die Effizienz der Werbung auch von der Größe der Unternehmung (Anzahl der Filialen) oder vom Handelssystem abhängt (so wurde beispielsweise auch untersucht, ob Franchiseorganisationen genug werben, vgl. S. C. Michael 1999).

7.4.2 Die Streuung der Werbemittel in zeitlicher Hinsicht

Als **Planungszeitraum** kommen unterschiedliche Zeitabschnitte in Frage. So ist zu entscheiden, wie das Werbebudget über das Jahr zu verteilen ist, wie intensiv die einzelnen Wochen eines Monats am Werbebudget partizipieren sollen und schließlich an welchen Wochentagen die Werbemaßnahmen erfolgen sollen. Unabhängig vom zu

Grunde gelegten Planungszeitraum lassen sich **Muster der Zeitplanung** angeben (vgl. P. Kotler 2001, S. 976-981):

(1) Der **Fall der konzentrierten Werbung**: Konzentration der Werbeausgaben auf einen Teilabschnitt des Planungszeitraumes (also z. B. auf einen Tag in der Woche, auf eine Woche innerhalb eines Monats, auf einen Monat innerhalb des Jahres).

(2) Der **Fall der kontinuierlichen Werbung**: In allen Teilperioden wird geworben, wobei die Werbung entweder in allen Perioden gleich hoch ist, auf- und abschwillt, ständig ansteigt oder ständig abfällt.

(3) Der **Fall der intermittierenden Werbung**: Phasen mit und ohne Werbung lösen sich ab.

Empirisches Material darüber, wie der Handel seine Werbeausgaben **über das Jahr** verteilt, liefert Weinberg, wobei er nach Betriebsformen, Branchen und Werbemitteln (Anzeigen, Rundfunk, Fernsehen) trennt (G.-M. Weinberg 1970, S. 206-228). Nehmen wir als Ausgangspunkt exemplarisch die Werbeausgaben zweier Verbrauchermärkte. In den Daten, wie sie in Abbildung 7.17 festgehalten sind, ist nur erfasst, wie viele Anzeigen in der an dem betreffenden Ort maßgebenden Tageszeitung platziert wurden und wie hoch die dafür verausgabten Kosten waren (Höhe x Zahl der Spalten x Geldbetrag, also ohne Rabatte und Mehrwertsteuer). Abbildung 7.17 verdeutlicht dreierlei:

(1) Beide Betriebe, die in Konkurrenz zueinander stehen, sind über das ganze Jahr hinweg mit Anzeigen in der Tageszeitung vertreten.

(2) Die Anzeigen sind unterschiedlich groß.

(3) Die beiden Betriebe betreiben eine weitgehend gleiche Politik bezüglich der Aufteilung der Ausgaben über das Jahr.

Abb. 7.17: Die Anzeigenwerbung zweier Verbrauchermärkte innerhalb eines Jahres

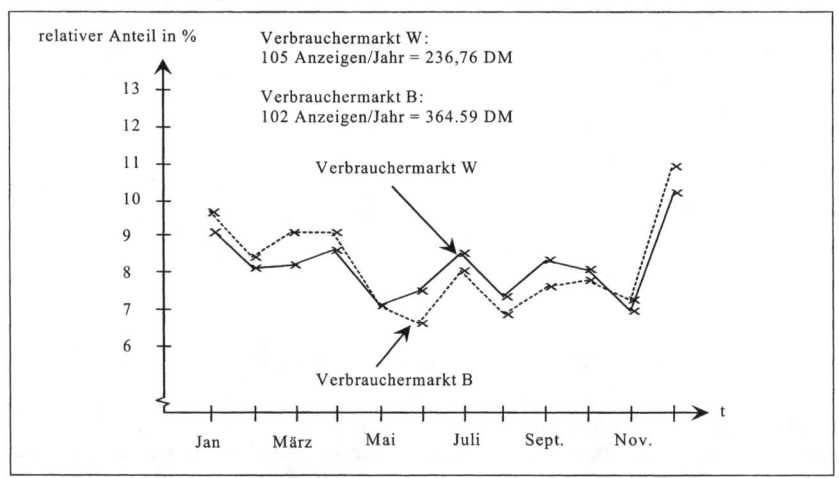

Hörschgen hat gezeigt, dass der Brutto-Werbeumsatz für Anzeigen-, Funk- und Fernsehwerbung über viele Jahre hinweg (allerdings über die Unternehmungen aggregiert)

das gleiche Muster zeigt: Ein Hoch im März, April und Mai, dann das Sommerloch im Juni, Juli und August und schließlich das zweite Hoch im Oktober, November und Dezember (vgl. H. Hörschgen 1967, S. 12f.).

Die Verteilung der Ausgaben des Einzelhandels für Anzeigen über **die einzelnen Wochen des Monats** kennzeichnet G.-M. Weinberg (1970, S. 218). Er zeigt, dass die zweite Woche mit rund 30% der Anzeigen und des Anzeigenvolumens an der Spitze liegt, gefolgt von der ersten Woche (mit rund 27% für beide Werte) und je 21% für die dritte und vierte Woche. Die Ausgaben einzelner Unternehmungen können davon jedoch erheblich abweichen. Dies haben lokale Auswertungen gezeigt, nach denen die Ausgaben fast gleichmäßig auf die Wochen verteilt waren.

Schließlich ist zu entscheiden, **an welchen Wochentagen** Werbemaßnahmen getätigt werden sollten. Beobachtungen in einem regionalen Markt (Trier) haben gezeigt, dass Anzeigen besonders am Montag, in geringem Maß am Mittwoch und am häufigsten am Donnerstag platziert werden, nicht jedoch am Dienstag, am Freitag und am Samstag (Auswertung der Anzeigen sieben bedeutender Anbieter von Lebensmitteln über einen Zeitraum von vier Wochen). Der Freitag ist also nach diesen Auswertungen nicht mehr der werbeintensivste Tag. Auswertungen des Instituts für Markt- und Preis GmbH in Mainz belegen allerdings, dass das Werbeaufkommen in nicht unerheblichem Maße streut (vgl. D. Boessenberg 1977, S. 164).

Die Alternativen der Werbestreuung lassen sich auch im Hinblick auf das Ausmaß, in dem zyklisch und antizyklisch geworben wird, darstellen. Welche Faktoren bestimmen nun die zeitliche Streuung der Werbung? Ist es richtig, dass - so wie es empirisch häufig beobachtet werden kann - im Jahresablauf prozyklisch geworben wird und dass der größte Teil der Werbeaktivitäten im Einzelhandel vor die umsatzstärksten Zeiten gelegt wird? Es lassen sich **drei Gruppen von Einflussfaktoren** benennen:

(1)   Die von der werbenden Unternehmung angestrebten Ziele.
(2)   Faktoren, die das Verhalten der Nachfrager bestimmen (Nachfrageseite):
       a)   die Gestaltung der restlichen Aktionsparameter im Bereich der Werbung
             und
       b)   sonstige Faktoren, die das Verhalten der Verbraucher beeinflussen (z. B.
             Werbung von Herstellern und Konkurrenten).
(3)   Faktoren, die das Entscheidungsfeld der Unternehmung kennzeichnen
       (Auslastung von Kapazitäten, Rabatte bei Lieferanten usw.).

Zu (1):   Die **Ziele der Unternehmung** als Bestimmungsfaktor für die Entscheidung über die zeitliche Streuung der Werbung: Dieser Sachverhalt soll an Beispielen verdeutlicht werden. Besteht das Werbeziel darin, häufig wechselnde Artikel abzuverkaufen, muss die Werbung relativ stark gestreut werden. Kommt es dagegen darauf an, ein bestimmtes Qualitätsimage aufzubauen oder zu erhalten, kann eine zeitlich kompaktere Werbung vorteilhaft sein. Wie gedrängt bzw. gestreut die Werbung sein soll, hängt vor allem davon ab, wie schnell die Werbebotschaft erlernt bzw. vergessen wird. Darauf wird unten ausführlicher eingegangen werden.

Zu (2a): Die **Gestaltung der restlichen Aktionsparameter** im Bereich der Werbung als Bestimmungsfaktor für die Entscheidung über die zeitliche Streuung der Werbung: Hier geht es vor allem um die Frage, wie ein begrenzt zur Verfügung stehendes Budget partitioniert werden soll. Bei allzu kleinvolumigen Werbemaßnahmen kann die Gefahr bestehen, dass sie vom Verbraucher nicht wahrgenommen werden. Auch der zu vermittelnde Werbeinhalt kann es erfordern, bestimmte Mindestgrößen zu realisieren.

Abb. 7.18: Bestimmungsfaktoren für Nachfrageschwankungen im Einkauf von Konsumenten

Zu (2b): **Sonstige Faktoren**, die das Verhalten der Verbraucher beeinflussen, als Bestimmungsfaktoren für die Entscheidung über die zeitliche Streuung der Werbung: Besonders Hörschgen hat aufgezeigt, dass die Nachfrage der Verbraucher Schwankungen unterliegen kann, die entweder einmaliger Art (Strukturveränderungen) sein können oder die periodischer Art sind (Konjunktureinflüsse, Saisonschwankungen). Er fragt, welche Faktoren diese Schwankungen auslösen und wann es sinnvoll ist, den Versuch zu unternehmen, diesen Schwankungen entgegenzuwirken bzw. sie auszunutzen (H. Hörschgen 1967). So werden die Schwankungen teilweise durch Veränderungen in den Bedürfnissen ausgelöst, die ihrerseits selbst wieder durch Veränderungen in der Natur gesteuert werden (Hitze im Sommer → Durst → Nachfrage nach Erfrischungsgetränken) oder hängen von künstlichen Faktoren ab, z. B. der Abfolge von Festen oder von bestimmten Konsumgewohnheiten. Wie Abbildung 7.18 zeigt, können Schwankungen auch durch die Verfügbarkeit von finanziellen Mitteln (z. B. Weihnachtsgeld, Zinszahlungen) oder durch die Verfügbarkeit von Zeit ausgelöst werden.

Wesentlich für die Entscheidung, wann geworben werden soll, ist auch, welche Chancen für einen Werbenden bestehen, einen physischen und psychischen Kontakt herzustellen. Die **Chancen für einen physischen Kontakt** sind nicht gleichmäßig über das Jahr verteilt. Dies gilt für die Nutzung der Anschlagflächen, des Rundfunks, des Fernsehens, der Kinowerbung, der Zeitschriften, in relativ geringem Maß für Zeitungen. So werden beispielsweise im Winter Fernsehgeräte häufiger als im Sommer eingeschaltet. Die einzelnen Medien werden also im Jahresablauf unterschiedlich genutzt. Darüber hinaus kann es aber notwendig sein, die Kontaktchancen zu unterschiedlichen Zeitpunkten verschieden zu gewichten, weil sich ihre **psychische Wirkung** unterscheidet. H. Hörschgen (1967, S. 114-116) weist auf den Biorhythmus des Menschen hin. Es ist aber auch zu beachten, dass die Medien in einzelnen Zeitabschnitten unterschiedlich stark belegt sind. Es gibt Zeitabschnitte, in denen eine Werbemaßnahme in relativ viele Konkurrenzmaßnahmen eingebettet ist, während sie in anderen Zeitabschnitten eine Alleinstellung hat. Ob auf **Konkurrenzwerbung** mit eigenen Maßnahmen geantwortet werden sollte (was häufig zu beobachten ist) oder ob auf andere Zeiträume ausgewichen werden sollte, ist eine schwer zu beantwortende Frage. Ein besonders wichtiger Punkt bei der Entscheidung über die zeitliche Streuung der Werbung kann für einen Handelsbetrieb schließlich sein, wann **der Hersteller** sich mit seiner Werbung an den Verbraucher wendet.

Bestimmend für die Planung der Werbemaßnahmen in zeitlicher Hinsicht ist weiterhin, welche **Zeitspannen zwischen dem Kontakt mit der Werbemaßnahme und der Kaufhandlung** liegen können. H.-J. Wilche (1978, S. 100) berichtet, dass Kaufentschlüsse meist einen Tag nach dem Erscheinen einer Anzeige realisiert werden, ohne jedoch näher darzulegen, bei welchen Produktgruppen dies beobachtet wurde.

Schließlich ist zu prüfen, inwieweit die Wirkung eines Werbekontaktes von **zeitlich vorausgehenden Werbekontakten** und von **parallel erfolgenden Werbekontakten konkurrierender Betriebe** abhängt (Lernen) und wie die Wirkung im Zeitablauf nachlässt. So kann es sein, dass mehrere Werbekontakte notwendig sind, um eine Kaufabsicht auszubilden. Eine frühe Untersuchung zu dem Problem, ob konzentriert oder zeitlich gestreut geworben werden sollte und wie sich dies auf die Recall-Werte auswirkt, stammt von H. A. Zielske (1959). Er verglich 13 Werbeimpulse in 13 aufeinander folgenden Wochen mit 13 Werbeimpulsen, die gleichmäßig über das Jahr verstreut waren. E. C. Strong (1977) hat versucht, einzelne Bestimmungsfaktoren der zeitlichen Streuung der Werbung in ein Optimierungsmodell einzubeziehen. Sein **Modell** hat folgende Kennzeichen:

(1)   Aktionsparameter: Wie sollte eine vorgegebene Anzahl von Anzeigen (hier 13) auf die 52 Wochen eines Jahres aufgeteilt werden?
(2)   Zielgröße: Als Erfolgskriterium wird die ungestützte Erinnerung an die Anzeige, einschließlich der korrekten Erinnerung des Werbeträgers verwendet. Es wird also gefragt, welcher Streuplan die höchsten Erinnerungswerte über das Jahr hinweg liefert. Die Erinnerungswerte werden mit der erwarteten Nachfrage gewichtet.
(3)   Das Optimierungsverfahren ist so angelegt, dass anhand eines vorliegenden Streuplanes bestimmt wird, welche Einschaltung am wenigsten zur durchschnittlichen Erinnerung beiträgt. Es wird geprüft, ob es nicht eine Einschaltung gibt, mit der sich ein höherer Wert erzielen lässt.
(4)   Es werden drei Situationen untersucht:
      a)   die Nachfrage weist keine Schwankungen über das Jahr hinweg auf,

b) es gibt im Jahresablauf eine Nachfragespitze (nur auf diesen Fall wird im Folgenden eingegangen),
c) es gibt im Jahresablauf zwei Nachfragespitzen.

Das Bemühen von Strong, die zeitliche Werbeplanung einem Optimierungsprozess zu unterwerfen, ist höchst bemerkenswert. Bei der **Würdigung des Ergebnisses** müssen jedoch folgende Punkte beachtet werden:

(1) Das Modell berücksichtigt nur Werbemaßnahmen in einem Medium (Print-Werbung). Es wird außerdem nur eine Anzeige pro Woche zugelassen.
(2) Es wird davon ausgegangen, dass die Erinnerungsquote zu Beginn des Planungs-zeitraumes Null beträgt. Dies ist allerdings kein grundsätzlicher Mangel des Modells, die Feststellung bezieht sich auf das Beispiel. Leicht ließe sich den Be-rechnungen ein anderes Ausgangsniveau zu Grunde legen.
(3) Mit Hilfe des Modells werden Erinnerungswerte maximiert. Diese Erinnerungs-werte werden zwar mit den erwarteten Verkaufszahlen gewichtet, jedoch wird dabei ein linearer Zusammenhang unterstellt. Inwieweit eine solche Annahme gerechtfertigt ist, bleibt offen.
(4) Maßnahmen der Konkurrenz bleiben unbeachtet.
(5) Die Saisonalität der Nachfrage, von der als Datum ausgegangen wird, kann das Ergebnis vergangener Werbemaßnahmen sein.

Hauptaussagen des Strong'schen Modells sind, dass Werbeanzeigen zeitlich zusammen-gerückt werden sollten, weil einzelne Anzeigen nicht die Wirkung einer Abfolge von Anzeigen entfalten können, und dass Ketten von Anzeigen einen synergetischen Effekt entfalten. Es ist zu erwarten, dass sich auch die Diskussion um die Streuplanung in zeitlicher Hinsicht noch verstärken wird.

Ausgewählte Literaturempfehlungen

G.-M. Weinberg (1970) weist auf **Bestimmungsfaktoren der Werbeplanung** hin und teilt eine Reihe von Usancen der Werbung in der Praxis mit. Auf die Rolle der Werbung in der **Sonderangebotspolitik** geht A. Eisenbarth (1968) ein.

In sehr umfassender Weise haben K. Barth und H. J. Theis (1991) Erkenntnisse über die **Werbeplanung und Werbewirkung** zusammengefasst und dies mit einer eigenen empirischen Erhebung zur Werbung im Facheinzelhandel verknüpft.

Ein umfassendes System **von Entscheidungshilfen zur Werbeetat- und Werbemix-Planung** wurde von D. Kall (1996) für den Handel am Beispiel der Automobilbranche entwickelt.

Weniger theoretisch als vielmehr **praktisch orientiert** und anleitend ist das Lehrbuch von D. Pflaum und H. Eisenmann (1988). Auch H. Happel (1994) bietet für den Praktiker **Hilfestellungen zur Planung und Gestaltung** der Werbung.

Das Buch von W. Kroeber-Riel und F.-R. Esch (2000) ist zwar nicht auf die spezifische Situation im Handel ausgerichtet, viele Hinweise aus diesem anregenden Buch können aber auch für die **handelsbetriebliche Werbeplanung** genutzt werden.

8   Der Einsatz von Verkaufspersonal

Wenn Handelsbetriebe den Einsatz von Personal im Verkaufsbereich planen, rücken sofort zwei Sachverhalte in den Mittelpunkt des Interesses: Zum Ersten, wie hoch die Kosten für den Personaleinsatz sind und ob sie reduziert werden können, zum Zweiten, inwieweit die Beratung durch das Personal und so die Wettbewerbsposition verbessert werden kann. Den Personalkosten kommt im Handel eine herausragende Bedeutung zu, weil im Regelfall keine Kostenart - abgesehen von den Wareneinstandskosten - mehr zu Buche schlägt. Diese große Bedeutung der durch den Einsatz von Personal ausgelösten Kosten wird auch dadurch nicht aufgehoben, dass natürlich nicht die gesamten Personalkosten eines Handelsbetriebes auf den Verkaufsbereich entfallen und dass es verschiedene diskontierende Betriebsformen gibt, bei denen durch die Einführung einer weitgehenden Selbstbedienung die Personalkosten stark gesenkt worden sind. Für viele Betriebe im Groß- und Einzelhandel gilt, dass die Personalkosten in Prozent vom Umsatz im Jahr zwischen 10 und 30% liegen; dies zeigen Betriebsvergleiche (detailliert nach Groß- und Einzelhandel werden solche Zahlen durch das Institut für Handelsforschung in Köln erhoben und zum Teil in den Mitteilungen des Instituts veröffentlicht). Im Folgenden wird zunächst ein Überblick über Ansatzpunkte für eine kundengerichtete Personalpolitik gegeben, dann wird auf wichtige Managementprobleme eingegangen, und zwar
- auf die Frage, in welchem Ausmaß Bedienungssysteme durch ein Selbstbedienungssystem oder Zwischenformen ersetzt werden können,
- wie der Personaleinsatz im Verkaufsbereich zu planen ist und
- wie die Qualität der Beratung im Verkauf gesichert werden kann.

8.1   Überblick über Ansatzpunkte für eine kundengerichtete Personalpolitik

Die betriebliche Personalpolitik (vgl. z. B. H. Drumm 2000) umfasst zahlreiche Handlungsbereiche; im Folgenden interessieren nur jene Aktionsfelder der Personalpolitik, die für das Marketing der Handelsbetriebe relevant sind. Dazu gehören:

(1)   Die **Beschäftigungspolitik:** Es geht um die Frage, wie viele Mitarbeiter im Verkauf (Vertrieb) tätig sein sollten. Es lassen sich dabei folgende Aspekte unterscheiden:

    a)   Der quantitative Aspekt: Dabei ist nicht nur an die Personalbedarfsplanung, die Personalbeschaffungs- und Personalfreisetzungsplanung als Facetten der Personalbestandsplanung zu denken, sondern auch an die Frage, inwieweit Leistungen, die bislang durch Personal erbracht werden, durch die Kunden, die Lieferanten, durch sonstige, der Unternehmung nicht angehörende

Personen oder durch Betriebsmittel erbracht werden sollen. Es ist ein Bedienungssystem festzulegen, das in vielen Schattierungen von der Selbstbedienung bis zur Fremdbedienung reichen kann. Hierauf wird in Abschnitt 8.2 eingegangen.

b) Der zeitliche Aspekt: Hierbei geht es einmal um Entscheidungen über zeitpunktbezogene Größen, wie z. B. den Zeitpunkt des täglichen Arbeitsbeginns, zum anderen um zeitraumbezogene Größen, wie die Länge der täglichen Beschäftigungszeit und damit das Verhältnis von Vollzeit- zu Teilzeitkräften. Wegen der langen Ladenöffnungszeiten und den Schwankungen im Kundenstrom ist die Arbeitszeitgestaltung, die sog. Personaleinsatzplanung, ein für den Handel schwer zu beherrschendes Instrument. Auf die Probleme der Personaleinsatzplanung wird in Abschnitt 8.3 eingegangen.

c) Der qualitative Aspekt: Welches Personal soll beschäftigt werden? Dabei kann nach vielerlei Eigenschaften aus dem physischen, geistigen oder sozialen Bereich unterschieden werden, z. B. nach der Berufserfahrung oder der Ausbildung. Entscheidungen dieser Art erfordern es, die Erfolgsbedingungen eines Verkaufsgespräches zu verstehen und dieses kundengerecht zu steuern (vgl. hierzu Abschnitt 8.4). Solche Erkenntnisse sind auch die Basis für jene Ausbildungsmaßnahmen, die auf eine Verbesserung der Beratung des Kunden zielen.

(2) Die **Entgeltpolitik:** Neben der Lohnhöhe und den einzelnen Lohnbestandteilen geht es im Handel um die Ausgestaltung eines leistungsorientierten Entlohnungssystems. Für die dabei festzulegenden Prämien können unterschiedliche Bezugsgrößen gewählt werden (z. B. Umsatz, Bruttoertrag), die Prämien können gestaffelt werden, und es lassen sich Gruppen- und Einzelprämien einführen (vgl. den Überblick bei M. Lerchenmüller 1998, S. 398-406).

Neben der Beschäftigungs- und der Entgeltpolitik gibt es weitere personalpolitische Instrumente, wie das Führungskonzept bzw. den Führungsstil, die betriebliche Sozialleistungspolitik und die Erfolgs- und Vermögensbeteiligungspolitik, die Politik der Aufgabenverteilung, die Gestaltung der Arbeitsbedingungen und die Personalwerbung. Diese sind aber überwiegend nicht handelsspezifisch, so dass auf sie nicht eingegangen werden soll.

8.2 Die Entscheidung über das Bedienungssystem

Historisch gesehen dominierte im Groß- und Einzelhandel bis zum Ende des zweiten Weltkrieges das Bedienungssystem; erst ab etwa 1950 wurden die ersten Selbstbedienungsläden eingerichtet (vgl. L. Müller-Hagedorn und M. Preißner 1999). Existierten 1952 in West-Deutschland gerade 98 Selbstbedienungsläden, so waren es im Jahre 1957 bereits 1600. Dem Lebensmittelhandel kam eine Vorreiterrolle zu; in einem stürmischen Wandlungsprozess waren bis etwa 1980 mehr als 80% der Geschäfte im Lebensmitteleinzelhandel vom Bedienungs- auf das Selbstbedienungsprinzip umgestellt. Andere Branchen folgten in mehr oder weniger starker Intensität. Zu Recht kann das Selbstbedienungsprinzip als die größte Neuerung im Handel in der zweiten Hälfte des 20. Jahrhunderts bezeichnet werden. Im Einzelhandel ist sie offenkundig, aber eine analoge Entwicklung gilt auch für den Großhandel, insbesondere mit der Betriebsform des Cash-and-Carry-Großhandels.

Heute dominiert das Selbstbedienungsprinzip in vielen Bereichen des Handels. Dennoch besteht für viele Betriebe weiterhin Entscheidungsbedarf:

- Auch heute setzen viele Fachgeschäfte auf eine gute Beratung, weil sie hierüber einen Wettbewerbsvorteil aufbauen wollen. Wie M. R. Wenzlitschke (1997) gezeigt hat, war in der Vergangenheit eine stetige Aufwärtsentwicklung der Personalkosten zu beobachten, wobei die Personalkosten oft stärker anstiegen als der Umsatz, so dass die Frage immer drängender wurde, unter welchen Bedingungen eine vom Verkäufer getragene Beratung noch wirtschaftlich sein kann. In welchen Bereichen kann sich der Fachhandel, zu dessen Kennzeichen ja die Beratung durch Personal gehört, noch behaupten, und in welchen Bereichen werden weniger verkaufspersonalintensive Betriebsformen an Bedeutung gewinnen? Hier werden Personalentscheidungen unter strategischem Blickwinkel getroffen. In manchen Bereichen des Handels stellt sich weniger die Frage nach dem Wechsel der Betriebsform als vielmehr die Frage, inwieweit in einzelnen Abteilungen auf Selbstbedienung umgestellt werden kann (z. B. Ersatz oder Ergänzung einer Bedienungstheke für Fleisch und Wurstwaren durch ein Angebot in Selbstbedienung).

- Oft steht nicht der grundsätzliche Wechsel des Bedienungssystems an, sondern es ist darüber zu befinden, mit welcher Intensität die Beratungsfunktion wahrgenommen werden soll; entweder indem nach Zwischenformen zwischen Bedienung und Selbstbedienung Ausschau gehalten wird oder indem die Zahl der vorhandenen Verkaufskräfte gesteuert wird. Dies betrifft den operativen Teil des Einsatzes von Verkaufskräften, der im Folgenden im Vordergrund steht.

In Bezug auf die Bedienungsform werden folgende Varianten unterschieden :

(1) Das **Selbstbedienungssystem:** Es erfolgt so gut wie keine Beratung mehr durch das Verkaufspersonal, die Ware wird vom Kunden entnommen und transportiert, der Kunde kommt nur an den Checkout-Kassen mit Personal des Geschäftes in Berührung.

(2) Das **Vorwahlsystem:** Der Kunde erhält die Möglichkeit, die Ware auch ohne Verkäufer zu begutachten. Bei Bedarf kann sich der Kunde beraten lassen. Andere Tätigkeiten (z. B. das Holen ähnlicher Artikel, das Schreiben von Kassenzetteln, das Verpacken der Ware) werden vom Personal ausgeführt. Bei der so genannten **Intensiv-Vorwahl** als einer besonderen Art der Vorwahl werden die für diese Verkaufsform notwendigen Voraussetzungen wie Aufmachung und Präsentation der Ware und Kassenorganisation noch eingehender auf das Bedienungssystem abgestellt.

(3) Das **Bedienungssystem:** Das Personal führt Tätigkeiten zur Beratung und zur Bedienung (im engeren Sinn) des Kunden aus.

Die Entscheidung für eines der Systeme stellt ein schwieriges und wichtiges betriebs-politisches Problem dar, weil mit ihr eine Reihe kostenwirksamer Maßnahmen einhergehen und weil das Bedienungssystem für den Kunden einen wichtigen Faktor bei der Wahl der Einkaufsstätte darstellen kann. Die Schwierigkeit der Entscheidung, die vor allem aus dem Konflikt zwischen Kosten- und Erlöswirkung resultiert, kommt in den Titeln zweier, wenn inzwischen auch schon älterer Studien zum Ausdruck:
- „Mehr Mut zu weniger Beratung" (B. Conz 1976),
- „Mehr Erfolg durch Bedienung?", eine Studie, die im Titel zwar das Fragezeichen setzt, im Einzelnen aber viele Hinweise liefert, in welchen Bereichen sich Beratung auszahlt (H. v. Herder 1980).
Zu den kostenwirksamen Folgen zählt insbesondere die Einrichtung eines für Vorwahl und Selbstbedienung geeigneten Verkaufsraumes und die Verwendung geeigneter Verpackungen. Dies zeigt, dass die Entscheidung über das Bedienungssystem gleichzeitig Entscheidungen über den Einsatz von Sachkapital einschließt. Selbstbedienung erfordert im Regelfall größere Präsentationsflächen und den Einsatz alternativer Beratungssysteme (z. B. geeignete Regalsysteme, eventuell Informationssysteme auf Videobasis, PoS-Radio, PoS-TV, interaktive Kiosk-Systeme; vgl. hierzu auch B. Swoboda 1996a und 1996b). Die Präsentationspolitik als Teil der Verkaufsraumgestaltung gewinnt an Bedeutung. Schwieriger als die Prognose der Kostenwirkungen ist zu beurteilen, wie die Verbraucher auf eine Einsparung von Personal reagieren werden.

Der radikale Wechsel des Bedienungssystems geht mit einem Wechsel der Betriebsform einher. Von daher handelt es sich um die Beurteilung verschiedener Betriebsformen, wobei es insbesondere darum geht, die Höhe des Teilnutzens zu erkennen, der von der Beratung ausgeht. Geht es dagegen „nur" um Entscheidungen über die Zahl der einzusetzenden Personen, handelt es sich um eine Entscheidung über den Servicegrad. Ob im Verkaufsbereich zu viel Personal eingesetzt ist, kann mit Hilfe von Ergebnissen aus dem Betriebsvergleich oder durch Beobachtung festgestellt werden. Abbildung 8.1 stellt die Personalaufwendungen einzelner Betriebe ihren jeweiligen Umsätzen gegenüber. Es wird deutlich, dass einzelne Betriebe einen höheren Personaleinsatz als andere Betriebe realisieren. Das kann weitere Analysen zu der Frage, ob der Personaleinsatz zu hoch ist, veranlassen.

Aber auch Beobachtungen zur Personalauslastung vermitteln Hinweise auf Überkapazitäten. Daten, die von B. Conz (1976) in 11 verschiedenen Geschäften bzw. Abteilungen erhoben worden sind (im Drogerie-, Textil-, Rundfunk/Fernseh- und Möbeleinzelhandel), offenbarten, dass auf **Tätigkeiten mit Kundenkontakt**, die Kerntätigkeit geschulter Verkaufskräfte, in den Geschäften aller Branchen weniger als die Hälfte der Arbeitszeit entfällt (Drogerieabteilung 35,6%, Drogerieeinzelhandlung 19,1%, Textileinzelhandel 41,4%, Rundfunk und Fernsehen 36,2%, Möbeleinzelhandel 42,6%); auf die **Zeit für Pausen und Reserve** entfallen 20-30% der Arbeitszeit. Auch in den Spitzenzeiten der Kundenfrequenz entfallen höchstens 50% der Arbeitszeit auf Tätigkeiten mit Kundenkontakt.

Abb. 8.1: Ergebnisse aus dem Betriebsvergleich zum Einsatz von Personal (Quelle: Institut für Handelsforschung an der Universität zu Köln)

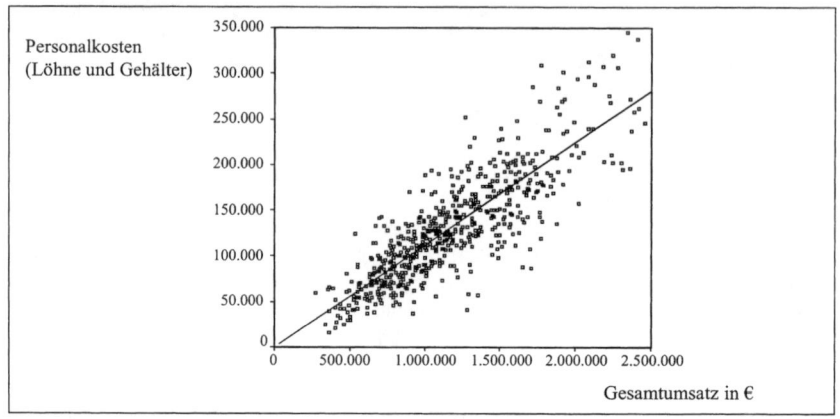

Es ist relativ leicht festzustellen, ob in einem Betrieb nicht ausgelastete Personalkapazitäten vorgehalten werden. Schwieriger ist zu beurteilen, wie sich ein unterschiedlich hoher Servicegrad auswirkt. In vielen Betrieben ist der Einsatz von Verkaufspersonal in der Zwischenzeit stark reduziert worden. Das hat dazu geführt, dass sich Wartezeiten für Kunden ergeben können, wenn sie beraten werden wollen, dass die Verkaufsgespräche abgekürzt werden oder dass mehrere Kunden parallel bedient werden. Hierin sind Einschränkungen im Servicegrad zu sehen. Es stellt sich die Frage, ob sich eine eingehendere Beratung durch einen Einzelhandelsbetrieb auch in besseren ökonomischen Erfolgen (z. B. Umsatz, Deckungsbeitrag, Zahl der Käufer im Verhältnis zur Zahl der die Verkaufsstelle betretenden Kunden) niederschlägt.

Das Problem lässt sich in eine Wirkungskette übersetzen: Je mehr Personal zur Verfügung steht, umso besser können die Kunden beraten werden, je besser sie beraten werden, desto größer die Wahrscheinlichkeit eines Kaufs. Allerdings werden sich diese Beziehungen nach den individuellen Verhältnissen unterscheiden. Abbildung 8.2 erhebt keinen Anspruch auf generelle Zusammenhänge, sondern will das Problem vielmehr nur veranschaulichen.

Abb. 8.2: Strukturzahlen (in % der Besucherfrequenz; Quelle: B. Conz 1976)

Branche	Besucher-frequenz	Anzahl Käufer	Käufer mit Personalkontakt	Käufer mit Beratung
Drogerieabteil.	100	66	21	4
Drogerie	100	87	82	39
Textil	100	26	13	7
Rundfunk	100	50	45	27
Möbel	100	18	18	18

Die in Abbildung 8.2 angedeuteten Beziehungen machen am Beispiel der Drogerieabteilung deutlich, dass es Betriebe gibt, die mit relativ wenig Beratung eine hohe

Käuferquote erzielen. Dies muss so für Geschäfte in anderen Branchen nicht gelten, aber für jeden Betrieb sind Vorstellungen zu entwickeln, in welchem Verhältnis die in Abbildung 8.2 genannten Größen zueinander stehen. Es ist Anliegen des in Abbildung 8.3 dargestellten **Entscheidungsmodells zum Personaleinsatz im Verkaufsbereich** solche Beziehungen miteinander zu verknüpfen.

Ausgangspunkt ist die im zweiten Quadranten angegebene Größe „Einsatz von Personal". Sie gilt es zu optimieren. Dabei ist zu ermitteln, wie sich eine unterschiedlich hohe Ausstattung einer Abteilung oder einer Verkaufsstelle mit Personal auf den Umsatz auswirkt. Die Antwort erfolgt in mehreren Schritten. Zunächst ist dargestellt, wie viele Kunden mit einem unterschiedlich hohen Personaleinsatz beraten werden können bzw. wie groß die Zahl der Kunden ist, die nicht in der von ihnen erwarteten Zeit beraten werden können. Es wird gefragt, wie viele Kunden zusätzlich beraten werden, wenn der Personalbestand um eine Einheit erhöht wird. Um diese Wirkung darzustellen, wurde eine degressive Funktion gewählt, weil bei relativ geringem Personaleinsatz die Bedienungszeiten kürzer sind als bei hohem Personaleinsatz. Auch bei hohem Personaleinsatz wird es immer eine Reihe von Personen geben, die nicht bedient werden, teils weil sie sich ohne Beratung über das Angebot informieren wollen, teils weil sie sich selbst bedienen. Mit geringer werdendem Personaleinsatz nimmt die Zahl dieser Personen immer mehr zu. Zusammengefasst ergeben die beiden Kundengruppen die Zahl der Personen, die eine Verkaufseinheit (Abteilung bzw. Geschäft) betreten.

Im ersten Quadranten ist dargestellt, dass im Regelfall nicht alle Kunden, die eine Verkaufseinheit betreten, auch kaufen werden. In der Abbildung wird davon ausgegangen, dass mit steigender Kundenzahl auch die Zahl der Käufer steigt. Auch Kunden, die nicht beraten werden, können kaufen. In der Abbildung ist der Anteil der Käufer bei den Personen, die beraten werden, größer als bei den Kunden, die nicht beraten werden. Das konkrete Verhältnis wird stark durch die Art der Warendarbietung und die Erklärungsbedürftigkeit der Ware bestimmt.

Im vierten Quadranten ist abgebildet, wie groß bei den beiden Käufergruppen die aus den Umsätzen resultierenden Deckungsbeiträge sein werden. In der Abbildung ist angenommen, dass Käufer, die sich beraten lassen, für eine größere Summe kaufen werden als Käufer, die ohne Beratung kaufen. Dahinter steht die Annahme, dass Güter, die in Beratung verkauft werden, im Durchschnitt höherpreisig sind oder dass das Beratungsgespräch zu Zusatzverkäufen führt.

Addiert man die Deckungsbeiträge aus beiden Kundengruppen, ergibt sich der Deckungsbeitrag wie er im dritten Quadranten eingetragen ist. Aus dem Vergleich von Deckungsbeitrag und Kosten bei alternativ hohem Personaleinsatz lässt sich das **Optimum bestimmen**, das in Abbildung 8.3 besonders markiert ist.

Abb. 8.3: Wirkungen eines unterschiedlich hohen Personaleinsatzes

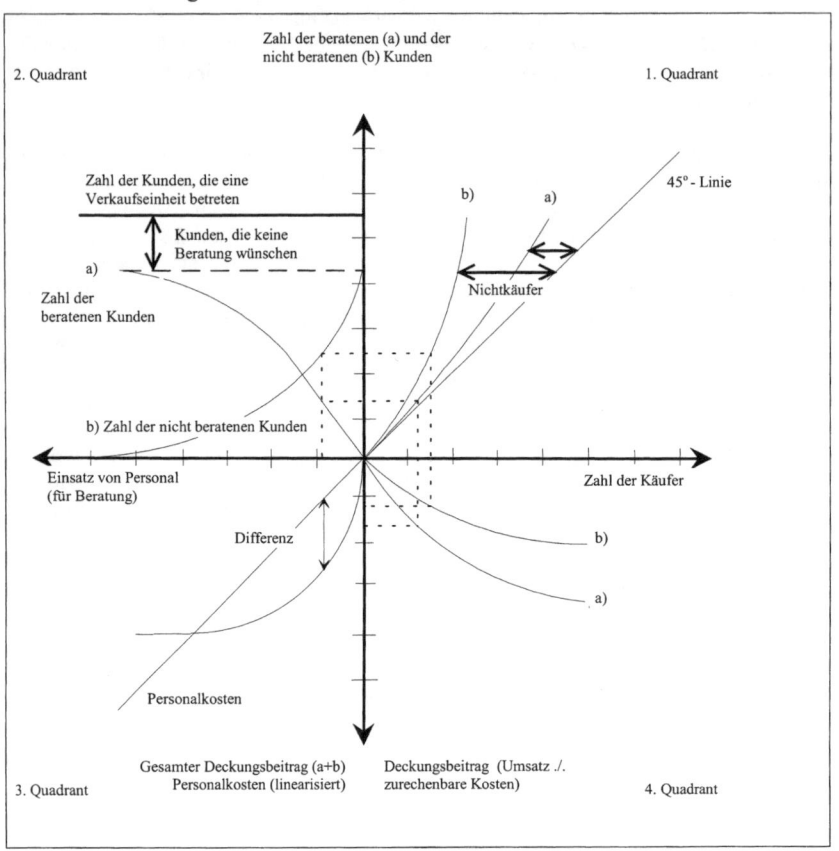

Kern dieses Entscheidungsmodells ist die im dritten Quadranten aus den übrigen drei Quadranten abgeleitete **Personalwirkfunktion,** eine spezielle Absatzfunktion, die zeigt, wie sich Variationen in der Personalpolitik (hier Höhe des Personaleinsatzes) auf die Zielgrößen der Unternehmung auswirken. In dem Modell werden die Kosten für den Personaleinsatz dem Umsatz der Verkaufsstelle nicht direkt gegenüber gestellt, sondern es wird eine Kette folgender **Wirkungen** dargestellt: Der Einsatz von Personal bestimmt den Umfang der personellen Beratungs- und Bedienungskapazität, dieser die Anzahl der Kontakte zwischen Personal und Kunden (Zahl der beratenen bzw. bedienten Kunden), diese die Käufe, diese die Umsätze und diese die Deckungsbeiträge. Das Modell wirft eine Reihe von **Problemen** auf:

(1) Lassen sich überhaupt eindeutige Beziehungen der dargestellten Art ermitteln, oder streuen die Werte so stark, dass kein Zusammenhang zwischen den Variablen hergestellt werden kann?

318

(2)   In dem Modell ist nicht erfasst, dass die Beratung von unterschiedlicher Qualität sein kann (verkürzte Beratungszeiten bei starkem Kundenandrang).

(3)   Das Modell ist nur für eine Zeiteinheit formuliert, die Personalplanung muss sich jedoch über mehrere Perioden, für die jeweils andere Bedingungen gelten, erstrecken.

Die für eine Optimierung benötigten Funktionsverläufe können mit Hilfe von **Querschnitts- oder Zeitreihenanalysen** ermittelt werden, ersatzweise mit Hilfe von **Plausibilitätsüberlegungen**. Letzteres schlägt die Brücke zu Ansätzen aus der Konsumentenverhaltenstheorie, mit denen erklärt werden soll, inwieweit Kunden vorhandenes Personal in Anspruch nehmen möchten oder inwieweit sie auch ohne Bedienung zu kaufen bereit sind (z. B. weil sie wissen, welche Marke sie kaufen wollen, weil sie das Risiko eines Fehlkaufs bei einem Kauf ohne Beratung als gering ansehen, weil sie sich von dem Gespräch mit dem Verkäufer wenig erhoffen). Die Verhaltenstheorie versucht den Stellenwert der persönlichen Beratung im Kaufentscheidungsprozess über Hypothesen darzustellen, die die Wahrnehmung und Beurteilung der Interaktion mit dem Verkaufspersonal mit ökonomischen Größen verknüpfen. So werden in dem Modell von Reynolds und Beatty (1999) u. a. folgende Hypothesen getestet:
- Je positiver die sozialen und funktionalen Vorteile aus dem Umgang mit Verkaufspersonal wahrgenommen werden, desto größer ist die Zufriedenheit mit der betreffenden Verkaufsperson.
- Zufriedenheit mit einer Verkaufsperson geht mit Zufriedenheit mit der Unternehmung einher.
- Die Zufriedenheit mit einer Verkaufsperson ist positiv mit der Loyalität zu dieser Verkaufsperson wie auch der Treue zum Unternehmen (Share of Purchases) assoziiert.
- Loyalität mit einer Verkaufsperson geht mit Loyalität zur Unternehmung einher.

Abb. 8.4:   Empirische Ergebnisse zum Beitrag des Verkaufspersonals zur Kundentreue (Quelle: K. E. Reynolds und S. E. Beatty 1999, S. 22)

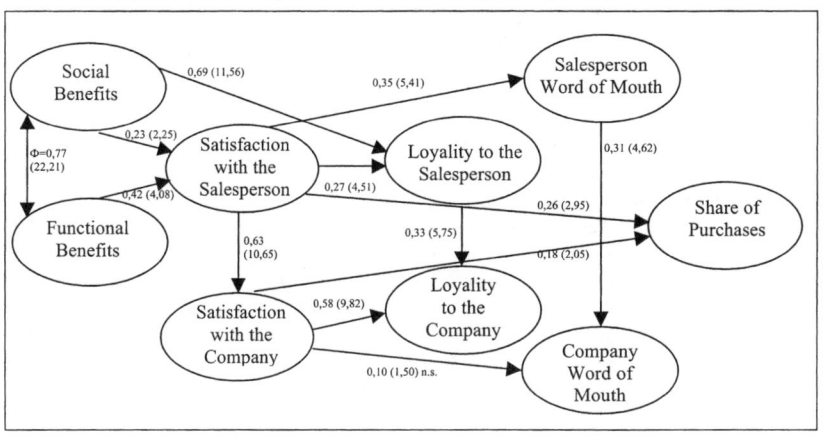

Mit den Hypothesen soll der Beitrag des Verkaufspersonals zur Kundentreue theoretisch begründet und empirisch nachgewiesen werden. Dies macht auch Abbildung 8.4 deutlich, die außerdem die Stärke der Beziehungen zwischen den einzelnen Größen ausweist.

Auf verhaltenswissenschaftliche Modelle wird in Abschnitt 8.4 noch vertiefend eingegangen.

8.3 Die Personaleinsatzplanung im Verkaufsbereich

Wenn festgelegt ist, mit welcher Personalintensität im Verkaufsbereich gearbeitet werden soll (z. B. über Vorgaben für die Größe „Personalkosten in Prozent vom Umsatz") und somit der Personalbedarf ermittelt ist, müssen konkrete Personaleinsatzpläne erstellt werden. Bei einer Personaleinsatzplanung (PEP), d. h. wie die einzelnen Mitarbeiter im Zeitablauf eingesetzt werden sollten, lassen sich entsprechend dem in Kapitel 2 dargestellten entscheidungsorientierten Ansatz folgende Elemente unterscheiden:

(1) die Aktionsparameter der Personaleinsatzplanung,
(2) die Umweltvariablen einer Personaleinsatzplanung,
(3) die Ziele einer Personaleinsatzplanung und
(4) die Verfahren zum Aufstellen eines Personaleinsatzplanes.

Im Handelsunternehmen ist die Planung des Personaleinsatzes **im Vergleich zum Industriebetrieb** durch zwei Tatbestände erschwert:

(1) Ein Teil der von einem Handelsunternehmen zu erstellenden Leistungen lässt sich nicht **lagern**, so dass Nachfrageschwankungen nicht durch Läger aufgefangen werden können; dies gilt für das Bedienungspersonal. Personalleistungen können im Handelsbetrieb nur teilweise gelagert werden, z. B. wenn für Warenvorräte im Verkaufsbereich so viel Raum zur Verfügung gestellt werden kann, dass ein Nachsortieren oder ein Zurückgreifen auf ein Reservelager auch in Spitzenzeiten entfällt oder wenn durch eine besondere Warendarbietung dem Käufer eine Vorwahl ermöglicht wird. Hier wird sichtbar, dass in einer langfristigen Planung Substitutionsbeziehungen zwischen Personal und anderen Faktoren erwogen werden müssen.

(2) Während sich in der industriellen Fertigung der benötigte Faktoreinsatz bei den direkten Faktoren häufig über Rezepturen und bei den Potenzialfaktoren über Verbrauchsfunktionen, die technisch feststellbar sind, ermitteln lässt, steht der Personalplaner im Verkaufsbereich vor besonderen Schwierigkeiten, wenn er die Höhe von **Produktionskoeffizienten** angeben soll (hier also: Personaleinsatz/ Output-Einheit). Dies hat seine Ursache auch darin, dass der Einfluss einzelner Umweltvariablen schwieriger als im Industriebetrieb zu quantifizieren ist (z. B. Erwartungen der Nachfrager).

8.3.1 Die Aktionsparameter der Personaleinsatzplanung

Allgemein besteht die Aufgabe einer **Personaleinsatzplanung** darin festzulegen, welche Personen in einzelnen Zeitabschnitten tätig sein sollen. Im Einzelnen geht es um die folgenden Aspekte:

(1) Entscheidungen über die Höhe des Personalbestandes und damit über die **Zahl der einzustellenden bzw. zu entlassenden Personen.** Dies können Vollzeitbeschäftigte, Teilzeitbeschäftigte und Aushilfen sein. Teilzeitbeschäftigte werden seit einiger Zeit in großem Umfang im Handel beschäftigt. Oft liegt ihre Beschäftigungsdauer zwischen 60 und 100 Stunden im Monat, bei Aushilfen liegt sie zwischen 25 und 60 Stunden. Teilzeitkräfte werden auf Dauer, aber mit kürzerer Tages- bzw. Wochenarbeitszeit als Vollbeschäftigte eingesetzt. Aushilfen werden nur vorübergehend beschäftigt, in der Regel mit der gleichen Tages- bzw. Wochenarbeitszeit wie Vollzeitbeschäftigte. Die Leistung von Teilzeitkräften wird im Vergleich zu der von Vollbeschäftigten höher eingeschätzt, die Krankheitsquote und die Fluktuationsrate niedriger.

(2) Entscheidungen über den **Einsatzort (Abteilung)** der Personen. Damit wird darauf hingewiesen, dass Personen unter Umständen in mehreren Abteilungen eingesetzt werden können.

(3) Entscheidungen über den **täglichen Arbeitsbeginn und das Arbeitsende** der beschäftigten Personen.

(4) Entscheidungen über den **Zeitpunkt des Pausenbeginns** (generelle oder fallweise Festlegung der Pausen innerhalb des gesetzlichen Rahmens).

(5) Entscheidungen über den **Zeitpunkt des Urlaubs** (Jahresurlaub, Sonderurlaube, z. B. für Jugendliche, Schwerbeschädigte, Mitarbeiter, die unter vom Gewerbeaufsichtsamt anerkannt schwierigen Bedingungen arbeiten).

(6) Entscheidungen, **in welchem Zeitraum bestimmte Tätigkeiten auszuführen sind.** Dabei ist festzulegen, ob sich die Verkaufskräfte zu bestimmten Zeiten nur der reinen Verkauftätigkeit widmen bzw. ob sie Nebentätigkeiten nur zu bestimmten Zeiten ausführen sollen.

(7) Entscheidungen über den **Umfang der von Verkaufskräften auszuführenden Arbeiten.** Es geht hierbei darum zu entscheiden, ob bestimmte Tätigkeiten (z. B. Auffüllen von Ware, Preisauszeichnung, innerbetrieblicher Warentransport) von speziellen Kräften ausgeführt werden sollen.

Die verschiedenen Aktionsparameter werden häufig zu bestimmten Arbeitszeitmodellen zusammengefasst:

- Bei Gleitzeitmodellen können die Mitarbeiter Anfang und Ende ihrer Arbeitszeit in bestimmten Grenzen frei wählen, ausgenommen sind die Kernarbeitszeiten.
- Nach dem Baukastensystem können die Arbeitnehmer bestimmte zeitliche Module „buchen".
- Bei rollierenden Systemen teilen sich mehrere Arbeitnehmer verschiedene Arbeitsplätze, z. B. 6 Mitarbeiter für fünf Arbeitsplätze, so dass an jedem von 6 Ladenöffnungstagen ein Mitarbeiter freigestellt werden kann. Der freie Tag „rolliert".
- Bei Arbeitszeitkonten können sehr flexible Lösungen zur Verwendung von angefallenen Überstunden vorgesehen werden (E. Mente 1998; R. Füeg 1997).

- Bei der KAPOVAZ (kapazitätsorientierte variable Arbeitszeit) wird bei unbefristeten Arbeitsverhältnissen dem Arbeitgeber das Recht eingeräumt, Lage und Dauer der wöchentlichen, monatlichen oder jährlichen Arbeitszeit an den Personalbedarf anzupassen.

Nach einer Untersuchung der BBE-Unternehmensberatung (Hrsg., 1980) sehen die meisten Betriebe ein Verhältnis von 2:1 für Vollzeitbeschäftigte zu Teilzeitkräften als die optimale Mischung an. Solche beschreibenden Erhebungen informieren zwar über Gegebenheiten und Ansichten der Praxis, können aber schnell überholt sein, lassen es als fraglich erscheinen, inwieweit beobachtete Verhältnisse auf einen einzelnen Betrieb übertragbar sind und sie erscheinen oft nur in geringem Maße in der Lage, Beziehungen zwischen einzelnen Größen aufzudecken (z. B. zwischen Erfolg eines Unternehmens und Personalstruktur). Im Folgenden geht es darum, in allgemeiner Form darzustellen, mit welchen Verfahren eine Personaleinsatzplanung erstellt werden kann.

Bei der Personaleinsatzplanung sind die Betriebe in ihrem Handeln durch eine Vielzahl von rechtlichen Vorschriften eingeengt. Dazu zählen das Arbeitszeitgesetz, in dem sich u. a. in § 4 Regelungen zur Pausengestaltung finden, das Gesetz über Teilzeitarbeit und befristete Arbeitsverhältnisse, in dem Regelungen zur „Arbeit auf Abruf", die auch als kapazitätsorientierte variable Arbeitszeit – KAPOVAZ – bezeichnet wird, enthalten sind, sowie Tarifverträge, Betriebsvereinbarungen und der Einzelarbeitsvertrag (vgl. E. Richter 1999).

8.3.2 Umweltvariablen und Ziele einer Personaleinsatzplanung

Eine Personaleinsatzplanung im Verkaufsbereich ist nicht nur deshalb schwierig, weil die Ladenöffnungszeiten weit von den Arbeitszeiten einzelner Mitarbeiter abweichen, sondern insbesondere auch deshalb, weil der **Umfang des zu bewältigenden Arbeitsanfalls** Schwankungen unterworfen und nicht mit Sicherheit vorhersagbar ist. Die Schwankungen lassen sich auf verschiedene Umstände zurückführen:
- Nachfrager betreten die Verkaufsräume in unregelmäßigen Abständen.
- Das Personal wird nicht von allen Personen im gleichen Ausmaß in Anspruch genommen.
- Ein weiteres Erschwernis für eine Personaleinsatzplanung besteht darin, dass prognostiziert werden muss, inwieweit Kunden bereit sind zu **warten**.
- Hinzu kommt, dass die **Zahl der Kunden schwankt**, und zwar:
    - von Monat zu Monat,
    - von Tag zu Tag,
    - von Stunde zu Stunde.

Die Abbildung 8.5 verdeutlicht die Schwankungen des Umsatzes und der Kundenzahl im Tagesablauf.

Abb. 8.5: Ermittlung der typischen Schwankungen bei den stündlichen Umsatz- und Kundenfrequenzen in einer Schreibwarenabteilung (Quelle: BAG, Hrsg., 1972, S. 19)

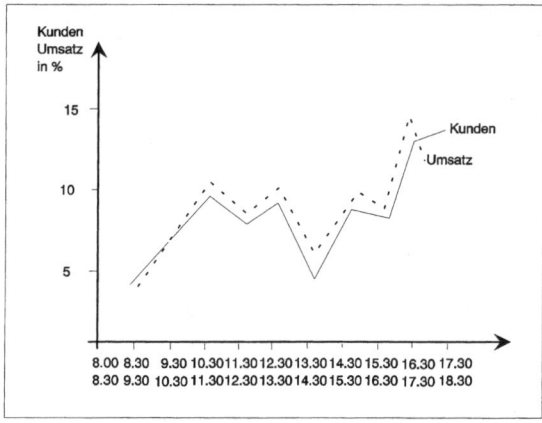

Angaben zur Kundenfrequenz gehören zu den Grundlagen jeder Personaleinsatzplanung. Sie werden deshalb in vielen Betrieben gesammelt und als Basis für die auf die Zukunft ausgerichtete Planung verwendet. Empirische Erhebungen zeigen, dass zwischen Umsatz und Kundenzustrom hohe Korrelationen bestehen. Somit können die in der Praxis meist als Prognosegrößen verwandten Umsatzzahlen als Basis der Personalplanung dienen.

Ein Tatbestand, der die Personaleinsatzplanung besonders erschwert, ist darin zu sehen, dass schwer abzuschätzen ist, wie Kunden reagieren, wenn sie **Wartezeiten** in Kauf nehmen müssen. Würden alle Kunden solange warten bis Bedienungspersonal frei ist, bestünde für das Unternehmen kein Problem zu entscheiden, inwieweit die Personalkapazitäten einem Spitzenbedarf angepasst werden sollen. Es brauchte lediglich ermittelt zu werden, wie groß der Arbeitsanfall auf Grund zuströmender Kunden insgesamt ist und welcher Personaleinsatz zu dessen Bewältigung notwendig ist. Es ist jedoch zu vermuten, dass Kunden, die die Abteilung betreten haben, diese wieder verlassen, wenn sie zu lange auf Bedienung warten müssen. Wie reagieren Kunden auf Veränderungen des Service? Woran messen Kunden den Servicegrad? Inwieweit ist Service mit anderen Leistungen substituierbar? Übertragen Kunden Erfahrungen in einer Abteilung auf andere Abteilungen? Über diesen Bereich des Konsumentenverhaltens liegen relativ wenige Ergebnisse vor. Auch C. J. Stokes und P. Mintz (1965) weisen nur darauf hin, dass Angaben über die Wartebereitschaft mit Hilfe der Erfahrung der Verkaufspersonen, durch Interviews mit Kunden und durch Beobachtung der Kunden gewonnen werden können. Einige Unternehmen messen explizit die Zufriedenheit des Kunden mit dem Ablauf des Verkaufsgesprächs, wozu auch die Wartezeit gezählt werden kann. So werden einzelne Sachverhalte (wie z. B. das Engagement des Verkäufers, seine Freundlichkeit, seine Kompetenz) zu seiner Gesamtzufriedenheit in Beziehung gesetzt, diese wiederum zu der Absicht, auch in

Zukunft Einkäufe in diesem Geschäft tätigen zu wollen und zur Höhe des Umsatzes (M. Schuckel und C. Hußmann 2000).

Die Personaleinsatzplanung wird in erster Linie darauf ausgerichtet sein, bei einem bestimmten Serviceniveau die Kosten für den Personaleinsatz zu minimieren. Bei der Bedeutung, die den Personalkosten im Handel zukommt, wird es im Regelfall nicht tragbar sein, über größere Zeiträume hinweg Personal einzuplanen, das nicht im Kundenkontakt oder in der Arbeit mit der Ware eingesetzt werden kann. Die Unternehmen, denen es nicht gelingt, den Personaleinsatz am Kundenstrom auszurichten, wird ein Wettbewerbsnachteil zugeschrieben.

Von besonderer Bedeutung für die Personaleinsatzplanung sind aber auch die Präferenzen der Arbeitnehmer für einzelne Regelungen (Arbeitsbeginn, Zeitdauer, Abrufbarkeit usw.), weil Mitarbeiterzufriedenheit wiederum als wichtiger Bestimmungsfaktor für das Erreichen von Kundenzufriedenheit gesehen wird (C. Homburg und R. Stock 2001).

8.3.3 Verfahren der Personaleinsatzplanung

In der Praxis kommen bei der Personaleinsatzplanung **zwei Verfahren** zum Einsatz (vgl. BAG, Hrsg., 1972, S. 10-13):

(1) Personaleinsatzplanung **auf Grund von Globalkennziffern:** Durch einen Vergleich von vergangenen Umsätzen und eingesetztem Personal ergibt sich eine Kennziffer „Umsatz je Personalstunde" (Pro-Kopf-Leistung), die nach erfolgter Umsatzprognose zur Personalbemessung herangezogen wird. Werden Ausfallzeiten (z. B. Krankheit, Schulung usw.) eliminiert, wird von der Netto-pro-Kopf-Leistung gesprochen. Hierauf wird in Abschnitt 8.3.3.1 eingegangen.

(2) Personaleinsatzplanung **auf Grund von Werten, die in Arbeitsstudien gemessen wurden**, insbesondere mit Hilfe des Multi-Moment-Verfahrens. Die hier gewonnenen Kennziffern sind, wie im Folgenden in Abschnitt 8.3.3.2 gezeigt wird, sehr viel detaillierter als die unter (1) angegebenen Werte.

In der Theorie werden darüber hinaus mathematische Modelle zur Personaleinsatzplanung diskutiert. Ein solches Verfahren wird in Abschnitt 8.3.3.3 dargestellt.

Etwa seit 1964 werden **Multi-Moment-Aufnahmen** zur Fundierung einer Personaleinsatzplanung empfohlen. Besonders die RGH als Vorgängerinstitution des heutigen EHI (vgl. W. Mies 1964) hat sich um die Übertragung dieses Verfahrens aus der Industrie auf Probleme des Handels bemüht.

Im Folgenden wird auf die einzelnen Verfahren zur Personaleinsatzplanung eingegangen.

8.3.3.1 Personaleinsatzplanung auf der Grundlage von globalen Kennziffern

Bei der Personaleinsatzplanung auf der Grundlage von Globalkennziffern können zwei Varianten unterschieden werden. Ist in dem Quotienten

$$\frac{\text{Personaleinsatz}}{1000\text{,- Euro Umsatz}} \quad \text{bzw.} \quad \frac{\text{Umsatz}}{1\,\text{Std. Personaleinsatz}}$$

die Größe „Personaleinsatz" weit definiert, d. h. werden auch jene Zeiten von beschäftigten Personen mitgerechnet, die auf Krankheit, Schulung, Dienstreisen, Nebentätigkeiten entfallen, also die gesamte von der Unternehmung bezahlte Zeit, dann wird vom **Brutto-Stunden-Einsatz** je 1000,- € Umsatz (Quotient 1) und von der Brutto-pro-Kopf-Leistung bzw. der **Brutto-Stunden-Leistung** (Quotient 2) gesprochen. Wird dagegen der Personaleinsatz um die Abwesenheitszeiten (Urlaub, Krankheit, Schule) bereinigt, so spricht man vom **Netto-Stunden-Einsatz** bzw. von der **Netto-Stunden-Leistung.**

Bei diesen Kennziffern handelt es sich um Produktionskoeffizienten, wobei der Personaleinsatz beim Stunden-Einsatz im Zähler den Inputfaktor darstellt und der Umsatz im Nenner eine mögliche Operationalisierung des Outputfaktors. Der Output könnte auch gemessen werden an:
- der Beratungsleistung (z. B. Zahl der an einem Tage beratenen Kunden),
- den abgesetzten Produkteinheiten,
- der Merchandising-Leistung (z. B. Menge der preisausgezeichneten Artikel, Menge der nachsortierten Artikel).

In der Praxis wird der Personaleinsatz meist auf den Umsatz bezogen, in einigen Fällen auch auf die Zahl der bedienten Kunden.

Die Personaleinsatzplanung erfordert, den künftigen Arbeitsanfall (Output) zu prognostizieren und den hierfür notwendigen Personaleinsatz zu errechnen. Dazu wird der Arbeitsanfall mit den auf Grund von Vergangenheitsdaten ermittelten Produktionskoeffizienten multipliziert. Die Rechnung kann sich auf unterschiedliche Zeiträume (Stunden, Tage, Wochen, Monate) erstrecken. Es kann sich als notwendig erweisen, für bestimmte Zeiträume unterschiedliche Produktionskoeffizienten zu verwenden (z. B. für den kurzen Samstag einen anderen Wert als für einen Montag).

8.3.3.2 Personaleinsatzplanung auf der Grundlage von detaillierten Kennziffern, die mit Hilfe des Multi-Moment-Verfahrens gewonnen werden

Die Verwendung von Globalkennziffern bringt **Nachteile** mit sich. Bruttoangaben enthalten **in einem unbekannten Ausmaß Zeiten der so genannten Verkaufsbereit-schaft,** also Zeiten, in denen das Verkaufspersonal auf Kunden wartet und sonstige Arbeiten nicht vorliegen. Hinweise über solche Zeiten können hilfsweise:
- durch Beobachtungen oder

- durch einen Vergleich der Brutto-Stunden-Leistungen zu mehreren Zeitpunkten erhalten werden. Wenn die Werte stark streuen, liegt der Verdacht nahe, dass unproduktive Zeiten vorgelegen haben, jedoch ist dieses Verfahren ungenau.

Differenzierte Belastungsangaben erlauben weiterhin eine **Planung der Arbeitsteilung in personeller und zeitlicher Hinsicht** (also z. B. Nachsortieren nur zu bestimmten Tageszeiten). Die Erledigung der Nebentätigkeiten kann im Vergleich zu den Arbeiten mit Kundenkontakt vom Unternehmen eher gesteuert werden, so dass sich auch von hier der Wunsch ergibt zu wissen, wie stark diese Tätigkeiten das Personal belasten. Informationen über die zeitlichen Anteile einzelner Tätigkeiten können z. B. mit Hilfe des Multi-Moment-Verfahrens (dieses Verfahren wird in einem Exkurs am Ende des Abschnitts näher erläutert) gewonnen werden. Die Abbildung 8.6 zeigt, wie differenziert die so ermittelten Zeitangaben sein können.

Abb. 8.6: Ergebnisse einer Multi-Moment-Aufnahme (Beispiel)

Tätigkeit	Prozentualer Anteil dieser Tätigkeit (%)	den prozentualen Angaben entsprechende absolute Angaben (Std.)
1. Arbeit mit Kundenkontakt	21,8	41,2*
2. Verkaufsbereitschaft	29,7	56,2
3. Arbeit mit Ware im Verkaufsbereich	13,6	25,7
4. Sonstige Tätigkeiten (Bestandskontrolle, Schreibarbeiten, Kassenabrechnung, Besprechungen)	7,2	13,7
5. Abwesenheit (Pause, Personalkauf, Lager, dienstliche und private Abwesenheit)	27,8	52,7
	100,1	189,5

* Dieser Wert wird zur Berechnung des Netto-Stunden-Einsatzes pro € 100,- herangezogen

In dem **Beispiel** werden fünf Tätigkeiten unterschieden, von der „Arbeit mit Kundenkontakt" bis zur „Abwesenheit", wobei auch eine noch feinere Unterteilung für die Tätigkeiten hätte gewählt werden können. Aus diesen Angaben, deren Ermittlung mit Hilfe des Multi-Moment-Verfahrens später noch dargestellt werden wird, werden nun **die für die Personaleinsatzplanung benötigten Produktionskoeffizienten** ermittelt. Dies ist in Abbildung 8.7 dargestellt.

Unter der Bezeichnung Produktionskoeffizient 2a ist ausgewiesen, wie viele **Stunden an Kundenkontaktzeit** eingeplant werden sollten, um € 100,- Umsatz realisieren zu können. Unter 2b ist angegeben, wie viele **Stunden an Nebentätigkeiten** durchschnittlich für € 100,- gerechnet werden müssen. Addiert man diese Werte und ergänzt man sie um den Zuschlag für die unvermeidbar gehaltene Verkaufsbereitschaft, dann kommt man auf den „Netto-Zeitfaktor/ € 100,- Umsatz". Er ist um den Pausenzuschlag zu erhöhen. In Abbildung 8.8 ist leicht zu erkennen, wie groß in dem Beispiel die Ersparnisse an Personal gegenüber einer Planung mit Bruttokennzahlen sind. Zum einen wird ein großer Teil der Zeiten für Verkaufsbereitschaft eingespart, zum anderen verringern sich die Pausenzeiten, da insgesamt weniger Arbeitszeit anfällt. Im Folgenden soll auf das Multi-Moment-Verfahren, das die verwendeten Werte liefert, eingegangen werden.

Abb. 8.7: Kennzahlen zur Personalzeitplanung

1. Globale Kennziffern:	
a) Brutto-Stunden-Leistung in €:	$\dfrac{7.796}{189,5} = 41,14$ € pro Std.
bzw.:	
b) Brutto-Stunden-Einsatz pro 100,- €:	$\dfrac{189,5 \cdot 100}{7.796} = 2,43$ Std. pro 100,- € (Produktionskoeffizient 1)
2. Differenzierte Kennziffern:	
a) Netto-Stunden-Leistung in € (Kunden- Kontakt- Zeiten): bzw.:	$\dfrac{7.796}{41,2} = 189,22$ € pro Std.
b) Netto-Stunden-Einsatz für Kundenkontakt pro 100,- €:	$\dfrac{41,2 \cdot 100}{7.796} = 0,53$ Std. pro 100,- € (Produktionskoeffizient 2a)
Und c) Stunden-Einsatz für Nebentätigkeiten pro 100,- € Umsatz (ohne Pause im engeren Sinn):	$\dfrac{(25,7 + 13,7 + 24,3) \cdot 100}{7.796} = 0,82$ Std. pro 100,- € (Produktionskoeffizient 2b)
Wird dem Personaleinsatz nicht der Umsatz, sondern die Zahl der bedienten Kunden gegenübergestellt, so ergibt sich:	
b) Netto-Zeitaufwand pro Kunde:	$\dfrac{41,2 \text{ Std.}}{429} = 5,76$ Min. pro Kunde (Produktionskoeffizient 3)

Abb. 8.8: Personaleinsatzplanung auf der Grundlage von Multi-Moment-Werten

1. Netto-Stunden-Einsatz für Arbeit mit Kundenkontakt pro € 100,- Umsatz	0,53 Std.
2. Zuschlag für Verkaufsbereitschaft (15-20% je nach Kundenfrequenz, Art der Ware, dem Bedienungssystem und dem Umfang der Nebentätigkeiten)	0,11 Std.
3. Stunden-Einsatz für Nebentätigkeiten pro € 100,- Umsatz	0,82 Std.
= Netto-Zeitfaktor/ € 100,- Umsatz + Pausenzuschlag	1,46 Std.

- **Exkurs: Das Multi-Moment-Verfahren**

Das Wesen einer Multi-Moment-Studie nach dem Häufigkeitsverfahren lässt sich durch Abbildung 8.9 verdeutlichen.

Abb. 8.9: Beispiel für das Multi-Moment-Häufigkeitsverfahren (Quelle: E. Haller-Wedel 1968, S. 25)

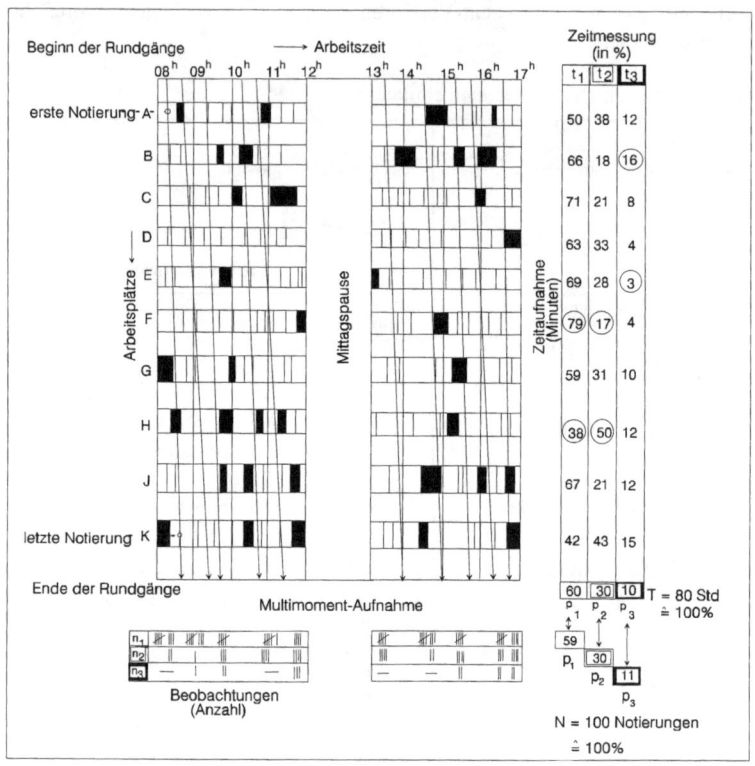

Aus darstellungstechnischen Gründen wird in der Abbildung davon ausgegangen, dass die Personen an den zehn Arbeitsplätzen nur drei verschiedene Tätigkeiten auszuführen haben. Es ist gefragt, welcher Anteil der Arbeitszeit auf diese drei Tätigkeiten entfällt. Im rechten Teil der Abbildung sind die (in der Praxis unbekannten) tatsächlichen Zeitanteile für die drei Tätigkeiten angegeben, um demonstrieren zu können, wie nahe die Ergebnisse der Multi-Moment-Studie den tatsächlichen Zeitanteilen kommen können. Nach dem Multi-Moment-Verfahren werden in unregelmäßigen Zeitabständen **Rundgänge** gestartet, um mit Hilfe von Beobachtungen festzuhalten, welche Tätigkeiten von den einzelnen Personen gerade ausgeführt werden (vgl. den unteren Teil der Abbildung 8.9). Die Werte aus dieser Strichliste werden prozentuiert und stellen die gesuchten Zeitanteile dar. Bei der vorgestellten Variante des Multi-Moment-Verfahrens, dem so genannten **Multi-Moment-Häufigkeitsverfahren**, handelt es sich um ein Verfahren, mit dem anhand einer Stichprobe aus der Gesamttätigkeit einer

Person eine Aussage über den **Anteil einer einzelnen Tätigkeit an der Gesamtarbeitszeit** gemacht wird. Bei den ermittelten Werten handelt es sich um Prozentzahlen, die jedoch, da die Gesamtzeit bekannt ist, in absolute Zeitangaben umgerechnet werden können. Beträgt z. B. der Anteil der Arbeit mit Kundenkontakt 33%, dann sind das bei einer Gesamtarbeitszeit von 8 Stunden 160 min.

Das Multi-Moment-Verfahren liefert mit einem relativ geringen Aufwand Anhaltspunkte über den benötigten Personaleinsatz. Die Beschränkung auf den Mittelwert verkürzt die Realität jedoch, weil es sich bei dem Produktionskoeffizienten zum Personaleinsatz um eine stochastische Größe handelt, die durch den Mittelwert nur teilweise gekennzeichnet wird. Das Verfahren dient dazu, Anhaltspunkte für den notwendigen Personaleinsatz für bestimmte Tätigkeiten zu ermitteln. Die ermittelten Koeffizienten dienen einerseits der Personaleinssatzplanung, können aber auch für andere Zwecke eingesetzt werden. In Abbildung 8.10 finden sich Angaben aus einer Beobachtung, bei der ermittelt wurde, welche Bedienzeiten beim Verkauf von Schuhen in Fachgeschäften anfallen (vgl. L. Müller-Hagedorn, A. Kaapke und H. Eisenmann 1997). Die Angaben können dazu verwendet werden, Kosten und Deckungsbeiträge einzelner Artikelgruppen zu ermitteln.

Abb. 8.10: Bedienzeiten in einzelnen Artikelgruppen

	Damen	Herren	Kinder
Bis 26 € (50 DM)	9,27 min	7,46 min	10,99 min
Über 26 € bis 61 € (über 50 bis 120 DM)	14,86 min	12,34 min	16,56 min
Über 61 € (120 DM)	21,18 min	19,12 min	k. A.

8.3.3.3 Personaleinsatzplanung mit Hilfe eines Modells der mathematischen Programmierung

Ein Mittel, der Personalkostenbelastung entgegenzuwirken, besteht darin, den Personaleinsatz den Schwankungen des Kundenstromes anzupassen. Dies lässt sich über den Einsatz von Teilzeitkräften, mit einem günstigen Pausenplan oder gestaffelten Anfangszeiten ermöglichen. Das im Folgenden dargestellte Modell versucht, diese Größen zu optimieren (vgl. L. Müller-Hagedorn 1969, S. 257-266).

Bei dem Modell handelt es sich um ein **Kostenminimierungsmodell.** Der Personaleinsatz ist so zu planen, dass die Personalkosten möglichst niedrig werden, wobei aber gewährleistet sein muss, dass alle eintretenden Kunden auch bedient werden können (soweit sie dies wünschen). Das Modell arbeitet mit folgenden Größen:

b_h =   Zahl der Kunden, die voraussichtlich innerhalb der Stunde h Bedienung wünschen.

a_h	=	Zahl der Kunden, die von einer Verkaufsperson in der Stunde h bedient werden können. Die Quantifizierung dieses Koeffizienten kann sich auf das oben dargestellte Multi-Moment-Verfahren stützen.
x_{cs}	=	Zahl der Verkaufspersonen, die an dem Tag, für den der Personaleinsatzplan erstellt wird, insgesamt c Stunden arbeiten und ihren Dienst zur Stunde s aufnehmen.
l_c	=	Variable Personalkosten, die anfallen, wenn eine Person mit einer Arbeitszeit von c Stunden pro Tag eingesetzt wird.

Das Modell dient zur Planung der Variablen x_{cs}. Die **Zielfunktion** des Modells lautet (Minimierung der Personalkosten):

(1) $$\sum_{c=1}^{c^*}\sum_{s=1}^{s^*} l_c \cdot x_{cs} = \min!$$

Es gelten folgende **Nebenbedingungen:**

(2) $x_h \geq b_h$ für h = 1,...;h*

Die Nebenbedingung sichert, dass der Bestand an Personalkräften in der Stunde h ausreicht, um die Kunden, die Beratung wünschen, zu bedienen. x_h stellt eine Hilfsvariable dar, die angibt, wie viele Kunden in der Stunde h mit Hilfe des vorhandenen Personals bedient werden können. Diese „Kundenbetreuungs-Kapazität" ergibt sich auf Grund von:

(3) $$x_h = \sum_{c=1}^{c^*} \sum_{s=h-(c-1)}^{h} a_h \cdot x_{cs}$$

Schließlich muss gelten:

x_{cs} = ganzzahlig

Das Modell errechnet, wie viele Ganztags- bzw. Teilzeitbeschäftigte eingesetzt werden und zu welcher Stunde sie ihren Dienst aufnehmen sollten.

Das Modell könnte modifiziert werden:

(1) Es kann ein bestimmter Bestand an Vollzeitbeschäftigten vorgegeben werden.
(2) Der Planungszeitraum, der sich in der oben dargestellten Modellversion nur auf einen Tag erstreckt, kann ausgedehnt werden. Es kann dann gefordert werden, dass Teilzeitkräfte ihren Dienst nur zu jeweils gleichen Zeiten aufnehmen.
(3) Es kann der Personalausgleich zwischen mehreren Abteilungen einbezogen werden.
(4) Es können außer der reinen Kundenbedienung andere vom Personal zu erbringende Tätigkeiten berücksichtigt werden.
(5) Der einheitlich für alle Personen geltende Produktionskoeffizient könnte differenziert werden.

330

In der Zwischenzeit sind komplexere Modelle entwickelt worden (vgl. H. Kossbiel 1992; J. Weber 1997; K. Haase 1999). Es existieren auch zahlreiche Softwarelösungen verschiedener Anbieter. Gegenüber den theoretischen Modellen tritt der Optimierungsanspruch der Softwarelösungen zurück (vgl. zu Anbietern und wesentlichen Funktionen der Programme W. Brecht 1999a, 1999b; Handelsblatt Fachverlag, Hrsg., k@sse plus, o. J.; o. V., Software zur Personaleinsatzplanung, 1998).

8.4 Probleme der Ausgestaltung des Prozesses der persönlichen Beratung

Der Erfolg einer Unternehmung ist nicht nur von der Grundentscheidung abhängig, inwieweit überhaupt Verkaufspersonal eingesetzt werden soll, sondern darüber hinaus auch von der **Qualität des Verkaufsgesprächs**. Diese kann eine Unternehmung auf verschiedene Weise beeinflussen:

- durch die **Auswahl der Personen**, die im Verkauf eingesetzt werden,
- durch die **Schulung** des Verkaufspersonals,
- durch ein **Anreizlohnsystem** oder andere Mittel der **Motivation**,
- durch den **Führungsstil** und
- durch **Kontrollen**.

Die Auseinandersetzung mit diesem Problem erfordert zu erkennen, wie der Prozess der Beratung zwischen Verkäufer und Käufer abläuft und welche Faktoren das Verhalten dieser beiden Personen steuern.

Knappe Hinweise darauf, wie dieser **Verhaltensprozess** analysiert werden kann, enthält Abbildung 8.11. In der mittleren Spalte werden einzelne Phasen unterschieden, die beim Zusammenwirken von Verkäufer und Käufer unterschieden werden können, wobei sich eine Vorkauf-Phase, eine Kauf-Phase und eine Nach-Kauf-Phase unterscheiden lässt (unter Anlehnung an das käuferverhaltenstheoretische Modell von J. Engel, R. Blackwell und P. W. Miniard). Im rechten Teil der Abbildung sind einzelne Fragen aufgeführt, die dazu dienen, verschiedene Aspekte des Verhaltens von Konsumenten bei der Inanspruchnahme von Verkaufspersonal aufzudecken. So wird z. B. gefragt, wann ein Kunde den Kontakt zu einem Verkäufer sucht bzw. wann er andere Informationsquellen bevorzugt (vgl. hierzu den von H. Raffée und G. Silberer 1981 hrsg. Reader sowie H. Meffert 1979). Es sind weiterhin einige mögliche Faktoren aufgeführt, die das **Verhalten des Konsumenten** bestimmen können, z. B. seine Meinung darüber, welchen Nutzen ihm ein Gespräch mit einem Verkäufer bringt oder welche Bindung er damit eingeht (vgl. hierzu H. P. Hummel 1975, insbes. 4. Kapitel).

Es ist jedoch nicht nur das Verhalten des Kunden, sondern auch das des Verkäufers zu untersuchen. Die Abbildung 8.11 verdeutlicht im linken Teil, welche Aktivitäten **der Verkäufer im Verkaufsgespräch** erbringen kann.

Abb. 8.11: Bestimmungsfaktoren für das Verhalten von Verkäufern und Käufern in einzelnen Phasen ihrer Interaktion

Verkäufer		Phasen der Interaktion zwischen Verkäufer und Käufer		Käufer
Bestimmungsfaktoren für das Verhalten des Verkäufers in einzelnen Phasen (Beispiele)	Mögliche Aktivitäten des Verkäufers		Fragestellung zum Verhalten des Käufers	Bestimmungsfaktoren für das Verhalten des Käufers in einzelnen Phasen (Beispiele)
Individualpsychologische Faktoren: - Neigung zur Kommunikation - Motivation - Wahrnehmung des Kunden - Kenntnisse	Gegebenenfalls Ansprache des Kunden, Begrüßung	Kontakt	Wann sucht ein Konsument den Kontakt zum Verkaufspersonal?	Individualpsychologische Faktoren: - Einstellung gegenüber der personalen Beratung - Wahrnehmung des Verkäufers (z. B. dessen Glaubwürdigkeit) - Bedeutung, die dem Kauf zugerechnet wird - empfundenes Risiko
	Fragen zur Klärung der Bedürfnislage	Bedürfnisermittlung	Wie konkret ist der Kaufwunsch bereits ausgeformt? (Der Kunde hat z. B. die Warengruppe, die Produktgruppe, den Artikel festgelegt)	
Einflüsse aus der Umgebung: - Arbeitsbelastung - Aufgabenzuweisung nach Organisationsplan - Ziele der Organisation	Darstellung einzelner Merkmale	Beurteilung einzelner Güter	Wie bildet sich der Kunde ein Urteil über alternative Artikel?	Einflüsse aus der persönlichen und sachlichen Umwelt: - Einflussnahme von Familienangehörigen - Verfügbarkeit von finanziellen Mitteln
	Anregung und Abwicklung des Kaufs und u. U. Angebot von Zusatzartikeln	Kauf	Unter welchen Umständen entschließt sich der Kunde zum Kauf?	
	Bestätigung der Vorteilhaftigkeit des Kaufs, Hinweise auf künftige Kontakte	Nach-Kauf-Phase	Wie beurteilt der Kunde den getätigten Kauf?	

Die verhaltenstheoretische Forschung manifestiert sich in Untersuchungen zu einer **Vielzahl von einzelnen Hypothesen**. Als Beispiele hierfür sollen angeführt werden:
- Je mehr sich Verkäufer und Käufer ähneln, desto eher kommt es zu einem Kauf. Evans testete diese Hypothese bei Agenten von Lebensversicherungsgesellschaften (F. B. Evans 1963).
- Der Erfolg der Anstrengungen des Verkaufspersonals hängt zu einem großen Teil davon ab, welches Ansehen die Unternehmung insgesamt genießt (vgl. T. Levitt 1965).

- Je höher die Mitarbeiterzufriedenheit, desto höher ist auch die Kundenzufriedenheit (vgl. z. B. J. Zentes, Hrsg., 1997; T. Schwetje 1999; H. Meffert und T. Schwetje 2000; C. Homburg und R. Stock 2001).

Einen Überblick über ältere Untersuchungen bis 1972 liefert ein Artikel von H. L. Davis und A. J. Silk (1972). In diesen Problembereich gehört auch die Auswahl folgender Schriften: die sowohl theoretisch als auch empirisch interessante Arbeit von R. Schoch (1969), R. Olshavsky (1973), A. G. Woodside und W. J. Davenport (1974), M. P. Holbrook und J. O'Shaugnessy (1976), N. Capon und R. Hulber (1976), P. H. Reingen und A. G. Woodside (Hrsg., 1981) sowie A. Bänsch (1998).

Während in einer Frühphase die Aufmerksamkeit darauf gerichtet war zu erkennen, welche Eigenschaften einen guten Verkäufer (z. B. Alter, Erscheinung, Aggressivität, Optimismus) auszeichnen, richtete sich die Aufmerksamkeit in einer zweiten Phase auf die Handlungen des Verkäufers. So wurde der zum erfolgreichen Abschluss führende Verkaufsprozess als eine Folge bestimmter Phasen der Verkäuferaktivität beschrieben. In einer dritten Phase wurde auf Eigenschaften des Käufers abgestellt, insbesondere auf seine Bedürfnisse, Erwartungen und Kenntnisse, mit denen er in ein Verkaufsgespräch eintritt. Schließlich wurde darauf hingewiesen, dass die strukturellen Gegebenheiten auf Käufer- und Verkäuferseite zueinander passen müssten (z. B. gleiches Alter, Zugehörigkeit zu gleichen sozialen Schichten). In der Transaktionsanalyse wird schließlich das Verhalten beider aufeinander bezogen (zur Anwendung der Transaktionsanalyse auf den persönlichen Verkauf vgl. U. Hansen und H. S. Schulze 1990).

Die Ausführungen machen deutlich, dass eine erfolgreiche Beratung, also ein Verkaufsgespräch, das einerseits den Kunden zufrieden stellt und das andererseits mit ökonomischem Erfolg einhergeht, von zahlreichen Bestimmungsfaktoren abhängt. Sie hat Schuckel in einem übersichtlichen Modell zusammengeführt (M. Schuckel 1999a und 1999b). Das **Modell** ist in Abbildung 8.12 dargestellt.

Das Modell rückt die **Qualität der Bedienung** in den Mittelpunkt. In Abbildung 8.12 wird das Verkaufsgespräch als Interaktion von Verkäufer (Verkaufspersonal) und Kunde dargestellt. In Übereinstimmung mit der Diskussion um die Qualität von Dienstleistungen werden drei Dimensionen der Bedienungsqualität unterschieden:
- Die Potenzialqualität stellt darauf ab, welche Kenntnisse und Fähigkeiten Verkäufer und Käufer in das Verkaufsgespräch einbringen, darüber hinaus aber auch die räumliche und technische Ausstattung.
- Die Prozessqualität stellt auf die Interaktion zwischen Verkäufer und Käufer ab, also auf die wechselseitige Beziehung mindestens zweier Personen. Sie erfasst die Güte des Leitungserstellungsprozesses, also das „Wie" einer Leistung.
- Die Bedienungsqualität kann auch als das Ergebnis des Bedienungsprozesses gesehen werden (Ergebnisqualität). Sie stellt ein Urteil über das „Was" einer Leistung dar.

Die drei Komponenten der Bedienungsqualität sind untereinander verknüpft: Die Potenzialqualität beeinflusst die Prozessqualität, welche wiederum die Ergebnisqualität bestimmt. Die Potenzialqualität des Verkäufers hängt von der Fachkompetenz und von der Sozialkompetenz ab, die beim Verkäufer als die Fähigkeit verstanden wird, sich den Bedürfnissen und Erwartungen des Kunden anpassen zu können. Der Kunde reagiert auf die Verhaltensweisen des Personals und beeinflusst somit Verlauf und Ergebnis der Bedienungsqualität.

Abb. 8.12: Gesamtmodell zur Bedienungsinteraktion (Quelle: M. Schuckel 1999, S. 144)

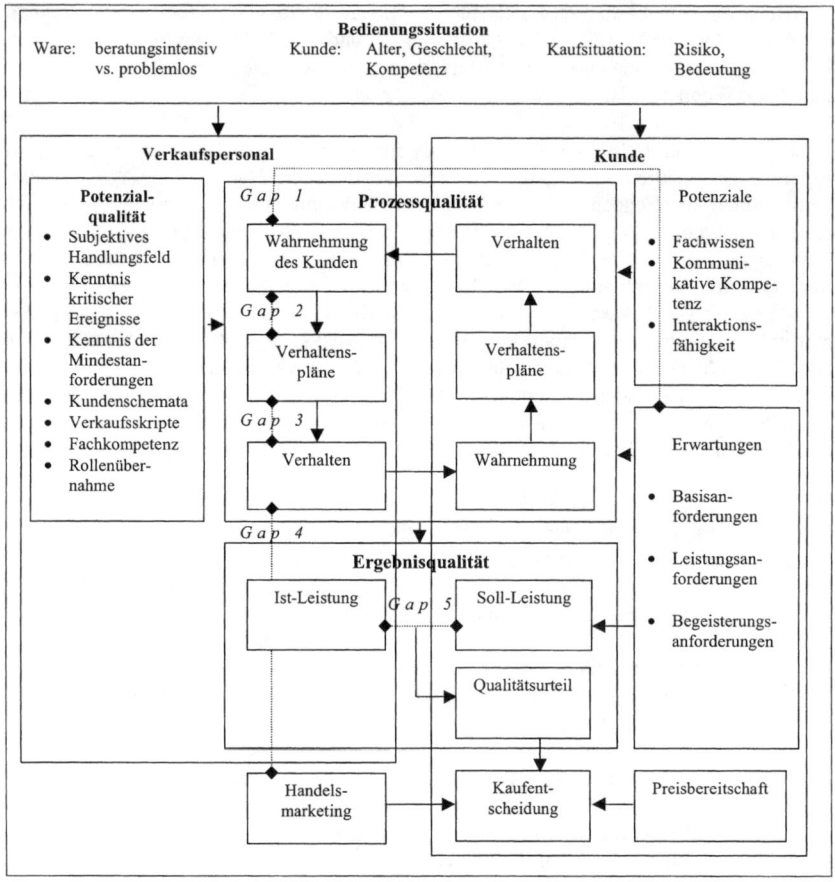

Das Modell ist - abgesehen von den drei Qualitätsdimensionen - durch weitere Variablengruppen gekennzeichnet, und zwar
- den Erwartungen der Kunden,
- der Bereitschaft der Kunden für eine qualifizierte Beratung mehr zu bezahlen,
- Kennzeichen der Situation.
Die Ergebnisqualität ergibt sich aus dem Vergleich von **Erwartungen** und den aktuellen Wahrnehmungen. Die Erwartungen des Kunden werden als zentrale Schlüsselgrößen angesehen; entsprechend dem Kano-Modell werden Basisanforderungen, Leistungsanforderungen und Begeisterungsanforderungen unterschieden.

334

Inwieweit die Ist-Leistung des Bedienungspersonals bzw. die vom Kunden wahrgenommene Leistung den Erwartungen entspricht, hängt davon ab,
- inwieweit das Verkaufspersonal die Erwartungen des Kunden korrekt wahrnimmt (Gap 1),
- inwieweit das Verkaufspersonal diesen Erwartungen entsprechend Verhaltenspläne entwirft (Gap 2),
- inwieweit es dem Verkaufspersonal gelingt, die Verhaltensabsichten in das erforderliche Verhalten umzusetzen (Gap 3).

Steht das Verhalten nicht im Einklang mit dem Einsatz der übrigen absatzpolitischen Instrumente, kann sich auch diese Abweichung (Gap 4) negativ auf die vom Kunden wahrgenommene Bedienungsleistung auswirken.

Der Bedienungsprozess ist auch von **situativen Faktoren** abhängig. Als Kaufsituation wird die Gesamtheit der räumlich-zeitlichen äußeren Bedingungen bezeichnet, die sich mittelbar durch die außermenschliche (sachliche) und das allgemeine soziale Beziehungsgefüge, unmittelbar durch die an den Handelnden gerichteten Verhaltenserwartungen der Handlungspartner ergeben. Schuckel hebt insbesondere Merkmale der Ware hervor, die das vom Kunden empfundene Kaufrisiko und die Möglichkeiten der Qualitätsbeurteilung beeinflussen. Das vom Kunden wahrgenommene Risiko bestimmt mit der Bedeutung des Kaufs für den Kunden das Involvement bzw. das Ausmaß der kognitiven Steuerung des Kaufentscheidungsprozesses. Als Beispiel für Güter mit einem hohen Ausmaß an kognitiver Steuerung führt er PKW, Fotoartikel und Computer sowie Rundfunk- und Fernsehgeräte an, als Güter mit geringer kognitiver Steuerung Lebensmittel und Bücher bzw. Zeitschriften. Die kognitive Steuerung wirkt sich auf den Beratungsbedarf des Kunden aus. Daneben beeinflussen die Präferenzstrukturen des Kunden die Bedeutung der Beratung.

Die Bedeutung, die der Kunde der Beratung zumisst, tritt neben die Bereitschaft, für ein Produkt mehr zu bezahlen (**Preisbereitschaft**), wenn er dafür eine qualifizierte Beratung erhält. Nur wenn der Kunde einen entsprechend höheren Preis für die in Anspruch genommene Beratungsleistung zu bezahlen bereit ist, können die mit dem Personaleinsatz verbundenen Kosten gedeckt werden.

Das Schema lässt sich in 16 Hypothesen übersetzen, die einer empirischen Überprüfung unterzogen wurden. Beispielhaft seien folgende Hypothesen, die sich bewährt haben, genannt:
- Je höher das Risiko, je höher die Bedeutung des Kaufs, je höher die Komplexität, je weniger ausgeprägt die Präferenzstrukturen und je geringer die Kompetenz des Kunden, umso höher ist dessen Preisbereitschaft (für gute Beratung einen höheren Preis zu entrichten).
- Die Wahrnehmung der Kauf- bzw. Bedienungssituation unterscheidet sich je nach Geschlecht und Alter der Kunden.
- Merkmale der sozio-emotionalen Ebene können als Begeisterungsfaktoren eingeordnet werden.

Mit dem Modell liegt ein Rahmen vor, in den wichtige Gesichtspunkte für den Erfolg einer auf Beratung abzielenden Politik eingeordnet sind. So wird deutlich, dass Qualitätsmessungen auf drei Dimensionen anzusiedeln sind und dass unter einem ökonomischen Blickwinkel die Preisbereitschaft der Nachfrager besondere Beachtung verdient.

Die Erkenntnisse aus der Theorie zur Interaktion von Verkaufspersonal und Kunden dienen auch **zur Fundierung von Ausbildungsprogrammen**. So geht beispielsweise aus der Beschreibung des Trainingskonzeptes „Mandev" (Manpower-Development-System) hervor, dass auch diesem Programm zur Einübung eines Verkaufsprozesses ein Verhaltensmodell zu Grunde liegt, das dem von J. Engel, R. Blackwell und P.W. Miniard ähnelt (vgl. L. Poth 1981). Die Erkenntnisse der Verhaltensforschung sind darüber hinaus aber auch **für die Auswahl von Verkaufskräften** hilfreich.

Ausgewählte Literaturempfehlungen

Die **Lehrbücher zur Personalplanung** sind zwar inhaltlich umfassend angelegt und erstrecken sich damit auch auf Personalprobleme des Handelsbetriebes, allerdings werden einige spezifische handelsbetriebliche Probleme nicht explizit aufgegriffen; als allgemeine Lehrbücher sollen genannt werden: J. Berthel (2000), H. J. Drumm (2000) und C. Scholz (2000). Kurze Abschnitte über die handelsspezifischen Personalprobleme enthalten im Regelfall auch die Lehrbücher zur Handelsbetriebslehre, so z. B. L. Berekoven (1995) und M. Lerchenmüller (1998). Einen detaillierten Überblick über Probleme des Personalmanagements im Einzelhandel gibt die Arbeit von M. Stoffl (1996).

Empirische Daten zur **Beurteilung von verschiedenen Bedienungssystemen** enthalten die beiden Studien von B. Conz (1976) und H. v. Herder (1980).

Mit dem **Multi-Moment-Verfahren** hat sich ausführlich W. Mies (1964) beschäftigt, später ist in einer Broschüre der BAG (Hrsg., 1972) gezeigt worden, wie die mit Hilfe des Multi-Moment-Verfahrens gewonnenen Daten für die Personaleinsatzplanung genutzt werden können.

Die Literatur zur Analyse des **Interaktionsprozesses zwischen Verkäufer und Käufer** ist umfangreich. Von den älteren Beiträgen seien genannt: R. Schoch (1969), P. H. Reingen und A. G. Woodside als Herausgeber (1981) sowie A. Bänsch (1998). Eine neuere Arbeit stammt von Schuchert-Güler (2001).

Mit Determinanten und Konsequenzen der **Bedienungqualität** im Einzelhandel setzt sich ausführlich M. Schuckel (1999a) auseinander. Einen Überblick über Qualitäts-anforderungen und Qualifizierungsmethoden für Verkäufer geben M. Brater und K. Landig (1995). Auf den Zusammenhang von Mitarbeiter- und Kundenzufriedenheit im Handel geht z. B. T. Schwetje (2000) ein.

Mit der **Entgeltpolitik** haben sich F. Schnellinger (1969) und W. Baur (1977), in jüngerer Zeit M. Dressler (1998) beschäftigt.

9 Die Gestaltung des Verkaufsraums

Der Verkaufsraum zählt zu den absatzpolitischen Instrumenten im Handel, weil die Eindrücke, die der Nachfrager durch dessen Gestaltung erhält, sein Einkaufsverhalten wesentlich beeinflussen können. Dies gilt insbesondere für den stationären Einzelhandel. In einer Zeit, in der häufig beklagt wird, dass eine Differenzierung über die angebotenen Waren kaum zu realisieren sei, wird umso intensiver eine erlebnisorientierte Verkaufsraumgestaltung empfohlen. Aber: Die Möglichkeiten zur Gestaltung eines Verkaufsraumes sind äußerst vielgestaltig und können hohe Kosten auslösen, nicht nur wegen der benötigten Fläche, sondern weil auch die Einbauten hohe Investitionen erfordern können. Dies wirft die Frage auf, welche Möglichkeiten sich anbieten, einen Verkaufsraum zu gestalten, welche Wirkungen zu erwarten sind und wie dieses Instrument ökonomisch zu beurteilen ist.

Da eine Unternehmung über die Gestaltung der Fassade und des Verkaufsraumes mit ihren Kunden kommuniziert, könnte die Verkaufsraumgestaltung auch als spezielles Kommunikationsinstrument gesehen werden. Aber es zeigt sich, dass trotz mancher Gemeinsamkeiten doch andere Aktionsparameter zu betrachten und unterschiedliche Kundenreaktionen in Rechnung zu stellen sind. Insofern soll auch nicht davon gesprochen werden, dass es sich bei dem Katalog eines Versandhändlers oder den Webseiten eines Online-Händlers um deren Verkaufsraum handele; hier gelten in stärkerem Maße die Aussagen zur Gestaltung von Werbemaßnahmen. Dennoch gibt es Gemeinsamkeiten, so z. B. die Frage, wie Artikel zu Plazierungseinheiten zu bündeln sind oder inwieweit Suchkäufe erleichtert bzw. Impulskäufe angeregt werden sollen. Unter Verkaufsraum werden im Folgenden also nur die Räumlichkeiten verstanden, die dem Nachfrager zugänglich sind und in denen die Transaktion vorbereitet oder abgewickelt wird. Die damit verbundenen Planungsprobleme werden näher in Abschnitt 9.1 erläutert.

9.1 Aktionsparameter, Ziele und Umweltgrößen der Verkaufsraumgestaltung

Auch Entscheidungen über die Gestaltung des Verkaufsraums lassen sich durch Aktionsparameter, Ziele und Umweltgrößen charakterisieren. Im Hinblick auf die Aktionsparameter lassen sich folgende **Gestaltungsbereiche** unterscheiden:

(1) Entscheidungen über die Gestaltung der Einkaufsatmosphäre
Die Einkaufsatmosphäre wird nach Kotler (1973/74) als Marketing-Tool beschrieben, mit dem durch die Gestaltung der Ladenumwelt spezifische emotionale Reaktionen ausgelöst werden sollen, die zu höheren Kaufwahrscheinlichkeiten bei den Kunden

führen. Die Einkaufsatmosphäre soll nach Kotler den Seh-, Hör-, Riech- und Tastsinn ansprechen. Die konkreten Gestaltungsparameter können sich dabei zum einen
- auf die gegenständliche Gestaltung des Verkaufsraums, beispielsweise die Auswahl und Anordnung von Warenträgern und Dekorationsmitteln beziehen, zum anderen sind aber auch
- die im Verkaufsraum verwendeten Farben (vgl. J. A. Bellizzi, A. E. Crowley und R. W. Hasti 1983; A. E. Crowley 1993),
- die Beleuchtung (vgl. C. S. Areni und D. Kim 1994),
- Hintergrundmusik (vgl. R. E. Milliman 1982; E. Bost 1987; G. Schmitz und A. Bühlmann 1998) und
- Düfte (vgl. A. Stöhr 1998; P. Fitzgerald Bone und P. Scholder Ellen 1999) Gegenstand der Einkaufsatmosphäre. Die Gestaltung der Einkaufsatmosphäre kann sich an verschiedenen Präsentationslooks (U. Dodt 1980) oder Erlebniswerten, wie z. B. Jugendlichkeit, Rustikalität oder Avantgarde (P. Weinberg 1986 und 1992) orientieren.

(2)   Entscheidungen über die Bildung und Anordnung von Platzierungseinheiten
Artikel müssen im Verkaufsraum nach bestimmten Kriterien zu (Platzierungs-) Einheiten zusammengefasst werden. Hierzu kann eine Vielzahl von Kriterien herangezogen werden, beispielsweise die materielle Ähnlichkeit (z. B. Fruchtsaftgetränke), der Verwendungsverbund (z. B. „Alles für das Kind") oder die Qualitätsstufe bzw. Preislage.

(3)   Entscheidungen über die Zuteilung von Flächen- und Regalkapazitäten
Den gebildeten Platzierungseinheiten müssen Regal- und Flächenkapazitäten zugeteilt werden. Hierbei ist sowohl ein qualitativer als auch ein quantitativer Aspekt zu beachten. Während sich der quantitative Aspekt auf das Ausmaß der zugeteilten Kapazitäten (Quadratmeter Verkaufsfläche, Regalmeter) bezieht, bezeichnet die qualitative Komponente unterschiedliche akquisitorische Wertigkeiten bestimmter Bereiche des Verkaufsraums oder einzelner Orte im Regal. So wird z. B. das Erdgeschoss eines mehrgeschossigen Verkaufsgebäudes im Regelfall als hochwertiger angesehen als die oberen Stockwerke; aber auch innerhalb eines Geschosses gibt es Flächen unterschiedlicher Wertigkeit.

Die genannten Aktionsparameter sind auch in der mittleren Spalte von Abbildung 9.1 aufgeführt. Teilweise wird auch von Layout (Aufteilung des Raumes auf verschiedene Funktionszonen und Anordnung dieser Funktionszonen), von Space Utilisation (Zuordnung von Raumeinheiten zu den Sortimentseinheiten), von Interior Design (Gestaltung der Raumelemente) und von den Atmospherical Surroundings gesprochen, womit die Gestaltung der atmosphärischen Umfeldelemente gemeint ist (A. Gröppel 1991 unter Anlehnung an R. Baumgartner 1981).

Ob Verkaufsräume sinnvoll gestaltet sind, kann überprüft werden, indem die Auswirkungen auf die als wichtig angesehenen **Ziele** ermittelt werden. Unter ökonomischen Gesichtspunkten geht es bei den übergeordneten Zielen einerseits um die Kosten der Einrichtung und Bewirtschaftung der Räume, andererseits um die induzierten Erlöswirkungen bzw. im Vorfeld dazu um die Kundenorientierung. Insbesondere die nachfragebezogenen Ziele können weiter konkretisiert werden. Sie können sich auf Größen im Insystem der Verbraucher (z. B. emotionale Reaktionen oder die Kundenzufrieden-

heit), auf beobachtbares Kundenverhalten (z. B. Verweildauer im Geschäft, begangene Laufwege, Anzahl ungeplanter Käufe) oder auf unmittelbar ökonomische Größen (z. B. Deckungsbeitrag, direkte Produkt-Rentabilität) beziehen. Besonders die auf das Insystem bezogenen Wirkungen verdienen Beachtung. Hier sind die Größen Lust, Erregung und Dominanz zu erwähnen, die in dem in Abschnitt 9.2 näher dargestellten Modell von Merhabian und Russell eine bedeutende Rolle spielen; daneben sind die von S. Zielke (2002) hervorgehobenen Größen von Bedeutung. Zielke weist auf die folgenden Ansprüche von Verbrauchern in Bezug auf die Gestaltung eines Verkaufsraumes hin:
- in Bezug auf die Sucheffizienz: Waren, die der Verbraucher kaufen will, sollen leicht auffindbar sein;
- in Bezug auf die Entscheidungseffizienz: wenn der Kauf Entscheidungen verlangt (z. B. auf der Grundlage von Vergleichen), so sollen diese leicht durchführbar sein;
- in Bezug auf Wahrnehmung und Erinnerung: der Kunde wird auf ihn interessierende Artikel, die er nicht sucht, aufmerksam gemacht;
- in Bezug auf die emotionale Stimulation: der Kunde genießt die Verkaufsraumgestaltung.

Teilweise können zwischen den Zielgrößen konfliktäre Beziehungen bestehen, die sich jedoch über die Festlegung von Warengruppen-Rollen (vgl. Kapitel 5) bewältigen lassen. So kann z. B. die Kundenzufriedenheit in SB-Warenhäusern und Supermärkten über eine suchfreundliche Platzierung von Artikeln gesteigert werden (vgl. hierzu auch P. A. Titus und P. B. Everett 1995; F.-R. Esch und E. Thelen 1997). Gleichzeitig kann eine solche Platzierung aber auch dazu führen, dass Kunden ihre Einkäufe schneller erledigen und damit weniger ungeplante Kaufmöglichkeiten wahrnehmen. Somit kann ein Zielkonflikt zwischen der Platzierungszufriedenheit und dem Auslösen ungeplanter Käufe bestehen (vgl. S. Zielke 2002).

Ob und inwieweit die einzelnen Gestaltungsparameter zur Zielerreichung beitragen, kann von einer Vielzahl von **Umweltgrößen** abhängen, die sich wie folgt systematisieren lassen:
- innerbetriebliche Bestimmungsfaktoren (insbesondere das strategische Konzept sowie Restriktionen in Bezug auf Raum, Personal, Liquidität und Ware),
- das Verhalten der Kunden,
- das Verhalten der Konkurrenten,
- das Verhalten der Lieferanten,
- gesetzliche Regelungen.

Die Verkaufsraumgestaltung muss sich natürlich in das Marketingkonzept der Unternehmung einfügen. Durch die Wahl einer Zielgruppe, durch die Sortimentspolitik und durch den Einsatz der übrigen absatzpolitischen Instrumente werden wichtige Rahmenbedingungen festgelegt. In der Forderung nach einer **Corporate Identity (CI)** kommt das Bestreben zum Ausdruck, Elemente des äußeren Erscheinungsbildes einer Handelsunternehmung (Gebäudefassade, Schaufenster, Personal, Verkaufsraumgestaltung, Werbemittel) aufeinander abzustimmen. Der Begriff Corporate Identity kann nach K. Birkigt und M. M. Stadler (2000, S. 18) wie folgt definiert werden: „In der wirtschaftlichen Praxis ist ... Corporate Identity die strategisch geplante und operativ eingesetzte Selbstdarstellung und Verhaltensweise eines Unternehmens nach innen und außen auf Basis einer festgelegten Unternehmensphilosophie, einer langfristigen Unternehmenszielsetzung und eines definierten (Soll-) Images - mit dem Willen, alle Handlungsinstrumente des Unternehmens in einheitlichem Rahmen nach innen und außen zur Darstellung zu bringen."

Von besonderer Bedeutung sind Kenntnisse über das Verhalten der Kunden. Hier ist zu fragen, welche Ansprüche Kunden an die Verkaufsraumgestaltung stellen und wie sie auf unterschiedliche Ausprägungen der Gestaltungsparameter reagieren.

Abbildung 9.1 fasst wichtige Aktionsparameter, Ziele und relevante Umwelteinflüsse der Verkaufsraumgestaltung noch einmal zusammen. Empirische Analysen, die bestimmten Arten der Ladengestaltung und Warenpräsentation die Ergebnisse auf der Verhaltensebene gegenüberstellen, entsprechen dem SR-Forschungsansatz; wird dagegen auch untersucht, wie Konsumenten eine Verkaufsstelle beurteilen, inwieweit sie sich in ihr wohlfühlen, entspricht dies der SOR-Methode.

Abb. 9.1: Aktionsparameter, Ziele und Umweltgrößen der Verkaufsraumgestaltung (in Anlehnung an B. Heidel und L. Müller-Hagedorn 1989, S. 20)

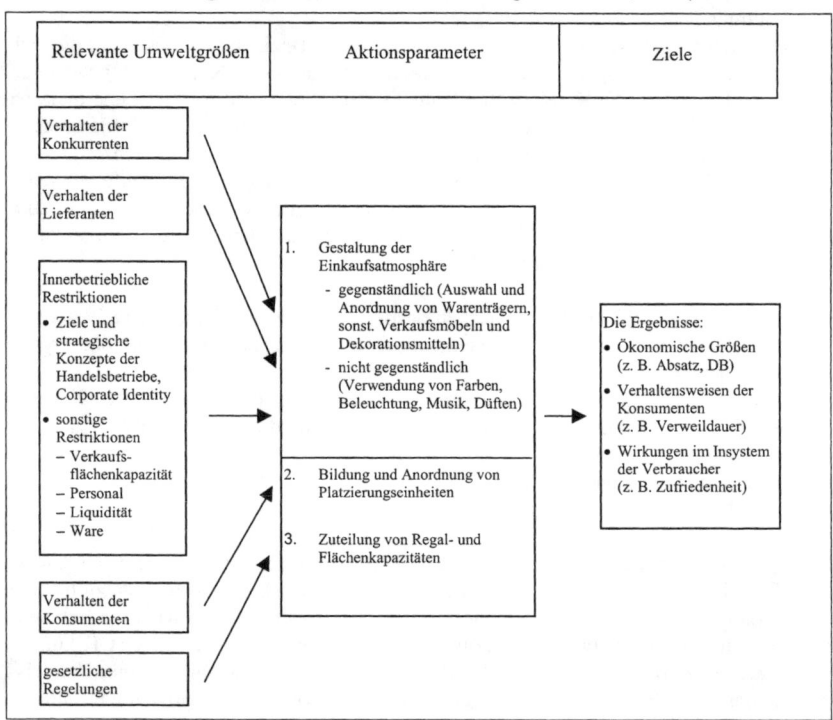

9.2 Entscheidungen über die Gestaltung der Einkaufsatmosphäre

Seit Kotlers Beitrag im Journal of Retailing (1973/74) ist der Einfluss der Einkaufsatmosphäre auf das Insystem der Kunden sowie deren Verhalten Gegenstand einer Vielzahl verhaltenswissenschaftlicher Untersuchungen gewesen. In der deutschsprachigen Literatur wird häufig auch von erlebnisorientierter Verkaufsraumgestaltung gesprochen. Die zentrale Frage lautet, wie die Wirkung einzelner Gestaltungsvarianten auf die Zielgrößen der Unternehmung festgestellt bzw. erklärt werden kann. Auch hier ist an SR- und an SOR-Analysen zu denken.

- **SR-Analysen**

Gestützt auf die relativ allgemeine Vermutung, dass preisdominante Marketingstrategien für den deutschen Einzelhandel an Attraktivität verloren haben und mithin eine **erlebnisbetonte Ladengestaltung** erfolgreich sein müsse, vergleichen Diller und Kusterer (1986) zwei Buchhandlungen und zwei Hifi-Geschäfte, von denen jeweils ein Geschäft als „erlebnisorientiert" angesehen wird.

Abb. 9.2: Vergleich erlebnisorientierter und nicht erlebnisorientierter Verkaufsstellen nach einer Studie von Diller und Kusterer (1986)

	Verweildauer	Anzahl Produktkontakte	Käuferanteil in Prozent	Anzahl der durchschnittl. gekauften Produkte
Buchhandlung:				
- erlebnisorientiert	16,7	12,02	42,3	1,44
- nicht erlebnisorientiert	8,5	5,11	34,5	1,22
Hifi-Geschäft:				
- erlebnisorientiert	22,9	15,62	51,0	1,58
- nicht erlebnisorientiert	18,5	8,5	45,2	1,36

Die Unterschiede in den Leistungswerten sind beträchtlich (vgl. Abb. 9.2), und man ist geneigt, die Erlebnisbetonung als wirksames Instrument einzuschätzen. Folgendes muss jedoch beachtet werden:

(1) Die verglichenen Geschäfte unterscheiden sich nicht nur im Grad der Erlebnisbetonung. Neben dem Standort differieren die Geschäfte in ihrer Größe (1800 m² vs. 320 m² Verkaufsfläche bzw. 1700 m² vs. 900 m²). Es wird deutlich, wie schwierig es ist, in einem realen Experiment die Bedingungen so zu gestalten, dass eine Zurechnung auf die interessierende Größe plausibel erscheint.

(2) Zur endgültigen Beurteilung der Sachkonzepte müssen auch die Kosten mit einbezogen werden.

(3) Es ist zwischen kurzfristigem und langfristigem Erfolg zu unterscheiden. Wenn die Erlebnisorientierung auf Überraschungen aufbaut, kann die Anziehungskraft schnell nachlassen.

(4) Wichtig ist auch zu wissen, inwieweit ein Konzept breite Schichten der potenziellen Käufer oder nur eine kleine Gruppe anspricht; dies ist eng mit der

Frage verbunden, warum Konsumenten eine bestimmte Ladengestaltung besser als eine andere beurteilen.

- **Verhaltenswissenschaftliche Studien**

Der Studie von Diller und Kusterer folgten im deutschen Sprachraum stärker verhaltenswissenschaftlich orientierte Arbeiten von Bost sowie von Weinberg und Gröppel (E. Bost 1987; P. Weinberg 1986 und 1992; P. Weinberg und A. Gröppel 1988; A. Gröppel 1989 und 1991). Im englischen Sprachraum legten R. J. Donovan und J. R. Rossiter (1982) den Grundstein für die verhaltenswissenschaftliche Analyse erlebnisorientierter Verkaufsräume. Die Studie von Donovan und Rossiter nimmt deshalb eine exponierte Stellung ein, weil die Autoren erstmalig das umweltpsychologische Modell von Mehrabian und Russell (A. Mehrabian und J. A. Russell 1974; A. Mehrabian 1978) auf Probleme der Verkaufsraumgestaltung anwenden.

Mehrabian und Russell verfolgen die zentrale Idee, dass bestimmte Umgebungen bei Menschen bestimmte emotionale Reaktionen auslösen; sie sind dafür verantwortlich, dass ein Mensch diese Umwelten meidet oder sich ihnen annähert. Auch der Verkaufsraum kann als Teil der Umwelt gesehen werden, der wie andere Umwelten mit Hilfe der sog. Informationsrate charakterisiert werden kann. Darunter verstehen Mehrabian und Russell die Menge an Informationen, die pro Zeiteinheit in der Umwelt enthalten sind oder die wahrgenommen werden. Die Informationsrate kennzeichnet somit die Reizstärke einer Umwelt und wird durch Itempaare, wie z. B. abwechslungsreich-redundant, komplex-einfach oder neuartig-vertraut, gemessen. Alle Itempaare lassen sich hierbei in der Regel auf die Dimensionen Neuartigkeit und Komplexität zurückführen. Erstere meint, wie gut eine Person die Umgebung kennt bzw. wie gut sie vorhersagen kann, was geschehen wird, die Komplexität bezieht sich auf die Anzahl der in der Umwelt vorhandenen Elemente, Merkmale oder Veränderungen.

Die Informationsrate bewirkt emotionale Reaktionen, die sich durch die Dimensionen Erregung, Lust und Dominanz beschreiben lassen. Lust beschreibt Gefühle wie Glück, Vergnügen, Befriedung oder „sich einfach wohl fühlen", Erregung bedeutet, wie aktiv, angeregt, aufgeregt, überdreht man ist, und Dominanz meint das Gefühl der Überlegenheit, das Gefühl, eine Situation unter Kontrolle zu haben und sich frei entscheiden zu können. Die unmittelbarste Beziehung besteht hierbei zwischen der Informationsrate und der Erregungsdimension, die in Kombination mit Lust und Dominanz zu einer Annäherungs- oder Meidungsreaktion gegenüber der Umwelt führt. So bewirkt eine Erhöhung der Erregung in lustbetonten Umwelten ein Annäherungsverhalten, während eine starke Erregung in unlustbetonten Umwelten zu Meidungsreaktionen führt.

Die Stärke des Zusammenhangs zwischen Informationsrate und emotionaler Reaktion kann individuell unterschiedlich sein. Während Reizabschirmer das Reizvolumen der Umwelt durch eine strukturiertere Wahrnehmung reduzieren können und deshalb auch weniger stark erregbar sind, ist bei Nichtabschirmern das Gegenteil der Fall. Einen Überblick über das Modell von Mehrabian und Russell gibt Abbildung 9.3.

Abb. 9.3: Die Verwendung des Modells von Mehrabian und Russell zum Test erlebnisorientierter Ladenkonzepte

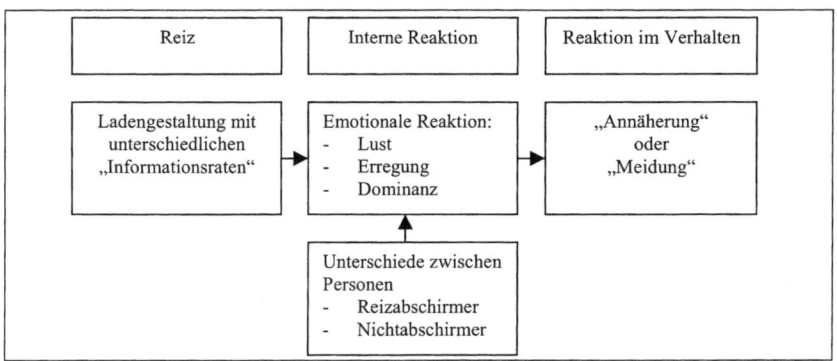

Donovan und Rossiter, die das Modell erstmals auf Ladenumwelten anwendeten, konnten zeigen, dass sich die Lustdimension positiv auf das Annäherungsverhalten der Probanden auswirkte, während von der Erregungsdimension nur in angenehm empfundenen Umwelten ein positiver Einfluss ausging. Für unangenehm empfundene Umwelten konnten sie in einer späteren Studie einen negativen Effekt der Erregung auf das Annäherungsverhalten nachweisen (zusammen mit G. Marcoolyn und A. Nesdale 1994). Sie empfehlen deshalb, in angenehm empfundenen Umwelten die Erregung z. B. durch eine helle Beleuchtung oder aktivierende Musik zu erhöhen, während in Ladenumwelten, die nicht als angenehm empfunden werden (z. B. in Discount- oder Kleinpreisgeschäften), die Erregung der Kunden entsprechend abzusenken ist.

In Bezug auf die Messung und Operationalisierung der emotionalen Reaktionen (einige Autoren sprechen auch von Stimmung) existieren in der Literatur unterschiedliche Varianten. Üblicherweise wird ein semantisches Differenzial gewählt, aus dem mit Hilfe der Faktorenanalyse die verschiedenen Stimmungsdimensionen extrahiert werden. In Abbildung 9.4 ist das Ergebnis der Faktorenanalyse aus der Studie von Donovan und Rossiter dargestellt. Es ist zu erkennen, dass die verwendeten Items auf drei Faktoren laden, die in der Tat mit den Begriffen Lust, Erregung und Dominanz umschrieben werden können.

Während Donovan und Rossiter die emotionalen Reaktionen nur zu einem Zeitpunkt gemessen haben, empfehlen Bost (1987) sowie auch Spiess, Hesse und Loesch (1997), auch die Stimmung vor Betreten des Verkaufsraums zu messen und die Stimmungsänderung als intervenierende Variable zu betrachten. Bei Gröppel (1991) findet sich der Hinweis, anstatt verbaler Skalen Bilderskalen zur Messung der emotionalen Reaktionen zu verwenden.

Abb. 9.4: Die Extraktion der emotionalen Basisdimensionen in der Studie von Donovan und Rossiter[*]

Items	Faktor 1	Faktor 2	Faktor 3
Contented-Depressed	0,87	-	-
Happy-Unhappy	0,85	-	-
Satisfied-Unsatisfied	0,81	-	-
Pleased-Annoyed	0,76	-	-
Relaxed-Bored	0,71	-	-
Important-Insignificant	0,68	-	-
Free-Restricted	0,63	-	-
Hopeful-Despairing	0,52	-	0,33
Stimulated-Relaxed	-	0,79	-
Excited-Calm	-	0,77	-
Jittery-Dull	-	0,74	-
Aroused-Unaroused	-	0,73	-
Frenzied-Sluggish	-	0,70	-0,35
Overcrowded-Uncrowded	-	0,67	-
Wide-awake-Sleepy	0,48	0,51	-
Controlling-Controlled	-	-0,32	0,75
Dominant-Submissive	-	-	0,54
Influencial-Influenced	-	-	0,53
Erklärter Varianzanteil	33,1%	23,2%	8,1%

Neben der Frage, wie sich Stimmungen oder Stimmungsänderungen messen lassen, interessiert auch, wie das Annäherungs- und Meidungsverhalten operationalisiert werden kann. Bost operationalisiert die Annäherungs- und Meidungsreaktionen sowohl durch hypothetische Konstrukte als auch durch beobachtbares Verhalten, wie aus Abbildung 9.5 deutlich wird. Die Liste der von Bost untersuchten abhängigen Variablen ist allerdings nur beispielhaft zu verstehen. Weitere mögliche abhängige Variablen sind z. B. die Preisakzeptanz (D. Grewal und J. Baker 1994) oder der wahrgenommene utilitaristische und hedonistische „Wert" eines Einkaufs (B. J. Babin, W. R. Darden und M. Griffin 1994; B. J. Babin und W. R. Darden 1995).

Abb. 9.5: Die Operationalisierung von Annäherungs- und Meidungsreaktionen in der Untersuchung von Bost

Beurteilung und Wahrnehmung des Geschäfts	Beobachtbares Verhalten
- Anzahl positiver und negativer Aussagen zur äußeren Ladenumwelt (gedankliche Reaktionen), - Zufriedenheit mit der Qualität früher gekaufter Artikel, - Wahrnehmung von Sortiments- und Preisleistungen, - Globalzufriedenheit mit dem Geschäft.	- Durchschnittliche Einkaufszeit, - Durchschnittliche Einkaufssumme, - Durchschnittliche Artikelanzahl, - Durchschnittliche Einkaufszeit pro Artikel, - Anzahl von Risikokäufen (Erstkäufe bestimmter Artikel), - Realisation ungeplanter Käufe bzw. Nicht-Realisation geplanter Käufe.

---

[*] Faktorladungen kleiner als 0,3 werden nicht angezeigt.

Insgesamt stellt das Modell von Mehrabian und Russell einen bewährten Rahmen dar, um Wirkungen der Einkaufsatmosphäre zu messen. Allerdings ist das Modell in seiner Grundform auch mit Problemen verbunden. So ist beispielsweise kritisiert worden, dass die Einkaufsatmosphäre durch die Informationsrate nur auf einem globalen Niveau erfasst wird, was die Ableitung bestimmter Gestaltungsinstrumente erschwert (J. Baker, D. Grewal und M. Levy 1992). Bost weist darauf hin, dass neben der Informationsrate auch die Orientierungsfreundlichkeit der Ladenumwelt einen Einfluss auf die Stimmung hat. Er begründet dies (unter Bezug auf D. E. Berlyne 1971) mit dem Streben der Kunden nach einem mittleren Aktivierungsniveau, dem sowohl durch aktivierende als auch durch deaktivierende Reize Rechnung getragen werden kann. Auch sollte beachtet werden, dass die Informationsrate in empirischen Untersuchungen häufig als subjektive Größe durch ein semantisches Differenzial gemessen wird, so dass sich die Frage nach objektiven Ursachen für eine hohe oder niedrige Informationsrate stellt. Ein weiteres Problem liegt in der Kausalität der angenommenen Zusammenhänge zwischen der Stimmung und den Annäherungs- bzw. Meidungsreaktionen. Werden diese Reaktionen beispielsweise durch die Beurteilung des Geschäfts operationalisiert, ist ein positiver Einfluss der Stimmung auf die Geschäftsbeurteilung ebenso denkbar, wie eine positive Geschäftsbeurteilung die Stimmung der Kunden anheben kann. Schließlich soll noch darauf hingewiesen werden, dass sich die Dominanzdimension in empirischen Untersuchungen häufig nicht bewähren konnte (vgl. J. A. Russell und G. Pratt 1980).

9.3 Entscheidungen über die Bildung und Anordnung von Platzierungseinheiten

Im Rahmen der Verkaufsraumgestaltung ist festzulegen, welche Artikel gemeinsam platziert werden sollen. Die einzelnen Artikel lassen sich nach verschiedenen Kriterien zu Platzierungsgruppen zusammenfassen und anordnen (vgl. z. B. die Kataloge zur Typologisierung von Waren bei H. Knoblich 1969), z. B. nach der stofflichen Substanz der Produkte, der Preislage, Herstellern, Verwendungszwecken oder dem Kaufverbund von Artikeln. Je nachdem, in welcher Reihenfolge diese Kriterien herangezogen werden, um Sortimente in Platzierungsgruppen aufzugliedern, ergeben sich andere Abteilungs- und Regalstrukturen.

Die Frage, ob ein Sortiment endverbraucherorientiert gegliedert ist, kann in vielen Fällen jedoch nur mit Schwierigkeiten ad hoc beantwortet werden. Hierzu muss einerseits bekannt sein, welche Ansprüche die Kunden an eine Sortimentsgliederung stellen und andererseits, wie diesen Ansprüchen durch die Bildung und Anordnung von Platzierungseinheiten entsprochen werden kann. Die Ansprüche der Kunden und die aus ihnen abgeleiteten Regalgestaltungsprinzipien können vielfältig sein (vgl. hierzu S. Zielke 2001 und 2002):
(1)   Die Anordnung von Platzierungsgruppen kann den physischen Suchaufwand, d. h. die vom Kunden zurückzulegenden Laufwege im Verkaufsraum reduzieren, indem häufig gemeinsam gekaufte Artikel in räumlicher Nähe zueinander platziert werden.

(2) Die Sortimentsgliederung kann aber auch an dem psychischen Suchaufwand der Kunden ansetzen. Hierunter wird der kognitive Aufwand verstanden, der erforderlich ist, um einen oder mehrere gesuchte Artikel im Verkaufsraum zu finden. Dieser Aufwand kann reduziert werden, indem solche Artikel gemeinsam platziert werden, die in den kognitiven Strukturen der Kunden stark miteinander assoziiert sind und deshalb als zusammengehörig erachtet werden.

(3) Nachdem Kunden eine gesuchte Platzierungseinheit gefunden haben, müssen sie unter Umständen eine Auswahlentscheidung treffen. Der hierzu erforderliche Aufwand kann erleichtert werden, indem Artikel, die in starkem Maße als Substitute angesehen werden, in einer gemeinsamen Platzierungsgruppe zusammengefasst werden. Machen Kunden Gebrauch von hierarchischen Entscheidungsheuristiken, indem sie z. B. beim Kauf von Wein erst die Farbe, dann das Anbaugebiet, die Rebsorte und als letztes schließlich den Preis heranziehen, können die Regalstrukturen an diese Heuristiken angepasst werden.

(4) Schließlich kann dem Wunsch nach Stimulation nachgekommen werden, indem häufig gemeinsam gekaufte oder verwendete Artikel zu Sortimentseinheiten zusammengefasst werden.

Die aus den unterschiedlichen Ansprüchen abgeleiteten Regalgestaltungsprinzipien können zu teilweise widersprüchlichen Ergebnissen führen. So könnte aus der Beobachtung, dass Bier und Windeln häufig gemeinsam gekauft werden, unter Hinweis auf die Einkaufserleichterung abgeleitet werden, Bier und Windeln gemeinsam zu platzieren. Dies würde vielleicht den Aufwand der Kunden reduzieren, weil sie beim Kauf des einen Artikels (Windeln) an den Kauf des anderen Artikels (Bier) erinnert werden und diesen Artikel auch ohne weitere Wegstrecken vorfinden, aber ein solches Platzierungssystem liefe den Vorstellungen der meisten Verbraucher doch entgegen. Dieses verdeutlicht, dass es erforderlich ist, die Vorstellungen der Verbraucher zu erkennen und Prioritäten für die unterschiedlichen Regalgestaltungsprinzipien festzulegen. Zielke (2001; 2002) empfiehlt für SB-Warenhäuser und Verbrauchermärkte, die Sortimentsgliederung an den kognitiven Strukturen der Verbraucher auszurichten, wobei er sich auf folgende Argumente stützt:

- Die Entlastung von Suchprozessen wird in SB-Warenhäusern und Verbrauchermärkten von den Kunden für bedeutsamer erachtet als die Entlastung von Entscheidungsprozessen oder die Anregung zu zusätzlichen Kaufmöglichkeiten.
- Das Platzierungswissen der Kunden ist in SB-Warenhäusern und Verbrauchermärkten häufig gering, wie Untersuchungen von R. Sommer und S. Aitkens (1982) sowie F.-R. Esch und P. Billen (1996) zeigen.
- Entscheidungsheuristiken und Einkaufsverbünde sind weder homogen noch stabil. Sie können sich sowohl bei unterschiedlichen Personen als auch bei einer Person in Abhängigkeit von situativen Faktoren unterscheiden.

Die Analyse von Suchprozessen kann an beobachtetem Suchverhalten ansetzen. Hierbei bedient man sich der Protokollanalyse (Methode des lauten Denkens während einer Suchaufgabe; vgl. R. H. King 1969 oder P. A. Titus und P. B. Everett 1996), der Blickaufzeichnung (W. Leven 1992) oder der Antwortzeitanalyse, bei der die Zeit gemessen wird, die ein Proband zur Lösung einer Suchaufgabe benötigt (P. Kinateder 1989; W. Leven 1992; S. Geister 1997).

Eine andere Methode setzt an Ähnlichkeits- bzw. Zusammengehörigkeitsvorstellungen oder an Begriffsassoziationen in den kognitiven Strukturen der Kunden an. Zusammengehörigkeitsvorstellungen werden mit Hilfe von Sortierverfahren ermittelt, bei denen Probanden gebeten werden, verschiedene Testartikel nach Maßgabe ihrer Zusammengehörigkeit zu sortieren. Begriffsassoziationen werden gemessen, indem Probanden möglichst viele zu einem Oberbegriff, bspw. zu einem Warenbereich, gehörige Artikel nennen sollen. Aus den Sortierergebnissen bzw. aus der Reihenfolge der assoziierten Artikel lassen sich Distanzmatrizen berechnen, aus denen mit Hilfe von multidimensionaler Skalierung und Clusteranalyse Sortimentsstrukturen abgeleitet werden (P. Kinateder 1989; A. Mollá, J. M. Múgica und M. J. Yagüe 1998; S. Zielke 2001 und 2002). Dies sei im Folgenden an einem Beispiel veranschaulicht.

Versuchspersonen wurde die Aufgabe gestellt, innerhalb von 90 Sekunden möglichst viele Artikel zu nennen, die in einer Schreibwarenabteilung gekauft werden können. Dieser Erhebungstechnik liegt die Hypothese zu Grunde, dass die subjektiv empfundene Zusammengehörigkeit von Artikeln sich in der Reihenfolge spiegelt, mit der die Artikel genannt werden. Jede Versuchsperson zählt die Artikel in einer bestimmten Rangfolge auf; aus ihr lässt sich für jede einzelne Versuchsperson und für jede Artikelkombination die Distanz ermitteln, die zwischen den Rangplätzen für die einzelnen Artikel liegt. Auf der Grundlage der Matrix der für alle Versuchspersonen durchschnittlichen Distanzen lässt sich eine multidimensionale Skalierung rechnen, die die ursprünglichen Distanzen in einem niedrig dimensionierten Raum darstellt (weitere Details der Erhebung und der Auswertung finden sich bei S. Zielke 2002). Abbildung 9.6 zeigt die Ergebnisse. Es gibt Artikel, die relativ eng zusammen liegen, wie beispielsweise Ordner und Schnellhefter, andere sind deutlich voneinander abgesetzt, wie beispielsweise Karten und Schreibblocks. Wendet man zusätzlich eine Clusteranalyse an, ergeben sich die in Abbildung 9.7 dargestellten Ergebnisse.

Das Ergebnis der Clusteranalyse zeigt, wie sich das Schreibwarensortiment zunächst in zwei Gruppen aufspalten lässt. Während die erste Gruppe Schreibgeräte (z. B. Bleistifte), Schreibmaterial (z. B. Hefte) und -hilfsmittel (z. B. Anspitzer und Radiergummis) beinhaltet, werden der zweiten Gruppe Artikel zum Versand/Schriftverkehr (z. B. Briefpapier) und zur Ablage (Ordner und Schnellhefter) zugeordnet.

Zielke schlägt auf der Grundlage dieser Ergebnisse ein Regallayout vor, das die folgenden Bereiche enthält:
1. Artikel zum Schreiben: mit Schreibgeräten, Hilfsmitteln und Schreibmaterial, wie Blocks und Hefte,
2. Artikel zum Ordnen, wie Ordner, Schnellhefter und Locher,
3. Artikel zum Versenden, wie Briefpapier, Briefumschläge, Karten, Druckerpapier und Papier.

Zur Beurteilung der Gliederungsmethoden sollte zunächst geprüft werden, inwieweit sie tatsächlich zu Sortimentsstrukturen führen, die das Zurechtfinden der Kunden unterstützen. Kinateder (1989) konnte diesbezüglich zeigen, dass eine auf der Basis von Sortierexperimenten ermittelte Sortimentsstruktur für die Kategorie Süssgebäck tatsächlich dazu führte, dass sich Kunden in der Abteilung besser zurechtfanden. Allerdings gingen von der neuen Sortimentsstruktur keine direkten Umsatzeffekte aus.

Abb. 9.6: Ergebnis einer Multidimensionalen Skalierung für den Warenbereich Schreibwaren (Quelle: S. Zielke 2001;2002)

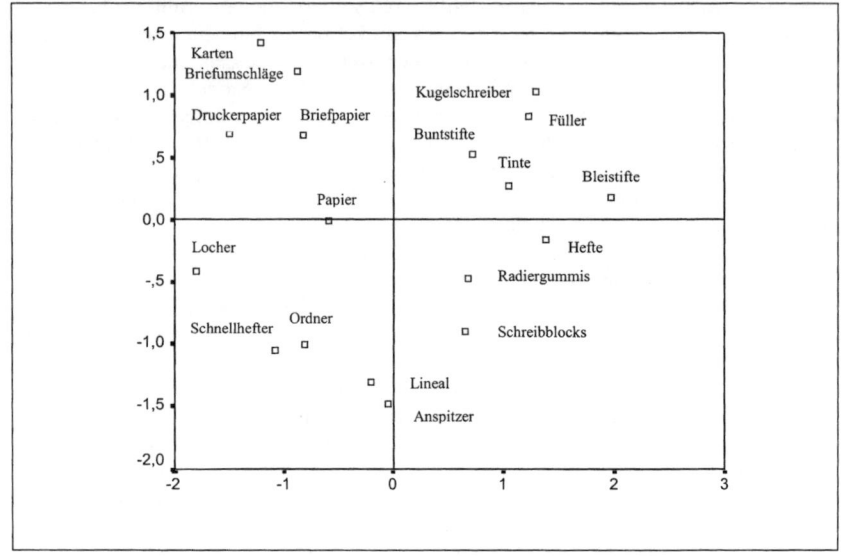

Abb. 9.7: Ergebnis einer Clusteranalyse für den Warenbereich Schreibwaren (Quelle: S. Zielke 2001; 2002)

```
  C A S E        0         5        10        15        20        25
  Label          +---------+---------+---------+---------+---------+

  Bleistifte     -+
  Kugelschreiber -+---+
  Füller         -+     +-----+
  Buntstifte     -----+       +---+
  Anspitzer      -+---------+   I
  Radiergummis   -+         +--------------------------------+
  Schreibblocks  -+------+   I                                I
  Hefte          -+      +-------+                            I
  Lineale        ---+---+                                     I
  Tinte          ---+                                         I
  Ordner         -+----------+                                I
  Schnellhefter  -+          I                                I
  Briefpapier    -+-+        +--------------------------------+
  Briefumschläge -+ +-----+   I
  Papier         ---+     +---+
  Druckerpapier  -+-+     I
  Karten         -+ +-----+
  Locher         ---+
```

Es ist zu prüfen, inwieweit aus den erleichterten Suchprozessen auch ein entsprechender Kundenbindungsnutzen resultiert. Ein hoher Bindungsnutzen wird insbesondere in solchen Branchen oder Betriebsformen erwartet werden können, in denen Versorgungsmotive gegenüber hedonistischen Einkaufsmotiven dominieren. In anderen Branchen, beispielsweise im Textileinzelhandel, in denen auch hedonistischen Einkaufsmotiven ein gewisser Stellenwert zukommt, können sich andere Gliederungsprinzipien als sinnvoll erweisen. Dies können beispielsweise kontextbezogene Präsentationskonzepte (A. Gröppel 1991 und 1992) oder Shop-Systeme (K. Medla 1987) sein.

9.4 Entscheidungen über die Zuteilung von Regal- und Flächenkapazitäten

Bei der Verteilung der Regal- und Flächenkapazitäten auf die einzelnen Platzierungseinheiten ist zunächst danach zu fragen, welche Wirkungen eine bestimmte Kapazitätsverteilung auf verschiedene Zielgrößen, beispielsweise den Absatz oder den Marktanteil einer Platzierungseinheit, aber auch auf Sichtkontakte, Wegkontakte oder Handlingkosten hat. Die Kapazitätsverteilung kann sich dabei auf die Zuordnung verschiedener Raumarten beziehen:
- Zunächst muss festgelegt werden, welche Anteile der **Verkaufsfläche** einzelnen Sortimentseinheiten (z. B. Warengruppen) zugeteilt werden. Diese Entscheidung ist auf das Engste mit der Sortimentspolitik verknüpft, denn tendenziell wächst der Raumbedarf mit der Sortimentstiefe. Die Auswirkungen verschieden großzügiger Raumzuweisungen werden sich in vielen Fällen nur abschätzen lassen. Hierfür kommt das sog. Decision-Calculus-Verfahren in Frage, nach dem Experten angeben sollen, um wie viel der Umsatz voraussichtlich ansteigt, wenn die Fläche gegenüber einer bestimmten Bezugsgröße um beispielsweise 10% ausgedehnt wird bzw. wenn die Fläche um 10% reduziert wird. Die Schätzungen werden als Punkte einer Response-Funktion gesehen, die den Umsatz der Sortimentseinheit mit der zugewiesenen Fläche verknüpft. Es versteht sich, dass bei solchen Schätzungen von Flächen einer definierten Qualität ausgegangen werden muss.
- Zum Zweiten geht es um die **Regalgestaltung**. Besondere Aufmerksamkeit hat die Frage gefunden, wie die Anzahl der Facings eines Artikels auf den Umsatz und die Regalpflegekosten wirkt. Einige Studien haben den Einfluss des Regalortes auf Absatz und Umsatz untersucht.

Einen Überblick über Untersuchungen zur Regalgestaltung geben z. B. W. Höller (1987), B. Heidel (1990) oder S. Zielke (2002). Auch wenn die Ergebnisse einiger Untersuchungen widersprüchlich sind, hat sich tendenziell gezeigt, dass
- Regalorte in Greif- und Sichthöhe eine besonders hohe Wertigkeit aufweisen,
- Zwischen zugeteilten Frontstücken einer Platzierungseinheit und deren Absatz ein positiver, aber degressiv steigender Zusammenhang besteht,
- Platzierungseinheiten unterschiedlich stark auf veränderte Kapazitätsverteilungen reagieren.

Im Gegensatz zu den vorwiegend nach dem SR-Paradigma angelegten Untersuchungen hat Zielke (2002) einen stärker verhaltenswissenschaftlich orientierten Zugang gewählt, indem er erst untersucht hat, wie sich die Zuteilung von Regalkapazitäten auf die zur Suche von Artikeln benötigte Zeit (Suchzeit) sowie auf die Wahrscheinlichkeit, dass Artikel ohne Suche wahrgenommen werden (Wahrnehmungswahrscheinlichkeit), auswirkt. Hierbei konnte empirisch gezeigt werden, dass mit zunehmender Sichtfläche einer Platzierungseinheit deren Suchzeit sinkt und die Wahrnehmungswahrscheinlichkeit ansteigt. Gleichzeitig führt die sinkende Suchzeit nach einem Artikel dazu, dass die Wahrscheinlichkeit, dass andere Artikel wahrgenommen werden, abnimmt. Mit Hilfe der Wahrnehmungswahrscheinlichkeiten lassen sich Absatzeffekte unterschiedlicher Platzierungsalternativen erklären. Inwieweit eine erhöhte Wahrnehmungswahrscheinlichkeit zu einer Absatzsteigerung führt, hängt dabei u. a. davon ab, inwieweit die Kunden eine Kaufabsicht für die wahrgenommenen Artikel entwickeln und inwieweit sie bereit sind, die für die Artikel verlangten Preise zu bezahlen.

Das Wissen um die Zusammenhänge zwischen Platzierungsparametern und Zielgrößen der Warenplatzierung bildet die Grundlage zur Ermittlung optimaler Kapazitätsverteilungen. Zur Optimierung stehen unterschiedliche Verfahren zur Verfügung, die in der Literatur üblicherweise in die Kategorien kennzahlorientierte Verfahren, marginalanalytische Verfahren, Methoden der mathematischen Programmierung und heuristische Verfahren eingeordnet werden (vgl. K. Barth 1975; H. Müller 1982; W. Höller 1987; B. Heidel 1990). Zielke (2002) verwendet eine alternative Systematik, auf die im Folgenden näher eingegangen werden soll.

Unter der Kategorie „Daumenregeln" lassen sich kennzahlorientierte Verfahren und Platzierungsheuristiken zusammenfassen. Bei kennzahlorientierten Verfahren wird Verkaufs- oder Regalfläche proportional zu einer Kennzahl, bspw. dem Umsatz- oder Absatzanteil einer Platzierungseinheit, zugewiesen. Teilweise werden hierbei auch mehrere unterschiedliche Kennzahlen zu einer „Superkennzahl" verknüpft, wobei sich allerdings die Frage nach einer geeigneten Verknüpfungsregel stellt. Viele der in der Praxis verbreiteten Computerprogramme (sog. Spacemanagementprogramme) basieren auf solchen kennzahlorientierten Verfahren. Bekannt sind Spaceman von AC Nielsen, Apollo im Vertrieb von Picturebox und Programme der Firma Intactix (vgl. hierzu den tabellarischen Überblick bei D. Möhlenbruch und C. Meier 1993 sowie die Ausführungen bei T. Günther und R. Mattmüller 1993; A. Kunz 1994; S. Zielke 1999). Abbildung 9.8 vermittelt einen Eindruck von der Struktur eines Spacemanagementsystems. Eines der zentralen Probleme dieser Systeme ist darin zu sehen, dass den Artikeln Regalkapazitäten auf Grund ihrer historischen Performance zugewiesen werden, wobei die tatsächlichen Wirkungszusammenhänge zwischen Platzierung und Performance unberücksichtigt bleiben.

Auch bei Platzierungsheuristiken werden Faustregeln herangezogen, bspw. dass Impulsartikel mit hohem Bekanntheitsgrad bei der Platzierung bevorzugt werden sollen (vgl. K. Barth 1975; H. Müller 1982).

Abb. 9.8: Die Struktur eines modernen Spacemanagementsystems (Quelle: S. Zielke 2002)

E	Eingabedaten	• Artikeldaten (Performance, Abmessungen), Warenträgerdaten (Abmessungen), historische Planogramme • Wirkungen von Marktentwicklungen und geplanten Verkaufsförderungsaktionen • Prioritäten für Frontstücke und Wirkung von Duplikationen (Listing substitutiver Artikel) • Minimum-/Maximum-Restriktionen (unter Berücksichtigung von Bestandsanforderungen) • Repräsentationsanforderungen (Mindestanzahl von Listings in einer Warengruppe)
V	Optimierungsvariable	• Anzahl der Frontstücke
	Optimierungskriterien	• Performance-Index (gebildet aus gewichteten Kennzahlen unter Berücksichtigung von Trends und geplanten Promotions) • Minimum/Maximumrestriktionen, Repräsentationsanforderungen
	Optimierungsregel	• Berücksichtigung der Minimumrestriktionen • Berücksichtigung der Repräsentationsanforderungen • Zuteilung von Facings nach Maßgabe des Performance-Index (dabei Korrektur der Index-Werte auf Basis von Frontstückprioritäten und Wirkungen von Duplikationen) • Berücksichtigung der Maximumrestriktionen
A	Ausgabedaten	• Listingmatrix • Planogramm

Die zweite Kategorie von Verfahren geht von einem formalen Modell aus und sucht auf der Basis analytischer Überlegungen nach einer optimalen Lösung. Dieser Verfahrensklasse sind Varianten der mathematischen Programmierung und der Marginalanalyse zuzurechnen. Analytische Verfahren werden von E. E. Anderson (1979), H. J. Wieland (1977; 1979), P. Hansen und H. Heinsbroek (1979), M. Corstjens und P. Doyle (1981; 1983), F. S. Zufryden (1986), A. Bultez et al. (1988; 1989), J. Preston und A. Mercer (1990) sowie M.-H. Yang und W.-C. Chen (1999) herangezogen. Abbildung 9.9 zeigt die Grundidee der Verfahren am Beispiel von zwei Warengruppen, auf die eine beschränkt verfügbare Fläche von 100 qm aufgeteilt werden soll: Die Flächeneinheiten sind jeweils jener Verwendung zuzuführen, bei der der Grenzertrag am höchsten ist.

Abb. 9.9: Verwendung der knappen Fläche entsprechend dem Grenzertrag

qm	DB WG 1 (in 1000 €)	Anstieg (in 1000 €)	DB WG 2 (in 1000 €)	Anstieg (in 1000 €)
0	0	0	0	0
10	42	42 (1.)	40	40 (4.)
20	84	42 (2.)	75	35 (6.)
30	126	42 (3.)	105	30 (8.)
40	165	39 (5.)	125	20 (10.)
50	199	34 (7.)	134	9
60	227	28 (9.)	142	8
70	242	15	149	7
80	250	8	154	5
90	254	4	158	4
100	256	2	160	2

Während bei analytischen Verfahren eine optimale Lösung berechnet wird, gehen enumerative Verfahren bereits von konkreten Lösungen aus, denen jeweils Werte des Zielkriteriums zugeordnet sind. Bei vollständiger Enumeration werden für alle möglichen Lösungen Zielfunktionswerte ermittelt und anschließend wird die optimale Lösung ausgewählt. Bei unvollständiger Enumeration werden ausgehend von einer Startlösung nach bestimmten Regeln zufallsgesteuert neue Lösungen ermittelt, die jeweils auf ihren Zielerreichungsgrad hin überprüft werden. Zu diesen Verfahren zählen insbesondere naturadaptive Ansätze, wie evolutionäre Algorithmen (T. L. Urban 1998; S. Zielke 2002) und Simulated Annealing (N. Borin et al. 1994; 1995).

Hybride Verfahren haben sowohl enumerativen als auch analytischen Charakter. Bei diesen Verfahren wird z. B. jeder Platzierungsalternative eines Artikels ein Zielfunktionswert zugeordnet. Die Auswahl der Platzierungsalternativen der einzelnen Artikel erfolgt unter Beachtung der Raumrestriktion anschließend auf der Basis analytischer Überlegungen. Zu den hybriden Verfahren sind beispielsweise die Ansätze von B. Heidel (1990) und X. Drèze, S. J. Hoch und M. E. Purk (1994) zu zählen.

Es stellt sich die Frage, wie die unterschiedlichen Verfahren zu bewerten sind. Zu den Daumenregeln kann angemerkt werden, dass sie zwar einfach handhabbar sind, aber in der Regel zu suboptimalen Lösungen führen. Die analytischen Verfahren erlauben zwar die Ermittlung optimaler Lösungen, jedoch bestehen bei komplexen Platzierungsproblemen Zweifel am effizienten Einsatz dieser Verfahren. Die enumerativen Verfahren sind dagegen sehr gut bei komplexen Platzierungsproblemen einsetzbar, führen aber nicht zwangsläufig zur optimalen, sondern häufig nur zu einer „guten" Lösung. Zielke (2002) hat gezeigt, wie mit Hilfe evolutionärer Algorithmen wahlweise der Deckungsbeitrag eines Regals ·maximiert oder die durchschnittliche Suchzeit nach Artikeln minimiert werden kann.

Ausgewählte Literaturempfehlungen

Ausführungen zur Ladengestaltung bzw. Verkaufsraumgestaltung finden sich in den gängigen Lehrbüchern zum Handelsmarketing, aber auch in Lehrbüchern zum Konsumentenverhalten (W. Kroeber-Riel und P. Weinberg 1999).

Umfassende Ausführungen zur erlebnisorientierten Gestaltung der **Einkaufsatmosphäre** finden sich in den Dissertationen von Bost (1987) und Gröppel (1991).

Mit Problemen der **Sortimentsgliederung** beschäftigen sich insbesondere die Beiträge von P. Kinateder (1989) und S. Zielke (2001 und 2002). Verflechtungen zwischen Sortimentsgliederung und Category Management werden bei L. Müller-Hagedorn und S. Zielke (2000) angesprochen.

Die theoretischen Grundlagen zur **Zuteilung von Raumkapazitäten** werden bei K. Barth (1975), H. Müller (1982), W. Höller (1987) und zuletzt von S. Zielke (2002) behandelt. Einzelne Spacemanagementprogramme werden bei T. Günther und R. Mattmüller (1993), D. Möhlenbruch und C. Meier (1993) sowie von S. Zielke (1999) beschrieben und diskutiert.

Abkürzungsverzeichnis

asw	Absatzwirtschaft
BAG	Bundesarbeitsgemeinschaft der Mittel- und Großbetriebe des Einzelhandels e. V.
BBE	Betriebswirtschaftliche Beratungsstelle für den Einzelhandel
DBW	Die Betriebswirtschaft
EHI	EuroHandelsinstitut
FfH	Forschungsstelle für den Handel
HBR	Harvard Business Review
HWA	Handwörterbuch der Absatzwirtschaft
HWB	Handwörterbuch der Betriebswirtschaft
IfH	Institut für Handelsforschung an der Universität zu Köln
JoAR	Journal of Advertising Research
JoB	Journal of Business
JoCR	Journal of Consumer Research
JoM	Journal of Marketing
JoMR	Journal of Marketing Research
JoR	Journal of Retailing
o. J.	ohne Jahresangabe
o. O.	ohne Ortsangabe
o. V.	ohne Verfasser
RGH	Rationalisierungsgemeinschaft des Handels
WiSt	Wirtschaftswissenschaftliches Studium
WISU	Das Wirtschaftsstudium
ZfB	Zeitschrift für Betriebswirtschaft
ZfbF	Zeitschrift für betriebswirtschaftliche Forschung
ZFP	Zeitschrift für Forschung und Praxis
ZV + ZV	Zeitungsverlag und Zeitschriften-Verlag

Literaturverzeichnis

ABELL, D. F.: Defining the Business. The Starting Point of Strategic Planning, Engelwood Cliffs, N.J. 1980.

ADAM, D.: Les Reactions du Consommateur devant le Prix. Paris 1985. Übersetzt in: Taylor, B./Wills, G. (Hrsg.): Pricing Strategy, London 1969, S. 75-88.

AGRAWAL, R./IMIELINSKI, T./SWAMI, A.: Mining Association Rules between Sets of Items in Large Databases, in: Proceedings of the 1993 ACM SIGMOD Conference, Washington DC, USA, May 1993.

AGRAWAL, R./MANNILA, H./SRIKANT, R. ET AL.: Fast Discovery of Association Rules, in: Fayyad, U. M./Piatetsky-Shapiro, G./Smyth, P. et al. (eds.): Advances in Knowledge Discovery and Data Mining, Menlo Park, Cal. 1996.

AHLERT, D./BORCHERT, S.: Prozessmanagement im vertikalen Marketing. Efficient Consumer Response (ECR) in Konsumgüternetzen, Berlin u. a. 2000.

AHLERT, D./KENNING, P./SCHNEIDER, D.: Markenmanagement im Handel. Strategien – Konzepte – Praxisbeispiele, Wiesbaden 2000.

AHLERT, D./SCHRÖDER, H.: Rechtliche Grundlagen des Marketing, 2. Aufl., Stuttgart 1996.

ALBACH, H.: Zur Sortimentskalkulation im Einzelhandel, in: Albach, H. (Hrsg.): Handelsbetrieb und Marktordnung. Festschrift für Carl Ruberg zum 70. Geburtstag, Wiesbaden 1962, S. 13-40.

ALBAUM, G./GOLDEN, L. L./ZIMMER, M. R.: The Numerical Comparative Scale: An Economical Format for Retail Measurement, in: JoR, Vol. 63 (1987), S. 393-410.

ALBERT, H.: Modell-Platonismus. Der neoklassische Stil des ökonomischen Denkens in kritischer Beleuchtung (1963), in: Topitsch, E. (Hrsg.): Logik der Sozialwissenschaften, 10. Aufl., Berlin-Köln 1980, S. 352-380.

ALBERT, H.: Theorie und Prognose in den Sozialwissenschaften (1957), in: Topitsch, E. (Hrsg.): Logik der Sozialwissenschaften, 10. Aufl., Berlin-Köln 1980, S. 126-143.

ANDERSON, E. E.: An Analysis of Retail Display Space: Theory and Methods, in: JoB, Vol. 52 (1979), S. 103-118.

ANDERSON, E. W./FORNELL, C./LEHMANN, D. R.: Customer Satisfaction, Market Share, and Profitability: Findings from Sweden, in: JoM, Vol. 58 (1994), No. 1, S. 53-66.

ANSOFF, H. I.: Strategies for Diversification, in: HBR, Vol. 35 (1957), No. 5, S. 113-124.

ANSOFF, H. I.: Management-Strategie, München 1966.

APPLEBAUM, W.: Methods for Determining Store Trade Areas, Market Penetration and Potential Sales, in: JoMR, Vol. 3 (1966), S. 127-141.

AREND-FUCHS, C.: Die Einkaufsstättenwahl der Konsumenten bei Lebensmitteln, Frankfurt/Main 1995.

ARENI, C. S./KIM, D.: The Influence of In-Store Lighting on Consumers' Examination of Merchandise in a Wine Store, in: International Journal of Research in Marketing, Vol. 11 (1994), S. 117-125.

ARNOLD, S. J./OUM, T. H./TIGERT, D. J.: Determining Attributes in Retail Patronage: Seasonal, Temporal, Regional, and International Comparisons, in: JoMR, Vol. 20 (1983), S. 149-157.

ASSAEL, H./KOFRON, J. H./BURGI, W.: Advertising Performance as a Function of Print Ad Characteristics, in: JoAR, Vol. 7 (1967), No. 2, S. 20-26.

ASSMUS, G./FARLEY, J. U./LEHMANN, D.: How Advertising affects Sales: Meta Analysis of Econometric Results, in: JoMR, Vol. 21 (1984), S. 65-74.

AUSSCHUSS FÜR BEGRIFFSDEFINITIONEN AUS DER HANDELS- UND ABSATZWIRTSCHAFT (HRSG.): Katalog E. Begriffsdefinitionen aus der Handels- und Absatzwirtschaft, 4. Ausgabe, Köln 1995.

BABIN, B. J./DARDEN, W. R.: Consumer Self-Regulation in a Retail Environment, in: JoR, Vol. 71 (1995), S. 47-70.

BABIN, B. J./DARDEN, W. R./GRIFFIN, M.: Work and/or Fun: Measuring Hedonic and Utilitarian Shopping Value, in: JoCR, Vol. 20 (1994), S. 644-656.

BAG (HRSG.): Personaleinsatz im Einzelhandel, Köln o. J. (wahrscheinlich 1972).

BAG (HRSG.): Handbuch zur Unternehmensplanung im Einzelhandel, Köln o. J. (wahrscheinlich 1977).

BAG (HRSG.): Raumökonomie – Ein Handbuch für Planung, Umbau und Erweiterung von Geschäftsflächen im Einzelhandel, Köln 1979.

BAG (HRSG.): Standortfragen des Handels, 5. Aufl., Köln 1995.

BAKER, J./GREWAL, D./LEVY, M.: An Experimental Approach to Making Retail Store Environmental Decisions, in: JoR, Vol. 68 (1992), S. 445-460.

BAMBERG, G./COENENBERG, A. G.: Betriebswirtschaftliche Entscheidungslehre, 10. Aufl., München 2000.

BANNING, T. E.: Lebensstilorientierte Marketing-Theorien, Heidelberg 1987.

BÄNSCH, A.: Verkaufspsychologie und Verkaufstechnik, 7. Aufl., München-Wien 1998.

BARTH, K.: Die Planung als Führungsaufgabe in Einzelhandelsunternehmungen, H. 138 der Arbeitsgemeinschaft für Rationalisierung des Landes Nordrhein-Westfalen, Dortmund 1972a.

BARTH, K.: Planung, in: Nieschlag, R./Eckardstein, D. v. (Hrsg.): Der Filialbetrieb als System. Das Cornelius-Stüssgen-Modell, Köln 1972b, S. 65-88.

BARTH, K.: Die Warenpräsentation in Einzelhandelsunternehmungen, in: Mitteilungen des IfH, 27. Jg. (1975), S. 93-97.

BARTH, K.: Systematische Unternehmensführung in den Groß- und Mittelbetrieben des Einzelhandels, Göttingen 1976.

BARTH, K.: Rentable Sortimente – Zufall oder Ergebnis operabler Entscheidungstechniken?, Sonderheft der Mitteilungen des Instituts für Handelsforschung Nr. 26, Göttingen 1980.

BARTH, K.: Betriebswirtschaftslehre des Handels, 4. Aufl., Wiesbaden 1999.

BARTH, K./THEIS, H. J.: Die Entwicklung eines abteilungsspezifischen Anspruchsprofils als Grundlage handelsbetrieblicher Marketingplanung, in: Trommsdorff, V. (Hrsg.): Handelsforschung 1988. Standortfragen, Heidelberg 1988, S. 243-260.

BARTH, K./THEIS, H.-J.: Werbung des Facheinzelhandels, Wiesbaden 1991.

BAUER, H. H.: Die Entscheidung des Handels über die Aufnahme neuer Produkte. Eine verhaltenstheoretische Analyse, Berlin 1980.

BAUER, L. M.: Szenerien – Handbuch zur Warenpräsentation auf der Bühne des Schaufensters, Frankfurt/Main, 1997.

BAUMGARTNER, H./SUJAN, M./PADGETT, D.: Patterns of Affective Reactions to Advertisements: The Integration of Moment-to-Moment Responses into Overall Judgments, in: JoMR, Vol. 34 (1997), S. 219-232.

BAUMGARTNER, R.: Ladenerneuerung (Store Modernization), St. Gallen 1981.

BAUR, W.: Leistungserfassung und Leistungsförderung. Dargestellt am Beispiel eines Leistungsanreizlohnes für das Verkaufspersonal, Bern u.a. 1977.

BBE-UNTERNEHMENSBERATUNG GMBH (HRSG.): Die Mittel zur Optimierung des Personalbeitrages und der Arbeitsproduktivität durch Einsatz von Teilzeit- und Aushilfskräften, Köln o. J. (wahrscheinlich 1980).

BBE-UNTERNEHMENSBERATUNG GMBH (HRSG.): Megatrends in Vertrieb, Handel, Gesellschaft. Eine Trendanalyse und -prognose über die Jahrhundertwende, Köln 1995.

BBE-UNTERNEHMENSBERATUNG GMBH (HRSG.): Megatrends II in Vertrieb, Handel, Gesellschaft. Eine Trendanalyse und -prognose über die Jahrhundertwende, 2. Aufl., Köln 1996.

BEA, F. X./HAAS, J.: Strategisches Management, 3. Aufl., Stuttgart 2001.

BECKMANN, G.: Tageszeitungswerbung des Lebensmittel-Einzelhandels muss erweitert werden, in: ZV + ZV, 66. Jg. (1969), Nr. 23, 2b.

BEHRENS, K. C.: Allgemeine Standortbestimmungslehre, in: Behrens, K.C. (Hrsg.): Der Standort der Betriebe, Bd. 1, Köln-Opladen 1961.

BEHRENS, K. C.: Absatzwerbung, Wiesbaden 1963.

BEHRENS, K. C.: Der Standort der Handelsbetriebe, in: Behrens, K.C. (Hrsg.): Der Standort der Betriebe, Bd. 2, Köln-Opladen 1965.

BELLIZZI, J. A./CROWLEY, A. E./HASTI, R. W.: The Effects of Colour in Store Design, in: JoR, Vol. 59 (1983), No. 1, S. 21-45.

BEREKOVEN, L.: Erfolgreiches Einzelhandelsmarketing. Grundlagen und Entscheidungshilfen, 2. Aufl., München 1995.

BERLYNE, D. E.: Aestethics and Psychobiology, New York 1971.

BERTHEL, J.: Personal-Management, 6. Aufl., Stuttgart 2000.

BETTMANN, J. R.: Perceived Price and Product Perceptual Variables, in: JoMR, Vol. 10 (1973), S. 100-102.

BIDMON, R. K.: Die Rolle von Bildern und Headlines bei der Gestaltung von Katalogen, in: Mattmüller, R. (Hrsg.): Versandhandelsmarketing – Vom Katalog zum Internet, Frankfurt/Main 1999, S. 345-362.

BIENERT, M. L.: Standortmanagement, Berlin, Diss., 1995.

BIRKIGT, K./STADLER, M. M.: Corporate Identity – Grundlagen, in: Birkigt, K./Stadler, M. M./Funck, H. J. (Hrsg.): Corporate Identity, 10. Aufl., Landsberg/Lech 2000.

BITZ, M.: Zeithorizonte bei der Investitions- und Finanzplanung, in: ZfB, 48. Jg. (1978), S. 175-193.

BLIND, A.: Einführung in die Wirtschaftsstatistik, in: Blind, A. (Hrsg.): Umrisse einer Wirtschaftsstatistik. Festgabe für Paul Flaskämper zum 80. Geburtstag, Hamburg 1966, S. 1-24.

BLOEMER, J./DE RUYTER, K.: On the Relationship between Store Image, Store Satisfaction and Store Loyalty, in: European Journal of Marketing, Vol. 32 (1998), S. 499-513.

BÖCKER, F.: Die Analyse des Sortimentsverbunds – Eine empirische Untersuchung, in: Blume, E. B./Ulrich, W. (Hrsg.): Perspektiven des Marketing im Handel, Freiburg/Schweiz, 1974, S. 55-81.

BÖCKER, F.: Die Analyse des Kaufverbunds – Ein Ansatz zur bedarfsorientierten Warentypologie, in: ZfbF, 27. Jg. (1975), S. 290-306.

BÖCKER, F.: Die Bestimmung der Kaufverbundenheit von Produkten, Berlin 1978.

BÖCKER, F./MERKLE, E.: Die Analyse des Sortimentsverbunds, in: Böcker, F./Dichtl, E. (Hrsg.): Erfolgskontrolle im Marketing, Berlin 1975a, S. 179-191.

BÖCKER, F./MERKLE, E.: Mantel kauft Bluse – Analyse des Sortimentsverbunds, in: Rationeller Handel, 1. Jg. (1975b), H. 1, S. 14-20.

BOESSENBERG, D.: So wirbt der Lebensmitteleinzelhandel, in: Marketing Journal, 10. Jg. (1977), H. 2, S. 161-164.

BOLTON, R. N.: The Relationship Between Market Characteristics and Promotional Price Elasticities, in: Marketing Science, Vol. 8 (1989), S. 153-169.

BORCHARDT, K.: Preisbildung und Konkurrenz im Einzelhandel unter besonderer Berücksichtigung der Probleme der Mehrproduktunternehmung; Bemerkungen zu A.E. Ott: Ein statisches Modell der Preisbildung im Einzelhandel, in: Jahrbuch für Nationalökonomie und Statistik, Bd. 172, 1960, S. 32-56.

BORDEMANN, H. G.: Analyse von Verbundbeziehungen zwischen Sortimentsteilen im Einzelhandel. Ein Ansatz zur Erfassung und empirischen Bestimmung von Verbundbeziehungen auf der Basis von automatischen Warenwirtschaftssystemen im Einzelhandel, Diss. Duisburg 1986.

BORIN, N./FARRIS, P.: A Sensitivity Analysis of Retailer Shelf Management Models, in: JoR, Vol. 71 (1995), S. 153-171.

BORIN, N./FARRIS, P. W./FREELAND, J. R.: A Model for Determining Retail Product Category Assortment and Shelf Space Allocation, in: Decision Sciences, Vol. 25 (1994), S. 359-384.

BOSCH, D./ZIMMER, W.: Durch aktive Kundenbindung den Umsatz steigern, BBE-Praxisleitfaden, Köln o. J.

BOST, E.: Ladenatmosphäre und Konsumentenverhalten, Heidelberg 1987.

BRATER, M./LANDIG, K.: Der neue Verkäufer. Qualifikationsanforderungen und Qualifizierungsmethoden am Beispiel eines Fachberaters im Handel, München-Mering 1995.

BRAUER, K. M.: Die Ermittlung der optimalen Warengruppenstruktur einer Filiale in Lebensmittelfilialbetrieben, in: Gümbel, R./Brauer, K. M./Liebmann, H.-P. et al. (Hrsg.): Unternehmensforschung im Handel, Rüschlikon-Zürich 1969, S. 100-119.

BRECHT, WINFRIED: Computerunterstützte Optimierung, in: Personalwirtschaft, 26. Jg. (1999a), Sonderheft 10, S. 23-32.

BRECHT, WINFRIED: Wie Dienstzeiten am besten geplant werden, in: Harvard Business Manager, 21. Jg. (1999b), H. 2, S. 101–107.

BRONIARCZYK, S. M./HOYER, W. D./MCALISTER, L.: Consumers' Perceptions of the Assortment Offered in a Grocery Category: The Impact of Item Reduction, in: JoMR, Vol. 35 (1998), S. 166-176.

BROWN, F. E.: Price Image versus Price Reality, in: JoMR, Vol. 6 (1969), S. 185-191.

BROWN, F. E.: Who perceives Supermarket Prices most validly?, in: JoMR, Vol. 8 (1971), S. 110-113.

BROWN, S.: The Wheel of Retailing: Post and Future, in: JoR, Vol. 66 (1990), S. 143-149.

BRUCHMANN, K.: Werte und Betriebsformenpräferenzen. Eine empirische Analyse der Verhaltensrelevanz individueller Werte für die Einkaufsstättenwahl im Lebensmittel-Einzelhandel, Diss. Erlangen-Nürnberg 1990.

BRUHN, M.: Bedeutung der Handelsmarke im Markenwettbewerb – eine Einführung in den Sammelband, in: Bruhn, M. (Hrsg.): Handelsmarken. Entwicklungstendenzen und Perspektiven der Handelsmarkenpolitik, 3. Aufl., Stuttgart 2001a, S. 3-48.

BRUHN, M. (HRSG.): Handelsmarken. Entwicklungstendenzen und Perspektiven der Handelsmarkenpolitik, 3. Aufl., Stuttgart 2001b.

BRUHN, M./HOMBURG, C. (HRSG.): Handbuch Kundenbindungsmanagement. Grundlagen – Konzepte – Erfahrungen, 3. Aufl., Wiesbaden 2000.

360

BUCKLIN, L. P.: Retail Strategy and the Classification of Consumer Goods, in: JoM, Vol. 27 (1963), No. 1, S. 50-55.

BULTEZ, A./NAERT, P.: SH.A.R.P.: Shelf Allocation for Retailers' Profit, in: Marketing Science, Vol. 7 (1988), S. 211-231.

BULTEZ, A./GIJSBRECHTS, E./NAERT, P. ET AL.: Asymmetric Cannibalism in Retail Assortments, in: JoR, Vol. 65 (1989), S. 153-192.

BURDA-VERLAG (HRSG.): Wohnwelten Deutschland 2. Denkanstöße für zielgruppenorientiertes Marketing im Einrichtungssektor, 3. Aufl., Offenbach 1991.

BURGER, M.: Wie funktioniert ein Verbrauchermarkt?, in: BAG (Hrsg.): Gute Informationen. Gute Entscheidungen. Bericht über die 24. betriebswirtschaftliche Arbeitstagung, 9. und 10. Mai 1977 in Baden-Baden, Köln o.J.

BURKE, M./EDELL, J.: The Impact of Feelings on Ad-Based Affect and Cognition, in: JoMR, Vol. 26 (1989), S. 69-83.

BÜRKLER, A.: Kennzahlensysteme als Führungsinstrument. Ein Lösungsvorschlag für den gewerblichen Detailhandel in der Schweiz, Diss. Zürich 1977.

BÜTTNER, H.: Die Segmentorientierte Marketingplanung im Einzelhandelsbetrieb, Göttingen 1986.

CACIOPPO, J. T./PETTY, R. E.: Central and Peripheral Routes to Persuasion: The Role of Message Repetition, in: Mitchell, A. A./Alwitt, L. F. (Hrsg.): Psychological Processes and Advertising Effects, Hillsdale, NJ 1985, S. 91-112.

CADWALLADER, M.: A Behavioral Model of Consumer Spatial Decision Making, in: Economic Geography, Vol. 51 (1975), S. 339-349.

CAPON, N./HULBER, J. R.: Interpersonal Interaction and Persuasion Processes: An Overview, in: Advances in Consumer Research, Vol. 3 (1976), S. 405-406.

CAVES, R.: American Industry. Structure, Conduct, Performance, 2. Aufl., Englewood Cliffs, N. J. 1967.

CHMIELEWICZ, K.: Forschungskonzeptionen der Wirtschaftswissenschaft, 3. Aufl., Stuttgart 1994.

CHRISTALLER, W.: Die zentralen Orte in Süddeutschland: eine ökonomisch-geographische Untersuchung über die Gesetzmäßigkeit der Verbreitung und Entwicklung der Siedlungen mit städtischen Funktionen, Jena 1933.

CLARK, C. G.: The Conditions of Economic Progress, 3. Aufl., London-New York 1957 (erste Aufl. 1940).

COCA-COLA-RETAILING-RESEARCH-GROUP-EUROPE (HRSG.): Supplier-Retailer Collaboration in Supply Chain Management, o. O. 1994.

COMANOR, W. S./WILSON, T. A.: Advertising and Market Power, Cambridge, MA 1974.

COMANOR, W. S./WILSON, T. A.: The Effects of Advertising on Competition: A Survey, in: Journal of Economic Literature, Vol. 17 (1979), S. 453-476.

CONVERSE, P. D.: A Study of Retail Trade Areas in Eastern Illinois, Urbana 1943.

CONVERSE, P. D.: New Laws of Retail Gravitation, in: JoM, Vol. 14 (1949), S. 379-390.

CONZ, B.: Mehr Mut zu weniger Beratung. Verkaufsanalyse in vier Einzelhandelsbranchen, Köln 1976.

CORSTJENS, M./DOYLE, P.: A Model for Optimizing Retail Space Allocations, in: Management Science, Vol. 27 (1981), S. 822-833.

CORSTJENS, M./DOYLE, P.: A Dynamic Model for Strategically Allocating Retail Space, in: Journal of the Operational Research Society, Vol. 34 (1983), S. 943-951.

CRAIG, C. S./GHOSH, A./MCLAFFERTY, S.: Models of the Retail Location Process. A Review, in: JoR, Vol. 60 (1984), S. 5-36.

CROWLEY, A. E.: The Two-Dimensional Impact of Colour on Shopping, in: Marketing Letters, Vol. 4 (1993), No. 4, S. 59-69.

CURHAN, R. C.: Shelf Space Allocation and Profit Maximization in Mass Retailing, in: JoM, Vol. 37 (1973), No. 3, S. 54-60.

DALRYMPLE, D. J.: Estimating Price and Markup Elasticities for Advertised Clothing Products, in: JoAR, Vol. 8 (1968), No. 4, S. 21-25.

DAVIDSON, W. R./BATES, A. D./BASS, J. S.: The Retail Life Cycle, in: HBR, Vol. 54 (1976), No. 12, S. 89-96.

DAVIS, H. L./SILK, A. J.: Interaction and Influence Process in Personal Selling, in: Sloan Management Review, Vol. 13 (1972), No. 2, S. 54-76.

DECKER, R./SCHIMMELPFENNIG H.: Assoziationskoeffizienten und Assoziationsregeln als Instrumente der Verbundmessung. Eine vergleichende Betrachtung, Diskussionspapier Nr. 473 der Fakultät für Wirtschaftswissenschaften an der Universität Bielefeld, Bielefeld 2001.

DEIGHTON, J./HENDERSON, C./NESLIN, S. A.: The Effects of Advertising and Brand Switching and Repeat Purchasing, in: JoMR, Vol. 31 (1994), S. 28-43.

DELFMANN, W.: Planungs- und Kontrollprozesse, in: Wittmann, W./Kern, W./Köhler, R. (Hrsg.): HWB, 5. Aufl., Stuttgart 1993, Sp. 3232-3251.

DEPPISCH, C. G.: Dienstleistungsqualität im Handel, Wiesbaden 1997.

DEUTSCH, P.: Die Betriebsformen des Einzelhandels, Stuttgart 1968.

DICHTL, E.: Die Ansiedlung von großflächigen Betrieben des Einzelhandels im Spannungsfeld von Mittelstands- und Verbrauchspolitik, in: Dichtl, E./Schenke, W.-R. (Hrsg.): Einzelhandel und Baunutzungsverordnung, Heidelberg 1988, S. 117-137.

DICHTL, E./LINGENFELDER, M. (HRSG.): Meilensteine im deutschen Handel. Erfolgsstrategien – gestern, heute und morgen, Frankfurt/Main 1999.

DILLER, H.: Der Preis als Qualitätsindikator, in: DBW, 37. Jg. (1977), S. 219-234.

DILLER, H.: Das Preisbewusstsein der Verbraucher und seine Forderung durch Bereitstellung nach Verbraucherinformation, Habilitationsschrift, Mannheim 1978.

DILLER, H.: Verkäufe unter Einstandspreisen, in: Marketing ZFP, 1. Jg. (1979), S. 7-12.

DILLER, H.: Das Preisinteresse von Konsumenten, in: ZfbF, 34. Jg. (1982a), S. 315-334.

DILLER, H.: Die Wirkung von Hervorhebungen in der Preiswerbung des Lebensmitteleinzelhandels – Ergebnisse eines Feldexperimentes, in: FfH Mitteilungen, 23. Jg. (1982b), S. 1-10.

DILLER, H.: Zielgruppen für den Erlebnishandel. Eine empirische Studie, in: Trommsdorff, V. (Hrsg.): Handelsforschung 1990. Internationalisierung im Handel, Wiesbaden 1990, S. 139-156.

DILLER, H.: Kundenbindung als Marketingziel, in: Marketing ZFP, 18. Jg. (1996), S. 81-94.

DILLER, H.: Preispolitik, 3. Aufl., Stuttgart-Berlin-Köln 2000.

DILLER, H./BRIELMAIER, A.: Die Wirkungen gebrochener und runder Preise. Ergebnisse eines Feldexperimentes im Drogeriewarensektor, in: ZfbF, 48. Jg. (1996), S. 695-710.

DILLER, H./GOERDT, T.: Einflußfaktoren der Kundenbindung im Lebensmitteleinzelhandel – Ergebnisse von Panelanalysen für Güter des täglichen Bedarfs, in: Trommsdorff, V. (Hrsg.): Handelsforschung 1999/00. Verhalten im Handel und gegenüber dem Handel, Wiesbaden 2000, S. 163-194.

362

DILLER, H./KUSTERER, M.: Erlebnisorientierte Ladengestaltung im Einzelhandel – Eine empirische Studie, in: Trommsdorf, V. (Hrsg.): Handelsforschung 1986, Heidelberg 1986, S. 105-123.

DOBLER, B./JACOBS, S.: Ziele, Formen und Erfolge einer Diversifikationsstrategie im Handel, Arbeitspapier Nr. 76 des Instituts für Marketing an der Universität Mannheim, Mannheim 1989.

DODT, U.: Produktpräsentation – Mittel der Verkaufsförderung im Marketing, Köln 1980.

DÖHRN, R.: Zeit zum Konsumieren oder Konsum für den Zeitvertreib. Zum Einfluß der Zeitallokation auf die Konsumnachfrage, in: RWI-Mitteilungen, 37./38. Jg. (1986/87), H. 2, S. 103-125.

DOMSCHKE, W./DREXL, A.: Einführung in Operations Research, 4. Aufl., Berlin u. a. 1998.

DONOVAN, R. J./ROSSITER, J. R.: Store Atmosphere: An Environmental Psychology Approach, in: JoR, Vol. 58 (1982), No. 1, S. 34-57.

DONOVAN, R. J./ROSSITER, J. R./MARCOOLYN, G./NESDALE, A.: Store Atmosphere and Purchasing Behavior, in: JoR, Vol. 70 (1994), S. 283-294.

DORNOFF, R. J./TATHAM, R. C.: Congruence between Personal Image and Store Image, in: Journal of the Market Research Society, Vol. 14 (1972), No. 4, S. 45-52.

DREESMANN, A. C. R.: Patterns of Evolution in Retailing, in: JoR, Vol. 44 (1968), No. 1, S. 64-81.

DRESSLER, M.: Erfolgreiche Vergütungssysteme im deutschen Einzelhandel, Frankfurt/Main 1998.

DREXEL, G.: Strategische Unternehmungsführung im Handel, Berlin-New York 1981.

DREXEL, G.: Strategische Planung im Einzelhandel. Konzept, Methodik und Erfahrungen aus der Praxis, in: Die Unternehmung, 37. Jg. (1983), H. 3, S. 182-202.

DRÈZE, X./HOCH, S. J./PURK, M. E.: Shelf Management and Space Elasticity, in: JoR, Vol. 70 (1994), S. 301-326.

DRUMM, H. J.: Personalwirtschaft, 4. Aufl., Berlin u. a. 2000.

ECKHARDT, K.: Sonderangebotspolitik in Warenhandelsbetrieben, Wiesbaden 1976.

ECKAHRDT, K.: Die Analyse der „Kaufaktspannen" in einem Cash & Carry Markt. Ein Ansatz der multiplen Marktsegmentierung, in: ZfbF, 29. Jg. (1977), S. 333-345.

E-COMMERCE-CENTER HANDEL (HRSG.): Die Begriffe des eCommerce, Frankfurt/Main 2001.

ECR EUROPE (HRSG.): Category Management Best Practices Report, o. O. 1997.

EICKHOFF, M.: Erfolgsforschung im Bekleidungseinzelhandel. Eine empirische Analyse erfolgreicher Unternehmen im deutschen und US-amerikanischen Facheinzelhandel mit Oberbekleidung, Frankfurt/Main 1997.

EISENBARTH, A.: Bedeutung und Problematik des Sonderangebots im Einzelhandel, Diss. München 1968.

EISENFÜHR, F./WEBER, M.: Rationales Entscheiden, 3. Aufl., Berlin u. a. 1999.

EISENMANN, H.: Auf dem Weg zur Dominanz der Handelsmarke?, in: Müller-Hagedorn, L. (Hrsg.): Trends im Handel, Frankfurt/Main 1997, S. 203-225.

ELLINGER, T./BEUERMANN, G./LEISTEN, R.: Operations Research. Eine Einführung, 5. Aufl., Berlin u. a. 2001.

EMERY, F.: Some Psychological Aspects of Price, in: Taylor, B./Will, G. (Hrsg.): Pricing Strategy, London 1969, S. 98-111.

ENGEL, E.: Die Productions- und Consumtionsverhältnisse des Königreichs Sachsens, in: Bull. Inst. Int. Statistique, 9. Jg. (1895), S. 1-54.

ENGEL, J. F./BLACKWELL, R. D./MINIARD, P. W.: Consumer Behavior, 8. Aufl., Forth Worth, Tex. u. a. 1995.

ENGELHARDT, W. H./PLINKE, W.: Marketing. Elemente der Marketing-Entscheidung,. Kurseinheit 2: Produktpolitik, Sortimentspolitik und Finanzierungsleistung, Lehrbrief 0140/1/02/S1 der Fernuniversität-Gesamthochschule Hagen.

ESCH, F.-R.: Strategien und Techniken zur wirksamen Gestaltung von Versandhandelskatalogen, in: Mattmüller, R. (Hrsg.): Versandhandelsmarketing – Vom Katalog zum Internet, Frankfurt/Main 1999,S. 315-343.

ESCH, F.-R./BILLEN, P.: Förderung der Mental Convenience beim Einkauf durch Cognitive Maps und kundenorientierte Produktgruppierungen, in: Trommsdorff, V. (Hrsg.): Handelsforschung 1996/97. Positionierung des Handels, Wiesbaden 1996, S. 317-337.

ESCH, F.-R./LANGNER, T./JUNGEN, P.: Sozialtechnische Gestaltung virtueller Warenhäuser, in: Mattmüller, R. (Hrsg.): Versandhandelsmarketing – Vom Katalog zum Internet, Frankfurt/Main 1999, S. 399-426.

ESCH, F.-R./THELEN, E.: Ein konzeptionelles Modell zum Suchverhalten von Kunden in Einzelhandelsunternehmen, in: Trommsdorff, V. (Hrsg.): Handelsforschung 1997/98. Kundenorientierung im Handel, Wiesbaden 1997, S. 297-314.

ESSER, W.: Die Wertkette als Instrument der strategischen Analyse, in: Rieckhof, H.-C. (Hrsg.): Strategieentwicklung. Konzepte und Erfahrungen, Stuttgart 1989.

EVANS, F.B.: Selling as a Dyadic Relationship, in: American Behavioral Scientist, Vol. 6 (1963), No. 9, S. 76-79.

FADER, P./LODISH, L. M.: A Cross-Category Analysis of Category Structure and Promotional Activity for Grocery Products, in: JoM, Vol. 54 (1990), No. 4, S. 52-65.

FAM, K. S./MERRILEES, B.: A Promotion mix Budgeting Model for Retailing, in: The International Review of Retail, Distribution and Consumer Research, Vol. 6 (1996), S. 373-394.

FEIDER, J.: Konsumentenreaktion auf Preise, Göttingen 1985.

FELD, C.: Category Management im Handel, Arbeitspapier Nr. 8 des Seminars für Allgemeine Betriebswirtschaftslehre, Handel und Distribution an der Universität zu Köln, Köln 1996.

FESTINGER, L.: A Theory of Cognitive-Dissonance, Stanford 1957.

FICKEL, F. W.: Die ökonomische Methode zur Marktgebietsabgrenzung von Einkaufszentren, in: Jahrbuch der Absatz- und Verbrauchsforschung, 25. Jg. (1979), S. 204-225.

FINCK, G.: Versorgungszufriedenheit, Berlin 1990.

FITZGERALD BONE, P./SCHOLDER ELLEN, P.: Scents in the Marketplace: Explaining a Fraction of Olfaction, in: JoR, Vol. 75 (1999), S. 243-262.

FLAIG, B. B./MEYER, T./UELTZHÖFFER, J.: Alltagsästhetik und politische Kultur. Zur ästhetischen Dimension politischer Bildung und politischer Kommunikation, 2. Aufl., Bonn 1994.

FLAVELL, R./PENN, E./SALKIN, G.: The Planning of a Departement Store, in: Omega, The International Journal of Management Science, Vol. 7 (1979), S. 25-32.

FOUILHÉ, P.: Evaluation Subjective des Prix, in: Revue Francaise de Sociologie, Vol. 1 (1960), H. 1, S.163-172; übersetzt in: Taylor, B./Wills, G. (Hrsg.): Pricing Strategy, London 1969, S. 89-97.

FRANK, R. E./MASSY, W. F.: Short Term Price and Dealing Effects in Selected Market Segments, in: JoMR Vol. 2 (1965), S. 175-185.

FRETER, H. W.: Interpretation und Aussagewert mehrdimensionaler Einstellungsmodelle im Marketing, in: Meffert, H./Steffenhagen, H./Freter, H. (Hrsg.) unter Mitarbeit von Bruhn, M.: Konsumentenverhalten und Information, Wiesbaden 1979, S. 163-184.

FRÜHSCHÜTZ, J.: E-Commerce Lexikon, Frankfurt/Main 2000.

FÜEG, R.: Flexible Arbeitszeitmodelle. Anstöße für die Firmen in der Nordwestschweiz, Basel 1997.

GABOR, A.: Pricing, Principles and Practices, London 1977.

GABOR, A./GRANGER, C. W. J.: On the Price Consciousness of Consumers, in: Applied Statistics, Vol. 10 (1961), S. 170-188.

GABOR, A./GRANGER, C. W. J.: Price Sensitivity of the Consumer, in: JoAR, Vol. 4 (1964), No. 12, S. 40-44.

GABOR, A./GRANGER, C. W. J./SOWTER, A.: Comments on »Psychophysics of Prices«, in: JoMR, Vol. 8 (1971), S. 251-252.

GALLE, G.: Warenpräsentation im Textileinzelhandel – Schaufenster- und Verkaufsraumgestaltung, BTE Fachdokumentation, Köln 1999.

GARDNER, D.: An experimental Investigation of Price-Quality-Relationship, in: JoR, Vol. 46 (1970), No. 3, S. 25-41.

GARDNER, D.: Is there a generalized Price-Quality-Relationship?, in: JoMR, Vol. 8 (1971), S. 241-243.

GEGENMANTEL, R.: Key-Account-Management in der Konsumgüterindustrie, Wiesbaden 1996.

GEIGER, H.: Sonderangebote werben für das gesamte Sortiment, in: Der Markenartikel, 30. Jg. (1968), S. 414-419.

GEISTER, S.: Kreuzblock versus Produktblock, in: EHI (Hrsg.): Flächenmanagement. Ein Baustein des Category Management, Köln 1997, S. 50-55.

GEISTHÖVEL, M.: Werbung und Verkaufsförderung für den Supermarkt, in: Selbstbedienung- Dynamik im Handel, 23. Jg. (1979), H. 7, S. 17-28.

GENTIA SOFTWARE (HRSG.): Automatisierung der Balanced Scorecard, Manuskript, Frankfurt/Main 1998.

GERTH, E.: Ziele und Zielkriterien des Handelsbetriebes in der neueren Entwicklung, in: Der Markt, 8. Jg. (1969), H. 12, S. 50-56.

GEßNER, H.-J.: Einzelhandel und Stadtentwicklung. Zur Funktionalität regionaler Handelsstrukturen, in: Trommsdorff, V. (Hrsg.): Handelsforschung 1988, Heidelberg 1988, S. 3-25.

GIESSLER, P.: Zur Gefährdung des Leistungswettbewerbs durch Marktmacht, in: BAG-Nachrichten, 17. Jg. (1977), H. 4, S. 11-12.

GILBERT, D.: Retail Marketing Management, 2. Aufl., Harlow, UK u. a. 2002.

GILLY, M. C./WOLFINBARGER, M.: Advertising's Internal Audience, in: JoM, Vol. 62 (1998), No. 1, S. 69-88.

GLINZ, M.: Sonderpreisaktionen des Herstellers und des Handels- unter Berücksichtigung empirisch ermittelter Marktreaktionen im Konsumgütermarkt, Wiesbaden 1978.

GLINZ, M.: Einsatz und Wirkung von Sonderpreisaktionen und Aktionshilfen des Handels. Eine empirische Untersuchung, in: FfH Mitteilungen, 20. Jg. (1979a), H. 9, S. 1-8.

GLINZ, M.: Einsatz und Wirkung von Sonderpreisaktionen und Aktionshilfen des Handels. Eine empirische Untersuchung, in: FfH Mitteilungen, 20. Jg. (1979b), H. 10, S. 1-6.

GLÖCKNER-HOLME, I.: Betriebsformen-Marketing im Einzelhandel, Augsburg 1988.

GOERDT, T.: Die Marken- und Einkaufsstättentreue der Konsumenten als Bestimmungsfaktoren des vertikalen Beziehungsmarketing. Theoretische Grundlegung und empirische Analysen für das Category Management, Nürnberg 1999.

GOLDMAN, A.: Consumer Knowledge of Food Prices as an Indicator of Shopping Effectiveness, in: JoM, Vol. 41 (1977), No. 4, S. 67-75.

GREB, T./ERKENS, E./KOPFER, H.: Naturadaptive Ansätze zur Lösung betrieblicher Optimierungsprobleme, in: WISU, 27. Jg. (1998), S. 444-454.

GREEN, H. A. J.: Consumer Theory, London 1976.

GREILICH, E.-C.: Messung des Anzeigen-Werberfolges im Einzelhandel, in: Der Marktforscher, 20. Jg. (1976), S. 14-18.

GREINER, H.: Standortbewertung im Einzelhandel – Organisation und Durchführung der Standortselektion am Beispiel der REWE-Gruppe, in: Trommsdorff, V. (Hrsg.): Handelsforschung 1997. Kundenorientierung im Handel, Wiesbaden 1997, S. 233-253.

GREWAL, D./BAKER, J.: Do Retail Store Environmental Factors Affect Consumers' Price Acceptability? An Empirical Examination, in: International Journal of Research in Marketing, Vol. 11 (1994), S. 107-115.

GRÖPPEL, A.: Erlebnisbetontes Handelsmarketing, in: Trommsdorff, V. (Hrsg.): Handelsforschung 1990. Internationalisierung im Handel, Heidelberg 1989, S. 121-137.

GRÖPPEL, A.: Erlebnisstrategien im Einzelhandel, Heidelberg 1991.

GRÖPPEL, A.: Erlebnishandel und Verbundpräsentation, in: Thexis, 9. Jg. (1992), H. 4, S. 16-21.

GRÖPPEL-KLEIN, A.: Wettbewerbsstrategien im Einzelhandel. Chancen und Risiken von Preisführerschaft und Differenzierung, Wiesbaden 1998.

GRÖPPEL-KLEIN, A./THELEN, E./ANTRETTER, C.: Der Einfluss von Einkaufsmotiven auf die Einkaufsstättenbeurteilung – Eine empirische Untersuchung am Beispiel des Möbeleinzelhandels, in: Trommsdorff, V. (Hrsg.): Handelsforschung 1998. Innovation im Handel, Wiesbaden 1998, S. 77-99.

GRUEN, V./SMITH, L.: Shopping Towns in USA: The Planning of Shopping Centres, New York 1960.

GÜMBEL, R./BRAUER, K. M.: Neue Methoden der Erfolgskontrolle und Planung in Lebensmittelfilialunternehmungen. Deckungsbeitragsrechnung und mathematische Hilfsmittel, in: Gümbel, R./Brauer, K. M./Liebmann, H.-P. et al. (Hrsg.): Unternehmungsforschung im Handel, Rüschlikon-Zürich 1969, S. 23-52.

GÜMBEL, R.: Die Abbildung von Standortwahlproblemen einer Filialunternehmung in einem polyselektiven Standortmodell, in: Gümbel, R./Brauer, K. M./Liebmann, K.-P./Müller-Hagedorn, L. (Hrsg.): Unternehmensforschung im Handel, Rüschlikon-Zürich 1969, S. 195-223.

GÜMBEL, R.: Die Sortimentspolitik in den Betrieben des Wareneinzelhandels, Köln-Opladen 1963.

GÜMBEL, R.: Sortimentspolitik, in: Tietz, B. (Hrsg.): HWA, Stuttgart 1974, Sp. 1884-1897.

GÜNTHER, T./MATTMÜLLER, R.: Möglichkeiten und Grenzen der Regaloptimierung im Handel, in: Marketing ZFP, 15. Jg. (1993), S. 77-86.

GUTENBERG, E.: Grundlagen der Betriebswirtschaftslehre, Bd. 2: Der Absatz, 17. Aufl. Berlin u.a. 1984.

GUTJAHR, G.: Markt- und Werbepsychologie, Stuttgart u.a. 1972.

HAAS, A.: Discounting. Konzeption und Anwendbarkeit des Discount als Marketingstrategie, Nürnberg 2000.

HAASE, K.: Modellgestützte Personaleinsatzplanung im Einzelhandel, in: ZfB, 69. Jg. (1999), S. 233–244.

HAJOS, A.: Wahrnehmungspsychologie, Stuttgart u.a. 1972.

HALLER, S.: Handels-Marketing, 2. Aufl., Ludwighafen/Rhein 2001.

HALLER-WEDEL, E.: Das Multi-Moment-Verfahren in Theorie und Praxis. Statistische Verfahren für Arbeitsstudien, Prüf- und Maßtechnik, Bd. 2, München 1968.

HANDELSBLATT FACHVERLAG (HRSG.): k@sse plus: Leser-Service: Kasse und Warenwirtschaft, Düsseldorf o. J.

HANSEN, P./HEINSBROEK, H.: Product Selection and Space Allocation in Supermarkets, in: European Journal of Operational Research, Vol. 3 (1979), S. 474-484.

HANSEN, U.: Absatz- und Beschaffungsmarketing des Einzelhandels, 2. Aufl., Göttingen 1990.

HANSEN, U./ALGERMISSEN, J.: Handelsbetriebslehre, Band 2, Göttingen 1979.

HANSEN, U./SCHULZE, H. S.: Transaktionsanalyse und persönlicher Verkauf, in: GfK Jahrbuch der Absatz- und Verbrauchsforschung, 36. Jg. (1990), S. 4-26.

HANSSENS, D. M./PARSONS, L. J./SCHULTZ, R. L.: Market Response Models: Econometric and Time Series Analysis, Boston 1990.

HAPPEL, H.: Anzeigen wirken nicht automatisch, in: Selbstbedienung – Dynamik im Handel, 24. Jg. (1980), H. 13, S. 12.

HAPPEL, H.: Werbung für den Einzelhandel, 2. Aufl., Frankfurt/Main 1994.

HARTMANN, P. H.: Lebensstilforschung. Darstellung, Kritik und Weiterentwicklung, Habil., Köln 1999.

HARTMANN, R.: Strategische Marketingplanung im Einzelhandel. Kritische Analyse spezifischer Planungsinstrumente, Wiesbaden 1992.

HAUT, U.: Filialnetzplanung – Fallbeispiel Douglas Holding AG, in: Deutsches Handelsinstitut Köln e.V. (Hrsg.): Standortpolitik des Einzelhandels, Köln 1991, S. 96-99.

HECHELTJEN, P.: Die Schätzung von Konsumfunktionen privater Haushalte aus Querschnittsdaten, in: Allgemeines Statistisches Archiv, Bd. 58 (1974), H. 4, S. 333-367.

HEEMEYER, H.: Psychologische Marktforschung im Einzelhandel. Entwicklung und Text einer operationalen Befragungs- und Auswertungskonzeption, Wiesbaden 1981.

HEIDEL, B.: Scannerdaten im Einzelhandelsmarketing, Wiesbaden 1990.

HEIDEL, B./MÜLLER-HAGEDORN, L.: Plazierungspolitik nach dem Verbundkonzept im stationären Einzelhandel – Eine Wirkungsanalyse, in: Marketing ZFP, 11. Jg. (1989), S. 19-26.

HEINEMANN, G.: Betriebstypenprofilierung und Erlebnishandel, Wiesbaden 1989.

HEINEMANN, M.: Einkaufsstättenwahl und Firmentreue der Konsumenten, Wiesbaden 1976.

HEINEN, E.: Der entscheidungsorientierte Ansatz der Betriebswirtschaftslehre, in: ZfB, 41. Jg. (1971), S. 429-444.

HEINRITZ, G. (HRSG.): Die Analyse von Standorten und Einzugsbereichen, Passau 1999.

HELSON, H.: Adaption Level Theorie, New York 1964.

HENSEN, J.: Kataloge im Wandel der Zeit – Ein historischer Abriss, in: Mattmüller, R. (Hrsg.): Versandhandelsmarketing – Vom Katalog zum Internet, Frankfurt/Main 1999, S. 363-398.

HENTSCHEL, B.: Die Messung wahrgenommener Dienstleistungsqualität mit SERVQUAL. Eine kritische Auseinandersetzung, in: Marketing ZFP, 12. Jg. (1990), S. 230-240.

HEPPENBERG, M./KÖTTGEN, M. H.: Die Änderung des §11 III BauNutzVO, in: Neue Juristische Wochenschrift, 20. Jg. (1987), S. 1534-1535.

HERDER, H. V.: Mehr Erfolg durch Bedienung? Trends, Kosten, Ergebnisse, Köln 1980.

HERRMANN, A./BAUER, H. H.: Ein Ansatz zur Preisbündelung auf der Basis der »Prospect«-Theorie, in ZfbF, 48. Jg. (1996), S. 675-694.

HETTICH, S./HIPPNER, H./WILDE, K.: Assoziationsanalyse, in: WISU, 29. Jg. (2000), S. 970-978.

HEYDE, K.: Rentabilitätsanalyse im Handel, Berlin 1969.

HILDEBRANDT, L.: Erfolgsfaktorenforschung im Handel, in: Trommsdorff, V. (Hrsg.): Handelsforschung 1986, Heidelberg 1986, S. 37-52.

HILDEBRANDT, L./TROMMSDORFF, V.: Anwendungen der Erfolgsfaktorenforschung im Handel, in: Trommsdorff, V. (Hrsg.): Handelsforschung 1989. Grundsatzfragen, Wiesbaden 1989, S. 15-26.

HINTERHUBER, H. H.: Strategische Unternehmungsführung, Bd. 1, Strategisches Denken, 6. Aufl., Berlin-New York 1996.

HOFFMANN, K.: Die Konkurrenzuntersuchung als Determinante der langfristigen Marktplanung, Göttingen 1979.

HOLBROOK, M. P./O'SHAUGNESSY, J.: Influence Processes in Interpersonal Persuasion, in: Advances in Consumer Research, Vol. 3 (1976), S. 364-369.

HOLLANDER, S. C.: The Wheel of Retailing, in: JoM, Vol. 25 (1960), S. 37-42.

HÖLLER, W.: Warenpräsentation. Theoretische Grundlagen und empirische Analyse im Lebensmitteleinzelhandel, Diss. Essen 1987.

HOMBURG, C.: Kundenbindung im Handel: Ziele und Instrumente, in: Beisheim, O. (Hrsg.): Distribution im Aufbruch. Bestandsaufnahmen und Perspektiven, München 1999, S. 873-890.

HOMBURG, C./BRUHN, M.: Kundenbindungsmanagement – Eine Einführung in die theoretischen und praktischen Problemstellungen, in: Bruhn, M./Homburg, C. (Hrsg.): Handbuch Kundenbindungsmanagement. Grundlagen-Konzepte-Erfahrungen, 3. Aufl., Wiesbaden 2000, S. 3-36.

HOMBURG, C./STOCK, R.: Der Zusammenhang zwischen Mitarbeiter- und Kundenzufriedenheit: eine dyadische Analyse, in: ZfB, 71. Jg (2001), S. 789-805.

HÖRSCHGEN, H.: Der zeitliche Einsatz der Werbung, Stuttgart 1967.

HORSTMANN, R.: Führt Kundenzufriedenheit zu Kundenbindung?, in: asw, 41. Jg. (1998), H. 9, S. 90-98.

HÖRZU UND FUNK-UHR (HRSG.): Entscheidung – Verbrauch – Anschaffung EVA, Hamburg 1979.

HRUSCHKA, H.: Bestimmung der Kaufverbundenheit mit Hilfe eines probabilistischen Meßmodells, in: ZfbF, 43. Jg. (1991a), S. 418-434.

HRUSCHKA, H.: Einsatz künstlicher neuraler Netzwerke zur Datenanalyse im Marketing, in: Marketing-ZFP, 13. Jg. (1991b), S. 217-225.

HUFF, D. L.: Defining and Estimating a Trading Area, in: JoM, Vol. 28 (1964), No. 3, S. 34-38.

HUMMEL, H. P.: Marktkommunikation und Verbraucherverhalten, Frankfurt/Main-Zürich 1975.

HUPP, O./SCHUSTER, H.: Imagegestützte Positionierung von Einkaufsstätten als Ansatzpunkt zu einer Verbesserung der Wettbewerbsfähigkeit des Lebensmittel-Einzelhandels in Deutschland, in: GfK Jahrbuch der Absatz- und Verbrauchsforschung, 46. Jg. (2000), S. 351-370.

HÜTTNER, M.: Markt- und Absatzprognosen, Stuttgart 1986.

INGENE, C. A.: Structural Determinants of Market Potential, in: JoR, Vol. 60 (1984), No. 1, S. 3-64.

INSTITUT FÜR SELBSTBEDIENUNG (HRSG.): Selbstbedienung und Supermarkt, 7. Jg., H. 12, Köln 1963.

INSTITUT FÜR SELBSTBEDIENUNG (HRSG.): Selbstbedienung und Supermarkt, 11. Jg., H. 11, Köln 1967.

JACOB, H.: Zur Standortwahl der Unternehmungen, in: Alewell, K. (Hrsg.): Beiträge zur Morphologie von erwerbswirtschaftlichen Unternehmungen und Genossenschaften. Festschrift zum 65. Geburtstag von R. Henzler, Wiesbaden 1967, S. 233-293.

JACOBI, H.: Werbepsychologie, Wiesbaden 1963.

JASPERT, F.: Beweggründe und Ansatzpunkte für eine Sortimentsbeschränkung in Handelsbetrieben, in: Distributionspolitik. Festgabe für E. Sundhoff zum 75. Geburtstag, Sonderheft der Mitteilungen des Instituts für Handelsforschung Nr. 35, Göttingen 1987.

JENNINGS, D.: Shopping Behavior and Income: Comparisons in an Urban Environment, in: Economic Geography, Vol. 54 (1978), S. 157-167.

JOHNSON M. A./ZOLTNERS, A. A./SINKA, P.: An Allocation Model for Catalog Space Planning, in: Management Science, Vol. 25 (1979), No. 2, S. 29-34.

JOHNSON, M./FELICE, P.: Supporting Category Management. From Identifying Need States to Testing in Virtual Reality, in: Marketing and Research Today, Vol. 27 (1998), No. 4, S. 125-140.

JOHNSON, M./PINNINGTON, D.: Supporting the Category Management Challenge: How Research can Contribute, in: Journal of the Market Research Society, Vol. 40 (1998), No. 1, S. 33-54.

JOLSON, M. A.: How a Retailer Compared Newspapers, in: JoAR, Vol. 19 (1979), No. 6, S. 19-34.

JONES, J. P.: When Ads Work, New York 1995.

JUNG, A. F.: Price Variations for Refridgerators among Retail Store Types and Cities, in: Journal of Consumer Affaires, Vol. 13 (1979), S. 108-116.

KAAPKE, A:: Der Jahresbetriebsvergleich der Einzelhandelsfachgeschäfte 1999, in: Mitteilungen des IfH, 52. Jg. (2000), S. 225-245.

KAAS, K. P./HAY, C.: Preisschwellen bei Konsumgütern. Eine theoretische und empirische Analyse, in: ZfbF, 36. Jg. (1984), S. 333-346.

KAGERMEIER, A.: Versorgungsorientierung und Einkaufsattraktivität: Empirische Untersuchungen zum Konsumentenverhalten im Umland von Passau, Passau 1991.

KAHN, B. E./MCALISTER, L.: Grocery Revolution. The New Focus on the Consumer, Reading, Mass. 1997.

KAISH, S.: Cognitive Dissonance and the Classification of Consumer Goods, in: JoM, Vol. 31 (1967), No. 4, S. 28-31.

KALKA, R.: Marketingerfolgsfaktoren im Facheinzelhandel, Wiesbaden 1996.

KALL, D.: Werbeetat- und Werbemix-Planung im Handel, Wiesbaden 1996.

KAMEN, J. M./TOMAN, R. J.: Psychophysics of Prices, in: JoMR, Vol. 7 (1970), S. 27-35.

KAPLAN, R. S./NORTON, D. P.: The Balanced Scorecard – Translating Strategy into Action, Boston, Mass. 1996.

KARLA, A./GOODSTEIN, R. C.: The Impact of Advertising Positioning Strategies on Consumer Price Sensitivity, in: JoMR, Vol. 35 (1998), S. 210-224.

KÄUFER, E.: Industrieökonomik. Eine Einführung in die Wettbewerbstheorie, München 1980.

KELLY, R. F./STEPHENSON, R.: The Semantic Differential: An Information Source of Designing Retailing Patronage Appeals, in: JoM, Vol. 31 (1967), No. 4, S. 43-47.

KINATEDER, P.: Optimierung von Regalbelegungsplänen in Supermärkten, in: Marketing ZFP, 11. Jg. (1989), S. 86-92.

KING, R. H.: A Study of the Problem of Building a Model to Simulate the Cognitive Processes of a Shopper in a Supermarket, in: Haines, G. H. (Hrsg.): Consumer Behavior. Learning Models of Purchasing, New York-London 1969, S. 22-67.

KLEIN, R.: Methodologische Untersuchungen zur Analyse und Prognose von Allokationsstrukturen mittels Interaktionsmodellen, Osnabrück 1993.

KLEIN-BLENKERS, F.: Die Werbung des Facheinzelhandels – Bericht über eine Untersuchung des Umfangs der Werbung und der Bedeutung der verschiedenen Webemittelarten für den Facheinzelhandel, Köln und Opladen 1970.

KLEINING, G./PRESTER, H.-G.: Individuelle und Familien-Lebenswelten: eine neue Marktsegmentation, in: planung & analyse, 25. Jg. (1998), H. 6, S. 58-63.

KLEINING, G./PRESTER, H.-G.: Familien-Lebenswelten. Eine neue Marktsegmentation von Haushalten, in: Jahrbuch der Absatz- und Verbrauchsforschung, 45. Jg. (1999), S. 4-25.

KLIGER, M./DEMBECK, S.: Durch Markenbildung zur Kundenbindung, in: McKinsey & Company (Hrsg.): akzente 21, Oktober 2001, S. 2-9.

KLIGER, M./TWERASER, S: Wie aus Handelsketten starke Marken werden, in: McKinsey & Company (Hrsg.): akzente 18, Dezember 2000, S. 10–15.

KNEE, D./WALTERS, D.: Strategy in Retailing. Theory and Application, Oxford 1985.

KNOBLICH, H.: Betriebswirtschaftliche Warentypologie. Grundlagen und Anwendungen, Köln-Opladen 1969.

KOCH, G.: Geschäftstreue im Konsumgüter-Einzelhandel unter besonderer Berücksichtigung der Kongruenzthese, Bochum 1995.

KOELMEIJER, K./OPPEWAL, H.: Assessing the Effects of Assortment and Ambience: A Choice Experimental Approach, in: JoR, Vol. 75 (1999), S. 319-345.

KÖHLER, F. W.: Die „Dynamik der Betriebsformen des Handels". Bestandsaufnahme und Modellerweiterung, in: Marketing ZFP, 12. Jg. (1990), S. 59-64.

KÖHLER, R.: Grundprobleme der strategischen Marketingplanung, in: Geist, M. N./Köhler, R. (Hrsg.): Die Führung des Betriebes, Stuttgart 1981, S. 261-291.

KÖHLER, R.: Beiträge zum Marketing-Management. Planung, Organisation, Controlling, 3. Aufl., Stuttgart 1993.

KOPPELMANN, U.: Produktmarketing, 6. Aufl., Berlin u.a. 2001.

KOSSBIEL, H.: Personalbereitstellungsplanung bei Arbeitszeitflexibilisierung, in: ZfB, 62. Jg. (1992), S. 175–198.

KOTLER, P.: Marketing Decision Making, New York u.a. 1971.

KOTLER, P.: Atmospherics as a Marketing Tool, in: JoR, Vol. 49 (1973/74), No. 4, S. 48-64.

KOTLER, P./BLIEMEL, F.: Marketing-Management. Analyse, Planung und Verwirklichung, 10. Aufl., Stuttgart 2001.

KOTSCHEDOFF, M.: Sozialphysikalische Modelle in der regionalen Handelsforschung, Berlin 1976.

KREILKAMP, E.: Strategisches Management und Marketing, Berlin-New York 1987.

KRELLER, P.: Einkaufsstättenwahl von Konsumenten. Ein präferenztheoretischer Erklärungsansatz, Wiesbaden 2000.

KRIEGESKORTE, M.: 100 Jahre Werbung im Wandel, Köln 1995.

KROEBER-RIEL, W.: Kommunikation im Zeitalter der Informationsüberlastung, in: Marketing ZFP, 10. Jg. (1988), S. 182-189.

KROEBER-RIEL, W./ESCH, F.-R.: Strategie und Technik der Werbung, 5. Aufl., Stuttgart-Berlin-Köln 2000.

KROEBER-RIEL, W./WEINBERG, P.: Konflikte in Absatzwegen als Folgen inkonsistenter Präferenzen von Herstellern und Händlern, in: ZfB, 42. Jg. (1972), S. 525-544.

KROEBER-RIEL, W./WEINBERG, P.: Konsumentenverhalten, 7. Aufl., München 1999.

KRULIS-RANDA, J. S./ERGENZINGER, R. (HRSG.): Entwicklung zum strategischen Denken im Handel. Theoretische Überlegungen und praktische Beispiele, Bern-Stuttgart 1990.

KUBE, C.: Erfolgsfaktoren in Filialsystemen. Diagnose und Umsetzung im strategischen Controlling, Wiesbaden 1991.

KUCHER, E.: Scannerdaten und Preissensitivität bei Konsumgütern, Wiesbaden 1985.

KUNKEL, J. H./BERRY, L. L.: A Behavioral Conception of Retail Image, in: JoM, Vol. 32 (1968), No. 4, S. 21-27.

KUNZ, A.: Regaloptimierung im Handel. Eine kritische Analyse EDV-gestützter Verfahren, Arbeitspapier Nr. 39 der Schriftenreihe Schwerpunkt Marketing an der Universität Augsburg, 2. Aufl., Augsburg 1994.

KUB, A.: Käuferverhalten, Stuttgart 2000.

LAMBERT, Z. V.: Price and Choice Behavior, in: JoMR, Vol. 9 (1972), S. 35-40.

LAMBERT, Z. V.: Perceived Prices as Related to Odd and Even Price Endings, in: JoR, Vol. 51 (1975), No. 3, S. 13-22.

LANCASTER, K.: Consumer Demand, New York 1971.

LANGE, B.: Portfolio-Methoden in der strategischen Unternehmensplanung, Diss. Hannover 1981.

LAUX, H.: Entscheidungstheorie, 4. Aufl., Berlin u.a. 1998.

LAVIDGE, R. J./STEINER, G. A.: A Model for Predictive Measurement of Advertising Effectiveness, in: JoM, Vol. 25 (1961), S. 59-62.

LENZ, R.: Die Entwicklung von Handelsmarken – Untersuchungen und Zukunftsperspektiven im Gebrauchsgüterbereich, in: Bruhn, M. (Hrsg.): Handelsmarken. Zukunftsperspektiven der Handelsmarkenpolitik, 3. Aufl., Stuttgart 2001, S. 221-241.

LENZEN, W.: Preisgünstigkeit als hypothetisches Konstrukt - Ergebnisse einer empirischen Untersuchung, in: ZfbF, 35. Jg. (1983), S. 952-962.

LENZEN, W.: Die Beurteilung von Preisen durch Konsumenten. Eine empirische Studie zur Verarbeitung von Preisinformationen des Lebensmitteleinzelhandels, Frankfurt/Main-Thun 1984.

LEONE, R. P./SCHULTZ, R. L.: A Study of Marketing Generalizations, in: JoM, Vol. 44 (1980), No. 1, S. 10-18.

LERCHENMÜLLER, M.: Handelsbetriebslehre, 3. Aufl., Ludwigshafen 1998.

LEVEN, W.: Das Konstrukt „Soziale Schicht" zur Erklärung der Betriebstypenpräferenz von Konsumenten, in: ZfB, 49. Jg. (1979), S. 18-38.

LEVEN, W.: Die Wiedererkennenszeit von Anzeigen in Tageszeitungen, in: Interview und Analyse, 9. Jg. (1982), S. 368-372.

LEVEN, W.: Warenpräsentation im Einzelhandel. Dargestellt am Beispiel der Zeitungs- und Zeitschriftenpräsentation, in: Marketing ZFP, 14. Jg. (1992), S. 13-22.

LEVEN, W./MÜLLER-HAGEDORN, L.: Die einstellungsbezogene Werbebotschaft, in: Marketing ZFP, 3. Jg. (1981), S. 11-26.

LEVITT, T.: Industrial Purchasing Behavior, Boston Division of Research, Graduate School of Business Administration, Harvard University 1965.

LIEBMANN, H.-P.: Die Standortwahl als Entscheidungsproblem. Ein Beitrag zur Standortbestimmung von Produktions- und Handelsbetrieben, Würzburg-Wien 1971.

LIEBMANN, H.-P./ZENTES, J. (HRSG.): GDI-Trendbuch Handel No. 1, Düsseldorf-München 1996.

LIEBMANN, H.-P./ZENTES, J.: Handelsmanagement, München 2001.

LILIEN, G. L./RAO, A. G.: A Model for Allocating Retail Outlet Building Resources across Market Areas, in: Operations Research, Vol. 24 (1974), S. 1-7.

LINDSTÄDT, B.: Mikrogeographisches Marketing als Grundlage des Kundenbindungsmanagements im Handel, in: Müller-Hagedorn, L. (Hrsg.): Kundenbindung im Handel, 2. Aufl., Frankfurt/Main 2001, S. 245-266.

LITTLE, J. D. C.: Modelle und Manager. Das Konzept des Decision Calculus, in: Köhler, R./Zimmermann, H.J. (Hrsg.): Entscheidungshilfen im Marketing, Stuttgart 1977, S. 122-147.

LITTLEFIELD, J. E./KIRKPATRICK, C. A.: Advertising, Mass Comunication in Marketing, 3. Aufl., Boston u.a. 1970.

LODISH, L. M. ET AL.: How Advertising Works: A Meta-Analysis of 389 Real World Split Cable TV Advertising Experiments, in: JoMR, Vol. 32 (1995), S. 125-139.

LORD, D. J./LUNDREGAN, J.: A Market-Area Approach to Determining Optimum Store Size, in: The International Review of Retail, Distribution and Consumer Research, Vol. 9 (1999), S. 339-348.

LOUVIERE, J. J./GAETH, G. J.: Decomposing the Determinants of Retail Facility Choice Using the Method of Hierarchical Information Integration: A Supermarket Illustration, in: JoR, Vol. 63 (1987), S. 25-48.

LÜCKE, W.: Die kalkulatorischen Zinsen im betrieblichen Rechnungswesen, in: ZfB, 35. Jg. (1965), Ergänzungsband, S. 3-28.

LUCKENBACH, H.: Theorie des Haushalts, Göttingen 1975.

LUKANOWICZ, M./BUCHTA, C.: Auswirkungen von absatzpolitischen Maßnahmen auf den Sortimentsverbund, Forschungsbericht Nr. 296 des Instituts für höhere Studien, Wien 1992.

MACINNIS, D. J./JAWORSKI, B. J.: Information Processing from Advertisements: Toward an Integrative Framework, in: JoM, Vol. 53 (1989), No. 4, S. 1-23.

MACINTOSH, G./LOCKSHIN, L. S.: Retail Relationships and Store Loyalty: A Multi-Level Perspective, in: International Journal of Research in Marketing, Vol. 14 (1997), S. 487-497.

MACKAY, D. B./OLSHAVSKY, R. W.: Cognitive Maps of Retail Locations: An Investigation of Some Basic Issues, in: JoCR, Vol. 2 (1975), S. 197-205.

MACKENZIE, S. B./LUTZ, R. J.: An Empirical Examination of the Structural Antecedents of Attitude Toward the Ad in an Advertising Pretest Context, in: JoM, Vol. 53 (1989), No. 2, S. 48-65.

MAHAJAN, V./SHARMA, S./KERIN, R. A.: Assessing Market Penetration Opportunities and Saturation Potential for Multi-Store, Multi-Market Retailers, in: JoR, Vol. 64 (1988), S. 315-333.

MAHAJAN, V./SHARMA, S./SRINIVAS, D.: An Application of Portfolio Analysis for Identifying Attractive Retail Locations, in: JoR, Vol. 61 (1985), No. 4, S. 19-34.

MARKS, R. B.: Operationalizing the Concept of Store Image, in: JoR, Vol. 52 (1976), No. 3, S. 37-46.

MARQUARDT, J.: Verkäufe unter Einstandspreis aus betriebswirtschaftlicher und wettbewerbsrechtlicher Sicht, Arbeitsbericht Nr. 23 des Instituts für Unternehmensführung und Unternehmensforschung, Ruhr-Universität Bochum, Februar 1982.

MARZEN, W.: Die „Dynamik der Betriebsformen des Handels" – aus heutiger Sicht. Eine kritische Bestandsaufnahme, in: Marketing ZFP, 8. Jg. (1986a), S. 279-285.

MARZEN, W.: Marketing der Handelsbetriebe, Wien 1986b.

MATTMÜLLER, R.: Prognosen für den Handel, Augsburg 1990.

MATTMÜLLER, R.: Strategische Geschäftsfelder für Handelsbetriebe: Ein systemspezifischer Segmentierungsansatz, in: Trommsdorff, V. (Hrsg.): Handelsforschung 1997. Kundenorientierung im Handel, Wiesbaden 1997, S. 255-273.

MATTMÜLLER, R. (HRSG.): Versandhandelsmarketing – Vom Katalog zum Internet, Frankfurt/Main 1999.

MAY, E. G.: Image Evaluation of a Department Store, Marketing Science Institute, o.O., 1971.

MAZZE, E. M.: Determining Shopper Movement Patterns by Cognitive Maps, in: JoR, Vol. 50 (1974), No. 3, S. 43-48.

MCGEE, J.: Retailer Strategies in the U.K., in: Johnson, G. (Hrsg.): Business Strategies and Retailing, Chichester u.a. 1987, S. 89-106.

MCGOLDRICK, P. J.: Retail Marketing, London u. a. 1990.

MCNAIR, M.: Trends in Large Scale Retailing, in: HBR, Vol. 10 (1931), No. 1, S. 30-39.

MEDLA, K.: Shop-in-the-Shop. Konzept der Angebotspräsentation im Einzelhandel, München 1987.

MEFFERT, H.: Die Beurteilung und Nutzung von Informationsquellen beim Kauf von Konsumgütern, in: Meffert, H./Steffenhagen, H./Freter, H. (Hrsg.): Konsumentenverhalten und Information, Wiesbaden 1979, S. 39-65.

MEFFERT, H./SCHWETJE, T.: Einfluss der Mitarbeiterzufriedenheit auf die Kundenzufriedenheit im Handel. Eine theoretische und empirische Analyse am Beispiel des Warenhauses, in: Trommsdorff, V. (Hrsg.): Handelsforschung 1999/00. Verhalten im Handel und gegenüber dem Handel, Wiesbaden 2000, S. 109-140.

MEHRABIAN, A.: Räume des Alltags – Wie die Umwelt unser Verhalten bestimmt, Frankfurt/Main 1978.

MEHRABIAN, A./RUSSELL, J. A.: An Approach to Environmental Psychology, Cambridge/Mass. 1974.

MELA, C. F./GUPTA, S./LEHMANN, D. R.: The Long-Term Impact of Promotion and Advertising on Consumer Brand Choice, in: JoMR, Vol. 34 (1997), S. 248-261.

MENTE, E.: Neue Rahmenbedingungen für die Flexibilisierung der Arbeitszeit durch das ArbZG, Aachen 1998.

MERKLE, E.: Die Erfassung und Nutzung von Informationen über den Sortimentsverbund in Handelsbetrieben, Berlin 1981.

MEVENKAMP, A./KERNER, M.: Akzeptanzorientierte Gestaltung von WWW-Informationsangeboten, in: Fritz, W. (Hrsg.): Internet-Marketing, Stuttgart 1999, S. 217-257.

MEYER, R.: Entscheidungstheorie. Ein Lehr- und Arbeitsbuch, 2. Aufl., Wiesbaden 2000.

MICHAEL, S. C.: Do Franchised Chains Advertise Enough?, in: JoR, Vol. 75 (1999), S. 461-478.

MIES, W.: Arbeitsrationalisierung im Verkauf, Köln 1964.

MILDE, H.: Aus der Praxis der Scanning-Forschung; Auswirkungen von Aktionen auf den Absatz eines Produktes (Preis-Promotion-Modell), in: Marktforschung, 30. Jg. (1986), H. 3, S. 94-97.

MILDE, H.: Category Management – die stille Revolution, in: Markenartikel, 46. Jg. (1994), S. 343-346.

MILLIMAN, R. E.: Using Background Music to Affect the Behaviour of Supermarket Shoppers, in: JoM, Vol. 46 (1982), No. 3, S. 86-91.

MÖBEL FRANZ (HRSG.): Einrichten '92 . Katalog, 1992.

MÖHLENBRUCH, D.: Sortimentspolitik im Einzelhandel. Planung und Steuerung, Wiesbaden 1994.

MÖHLENBRUCH, D./MEIER, C.: Leistungsfähigkeit und Grenzen von Spacemanagementsystemen, in: Trommsdorff, V. (Hrsg.): Handelsforschung 1993/94. Systeme im Handel, Wiesbaden 1993, S. 183-198.

MOLLÁ, A./MÚGICA, J. M./YAGÜE, M. J.: Category Management and Consumer Choice, in: The International Review of Retail, Distribution and Consumer Research, Vol. 8 (1998), S. 225-241.

MONOPOLKOMMISSION (HRSG.): Sondergutachten zu Mißbräuchen der Nachfragemacht und den Möglichkeiten ihrer Kontrolle im Rahmen des Gesetzes gegen Wettbewerbsbeschränkungen, Berlin 1977.

MONOPOLKOMMISSION (HRSG.): Sondergutachten Nr. 14 zur Konzentration im Lebensmittelhandel, Berlin 1985.

MONROE, K. B.: Measuring Price Thresholds by Psychophysics and Latitudes of Acceptance, in: JoMR, Vol. 8 (1971a), S. 460-464.

MONROE, K. B.:»Psychophysics of Prices«: A Reappraisal; in: JoMR, Vol. 8 (1971b), S. 248-251.

MONROE, K. B.: Buyers Subjective Perceptions of Price, in: JoMR, Vol. 10 (1973), S. 70-80.

MONROE, K. B.: The Influence of Price Differences and Brand Preferences, in: JoCR, Vol. 3 (1976), S. 42-49.

MOSER, D.: Neue Betriebsformen im Einzelhandel. Eine Untersuchung der Entstehungsursachen und Entwicklungsdeterminanten, Frankfurt/Main-Zürich 1974.

MÜLLER, H.: Die Warenplazierung als absatzpolitisches Instrument im Selbstbedienungseinzelhandel, Göttingen 1982.

MÜLLER, S.: Die Rolle des Preises im Kaufentscheidungsprozeß, in: Jahrbuch der Absatz- und Verbrauchsforschung 1981, S. 40-63.

MÜLLER, S./BRÜCKEN, M./HEUER-POTTHAST, I.: Die Wirkung gebrochener Preise bei Entscheidungen mit geringem und hohem Risiko, in: Jahrbuch der Absatz- und Verbrauchsforschung, 28. Jg. (1982), S. 360-385.

MÜLLER, W./RIESENBECK, H.-J.: Wie aus zufriedenen auch anhängliche Kunden werden, in: Harvard Manager, 13. Jg. (1991), H. 3, S.67-79.

MÜLLER-HAGEDORN, L.: Die Planung der Struktur des Personalbestandes, in: Gümbel, R./Brauer, K. M./Liebmann, H.-P. et al. (Hrsg.): Unternehmensforschung im Handel, Rüschlikon-Zürich 1969, S. 251-285.

MÜLLER-HAGEDORN, L.: Zinsen in einer strategischen Kostenrechnung, in: ZfB, 46. Jg. (1976), S. 777-800.

MÜLLER-HAGEDORN, L.: Bevorzugte Betriebsformen des Einzelhandels und das Lebenszykluskonzept, in: ZfbF, 30. Jg. (1978a), S. 106-124.

MÜLLER-HAGEDORN, L.: Das Problem des Nachfrage-Verbundes in erweiterter Sicht, in: ZfbF, 30. Jg. (1978b), S. 181-193.

MÜLLER-HAGEDORN, L.: Marketing ohne verhaltenswissenschaftliche Fundierung?, in: Marketing ZFP, 5. Jg. (1983a), S. 205-211.

MÜLLER-HAGEDORN, L.: Wahrnehmung und Verarbeitung von Preisen durch Verbraucher – Ein theoretischer Rahmen, in: ZfbF, 35. Jg. (1983b), S. 939-951.

MÜLLER-HAGEDORN, L.: Die Erklärung von Käuferverhalten mit Hilfe des Lebenszykluskonzeptes, in: WiSt, 13. Jg. (1984a), S. 561-569.

MÜLLER-HAGEDORN, L.: Wann beurteilt der Verbraucher einen Preis als „günstig"? in: Planung und Analyse, 11. Jg. (1984b), S. 62-66.

MÜLLER-HAGEDORN, L.: Die Dynamik der Betriebsformen. Zum 80. Geburtstag von Prof. Dr. Robert Nieschlag, in: Marketing ZFP, 7. Jg. (1985), S. 21-26.

MÜLLER-HAGEDORN, L.: Das Konsumentenverhalten, Wiesbaden 1986.

MÜLLER-HAGEDORN, L.: Marketing des Handels – Aufgaben für die Marktforschung, in: Berufsverband der Deutschen Markt- und Sozialforscher e.V. (Hrsg.): Marktforschung im magischen Dreieck (Vorträge zur Markt- und Sozialforschung – Schriftenreihe 15/16), Offenbach 1988, S. 449-468.

MÜLLER-HAGEDORN, L.: Zur Wettbewerbsfähigkeit des Großhandels, in: Mitteilungen des Instituts für Handelsforschung an der Universität zu Köln, 49. Jg. (1997a), S. 253-261.

MÜLLER-HAGEDORN, L. (HRSG.): Trends im Handel. Analysen und Fakten zur aktuellen Situation im Handel, Frankfurt/Main 1997b.

MÜLLER-HAGEDORN, L.: Der Handel, Stuttgart-Berlin-Köln, 1998a.

MÜLLER-HAGEDORN, L.: Erfolgsbedingungen für den Fachhandel, in: Mitteilungen des Instituts für Handelsforschung an der Universität zu Köln, 50. Jg. (1998b), S. 137-148.

MÜLLER-HAGEDORN, L.: Bausteine eines Management-Informationssystems: Balanced Scorecard – Benchmarking – Betriebsvergleich, in: Beisheim, O. (Hrsg.): Distribution im Aufbruch; Bestandsaufnahmen und Perspektiven, München 1999, S. 729-754.

MÜLLER-HAGEDORN, L. (HRSG.): Zukunftsperspektiven des E-Commerce im Handel, Frankfurt/Main 2000.

MÜLLER-HAGEDORN, L.: Kundenbindung mit System, in: Müller-Hagedorn, L. (Hrsg.): Kundenbindung im Handel, 2. Aufl., Frankfurt/Main 2001a, S. 11-45.

MÜLLER-HAGEDORN, L. (HRSG.): Kundenbindung im Handel, 2. Aufl., Frankfurt/Main 2001b.

MÜLLER-HAGEDORN, L.: Einführung in das Marketing, Stuttgart 2002.

MÜLLER-HAGEDORN, L./DACH, C./SPORK, S. ET AL.: Vertikales Marketing. Trends in der Praxis und Schwerpunkte der theoretischen Diskussion, in: Marketing ZFP, 21. Jg. (1999), S. 61-74.

MÜLLER-HAGEDORN, L./DIVÉ, W.: Miete und Raumkosten in der Kostenrechnung, in: Selbstbedienung und Supermarkt, 14. Jg. (1970), H. 2, S. 39-45.

MÜLLER-HAGEDORN, L./HEIDEL, B.: Die Sortimentstiefe als absatzpolitisches Instrument, in: ZfbF, 38. Jg. (1986), S. 39-63.

MÜLLER-HAGEDORN, L./KAAPKE, A./EISENMANN, H.: Sortimentspolitik, Preiskalkulation und Personaleinsatz im Schuhfacheinzelhandel, in Mitteilungen des IfH, 49. Jg. (1997), S. 129–136.

MÜLLER-HAGEDORN, L./LEVEN, W.: Bevorzugte Betriebstypen des Einzelhandels, in: Trierer Beiträge, Sonderheft 1, Trier 1977.

MÜLLER-HAGEDORN, L./PREIßNER, M.: Die Entwicklung der Verkaufstechniken des Einzelhandels: Siegeszug der Selbstbedienung und Aufkommen der neuen Medien, in: Dichtl, E./Lingenfelder, M. (Hrsg.): Meilensteine im Deutschen Handel, Frankfurt/Main 1999, S. 147–179.

MÜLLER-HAGEDORN, L./SCHUCKEL, M.: Die Prognose des Umsatzes neuer Einkaufszentren mit Hilfe des Modells von Huff – Theorie und Fallbeispiel (I), in: WISU, 24. Jg. (1995a), S. 514-518.

MÜLLER-HAGEDORN, L./SCHUCKEL, M.: Die Prognose des Umsatzes neuer Einkaufszentren mit Hilfe des Modells von Huff – Theorie und Fallbeispiel (II), in: WISU, 24. Jg. (1995b), S. 597-604.

MÜLLER-HAGEDORN, L./TOPOROWSKI, W.: Kostenrechnung in Handelsbetrieben, in: Freidank, C.-C./Götze, U./Huch, B. et al. (Hrsg.): Kostenmanagement, Berlin-Heidelberg 1997, S. 445-477.

MÜLLER-HAGEDORN, L./ZIELKE, S.: Das Preissetzungsverhalten von Handelsbetrieben im Zuge der Währungsumstellung auf den Euro, in: ZfbF, 50. Jg. (1998), S. 946-965.

MÜLLER-HAGEDORN, L./ZIELKE, S.: Werbedynamik im Handel: Von der Reklame zur Kommunikation, in: Dichtl, E./Lingenfelder, M. (Hrsg.): Meilensteine im deutschen Handel, Frankfurt/Main 1999, S. 181-205.

MÜLLER-HAGEDORN, L./ZIELKE, S.: Category Management, in: Albers, S./Herrmann, A. (Hrsg.): Handbuch Produktmanagement. Strategieentwicklung – Produktplanung – Organisation – Kontrolle, Wiesbaden 2000, S. 859-882.

MÜLLER-MERBACH, H.: Operations Research. Methoden und Modelle der Optimierung, 3. Aufl., Berlin u.a. 1973.

MÜLLER-STEWENS, G.: Strategische Suchfeldanalyse. Die Identifikation neuer Geschäfte zur Überwindung struktureller Stagnation, 2. Aufl., Wiesbaden 1990.

MYERS, R. H.: Sharpening your Store Image, in: JoR, Vol. 36 (1960), No. 3, S. 129-137 und S. 156.

NAPLES, M. J.: Effective Frequency: The Relationship Between Frequency and Advertising Effectiveness, New York 1979.

NARANAYA, C.: Graphic Positioning Scale: An Economical Instrument for Surveys, in: JoMR, Vol. 14 (1977), S. 118-122.

NARASIMHAN, C./NESLIN, S. A./SEN, S. K.: Promotional Elasticities and Category Characteristics, in: JoM, Vol. 60 (1996), No. 2, S. 17-30.

NATTER, M./BUCHTA, C.: Measuring Demand Interdependencies by Neural Networks, Forschungsbericht Nr. 336 des Instituts für höhere Studien, Wien 1993.

NAUER, E.: Standortwahl und Standortpolitik im Einzelhandel. Methoden der Unternehmungs- und Geschäftsflächenplanung, Bern-Stuttgart 1970.

NELSON, P.: Advertising as Information, in: Journal of Political Economy, Vol. 82 (1974), S. 729-754.

NELSON, R.: The Selection of Retail Locations, New York 1958.

NIEDERCORN, J. H./BECHDOLT, B. V. JUN.: An Economic Derivation of the Action: A Further Reply and a Reformation, in: Journal of Regional Science, Vol. 12 (1972), No. 12, S. 127-136.

NIELSEN MARKETING RESEARCH (HRSG.): Category Management. Positioning your Organization to Win, Lincolnwood, Ill. 1992.

NIESCHLAG, R.: Die Dynamik der Betriebsformen im Handel, Essen 1954.

NIESCHLAG, R./KUHN, G.: Binnenhandel und Binnenhandelspolitik, 3. Aufl., Berlin-München 1980.

NÖTZEL, R.: Zur Beachtung der Werbewirksamkeit von Schaufenstern, in: Planung und Analyse, 15. Jg. (1988), S. 201-205.

NYSTRÖM, H.: Retail Pricing, Stockholm 1970.

o. V.: Erfolge mit Sonderangeboten, in: Selbstbedienung und Supermarkt, 7. Jg. (1963), S. 47.

o.V.: Software zur Personaleinsatzplanung, in: Personalwirtschaft, 25. Jg. (1998), H. 9, S. 16-18

OBERENDER, P. (HRSG.): Marktstruktur und Wettbewerb in der Bundesrepublik Deutschland. Branchenstudien zur deutschen Volkswirtschaft, München 1984.

OBERENDER, P.: Marktökonomie. Marktstruktur und Wettbewerb in ausgewählten Branchen der Bundesrepublik Deutschland, München 1989.

OEHME, W.: Handels-Marketing. Vom namenlosen Absatzmittler zur markanten Retail Brand, 3. Aufl., München 2001.

OLSHAVSKY, R. W.: Customer-Salesman Interaction in Appliance Retailing, in: JoMR, Vol. 10 (1973), S. 208-212.

OMAR, O.: Retail Marketing, London u. a. 1999.

OTT, A. E.: Ein statisches Modell der Preisbildung im Einzelhandel, in: Jahrbuch für Nationalökonomie und Statistik, Bd. 172 (1960), S. 1-31.

OXENFELDT, A. R.: How Housewives Form Price Impressions, in: JoAR, Vol. 8 (1968), No. 3, S. 9-17.

PARASURAMAN, A./BERRY, L. L./ZEITHAML, V. A.: Refinement and Reassessment of the SERVQUAL Scale, in: JoR, Vol. 67 (1991), S. 420-450.

PARASURAMAN, A./ZEITHAML, V. A./BERRY, L. L.: SERVQUAL: A Multiple-Item Scale for Measuring Consumer Perceptions of Service Quality, in: JoR, Vol. 64 (1988), S. 12-37.

PATT, P.-J.: Strategische Erfolgsfaktoren im Einzelhandel. Eine empirische Analyse am Beispiel des Bekleidungsfachhandels, Frankfurt/Main 1988.

PEDRICK, J. H./ZUFRYDEN, F. S.: Evaluating the Impact of Advertising Media Plans: A Model of Consumer Purchase Dynamics Using Single-Source Data, in: Marketing Science, Vol. 10 (1991), S. 111-130.

PEDRICK, J. H./ZUFRYDEN, F. S.: Measuring the Competitive effects of Advertising Media Plans, in: JoAR, Vol. 33 (1993), S. 11-20.

PEPELS, W.: Handels-Marketing und Distributionspolitik, Stuttgart 1995.

PETTY, R. E./CACIOPPO, J. T.: Issues Involvement as a Moderator of the Effects on Attitude of Advertising Content and Context, in: Advances in Consumer Research, Vol. 8 (1981a), S. 20-24.

PETTY, R. E./CACIOPPO, J. T: Attitudes and Persuasion: Classic and Contemporary Approaches, Dubuque, IA 1981b.

PFLAUM, D./EISENMANN, H.: Einführung in die Handelswerbung, Stuttgart 1988.

POPP, M.: Das Einkaufsverhalten im Lebensmittelbereich und seine Relevanz für die Standortplanung, in: Trommsdorff, V. (Hrsg.): Handelsforschung 1998. Innovation im Handel, Wiesbaden 1998, S. 163-179.

POPPER, K. R.: Logik der Forschung, 10. Aufl., Tübingen 1994.

PORTER, M. E.: Wettbewerbsstrategie. Methoden zur Analyse von Branchen und Konkurrenten, 10. Aufl., Frankfurt/Main 1999.

PORTER, M. E.: Wettbewerbsvorteile. Spitzenleistungen erreichen und behaupten, 6. Aufl., Frankfurt/Main 2000.

POTH, L.: Verkaufspersonal lernt Powerplay, in: asw, 24. Jg. (1981), H. 11, S. 64-74.

POTUCEK, V.: Die „Dynamik der Betriebsformen des Handels" – aus heutiger Sicht, Kritik einer Kritik, in: Marketing ZFP, 9. Jg.(1987), S. 289-292.

PRESTON, J./MERCER, A.: The Influence of Product Range in the Space Allocation Procedure, in: European Journal of Operational Research, Vol. 47 (1990), S. 339-347.

PRETZEL, J.: Die Entwicklung von Handelsmarken – Untersuchungen und Zukunftsperspektiven im Verbrauchsgüterbereich, in: Bruhn, M. (Hrsg.): Handelsmarken im Wettbewerb – Entwicklungstendenzen und Zukunftsperspektiven der Handelsmarkenpolitik, Stuttgart 1996, S. 121-148.

PÜMPIN, C.: Strategische Erfolgspositionen. Methodik der dynamischen strategischen Unternehmensführung, Bern-Stuttgart 1992.

RAFFÉE, H.: Preisuntergrenzen, in: Tietz, B. (Hrsg.): HWA, Stuttgart 1974, Sp. 434-455.

RAFFÉE, H.: Grundfragen und Ansätze des strategischen Marketing, in: Raffée, H./Wiedmann, K.-P. (Hrsg.): Strategisches Marketing, 2. Aufl., Stuttgart 1989, S. 3-33.

RAFFÉE, H./SAUTER, B./SILBERER, G.: Theorie der kognitiven Dissonanz und Konsumgüter-Marketing, Wiesbaden 1973.

RAFFÉE, H./SILBERER, G. (HRSG.): Informationsverhalten der Konsumenten, Wiesbaden 1981.

RAFIQ, M./ COLLINS, R.: Lookalikes and Customer Confusion in the Grocery Sector: an Exploratory Survey, in: The International Review of Retail, Distribution and Consumer Research, Vol. 6 (1996), S. 329-350.

RAJU, J. S.: The Effect of Price Promotions on Variability in Product Category Sales, in: Marketing Science, Vol. 11 (1992), S. 207-220.

RECHT, P./ZEISEL, S.: Unterstützung von verbundorientierten Sortimentsentscheidungen durch eine Sortimentserfolgsrechnung, in: ZfbF, 50. Jg. (1998), S. 462-478.

REEVES, R.: Reality in Advertising, New York 1961.

REGIONALPRESSE-Arbeitsgemeinschaft regionaler Abonnementzeitungen, Frankfurt 1979.

REICHHELD, F. F.: Lernen Sie von abtrünnigen Kunden, was Sie falsch machen, in: Harvard Business Manager, 19. Jg.(1997), H. 2, S. 57-68.

REICHHELD, F. F./SASSER, E. W.: Zero-Migration. Dienstleister im Sog der Qualitätsrevolution, in: Harvard Manager, 13. Jg. (1991), H. 4, S. 108-116.

REILLY, W. J.: The Law of Retail Gravitation, New York 1931.

REILLY, W. J.: Methods for the Study of Retail Relationships. Studies of Marketing, No. 4, Bureau of Business Research, University of Texas at Austin, Austin 1959, Nachdruck des Bandes „Research Monograph" No. 4, Austin 1929.

REINGEN, P. H./WOODSIDE A. G. (HRSG.): Buyer-Seller Interactions: Empirical Research and Normativ Issues, Chicago, Ill. 1981.

REYNOLDS, K. E./BEATTY, S. E.: Customer Benefits and Company Consequenes of Customer-Salesperson Relationships in Retailing, in: JoR, Vol. 75 (1999), S. 11-32.

RICHTER, E.: Rechtliche Rahmenbedingungen bei der Realisierung von Teilzeitarbeit, in: Gutmann, J. (Hrsg.): Arbeitszeitmodelle, Stuttgart 1999, S. 55-77.

ROSENBERG, M. J.: Cognitive Structure and Attitudial Affect, in: Journal of Abnormal and Social Psychology, Vol. 53 (1956), S. 367-372.

ROSENSTIEL, L. VON/EWALD, G.: Marktpsychologie, Bd. 1 und 2, Stuttgart u.a. 1979.

RUSCHE, T.: Strategisches Sortimentsmanagement im Handel, Münster-Hamburg 1990.

RUSSELL, J. A./PRATT, G.: A Description of the Affective Quality Attributed to Environments, in: Journal of Personality and Social Psychology, Vol. 38 (1980), S. 311-322.

RUSSI, D. P.: Elemente einer strategischen Planung im Großhandel. Eine kritische Untersuchung strategischer Planungsansätze, Bergisch Gladbach-Köln 1993.

SABEL, H.: Die Geschichte des Marketing in Deutschland, in: WiSt, 27. Jg. (1998), S. 106-110.

SABEL, H./WEISER, C.: Dynamik im Marketing. Umfeld – Strategie – Struktur – Kultur, 3. Aufl., Wiesbaden 2000.

SAWYER, A. G./HOWARD, D. J.: Effects of Omitting Conclusions in Advertisements to Involved and Uninvolved Audiences, in: JoMR, Vol. 28 (1991), S. 467-474.

SCHENK, H.-O.: Der Preisvergleich, Stuttgart 1981.

SCHINDLER, R. M./KIBARIAN T. M.: Increased Consumer Sales Response Through Use of 99-Ending Prices, in: JoR, Vol. 72 (1996), S. 187-199.

SCHMALEN, H: Preispolitik, 2. Aufl., Stuttgart-Jena 1995.

SCHMALEN, H.: Zur Effizienz der Schaufensterwerbung, in: Jahrbuch der Absatz- und Verbrauchsforschung, 29. Jg. (1983), S. 67-80.

SCHMALEN, H.: Schaufensterwerbung – theoretische und empirische Analyse, in: DBW, 45. Jg. (1985), S. 703-709.

SCHMALEN, H./PECHTL, H./SCHWEITZER, W.: Sonderangebotspolitik im Einzelhandel – Eine empirische Analyse der Wirkungseffekte von Sonderangeboten auf Grund von Scanner-Daten, DFG-Forschungsbericht, Stuttgart 1996.

SCHMALENBACH, E.: Pretiale Wirtschaftslenkung, Band 2: Die optimale Geltungszahl, Bremen 1947.

SCHMITZ, C. A./KÖLZER, B.: Einkaufsverhalten im Handel. Ansätze zu einer kundenorientierten Handelsmarketingplanung, München 1996.

SCHMITZ, G.: Zwischenbetrieblicher Vergleich der Einzelhandelspreise sortengleicher Konsumwaren, Köln 1964.

SCHMITZ, G./BÜHLMANN, A.: Die Wirkung der Musik im Laden: Theoretische Grundlagen und empirische Befunde, in: GfK Jahrbuch der Absatz- und Verbrauchsforschung, 44. Jg. (1998), S. 130-150.

SCHNEDLITZ, P./KOTZAB, H./CERHA, C.: Betriebstypenspezifische Einkaufsstättenwahl und Nahversorgungsproblematik – Ergebnisse empirischer Studien, in: Trommsdorff, V. (Hrsg.): Handelsforschung 2000. Verhalten im Handel und gegenüber dem Handel, Wiesbaden 2000, S. 195-212.

SCHNEEWEIß, H.: Das Grundmodell der Entscheidungstheorie, in: Statistische Hefte, 7. Jg. (1966), S. 125-137.

SCHNEIDER, D.: Marketing als Wirtschaftswissenschaft oder Geburt einer Marketingwissenschaft aus dem Geist des Unternehmerversagens?, in: ZfbF, 35. Jg. (1983), S. 197-223.

SCHNEIDER, K.-H.: Die Preisstellung unter Einstandspreis im Einzelhandel, Berlin 1982.

SCHNELLINGER, F.: Leistungslohn im Handel, Berlin-München 1969.

SCHOCH, R.: Der Verkaufsvorgang als sozialer Interaktionsprozeß, Winterthur 1969.

SCHÖLER, K.: Das Marktgebiet im Einzelhandel, Berlin 1981.

SCHOLZ, C.: Personalmanagement. Informationsorientierte und verhaltenstheoretische Grundlagen, 5. Aufl., München 2000.

SCHRÖDER, H.: Die DPR-Methode auf dem Prüfstand, in: asw, 33. Jg. (1990), H. 10, S. 110-121.

SCHRÖDER, H.: Erfolgsfaktorenforschung im Handel. Stand der Forschung und kritische Würdigung der Ergebnisse, in: Marketing ZFP, 16. Jg. (1994), S. 89-105.

SCHUCHERT-GÜLER, P.: Kundenwünsche im persönlichen Verkauf. Eine empirische Analyse der Eindrucksbildung als Erfolgsfaktor, Wiesbaden 2001.

SCHUCKEL, M.: Bedienungsqualität im Einzelhandel, Stuttgart 1999a.

SCHUCKEL, M.: Bedienungsqualität im Einzelhandel – Kundenerwartungen als Maßstab für die Bedienungsleistung, in: Mitteilungen des IfH, 51. Jg. (1999b), S. 173–182.

SCHUCKEL, M. (HRSG.): Stadt- und Standortmarketing, Sonderheft der Mitteilungen des IfH Nr. 44, Köln 2001.

SCHUCKEL, M./HUßMANN, C.: Neue Instrumente zur Messung der Kundenzufriedenheit, in: Mitteilungen des IfH, 52. Jg. (2000), S. 177–188.

SCHUCKEL, M./SONDERMANN, N.: Besucherstruktur und Besucherverhalten in der Innenstadt – eine Längsschnittanalyse der BAG-Untersuchungen 1976-1996, in: Mitteilungen des IfH, 50. Jg. (1998), S. 25-38.

SCHULZ, P.: Die Portfolio-Analyse als Instrument der Strategischen Planung in industriellen Klein- und Mittelbetrieben. Möglichkeiten, Probleme und Lösungsansätze, Frankfurt/Main 1988.

SCHWER, F. M.: Industrial Market Structure and Economic Performance, 2. Aufl., Chicago, Ill. 1980.

SCHWETJE, T.: Kundenzufriedenheit und Arbeitszufriedenheit bei Dienstleistungen. Operationalisierung und Erklärung der Beziehungen am Beispiel des Handels, Wiesbaden 1999.

SETHURAMAN, R./TELLIS, G. J.: An Analysis of the Trade-Off Between Advertising and Price Discounting, in: JoMR, Vol. 28 (1991), S. 160-174.

SEYFFERT, R.: Wirtschaftslehre des Handels, 5. Aufl., Opladen 1972.

SHAPIRO, B.: Price as a Communicator of Quality. An Experiment, Diss. (unveröffentlicht), Havard University 1970.

SHERMA, S./ACHABAL, D. D.: STENCOM: An Analytical Model for Marketing Control, in: JoM, Vol. 46 (1982), No. 2, S. 104-113.

SILBERER, G: Einstellungen und Werthaltungen, in: Irle, M. (Hrsg.): Marktpsychologie als Sozialwissenschaft, Göttingen 1983, S. 533-625.

SILBERER, G.: Die Bedeutung und Messung von Kauferlebnissen im Handel, in: Trommsdorff, V. (Hrsg.): Handelsforschung 1989. Grundsatzfragen, Wiesbaden 1989, S. 59-76.

SIMON, H.: Preismanagement, 2. Aufl., Wiesbaden 1992a.

SIMON, H.: Preisbündelung, in: ZfB, 62. Jg. (1992b), S. 1213-1235.

SIMON, H./DOLAN, R. J.: Profit durch Power Pricing, Frankfurt/Main 1997.

SIMON, H./SEBASTIAN, K.-H./KUCHER, G.: Scanner-Daten in Marktforschung und Marketingentscheidung, in: ZfB, 52. Jg. (1982), S. 555-579.

SIMON, H./TACKE, G./WOSCIDLO, B.: Mit einfallsreicher Preispolitik die Kunden binden, in: Havard Business Manager, (1998), H. 2, S. 94-103.

SIROHI, N./MCLAUGHLIN, E. W./WITTNIK, D. R.: A Model of Consumer Perceptions and Store Loyalty Intentions for a Supermarket Retailer, in: JoR, Vol. 74 (1998), S. 223-245.

SIVADAS, E./BAKER-PREWITT, J. L.: An Examination of the Relationship between Service Quality, Customer Satisfaction and Store Loyalty, in: International Journal of Retail & Distribution Management, Vol. 28 (2000), S. 73-82.

SMITH, R. E./SWINYARD, W. R.: Information Response Models: An Integrated Approach, in: JoMR, Vol. 20 (1982), S. 257-267.

SOMMER, R./AITKENS, S.: Mental Mapping of Two Supermarkets, in: JoCR, Vol. 9 (1982), S. 211-215.

SOWTER, A. P./GABOR, A./GRANGER, C. W. J: The Influence of Price Differences on Brand Shares and Switching, in: British Journal of Marketing, Vol. 3 (1969), S. 223-230.

SPIEGEL-VERLAG (HRSG.): OUTFIT 3, Hamburg 1994.

SPIEGEL-VERLAG (HRSG.): OUTFIT 4, Hamburg 1997.

SPIES, K./HESSE, F./LOESCH, K.: Store Atmosphere, Mood and Purchasing Behavior, in: International Journal of Research in Marketing, Vol. 14 (1997), S. 1-17.

STAHL, P.: Verbundwirkungen im Sortiment. Ein Beitrag zur Erfassung und Messung von Verbundwirkungen im Sortiment von Handelsbetrieben, Diss. Münster 1977.

STAPEL, J.: "Fair" or "Psychological" Pricing?, in: JoMR, Vol. 9 (1972), S. 109-110.

STATISTISCHES BUNDESAMT (HRSG.): Handels- und Gaststättenzählung 1985, Heft 4: Ladengeschäfte des Einzelhandels, Stuttgart-Mainz 1987.

STATISTISCHES BUNDESAMT (HRSG.): Klassifikation der Wirtschaftszweige mit Erläuterungen, Ausgabe 1993, Stuttgart 1994.

STATISTISCHES BUNDESAMT (HRSG.): Statistisches Jahrbuch für die Bundesrepublik Deutschland, Stuttgart, erscheint jährlich.

STEFFENHAGEN, H.: Markenbekanntheit als Werbeziel – Theorie und Operationalisierung, in: ZfB 1976, S. 715-734.

STERN, H.: Marke oder Preis: Entscheidungskriterium der Verbraucher?, in: Markenartikel, 43. Jg. (1981), S. 138-150.

STIGLER, G.: The Economics of Information, in: Journal of Political Economy, Vol. 69 (1961), S. 213-225.

STOETZEL, J.: Les Aspects psycho-sociaux du Prix; in: Reynaud, P.L.(Hrsg.): La psychologie economique, Paris 1954, S. 183-188.

STOFFL, M.: Personalmanagement in Großbetrieben des Einzelhandels, Wiesbaden 1996.

STÖHR, A.: Air-Design als Erfolgsfaktor im Handel. Modellgestützte Erfolgsbeurteilung und strategische Empfehlungen, Wiesbaden 1998.

STOKES, C. J./MINTZ, P.: How Many Clerks on a Floor?, in: JoMR, Vol. 2 (1965), S. 388-393.

STONIER, C. J.,: Parking to Attract Downtown Shoppers, in: JoR, Vol. 36 (1960), No. 3, S. 145-149 und S. 196.

STREISSLER, M.: Theorie der Haushalte, Stuttgart 1974.

STREISSLER, E./STREISSLER, M. (HRSG): Konsum und Nachfrage, Köln-Berlin 1966.

STRONG, E. C.: The Spacing and Timing of Advertising. Concentrating Ads in Flights Produced Greater Effect per Ad, in: JoAR, Vol. 17 (1977), No. 12, S. 25-31.

SWEENY, D. J.: Improving the Profitability of Retail Merchandising Decisions, in: JoM, Vol. 37 (1973), No. 1, S. 60-68.

SWOBODA, B.: Interaktive Medien am Point of Sale. Eine verhaltenswissenschaftliche Analyse der Wirkung multimedialer Systeme, Wiesbaden 1996a.

SWOBODA, B.: Wirkungen interaktiver Selbstinformationsmedien am PoS. Strukturelle Analyse und empirische Befunde, in: Marketing-ZFP, 18. Jg. (1996b), S. 253-266.

TDW INTERMEDIA GMBH & CO. KG (HRSG.): Typologie der Wünsche 2000/01, Offenburg 2000.

TEEL, J. E./BEARDEN, W. O.: A Media Planning Algorithm For Retail Advertisers, in: JoR, Vol. 56 (1980), No. 4, S. 23-39.

TELLIS, G. J.: Advertising Exposure, Loyality and Brand Purchase: A Two-Stage Model, in: JoMR, Vol. 15 (1988), S. 134-144.

TELSER, L. G.: Advertising and Competition, in: Journal of Political Economy, Vol. 72 (1964), S. 537-562.

TEMPELMEIER, H.: Standortplanung in der Marketinglogistik, Königstein 1980.

THEIS, H.-J.: Einkaufsstätten-Positionierung, Wiesbaden 1992.

THEIS, H.-J.: Handels-Marketing. Analyse- und Planungskonzepte für den Einzelhandel, Frankfurt/Main 1999.

THEISEN, P.: Die betriebliche Preispolitik im Einzelhandel, Köln-Opladen 1960.

TIETZ, B.: Die Standort- und Geschäftsflächenplanung im Einzelhandel. Ein Beitrag zur regionalen Handelsforschung, Zürich 1969.

TIETZ, B.: Warum die City und die grüne Wiese nicht ohneeinander existieren können, in: Marketing ZFP, 11. Jg. (1989), S. 77-85.

TIETZ, B.: Der Handelsbetrieb, 2. Aufl., München 1993.

TITUS, P. A./EVERETT, P. B.: The Consumer Retail Search Process: A Conceptual Model and Research Agenda, in: Journal of the Academy of Marketing Science, Vol. 23 (1995), No. 2, S. 106-119.

TITUS, P. A./EVERETT, P. B.: Consumer Wayfinding Tasks, Stategies, and Errors: An Exploratory Field Study, in: Psychology and Marketing, Vol. 13 (1996), S. 265-290.

TROMMSDORFF, V.: Die Messung von Produktimages für das Marketing, Köln u.a. 1975.

TROMMSDORFF, V.: Konsumentenverhalten, 3. Aufl., Stuttgart-Berlin-Köln 1998.

UENK, R.: Die Leistungen der Medien im Vergleich unter Berücksichtigung des Handels (Regionalpresse e.V.), Frankfurt/Main o. J. (wahrscheinl. 1978).

URBAN, T. L.: An Inventory-Theoretic Approach to Product Assortment and Shelf-Space Allocation, in: JoR, Vol. 74 (1998), S. 15-35.

VAKRATSAS, D./AMBLER, T.: How Advertising Works: What do we really know?, in: JoM, Vol. 63 (1999), No. 1, S. 26-43.

VALIENTE, R.: Mechanical Correlates of Ad Recognitions, in: JoAR, Vol. 13 (1973), No. 3, S. 13-18.

VAUGHN, R.: How Advertising Works: A Planning Model, in: JoAR, Vol. 20 (1980), No. 5, S. 27-33.

VAUGHN, R.: How Advertising Works: A Planning Model Revisited, in: JoAR, Vol. 26 (1986), No. 1, S. 57-66.

VERLAGSGRUPPE BAUER (HRSG.): Podiumsdiskussion: Hersteller und Handel − Partner der Werbung, o. O. 1980.

VILLIGER, R.: Einzelhandel − Planung, Steuerung und Kontrolle des Warenbestandes. Ein Handbuch der erfolgreichen Sortimentsbewirtschaftung, Bern-Stuttgart 1981.

VON DER HEYDT, A.: Efficient Consumer Response, 2. Aufl., Frankfurt/Main 1997.

WAHLE, P.: Erfolgsdeterminanten im Einzelhandel. Empirische Analyse strategischer Erfolgsdeterminanten, unter besonderer Berücksichtigung des Radio- und Fernsehfacheinzelhandels, Frankfurt/Main 1991.

WEBER, B.: Eine statistische Analyse der Abhängigkeiten des Kundenaufkommens von Standorteinflüssen bei Einzelhandelsgeschäften − dargestellt an ausgewählten Apotheken der Stadt Münster, Diss. Münster 1979.

WEBER, H. H.: Grundlagen einer quantitativen Theorie des Handels − Zugleich ein Beitrag zur Theorie mehrstufiger Marktformen, Köln-Opladen 1966.

WEBER, J.: Arbeitszeitflexibilisierung und ihre Berücksichtigung in optimierenden Personalplanungsproblemen, in: Kossbiel, Hugo (Hrsg.): Modellgestützte Personalentscheidungen, München-Mering 1997, S. 29–56.

WEHRLE, F.: Strategische Marketingplanung in Warenhäusern, 2. Aufl., Frankfurt/Main 1984.

WEIBER, R./ADLER, J.: Internationales Business-to-Business-Marketing, in: Kleinaltenkamp, M./Plinke, W. (Hrsg.): Strategisches Business-to-Business Marketing, Berlin-Heidelberg-New York u.a. 2000, S. 321-429.

WEINBERG, G.-M.: Werbung im Einzelhandel − Ein Beitrag zu offenen Fragen der Werbeforschung, Diss. Berlin 1970.

WEINBERG, P.: Erlebnisorientierte Einkaufsstättengestaltung im Einzelhandel, in: Marketing ZFP, 8. Jg. (1986), S. 97-102.

WEINBERG, P.: Erlebnismarketing, München 1992.

WEINBERG, P.: Verhaltenswissenschaftliche Aspekte der Kundenbindung, in: Bruhn, M./ Homburg, C. (Hrsg.): Handbuch Kundenbindungsmanagement. Grundlagen − Konzepte − Erfahrungen, 3. Aufl., Wiesbaden 2000, S. 39-53.

WEINBERG, P./GRÖPPEL, A.: Formen und Wirkungen erlebnisorientierter Kommunikation, in: Marketing ZFP, 10. Jg. (1988), S. 190-197.

WEISER, M.: Das Anzeigen-Umfeld − eine Bestimmungsgröße für die Anzeigenresonanz bei Konsumgütern, Hamburg u.a. 1974.

WEITZEL, G.: Der Lebensmittelhandel in Bayern. Strukturbild und Entwicklungstrends, in: ifo-Studien zur Handels- und Dienstleistungsfragen, Heft 35 (1989).

WELLS, W. D./GABOR, G.: Life Circle in Marketing Research, in: JoMR, Vol. 3 (1966), S. 255-263. Deutsche Übersetzung, in: Specht, K. G. und Wiswede, G. (Hrsg.): Marketing-Soziologie, Berlin 1976, S. 153-172.

WELZEL, K.: Marketing im Einzelhandel. Dargestellt am Beispiel des Einsatzes von Sonderangeboten, Wiesbaden 1974.

WENZLITSCHKE, M. R.: Der Anstieg der Personalkosten und seine Folgen für den Facheinzelhandel, in: Müller-Hagedorn, L. (Hrsg.): Trends im Handel. Analysen und Fakten zur aktuellen Situation im Handel, Frankfurt/Main 1996.

WENZLITSCHKE, M. R.: Der Anstieg der Personalkosten und seine Folgen für den Facheinzelhandel, in: Mitteilungen des IfH, 48. Jg. (1997), S. 31-38.

WIELAND, H. J.: Wenn Datenkassen Artikel plazieren..., in: Rationeller Handel, 20. Jg. (1977), H. 3, S. 59-61.

WIELAND, H. J.: Computergestützte Regalplanung – Aspekte und Möglichkeiten durch elektronische Kassensysteme, in: Elektronische Rechenanlagen, 21. Jg. (1979), H. 3, S. 147-151.

WILCHE, H.-J.: Der Handel gibt viel Geld für Werbung aus: Geht's vielleicht auch billiger?, in: Lebensmittelzeitung, 30. Jg. (1978), Nr. 41, S. 98-101.

WILD, J.: Grundlagen der Unternehmensplanung, Reinbek 1974.

WILKIE, W. L.; PESSEMIER, E. A.: Issues in Marketing's Use of Multi-Attribute Attitude Models, in: JoMR, Vol. 10 (1973), S. 428-441.

WILKINSON, J. B./PACKSOY, C. H/MASON, J. B.: A Demand Analysis of Newspaper Advertising and Changes in Space Allocation, in: JoR, Vol. 57 (1981), No. 2, S. 30-48.

WILKINSON, J. B./MASON, J. B./PAKSOY, C. H.: Assessing the Impact of Short-Term Supermarket Strategy Variables, in: JoMR, Vol. 19 (1982), No. 2, S. 72-86.

WINER, R. S.: Estimation of a Longitudinal Model to Decompose the Effects of an Advertising Stimulus on Family Consumption, in: Management Science, Vol. 26 (1980), S. 471-482.

WINER, R. S.: Using Single-Source Data as a Natural Experiment for Evaluating Advertising Effects, working paper, Walter A. Haas School of Business, University of California at Berkley 1991.

WIRTZ, K.: Bericht über die Ergebnisse des Betriebsvergleichs der Apotheken im Jahre 1999, in: Mitteilungen des IfH, 53. Jg. (2001), H. 3, S.53-55.

WISWEDE, G.: Soziologie des Verbraucherverhaltens, Stuttgart 1972.

WOLF, J.: Markt- und Imageforschung im Handel, Grafenau-Stuttgart 1981.

WOLL, A.: Der Wettbewerb im Einzelhandel. Zur Dynamik der modernen Betriebsformen, Berlin 1964.

WOODSIDE, A. G./DAVENPORT, W. J. JUN.: The Effect of Salesman Similarity and Expertise on Consumer Purchasing Behavior, in: JoMR, Vol. 11 (1974), S. 198-202.

WORATSCHEK, H.: Betriebsform, Markt und Strategie, Wiesbaden 1992.

WOTZKA, P.: Standortwahl im Einzelhandel, Hamburg 1970.

WURTH, R.: Die Bewertung der Filialstandorte von Einzelhandels-Filialunternehmungen, Köln-Opladen 1970.

YAMANAKA, J.: The Prediction of Ad Readership Scores, in: JoAR, Vol. 2 (1962), No. 1, S. 18-23.

YANG, M.-H./CHEN, W.-C.: A Study on Shelf Space Allocation and Management, in: International Journal of Production Economics, Vol. 60-61 (1999), S. 309-317.

ZAJONC, R. B./MARKUS, H.: Affective and Cognitive Factors in Preferences, in: JoCR, Vol. 9 (1982), S. 123-131.

ZAW – ZENTRALVERBAND DER DEUTSCHEN WERBEWIRTSCHAFT (HRSG.): Werbung in Deutschland 2001, Bonn 2001.

ZEISEL, S.: Efficient Pricing und Efficient Assortment Planning für große Handels- und Dienstleistungssortimente, Münster 1999.

ZEITHAML, V. A./BERRY, L. L./PARASURAMAN, A.: The Behavioral Consequences of Service Quality, in: JoM, Vol. 60 (1996), No. 2, S. 31-46.

ZENTES, J. (HRSG.): Mitarbeiterzufriedenheit = Kundenzufriedenheit – Eine Wechselbeziehung, Ergebnisse des 6. CPC TrendForums, Mainz 1997.

ZENTRALVERBAND DER DEUTSCHEN WERBEWIRTSCHAFT (HRSG.): Werbung in Deutschland, Bonn, erscheint jährlich.

ZIEHE, N.: Einzelhandel und Verkehrspolitik. Eine empirische Analyse der Bedeutung von Erreichbarkeit und Attraktivität für die Zentrenwahl der Verbraucher, Stuttgart 1998.

ZIELKE, S.: Kundenorientierte Warenplazierung, Arbeitspapier Nr. 10 des Seminars für Allgemeine Betriebswirtschaftslehre, Handel und Distribution an der Universität zu Köln, Köln 1999.

ZIELKE, S.: Kundengerechte Sortimentsgliederungen am Point of Sale. Ansätze zur Erhebung kognitiver Strukturen als Richtgrößen für Warenplatzierung und Category Management, in: Marketing ZFP, 23. Jg. (2001), S. 100-116.

ZIELKE, S.: Kundenorientierte Warenplatzierung. Modelle und Methoden für das Category Management, Stuttgart 2002.

ZIELSKE, H. A.: The Remembering and Forgetting of Advertising, in: JoM, Vol. 23 (1958/1959), S. 239-243.

ZIPF, G. K.: The $P_1 P_2/D$ Hypothesis: On the Intercity Movement of Persons, in: American Sociological Review, Vol. 11 (1946), S. 677-686.

ZUFRYDEN, F. S.: A Dynamic Programming Approach for Product Selection and Supermarket Shelf-Space Allocation, in: Journal of the Operational Research Society, Vol. 37 (1986), S. 413-422.

ZUFRYDEN, F. S.: A Model for Relating Advertising Media Exposures to Purchase Incidence Behavior Patterns, in: Management Science, Vol. 33 (1987), S. 1253-1266.

Stichwortverzeichnis